마하반야바라밀다경 12

摩訶般若波羅蜜多經 12

마하반야바라밀다경 12

摩訶般若波羅蜜多經 12

三藏法師 玄奘 漢譯 | 釋 普雲 國譯

혜안

역자의 말

보운

역경사(譯經師)로써 지나왔던 시간을 돌이켜보니 11년이 흘러갔고 12년의 세월에 다가가고 있다. 처음의 역경을 시작하였던 때에는 5년을 넘긴다는 생각은 없었는데, 마주하였던 현실에서 점차로 다른 삼장에 대한 번역의 필요성이 증가하였던 인연으로 처음의 목적이 많이 변화하였고, 이러한 현실을 쫓아갈수록 역경에 따른 책임에 대한 중압감도 더욱 늘어나고 있다. 출가하면서 부처님들께 일으켰던 상구보리의 한 방편으로써 『마하반야바리밀다경(대품반야경)』의 역경을 발원하였으나, 10년의 시간이 지나서 역경을 위한 기회가 주어졌던 것도 모두가 지금의 삶에서 지어왔던 인과의 산물이었으리라.

하나의 목적을 위하여 10년이 넘는 시간 동안 연구와 수행을 병행하는 과정에서 역경을 위한 여러 방편도 증대되었으나, 잊고 있었던 주위를 살펴보건대 무심한 세월 속에 묻혀있던 무상한 업력의 그림자가 나의 경계를 둘러치고 있다. 한 생에서 주어진 인생의 과정은 단순하지 않은 것인데, 스스로가 단순한 영역으로 이끌었고 이것에 대한 고집으로 세간의 빠른 변화에 적절하게 대치(對治)하지 못하였으므로 전생부터 전해지는 오류를 지금에 답습(踏襲)하지는 않는 것일까? 수행을 따르는 법력이 증장할수록 더욱 절실하게 요구되는 것은 현실의 상태를 객관적이고 평등하게 관찰할 수 있는 사유의 힘이 절대적으로 필요한 것인데, 나는 지나간 업력에 집착하면서 과거의 사례를 지금에도 적용하고자 무리수(無理數)를 선택하는 것은 아닐까?

수행의 길에서 던졌던 여러 화두(話頭)의 가운데에서 많이 사유를 이끌어서 일으키는 것은 '나는 전생에 무엇을 발원하여 지금에 존재하고 있고, 지금은 어떻게 현실을 수용하면서 미래로 나아가야 하는 것인가?'의 명제가 현전(現前)하고 있다. 세간을 향한 욕망의 집착이 어느덧 많이 소멸되어서 집착이 매우 적어진 행을 성취하였으나, 전생에 맺었던 인연들이 지금의 생에서 인과의 열매로써 맺혀서 번민의 꼬리를 붙잡는 것을 관찰하고서, 심지(心地)에 새겨진 애증(愛憎)과 과거의 삶을 쫓는 업력의 본성(本性)은 매우 냉철한 것이라고 새삼스럽게 느껴본다.

유정들은 스스로가 존재하는 의지처인 세간에서 각자의 삶을 설계하고 5욕락을 추구하면서 많은 시간과 노력을 수용하고 있으며, 화합하고 갈등하며 희노애락을 통하여 유정의 삶의 나침반을 완성하여 가고 있다. 그렇지만 세속과 일정한 거리를 유지해야 하는 수행자의 위치에서 그들의 펼쳐가는 치열한 현재의 모습을 삼계를 유전하는 업보를 쌓아가는 과정이라고 단순하게 인지(認知)하고 있고, 하루하루를 보내면서 그들이 삶의 현장에서 마주하는 여러 실존(實存)의 고통들에 대하여 나는 눈을 감았고 역시 귀를 막았던 것은 아니었던가?

수행자의 길을 스스로가 선택하였으므로 금욕과 무소유를 덕목으로 삼고서 걸어가는 과정은 주어진 숙명이고, 이전에 살아왔던 세간의 삶과 비교하더라도 지금에 알맞은 훨씬 많은 열정이 필요하더라도, 이것은 역시 내가 스스로 선택하였던 길이었잖는가! 이전에 알았거나 알고서 마음에서 잊으려고 노력하였던 현실을 돌이켜보고서 스스로가 지었던 어리석은 삶의 모습에 불보살님들을 마주하고 참회하면서, 미래의 행로(行路)에서는 이러한 과실(過失)을 반복하지 않겠다고 발원드린다. 삼세(三世)에서 모든 생은 무엇보다도 평등하고 합리적일지라도 한 생에서 맺었던 인과의 무게는 사천하(四天下)를 뒤덮는 악업(惡業)의 수량보다도 많다는 사유가 눈앞을 맴돌고 있나니, 삼계에 존재하고 유정의 한 인간으로서 스스로가 존재하는 이유를 묻는다면, 또한 스스로가 불성을 찾아가는 행보가 석가세존의 가르침을 따라서 행하는 하나의 방편이리라.

지금의 이 자리에서 시간을 되돌려서 사유하건대, 지금의 한 생에서 얼마나 많은 사유의 오류를 범하였고, 순간순간의 중요한 선택에서 얼마나 많은 오류를 *일으켰던가! 현재도 구도의 목적지가 멀리 존재하므로 앞으로 많은 시간이 주어질수록 이러한 오류와 그것을 따르는 번민도 증가할 것이다. 그럼에도 지금까지의 오류를 인지하였던 많은 선택의 순간들에서 얻은 교훈과 번민은 구도로 가는 앞길의 등대가 되어줄 것이고, 따스한 세존의 미소도 맑은 미래를 밝혀주실 것이라는 믿음에 의지하여 삶과 죽음의 경계선을 건너가야 한다. 지금 이 자리에서 고뇌하였던 시간만큼 현실도 밝아지고 구도의 길에 불보살님들의 가피는 더욱 증장할 것이다.

지금도 계속되고 있는 『마하반야바라밀다경(대품반야경)』의 역경불사에는 많은 신심과 원력이 담겨있으므로, 번역과 출판을 위하여 동참하신 사부대중들은 현세에서 스스로가 소원에서 무한한 이익을 얻고, 세간에서 생겨나는 삼재팔난의 장애를 벗어나기를 발원드리며, 이미 생(生)의 인연을 마치신 영가들께서는 아미타불의 극락정토에 왕생하시기를 발원드린다. 현재까지의 역경과 출판을 위하여 항상 후원과 격려를 보내주시는 은사이신 세영 스님께 깊이 감사를 드리고, 또한 많은 시간에 걸쳐서 보시와 후원을 아끼지 않는 죽림불교문화연구원의 사부대중들께 감사드리면서, 이 불사에 동참하신 분들께 불·보살들의 가호(加護)가 항상 가득하기를 발원하면서 감사의 글을 마친다.

불기 2568년(2024) 12월 후분(後分)의 장야(長夜)에
서봉산 자락의 죽림불교문화연구원에서
사문 보운이 삼가 적다

출판에 도움을 주신 분들

홍순학	최재희	홍지혜	홍기표	유길분	홍순남
홍순희	최은주	진용만	최성원	최영숙	
홍재명靈駕	김상옥靈駕	홍종협靈駕	남기정靈駕	홍종석靈駕	홍정기靈駕
홍순창靈駕	홍순진靈駕	김천수靈駕	남봉학靈駕	이경삼靈駕	최상은靈駕
이춘희靈駕	최문현靈駕	김종순靈駕	최세훈靈駕	김흥원靈駕	김천봉靈駕

차 례

일러두기

1. 이 책의 저본(底本)은 고려대장경(高麗大藏經) 1권부터 결집된 『대반야바라밀다경(大般若波羅蜜多經)』이다.
2. 원문은 600권으로 구성되어 있으나 이 책에서는 각 권수를 표시하되 30권을 한 권의 책으로 편집하여 번역하였다.
3. 번역의 정밀함을 기하기 위해 여러 시대와 왕조에서 각각 결집된 여러 한역대장경을 대조하고 비교하며 번역하였다.
4. 원문은 현장 삼장의 번역을 충실하게 따랐으나, 반복되는 용어를 생략하였던 용어에서는 번역자가 생략 이전의 본래의 용어로 통일하여 번역하였다.
5. 원문에 나오는 '필추(苾芻)', '필추니(苾芻尼)' 등의 용어는 음사(音寫)이므로 현재에 사용하는 '비구(比丘)', '비구니(比丘尼)'라고 번역하였다.
6. 원문에서의 이전의 번역과는 다른 용어가 사용되고 있으므로 원문을 존중하여 저본의 용어로 번역하였다.

   예) 보시·지계·인욕·정진·선정·지혜바라밀다 → 보시(布施)·정계(淨戒)·안인(安忍)·정진(精進)·정려(靜慮)·반야바라밀다(般若波羅蜜多), 축생 → 방생(傍生), 아귀→ 귀계(鬼界)
7. 원문에서 사용되고 있으나, 현재의 용어와 많이 다른 경우는 현재 용어로 번역하였고, 생략되거나, 어휘가 변화된 용어도 현재의 용어를 사용하여 번역하였다.

   예) 루(漏) → 번뇌, 악취(惡趣) → 악한 세계, 여래(如來)·응(應)·정등각(正等覺) → 여래·응공·정등각, 수량(壽量) → 수명, 성판(成辦) → 성취

8. 원문에서 사용한 용어 중에 현재와 음가(音價)가 다르게 변형된 사례가 많이 발견된다. 원문의 뜻을 최대한 살려 번역하였으나 현저하게 의미가 달라진 용어의 경우 현재 사용하는 용어로 바꾸어 번역하였다.
   예) 우파색가(鄔波索迦)→ 우바색가, 나유다(那庾多)→ 나유타(那庾多)

9. 앞에서와 같이 동일한 문장이 계속하여 반복되는 경우에는 원문에서 내지(乃至)라는 용어가 사용되고 있는데, 현재의 의미로 해석하여 '…… 나아가 ……' 또는 '나아가'의 형태로 바꾸어 번역하였다.

해제(解題)

1. 성립과 한역

이 경전의 범명(梵名)은 Mahāprajñāpāramitā Sūtra이다. 모두 600권으로 결집되었고, 여러 반야부의 경전들을 집대성하고 있다. 선행연구에서 대략 AD.1~200년경에 성립되었다고 연구되고 있으며, 인도의 쿠샨 왕조 시대에 남인도에서 널리 사용되었다고 추정되고, 뒤에 북인도에서 대중화되었으며, 산스크리트어로 많은 부분이 남아있다.

본 번역의 저본은 고려대장경에 수록된 『대반야바라밀다경(大般若波羅蜜多經)』으로 당(唐)의 현장(玄奘)이 방주(方州)의 옥화궁사(玉華宮寺)에서 659년 또는 660년에 번역을 시작하여 663년에 번역한 경전이고, 당시까지 번역된 경전과 현장이 새롭게 번역한 경전들을 모두 함께 수록하고 있다.

중국에서 반야경의 유통은 동한(東漢)의 지루가참(支婁迦讖)이 역출(譯出)한 『도행반야경(道行般若經)』 10권을 번역하였던 것이 확인할 수 있는 최초의 사례이다. 이후에 삼국시대의 오(吳)나라 지겸(支謙)은 『대명도무극경(大明度無極經)』 6권으로 중역(重譯)하여 완성하였으며, 축법호(竺法護)는 『광찬반야바라밀경(光贊般若波羅蜜經)』 10권을 번역하였고, 조위(曹魏)의 사문 주사행(朱士行)이 감로(甘露) 5년(260)에 우전국(于闐國)에서 이만송대품반야범본(二萬頌大品般若梵本)을 구하여 무라차(無羅叉)와 함께 『방광반야바라밀경(放光般若波羅蜜經)』 20권으로 번역하였으며, 요진(姚秦)의 구마라집(鳩摩羅什)은 홍시(弘始) 6년(404)에 대품이만송(大品二萬頌)의 『마하반야바라밀경(摩訶般若波羅蜜經)』을 중역하였고, 홍시(弘始) 10년(408)에 『마하반야바라밀경(摩訶般若波羅蜜經)』과 『금강반야경(金剛般若經)』 등을 역출(譯出)하였으며, 북위(北魏) 영평(永平) 2년(509)에 보리유지(菩提流支)는 『금강반야경(金剛般若經)』 1권을 역출하였다.

용수보살이 주석한 대지도론에서는 "또 삼장(三藏)에는 올바른 30만의 게송(偈)이 있고, 아울러 960만의 설(言)이 있으나, 마하연은 너무 많아서 무량하고 무한하다. 이와 같아서 「반야바라밀품(般若波羅密品)」에는 2만2천의 게송이 있고, 「대반야품(大般若品)」에는 10만의 게송이 있다."라고 전하고 있고, 세친(世親)이 저술하고 보리유지가 번역한 『금강선론(金剛仙論)』에서는 "8부(八部)의 반야가 있는데, 분별한다면 『대반야경초(大般若經初)』는 10만의 게송이고, 『대품반야경(大品般若經)』은 2만 5천의 게송이며, 『대반야경제삼회(大般若經第三會)』는 1만 8천의 게송이고, 『소품반야경(小品般若經)』은 8천의 게송이며, 『대반야경제오회(大般若經第五會)』는 4천의 게송이고, 『승천왕반야경(勝天王般若經)』은 2천 5백의 게송이며, 『문수반야경(文殊般若經)』은 6백의 게송이고, 『금강경(金剛經)』은 3백의 게송이다."라고 주석하고 있다.

본 경전의 다른 명칭으로는 『대반야경(大般若經)』, 『대품반야경(大品般若經)』, 또는 6백부반야(六百部般若)라고 불린다. 6백권의 390품이고 약 4백6십만의 한자로 결집되어 있으므로 현재 전하는 경장과 율장 및 논장의 가운데에서 가장 방대한 분량이다.

반야경의 한역본을 살펴보면 중복되는 명칭이 경전을 제외하더라도 여러 소경(小經)의 형태로 번역되었던 것을 살펴볼 수 있다. 그 사례를 살펴보면 『방광반야경(放光般若經)』(20卷), 『광찬경(光贊經)』(10卷), 『마하반야바라밀경(摩訶般若波羅蜜經)』(27卷), 『도행반야경(道行般若經)』(10卷), 『대명도경(大明度經)』(6卷), 『마하반야초경(摩訶般若鈔經)』(5卷), 『소품반야바라밀경(小品般若波羅蜜經)』(10卷), 『불설불모출생삼법장반야바라밀다경(佛說佛母出生三法藏般若波羅蜜多經)』(25卷), 『불설불모보덕장반야바라밀경(佛說佛母寶德藏般若波羅蜜經)』(3卷), 『성팔천송반야바라밀다일백팔명진실원의다라니경(聖八千頌般若波羅蜜多一百八名眞實圓義陀羅尼經)』, 『승천왕반야바라밀경(勝天王般若波羅蜜經)』(7卷), 『문수사리소설마하반야바라밀경(文殊師利所說摩訶般若波羅蜜經)』(2卷), 『문수사리소설반야바라밀경(文殊師利所說般若波羅蜜經)』, 『불설유수보살무상청정분위경(佛說濡首菩薩無上淸淨分衛經)』(2卷), 『금강반야바라밀경(金剛般若波羅密經)』, 『금강능단반야바라밀경(金剛能斷般若波羅蜜經)』, 『불설능단금강반야바라밀다경(佛說能斷金剛般若波羅蜜多經)』, 『실상반야바라밀경(實相般若波羅蜜經)』, 『금강정유가이취반야경(金剛頂瑜伽理趣般若經)』, 『불설변조반야바라밀경(佛說遍照般若波羅蜜經)』, 『대락금강불공진실삼마야경(大樂金剛不空眞實三麽耶經)』, 『불설최상근본대락금강불공삼매대교왕경(佛說最上根本大樂金剛不空三昧大敎王經)』(7卷), 『불설인왕반야바라밀경(佛說仁王般若波羅蜜經)』(2卷), 『인왕호국반야바라밀다경(仁王護國般若波羅蜜多經)』(2卷), 『불설요의반야바라밀다경(佛說了義般若波羅蜜多經)』, 『불설오십송성반야바라밀경(佛說五十頌聖般若波羅蜜經)』, 『불설제석반야바라밀다심경(佛說帝釋般若波羅蜜多心經)』, 『마하반야바라밀대명주경(摩訶般若波羅蜜大明呪經)』, 『반야바라밀다심경(般若波羅蜜多心經)』, 『보편지장반야바라밀다심경(普遍智藏般若波羅蜜多心經)』, 『당범번대자음반야바라밀다심경(唐梵飜對字音般若波羅蜜多心經)』, 『불설성불모반야바라밀다경(佛說聖佛母般若波羅蜜多經)』, 『불설성불모소자반야바라밀다경(佛說聖佛母小字般若波羅蜜多經)』, 『불설관상불모반야바라밀다보살경(佛說觀想佛母般若波羅蜜多菩薩經)』, 『불설개각자성반야바라밀다경(佛說開覺自性般若波羅蜜多經)』(4卷), 『대승이취육바라밀다경(大乘理趣六波羅蜜多經)』(10卷) 등의 독립된 경전으로 다양하게 번역되었다.

2. 설처(說處)와 결집(結集)

마하반야바라밀다경의 결집은 4처(處) 16회(會)로 구성되어 있는데, 제1회에서 제6회까지와 제15회는 왕사성의 영취산에서, 제7회에서 제9회까지와 제11회에서 제14회까지는 사위성의 기원정사에서, 제10회는 타화자재천 왕궁에서, 제16회는 왕사성의 죽림정사에서 이루어졌으며, 표로 구성한다면 아래와 같다.

<table>
<tr><th>九部般若</th><th>四處</th><th>『大般若經』의 卷數</th><th>특기사항(別稱)</th></tr>
<tr><td>上品般若</td><td rowspan="6">鷲峰山</td><td>初會79品(1~400卷)</td><td>十萬頌般若</td></tr>
<tr><td rowspan="2">中品般若</td><td>第二會85品(401~478卷)</td><td>二萬五千頌般若,
大品般若經</td></tr>
<tr><td>第三會31品(479~537卷)</td><td>一萬八千頌般若</td></tr>
<tr><td rowspan="2">下品般若</td><td>第四會29品(538~555卷)</td><td>八千頌般若,
小品般若經</td></tr>
<tr><td>第五會24品(556~565卷)</td><td>四千頌般若</td></tr>
<tr><td>天王般若</td><td>第六會17品(566~573卷)</td><td>勝天王般若經</td></tr>
<tr><td>文殊般若</td><td rowspan="3">給孤獨園</td><td>第七會(574~575卷, 曼殊室利分)</td><td>七百頌般若,
文殊說般若經</td></tr>
<tr><td>那伽室利般若</td><td>第八會(576卷, 那伽室利分)</td><td>濡首菩薩經</td></tr>
<tr><td>金剛般若</td><td>第九會(577卷, 能斷金剛分)</td><td>三百頌般若,
金剛經</td></tr>
<tr><td>理趣般若</td><td>他化自在天</td><td>第十會(578卷, 般若理趣分)</td><td>理趣百五十頌,
理趣般若經</td></tr>
<tr><td rowspan="6">六分般若</td><td rowspan="4">給孤獨園</td><td>第十一會(579卷~583卷, 布施波羅蜜多分)</td><td rowspan="5">五波羅蜜多經</td></tr>
<tr><td>第十二會(584卷~588卷, 戒波羅蜜多分)</td></tr>
<tr><td>第十三會(589卷, 安忍波羅蜜多分)</td></tr>
<tr><td>第十四會(590卷, 精進波羅蜜多分)</td></tr>
<tr><td>鷲峰山</td><td>第十五會(591~592卷, 靜慮波羅蜜多分)</td></tr>
<tr><td>竹林精舍</td><td>第十六會(593~600卷, 般若波羅蜜多分)</td><td>善勇猛般若經</td></tr>
</table>

제1회는 범어로는 Śatasāhasrikāprajñāpāramitāsūtra이고, 제1권~제400권의 10만송으로 결집되고 있으며, 79품으로 이루어져 있고, 전체의

3분의 2에 해당하는 분량이다. 현장에 의해 처음으로 번역되었으므로 이역본이 없다.

제2회는 범어로는 Pañcaviṁśatisāhasrikāprajñāpāramitā sūtra이고, 제401권~제478권의 2만5천송(大品般若)으로 결집되고 있으며, 85품으로 이루어져 있고, 제1회와 비교하여 「상제보살품(常啼菩薩品)」과 「법용보살품(法涌菩薩品)」의 두 품이 생략되어 있다. 이역본으로 『방광반야바라밀경(放光般若波羅蜜經)』, 『마하반야바라밀경(摩訶般若波羅蜜經)』, 『광찬경(光讚經)』 등이 있다.

제3회는 범어로는 Aṣṭādaśasāhasrikāprajñāpāramitā sūtra이고, 제479권~제537권의 1만8천송으로 결집되고 있으며, 31품으로 이루어져 있고, 제2회와 같이 「상제보살품」과 「법용보살품」이 생략되어 있다.

제4회는 범어로 Aṣṭasāhasrikāsūtra이고, 제538권~제555권의 8천송(小品般若)으로 결집되고 있으며, 29품으로 이루어져 있다.

제5회는 범어로 Aṣṭasāhasrikāprajñāpāramitā sūtra이고, 제556권~제565권의 8천송(小品般若)으로 결집되고 있으며, 24품으로 이루어져 있다. 반야경은 큰 위력이 있어서 그 자체가 신비한 주문이라고 설하면서 수지하고 독송하는 것을 강조하였다. 이역본으로는 『마하반야초경(摩訶般若鈔經)』, 『도행반야경(道行般若經)』, 『대명도경(大明度經)』, 『마하반야바라밀경(小品般若經)』, 시호 역의 『불모출생삼장반야바라밀다경』, 법현 역의 『불모보덕반야바라밀다경』, 시호 역의 『성팔천송반야바라밀다일백팔명진실원의다라니경』 등이 있다.

제6회는 범어로 Devarājapravaraprajñāpāramitā sūtra이고, 제566권~제573권으로 결집되고 있으며, 17품으로 이루어져 있다. 이역본으로 『승천왕반야바라밀경(勝天王般若波羅蜜經)』이 있다.

제7회는 범어로는 Saptaśatikāprajñāpāramitā sūtra이고, 제574~제575권으로 결집되고 있으며, 7백송이다. 만수실리분(曼殊室利分)이라고도 부르는데, 만수실리는 문수사리를 가리킨다. 이역본으로 『문수사리소설마하반야바라밀경(文殊師利所說摩訶般若波羅蜜經)』, 『문수사리소설반야바라밀경(文殊師利所說般若波羅蜜經)』이 있다.

제8회는 범어로는 Nāgaśrīparipṛcchā sūtra이고, 제576권으로 결집되고 있으며, 5백송이다. 이역본으로 『불설유수보살무상청정분위경(佛說濡首菩薩無上淸淨分衛經)』이 있다.

제9회는 범어로 Vajracchedikāprajñāpāramitā sūtra이고, 제577권으로 결집되고 있으며, 능단금강분(能斷金剛分)이라 한다. 이역본으로 구마라집·보리유지·진제가 각각 번역한 『금강반야바라밀경』과 현장이 번역한 『능단금강반야바라밀다경』, 의정(義淨)이 번역한 『불설능단금강반야바라밀다경』이 있다.

제10회는 1백50송이며, 범어로는 Adhyardhaśatikāprajñāpāramitā sūtra이고, 제578권으로 결집되고 있으며, 1백50송이고, 반야이취분(般若理趣分)이라고 부른다. 이역본으로 『실상반야바라밀경(實相般若波羅蜜經)』, 『금강정유가이취반야경(金剛頂瑜伽理趣般若經)』, 『변조반야바라밀경(遍照般若波羅蜜經)』, 『최상근본금강불공삼매대교왕경(最上根本金剛不空三昧大敎王經)』 등이 있다.

제11회부터 제15회까지는 범어로는 Pañcapāramitānirdeśa이고 1천8백송이다. 제16회는 범어로 Suvikrāntavikramiparipṛcchāprajñāpāramitā sūtra이고, 2천1백송이다. 구체적으로 살펴보면, 제11회는 제579권~제583권의 보시바라밀다분이고, 제12회는 제584권~제588권의 정계바라밀다분이며, 제13회는 제589권의 안인바라밀다분이고, 제14회는 제590권의 정진바라밀다분이며, 제15회는 제591권~제592권의 정려바라밀다분이고, 제16회는 제593권~제600권의 반야바라밀다분으로 결집되어 있다.

3. 각 품(品)의 권수와 구성

『마하반야바라밀다경』의 결집은 4처(處) 16회(會)로 구성되어 있으나,

설법(說法)에 따른 분량에서 매우 많은 차이를 보여주고 있다. 이러한 차이는 각 법문의 내용과 대상에 따른 차이를 반영하고 있는데, 표를 통하여 600권에 수록된 각각의 품(品)과 분(分)을 살펴보면 다음과 같다.

법회(法會)	구분(區分)	설법의 분류	수록권수(收錄卷數)	특기사항
初會	緣起品	第1-1~2	1~2권	서문 수록
	學觀品	第2-1~2	3~4권	
	相應品	第3-1~4	4~7권	
	轉生品	第4-1~3	7~9권	
	贊勝德品	第5	10권	
	現舌相品	第6	10권	
	教誡教授品	第7-1~26	11~36권	
	勸學品	第8	36권	
	無住品	第9-1~2	36~37권	
	般若行相品	第10-1~4	38~41권	
	譬喩品	第11-1~4	42~45권	
	菩薩品	第12-1~2	45~46권	
	摩訶薩品	第13-1~3	47~49권	
	大乘鎧品	第14-1~3	49~51권	
	辨大乘品	第15-1~6	51~56권	
	贊大乘品	第16-1~6	56~61권	
	隨順品	第17	61권	
	無所得品	第18-1~10	61~70권	
	觀行品	第19-1~5	70~74권	
	無生品	第20-1~2	74~75권	
	淨道品	第21-1~2	75~76권	
	天帝品	第22-1~5	77~81권	
	諸天子品	第23-1~2	81~82권	
	受教品	第24-1~3	82~83권	
	散花品	第25	84권	
	學般若品	第26-1~5	85~89권	
	求般若品	第27-1~10	89~98권	
	嘆衆德品	第28-1~2	98~99권	
	攝受品	第29-1~5	99~103권	
	校量功德品	第30-1~66	103~169권	
	隨喜迴向品	第31-1~5	169~172권	
	贊般若品	第32-1~10	172~181권	
	謗般若品	第33	181권	

	難信解品	第34-1~103	182~284권	
	贊淸淨品	第35-1~3	285~287권	
	着不着相品	第36-1~6	287~292권	
	說般若相品	第37-1~5	292~296권	
	波羅蜜多品	第38-1~2	296~297권	
	難聞功德品	第39-1~6	297~304권	
	魔事品	第40-1~2	304~305권	
	佛母品	第41-1~4	305~308권	
	不思議等品	第42-1~3	308~310권	
	辨事品	第43-1~2	310~311권	
	衆喩品	第44-1~3	311~313권	
	眞善友品	第45-1~4	313~316권	
	趣智品	第46-1~3	316~318권	
	眞如品	第47-1~7	318~324권	
	菩薩住品	第48-1~2	324~325권	
	不退轉品	第49-1~3	326~328권	
	巧方便品	第50-1~3	328~330권	
	願行品	第51-1~2	330~331권	
	殑伽天品	第52	331권	
	善學品	第53-1~5	331~335권	
	斷分別品	第54-1~2	335~336권	
	巧便學品	第55-1~5	337~341권	
	願喩品	第56-1~2	341~342권	
	堅等贊品	第57-1~5	342~346권	
	囑累品	第58-1~2	346~347권	
	無盡品	第59-1~2	347~348권	
	相引攝品	第60-1~2	349~350권	
	多問不二品	第61-1~13	350~363권	
	實說品	第62-1~3	363~365권	
	巧便行品	第63-1~2	365~366권	
	遍學道品	第64-1~7	366~372권	
	三漸次品	第65-1~2	372~373권	
	無相無得品	第66-1~6	373~378권	
	無雜法義品	第67-1~2	378~379권	
	諸功德相品	第68-1~5	379~383권	
	諸法平等品	第69-1~4	383~386권	
	不可動品	第70-1~5	386~390권	
	成熟有情品	第71-1~4	390~393권	
	嚴淨佛土品	第72-1~2	393~394권	
	淨土方便品	第73-1~2	394~395권	

	無性自性品	第74-1~2	395~396권	
	勝義瑜伽品	第75-1~2	396~397권	
	無動法性品	第76	397권	
	常啼菩薩品	第77-1~2	398~399권	
	法湧菩薩品	第78-1~2	399~400권	
	結勸品	第79	400권	
第二會	緣起品	第1	401권	서문 수록
	歡喜品	第2	402권	
	觀照品	第3-1~4	402~405권	
	無等等品	第4	405권	
	舌根相品	第5	405권	
	善現品	第6-1~3	406~408권	
	入離生品	第7	408권	
	勝軍品	第8-1~2	408~409권	
	行相品	第9-1~2	409~410권	
	幻喩品	第10	410권	
	譬喩品	第11	411권	
	斷諸見品	第12	411권	
	六到彼岸品	第13-1~2	411~412권	
	乘大乘品	第14	412권	
	無縛解品	第15	413권	
	三摩地品	第16-1~2	413~414권	
	念住等品	第17-1~2	414~415권	
	修治地品	第18-1~2	415~416권	
	出住品	第19-1~2	416~417권	
	超勝品	第20-1~2	417~418권	
	無所有品	第21-1~3	418~420권	
	隨順品	第22	420권	
	無邊際品	第23-1~4	420~423권	
	遠離品	第24-1~2	423~424권	
	帝釋品	第25-1~2	425~426권	
	信受品	第26	426권	
	散花品	第27-1~2	426~427권	
	授記品	第28	427권	
	攝受品	第29-1~2	427~428권	
	窣堵波品	第30	428권	
	福生品	第31	429권	
	功德品	第32	429권	
	外道品	第33	429권	
	天來品	第34-1~2	429~430권	

	設利羅品	第35	430권	
	經文品	第36-1~2	431~432권	
	隨喜迴向品	第37-1~2	432~433권	
	大師品	第38	434권	
	地獄品	第39-1~2	434~435권	
	清淨品	第40	436권	
	無摽幟品	第41-1~2	436~437권	
	不可得品	第42	437권	
	東北方品	第43-1~3	438~440권	
	魔事品	第44	440권	
	不和合品	第45-1~2	440~441권	
	佛母品	第46-1~2	441~442권	
	示相品	第47-1~2	442~443권	
	成辦品	第48	444권	
	船等喩品	第49-1~2	444~445권	
	初業品	第50-1~2	445~446권	
	調伏貪等品	第51	446권	
	眞如品	第52-1~3	446~448권	
	不退轉品	第53	448권	
	轉不退轉品	第54	449권	
	甚深義品	第55-1~2	449~450권	
	夢行品	第56	451권	
	願行品	第57	451권	
	殑伽天品	第58	451권	
	習近品	第59	452권	
	增上慢品	第60-1~3	452~454권	
	同學品	第61-1~2	454~455권	
	同性品	第62-1~2	455~456권	
	無分別品	第63	456권	
	堅非堅品	第64-1~2	456~457권	
	實語品	第65-1~2	457~458권	
	無盡品	第66	458권	
	相攝品	第67	459권	
	巧便品	第68-1~4	459~463권	
	樹喩品	第69	463권	
	菩薩行品	第70	464권	
	親近品	第71	464권	
	遍學品	第72-1~2	464~465권	
	漸次品	第73-1~2	465~466권	
	無相品	第74-1~2	466~467권	

	無雜品	第75-1~2	467~468권	
	衆德相品	第76-1~4	468~471권	
	善達品	第77-1~3	471~473권	
	實際品	第78-1~2	473~474권	
	無闕品	第79-1~2	474~475권	
	道士品	第80	476권	
	正定品	第81	477권	
	佛法品	第82	477권	
	無事品	第83	478권	
	實說品	第84	478권	
	空性品	第85	478권	
第三會	緣起品	第1	479권	서문 수록
	舍利子品	第2-1~4	479~482권	
	善現品	第3-1~17	482~498권	
	天帝品	第4-1~3	498~500권	
	現窣堵波品	第5-1~3	500~502권	
	稱揚功德品	第6-1~2	502~503권	
	佛設利羅品	第7	503권	
	福聚品	第8-1~2	503~504권	
	隨喜迴向品	第9-1~2	504~505권	
	地獄品	第10-1~2	505~506권	
	嘆淨品	第11-1~2	506~507권	
	贊德品	第12	507권	
	陀羅尼品	第13-1~2	508~509권	
	魔事品	第14	509권	
	現世間品	第15	510권	
	不思議等品	第16	511권	
	譬喩品	第17	511권	
	善友品	第18	512권	
	眞如品	第19-1~2	513~514권	
	不退相品	第20-1~2	514~515권	
	空相品	第21-1~3	515~517권	
	殑伽天品	第22	517권	
	巧便品	第23-1~4	517~520권	
	學時品	第24	520권	
	見不動品	第25-1~2	521~522권	
	方便善巧品	第26-1~4	523~526권	
	慧到彼岸品	第27	527권	
	妙相品	第28-1~5	528~532권	
	施等品	第29-1~4	532~535권	

	佛國品	第30-1~2	535~536권	
	宣化品	第31-1~2	536~537권	
第四會	妙行品	第1-1~2	538~539권	서문 수록
	帝釋品	第2	539권	
	供養窣堵波品	第3-1~3	539~541권	
	稱揚功德品	第4	541권	
	福門品	第5-1~2	541~542권	
	隨喜迴向品	第6-1~2	543~544권	
	地獄品	第7	544권	
	清淨品	第8	545권	
	讚歎品	第9	545권	
	總持品	第10-1~2	545~546권	
	魔事品	第11-1~2	546~547권	
	現世間品	第12	547권	
	不思議等品	第13	547권	
	譬喩品	第14	548권	
	天贊品	第15	548권	
	眞如品	第16-1~2	548~549권	
	不退相品	第17	549권	
	空相品	第18-1~2	549~550권	
	深功德品	第19	550권	
	殑伽天品	第20	550권	
	覺魔事品	第21-1~2	551권	
	善友品	第22-1~2	551~552권	
	天主品	第23	552권	
	無雜無異品	第24	552권	
	迅速品	第25-1~2	552~553권	
	幻喩品	第26	553권	
	堅固品	第27-1~2	553~554권	
	散花品	第28	554권	
	隨順品	第29	555권	
第五會	善現品	第1	556권	서문 수록
	天帝品	第2	556권	
	窣堵波品	第3	557권	
	神呪品	第4	557권	
	設利羅品	第5	558권	
	經典品	第6	558권	
	迴向品	第7	558권	
	地獄品	第8	559권	
	清淨品	第9	559권	

	不思議品	第10-1~2	559~560권	
	魔事品	第11	560권	
	眞如品	第12	560권	
	甚深相品	第13	560~561권	
	船等喩品	第14	561권	
	如來品	第15-1~2	561~562권	
	不退品	第16	562권	
	貪行品	第17-1~2	562~563권	
	姊妹品	第18	563권	
	夢行品	第19	563권	
	勝意樂品	第20	564권	
	修學品	第21	564권	
	根栽品	第22-1~2	564~565권	
	付囑品	第23	565권	
	見不動佛品	第24	565권	
第六會	緣起品	第1	566권	서문 수록
	通達品	第2	566권	
	顯相品	第3	567권	
	法界品	第4-1~2	567~568권	
	念住品	第5	568권	
	法性品	第6	569권	
	平等品	第7	570권	
	現相品	第8	570권	
	無所得品	第9	571권	
	證勸品	第10	571권	
	顯德品	第11	572권	
	現化品	第12	572권	
	陀羅尼品	第13	572권	
	勸誡品	第14-1~2	572~573권	
	二行品	第15	573권	
	讚歎品	第16	573권	
	付囑品	第17	573권	
第七會	曼殊室利分	第1~2	574~575권	서문 수록
第八會	那伽室利分	第1	576권	서문 수록
第九會	能斷金剛分	第1	577권	서문 수록
第十會	般若理趣分	第1	578권	서문 수록
第十一會	施波羅蜜多分	第1~5	579~583권	서문 수록
第十二會	淨戒波羅蜜多分	第1~5	584~588권	서문 수록
第十三會	忍波羅蜜多分	第1	589권	서문 수록
第十四會	精進波羅蜜多分	第1	590권	서문 수록

第十五會	靜慮波羅蜜多分	第1~2	591~592권	서문 수록
第十六會	般若波羅蜜多分	第1~8	593~600권	서문 수록

따라서 마하반야바라밀다경은 설법의 내용을 따라서 각각 다른 결집의 형태를 보여주고 있으며, 매우 방대하였던 까닭으로 반야계통의 경전인 『소품반야경』, 『금강반야경』, 『반야심경』 등에 비교하여 많이 연구되지 않고 있다. 그러나 『고려대장경』의 처음에 『마하반야바라밀다경』을 배치하고 있는 것은 한국불교에서는 『마하반야바라밀다경』의 사상적인 위치가 매우 중요하였다고 추정할 수 있다.

초분
初分

마하반야바라밀다경 제331권

51. 원행품(願行品)(2)

"다시 다음으로 선현이여. 보살마하살이 있어서 6바라밀다를 갖추어 수행하면서, 제유정들이 주재(主宰)[1]에게 귀속되고 얽매여서 여러 지었던 것에서 자재(自在)하지 않는 것을 보았다면, 선현이여. 이 보살마하살은 이러한 일을 보고서 '나는 마땅히 무슨 방편으로 제유정의 부류들을 발제(拔濟)하여야 자재함을 얻게 할 수 있겠는가?'라고 이렇게 사유를 짓느니라.

이미 사유를 마쳤다면, '나는 마땅히 정근하면서 몸과 목숨을 돌아보지 않고서 6바라밀다를 수행하여 유정을 성숙시키겠고 불국토를 청정하게 장엄하면서 빠르게 원만해지고 무상정등보리를 증득하겠으며, 내 불국토의 가운데에서는 제유정의 부류들에게 주재가 없게 하겠고, 제유정들이 여러 지었던 것에서 자재함을 얻게 하겠으며, 나아가 주재의 형상을 보지 않게 하겠고, 역시 다시 주재의 명자(名字)도 듣지 못하게 하겠으며, 오직 여래·응공·정등각께서 법통(法統)으로써 섭수하여 법왕(法王)이라고 이름하게 하겠다.'라고 이렇게 발원을 지으면서 말하였다면 선현이여. 이 보살마하살은 오히려 이러한 6바라밀다가 빠르게 원만함을 얻어서 무상정등보리에 가까워지느니라.

다시 다음으로 선현이여. 보살마하살이 있어서 6바라밀다를 갖추어

---

1) 어떠한 일에 중심이 되고 맡아서 처리하는 사람을 뜻한다.

수행하면서, 제유정들이 여러 세계(趣)에서 차별이 있는 것을 보았다면, 선현이여. 이 보살마하살은 이러한 일을 보고서 '나는 마땅히 무슨 방편으로 제유정의 부류들을 발제하여야 선악(善惡)의 세계에서 차별이 없게 할 수 있겠는가?'라고 이렇게 사유를 짓느니라.

이미 사유를 마쳤다면, '나는 마땅히 정근하면서 몸과 목숨을 돌아보지 않고서 6바라밀다를 수행하여 유정을 성숙시키겠고 불국토를 청정하게 장엄하면서 빠르게 원만해지고 무상정등보리를 증득하겠으며, 내 불국토의 가운데에서는 선악(善惡)의 세계에서 차별이 없게 하겠고, 나아가 지옥(地獄)·방생(傍生)·귀계(鬼界)·아소락(阿素洛)·인간·천상 등의 명자도 없게 하겠으며, 일체의 유정들은 모두가 동일(同一)한 부류로서 평등하게 하나의 업을 수행하게 하겠는데 이를테면, 모두가 화합하여 보시바라밀다를 수행하게 하겠고 정계·안인·정진·정려·반야 바라밀다를 수행하게 하겠으며, 내공에 안주하게 하겠고 외공·내외공·공공·대공·승의공·유위공·무위공·필경공·무제공·산공·무변이공·본성공·자상공·공상공·일체법공·불가득공·무성공·자성공·무성자성공에 안주하게 하겠다.

진여에 안주하게 하겠고 법계·법성·불허망성·불변이성·평등성·이생성·법정·법주·실제·허공계·부사의계에 안주하게 하겠으며, 4념주를 수행하게 하겠고 4정단·4신족·5근·5력·7등각지·8성도지를 수행하게 하겠으며, 고성제에 안주하게 하겠고 집·멸·도성제에 안주하게 하겠으며, 4정려를 수행하게 하겠고 4무량·4무색정을 수행하게 하겠으며, 8해탈을 수행하게 하겠고 8승처·9차제정·10변처를 수행하게 하겠으며, 공해탈문을 수행하게 하겠고 무상·무원해탈문을 수행하게 하겠으며, 5안을 수행하게 하겠고 6신통을 수행하게 하겠다.

삼마지문을 수행하게 하겠고 다라니문을 수행하게 하겠으며, 여래의 10력을 수행하게 하겠고 4무소외·4무애해·대자·대비·대희·대사·18불불공법을 수행하게 하겠으며, 무망실법을 수행하게 하겠고 항주사성을 수행하게 하겠으며, 일체지를 수행하게 하겠고 도상지와 일체상지를 수행하게 하겠으며, 보살마하살의 행을 수행하게 하겠고 무상정등보리를 수행하게 하겠다.'라고 이렇게 발원을 지으면서 말하였다면 선현이여. 이 보살마하살은 오히려 이러한 6바라밀다가 빠르게 원만함을 얻어서 무상정등보리에 가까워지느니라.

다시 다음으로 선현이여. 보살마하살이 있어서 6바라밀다를 갖추어 수행하면서, 제유정들이 첫째는 난생(卵生)이고 둘째는 태생(胎生)이며 셋째는 습생(濕生)이고 넷째는 화생(化生)인 네 가지의 태어남으로 차별된다고 보았다면 선현이여. 이 보살마하살은 이러한 일을 보고서 '나는 마땅히 무슨 방편으로 제유정의 부류들을 발제하여 이와 같은 네 종류의 태어남으로 차별됨을 없게 할 수 있겠는가?'라고 이렇게 사유를 짓느니라.

이미 사유를 마쳤다면, '나는 마땅히 정근하면서 몸과 목숨을 돌아보지 않고서 6바라밀다를 수행하여 유정을 성숙시키겠고 불국토를 청정하게 장엄하면서 빠르게 원만해지고 무상정등보리를 증득하겠으며, 내 불국토의 가운데에서는 제유정의 부류들이 이와 같이 네 가지의 태어남의 차별이 없고 제유정의 부류들이 모두가 같은 화생이 되게 하겠다.'라고 이렇게 발원을 지으면서 말하였다면 선현이여. 이 보살마하살은 오히려 이러한 6바라밀다가 빠르게 원만함을 얻어서 무상정등보리에 가까워지느니라.

다시 다음으로 선현이여. 보살마하살이 있어서 6바라밀다를 갖추어 수행하면서, 제유정들이 5신통이 없어서 지었던 일이라는 것에서 자재함을 얻지 못한 것을 보았다면, 선현이여. 이 보살마하살은 이러한 일을 보고서 '나는 마땅히 무슨 방편으로 제유정의 부류들을 발제하여야 모두에게 5신통의 지혜를 획득하게 할 수 있겠는가?'라고 이렇게 사유를 짓느니라.

이미 사유를 마쳤다면, '나는 마땅히 정근하면서 몸과 목숨을 돌아보지 않고서 6바라밀다를 수행하여 유정을 성숙시키겠고 불국토를 청정하게 장엄하면서 빠르게 원만해지고 무상정등보리를 증득하겠으며, 내 불국토의 가운데에서는 제유정의 부류들이 5신통의 지혜를 획득하여 모두가 자재하게 하겠다.'라고 이렇게 발원을 지으면서 말하였다면 선현이여. 이 보살마하살은 오히려 이러한 6바라밀다가 빠르게 원만함을 얻어서 무상정등보리에 가까워지느니라.

다시 다음으로 선현이여. 보살마하살이 있어서 6바라밀다를 갖추어 수행하면서, 제유정들이 단식(段食)을 수용(受容)하여 몸에 여러 종류의 대(大)·소변(小便)이 있고 피고름·악취·더러움이 있으므로 매우 싫어하면서 버리는 것을 보았다면, 선현이여. 이 보살마하살은 이러한 일을 보고서 '나는 마땅히 무슨 방편으로 제유정의 부류들을 발제하여야 이와 같이 단식을 수용하는 제유정들의 부류들에게 그들의 몸속에 대·소변과 더러움을 없게 할 수 있겠는가?'라고 이렇게 사유를 짓느니라.

이미 사유를 마쳤다면, '나는 마땅히 정근하면서 몸과 목숨을 돌아보지 않고서 6바라밀다를 수행하여 유정을 성숙시키겠고 불국토를 청정하게 장엄하면서 빠르게 원만해지고 무상정등보리를 증득하겠으며, 내 불국토의 가운데에서는 제유정의 부류들이 모두 같이 미묘한 법의 희식(喜食)을 수용하여 그들의 몸이 향기롭고 깨끗하며 대·소변과 더러움을 없게 하겠다.'라고 이렇게 발원을 지으면서 말하였다면 선현이여. 이 보살마하살은 오히려 이러한 6바라밀다가 빠르게 원만함을 얻어서 무상정등보리에 가까워지느니라.

다시 다음으로 선현이여. 보살마하살이 있어서 6바라밀다를 갖추어 수행하면서, 제유정들이 몸에 광명이 없어서 제유정들이 대체로 외부의 빛을 구하려고 하는 것을 보았다면, 선현이여. 이 보살마하살은 이러한 일을 보고서 '나는 마땅히 무슨 방편으로 제유정의 부류들을 발제하여야 이와 같이 단식을 수용하는 제유정들의 부류들에게 이와 같은 광명이 없는 몸을 벗어나게 할 수 있겠는가?'라고 이렇게 사유를 짓느니라.

이미 사유를 마쳤다면, '나는 마땅히 정근하면서 몸과 목숨을 돌아보지 않고서 6바라밀다를 수행하여 유정을 성숙시키겠고 불국토를 청정하게 장엄하면서 빠르게 원만해지고 무상정등보리를 증득하겠으며, 내 불국토의 가운데에서는 제유정의 부류들이 모두 몸에 광명을 구족하여 외부의 빛을 빌리지 않게 하겠다.'라고 이렇게 발원을 지으면서 말하였다면 선현이여. 이 보살마하살은 오히려 이러한 6바라밀다가 빠르게 원만함을 얻어서 무상정등보리에 가까워지느니라.

다시 다음으로 선현이여. 보살마하살이 있어서 6바라밀다를 갖추어 수행하면서, 제유정들이 기거하는 대지의 처소에 낮이 있고 밤이 있으며 1개월이 있고 15일이 있으며 시절이 있고 햇수가 있어서 전변(轉變)하면서 항상하지 않는 것을 보았다면, 선현이여. 이 보살마하살은 이러한 일을 보고서 '나는 마땅히 무슨 방편으로 제유정의 부류들을 발제하여야 기거하는 대지의 처소에 낮과 밤 등의 여러 변이(變異)하는 일을 없게 할 수 있겠는가?'라고 이렇게 사유를 짓느니라.

이미 사유를 마쳤다면, '나는 마땅히 정근하면서 몸과 목숨을 돌아보지 않고서 6바라밀다를 수행하여 유정을 성숙시키겠고 불국토를 청정하게 장엄하면서 빠르게 원만해지고 무상정등보리를 증득하겠으며, 내 불국토의 가운데에서는 낮과 밤, 1개월과 15일, 시절과 햇수가 없게 하겠고, 나아가 낮과 밤 등의 명자도 없게 하겠다.'라고 이렇게 발원을 지으면서 말하였다면 선현이여. 이 보살마하살은 오히려 이러한 6바라밀다가 빠르게 원만함을 얻어서 무상정등보리에 가까워지느니라.

다시 다음으로 선현이여. 보살마하살이 있어서 6바라밀다를 갖추어 수행하면서, 제유정들이 수명(壽量)이 짧고 촉박한 것을 보았다면, 선현이여. 이 보살마하살은 이러한 일을 보고서 '나는 마땅히 무슨 방편으로 제유정의 부류들을 발제하여야 수명이 짧고 촉박한 것을 벗어나게 할 수 있겠는가?'라고 이렇게 사유를 짓느니라.

이미 사유를 마쳤다면, '나는 마땅히 정근하면서 몸과 목숨을 돌아보지 않고서 6바라밀다를 수행하여 유정을 성숙시키겠으며 불국토를 청정하게 장엄하면서 빠르게 원만해지고 무상정등보리를 증득하겠으며, 내 불국토의 가운데에서는 제유정들이 수명이 길고 멀어서 겁수(劫數)를 알기 어렵게 하겠다.'라고 이렇게 발원을 지으면서 말하였다면 선현이여. 이 보살마하살은 오히려 이러한 6바라밀다가 빠르게 원만함을 얻어서 무상정등보리에 가까워지느니라.

다시 다음으로 선현이여. 보살마하살이 있어서 6바라밀다를 갖추어 수행하면서, 제유정들이 여러 상호(相好) 없는 것을 보았다면, 선현이여.

이 보살마하살은 이러한 일을 보고서 '나는 마땅히 무슨 방편으로 제유정의 부류들을 발제하여야 제유정의 부류들에게 상호를 얻게 할 수 있겠는가?'라고 이렇게 사유를 짓느니라.

이미 사유를 마쳤다면, '나는 마땅히 정근하면서 몸과 목숨을 돌아보지 않고서 6바라밀다를 수행하여 유정을 성숙시키겠고 불국토를 청정하게 장엄하면서 빠르게 원만해지고 무상정등보리를 증득하겠으며, 내 불국토의 가운데에서는 제유정의 부류들이 32대사부상(三十二大士夫相)과 80수호(八十隨好)를 갖추어 원만하게 장엄되어서 유정들이 그들을 본다면 맑고 미묘한 기쁨을 생겨나게 하겠다.'라고 이렇게 발원을 지으면서 말하였다면 선현이여. 이 보살마하살은 오히려 이러한 6바라밀다가 빠르게 원만함을 얻어서 무상정등보리에 가까워지느니라.

다시 다음으로 선현이여. 보살마하살이 있어서 6바라밀다를 갖추어 수행하면서, 제유정들이 여러 선근(善根)을 벗어난 것을 보았다면, 선현이여. 이 보살마하살은 이러한 일을 보고서 '나는 마땅히 무슨 방편으로 제유정의 부류들을 발제하여야 제유정의 부류들에게 상호를 얻게 할 수 있겠는가?'라고 이렇게 사유를 짓느니라.

이미 사유를 마쳤다면, '나는 마땅히 정근하면서 몸과 목숨을 돌아보지 않고서 6바라밀다를 수행하여 유정을 성숙시키겠고 불국토를 청정하게 장엄하면서 빠르게 원만해지고 무상정등보리를 증득하겠으며, 내 불국토의 가운데에서는 제유정의 부류들이 일체의 수승하고 미묘한 선근을 성취하게 하겠고, 오히려 이러한 선근으로 여러 종류의 상묘(上妙)한 공양구(供養具)로 제불께 공양하며 이러한 복력(福力)을 타고 태어나는 처소를 따라서 다시 능히 제불·세존께 공양하겠다.'라고 이렇게 발원을 지으면서 말하였다면 선현이여. 이 보살마하살은 오히려 이러한 6바라밀다가 빠르게 원만함을 얻어서 무상정등보리에 가까워지느니라.

다시 다음으로 선현이여. 보살마하살이 있어서 6바라밀다를 갖추어 수행하면서, 제유정들이 몸과 마음의 병을 갖추었고 몸의 병으로 네 가지인 첫째는 풍병(風病)이고 둘째는 열병(熱病)이며 셋째는 담병(痰病)

이고 넷째는 풍(風) 등의 여러 종류가 섞인 병이 있었고, 역시 마음의 병으로 네 가지인 첫째는 탐욕의 병(貪病)이고 둘째는 진에의 병(瞋病)이며 셋째는 우치의 병(癡病)이고 넷째는 만(慢) 등의 여러 번뇌의 병이 있는 것을 보았다면, 선현이여. 이 보살마하살은 이러한 일을 보고서 '나는 마땅히 무슨 방편으로 이와 같은 몸과 마음의 병으로 고통받는 제유정의 부류들을 발제시킬 수 있겠는가?'라고 이렇게 사유를 짓느니라.

이미 사유를 마쳤다면, '나는 마땅히 정근하면서 몸과 목숨을 돌아보지 않고서 6바라밀다를 수행하여 유정을 성숙시키겠고 불국토를 청정하게 장엄하면서 빠르게 원만해지고 무상정등보리를 증득하겠으며, 내 불국토의 가운데에서는 제유정의 부류들이 몸과 마음이 청정하여서 여러 병의 고통이 없고, 나아가 풍병·열병·담병과 풍 등이 섞인 병의 명자를 들을 수 없게 하겠으며, 역시 다시 탐병·진병·치병과 만 등인 번뇌 병의 명자도 들을 수 없게 하겠다.'라고 이렇게 발원을 지으면서 말하였다면 선현이여. 이 보살마하살은 오히려 이러한 6바라밀다가 빠르게 원만함을 얻어서 무상정등보리에 가까워지느니라.

다시 다음으로 선현이여. 보살마하살이 있어서 6바라밀다를 갖추어 수행하면서, 제유정들이 여러 종류의 의요(意樂)로, 혹은 즐겁게 성문승(聲聞乘)에 나아가려는 자도 있고, 혹은 즐겁게 독각승(獨覺乘)에 나아가려는 자도 있으며, 혹은 즐겁게 무상승(無上乘)에 나아가려는 자도 있는 것을 보았다면, 선현이여. 이 보살마하살은 이러한 일을 보고서 '나는 마땅히 무슨 방편으로 제유정의 부류들을 발제하여야 그들이 즐겁게 성문승·독각승에 나아가려는 것을 버리게 하고, 오직 즐겁게 무상대승(無上大乘)에 나아가게 할 수 있겠는가?'라고 이렇게 사유를 짓느니라.

이미 사유를 마쳤다면, '나는 마땅히 정근하면서 몸과 목숨을 돌아보지 않고서 6바라밀다를 수행하여 유정을 성숙시키겠고 불국토를 청정하게 장엄하면서 빠르게 원만해지고 무상정등보리를 증득하겠으며, 내 불국토의 가운데에서는 제유정의 부류들이 오직 무상정등보리를 구하게 하겠고, 성문승·독각승의 과위를 즐거워하지 않겠으며, 나아가 이승(二乘)의 명자가 없게 하겠고, 오직 대승의 여러 공덕을 듣게 하겠다.'라고 이렇게 발원을 지으면서 말하였다면 선현이여. 이 보살마하살은 오히려 이러한 6바라밀다가 빠르게 원만함을 얻어서 무상정등보리에 가까워지느니라.

다시 다음으로 선현이여. 보살마하살이 있어서 6바라밀다를 갖추어 수행하면서, 제유정들이 여러 종류의 의요(意樂)로, 혹은 즐겁게 성문승(聲聞乘)에 나아가려는 자도 있고, 혹은 즐겁게 독각승(獨覺乘)에 나아가려는 자도 있으며, 혹은 즐겁게 무상승(無上乘)에 나아가려는 자도 있는 것을 보았다면, 선현이여. 이 보살마하살은 이러한 일을 보고서 '나는 마땅히 무슨 방편으로 제유정의 부류들을 발제하여야 그들이 즐겁게 성문승·독각승에 나아가려는 것을 버리게 하고, 오직 즐겁게 무상대승(無上大乘)에 나아가게 할 수 있겠는가?'라고 이렇게 사유를 짓느니라.

이미 사유를 마쳤다면, '나는 마땅히 정근하면서 몸과 목숨을 돌아보지 않고서 6바라밀다를 수행하여 유정을 성숙시키겠고 불국토를 청정하게 장엄하면서 빠르게 원만해지고 무상정등보리를 증득하겠으며, 내 불국토의 가운데에서는 제유정의 부류들이 오직 무상정등보리를 구하게 하겠고, 성문승·독각승의 과위(果位)를 즐거워하지 않겠으며, 나아가 이승(二乘)의 명자가 없게 하겠고, 오직 대승의 여러 공덕을 듣게 하겠다.'라고 이렇게 발원을 지으면서 말하였다면 선현이여. 이 보살마하살은 오히려 이러한 6바라밀다가 빠르게 원만함을 얻어서 무상정등보리에 가까워지느니라.

다시 다음으로 선현이여. 보살마하살이 있어서 6바라밀다를 갖추어 수행하면서, 제유정들이 증상만(增上慢)을 일으켜서 능히 진실로 생명을 죽이는 것을 벗어나지 못하였으나 '나는 진실로 생명을 죽이는 일을 벗어났다.'라고 알렸거나, 능히 진실로 불여취(不與取)를 벗어나지 못하였고 음욕의 삿된 행을 벗어나지 못하였으나 '나는 진실로 불여취를 벗어났고 음욕의 삿된 행을 벗어났다.'라고 알렸거나, 능히 진실로 헛되고 속이는 말을 벗어나지 못하였으나 '나는 진실로 헛되고 속이는 말을 벗어났다.'라고 알렸거나, 능히 진실로 추악한 말을 벗어나지 못하였고 이간질하는 말을 벗어나지 못하였으며 지저분한 말을 벗어나지 못하였으나 '나는 진실로 추악한 말을 벗어났고 이간질하는 말을 벗어났으며 지저분한 말을 벗어났다.'라고 알렸거나, 능히 진실로 탐욕에서 벗어나지 못하였으나 '나는 진실로 탐욕에서 벗어났다.'라고 알렸거나, 능히 진실로 진에와 삿된 견해를 벗어나지 못하였으나 '나는 진실로 진에를 벗어났고 삿된 소견을 벗어났다.'라고 알렸거나,

초정려(初靜慮)를 증득하지 못하였으나 '초정려를 증득하였다.'라고 알렸거나, 제2·제3·제4정려를 증득하지 못하였으나 '제2·제3·제4정려를 증득하였다.'라고 알렸거나, 공무변처정(空無邊處定)을 증득하지 못하였으나 '공무변처정을 증득하였다.'라고 알렸거나, 식무변처(識無邊處)·무소유처(無所有處)·비상비비상처정(非想非非想處定)을 증득하지 못하였으나 '식무변처·무소유처·비상비비상처정을 증득하였다.'라고 알렸거나, 자무량(慈無量)을 증득하지 못하였으나 '자무량을 증득하였다.'라고 알렸거나, 비(悲)·희(喜)·사무량(捨無量)을 증득하지 못하였으나 '비·희·사무량을 증득하였다.'라고 알렸거나,

신경지증통(神境智證通)을 증득하지 못하였으나 '신경지증통을 증득하였다.'라고 알렸거나, 천안(天眼)·천이(天耳)·타심(他心)·숙주수념지증통(宿住隨念智證通)을 증득하지 못하였으나 '천안·천이·타심·숙주수념지증통을 증득하였다.'라고 알렸거나, 부정관(不淨觀)[2]을 증득하지 못하였으나 '부정관을 증득하였다.'라고 알렸거나, 자비(慈悲)[3]·염식(念息)[4]·연기

---

2) 오정심관(五停心觀)은 마음을 어지럽히는 다섯 가지 번뇌의 장애를 제거하기 위한 다섯 가지의 수행법으로 오종관법(五種觀法) 또는 오문선(五門禪)이라도 하며, 부정관(不淨觀), 자비관(慈悲觀), 인연관(因緣觀), 계분별관(界分別觀), 수식관(數息觀) 등이 있다. 부정관은 외계의 부정한 모습을 관찰하여 탐욕의 마음을 없애는 수행법을 가리킨다.

3) 자민관(慈愍觀)이라고도 말하고, 일체중생을 관찰하여 자비의 마음을 생겨나게 하는 수행법을 가리킨다.

4) 수식관(數息觀)이라고도 말하고, 호흡을 관찰하면서 마음이 산란한 사람들의 마음을 가라앉게 하는 수행법을 가리킨다.

(緣起)[5]·계차별관(界差別觀)[6]을 증득하지 못하였으나 '자비관·염식관·연기관·계차별관을 증득하였다.'라고 알렸거나, 지관지(止觀地)를 증득하지 못하였으나 '지관지를 증득하였다.'라고 알렸거나, 종성지(種姓地)·제팔지(第八地)·견지(見地)·박지(薄地)·이욕지(離欲地)·이판지(已辦地)를 증득하지 못하였으나 '종성지·제팔지·견지·박지·이욕지·이판지를 증득하였다.'라고 알렸거나, 독각의 보리를 증득하지 못하였으나 '독각의 보리를 증득하였다.'라고 알렸거나,

보시바라밀다를 증득하지 못하였으나 '보시바라밀다를 증득하였다.'라고 알렸거나, 정계·안인·정진·정려·반야바라밀다를 증득하지 못하였으나 '정계·안인·정진·정려·반야바라밀다를 증득하였다.'라고 알렸거나, 내공을 증득하지 못하였으나 '내공을 증득하였다.'라고 알렸거나, 외공·내외공·공공·대공·승의공·유위공·무위공·필경공·무제공·산공·무변이공·본성공·자상공·공상공·일체법공·불가득공·무성공·자성공·무성자성공을 증득하지 못하였으나 '외공, 나아가 무성자성공을 증득하였다.'라고 알렸거나, 진여를 증득하지 못하였으나 '진여를 증득하였다.'라고 알렸거나, 법계·법성·불허망성·불변이성·평등성·이생성·법정·법주·실제·허공계·부사의계를 증득하지 못하였으나 '법계, 나아가 부사의계를 증득하였다.'라고 알렸거나,

고성제를 증득하지 못하였으나 '고성제를 증득하였다.'라고 알렸거나, 집·멸·도성제를 증득하지 못하였으나 '집·멸·도성제를 증득하였다.'라고 알렸거나, 4념주를 증득하지 못하였으나 '4념주를 증득하였다.'라고 알렸거나, 4정단·4신족·5근·5력·7등각지·8성도지를 증득하지 못하였으나 '4정단, 나아가 8성도지를 증득하였다.'라고 알렸거나, 4정려를 증득하지

---

5) 인연관(因緣觀)이라고도 말하고, 제법은 인연으로 이루어지는 것이라는 12연기(十二緣起)를 관찰하여 어리석음을 없애게 하는 수행법을 가리킨다.

6) 계분별관(界分別觀)이라고도 말하고, 나에게 불변하는 실체가 있다는 그릇된 견해를 버리기 위하여 오온(五蘊)·십팔계(十八界) 등을 관찰하는 수행법을 가리킨다.

못하였으나 '4정려를 증득하였다.'라고 알렸거나, 4무량·4무색정을 증득하지 못하였으나 '4무량·4무색정을 증득하였다.'라고 알렸거나, 8해탈을 증득하지 못하였으나 '8해탈을 증득하였다.'라고 알렸거나, 8승처·9차제정·10변처를 증득하지 못하였으나 '8승처·9차제정·10변처를 증득하였다.'라고 알렸거나,

공해탈문을 증득하지 못하였으나 '공해탈문을 증득하였다.'라고 알렸거나, 무상·무원해탈문을 증득하지 못하였으나 '무상·무원해탈문을 증득하였다.'라고 알렸거나, 극희지를 증득하지 못하였으나 '극희지를 증득하였다.'라고 알렸거나, 이구지·발광지·염혜지·극난승지·현전지·원행지·부동지·선혜지·법운지를 증득하지 못하였으나 '이구지, 나아가 법운지를 증득하였다.'라고 알렸거나, 5안을 증득하지 못하였으나 '5안을 증득하였다.'라고 알렸거나, 6신통을 증득하지 못하였으나 '6신통을 증득하였다.'라고 알렸거나, 삼마지문을 증득하지 못하였으나 '삼마지문을 증득하였다.'라고 알렸거나, 다라니문을 증득하지 못하였으나 '다라니문을 증득하였다.'라고 알렸거나,

여래의 10력을 증득하지 못하였으나 '여래의 10력을 증득하였다.'라고 알렸거나, 4무소외·4무애해·대자·대비·대희·대사·18불불공법을 증득하지 못하였으나 '4무소외, 나아가 18불불공법을 증득하였다.'라고 알렸거나, 무망실법을 증득하지 못하였으나 '무망실법을 증득하였다.'라고 알렸거나, 항주사성을 증득하지 못하였으나 '항주사성을 증득하였다.'라고 알렸거나, 일체지를 증득하지 못하였으나 '일체지를 증득하였다.'라고 알렸거나, 도상지·일체상지를 증득하지 못하였으나 '도상지·일체상지를 증득하였다.'라고 알렸거나,

불국토를 청정하게 장엄하지 못하였으나 '불국토를 청정하게 장엄하였다.'라고 알렸거나, 유정을 성숙시키지 못하였으나 '유정을 성숙시켰다.'라고 알렸거나, 세간의 공교(工巧)와 기예(伎藝)를 이해하지 못하였으나 '세간의 공교와 기예를 이해하였다.'라고 알렸거나, 보살마하살의 행을 수행하지 못하였으나 '보살마하살의 행을 수행하였다.'라고 알렸거나,

무상정등보리를 증득하지 못하였으나 '무상정등보리를 증득하였다.'라고 알리는 것을 보았다면, 선현이여. 이 보살마하살은 이러한 일을 보고서 '오직 내가 마땅히 무슨 방편으로 이와 같은 유정의 부류들을 발제하여야 그들이 증상만의 결박을 멀리 벗어나게 할 수 있겠는가?'라고 이렇게 사유를 짓느니라.

이미 사유를 마쳤다면, '나는 마땅히 정근하면서 몸과 목숨을 돌아보지 않고서 6바라밀다를 수행하여 유정을 성숙시키겠고 불국토를 청정하게 장엄하면서 빠르게 원만해지고 무상정등보리를 증득하겠으며, 내 불국토의 가운데에서는 이와 같은 증상만인 자가 없게 하겠고, 일체의 중생들에게 증상만을 벗어나게 하겠다.'라고 이렇게 발원을 지으면서 말하였다면 선현이여. 이 보살마하살은 오히려 이러한 6바라밀다가 빠르게 원만함을 얻어서 무상정등보리에 가까워지느니라.

다시 다음으로 선현이여. 보살마하살이 있어서 6바라밀다를 갖추어 수행하면서, 제유정들이 제법에 집착하는 것을 보았는데 이를테면, 색(色)에 집착하였고 수(受)·상(想)·행(行)·식(識)에 집착하였거나, 안처(眼處)에 집착하였고 이(耳)·비(鼻)·설(舌)·신(身)·의처(意處)에 집착하였거나, 색처(色處)에 집착하였고 성(聲)·향(香)·미(味)·촉(觸)·법처(法處)에 집착하였거나, 안계(眼界)에 집착하였고 이(耳)·비(鼻)·설(舌)·신(身)·의계(意界)에 집착하였거나, 색계(色界)에 집착하였고 성(聲)·향(香)·미(味)·촉(觸)·법계(法界)에 집착하였거나, 안식계(眼識界)에 집착하였고 이(耳)·비(鼻)·설(舌)·신(身)·의식계(意識界)에 집착하였거나, 안촉(眼觸)에 집착하였고 이(耳)·비(鼻)·설(舌)·신(身)·의촉(意觸)에 집착하였거나, 안촉을 인연으로 생겨난 여러 수에 집착하였고 이·비·설·신·의촉을 인연으로 생겨난 여러 수에 집착하였거나,

지계(地界)에 집착하고 수(水)·화(火)·풍(風)·공(空)·식계(識界)에 집착하였거나, 무명(無明)에 집착하였고 행(行)·식(識)·명색(名色)·육처(六處)·촉(觸)·수(受)·애(愛)·취(取)·유(有)·생(生)·노사(老死)에 집착하였거나, 아(我)에 집착하고 유정(有情)·명자(命者)·생자(生者)·양자(養者)·사부(士

夫)·보특가라(補特伽羅)·의생(意生)·유동(孺童)·작자(作者)·수자(受者)·지자(知者)·견자(見者)에 집착하였거나, 보시바라밀다(布施波羅蜜多)에 집착하였고 정계(淨戒)·안인(安忍)·정진(精進)·정려(靜慮)·반야바라밀다(般若波羅蜜多)에 집착하였거나,

내공(內空)에 집착하였고 외공(外空)·내외공(內外空)·공공(空空)·대공(大空)·승의공(勝義空)·유위공(有爲空)·무위공(無爲空)·필경공(畢竟空)·무제공(無際空)·산공(散空)·무변이공(無變異空)·본성공(本性空)·자상공(自相空)·공상공(共相空)·일체법공(一切法空)·불가득공(不可得空)·무성공(無性空)·자성공(自性空)·무성자성공(無性自性空)에 집착하였거나, 진여(眞如)에 집착하였고 법계(法界)·법성(法性)·불허망성(不虛妄性)·불변이성(不變異性)·평등성(平等性)·이생성(離生性)·법정(法定)·법주(法住)·실제(實際)·허공계(虛空界)·부사의계(不思議界)에 집착하였거나, 고성제(苦聖諦)에 집착하였고 집(集)·멸(滅)·도성제(道聖諦)에 집착하였거나,

4념주(四念住)에 집착하였고 4정단(四正斷)·4신족(四神足)·5근(五根)·5력(五力)·7등각지(七等覺支)·8성도지(八聖道支)에 집착하였거나, 4정려(四靜慮)에 집착하였고 4무량(四無量)·4무색정(四無色定)에 집착하며, 8해탈(八解脫)에 집착하였고 8승처(八勝處)·9차제정(九次第定)·10변처(十遍處)에 집착하였거나, 공해탈문(空解脫門)에 집착하였고 무상(無相)·무원해탈문(無願解脫門)에 집착하였거나, 극희지(極喜地)에 집착하였고 이구지(離垢地)·발광지(發光地)·염혜지(焰慧地)·극난승지(極難勝地)·현전지(現前地)·원행지(遠行地)·부동지(不動地)·선혜지(善慧地)·법운지(法雲地)에 집착하였거나, 5안(五眼)에 집착하였고 6신통(六神通)에 집착하였거나,

삼마지문(三摩地門)에 집착하였고 다라니문(陀羅尼門)에 집착하였거나, 여래(佛)의 10력(十力)에 집착하였고 4무소외(四無所畏)·4무애해(四無礙解)·대자(大慈)·대비(大悲)·대희(大喜)·대사(大捨)·18불불공법(十八佛不共法)에 집착하였거나, 무망실법(無忘失法)에 집착하였고 항주사성(恒住捨性)에 집착하였거나, 일체지(一切智)에 집착하였고 도상지(道相智)·일체상지(一切相智)에 집착하였거나, 예류과(預流果)에 집착하였고 일래

(一來)·불환(不還)·아라한과(阿羅漢果)에 집착하였거나, 독각(獨覺)의 보리(菩提)에 집착하였거나, 보살마하살(菩薩摩訶薩)의 행(行)에 집착하였거나, 무상정등보리(無上正等菩提)에 집착하는 것을 보았다면, 선현이여. 이 보살마하살은 이러한 일을 보고서 '오직 내가 마땅히 어떻게 이와 같은 유정의 부류들을 발제하여야 집착을 벗어나게 할 수 있겠는가?'라고 이렇게 사유를 짓느니라.

이미 사유를 마쳤다면, '나는 마땅히 정근하면서 몸과 목숨을 돌아보지 않고서 6바라밀다를 수행하여 유정을 성숙시키겠고 불국토를 청정하게 장엄하면서 빠르게 원만해지고 무상정등보리를 증득하겠으며, 내 불국토의 가운데에서는 이와 같은 것 등의 여러 종류의 집착을 없게 하겠다.'라고 이렇게 발원을 지으면서 말하였다면 선현이여. 이 보살마하살은 오히려 이러한 6바라밀다가 빠르게 원만함을 얻어서 무상정등보리에 가까워지느니라.

다시 다음으로 선현이여. 보살마하살이 있어서 6바라밀다를 갖추어 수행하면서, 어느 여래·응공·정등각께서는 광명에 유량(有量)이 있고 수명에 유량이 있으며 여러 제자인 대중들의 숫자에도 분한(分限)[7]이 있는 것을 보았다면, 선현이여. 이 보살마하살은 이러한 일을 보고서 '내가 마땅히 어떻게 광명이 무량하고 수명이 무량하며 여러 제자인 대중들의 숫자에도 분한이 없게 할 수 있겠는가?'라고 이렇게 사유를 짓느니라.

이미 사유를 마쳤다면, '나는 마땅히 정근하면서 몸과 목숨을 돌아보지 않고서 6바라밀다를 수행하여 유정을 성숙시키겠고 불국토를 청정하게 장엄하면서 빠르게 원만해지고 무상정등보리를 증득하겠으며, 그때 나의 몸은 광명이 무량하고 수명이 무량하며 여러 제자인 대중들의 숫자에도 분한이 없게 하겠다.'라고 이렇게 발원을 지으면서 말하였다면 선현이여. 이 보살마하살은 오히려 이러한 6바라밀다가 빠르게 원만함을 얻어서

---

7) '일정한 한도(限度)' 또는 '신분(身分)의 높·낮이의 한계(限界)' 등을 뜻한다.

무상정등보리에 가까워지느니라.

다시 다음으로 선현이여. 보살마하살이 있어서 6바라밀다를 갖추어 수행하면서, 어느 여래·응공·정등각께서는 기거하시는 곳인 불토의 주위와 둘레에 유량(有量)이 있는 것을 보았다면, 선현이여. 이 보살마하살은 이러한 일을 보고서 '내가 마땅히 어떻게 기거하시는 곳인 불토의 주위와 둘레를 무량하게 할 수 있겠는가?'라고 이렇게 사유를 짓느니라.

이미 사유를 마쳤다면, '나는 마땅히 정근하면서 몸과 목숨을 돌아보지 않고서 6바라밀다를 수행하여 유정을 성숙시키겠고 불국토를 청정하게 장엄하면서 빠르게 원만해지고 무상정등보리를 증득하겠으며, 시방으로 각각 긍가사(殑伽沙)와 같은 숫자의 대천세계(大千世界)를 합하여 한 국토로 삼고서 나는 그 가운데에 머무르면서 설법하여 무량(無量)하고 무수(無數)이며 무변(無邊)한 유정들을 교화하겠다.'라고 이렇게 발원을 지으면서 말하였다면 선현이여. 이 보살마하살은 오히려 이러한 6바라밀다가 빠르게 원만함을 얻어서 무상정등보리에 가까워지느니라.

다시 다음으로 선현이여. 보살마하살이 있어서 6바라밀다를 갖추어 수행하면서, 제유정들의 생사(生死) 길고 멀며 제유정계(諸有情界)의 그 숫자도 무변한 것을 보았다면, 선현이여. 이 보살마하살은 이러한 일을 보고서 '생사의 변제(邊際)는 오히려 허공과 같고 제유정계도 역시 다시 그와 같다. 비록 제유정의 부류들이 생사를 유전(流傳)하거나, 혹은 열반을 얻는 것이 진실로 없을지라도, 그렇지만 제유정들은 허망하게 집착하여 있다고 생각하면서 생사를 윤회(輪迴)하면서 받는 고통은 무변한데, 나는 마땅히 무슨 방편으로 발제해야 하겠는가?'라고 이렇게 사유를 짓느니라.

이미 사유를 마쳤다면, '나는 마땅히 정근하면서 몸과 목숨을 돌아보지 않고서 6바라밀다를 수행하여 유정을 성숙시키겠고 불국토를 청정하게 장엄하면서 빠르게 원만해지고 무상정등보리를 증득하겠으며, 빠르고 원만하게 무상정등보리를 증득하고서 제유정들을 위하여 무상법(無上法)을 설하여 모두를 생사의 큰 고통을 해탈시키고, 역시 생사와 해탈도 모두 무소유이고 모두 필경공(畢竟空)이라고 증득하여 알게 하겠다.'라고 이렇게 발원을 지으면서 말하였다면 선현이여. 이 보살마하살은 오히려 이러한 6바라밀다가 빠르게 원만함을 얻어서 무상정등보리에 가까워지느니라."

52. 긍가천품(殑伽天品)(1)

그때 그 회중(會中)에 한 천녀(天女)가 있어 긍가천(殑伽天)이라고 이름하였는데, 자리에서 일어나서 왼쪽의 어깨를 덮고서 오른쪽의 무릎을 땅에 꿇고 합장하고서 세존을 향하여 아뢰어 말하였다.

"세존이시여. 저는 마땅히 보시·정계·안인·정진·정려·반야바라밀다를 수행하여 유정을 성숙시키겠으며 불국토를 청정하게 장엄하겠으며, 제가 구하는 불국토라는 것은 지금 여래·응공·정등각께서 대중들을 위하여 이 반야바라밀다의 매우 깊은 경전의 가운데에서 설하신 국토의 모양과 같아서 일체를 구족할 것입니다."

그때 긍가천은 이렇게 말을 지었고 곧 여러 종류의 금화(金花)·은화(銀花)·물과 육지에서 자라나는 꽃·여러 장엄구(莊嚴具)와 금색의 천의(天衣) 한 벌을 가지고 공경스럽게 이르렀고 지극한 정성스럽게 세존 위에 흩뿌렸는데, 세존의 신력(神力)을 까닭으로 허공 위로 솟아올라서 빙글빙글 오른쪽으로 돌았으므로, 세존의 정수리 위에서 네 기둥과 네 모서리가 보배의 누대(樓臺)로 아름답게 꾸며지고 장엄되어 매우 애락(愛樂)[8]하였다. 이 천녀는 이 보배 누대를 가지고 제유정들과 함께 평등하게 공유(共有)하면서 무상정등보리에 회향하였다.

그때 여래께서는 그 천녀의 뜻과 발원이 깊고 넓다고 아셨으므로

8) '사랑스럽고 즐겁다.'는 뜻이다.

곧바로 미소를 지으셨다. 제불의 법은 미소를 지으시는 때에 여러 종류의 광명이 입을 쫓아서 솟아나오는 것과 같이 지금의 세존께서도 그 입에서 여러 종류의 광명인 청(靑)·황(黃)·적(赤)·백(白)·홍(紅)·벽(碧)·자(紫)·녹(綠)으로 시방의 무량하고 무변하며 무수인 세계를 두루 비추었으며, 다시 이 국토로 되돌아와서 큰 신통의 변화를 나타내었고, 세존을 세 번을 돌았으며, 세존의 정수리의 가운데에 들어갔다. 그때 아난(阿難)이 이러한 일을 보았고 자리에서 일어났으며 오른쪽의 무릎을 땅에 꿇고 합장하며 세존을 향하여 아뢰어 말하였다.

"세존이시여. 무슨 인(因)으로, 무슨 연(緣)으로, 이러한 미소를 나타내십니까? 제불의 미소는 인연이 없지 않습니다."

세존께서 아난에게 알리셨다.

"지금의 이 천녀는 미래의 세상에 마땅히 작불(作佛)할 것인데, 겁의 이름은 성유(星喩)이고 세존의 명호는 금화(金花) 여래(如來)·응공(應)·정등각(正等覺)·명행원만(明行圓滿)·선서(善逝)·세간해(世間解)·무상장부(無上丈夫)·조어사(調御士)·천인사(天人師)·불(佛) 박가범(薄伽梵)이니라. 아난이여. 마땅히 알아야 하느니라. 지금의 이 천녀는 나아가서 이것이 여인의 몸을 받는 것이 최후이나니, 이 몸을 버린다면 곧 남자의 몸을 받을 것이고, 미래가 끝나도록 다시는 여인이 되지 않을 것이며, 이곳에서 목숨을 마친다면 동방(東方)의 부동(不動) 여래·응공·정등각의 매우 애락한 불세계(佛世界)의 가운데에 태어날 것이고, 그 여래(佛)의 처소에서 정근하면서 범행(梵行)을 수행할 것이며, 이 천녀는 그 세계에서도 역시 금화라는 이름으로 여러 보살마하살의 행을 수행할 것이니라.

아난이여. 이 금화보살마하살은 그 세계에서 목숨을 마친다면 다시 다른 방위에서 태어나고 한 불국토에서 한 불국토에 이르면서 태어나는 처소마다 항상 여래를 벗어나지 않으며, 전륜왕(轉輪王)이 한 누대(臺觀)에서 한 누대에 이르면서 관찰하여 환희하며 오락하고 즐거움을 받으며, 나아가 목숨을 마치도록 발로 땅을 밟지 않는 것과 같이 금화보살도 역시 그와 같아서 한 불국토에서 한 불국토를 왕래하고, 나아가 무상정등보리를 증득하기까지 태어나고 태어나더라도 항상 여래를 벗어나지 않으며, 정법을 듣고 받아들여서 보살행을 수행할 것이니라.”

그때 아난은 살며시 이렇게 생각을 지었다.

‘금화보살께서도 마땅히 작불(作佛)하시는 때에, 역시 상응하여 매우 깊은 반야바라밀다를 선설(宣說)하실 것이고, 그 회중의 보살마하살의 대중들도 그 숫자의 많음과 적음이 지금 세존의 보살의 대중들이 모인 것과 상응하게 같을 것이다.’

세존께서는 그의 생각을 아시고 아난에게 알려 말씀하셨다.

“그와 같으니라. 그와 같으니라. 그대가 생각한 것과 같으니라. 이 금화보살이 마땅히 성불하는 때에 역시 회중의 대중을 위하여 이와 같은 매우 깊은 반야바라밀다를 선설할 것이고, 그 회중의 보살마하살의 대중들도 그 숫자의 많음과 적음이 역시 지금 세존의 보살의 대중들이 모인 것과 같을 것이니라.

아난이여. 마땅히 알아야 하느니라. 이 금화보살마하살이 마땅히 성불하는 때에는 그 불세계에서 출가한 제자들의 그 숫자가 매우 많아서 숫자를 헤아릴 수 없는데 이를테면, 셀 수 없는 만약 백이거나, 만약 천이거나, 만약 백천이거나, 만약 구지(俱胝)이거나, 만약 백 구지이거나, 만약 천 구지이거나, 만약 백천 구지이거나, 만약 나유다이거나, 만약 백 나유다이거나, 만약 천 나유다이거나, 만약 백천 나유다의 대비구(大苾芻)의 대중이며, 다만 대략적으로 말한다면 무수이고 무량하며 무변한 백천 구지·나유다의 대비구의 대중이니라.

아난이여. 마땅히 알아야 하느니라. 이 금화보살마하살이 마땅히 성불하는 때에는 그 국토에는 이 반야바라밀다경의 가운데에서 설하는 것과 같이 여러 많은 허물과 근심이 없느니라.”

그때 구수 아난이 다시 세존께 아뢰어 말하였다.

“세존이시여. 지금의 이 천녀는 이전에 누구의 여래께 무상정등각(無上正等覺)의 마음을 일으켰고 여러 선근을 심어서 회향하고 발원하였으므로, 지금 세존을 만났으며 공경하고 공양하였으며, 불퇴전(不退轉)에서 수기

(受記)를 받았습니까?"

세존께서 아난에게 알리셨다.

"지금의 이 천녀는 이미 연등불(然燈佛)[9]께 무상정등각의 마음을 일으켰고, 여러 선근을 심어서 회향하고 발원하였던 까닭으로 지금에 나를 만났으며 공경하고 공양하였으며, 불퇴전에서 수기를 받았느니라.

아난이여. 마땅히 알아야 하느니라. 내가 과거에 연등불 처소에서 다섯 송이의 꽃으로써 받들어 흩뿌렸으며 그 여래께 회향하고 발원하였으므로, 연등여래·응공·정등각께서는 나의 근기가 성숙하였다고 아시고 나에게 수기를 주셨는데, 천녀는 그때 여래께서 나에게 대보리의 수기를 주시는 것을 보고 환희하고 용약(踊躍)하였으며, 곧 금화를 여래의 위에 받들어 흩뿌렸고 곧 무상정등각의 마음을 발원하였으며, 여러 선근을 심었고 회향하며 '저도 내세에 이 보살이 성불하시는 때에, 역시 지금의 여래와 같이 현전(現前)에서 대보리의 수기를 주게 하십시오.'라고 발원하였느니라. 그러므로 내가 지금 그녀에게 수기를 주었느니라."

구수 아난이 세존께서 설하시는 것을 듣고 환희하고 용약하면서 다시 세존께 아뢰어 말하였다.

"지금의 이 천녀는 오랫동안 무상정등보리를 위하여 여러 공덕의 근본을 심었고 지금 성숙되었으므로 세존께서 수기하셨습니다."

세존께서 아난에게 알리셨다.

"그와 같으니라. 그와 같으니라. 지금의 이 천녀는 오랫동안 무상정등보리를 위하여 여러 공덕의 근본을 심었고 지금 성숙되었으므로 내가 수기하였느니라."

---

9) 산스크리티어 Dīpaṃkara의 번역이고, '정광불(錠光佛', '보광불(普光佛' 등으로 한역한다.

53. 선학품(善學品)(1)

그때 구수 세존께 아뢰어 말하였다.

"세존이시여. 깊은 반야바라밀다를 수행하는 제보살마하살은 어떻게 수습(修習)해야 공삼마지(空三摩地)에 가까워집니까? 어떻게 공삼마지에 들어갑니까? 어떻게 수습해야 무상삼마지(無相三摩地)에 가까워집니까? 어떻게 무상삼마지에 들어갑니까? 어떻게 수습해야 무원삼마지(無願三摩地)에 가까워집니까? 어떻게 무원삼마지에 들어갑니까?

어떻게 수습해야 4념주에 가까워집니까? 어떻게 4념주를 수습합니까? 어떻게 수습해야 4정단·4신족·5근·5력·7등각지·8성도지에 가까워집니까? 어떻게 4정단, 나아가 8성도지를 수습합니까? 어떻게 수습해야 여래의 10력에 가까워집니까? 어떻게 여래의 10력을 수습합니까? 어떻게 수습해야 4무소외·4무애해·대자·대비·대희·대사·18불불공법에 가까워집니까? 어떻게 4무소외, 나아가 18불불공법을 수습합니까?"

세존께서 말씀하셨다.

"선현이여. 깊은 반야바라밀다를 행하는 제보살마하살은 상응하여 색(色)이 공(空)하다고 관찰해야 하고 상응하여 수(受)·상(想)·행(行)·식(識)도 공하다고 관찰해야 하며, 상응하여 안처(眼處)가 공하다고 관찰해야 하고 상응하여 이(耳)·비(鼻)·설(舌)·신(身)·의처(意處)도 공하다고 관찰해야 하며, 상응하여 색처(色處)가 공하다고 관찰해야 하고 상응하여 성(聲)·향(香)·미(味)·촉(觸)·법처(法處)도 공하다고 관찰해야 하며, 상응하여 안계(眼界)가 공하다고 관찰해야 하고 상응하여 이(耳)·비(鼻)·설(舌)·신(身)·의계(意界)도 공하다고 관찰해야 하느니라.

상응하여 색계(色界)가 공하다고 관찰해야 하고 상응하여 성(聲)·향(香)·미(味)·촉(觸)·법계(法界)도 공하다고 관찰해야 하며, 상응하여 안식계(眼識界)가 공하다고 관찰해야 하고 상응하여 이(耳)·비(鼻)·설(舌)·신(身)·의식계(意識界)도 공하다고 관찰해야 하며, 상응하여 안촉(眼觸)이 공하다고 관찰해야 하고 상응하여 이(耳)·비(鼻)·설(舌)·신(身)·의촉(意觸)도 공하다고 관찰해야 하며, 상응하여 안촉(眼觸)을 인연으로 생겨난 여러 수(受)가 공하다고 관찰해야 하고 상응하여 이(耳)·비(鼻)·설(舌)·신(身)·의촉(意觸)을 인연으로 생겨난 여러 수도 공하다고 관찰해야 하느니라.

상응하여 지계(地界)가 공하다고 관찰해야 하고 상응하여 수(水)·화(火)·풍(風)·공(空)·식계(識界)도 공하다고 관찰해야 하며, 상응하여 무명(無明)이 공하다고 관찰해야 하고 상응하여 행(行)·식(識)·명색(名色)·육처(六處)·촉(觸)·수(受)·애(愛)·취(取)·유(有)·생(生)·노사(老死)도 공하다고 관찰해야 하며, 상응하여 보시바라밀다(布施波羅蜜多)가 공하다고 관찰해야 하고 상응하여 정계(淨戒)·안인(安忍)·정진(精進)·정려(靜慮)·반야바라밀다(般若波羅蜜多)도 공하다고 관찰해야 하며, 상응하여 내공(內空)이 공하다고 관찰해야 하고 상응하여 외공(外空)·내외공(內外空)·공공(空空)·대공(大空)·승의공(勝義空)·유위공(有爲空)·무위공(無爲空)·필경공(畢竟空)·무제공(無際空)·산공(散空)·무변이공(無變異空)·본성공(本性空)·자상공(自相空)·공상공(共相空)·일체법공(一切法空)·불가득공(不可得空)·무성공(無性空)·자성공(自性空)·무성자성공(無性自性空)도 공하다고 관찰해야 하느니라.

상응하여 진여(眞如)가 공하다고 관찰해야 하고 상응하여 법계(法界)·법성(法性)·불허망성(不虛妄性)·불변이성(不變異性)·평등성(平等性)·이생성(離生性)·법정(法定)·법주(法住)·실제(實際)·허공계(虛空界)·부사의계(不思議界)도 공하다고 관찰해야 하며, 상응하여 고성제(苦聖諦)가 공하다고 관찰해야 하고 상응하여 집(集)·멸(滅)·도성제(道聖諦)도 공하다고 관찰해야 하며, 상응하여 4정려(四靜慮)가 공하다고 관찰해야 하고 상응하여 4무량(四無量)·4무색정(四無色定)도 공하다고 관찰해야 하며, 상응하여 8해탈(八解脫)이 공하다고 관찰해야 하고 상응하여 8승처(八勝處)·9차제정(九次第定)·10변처(十遍處)도 공하다고 관찰해야 하느니라.

상응하여 공해탈문(空解脫門)이 공하다고 관찰해야 하고 상응하여 무상(無相)·무원해탈문(無願解脫門)도 공하다고 관찰해야 하며, 상응하여 삼승

보살(三乘菩薩)의 10지(十地)가 공하다고 관찰해야 하고, 상응하여 5안(五眼)이 공하다고 관찰해야 하고 상응하여 6신통(六神通)도 공하다고 관찰해야 하며, 상응하여 여래(佛)의 10력(十力)이 공하다고 관찰해야 하고 상응하여 4무소외(四無所畏)·4무애해(四無礙解)·대자(大慈)·대비(大悲)·대희(大喜)·대사(大捨)·18불불공법(十八佛不共法)도 공하다고 관찰해야 하며, 상응하여 무망실법(無忘失法)이 공하다고 관찰해야 하고 상응하여 항주사성(恒住捨性)도 공하다고 관찰해야 하느니라.

상응하여 일체지(一切智)가 공하다고 관찰해야 하고 상응하여 도상지(道相智)·일체상지(一切相智)도 공하다고 관찰해야 하며, 상응하여 일체의 다라니문(陀羅尼門)이 공하다고 관찰해야 하고 상응하여 일체의 삼마지문(三摩地門)도 공하다고 관찰해야 하며, 상응하여 예류과(預流果)가 공하다고 관찰해야 하고 상응하여 일래(一來)·불환(不還)·아라한과(阿羅漢果)도 공하다고 관찰해야 하며, 상응하여 독각(獨覺)의 보리(菩提)가 공하다고 관찰해야 하고, 상응하여 일체의 보살마하살(菩薩摩訶薩)의 행(行)이 공하다고 관찰해야 하며, 상응하여 제불(諸佛)의 무상정등보리(無上正等菩提)가 공하다고 관찰해야 하느니라.

상응하여 유루법(有漏法)이 공하다고 관찰해야 하고 상응하여 무루법(無漏法)도 공하다고 관찰해야 하며, 상응하여 세간법(世間法)이 공하다고 관찰해야 하고 상응하여 출세간법(出世間法)도 공하다고 관찰해야 하며, 상응하여 유위법(有爲法)이 공하다고 관찰해야 하고 상응하여 무위법(無爲法)도 공하다고 관찰해야 하며, 상응하여 과거법(過去法)이 공하다고 관찰해야 하고 상응하여 미래(未來)·현재법(現在法)도 공하다고 관찰해야 하며, 상응하여 선법(善法)이 공하다고 관찰해야 하고 상응하여 불선(不善)·무기법(無記法)도 공하다고 관찰해야 하며, 상응하여 욕계법(欲界法)이 공하다고 관찰해야 하고 상응하여 색계(色界)·무색계법(無色界法)도 공하다고 관찰해야 하느니라.

선현이여. 이 보살마하살은 이렇게 관찰을 짓는 때라면 마음을 산란하지 않게 하나니, 만약 마음이 산란하지 않는다면 곧 법을 보지 않고,

만약 법을 보지 않는다면 곧 증득하고자 하지 않느니라. 그 까닭은 무엇인가? 선현이여. 이 보살마하살은 제법의 자상(自相)이 모두가 공하므로, 법의 증장이 없고 법의 소멸도 없다고 잘 수학하였던 까닭으로 제법에서 보지도 않고 증득하지도 않느니라.

왜 그러한가? 선현이여. 일체법의 승의제(勝義諦)의 가운데에서는 능히 증득하는 것·증득되는 것·증득하는 처소·증득하는 때와 오히려 이것을 증득하고서 만약 합하거나(合), 만약 벗어나는(離) 것을 모두 얻을 수 없고 볼 수 없는 까닭이니라."

그때 구수 선현이 세존께 아뢰어 말하였다.

"세존이시여. 여래께서 설하신 것과 같이 제보살마하살은 제법의 공(空)에서 상응하여 증득함을 짓지 않아야 합니다. 세존이시여. 어찌하여 제보살마하살은 제법의 공에 머무르면서 증득함을 짓지 않아야 합니까?"

세존께서 말씀하셨다.

"선현이여. 제보살마하살은 법의 공을 관찰하는 때에, '나는 상응하여 법의 제상(諸相)이 모두 공하다고 관찰해야 하고 상응하여 증득함을 짓지는 않겠다. 나는 수학하기 위한 까닭으로 제법이 공하다고 관찰하는 것이고 증득하기 위한 까닭으로 제법이 공하다고 관찰하지 않는데, 지금은 이것을 수학하는 때이고 증득하기 위한 때가 아니다.'라고 먼저 이렇게 생각을 짓느니라.

선현이여. 이 보살마하살은 정려의 자세(定位)에 들어가지 않았다면 마음을 소연(所緣)에서 잡아매고(繫) 이미 정려에 들어간 때라면 마음을 경계에 잡아매지 않느니라. 선현이여. 이 보살마하살이 이러한 시간의 가운데에서 보시바라밀다에서 퇴전(退轉)하지 않고 누진(漏盡)을 증득하지도 않으며, 정계·안인·정진·정려·반야바라밀다에서 퇴전하지 않고 누진을 증득하지도 않으며, 내공에서 퇴전하지 않고 누진을 증득하지도 않으며, 외공·내외공·공공·대공·승의공·유위공·무위공·필경공·무제공·산공·무변이공·본성공·자상공·공상공·일체법공·불가득공·무성공·

자성공·무성자성공에서 퇴전하지 않고 누진을 증득하지도 않느니라.

진여에서 퇴전하지 않고 누진을 증득하지도 않으며, 법계·법성·불허망성·불변이성·평등성·이생성·법정·법주·실제·허공계·부사의계에서 퇴전하지 않고 누진을 증득하지도 않으며, 고성제에서 퇴전하지 않고 누진을 증득하지도 않으며, 집·멸·도성제에서 퇴전하지 않고 누진을 증득하지도 않으며, 4정려에서 퇴전하지 않고 누진을 증득하지도 않으며, 4무량·4무색정에서 퇴전하지 않고 누진을 증득하지도 않으며, 8해탈에서 퇴전하지 않고 누진을 증득하지도 않으며, 8승처·9차제정·10변처에서 퇴전하지 않고 누진을 증득하지도 않느니라.

4념주에서 퇴전하지 않고 누진을 증득하지도 않으며, 4정단·4신족·5근·5력·7등각지·8성도지에서 퇴전하지 않고 누진을 증득하지도 않으며, 공해탈문에서 퇴전하지 않고 누진을 증득하지도 않으며, 무상·무원해탈문에서 퇴전하지 않고 누진을 증득하지도 않으며, 5안에서 퇴전하지 않고 누진을 증득하지도 않으며, 6신통에서 퇴전하지 않고 누진을 증득하지도 않으며, 여래의 10력에서 퇴전하지 않고 누진을 증득하지도 않으며, 4무소외·4무애해·대자·대비·대희·대사·18불불공법에서 퇴전하지 않고 누진을 증득하지도 않느니라.

무망실법에서 퇴전하지 않고 누진을 증득하지도 않으며, 항주사성에서 퇴전하지 않고 누진을 증득하지도 않으며, 일체지에서 퇴전하지 않고 누진을 증득하지도 않으며, 도상지·일체상지에서 퇴전하지 않고 누진을 증득하지도 않으며, 일체의 다라니문에서 퇴전하지 않고 누진을 증득하지도 않으며, 일체의 삼마지문에서 퇴전하지 않고 누진을 증득하지도 않으며, 보살마하살의 행에서 퇴전하지 않고 누진을 증득하지도 않으며, 무상정등보리에서 퇴전하지 않고 누진을 증득하지도 않느니라.

왜 그러한가? 선현이여. 이 보살마하살은 이와 같이 미묘한 큰 지혜를 성취하여 법공(法空)에 잘 안주하였고 일체 종류의 보리분법(菩提分法)에 잘 안주하였다면 '지금은 상응하여 수학할 때이고, 증득하기 위한 때는 아니다.'라고 이와 같이 생각을 짓느니라.

선현이여. 이 보살마하살은 깊은 반야바라밀다를 수행하면서 '나는 보시바라밀다에서 지금의 때에 상응하여 수학해야 하고 상응하여 증득하지 않아야 하며, 나는 정계·안인·정진·정려·반야바라밀다에서 지금의 때에 상응하여 수학해야 하고 상응하여 증득하지 않아야 한다. 나는 내공에서 지금의 때에 상응하여 수학해야 하고 상응하여 증득하지 않아야 하며, 나는 외공·내외공·공공·대공·승의공·유위공·무위공·필경공·무제공·산공·무변이공·본성공·자상공·공상공·일체법공·불가득공·무성공·자성공·무성자성공에서 지금의 때에 상응하여 수학해야 하고 상응하여 증득하지 않아야 한다.

나는 진여에서 지금의 때에 상응하여 수학해야 하고 상응하여 증득하지 않아야 하며, 나는 법계·법성·불허망성·불변이성·평등성·이생성·법정·법주·실제·허공계·부사의계에서 지금의 때에 상응하여 수학해야 하고 상응하여 증득하지 않아야 한다. 나는 고성제에서 지금의 때에 상응하여 수학해야 하고 상응하여 증득하지 않아야 하며, 나는 집·멸·도성제에서 지금의 때에 상응하여 수학해야 하고 상응하여 증득하지 않아야 한다. 나는 4정려에서 지금의 때에 상응하여 수학해야 하고 상응하여 증득하지 않아야 하며, 나는 4무량·4무색정에서 지금의 때에 상응하여 수학해야 하고 상응하여 증득하지 않아야 한다. 나는 8해탈에서 지금의 때에 상응하여 수학해야 하고 상응하여 증득하지 않아야 하며, 나는 8승처·9차제정·10변처에서 지금의 때에 상응하여 수학해야 하고 상응하여 증득하지 않아야 한다.

나는 4념주에서 지금의 때에 상응하여 수학해야 하고 상응하여 증득하지 않아야 하며, 나는 4정단·4신족·5근·5력·7등각지·8성도지에서 지금의 때에 상응하여 수학해야 하고 상응하여 증득하지 않아야 한다. 나는 공해탈문에서 지금의 때에 상응하여 수학해야 하고 상응하여 증득하지 않아야 하며, 나는 무상·무원해탈문에서 지금의 때에 상응하여 수학해야 하고 상응하여 증득하지 않아야 한다. 나는 5안에서 지금의 때에 상응하여 수학해야 하고 상응하여 증득하지 않아야 하며, 나는 6신통에서 지금의 때에 상응하여 수학해야 하고 상응하여 증득하지 않아야 한다.

나는 여래의 10력에서 지금의 때에 상응하여 수학해야 하고 상응하여 증득하지 않아야 하며, 나는 4무소외·4무애해·대자·대비·대희·대사·18불불공법에서 지금의 때에 상응하여 수학해야 하고 상응하여 증득하지 않아야 한다. 나는 무망실법에서 지금의 때에 상응하여 수학해야 하고 상응하여 증득하지 않아야 하며, 나는 항주사성에서 지금의 때에 상응하여 수학해야 하고 상응하여 증득하지 않아야 한다. 나는 일체지에서 지금의 때에 상응하여 수학해야 하고 상응하여 증득하지 않아야 하며, 나는 도상지와 일체상지에서 지금의 때에 상응하여 수학해야 하고 상응하여 증득하지 않아야 한다.

나는 일체의 다라니문에서 지금의 때에 상응하여 수학해야 하고 상응하여 증득하지 않아야 하며, 나는 일체의 삼마지문에서 지금의 때에 상응하여 수학해야 하고 상응하여 증득하지 않아야 한다. 나는 일체의 보살마하살의 행에서 지금의 때에 상응하여 수학해야 하고 상응하여 증득하지 않아야 하며, 나는 무상정등보리에서 지금의 때에 상응하여 수학해야 하고 상응하여 증득하지 않아야 한다.

나는 일체지지(一切智智)에서 지금의 때에 상응하여 수학해야 하고 상응하여 예류과를 증득하지 않아야 하며, 나는 일체지지에서 지금의 때에 상응하여 수학해야 하고 상응하여 일래과·불환과·아라한과를 증득하지 않아야 하며, 나는 일체지지에서 지금의 때에 상응하여 수학해야 하고 상응하여 독각의 깨달음을 증득하지 않아야 한다.'라고 상응하여 이렇게 생각을 짓느니라."

마하반야바라밀다경 제332권

53. 선학품(善學品)(2)

"선현이여. 이 보살마하살은 깊은 반야바라밀다를 행하면서 공삼마지(空三摩地)에 상응하여 가깝게 수습하고 공삼마지에 상응하여 안주(安住)하며 공삼마지에 상응하여 수행하더라도, 그렇지만 실제(實際)에서 상응하여 증득함을 짓지 않아야 하고, 무상·무원삼마지에 상응하여 가깝게 수습하고 무상·무원삼마지에 상응하여 안주하며 무상·무원삼마지에 상응하여 수행하더라도, 그렇지만 실제에서 상응하여 증득함을 짓지 않아야 하고, 4념주에 상응하여 가깝게 수습하고 4념주에 상응하여 안주하며 4념주에 상응하여 수행하더라도, 그렇지만 실제에서 상응하여 증득함을 짓지 않아야 하고, 4정단·4신족·5근·5력·7등각지·8성도지에 상응하여 가깝게 수습하고 4정단, 나아가 8성도지에 상응하여 안주하며 4정단, 나아가 8성도지를 수행하더라도, 그렇지만 실제에서 상응하여 증득함을 짓지 않아야 하느니라.

이와 같이 나아가 여래의 10력에 상응하여 수행하더라도, 그렇지만 실제에서 상응하여 증득함을 짓지 않아야 하고, 4무소외·4무애해·대자·대비·대희·대사·18불불공법에 상응하여 가깝게 수습하고 4무소외, 나아가 18불불공법에 상응하여 일으켜서 나아가며 4무소외, 나아가 18불불공법에 상응하여 수행하더라도, 그렇지만 실제에서 상응하여 증득함을 짓지 않아야 하느니라.

선현이여. 이 보살마하살은 비록 공삼마지에 가깝게 수습하고 공삼마지에 상응하여 안주하며 공삼마지에 상응하여 수행하더라도, 그렇지만 예류과를 증득하지 않고, 역시 일래과·불환과·아라한과도 증득하지 않으며, 역시 다시 독각의 보리도 증득하지 않고, 비록 무상·무원삼마지에 상응하여 가깝게 수습하고 무상·무원삼마지에 상응하여 안주하며 무상·무원삼마지에 상응하여 수행하더라도, 그렇지만 예류과를 증득하지 않고, 역시 일래과·불환과·아라한과도 증득하지 않으며, 역시 다시 독각의 보리도 증득하지 않느니라.

비록 4념주에 상응하여 가깝게 수습하고 4념주에 상응하여 안주하며 4념주에 상응하여 수행하더라도, 그렇지만 예류과를 증득하지 않고, 역시 일래과·불환과·아라한과도 증득하지 않으며, 역시 다시 독각의 보리도 증득하지 않고, 비록 4정단·4신족·5근·5력·7등각지·8성도지에 상응하여 가깝게 수습하고 4정단, 나아가 8성도지에 상응하여 안주하며 4정단, 나아가 8성도지에 상응하여 수행하더라도, 그렇지만 예류과를 증득하지 않고, 역시 일래과·불환과·아라한과도 증득하지 않으며, 역시 다시 독각의 보리도 증득하지 않느니라.

선현이여. 이 보살마하살은 이러한 인연으로 성문지와 독각지에 떨어지지 않고 빠르게 무상정등보리를 증득하느니라.

선현이여. 비유한다면 장사(壯士)가 위세가 용맹하고 강건하며 형체와 용모도 단엄(端嚴)하여 보는 자가 환희하고, 최고로 청정하고 원만한 권속들을 갖추었으며, 여러 병법을 구경까지 배웠고, 무기를 잘 지녔으며, 안정되고 견고하여 움직이지도 않고 64종류의 재능과 18종류의 명처(明處)[1] 및 일체의 기술(伎術)에도 선교(善巧)[2]가 아닌 것이 없었으므로,

---

1) 바라문교의 열여덟 가지의 문헌을 가리킨다. 첫째는 ṛg-veda로써 신들에 대한 찬가(讚歌)를 집대성한 바라문교의 기본 성전이고, 둘째는 yajur-veda로써 신들에게 지내는 제사에 필요한 축문(祝文)을 집성한 문헌이며, 셋째는 sāma-veda로써 리그베다에서 가려서 뽑은 찬가에 멜로디를 붙인 성가곡을 집성한 문헌이고, 넷째는 atharva-veda로써 재앙을 물리치고 복을 구하는 주문(呪文)을 집성한 문헌이며, 다섯째는 Śśikṣā로써 음운학(音韻學)에 대한 문헌이고, 여섯째는 vyākaraṇa로써 문법학에 대한 문헌이며, 일곱째는 kalpa로써 의식(儀式)의 규칙에

여러 사람들이 흠앙(欽仰)[3]하였고 모두가 공경하였으며 복종하였고 사업(事業)도 잘하였던 까닭으로 노력은 적었어도 이익이 많았다면, 오히려 이것으로 여러 사람들은 공경하고 공양하며 존중하고 찬탄하게 되는데, 그는 그러한 때에 두 배로 환희가 증가하여 용약하면서 스스로가 축하하고 위로하게 되느니라.

인연이 있었던 까닭으로 노약자(老弱者)와 여러 권속(眷屬)들을 부양하면서 거느리고 다른 지방으로 나아가는 때에 도로의 중간에 험난한 광야(曠野)를 지나게 되었는데, 그곳에는 악한 짐승·도둑(劫賊)·원수(怨家)들이 숨어 있었고 여러 무섭고 두려운 일들이 있었으나, 권속들은 작고 큰 놀라움과 두려움이 있었더라도 그 사람은 스스로가 위세가 용맹하고 강건하며 여러 기술을 믿었으므로 몸과 마음이 태연(泰然)하게 부모와 여러 권속들에게 '걱정하거나 두려워하지 마십시오. 반드시 괴로움이 없게 하겠습니다.'라고 편안하게 위로하느니라.

그 사람은 이것에서 선교의 기술로써 여러 권속들을 데리고 안은(安隱)한 처소에 이르렀고, 이미 위난(危難)을 벗어났다면 환희(歡娛)하면서 즐거움을 받을지라도, 그렇지만 그 장사는 광야의 가운데에서 악한 짐승과 원적(怨敵)들을 해치려는 생각이 없었느니라. 왜 그러한가? 스스로가 용맹함과 여러 기술을 갖추었다고 믿었으므로 두려움이 없었던 까닭이니라.

선현이여. 마땅히 알아야 하느니라. 제보살마하살도 역시 다시 이와

대한 문헌이고, 여덟째는 jyotiṣa로써 천문학에 대한 문헌이며, 아홉째는 chandas로써 시(詩)를 짓는 법에 대한 문헌이고, 열 번째는 nirukta로써 어원학(語源學)에 대한 문헌이고, 열한 번째는 mīmāṃṣa로써 제사를 시행하는 의식에 대한 문헌이며, 열두 번째는 Naya-vistarā로써 논리학에 대한 문헌이며, 열세 번째는 itihāsa로써 전설·고사(故事)에 대한 문헌이고, 열네 번째는 sāṃkhya로써 상캬 학파에서 설하는 이십오제(二十五諦)를 밝힌 문헌이며, 열다섯 번째는 yoga로써 마음을 집중시켜 산란하지 않게 하는 방법을 설한 문헌이며, 열여섯 번째는 dhanus로써 활을 쏘는 방법을 설명한 문헌이며, 열일곱 번째는 gandharva로써 음악에 대한 문헌이며, 열여덟 번째는 āyus로써 의학에 대한 문헌이다.

2) 유정을 교화하는 수단과 방법이 매우 뛰어난 것이다.

3) 공경(恭敬)하여 우러러보고 사모(思慕)하는 것이다.

같아서 생사의 고통받는 제유정들을 애민하게 생각하는 까닭으로, 무상정등보리를 일으키고 나아가면서 널리 유정을 인연으로 4무량(四無量)을 일으키고 4무량을 함께 수행하는 마음에 안주하고서, 보시·정계·안인·정진·정려·반야바라밀다를 정근하여 수습(修習)하면서 빠르게 원만하게 하느니라.

이 보살마하살은 이러한 6바라밀다에서 원만하지 않은 지위이므로, 일체지지를 수학(修學)하기 위하여 누진을 증득하지 않고, 비록 공·무상·무원해탈문에 안주할지라도, 그렇지만 그러한 세력을 따라서 전전하지 않으며, 역시 그의 장애에 이끌려서 빼앗기지도 않고, 해탈문에서 증득함을 짓지도 않으며, 오히려 증득하지 않는 까닭으로 성문지와 독각지에 떨어지지 않고, 반드시 무상정등보리에 나아가느니라.

선현이여. 견고한 날개의 새는 허공에 날아올라서 자재(自在)하게 날아다니고 빙빙 돌면서 오래도록 떨어지지 않고, 비록 허공에 의지하여 희롱할지라도 허공에 의탁하지 않으며, 역시 허공에 구애(拘礙)를 받지 않느니라. 선현이여. 마땅히 알아야 하느니라. 제보살마하살도 역시 다시 이와 같아서 비록 공·무상·무원해탈문을 자주 가깝게 수습하고 안주하며 수행하더라도, 증득함을 짓지도 않으며, 오히려 증득하지 않는 까닭으로 성문지와 독각지에 떨어지지 않고, 여래의 10력·4무소외·4무애해·대자·대비·대희·대사·18불불공법과 일체지지를 수행하면서, 만약 원만하지 않는다면 결국 공·무상·무원삼마지에 의지하여 누진을 증득하지 않느니라.

선현이여. 비유한다면 장부(壯夫)가 활쏘기는 기술에 능숙하였는데 자기의 기술을 나타내기 위하여 허공으로 쏘았고, 그 공중에서 화살이 땅에 떨어지지 않게 하기 위하여 다시 뒤의 화살로써 앞에 화살의 오늬[4]를 쏘았으며, 이와 같이 전전하여 많은 시간을 보냈다면 화살과 화살이 서로가 이어져서 떨어지지 않는데, 만약 떨어지게 하려고 곧 뒤의 화살을 멈춘다면 그때 여러 화살들은 곧 한꺼번에 떨어지느니라. 선현이여.

4) 화살의 머리를 시위에 끼우도록 틈새를 만든 부분을 가리킨다.

마땅히 알아야 하느니라. 제보살마하살도 역시 다시 이와 같아서 비록 깊은 반야바라밀다를 수행한다면 방편선교(方便善巧)에 섭수되는 까닭이고, 나아가 무상정등보리의 인행(因行)인 선근이 성숙되지 않았다면 결국 중도에서 실제를 증득하지 못하며, 만약 무상정등보리의 인행인 선근이 일체가 성숙되었다면, 그때 보살은 비로소 실제를 증득하며 곧 무상정등보리도 증득하느니라.

이러한 까닭으로 선현이여. 제보살마하살이 깊은 반야바라밀다를 수행하는 때에는, 모두에 상응하여 이와 같이 앞에서 설한 것과 같이 제법의 실상(實相)을 자세하게 살피고 관찰할지니라."

그때 구수 선현이 세존께 아뢰어 말하였다.

"세존이시여. 제보살마하살은 능히 어려운 일을 하는데, 비록 제법의 진여·법계·법성·불허망성·불변이성·평등성·이생성·법정·법주·실제·허공계·부사의계를 수학하고, 비록 모든 법의 내공·외공·내외공·공공·대공·승의공·유위공·무위공·필경공·무제공·산공·무변이공·본성공·자상공·공상공·일체법공·불가득공·무성공·자성공·무성자성공을 수학하며 비록 고·집·멸·도성제를 수학하고, 비록 4념주·4정단·4신족·5근·5력·7등각지·8성도지를 수학하며, 비록 공·무상·무원해탈문을 수학하더라도, 중도에서 성문지와 독각지에 떨어지거나 무상정등보리에서 퇴실하지 않나니, 세존이시여. 이 보살마하살은 매우 희유(希有)합니다."

세존께서 선현에게 말씀하셨다.

"제보살마하살은 제유정들에서 버리지 않겠다고 서원하는 까닭이나니 이를테면, '만약 제유정들이 해탈을 얻지 못한다면, 나는 결국 일으킨 가행(加行)이라는 것을 버리지 않겠다.'라고 이렇게 서원을 짓느니라. 선현이여. 제보살마하살은 원력(願力)은 수승하므로 '일체의 유정들이 해탈을 얻지 못하더라도, 나는 결국 버리지 않겠다.'라고 항상 이렇게 생각을 짓느니라. 오히려 이와 같은 광대한 마음을 일으켰던 까닭으로 그 중도(中道)에서 반드시 퇴락(退落)하지 않느니라.

선현이여. 제보살마하살은 '나는 상응하여 일체의 유정을 버리지 않겠고, 반드시 해탈시키겠다. 그렇지만 제유정들이 부정법(不正法)을 행한다면, 나는 그를 제도하기 위하여 상응하여 자주 적정한 공·무상·무원해탈문을 일으켜서 이끌어주겠고, 비록 자주 일으켜서 이끌어줄지라도 증득함을 취하지 않겠다.'라고 항상 이렇게 생각을 짓느니라. 선현이여. 이 보살마하살은 선교방편의 힘을 성취하였던 까닭으로 비록 자주 세 가지의 해탈문을 일으켜서 나타낼지라도 중간에서 실제를 증득하지 않고 나아가 일체지지를 얻지 않나니, 요컨대 무상정등보리를 얻는다면 비로소 증득하면서 취하느니라.

다시 다음으로 선현이여. 제보살마하살은 매우 깊은 처소에서 항상 즐겁게 관찰하는데 이를테면, 내공·외공·내외공·공공·대공·승의공·유위공·무위공·필경공·무제공·산공·무변이공·본성공·자상공·공상공·일체법공·불가득공·무성공·자성공·무성자성공을 즐겁게 관찰하고, 역시 4념주·4정단·4신족·5근·5력·7등각지·8성도지와 공·무상·무원해탈문 등이 모두 자상(自相)이 공하다고 즐겁게 관찰하느니라.

선현이여. 이 보살마하살은 이렇게 관찰을 지었다면, '제유정의 부류들은 오히려 악한 벗의 힘으로 장야(長夜)의 가운데에서 아(我)라는 생각의 집착·유정(有情)이라는 생각의 집착·명자(命者)라는 생각의 집착·생자(生者)라는 생각의 집착·양자(養者)라는 생각의 집착·사부(士夫)라는 생각의 집착·보특가라(補特伽羅)라는 생각의 집착·의생(意生)이라는 생각의 집착·유동(儒童)이라는 생각의 집착·작자(作者)라는 생각의 집착·수자(受者)라는 생각의 집착·지자(知者)라는 생각의 집착·견자(見者)라는 생각의 집착을 일으키고, 오히려 이러한 생각의 집착으로 얻을 수 있는 것을 행하므로 생사를 윤회(輪迴)하면서 여러 종류의 고통을 받는구나. 유정들의 이러한 생각의 집착을 끊어주기 위하여 상응하여 무상정등보리에 나아가서 유정들을 위하여 깊고 미묘한 법을 설하여 생각의 집착을 끊고 생사의 고통을 벗어나게 하겠다.'라고 이와 같은 생각이 생겨나느니라.

선현이여. 이 보살마하살은 그때에 비록 공해탈문을 수습할지라도 이것을 의지하여 실제를 증득하지 않고, 비록 무상·무원해탈문을 수습할지라도 역시 이것을 의지하여 실제를 증득하지 않나니, 실제에서 증득하여 취하지 않는 까닭으로써 예류·일래·불환·아라한과에 떨어지지 않으며, 역시 독각의 보리에도 떨어지지 않느니라.

선현이여. 이 보살마하살은 오히려 이와 같이 생각하고 깊은 반야바라밀다를 행하면서 선근(善根)을 성취하더라도 실제(實際)를 증득하지 않고, 비록 실제를 곧 증득하여 짓지 못하였더라도 4정려에서 퇴실(退失)하지 않고 4무량과 4무색정에서도 퇴실하지 않으며, 4념주에서 퇴실하지 않고 4정단·4신족·5근·5력·7등각지·8성도지에서도 퇴실하지 않으며, 8해탈에서 퇴실하지 않고 8승처·9차제정·10변처에서도 퇴실하지 않으며, 공해탈문에서도 퇴실하지 않고 무상·무원해탈문에서도 퇴실하지 않느니라.

역시 내공에서 퇴실하지 않고 외공·내외공·공공·대공·승의공·유위공·무위공·필경공·무제공·산공·무변이공·본성공·자상공·공상공·일체법공·불가득공·무성공·자성공·무성자성공에서 퇴실하지 않으며, 역시 진여에서 퇴실하지 않고 역시 법계·법성·불허망성·불변이성·평등성·이생성·법정·법주·실제·허공계·부사의계에서도 퇴실하지 않으며, 역시 고성제에서 퇴실하지 않고 역시 집·멸·도성제에서도 퇴실하지 않느니라.

역시 보시바라밀다에서도 퇴실하지 않고 역시 정계·안인·정진·정려·반야바라밀다에서도 퇴실하지 않으며, 역시 5안에서 퇴실하지 않고 역시 6신통에서도 퇴실하지 않으며, 역시 일체의 다라니문에서 퇴실하지 않고 역시 일체의 삼마지문에서도 퇴실하지 않으며, 역시 여래의 10력에서 퇴실하지 않고 역시 4무소외·4무애해·대자·대비·대희·대사·18불불공법에서도 퇴실하지 않으며, 역시 무망실법에서 퇴실하지 않고 역시 항주사성에서도 퇴실하지 않으며, 역시 일체지에서도 퇴실하지 않고 역시 도상지·일체상지에서도 퇴실하지 않느니라.

선현이여. 이 보살마하살은 그때에 일체의 보리분법(菩提分法)을 성취하고, 나아가 무상정등보리를 증득하기까지 여러 공덕에서 결국 쇠퇴하거나 감소하지 않느니라. 선현이여. 이 보살마하살은 깊은 반야바라밀다를 수행하면서 방편선교에 섭수되는 까닭으로 찰나(刹那)·찰나에 백법(白法)[5]이 증익하고 여러 근(根)이 매우 예리해져서 일체의 성문과 독각을 초월하느니라.

다시 다음으로 선현이여. 만약 보살마하살이 '제유정의 부류들은 장야(長夜)의 가운데에서 그 마음이 항상 네 가지로 전도(顚倒)되고 전도되었던 것인데 이를테면. 항상하다(常)는 생각이 전도되고 마음이 전도되며 견해가 전도되거나, 즐겁다(樂)는 생각이 전도되고 마음이 전도되며 견해가 전도되거나, 나(我)라는 생각이 전도되고 마음이 전도되며 견해가 전도되거나, 청정하다(淨)는 생각이 전도되고 마음이 전도되며 견해가 전도되는 것이다.'라고 항상 이렇게 생각을 짓느니라.

나는 이와 같은 유정들을 위하는 까닭으로 상응하여 무상정등보리에 나아가서 제보살마하살의 행을 수행하고, 무상대보리(無上大菩提)를 증득하는 때에 제유정들을 위하여 이를테면, '생사(生死)는 무상(無相)이고 즐거움이 없으며 무아(無我)이고 청정함이 없으나, 오직 열반은 적정(寂靜)함과 미묘(微妙)함이 있고 여러 종류의 상(常)·낙(樂)·아(我)·정(淨)[6]의 진실한 공덕을 구족하였느니라.'라고 전도가 없는 법을 설하였다면, 선현이여. 이 보살마하살은 이러한 생각을 성취하고 깊은 반야바라밀다를 수행하며 방편선교라는 것으로 섭수되는 까닭으로, 여래의 10력·4무소외·4무애해·대자·대비·대희·대사·18불불공법이 만약 원만하지 않았다면 결국에는 여래의 수승한 정려에 들어가서 증득하지 않느니라.

선현이여. 이 보살마하살이 그러한 때에 비록 공·무상·무원해탈문을 수습하여 들어가고 나오면서 자재(自在)하더라도 실제에서 곧 증득을 짓지 않으며, 나아가 무상정등보리에 이르기까지 인행(因行)의 공덕이 잘 원만하지 않았다면 실제와 나머지의 공덕을 증득하지 않고, 만약

---

5) 선법(善法)을 다르게 부르는 말이다.

6) 산스크리트어 nitya-sukha-ātman-śubha의 번역이고, '열반사덕(涅槃四德)', '법신사덕(法身四德)' 등으로 말하며, 줄여서 열반과 법신은 네 가지의 덕성을 가리킨다.

무상정등보리를 증득한다면 비로소 증득하느니라. 선현이여. 이 보살마하살이 그러한 때에 비록 여러 나머지의 공덕을 수습하였으나 원만해지지 않았을지라도 무원삼마지문에서 수습하였다면 이미 원만해졌느니라.

다시 다음으로 선현이여. 만약 보살마하살이 '제유정의 부류들은 장야(長夜)의 가운데에서 얻을 수 있는 것을 행하였는데 이를테면, 아가 있다고 집착하고, 혹은 유정이 있다고 집착하고 명자가 있다고 집착하며 생자가 있다고 집착하고 양자가 있다고 집착하며 사부가 있다고 집착하고 보특가라가 있다고 집착하며 의생이 있다고 집착하고, 유동이 있다고 집착하며 작자가 있다고 집착하고 수가 있다고 집착하며 지자가 있다고 집착하고 견자가 있다고 집착하느니라.

혹은 색이 있다고 집착하고 수·상·행·식이 있다고 집착하며, 혹은 안처가 있다고 집착하고 이·비·설·신·의처가 있다고 집착하며, 혹은 색처가 있다고 집착하고 성·향·미·촉·법처가 있다고 집착하며, 혹은 색계가 있다고 집착하고 성·향·미·촉·법계가 있다고 집착하며, 혹은 안식계가 있다고 집착하고 이·비·설·신·의식계가 있다고 집착하며, 혹은 안촉이 있다고 집착하고 이·비·설·신·의촉이 있다고 집착하며, 혹은 안촉을 인연으로 생겨난 여러 수가 있다고 집착하고 이·비·설·신·의촉을 인연으로 생겨난 여러 수가 있다고 집착하느니라.

혹은 지계가 있다고 집착하고 수·화·풍·공·식계가 있다고 집착하며, 혹은 무명이 있다고 집착하고 혹은 행·식·명색·육처·촉·수·애·취·유·생·노사가 있다고 집착하며, 혹은 10선업도(十善業道)[7)]가 있다고 집착하고, 혹은 4정려가 있다고 집착하며, 혹은 4무량·4무색정이 있다고 집착하고, 혹은 4섭사(四攝事)[8)]가 있다고 집착하는데, 나는 이와 같은 유정들을

7) 산스크리트어 daśakuśala-karmāni의 번역이고, 초기의 대승경전에서는 지계바라밀(持戒波羅蜜)의 구체적인 내용으로 십선계(十善戒)라고도 불렀다. 십선은 몸(身)·입(口)·마음(意)에 따라서 세 종류로 분류하는데, 몸의 업은 불살생(不殺生)·불투도(不偸盜)·불사음(不邪淫) 등이고, 입의 업은 불망어(不妄語)·불양설(不兩舌)·불악구(不惡口)·불기어(不綺語) 등이며. 마음의 업은 불탐욕(不貪慾)·불진에(不瞋恚)·불사견(不邪見) 등이 있다.

위하는 까닭으로 무상정등보리에 나아가서 제보살마하살의 수행하고 무상대보리를 증득하는 때에 유정들에게 이와 같은 얻을 수 있다는 것의 집착을 영원히 끊게 하겠다.'라고 항상 이렇게 생각을 짓느니라.

선현이여. 이 보살마하살은 이러한 생각을 성취하여 깊은 반야바라밀다를 수행하고 방편선교라는 것에 섭수되는 까닭으로, 여래의 10력·4무소외·4무애해·대자·대비·대희·대사·18불불공법이 만약 원만하지 않았다면 실제를 증득하지 않느니라. 선현이여. 이 보살마하살은 그러한 때에 무상·무원삼마지문을 수습하지 않은 것이 없었을지라도 다만 공삼마지문은 수습하였다면 이미 원만해졌느니라.

다시 다음으로 선현이여. 만약 보살마하살이 반야바라밀다를 수행하는 때에 제유정들이 오히려 악한 벗의 힘으로 장야에 무량한 종류의 상(相)으로 이를테면, 여인의 상·남자의 상·색깔(色)의 상·소리(聲)의 상·냄새(香)의 상·맛(味)의 상·감촉(觸)의 상·법(法)의 상에 집착하는 것을 보았다면, '나는 이와 같은 제유정의 부류들을 위하여 상응하여 무상정등보리에 나아가고 제보살마하살의 행을 수습하며 무상대보리를 증득하는 때에 제유정들에게 이와 같은 여러 상의 집착을 영원히 없게 하겠다.'라고 항상 이렇게 생각을 짓느니라.

선현이여. 이 보살마하살은 이러한 생각을 성취하여 깊은 반야바라밀다를 수행하고 방편선교라는 것에 섭수되는 까닭으로, 여래의 10력·4무소외·4무애해·대자·대비·대희·대사·18불불공법이 만약 원만하지 않았다면 실제를 증득하지 않느니라. 선현이여. 이 보살마하살은 그러한 때에 무상·무원삼마지문을 수습하지 않은 것이 없었을지라도, 다만 공삼마지문은 수습하였다면 이미 원만해졌느니라.

다시 다음으로 선현이여. 만약 보살마하살이 이미 보시·정계·안인·정진·정려·반야바라밀다를 잘 수학(修學)하였고, 이미 내공·외공·내외공·

8) 보살이 중생을 제도하고 섭수하기 위하여 행하는 네 가지를 가리키는데, 보시섭(布施攝)·애어섭(愛語攝)·이행섭(利行攝)·동사섭(同事攝) 등이 있다.

공공·대공·승의공·유위공·무위공·필경공·무제공·산공·무변이공·본성공·자상공·공상공·일체법공·불가득공·무성공·자성공·무성자성공에 잘 안주(安住)하였으며, 이미 진여·법계·법성·불허망성·불변이성·평등성·이생성·법정·법주·실제·허공계·부사의계에 잘 안주하였고, 이미 고·집·멸·도성제에 잘 안주하였으며, 이미 4념주·4정단·4신족·5근·5력·7등각지·8성도지를 잘 수학하였고, 이미 공·무상·무원해탈문을 잘 수학하였으며, 나아가 여래의 10력·4무소외·4무애해·대자·대비·대희·대사·18불불공법과 나머지의 무량하고 무변한 불법을 잘 수학하였다면, 선현이여. 이 보살마하살은 이와 같은 공덕과 지혜를 성취했으므로 만약 생사에서 즐겁다는 생각을 일으키거나, 혹은 즐거운 것이라고 설하거나, 혹은 삼계(三界)에 안주하여 집착한다는 이러한 처소는 없느니라.

선현이여. 만약 보살마하살이 보리분법과 일체의 여래·응공·정등각과 제보살마하살들의 여러 법을 이미 잘 수학하였는데, '만약 보살마하살이 무상정등보리를 증득하고자 하였다면 어떻게 보리분법을 수학해야 하고, 공(空)·무상(無相)·무원(無願)·무생(無生)·무멸(無滅)·무작(無作)·무위(無爲)·무성(無性)·실제(實際)를 증득하지 않아야 합니까? 오히려 증득하지 않은 까닭으로 예류·일래·불환·아라한과·독각의 보리에 퇴전하지 않고 매우 깊은 반야바라밀다를 정근하여 수행하면서 항상 집착한 것이 없겠습니까?'라고 상응하여 시험삼아 물었다면, 선현이여. 이 보살마하살이 이것을 묻는 때에 만약 '제보살마하살이 무상정등보리를 증득하고자 하였다면 공·무상·무원·무생·무멸·무작·무위·무성·실제와 나머지의 일체 보리분법을 상응하여 바르게 사유해야 하고, 상응하여 수학하지 마십시오.'라고 이렇게 대답을 지었다면, 선현이여. 이 보살마하살은 아직 여래·응공·정등각께 무상정등보리에서 불퇴전의 수기를 받지 못하였다고 마땅히 알아야 하느니라. 왜 그러한가? 선현이여. 이 보살마하살은 능히 불퇴전위(不退轉位)에 안주하는 보살마하살이 수학하는 법상(法相)을 아직 열어서 보여주지 못하였고 기별(記別[9])하지 못하였으며 명료하게 드러내지 못하였느니라.

선현이여. 이 보살마하살은 이것을 묻는 때에 만약 '제보살마하살이 무상정등보리를 증득하고자 하였다면 공·무상·무원·무생·무멸·무작·무위·무성·실제와 나머지의 일체 보리분법을 상응하여 바르게 사유해야 하고, 역시 상응하여 방편으로 앞에서 설한 것과 같이 선교로 수학하면서 증득하지 않아야 합니다.'라고 이렇게 대답을 지었다면, 선현이여. 이 보살마하살은 아직 여래·응공·정등각께 무상정등보리에서 불퇴전의 수기를 받았다고 마땅히 알아야 하느니라. 왜 그러한가? 선현이여. 이 보살마하살은 능히 불퇴전위에 안주하는 보살마하살이 수학하는 법상을 아직 열어서 보여주었고 기별하였으며 명료하게 드러내었느니라.

선현이여. 만약 보살마하살이 불퇴전위에 안주하는 보살마하살이 수학하는 법상을 아직 열어서 보여주지 못하였고 기별하지 못하였으며 명료하게 드러내지 못하였다면, 이 보살마하살은 아직 보시·정계·안인·정진·정려·반야바라밀다의 보리분법을 잘 수학하지 못하였고, 아직 박지(薄地)[10]에도 들어가지 못하였으며, 아직 여러 나머지의 불퇴전위에 안주하는 보살마하살이 열어서 보여주고 기별하며 명료하게 드러내면서 안주하는 불퇴전위와 같지 않다고 마땅히 알아야 하느니라.

선현이여. 만약 보살마하살이 불퇴전위에 안주하는 보살마하살이 수학하는 법상을 능히 열어서 보여주었고 기별하였으며 명료하게 드러내었다면, 이 보살마하살은 이미 보시·정계·안인·정진·정려·반야바라밀다의 보리분법을 잘 수학하였고, 이미 박지에도 들어갔으며, 아직 여러 나머지의 불퇴전위에 안주하는 보살마하살이 열어서 보여주고 기별하며 명료하게 드러내면서 안주하는 불퇴전위와 같다고 마땅히 알아야 하느니라."

그때 구수 선현이 세존께 아뢰어 말하였다.

---

9) 산스크리트어 vyākaraṇa의 번역이고, 세존께서 제자에게 미래에 성불한다고 수기하는 것이다.

10) 십지(十地)의 하나이고, 욕계의 미혹(迷惑)을 대부분 끊어서 번뇌(煩惱)가 점차 엷어지는 계위를 가리킨다.

"세존이시여. 대체로 불퇴전을 얻지 못한 보살마하살도 능히 이와 같이 여실(如實)하게 대답할 수 있습니까?"

세존께서 말씀하셨다.

"선현이여. 보살마하살이 있어 비록 불퇴전을 얻지 못하였더라도, 능히 이것에서 여실하게 대답할 수 있느니라. 선현이여. 이 보살마하살은 비록 불퇴전을 얻지 못하였으나, 보시·정계·안인·정진·정려·반야바라밀다의 보리분법을 능히 수습하였으므로 깨달음의 지혜가 이미 성숙해져서 매우 예리함을 얻었고, 만약 들었거나 듣지 못하였더라도 능히 여실하게 대답한다면 불퇴전위의 보살마하살과 같으니라."

구수 선현이 다시 세존께 아뢰어 말하였다.

"세존이시여. 보살마하살이 무상정등보리를 수행한 자는 많이 있으나 능히 여실하게 불퇴전위의 보살마하살과 같이 대답하는 자는 적게 있나니, 이미 잘 수행하여 다스린 지위와 잘 수행하여 다스리지 못한 지위에 안주하는 까닭입니다."

세존께서 말씀하셨다.

"선현이여. 그와 같으니라. 그와 같으니라. 그대가 말한 것과 같으니라. 왜 그러한가? 선현이여. 보살마하살이 이와 같은 불퇴전인 지위의 미묘한 지혜의 수기를 받은 자는 적게 있는데, 만약 이와 같은 수기를 받은 자가 있다면 모두가 능히 이것에서 여실하게 대답할 수 있느니라. 선현이여. 만약 능히 이것에서 여실하게 대답할 수 있는 자라면, 이 보살마하살은 선근이 밝고 예리하므로 세간의 천인·인간·아소락 등이 능히 무너뜨릴 수 없다고 마땅히 알아야 하느니라.

다시 다음으로 선현이여. 만약 보살마하살이 나아가 꿈속에서도 역시 성문지·독각지를 애락(愛樂)하거나 칭찬하지 않고 삼계의 법에서도 역시 애락하거나 칭찬하는 마음을 일으키지 않으면서, 항상 제법은 꿈과 같고 환영과 같으며 메아리와 같고 형상과 같으며 그림자와 같고 아지랑이와 같으며 변화한 일과 같고 심향성(尋香城)과 같다고 관찰하고, 비록 이와 같이 관찰하였더라도 실제를 증득하지 않았다면, 선현이여. 이 보살마하살은 불퇴전의 상(相)이 있다고 마땅히 알아야 하느니라.

다시 다음으로 선현이여. 만약 보살마하살이 꿈에서 여래·응공·정등각께서 무량한 대중, 무량한 백(百)의 대중, 무량한 천(千)의 대중, 무량한 백천의 대중, 무량한 구지의 대중, 무량한 백 구지의 대중, 무량한 천 구지의 대중, 무량한 백천 구지의 대중, 무량한 나유타의 대중, 무량한 백 나유타의 대중, 무량한 천 나유타의 대중, 무량한 백천 나유타의 대중인 비구·비구니·우바색가·우바사가·천인·용·약차·건달박·아소락·갈로다·긴나락·막호락가·인비인 등에게 공경스럽게 위요(圍遶)되어 설법하시는 것을 보았고, 법문을 들었다면 의취(義趣)를 잘 이해하며, 의취를 이해하고서 수법행(隨法行)[11]·화경행(和敬行)·수신행(隨信行)[12]을 정근하면서 수행하였다면, 선현이여. 이 보살마하살은 불퇴전의 상(相)이 있다고 마땅히 알아야 하느니라.

다시 다음으로 선현이여. 만약 보살마하살이 꿈에서 여래·응공·정등각께서 구족하신 32대사부상(三十二大士夫相)과 80수호(八十隨好)로 원만하게 장엄되셨으며, 원광(圓光)이 1심(尋)[13]으로 주위를 비추었는데 비구 대중들과 함께 공중에 솟아올라 있으셨고, 큰 신통을 나타내시면서 정법의 요의(要義)를 설하셨으며 변화를 짓고 불사를 지으시면서 다른 지방의 무변한 불국토에 이르러 불사를 지으면서 보시하시는 것을 보았다면, 선현이여. 이 보살마하살은 불퇴전의 상이 있다고 마땅히 알아야 하느니라.

다시 다음으로 선현이여. 만약 보살마하살이 꿈에서 미친 도둑들이 마을(村)과 성(城)을 파괴하였거나, 혹은 불이 일어나서 마을을 불태우는 것을 보았거나, 혹은 호랑이·늑대·사자·사나운 짐승·독사·악한 전갈 등이 와서 몸을 해치려고 하였거나, 혹은 원수가 그의 목을 베려고 하는

---

11) 산스크리트어 dharmānusārin의 번역이고, 스스로가 세존의 가르침을 따라서 수행하는 것이다.

12) 산스크리트어 Śraddhānusārin의 번역이고, 다른 사람에게 세존의 가르침을 듣고 믿으며, 그것을 따라서 수행하는 것이다.

13) 산스크리트어 vitarka의 번역이고, 고대에 길이의 단위이다. 8척(尺)을 1심(尋)으로 삼는데, 1척은 약 30.3㎝이다.

것을 보았거나, 혹은 부모·형제·자매·처자·친한 벗 등이 목숨을 마치려는 것을 보았거나, 혹은 스스로가 몸이 춥고 더우며 굶고 목마르며 나머지의 고통스러운 일에 핍박받아 고뇌하는 것의 이와 같은 무섭고 두려운 일을 보았으나 놀라지 않고 두려워하지 않으며 근심하지 않았고 꿈에서 깨어나서 곧 '삼계(三界)는 허망하고 거짓이므로 모두가 꿈과 같다. 나는 무상대보리를 증득하는 때에 제유정들을 위하여 삼계의 일체는 허망하여 모두 꿈의 경계와 같다고 널리 설해야겠다.'라고 능히 사유하였다면, 선현이여. 이 보살마하살은 불퇴전의 상이 있다고 마땅히 알아야 하느니라.

다시 다음으로 선현이여. 만약 보살마하살이 꿈속에서 지옥(地獄)·방생(傍生)·귀계(鬼界)의 유정들이 있는 것을 보았다면 '나는 마땅히 여러 보살마하살의 행을 정근하면서 수행하고 빠르게 무상정등보리에 나아가겠으며 무상대보리를 증득하는 때에, 나의 불국토의 가운데에는 지옥·방생·귀계의 제유정의 부류들이 없게 하겠고, 나아가 악취(惡趣)의 명자도 없게 하겠다.'라고 이렇게 생각을 지었고, 꿈에서 깨어나고서 이렇게 생각을 지었다면, 선현이여. 이 보살마하살은 마땅히 작불(作佛)하였을 때에 불국토의 가운데에는 결정적으로 악취가 없다고 마땅히 알아야 하느니라. 왜 그러한가? 선현이여. 만약 꿈속이거나, 만약 깨어있더라도 제법은 무이(無二)이고 둘로 나눌 수 없는 까닭이니라. 선현이여. 이 보살마하살은 불퇴전의 상이 있다고 마땅히 알아야 하느니라.

다시 다음으로 선현이여. 만약 보살마하살이 꿈속에서 지옥 등의 제유정의 부류들이 불타는 것을 보았거나, 혹은 성읍(城邑)과 취락(聚落)들이 불타는 것을 보고서 곧 '만약 내가 이미 불퇴전의 수기를 받았으므로 마땅히 무상정등보리를 증득한다면, 원하건대 이러한 큰불이 짧은 시간에 갑자기 소멸되고 맑으며 시원한 것으로 변하게 하십시오.'라고 서원을 일으켰으며, 선현이여. 이 보살마하살이 이러한 서원을 짓고서 꿈속에서 불이 갑자기 소멸되는 것을 보았다면 불퇴전의 보살마하살이라고 마땅히 알 것이고, 이렇게 서원을 짓고서 만약 불이 소멸되지 않는다면 불퇴전의 지위를 증득하지 못하였다고 마땅히 알아야 하느니라. 선현이여. 이 보살마하살은 불퇴전의 상이 있다고 마땅히 알아야 하느니라.

다시 다음으로 선현이여. 만약 보살마하살이 깨어있는 때에 큰불이 갑자기 일어나서 여러 성읍을 태웠거나, 혹은 취락을 태우는 것을 보고서 곧 '나는 꿈속에 있었거나, 혹은 깨어있으면서 일찍이 스스로가 불퇴전의 지위에 여러 행(行)·형상(狀)·상(相)이 있다고 보았는데 살펴보니 허망하고 진실이 아니었다. 만약 내가 보았던 것이 진실로 있는 것이라면, 원하건대 이 큰불이 짧은 시간에 갑자기 소멸되고 맑고 시원한 것으로 변하게 하십시오.'라고 곧 이렇게 생각을 지었는데, 선현이여. 이 보살마하살이 이렇게 서원을 지었고 성제(誠諦)[14]를 말하는 그때에 큰불이 갑자기 소멸된다면 이 자는 불퇴전의 보살마하살이라고 마땅히 알 것이고, 이렇게 서원을 지었고 진실하고 자세하게 말하는 그때에 불이 소멸되지 않았다면 불퇴전의 지위를 증득하지 못하였다고 마땅히 알아야 하느니라. 선현이여. 이 보살마하살은 불퇴전의 상이 있다고 마땅히 알아야 하느니라.

다시 다음으로 선현이여. 만약 보살마하살이 깨어있는 때에 불이 여러 성읍을 태웠거나, 혹은 취락을 태우는 것을 보고서 곧 '나는 꿈속에 있었거나, 혹은 깨어 있으면서 일찍이 스스로가 불퇴전의 지위에 여러 행·형상·상이 있다고 보았는데, 만약 내가 보았던 것이 진실로 있었고 반드시 무상대보리를 증득하는 것이라면, 원하건대 이 큰불이 짧은 시간에 갑자기 소멸되고 맑고 시원한 것으로 변하게 하십시오.'라고 곧 이렇게 생각을 지었는데, 선현이여. 이 보살마하살이 이렇게 서원을 지었고 성제를 말하는 그때에 큰불이 갑자기 소멸되지 않았고, 한 집을 태우고 한 집을 건너가서 다시 한 집을 태웠거나, 혹은 한 거리를 태우고서 한 거리를 건너가서 다시 한 거리를 태웠으며, 이와 같이 전전하면서 그 불이 비로소 소멸되었다면, 선현이여. 이 보살마하살은 상응하여 스스로가 결정적으로 불퇴전의 지위를 증득하였다고 명료하게 아느니라.

그렇지만 불탔던 자는 오히려 그 유정이 조작(造作)하였던 정법(正法)을

---

14) 세존께서 설하신 진리이거나, 가르침을 뜻하고, 4성제가 일반적으로 알려져 있다.

파괴한 업이 증장하였고, 그는 오히려 이 업으로 이전에 악취(惡趣)에 떨어져서 무량한 겁의 중간에 알맞은 고통의 과보를 받았으며, 지금 인취(人趣)[15]에 태어났어도 그의 남은 재앙을 받았거나, 혹은 오히려 이 업으로 마땅히 악취에 떨어져서 한량없는 겁을 지내면서 알맞은 고통의 과보를 받을 것인데, 지금 인취에서 먼저 작은 재앙을 나타내었던 것이니라. 선현이여. 이 보살마하살은 불퇴전의 상이 있다고 마땅히 알아야 하느니라.

다시 다음으로 선현이여. 만약 보살마하살이 오히려 앞에서 설한 여러 종류의 인연으로 이 자는 불퇴전의 보살마하살이라고 알아야 하느니라. 다시 행·형상·상을 성취하였더라도 이 자는 불퇴전의 보살마하살이라고 알아야 하느니라. 마땅히 그대를 위하여 설하겠나니, 그대는 상응하여 자세하게 들을지니라."

선현이 대답하여 말하였다.

"오직 그렇습니다. 원하건대 설하여 주십시오."

세존께서 선현에게 말씀하셨다.

"만약 보살마하살이 어느 남자이거나, 혹은 어느 여인이 비인(非人)에게 현혹되어 집착하는 것이 나타나서 보였으므로, '만약 제여래·응공·정등각께서는 내가 이미 청정한 의요(意樂)를 증득하였다고 아시므로 나에게 무상정등보리의 불퇴전인 수기를 주실 것이다. 만약 내가 오랫동안 청정한 작의(作意)를 일으켜서 무상정등보리를 구하였다면 성문의 의요이거나, 독각의 의요를 멀리 벗어났으므로, 성문과 독각의 의요로써 무상정등보리를 구하지 않을 것이다. 만약 내가 마땅히 내세에 반드시 무상정등보리를 증득한다면 미래의 세상이 끝나도록 제유정의 부류들을 이익되고 안락하게 하겠다.

만약 시방세계에 현재 머무르시는 무량한 여래·응공·정등각께서 미묘한 법을 설하시어 유정을 이익되고 안락하게 하신다면, 그 제여래·응공·정

15) 인간의 세상을 가리킨다.

등각께서는 보지 못하는 것이 없으시고 알지 못하는 것이 없으시며 이해하지 못하는 것이 없으시고 증득하지 못하는 것이 없으시므로, 현재에 일체 유정들의 의요와 차별을 아시고 보시며 깨달으실 것이다. 원하옵건대, 제가 마음에 생각하는 것과 정성스럽고 진실한 말을 비추어 관찰하여 주시옵고, 만약 제가 진실로 보살행을 수행하여 반드시 무상정등보리를 증득하고서 유정들의 생사의 고통을 구제(救拔)할 수 있는 자라면, 원하옵건대 이 남자이거나 혹은 이 여인을 비인이라는 것에게 어지럽혀져서 번뇌(擾惱)하지 않게 하시옵고, 그것은 저의 말을 따라서 곧 마땅히 버리고 떠나가게 하십시오.'라고 곧 이렇게 생각을 지었는데, 선현이여. 이 보살마하살이 이렇게 말을 짓는 때에 만약 그 비인이 버리고 떠나가지 않았다면 이 보살마하살은 여래·응공·정등각께 무상정등보리의 불퇴전인 수기를 받지 못하였다고 마땅히 알아야 하느니라.

선현이여. 이 보살마하살이 이렇게 말을 짓는 때에 만약 그 비인이 곧 떠나간 자라면 이 보살마하살은 여래·응공·정등각께 무상정등보리의 불퇴전인 수기를 받았다고 마땅히 알아야 하느니라. 선현이여. 만약 보살마하살이 이와 같은 모든 행과 형상과 모양을 성취하면, 행·형상·상을 성취하였더라도 이 자는 불퇴전의 보살마하살이라고 알아야 하느니라.

다시 다음으로 선현이여. 만약 보살마하살이 있어서 보시바라밀다를 잘 수학하지 못하였고 정계·안인·정진·정려·반야바라밀도 잘 수학하지 못하였으며, 내공에 잘 안주하지 못하였고 외공·내외공·공공·대공·승의공·유위공·무위공·필경공·무제공·산공·무변이공·본성공·자상공·공상공·일체법공·불가득공·무성공·자성공·무성자성공에도 잘 안주하지 못하였으며, 진여에 잘 안주하지 못하였고 법계·법성·불허망성·불변이성·평등성·이생성·법정·법주·실제·허공계·부사의계에도 잘 안주하지 못하였으며, 고성제에 잘 안주하지 못하였고 집·멸·도성제에도 잘 안주하지 못하였으며, 4념주를 잘 수학하지 못하였고 4정단·4신족·5근·5력·7등각지·8성도지도 잘 수학하지 못하였으며, 4정려를 잘 수학하지 못하였고

4무량과 4무색정도 잘 수학하지 못하였으며, 8해탈을 잘 수학하지 못하였고 8승처·9차제정·10변처도 잘 수학하지 못하였으며, 공해탈문을 잘 수학하지 못하였고 무상·무원해탈문도 잘 수학하지 못하였으며, 다라니문을 잘 수학하지 못하였고 삼마지문도 잘 수학하지 못하였으며, 보살의 정성이생(正性離生)에 들어가지 못하였고, 일체의 불법을 구족하고 수습하지 못하였으므로 보살의 방편선교를 벗어나지 못하였다면, 악마가 뇌란(惱亂)[16]하는 것에서 벗어나지 못하고 여러 악마의 일에서 능히 명료하게 깨닫지 못하며, 스스로 선근이 두텁거나 얕다(厚薄)고 헤아리지 않으면서 제보살마하살들의 성제(誠諦)인 말을 일으켜서 수학한다면 곧 악마에게 속고 미혹되는 것이니라.

선현이여. 이 보살마하살이 어느 남자이거나, 혹은 어느 여인이 비인(非人)에게 현혹되어 집착하는 것이 나타나서 보였으므로, 곧바로 '만약 내가 과거의 제불을 쫓아서 무상정등보리의 불퇴전인 수기를 받았다면 이 남자이거나, 혹은 이 여인이 비인에게 어지럽혀져서 번뇌하지 않게 되고 그것은 나의 말에 따라서 빠르게 마땅히 버리고 떠날 것이다.'라고 업신여기면서 성제의 말을 일으켰고, 선현이여. 이 보살마하살이 이렇게 말을 지었다면 그때에 악마에게 미혹되고 뇌란(惑亂)되었던 까닭으로 곧바로 비인에게 핍박받고 쫓겨나서 떠나가느니라. 그 까닭은 무엇인가? 악마의 위력(威力)은 그 비인보다 수승하나니, 이러한 까닭으로 비인은 악마의 교칙(敎勅)[17]을 받고서 곧바로 버리고 떠나가느니라.

선현이여. 이 보살마하살은 이러한 일을 보고서 환희하고 용약하면서 '비인이 지금 떠나가는 이것은 나의 위력이다. 그 까닭은 무엇인가? 비인이 내가 일으켰던 서원이라는 것을 따라 곧바로 이 남자와 여인을 풀어주었고 다른 인연은 없는 까닭이다.'라고 이렇게 생각을 짓고서 말하였다면, 선현이여. 이 보살마하살은 능히 악마의 지었던 것이라고 깨달아 알지 못하고 이것은 자기의 위력이라고 말하면서 허망하게 환희가 생겨났

16) 다른 사람의 마음을 괴롭히고 어지럽히는 것이다.
17) 가르침과 훈계를 뜻한다.

던 것인데, 이것을 믿고서 여러 나머지의 보살들을 업신여기고 희롱하면서 '나는 이미 과거의 제불을 奚아서 무상정등보리의 불퇴전인 수기를 받았으므로 일으키는 서원이라는 것이 모두 헛되게 버려지지 않으며, 그대들은 제불의 수기를 받지 못하였으므로 상응하여 서로에게 성제의 말을 배우지 마시오. 설사 요컨대 바라는 것이 있더라도 반드시 헛되고 결과가 없습니다.'라고 말하느니라.

선현이여. 이 보살마하살은 제보살들을 업신여기고 희롱하면서 훼자(毁呰)[18]하였던 까닭으로, 망령되게 적은 능력을 믿고 여러 공덕에서 여러 종류의 증상만(增上慢)[19]이 생겨나서 자라난 까닭으로 무상정등보리를 벗어나고 능히 일체지지(一切智智)를 증득할 수 없느니라. 선현이여. 이 보살마하살은 선교방편의 힘이 없는 까닭으로, 여러 종류(品)의 증상만이 생겨나서 자라난 까닭으로, 제보살들을 업신여기고 훼자하였던 까닭으로, 비록 정근하면서 정진하더라도 성문지이거나, 혹은 독각지에 퇴실하느니라. 선현이여. 이 보살마하살은 복덕이 얇은 까닭으로 지었던 선업(善業)인 것과 말하였던 성제의 말은 모두가 악마가 일으켰던 일이니라.

선현이여. 이 보살마하살은 여러 선지식(善知識)에게 능히 친근하고 공양하며 공경하고 존중하며 찬탄할 수 없고, 능히 불퇴전인 보살의 행상(行相)을 청하여 물을 수 없으며, 능히 여러 악마의 군대가 지었던 사업을 의논하면서 받아들일 수 없는데, 오히려 이것으로 악마의 속박은 전전하면서 다시 굳어지느니라. 그 까닭은 무엇인가? 이 보살마하살은 보시·정계·안인·정진·정려·반야바라밀다를 오랫동안 수행하지 않았고, 나아가 방편선교를 멀리 벗어났던 까닭으로 악마인 것에게 어지럽혀져서 번뇌하느니라. 이러한 까닭으로 선현이여. 제보살마하살은 여러 종류의 악마의 일을 상응하여 잘 깨달아서 알아야 하느니라."

18) 훼방(毁謗)하면서 다른 사람을 헐뜯는 것이다.

19) 최상(最上)의 깨달음을 얻지 못하였으나 얻었다고 스스로가 생각하는 오만(傲慢)함을 뜻한다.

그때 구수 선현이 곧 세존께 아뢰어 말하였다.

"세존이시여. 어찌하여 보살마하살이 보시·정계·안인·정진·정려·반야바라밀다를 오랫동안 수행하지 않았고, 내공·외공·내외공·공공·대공·승의공·유위공·무위공·필경공·무제공·산공·무변이공·본성공·자상공·공상공·일체법공·불가득공·무성공·자성공·무성자성공에 오랫동안 안주하지 않았으며, 고·집·멸·도성제에 오랫동안 안주하지 않았고, 4념주·4정단·4신족·5근·5력·7등각지·8성도지를 오랫동안 수행하지 않았으며, 8해탈·8승처·9차제정·10변처를 오랫동안 수행하지 않았고, 공·무상·무원해탈문을 오랫동안 수행하지 않았으며, 다라니문과 삼마지문을 오랫동안 수행하지 않았고, 보살의 정성이생에 들어가지 못하였으며, 일체의 불법을 구족하고 수행하지 못하여 보살의 방편선교를 멀리 벗어났는데, 여러 악마인 것에 요란(擾亂)[20]된다고 말합니까?"

세존께서 말씀하셨다.

"선현이여. 악마가 변화로 여러 종류의 형상이 지었고 이 보살마하살의 앞에 이르러서, '쯧쯧(咄). 선남자여. 그대는 스스로가 알지 못하는가? 과거의 제불께서 일찍이 그대에게 대보리의 수기를 이미 주셨으므로 그대는 무상정등보리를 결정적으로 증득할 것이고 다시는 퇴전하지 않습니다. 그대의 몸은 누구라고 이름하였고 부모의 누구라고 이름하였으며 형제는 누구라고 이름하였고 자매는 누구라고 이름하였으며 친우(親友)와 권속, 나아가 7세(七世)의 부모와 종친(宗親)은 각각 누구라고 이름하였고, 그대의 몸은 어느 방위, 어느 나라, 어느 성읍, 어느 취락의 가운데에 살고 있었으며, 그대는 어느 년도, 어느 달, 어느 날, 어느 때, 어느 별·재상·왕이 머무르고 있었던 가운데에서 태어났었습니다.'라고 방편으로 속여서 말하느니라.

선현이여. 이와 같은 악마는 만약 이 보살의 마음의 행이 유연(柔軟)하였고 근기와 성품이 지둔(遲鈍)[21]한 것을 보았다면, 곧 속이면서 '그대는

20) 시끄러워서 어수선하고 번잡한 것이다.
21) 더디고 우둔한 성품을 가리킨다.

이전의 세상에서도 마음의 행이 유연하였고 근기와 성품이 지둔하였습니다.'라고 수기하면서 말하고, 이와 같은 악마는 만약 이 보살의 마음의 행이 매우 강하고 근기와 성품이 매우 예리한 것을 보았다면, 곧 속이면서 '그대는 전의 세상에서도 마음의 행이 매우 강하였고 근기와 성품이 매우 예리하였습니다.'라고 수기하면서 말하느니라.

이와 같은 악마는 만약 이 보살이 아련야(阿練若)[22]에서 기거하거나, 혹은 무덤 사이에서 기거하거나, 혹은 노지(露地)에서 기거하거나, 혹은 나무 아래에서 기거하거나, 혹은 항상 걸식하거나, 혹은 한 번을 받아서 먹거나, 혹은 한 곳에 앉아서 먹거나, 혹은 한 발우를 먹거나, 혹은 분소의(糞掃衣)[23]이거나, 혹은 다만 3의(三衣)이었거나, 혹은 항상 앉아 있고 눕지 않거나, 혹은 오래된 부구(敷具)[24]를 좋아하거나, 혹은 욕심이 적거나, 혹은 만족을 기뻐하거나, 혹은 멀리 벗어남을 즐거워하거나, 혹은 정념(正念)을 구족하였거나, 혹은 적정한 정려를 즐거워하거나, 혹은 미묘한 지혜를 구족하였거나, 혹은 이양(利養)[25]을 소중하게 생각하지 않거나, 혹은 명예를 귀중하게 생각하지 않거나, 혹은 청렴과 검소함을 좋아하므로 그 발에 흙을 묻히지 않거나, 혹은 수면(睡眠)을 줄이거나, 혹은 도거(掉擧)가 아니거나, 혹은 적은 말씨를 좋아하거나, 혹은 부드러운 말을 즐거워하였다면, 이와 같은 악마는 이 보살의 여러 종류의 행을 보고서 곧 속이면서 '그대는 전생에도 일찍이 이와 같이 아련야에서 기거하였고, 혹은 무덤 사이에서 기거하였으며, 나아가 적은 말씨를 좋아하거나, 혹은 부드러운 말을 즐거워하였습니다. 그 까닭은 무엇인가? 그대는 지금 이와 같은 여러 종류의 두타(杜多)의 공덕을 성취하였다고

---

22) 산스크리트어 araṇya의 음사이고, '공한처(空閑處)', '원리처(遠離處)' 등으로 번역된다. 한적한 삼림이거나, 마을에서 떨어져서 수행자들이 머무르는 것에 적합한 장소를 가리킨다.
23) 사용하고서 버린 옷의 조각을 모아서 만든 옷을 가리킨다.
24) 비구가 갖추는 기본적인 세 가지 의복을 가리킨다. 대의인 승가리(僧伽梨, saṃghāṭī), 내의인 울다라승(鬱多羅僧, uttarāsanga), 속옷인 안타회(安陀會, Antarvāsa) 등이다.
25) 수행자가 앉거나 누울 때, 땅이나 잠자리 위에 까는 직사각형의 베를 가리킨다.

세간이 함께 보고 있으므로, 그대는 이전의 세상에서도 결정적으로 역시 이와 같은 여러 종류의 수승한 공덕이 있었으니, 상응하여 스스로에게 축하고 위로해야 하며 스스로를 업신여기지 마십시오.'

선현이여. 이 보살마하살은 이러한 악마가 그의 전생과 아울러(幷) 오는 세상의 수승한 공덕 및 현재 자신(自身)의 친족과 명자(名字)의 차별, 태어난 곳, 태어난 때와 아울러(兼) 여러 종류의 두타(杜多)의 공덕을 말하는 것을 듣고 환희하고 교만한 마음이 생겨났으므로 여러 나머지의 보살들을 능멸(凌蔑)하고 훼자하며 꾸짖느니라.

선현이여. 그때에 악마는 이 보살의 그 마음이 암둔(闇鈍)한 것을 알고서 다시 '그대에게 이와 같은 공덕의 형상이 있으니, 과거의 여래·응공·정등각께서 이미 그대에게 대보리의 수기를 주었습니다. 그대는 무상정등보리를 반드시 마땅하게 증득할 것이고 다시는 퇴전하지 않습니다.'라고 알려 말하느니라.

선현이여. 이때 악마는 그를 요란시키려는 까닭으로 혹은 출가자(出家者)의 형상을 짓고서 속이면서 나타나거나, 혹은 재가자(在家者)의 형상을 짓고서 속이면서 나타나거나, 혹은 부모의 형상을 짓고서 속이면서 나타나거나, 혹은 형제의 형상을 짓고서 속이면서 나타나거나, 혹은 자매의 형상을 짓고서 속이면서 나타나거나, 혹은 친한 벗의 형상을 짓고서 속이면서 나타나거나, 혹은 범지(梵志)[26]의 형상을 짓고서 속이면서 나타나거나, 혹은 궤범사(軌範師)[27]의 형상을 짓고서 속이면서 나타나거나, 혹은 천인·용·약차·인비인 등의 여러 종류의 형상을 짓고서 속이면서 나타나고, 이 보살마하살의 처소에 이르러서 '과거의 여래·응공·정등각께서 오랫동안 이미 그대에게 대보리의 수기를 주셨습니다. 그대는 무상정

26) 바라문(婆羅門)의 삶의 주기의 가운데에서 제1기(期)로서 스승에게 가서 수학(修學)하는 기간이다. 일반적으로 시기(時期)는 8~16세 또는 11~22세까지인데, 종성(種姓)에 따라서 달라질 수 있다.

27) 산스크리트어 ācārya의 번역이고, '교수사(敎授西)', '궤범사(軌範師)' 등으로 한역한다. 제자를 가르치고 지도할 자격이 있는 비구로서 계율에 밝고 교학에 밝은 자를 가리킨다.

등보리를 결정적으로 마땅하게 증득할 것이고 다시는 퇴전하지 않습니다. 왜 그러한가? 여러 불퇴전 지위의 보살마하살의 공덕과 형상을 그대는 모두 구족하고 있으니, 상응하게 스스로를 존중할 것이고, 머뭇거림(猶豫)이 생겨나지 않게 하십시오.'라고 이와 같이 말을 짓느니라.

선현이여. 내가 설한 것과 같이 실제로 증득하여야 불퇴전인 보살마하살의 여러 행이고 형상이며 상인데, 이 보살마하살은 증상만을 품고 있으므로, 진실로 모두가 있지 않느니라. 선현이여. 이 보살마하살은 악마라는 것에게 붙잡혀서 있고 악마에게 현혹되었다고 마땅히 알아야 하느니라. 왜 그러한가? 이 보살마하살은 불퇴전인 보살마하살의 여러 행·형상·상을 증득하였더라도 진실로 모두 있지 않고, 다만 악마가 말하였던 그의 공덕과 명자, 태어난 곳, 태어난 때가 조금 비슷한 것을 들었으나, 곧 교만(憍慢)이 생겨나서 여러 나머지의 보살들을 업신여기고 희롱하며 훼자하고 꾸짖었느니라. 이러한 까닭으로 선현이여. 만약 보살마하살이 무상정등보리를 증득하고자 하였다면, 상응하여 이와 같은 마사(魔事)를 잘 깨달아 알아야 하느니라."

마하반야바라밀다경 제333권

53. 선학품(善學品)(3)

“다시 다음으로 선현이여. 보살마하살이 있어서 악마에게 붙잡혔고 악마에게 현혹되었으므로 다만 명자(名字)를 듣고서 망령된 집착이 생겨나느니라. 그 까닭은 무엇인가? 선현이여. 이 보살마하살은 이전에 보시·정계·안인·정진·정려·반야바라밀다를 수학하지 않았고, 이전에 내공·외공·내외공·공공·대공·승의공·유위공·무위공·필경공·무제공·산공·무변이공·본성공·자상공·공상공·일체법공·불가득공·무성공·자성공·무성자성공에 안주(安住)하지 않았느니라.

이전에 진여·법계·법성·불허망성·불변이성·평등성·이생성·법정·법주·실제·허공계·부사의계에 안주하지 않았고, 이전에 고·집·멸·도성제에 안주하지 않았으며, 이전에 4념주·4정단·4신족·5근·5력·7등각지·8성도지를 수학하지 않았고, 이전에 4정려·4무량·4무색정을 수학하지 않았으며, 이전에 8해탈·8승처·9차제정·10변처를 수학하지 않았고, 이전에 공·무상·무원해탈문을 수학하지 않았느니라.

이전에 보살의 10지를 수학하지 않았고, 이전에 5안과 6신통을 수학하지 않았으며, 이전에 다라니문·삼마지문을 수학하지 않았고, 이전에 여래의 10력·4무소외·4무애해·대자·대비·대희·대사·18불불공법을 수학하지 않았으며, 이전에 무망실법·항주사성을 수학하지 않았고, 이전에 일체지·도상지·일체상지를 수학하지 않았으며, 이전에 일체의 보살마하살의 행을 수학하지 않았고, 이전에 제여래의 무상정등보리를 수학하지 않았느니라. 이러한 인연으로 악마가 틈새(便)를 얻느니라.

선현이여. 이 보살마하살은 온마(蘊魔)의 행과 형상을 능히 명료하게 알지 못하고, 사마(死魔)의 행과 형상을 능히 명료하게 알지 못하며, 천마(天魔)의 행과 형상을 능히 명료하게 알지 못하고, 번뇌마(煩惱魔)[1]의 행과 형상을 능히 명료하게 알지 못하는데, 이러한 인연으로 악마가 틈새를 얻느니라.

선현이여. 이 보살마하살은 색을 명료하게 알지 못하고 수·상·행·식도 명료하게 알지 못하며, 안처를 명료하게 알지 못하고 이·비·설·신·의처도 명료하게 알지 못하며, 색처를 명료하게 알지 못하고 성·향·미·촉·법처도 명료하게 알지 못하며, 안계를 명료하게 알지 못하고 이·비·설·신·의계도 명료하게 알지 못하며, 색계를 명료하게 알지 못하고 성·향·미·촉·법계도 명료하게 알지 못하며, 안식계도 명료하게 알지 못하고 이·비·설·신·의식계도 명료하게 알지 못하며, 안촉을 명료하게 알지 못하고 이·비·설·신·의촉도 명료하게 알지 못하며, 안촉을 인연으로 생겨난 여러 수를 명료하게 알지 못하고 이·비·설·신·의촉을 인연으로 생겨난 여러 수도 명료하게 알지 못하느니라.

지계를 명료하게 알지 못하고 수·화·풍·공·식계를 명료하게 알지 못하며, 무명을 명료하게 알지 못하고 행·식·명색·육처·촉·수·애·취·유·생·노사도 명료하게 알지 못하며, 보시바라밀다를 명료하게 알지 못하고 정계·안인·정진·정려·반야바라밀다도 명료하게 알지 못하며, 내공을 명료하게 알지 못하고 외공·내외공·공공·대공·승의공·유위공·무위공·필경공·무제공·산공·무변이공·본성공·자상공·공상공·일체법공·불가득공·무성공·자성공·무성자성공도 명료하게 알지 못하느니라.

---

1) 능히 몸과 마음에 번민과 미혹(迷惑)을 일으키는 네 가지의 마장(魔障)을 가리킨다. 첫째의 온마(蘊魔)는 몸과 마음을 구성하고 있는 오온(五蘊)에 여러 장애를 일으키는 것이고, 둘째의 사마(死魔)는 생명을 빼앗는 죽음을 가리키며, 셋째의 천마(天魔)는 타화자재천왕(他化自在天王)인 마왕이 수행을 방해하는 것이고, 넷째의 번뇌마(煩惱魔)는 탐·진·치의 번뇌가 몸과 마음을 해치는 것이다.

진여를 명료하게 알지 못하고 법계·법성·불허망성·불변이성·평등성·이생성·법정·법주·실제·허공계·부사의계도 명료하게 알지 못하며, 4념주를 명료하게 알지 못하고 4정단·4신족·5근·5력·7등각지·8성도지도 명료하게 알지 못하며, 고성제를 명료하게 알지 못하고 집·멸·도성제도 명료하게 알지 못하며, 4정려를 명료하게 알지 못하고 4무량·4무색정도 명료하게 알지 못하며, 8해탈을 명료하게 알지 못하고 8승처·9차제정·10변처도 명료하게 알지 못하느니라.

공해탈문을 명료하게 알지 못하고 무상·무원해탈문도 명료하게 알지 못하며, 보살의 10지를 명료하게 알지 못하고, 5안을 명료하게 알지 못하고 6신통도 명료하게 알지 못하며, 삼마지문을 명료하게 알지 못하고 다라니문도 명료하게 알지 못하며, 여래의 10력을 명료하게 알지 못하고 4무소외·4무애해·대자·대비·대희·대사·18불불공법도 명료하게 알지 못하며, 예류과를 명료하게 알지 못하고 일래과·불환과·아라한과도 명료하게 알지 못하며, 독각의 보리를 명료하게 알지 못하며, 일체지를 명료하게 알지 못하고 도상지·일체상지도 명료하게 알지 못하며, 유정들의 제법과 명자들의 실상(實相)도 명료하게 알지 못하느니라.

오히려 이러한 인연은 악마에게 틈새를 얻게 하므로 방편으로 여러 종류의 형상을 짓고 와서 이 보살마하살에게 알리면서 '그대가 수행하는 서원의 행이 이미 원만해졌으므로 마땅히 무상정등보리를 증득할 것이고, 그대가 성불(成佛)하는 때에 마땅히 이와 같이 수승한 공덕과 존귀한 명호를 얻을 것이다.'라고 말하느니라. 선현이여. 이를테면, 그 악마는 이 보살이 장야에 '내가 성불하는 때에는 마땅히 이와 같은 공덕과 명호를 얻을 것이다.'라고 이렇게 생각하면서 발원하는 것을 알았으므로 그가 생각하였던 서원을 따르면서 수기를 말하는 것이니라.

선현이여. 이때 이 보살은 반야바라밀다를 벗어나서 선교방편이 없는 까닭으로 악마가 수기하는 말을 듣고서 '기이(奇異)하구나. 이 사람은 나를 위하여 마땅히 성불하는 때의 공덕과 명호를 수기하여 말하였는데, 내가 장야에 생각하면서 서원하였던 것과 상응하는구나! 오히려 이러한 까닭으로 과거의 제불께서 반드시 이미 나에게 대보리의 수기를 주셨다고 알겠나니, 나는 무상정등보리에서 결정적으로 마땅히 불퇴전을 얻을 것이고, 내가 성불하는 때에 결정적으로 마땅히 이와 같은 공덕과 존귀한 명호를 얻을 것이다.'라고 이렇게 생각을 지으면서 말하느니라.

선현이여. 이 보살마하살은 이와 같은 악마이거나, 혹은 악마의 권속이거나, 혹은 악마에게 붙잡혔던 여러 사문들은 마땅히 미래에 성불하고 명호는 이와 같고 이와 같다고 수기하여 말하였다면 교만한 마음이 전전하면서 '나는 미래에 결정적으로 마땅히 작불(作佛)할 것이고, 이와 같은 공덕과 명호를 얻을 것이며, 여러 나머지의 보살들은 나와 동등한 자가 없을 것이다.'라고 증장하느니라.

선현이여. 내가 이미 설한 것과 같이, 불퇴전의 보살마하살이 얻었던 제행·형상·상을 이 보살마하살은 모두 성취하지 못하였으나, 다만 악마가 성불을 말하는 허망한 명자를 듣고 곧 오만(傲慢)이 생겨나서 여러 나머지의 보살마하살들의 대중들을 업신여기고 희롱하며 훼자하며 능멸하느니라. 선현이여. 이 보살마하살은 오히려 오만함을 일으켜서 여러 나머지의 보살마하살의 대중들을 업신여기고 희롱하며 훼자하며 능멸하는 까닭으로 무상정등보리에서 멀리 벗어나느니라. 선현이여. 이 보살마하살은 반야바라밀다를 멀리 벗어나고 선교방편이 없는 까닭으로, 선한 벗을 버리는 까닭으로, 항상 악한 벗에게 섭수되는 까닭으로, 마땅히 성문지이거나, 혹은 독각지에 떨어지느니라.

선현이여. 이 보살마하살이 혹은 이 몸으로 되돌려서 정념(正念)을 얻고서 지극한 정성으로 허물을 참회하고 옛날의 오만한 마음을 버리고서 자주자주 진실하고 수승한 벗을 친근하면서 공양하고 공경하며 존중하고 찬탄한다면, 그가 비록 생사의 많은 때에 유전(流轉)하더라도, 뒤에 다시 매우 깊은 반야바라밀다에 의지하여 점차로 수학한다면 마땅히 무상정등보리를 증득하게 되느니라.

선현이여. 이 보살마하살이 만약 이 몸으로 정념을 얻지 못하고 능히 허물을 참회하지 않고 오만한 마음을 버리지 않으며 진실하고 수승한 벗을 친근하지 않고 공양하지 않으며 공경하지 않고 존중하지 않으며 찬탄하지 않는다면, 그는 결정적으로 생사의 많은 때에 유전하나니, 뒤에 비록 여러 선업을 정진하면서 수학하더라도 성문지이거나, 혹은 독각지에 떨어지느니라.

선현이여. 비유한다면 비구가 성문을 구하는 자이었고 4중죄(四重罪)[2]에서 만약 따라서 하나를 범하더라도 곧 사문이 아니고 석가의 제자가 아니며, 그는 현재에서 결정적으로 예류·일래·불환·아라한과를 얻지 못하는 것과 같으니라. 선현이여. 허망한 명자에 망령되게 집착하는 보살도 역시 그와 같아서 다만 악마가 성불한다고 수기하는 허망한 명자를 듣고 곧 오만한 마음을 일으켜서 오만(傲慢)이 생겨나서 여러 나머지의 보살마하살의 대중들을 업신여기고 희롱하며 훼자하며 능멸한다면, 이러한 죄와 허물은 그 비구가 범하였던 4중죄(四重罪)[3]라는 것의 무량한 배수(倍數)라고 마땅히 알아야 하느니라.

선현이여. 그 비구가 범하였던 4중죄라는 것은 제쳐두고 이 보살의 죄와 허물은 5무간업(五無間業)[4]보다 역시 무량한 배수이니라. 그 까닭은 무엇인가? 선현이여. 이 보살마하살은 진실로 수승한 공덕을 성취하지 않았으나, 악마가 말한 성불과 명호를 듣고서 곧 스스로 오만해져서 나머지의 보살을 업신여겼느니라. 이러한 까닭으로 이 죄는 5무간업을 초월하느니라. 이러한 까닭으로 선현이여. 만약 보살마하살이 무상정등보리를 증득하고자 하였다면, 이와 같이 수기하면서 말하는 허망한 명호 등의 미세한 마사(魔事)를 잘 깨달아서 알아야 하느니라.

다시 다음으로 선현이여. 보살마하살이 있어서 산림(山林)이거나, 빈 연못이거나, 광야(曠野)에 있으면서 혼자 기거하면서 연좌(宴坐)하였고,

---

2) 비구계의 가운데에서 4바라이(四波羅夷)를 가리킨다.

3) 4바라이를 범한 죄를 가리킨다.

4) 무간지옥(無間地獄)에 떨어질 다섯 가지의 큰 죄(罪)인 오역죄(五逆罪)를 말한다. 첫째는 어머니를 죽이는 것이고, 둘째는 아버지를 죽이는 것이며, 셋째는 아라한을 죽이는 것이고, 넷째는 승가의 화합을 깨뜨리는 것이며, 다섯째는 세존의 몸에 피를 흘리게 하는 것이다.

원리행(遠離行)을 수행하는 때에 악마가 있어서 와서 그의 처소에 이르렀으며, 멀리 벗어나는 공덕을 공경하고 찬탄하면서 '옳습니다. 대사(大士)여. 능히 이와 같은 원리행을 수행하십니다. 이 원리행은 일체의 여래·응공·정등각들께서도 함께 칭찬하시는 것이고, 천제석(天帝釋) 등의 제천신(諸天神)과 선인(仙人)들도 모두 함께 수호(守護)하면서 공양하고 존중하나니, 상응하여 항상 이곳에 머물러야 하고 다른 처소로 가지 마십시오.'라고 이와 같이 알려 말하느니라. 선현이여. 나는 제보살마하살이 아련야이거나, 광야이거나, 산림에 연좌하여 사유하고 원리행을 수행하는 것을 찬탄하지 않느니라."

그때 선현이 세존께 아뢰어 말하였다.

"세존이시여. 제보살마하살이 상응하여 무엇 등의 나머지의 원리행을 수행한다면, 세존께서는 아련야이거나, 광야이거나, 산림에 기거하면서 여러 와구(臥具)를 벗어나고, 멀리 벗어나는 공덕을 연좌하여 사유하는 것을 칭찬하지 않으십니까? 오직 원하옵건대 제보살마하살의 수승한 원리행을 설하여 주십시오."

세존께서 말씀하셨다.

"선현이여. 제보살마하살이 만약 산림·빈 연못·광야·아련야의 처소에 기거하였거나, 만약 성읍(城邑)·취락(聚落)·왕도(王都)·시끄럽고 번잡한 처소에 기거하였더라도 다만 능히 번뇌의 악업을 멀리 벗어나고 성문과 독각의 작의(作意)를 멀리 벗어나서 반야바라밀다를 정근하면서 수행하는 것과 여러 나머지의 수승한 공덕을 수행한다면, 이것을 보살의 진실한 원리행이라고 이름하느니라. 선현이여. 이 원리행은 일체의 여래·응공·정등각께서 함께 칭찬하시는 것이고, 이 원리행은 일체의 여래·응공·정등각께서 함께 열어서 허락하신 것이니라.

선현이여. 이 원리행은 제보살마하살이 항상 상응하여 수학해야 하고, 만약 낮이거나, 만약 밤이라도 상응하여 바르게 사유하고 정진하면서 이 원리법(遠離法)을 수행해야 하나니, 이것을 보살마하살이 수행하는 원리행이라고 이름하느니라. 선현이여. 이 원리행은 성문과 독각의 작의에 섞이지 않고 일체 번뇌의 악업에 섞이지 않으며 여러 시끄러움과 잡스러움에 섞이지 않고 반드시 결국에는 청정하나니, 제보살들에게 빠르게 무상정등보리를 증득하게 하므로 유정들에게 이익되고 안락하게 하면서 미래의 세상이 끝마치도록 항상 단절(斷盡)이 없느니라.

선현이여. 악마가 칭찬하였던 것의 만약 산림·빈 연못·광야·아련야의 처소·와구를 멀리 벗어나 있으면서 혼자 기거하고 연좌하였더라도 제보살의 수승한 원리행이 아니니라. 왜 그러한가? 선현이여. 그 원리행은 오히려 시끄러움과 잡스러움에 있는데 이를테면, 그것은 혹은 악업의 번뇌에 섞이기도 하고, 혹은 성문과 독각의 작의에 섞여 있나니, 깊은 반야바라밀다에서 능히 정근하면서 믿고 받아들이며 수학하지 못하고 능히 일체지지를 원만하게 할 수 없느니라.

선현이여. 보살마하살이 있어서 비록 악마가 칭찬하는 원리행을 정근하면서 수습하였더라도, 오만하고 청정하지 않은 마음을 일으켜서 여러 나머지의 보살마하살들을 업신여기고 희롱하며 훼자하며 능멸하는데 이를테면, 보살마하살들이 있어서 비록 성읍·취락·왕도에 기거하더라도 마음은 청정하여 여러 종류의 번뇌의 악업에 섞이지 않고 성문과 독각의 작의에 섞이지 않으면서 보시·정계·안인·정진·정려·반야 바라밀다를 정근하면서 수습하고,

내공·외공·내외공·공공·대공·승의공·유위공·무위공·필경공·무제공·산공·무변이공·본성공·자상공·공상공·일체법공·불가득공·무성공·자성공·무성자성공에 부지런히 힘써 머무르며, 진여·법계·법성·불허망성·불변이성·평등성·이생성·법정·법주·실제·허공계·부사의계에 정근하면서 안주하고, 고·집·멸·도성제에 정근하면서 안주하고, 4념주·4정단·4신족·5근·5력·7등각지·8성도지를 정근하면서 수습하며,

4정려·4무량·4무색정·5신통(神通) 등의 세간의 공덕을 수행하여 이미 원만해졌다면, 공·무상·무원해탈문을 정근하면서 수습하고, 5안·6신통을 정근하면서 수습하며, 다라니문·삼마지문을 정근하면서 수습하고,

여래의 10력·4무소외·4무애해·대자·대비·대희·대사·8불불공법을 정근하면서 수습하며, 무망실법·항주사성을 정근하면서 수습하고, 일체지·도상지·일체상지를 정근하면서 수습하면서 불국토를 청정하게 장엄하고 유정을 성숙시키면서 비록 어지럽고 소란스러움에 기거하더라도 마음은 적정하며 항상 정근하면서 수승한 원리행을 수습하느니라. 그는 이와 같이 진실로 청정한 보살마하살의 대중들에게 교만한 마음이 생겨나서 업신여기고 희롱하며 훼자하고 비방(誹謗)하며 능멸(凌蔑)하느니라.

선현이여. 이 보살마하살은 반야바라밀다를 멀리 벗어나서 선교방편이 없는 까닭으로, 설사 광야의 100유선나(踰繕那)의 그 가운데에 여러 악한 새·짐승·뱀·전갈·도둑이 끊어져서 없고, 오직 신(神)[5]·귀신(鬼)·나찰사(邏刹娑)[6] 등이 유행하거나 멈추는 그 가운데에 기거하였고, 이와 같은 아련야의 처소에 기거하면서 비록 일 년이 지났거나, 혹은 십 년이 지났거나, 혹은 백 년이 지났거나, 혹은 천년이 지났거나, 혹은 만 년이 지났거나, 혹은 구지 년이 지났거나, 혹은 백구지 년이 지났거나, 혹은 천 구지 년이 지났거나, 혹은 만 구지 년이 지났거나, 혹은 다시 이것을 넘겨서 원리행을 수행하더라도 제보살마하살의 진실한 원리행은 명료하게 알지 못하는데 이를테면, 제보살마하살의 대중들은 비록 어지럽고 소란스러움에 기거하더라도 마음은 적정하여 여러 종류의 번뇌와 악업을 멀리 벗어나고 무상정등보리를 일으켜서 나아가더라도 성문이거나 독각의 작의를 멀리 벗어나느니라.

이 보살마하살은 비록 광야에서 많은 시간이 지났더라도 성문이거나 독각의 작의에 섞이고 성문지나 독각지의 법을 즐거워하면서 집착하며 그 법에 의지하여 원리행을 수행하면서 다시 이러한 행에서 깊은 애착이

---

5) 본문에서는 토지신(土地神)을 가리킨다.

6) 산스크리트어 rākṣasa의 음사이다. 남성신 나찰사(羅刹娑)로 음사하고 여성은 나찰사(羅刹斯)라고 음사하며, '식인귀(食人鬼)', '속질귀(速疾鬼)', '가외(可畏)', '호자(護者)' 등으로 번역된다. 본래는 악귀로서 사람을 유혹하여 잡아먹었으므로 악귀나찰(惡鬼羅刹)이라고 불렸다. 뒤에 불교의 신중이 되었고 남서방(南西方)을 지킨다고 한다.

생겨나느니라. 선현이여. 그는 비록 이와 같이 원리행을 수행하더라도 제여래의 마음에 수순(隨順)하였다고 칭찬하지 않느니라.

선현이여. 내가 칭찬하는 제보살마하살의 진실한 원리행을 이 보살마하살은 모두 성취하지 못하였고, 그는 진실로 수승한 원리행의 가운데에서도 역시 유상(有相)의 비슷한 행상(行相)도 보지 못하였느니라. 그 까닭은 무엇인가? 그는 이와 같은 진실한 원리행에 대하여 애락(愛樂)이 생겨나지 않고 다만 성문과 독각의 공허한 원리행을 수행하면서 애락하느니라.

선현이여. 이 보살마하살은 진실로 수승하지 않은 원리행을 수행하는 때라면, 악마가 와서 공중에서 환희하고 찬탄하면서 '대사(大士)여. 옳습니다(善哉). 옳습니다. 그대는 진실로 원리행을 능히 수행하였고, 이 원리행은 일체의 여래·응공·정등각께서 함께 칭찬하였던 것입니다. 그대는 이러한 행을 정근하면서 수습하여 빠르게 무상정등보리를 증득하십시오.' 라고 알려 말하느니라.

선현이여. 이 보살마하살은 이와 같은 성문과 독각의 원리행인 법에 집착하면서 이것으로써 가장 수승함으로 삼아서 보살승(菩薩乘)에 안주하여 비록 어지럽고 소란스러움에 기거하더라도 마음은 적정하며 선법을 성취하여 조복한 여러 비구 등을 업신여기고 희롱하며 훼자하고 능멸하면서 '그대들은 원리행을 수행하지 못하였는데, 몸은 어지럽고 소란스러움에 거거하고 있고 마음은 적정하지 못합니다.'라고 말하느니라.

선현이여. 이 보살마하살은 제여래·응공·정등각들께서 함께 칭찬하시는 진실로 원리행에 안주하는 보살마하살들을 업신여기고 희롱하며 훼자하고 능멸하면서 '그대들은 원리행을 수행하지 못하였는데, 몸은 어지럽고 소란스러움에 기거하고 있고 마음은 적정하지 못합니다.'라고 말하고, 제여래·응공·정등각들께서 함께 칭찬하시지 않은 진실로 소란스럽고 잡스러운 행에 머무르는 보살마하살들을 존중하고 찬탄하면서 '소란스럽지 않고 그 마음이 적정하여서 능히 바르게 진실한 원리행을 수행하십니다.'라고 말하느니라.

선현이여. 이 보살마하살은 상응하여 친근하면서 공양하고 공경해야 하는 대사(大士)와 같은 자는 친근하면서 공양하지 않고 공경하지 않으며 반대로 업신여기고 능멸이 생겨나며, 상응하여 멀리 벗어나고 상응하여 받들어 섬기지 않아야 하는 악한 벗이라는 자를 멀리 벗어나지 않고 공양하고 공경하면서 대사와 같이 섬기느니라.

선현이여. 이 보살마하살은 반야바라밀다를 멀리 벗어나는 선교방편이 없는 까닭으로 망령되이 집착하느니라. 그 까닭은 무엇인가? 그는 '내가 수행하는 이것이 진실한 원리행인 까닭으로 비인(非人)들이 칭찬하면서 호념(護念)하는데, 성읍에 거거하는 자들은 몸과 마음이 요란(擾亂)스러운데 누가 마땅히 호념하고 공경하며 찬미(讚美)하겠는가?'라고 이렇게 생각을 짓느니라.

선현이여. 이 보살마하살은 오히려 이러한 인연으로 마음이 많이 오만해져서 여러 나머지의 보살마하살들을 업신여기고 희롱하며 훼자하고 능멸하므로 번뇌의 악업은 밤낮으로 증장(增長)하느니라.

선현이여. 마땅히 알아야 하느니라. 이 보살마하살은 제보살들에게 전다라(栴荼羅)[7]가 되어서 보살마하살을 더럽히고 염오시키나니, 비록 보살마하살의 상(相)과 비슷하더라도 이 자는 천상과 인간에서 큰 도둑이고 천상·인간·아소락 등을 속이고 현혹하는 자이며, 그가 비록 몸에 사문의 법의(法衣)를 입었더라도 마음에는 항상 도둑의 의요(意樂)[8]를 품고 있느니라. 여러 보살승에 나아가는 자가 있다면 상응하여 이와 같이 악한 사람을 친근하면서 공양하고 공경하며 존중하고 찬탄하지 않아야 하느니라.

왜 그러한가? 선현이여. 마땅히 알아야 하느니라. 이러한 사람은 증상만을 품고 있으므로 외신(外身)은 보살이고 내신(內身)은 번뇌가 많으니

---

7) 산스크리트어 candala의 음사이고, 인도의 4종성(四種姓)의 하나이며 수다라(首陀羅)의 하위에 있는 계급이다. 『마누법전』에 의하여 이미 신분이 규정되었으며, '장의사', '백정', '사형 집행자' 등의 직업에 종사하고 있다.

8) 산스크리트어 aśaya의 번역이고, 무슨 일인가를 하려고 하는 생각을 뜻한다.

라. 이러한 까닭으로 선현이여. 만약 보살마하살이 진실로 일체지지를 버리지 않고 무상정등보리를 버리지 않으며 깊은 마음으로 일체지지를 구하여 증득하고 무상정등보리를 구하여 증득하고서 널리 제유정들을 이익되게 하고 안락하게 하려고 한다면, 이와 같이 악한 사람과 친근하지도 않아야 하고 공양하지 않으며 공경하지도 않고 존중하지도 않으며 찬탄하지도 않아야 하느니라.

선현이여. 제보살마하살은 항상 상응하여 스스로의 사업(事業)을 정진하면서 생사를 싫어하면서 벗어나고 삼계(三界)에 집착하지 않으며, 그 악한 도적과 전다라에게 상응하여 자(慈)·비(悲)·희(喜)·사(捨)의 마음을 일으키면서 '나는 그 악인이 허물과 근심을 일으키는 것을 상응하여 일으키지 않아야 하고, 설사 생각을 잊어버려서 그와 같이 잠시 일으켰더라도 곧 상응하게 깨닫고 알아서 빠르게 소멸시켜야 한다.'라고 이렇게 생각을 짓느니라.

선현이여. 제보살마하살이 무상정등보리를 증득하고자 하였다면 상응하여 이와 같은 마사(魔事)를 깨달아 알아야 하고, 상응하여 정근하고 정진하면서 그 보살이 일으켰던 허물과 근심과 같은 것을 멀리 벗어나고 없애야 하느니라. 다시 다음으로 선현이여. 만약 보살마하살이 뛰어난 의요(意樂)로 무상정등보리를 증득하고자 하였다면 항상 상응하여 수승하고 선한 벗과 친근하면서 공양하고 공경하며 존중하고 찬탄해야 하느니라."

그때 구수 선현이 세존께 아뢰어 말하였다.

"세존이시여. 누구 등을 제보살마하살의 진실하고 수승한 선한 벗이라고 이름합니까?"

세존께서 말씀하셨다.

"선현이여. 일체의 여래·응공·정등각의 이것이 보살마하살의 진실하고 수승한 선한 벗이고, 일체의 보살마하살도 역시 보살마하살의 진실하고 수승한 선한 벗이며, 여러 성문과 나머지의 선한 사부(士夫)로 능히 보살마하살의 대중들을 위하여 보시·정계·안인·정진·정려·반야바라밀다와 상응하는 법을 선설하고 열어서 보여주며 분별하고 명료하게 드러내어서 쉽게 이해시키는 자라면 역시 보살마하살의 진실하고 수승한 선한 벗이라고 마땅히 알아야 하느니라.

선현이여. 보시바라밀다의 이것이 보살마하살의 진실하고 수승한 선한 벗이고, 정계·안인·정진·정려·반야바라밀다도 역시 이것이 보살마하살의 진실하고 수승한 선한 벗이라고 마땅히 알아야 하느니라. 선현이여. 4념주의 이것이 보살마하살의 진실하고 수승한 선한 벗이고, 4정단·4신족·5근·5력·7등각지·8성도지도 역시 이것이 보살마하살의 진실하고 수승한 선한 벗이라고 마땅히 알아야 하느니라. 선현이여. 4정려의 이것이 보살마하살의 진실하고 수승한 선한 벗이고, 4무량·4무색정도 역시 이것이 보살마하살의 진실하고 수승한 선한 벗이라고 마땅히 알아야 하느니라.

선현이여. 8해탈의 이것이 보살마하살의 진실하고 수승한 선한 벗이고, 8승처·9차제정·10변처도 역시 이것이 보살마하살의 진실하고 수승한 선한 벗이라고 마땅히 알아야 하느니라. 선현이여. 공해탈문의 이것이 보살마하살의 진실하고 수승한 선한 벗이고, 무상·무원해탈문도 역시 이것이 보살마하살의 진실하고 수승한 선한 벗이라고 마땅히 알아야 하느니라. 선현이여. 극희지의 이것이 보살마하살의 진실하고 수승한 선한 벗이고, 이구지·발광지·염혜지·극난승지·현전지·원행지·부동지·선혜지·법운지도 역시 이것이 보살마하살의 진실하고 수승한 선한 벗이라고 마땅히 알아야 하느니라.

선현이여. 5안의 이것이 보살마하살의 진실하고 수승한 선한 벗이고, 6신통도 역시 이것이 보살마하살의 진실하고 수승한 선한 벗이라고 마땅히 알아야 하느니라. 선현이여. 삼마지문의 이것이 보살마하살의 진실하고 수승한 선한 벗이고, 다라니문도 역시 이것이 보살마하살의 진실하고 수승한 선한 벗이라고 마땅히 알아야 하느니라. 선현이여. 여래의 10력의 이것이 보살마하살의 진실하고 수승한 선한 벗이고, 4무소외·4무애해·대자·대비·대희·대사·18불불공법도 역시 이것이 보살마하살의 진실하고 수승한 선한 벗이라고 마땅히 알아야 하느니라.

선현이여. 무망실법의 이것이 보살마하살의 진실하고 수승한 선한 벗이고, 항주사성도 역시 이것이 보살마하살의 진실하고 수승한 선한 벗이라고 마땅히 알아야 하느니라. 선현이여. 일체의 번뇌와 습기(習氣)를 영원히 끊는 것은 보살마하살의 진실하고 수승한 선한 벗이라고 마땅히 알아야 하느니라. 선현이여. 일체지의 이것이 보살마하살의 진실하고 수승한 선한 벗이고, 도상지·일체상지도 역시 이것이 보살마하살의 진실하고 수승한 선한 벗이라고 마땅히 알아야 하느니라.

선현이여. 일체의 보살마하살의 행의 이것이 보살마하살의 진실하고 수승한 선한 벗이고, 제불의 무상정등보리도 역시 이것이 보살마하살의 진실하고 수승한 선한 벗이라고 마땅히 알아야 하느니라. 선현이여. 고성제의 이것이 보살마하살의 진실하고 수승한 선한 벗이고, 집·멸·도성제도 역시 이것이 보살마하살의 진실하고 수승한 선한 벗이라고 마땅히 알아야 하느니라. 선현이여. 제법의 연성(緣性)[9]인 이것이 보살마하살의 진실하고 수승한 선한 벗이고, 제연기지(諸緣起支)[10]도 역시 이것이 보살마하살의 진실하고 수승한 선한 벗이라고 마땅히 알아야 하느니라.

선현이여. 내공의 이것이 보살마하살의 진실하고 수승한 선한 벗이고, 외공·내외공·공공·대공·승의공·유위공·무위공·필경공·무제공·산공·무변이공·본성공·자상공·공상공·일체법공·불가득공·무성공·자성공·무성자성공도 역시 이것이 보살마하살의 진실하고 수승한 선한 벗이라고 마땅히 알아야 하느니라. 선현이여. 진여의 이것이 보살마하살의 진실하고 수승한 선한 벗이고, 법계·법성·불허망성·불변이성·평등성·이생성·법정·법주·실제·허공계·부사의계도 역시 이것이 보살마하살의 진실하고 수승한 선한 벗이라고 마땅히 알아야 하느니라.

선현이여. 보시바라밀다는 제보살마하살의 대중들에게 스승이 되어주고 인도자가 되어주며 광명(明)이 되어주고 횃불이 되어주며 등불이 되어주고 조명(照明)이 되어주며 이해(理解)가 되어주고 깨달음이 되어주

9) 연기(緣起)를 다르게 부르는 말이다.
10) 12연기(十二緣起)를 다르게 부르는 말이다.

며 재능(智)이 되어주고 지혜(慧)가 되어주며 구제자가 되어주고 수호자가 되어주며 방(室)이 되어주고 집(宅)이 되어주며 모래톱(洲)이 되어주고 삼각주(渚)가 되어주며 돌아갈 곳이 되어주고 나아갈 곳이 되어주며, 아버지가 되어주고 어머니가 되어주며, 정계·안인·정진·정려·반야바라밀다도 제보살마하살의 대중들에게 스승이 되어주고 인도자가 되어주며 광명이 되어주고 횃불이 되어주며 등불이 되어주고 조명이 되어주며 이해가 되어주고 깨달음이 되어주며 재능이 되어주고 지혜가 되어주며 구제자가 되어주고 수호자가 되어주며 방이 되어주고 집이 되어주며 모래톱이 되어주고 삼각주가 되어주며 돌아갈 곳이 되어주고 나아갈 곳이 되어주며, 아버지가 되어주고 어머니가 되어준다고 마땅히 알아야 하느니라.

선현이여. 4념주는 제보살마하살의 대중들에게 스승이 되어주고 인도자가 되어주며 광명이 되어주고 횃불이 되어주며 등불이 되어주고 조명이 되어주며 이해가 되어주고 깨달음이 되어주며 재능이 되어주고 지혜가 되어주며 구제자가 되어주고 수호자가 되어주며 방이 되어주고 집이 되어주며 모래톱이 되어주고 삼각주가 되어주며 돌아갈 곳이 되어주고 나아갈 곳이 되어주며, 아버지가 되어주고 어머니가 되어주며, 4정단·4신족·5근·5력·7등각지·8성도지도 제보살마하살의 대중들에게 스승이 되어주고 인도자가 되어주며 광명이 되어주고 횃불이 되어주며 등불이 되어주고 조명이 되어주며 이해가 되어주고 깨달음이 되어주며 재능이 되어주고 지혜가 되어주며 구제자가 되어주고 수호자가 되어주며 방이 되어주고 집이 되어주며 모래톱이 되어주고 삼각주가 되어주며 돌아갈 곳이 되어주고 나아갈 곳이 되어주며, 아버지가 되어주고 어머니가 되어준다고 마땅히 알아야 하느니라.

선현이여. 4정려는 제보살마하살의 대중들에게 스승이 되어주고 인도자가 되어주며 광명이 되어주고 횃불이 되어주며 등불이 되어주고 조명이 되어주며 이해가 되어주고 깨달음이 되어주며 재능이 되어주고 지혜가 되어주며 구제자가 되어주고 수호자가 되어주며 방이 되어주고 집이 되어주며 모래톱이 되어주고 삼각주가 되어주며 돌아갈 곳이 되어주고 나아갈 곳이 되어주며, 아버지가 되어주고 어머니가 되어주며, 4무량·4무색정도 제보살마하살의 대중들에게 스승이 되어주고 인도자가 되어주며 광명이 되어주고 횃불이 되어주며 등불이 되어주고 조명이 되어주며 이해가 되어주고 깨달음이 되어주며 재능이 되어주고 지혜가 되어주며 구제자가 되어주고 수호자가 되어주며 방이 되어주고 집이 되어주며 모래톱이 되어주고 삼각주가 되어주며 돌아갈 곳이 되어주고 나아갈 곳이 되어주며, 아버지가 되어주고 어머니가 되어준다고 마땅히 알아야 하느니라.

선현이여. 공해탈문은 제보살마하살의 대중들에게 스승이 되어주고 인도자가 되어주며 광명이 되어주고 횃불이 되어주며 등불이 되어주고 조명이 되어주며 이해가 되어주고 깨달음이 되어주며 재능이 되어주고 지혜가 되어주며 구제자가 되어주고 수호자가 되어주며 방이 되어주고 집이 되어주며 모래톱이 되어주고 삼각주가 되어주며 돌아갈 곳이 되어주고 나아갈 곳이 되어주며, 아버지가 되어주고 어머니가 되어주며, 8승처·9차제정·10변처도 제보살마하살의 대중들에게 스승이 되어주고 인도자가 되어주며 광명이 되어주고 횃불이 되어주며 등불이 되어주고 조명이 되어주며 이해가 되어주고 깨달음이 되어주며 재능이 되어주고 지혜가 되어주며 구제자가 되어주고 수호자가 되어주며 방이 되어주고 집이 되어주며 모래톱이 되어주고 삼각주가 되어주며 돌아갈 곳이 되어주고 나아갈 곳이 되어주며, 아버지가 되어주고 어머니가 되어준다고 마땅히 알아야 하느니라.

선현이여. 8해탈은 제보살마하살의 대중들에게 스승이 되어주고 인도자가 되어주며 광명이 되어주고 횃불이 되어주며 등불이 되어주고 조명이 되어주며 이해가 되어주고 깨달음이 되어주며 재능이 되어주고 지혜가 되어주며 구제자가 되어주고 수호자가 되어주며 방이 되어주고 집이 되어주며 모래톱이 되어주고 삼각주가 되어주며 돌아갈 곳이 되어주고 나아갈 곳이 되어주며, 아버지가 되어주고 어머니가 되어주며, 무상·무원해탈문도 제보살마하살의 대중들에게 스승이 되어주고 인도자가 되어주며 광명이 되어주고 횃불이 되어주며 등불이 되어주고 조명이 되어주며 이해가 되어주고 깨달음이 되어주며 재능이 되어주고 지혜가 되어주며 구제자가 되어주고 수호자가 되어주며 방이 되어주고 집이 되어주며 모래톱이 되어주고 삼각주가 되어주며 돌아갈 곳이 되어주고 나아갈 곳이 되어주며, 아버지가 되어주고 어머니가 되어준다고 마땅히 알아야 하느니라.

선현이여. 극희지는 제보살마하살의 대중들에게 스승이 되어주고 인도자가 되어주며 광명이 되어주고 횃불이 되어주며 등불이 되어주고 조명이 되어주며 이해가 되어주고 깨달음이 되어주며 재능이 되어주고 지혜가 되어주며 구제자가 되어주고 수호자가 되어주며 방이 되어주고 집이 되어주며 모래톱이 되어주고 삼각주가 되어주며 돌아갈 곳이 되어주고 나아갈 곳이 되어주며, 아버지가 되어주고 어머니가 되어주며, 이구지·발광지·염혜지·극난승지·현전지·원행지·부동지·선혜지·법운지도 제보살마하살의 대중들에게 스승이 되어주고 인도자가 되어주며 광명이 되어주고 횃불이 되어주며 등불이 되어주고 조명이 되어주며 이해가 되어주고 깨달음이 되어주며 재능이 되어주고 지혜가 되어주며 구제자가 되어주고 수호자가 되어주며 방이 되어주고 집이 되어주며 모래톱이 되어주고 삼각주가 되어주며 돌아갈 곳이 되어주고 나아갈 곳이 되어주며, 아버지가 되어주고 어머니가 되어준다고 마땅히 알아야 하느니라.

선현이여. 5안은 제보살마하살의 대중들에게 스승이 되어주고 인도자가 되어주며 광명이 되어주고 횃불이 되어주며 등불이 되어주고 조명이 되어주며 이해가 되어주고 깨달음이 되어주며 재능이 되어주고 지혜가 되어주며 구제자가 되어주고 수호자가 되어주며 방이 되어주고 집이 되어주며 모래톱이 되어주고 삼각주가 되어주며 돌아갈 곳이 되어주고 나아갈 곳이 되어주며, 아버지가 되어주고 어머니가 되어주며, 6신통도 제보살마하살의 대중들에게 스승이 되어주고 인도자가 되어주며 광명이 되어주고 횃불이 되어주며 등불이 되어주고 조명이 되어주며 이해가 되어주고 깨달음이 되어주며 재능이 되어주고 지혜가 되어주며 구제자가 되어주고 수호자가 되어주며 방이 되어주고 집이 되어주며 모래톱이 되어주고 삼각주가 되어주며 돌아갈 곳이 되어주고 나아갈 곳이 되어주며, 아버지가 되어주고 어머니가 되어준다고 마땅히 알아야 하느니라.

선현이여. 삼마지문은 제보살마하살의 대중들에게 스승이 되어주고 인도자가 되어주며 광명이 되어주고 횃불이 되어주며 등불이 되어주고 조명이 되어주며 이해가 되어주고 깨달음이 되어주며 재능이 되어주고 지혜가 되어주며 구제자가 되어주고 수호자가 되어주며 방이 되어주고 집이 되어주며 모래톱이 되어주고 삼각주가 되어주며 돌아갈 곳이 되어주고 나아갈 곳이 되어주며, 아버지가 되어주고 어머니가 되어주며, 다라니문도 제보살마하살의 대중들에게 스승이 되어주고 인도자가 되어주며 광명이 되어주고 횃불이 되어주며 등불이 되어주고 조명이 되어주며 이해가 되어주고 깨달음이 되어주며 재능이 되어주고 지혜가 되어주며 구제자가 되어주고 수호자가 되어주며 방이 되어주고 집이 되어주며 모래톱이 되어주고 삼각주가 되어주며 돌아갈 곳이 되어주고 나아갈 곳이 되어주며, 아버지가 되어주고 어머니가 되어준다고 마땅히 알아야 하느니라.

선현이여. 여래의 10력은 제보살마하살의 대중들에게 스승이 되어주고 인도자가 되어주며 광명이 되어주고 횃불이 되어주며 등불이 되어주고 조명이 되어주며 이해가 되어주고 깨달음이 되어주며 재능이 되어주고 지혜가 되어주며 구제자가 되어주고 수호자가 되어주며 방이 되어주고 집이 되어주며 모래톱이 되어주고 삼각주가 되어주며 돌아갈 곳이 되어주고 나아갈 곳이 되어주며, 아버지가 되어주고 어머니가 되어주며, 4무소외·4무애해·대자·대비·대희·대사·18불불공법도 제보살마하살의 대중들에게 스승이 되어주고 인도자가 되어주며 광명이 되어주고 횃불이 되어주며 등불이 되어주고 조명이 되어주며 이해가 되어주고 깨달음이 되어주며 재능이 되어주고 지혜가 되어주며 구제자가 되어주고 수호자가 되어주며 방이 되어주고 집이 되어주며 모래톱이 되어주고 삼각주가 되어주며 돌아갈 곳이 되어주고 나아갈 곳이 되어주며, 아버지가 되어주고 어머니가 되어준다고 마땅히 알아야 하느니라.

선현이여. 무망실법은 제보살마하살의 대중들에게 스승이 되어주고 인도자가 되어주며 광명이 되어주고 횃불이 되어주며 등불이 되어주고 조명이 되어주며 이해가 되어주고 깨달음이 되어주며 재능이 되어주고 지혜가 되어주며 구제자가 되어주고 수호자가 되어주며 방이 되어주고 집이 되어주며 모래톱이 되어주고 삼각주가 되어주며 돌아갈 곳이 되어주고 나아갈 곳이 되어주며, 아버지가 되어주고 어머니가 되어주며, 항주사성도 제보살마하살의 대중들에게 스승이 되어주고 인도자가 되어주며 광명이 되어주고 횃불이 되어주며 등불이 되어주고 조명이 되어주며 이해가 되어주고 깨달음이 되어주며 재능이 되어주고 지혜가 되어주며 구제자가 되어주고 수호자가 되어주며 방이 되어주고 집이 되어주며 모래톱이 되어주고 삼각주가 되어주며 돌아갈 곳이 되어주고 나아갈 곳이 되어주며, 아버지가 되어주고 어머니가 되어준다고 마땅히 알아야 하느니라.

선현이여. 일체의 번뇌와 습기를 영원히 끊는 것은 제보살마하살의 대중들에게 스승이 되어주고 인도자가 되어주며 광명이 되어주고 횃불이 되어주며 등불이 되어주고 조명이 되어주며 이해가 되어주고 깨달음이 되어주며 재능이 되어주고 지혜가 되어주며 구제자가 되어주고 수호자가 되어주며 방이 되어주고 집이 되어주며 모래톱이 되어주고 삼각주가 되어주며 돌아갈 곳이 되어주고 나아갈 곳이 되어주며, 아버지가 되어주고 어머니가 되어준다고 마땅히 알아야 하느니라.

선현이여. 일체지는 제보살마하살의 대중들에게 스승이 되어주고 인도자가 되어주며 광명이 되어주고 횃불이 되어주며 등불이 되어주고 조명이 되어주며 이해가 되어주고 깨달음이 되어주며 재능이 되어주고 지혜가 되어주며 구제자가 되어주고 수호자가 되어주며 방이 되어주고 집이 되어주며 모래톱이 되어주고 삼각주가 되어주며 돌아갈 곳이 되어주고 나아갈 곳이 되어주며, 아버지가 되어주고 어머니가 되어주며, 도상지·일체상지도 제보살마하살의 대중들에게 스승이 되어주고 인도자가 되어주며 광명이 되어주고 횃불이 되어주며 등불이 되어주고 조명이 되어주며 이해가 되어주고 깨달음이 되어주며 재능이 되어주고 지혜가 되어주며 구제자가 되어주고 수호자가 되어주며 방이 되어주고 집이 되어주며 모래톱이 되어주고 삼각주가 되어주며 돌아갈 곳이 되어주고 나아갈 곳이 되어주며, 아버지가 되어주고 어머니가 되어준다고 마땅히 알아야 하느니라.

선현이여. 일체의 보살마하살의 행은 제보살마하살의 대중들에게 스승이 되어주고 인도자가 되어주며 광명이 되어주고 횃불이 되어주며 등불이 되어주고 조명이 되어주며 이해가 되어주고 깨달음이 되어주며 재능이 되어주고 지혜가 되어주며 구제자가 되어주고 수호자가 되어주며 방이 되어주고 집이 되어주며 모래톱이 되어주고 삼각주가 되어주며 돌아갈 곳이 되어주고 나아갈 곳이 되어주며, 아버지가 되어주고 어머니가 되어준다고 마땅히 알아야 하느니라.

선현이여. 제불의 무상정등보리는 제보살마하살의 대중들에게 스승이 되어주고 인도자가 되어주며 광명이 되어주고 횃불이 되어주며 등불이 되어주고 조명이 되어주며 이해가 되어주고 깨달음이 되어주며 재능이 되어주고 지혜가 되어주며 구제자가 되어주고 수호자가 되어주며 방이 되어주고 집이 되어주며 모래톱이 되어주고 삼각주가 되어주며 돌아갈 곳이 되어주고 나아갈 곳이 되어주며, 아버지가 되어주고 어머니가 되어준다고 마땅히 알아야 하느니라.

선현이여. 고성제는 제보살마하살의 대중들에게 스승이 되어주고 인도자가 되어주며 광명이 되어주고 횃불이 되어주며 등불이 되어주고 조명이 되어주며 이해가 되어주고 깨달음이 되어주며 재능이 되어주고 지혜가 되어주며 구제자가 되어주고 수호자가 되어주며 방이 되어주고 집이 되어주며 모래톱이 되어주고 삼각주가 되어주며 돌아갈 곳이 되어주고 나아갈 곳이 되어주며, 아버지가 되어주고 어머니가 되어주며, 집·멸·도성제도 제보살마하살의 대중들에게 스승이 되어주고 인도자가 되어주며 광명이 되어주고 횃불이 되어주며 등불이 되어주고 조명이 되어주며 이해가 되어주고 깨달음이 되어주며 재능이 되어주고 지혜가 되어주며 구제자가 되어주고 수호자가 되어주며 방이 되어주고 집이 되어주며 모래톱이 되어주고 삼각주가 되어주며 돌아갈 곳이 되어주고 나아갈 곳이 되어주며, 아버지가 되어주고 어머니가 되어준다고 마땅히 알아야 하느니라.

선현이여. 제법의 인연의 성품은 제보살마하살의 대중들에게 스승이 되어주고 인도자가 되어주며 광명이 되어주고 횃불이 되어주며 등불이 되어주고 조명이 되어주며 이해가 되어주고 깨달음이 되어주며 재능이 되어주고 지혜가 되어주며 구제자가 되어주고 수호자가 되어주며 방이 되어주고 집이 되어주며 모래톱이 되어주고 삼각주가 되어주며 돌아갈 곳이 되어주고 나아갈 곳이 되어주며, 아버지가 되어주고 어머니가 되어주며, 제연기지도 제보살마하살의 대중들에게 스승이 되어주고 인도자가 되어주며 광명이 되어주고 횃불이 되어주며 등불이 되어주고 조명이 되어주며 이해가 되어주고 깨달음이 되어주며 재능이 되어주고 지혜가 되어주며 구제자가 되어주고 수호자가 되어주며 방이 되어주고 집이 되어주며 모래톱이 되어주고 삼각주가 되어주며 돌아갈 곳이 되어주고 나아갈 곳이 되어주며, 아버지가 되어주고 어머니가 되어준다고 마땅히 알아야 하느니라.

선현이여. 내공은 제보살마하살의 대중들에게 스승이 되어주고 인도자가 되어주며 광명이 되어주고 횃불이 되어주며 등불이 되어주고 조명이 되어주며 이해가 되어주고 깨달음이 되어주며 재능이 되어주고 지혜가 되어주며 구제자가 되어주고 수호자가 되어주며 방이 되어주고 집이 되어주며 모래톱이 되어주고 삼각주가 되어주며 돌아갈 곳이 되어주고 나아갈 곳이 되어주며, 아버지가 되어주고 어머니가 되어주며, 외공·내외공·공공·대공·승의공·유위공·무위공·필경공·무제공·산공·무변이공·본성공·자상공·공상공·일체법공·불가득공·무성공·자성공·무성자성공도 제보살마하살의 대중들에게 스승이 되어주고 인도자가 되어주며 광명이 되어주고 횃불이 되어주며 등불이 되어주고 조명이 되어주며 이해가 되어주고 깨달음이 되어주며 재능이 되어주고 지혜가 되어주며 구제자가 되어주고 수호자가 되어주며 방이 되어주고 집이 되어주며 모래톱이 되어주고 삼각주가 되어주며 돌아갈 곳이 되어주고 나아갈 곳이 되어주며, 아버지가 되어주고 어머니가 되어준다고 마땅히 알아야 하느니라.

선현이여. 진여는 제보살마하살의 대중들에게 스승이 되어주고 인도자가 되어주며 광명이 되어주고 횃불이 되어주며 등불이 되어주고 조명이 되어주며 이해가 되어주고 깨달음이 되어주며 재능이 되어주고 지혜가 되어주며 구제자가 되어주고 수호자가 되어주며 방이 되어주고 집이 되어주며 모래톱이 되어주고 삼각주가 되어주며 돌아갈 곳이 되어주고 나아갈 곳이 되어주며, 아버지가 되어주고 어머니가 되어주며, 법계·법성·불허망성·불변이성·평등성·이생성·법정·법주·실제·허공계·부사의계도 제보살마하살의 대중들에게 스승이 되어주고 인도자가 되어주며 광명이 되어주고 횃불이 되어주며 등불이 되어주고 조명이 되어주며 이해가 되어주고 깨달음이 되어주며 재능이 되어주고 지혜가 되어주며 구제자가 되어주고 수호자가 되어주며 방이 되어주고 집이 되어주며 모래톱이 되어주고 삼각주가 되어주며 돌아갈 곳이 되어주고 나아갈 곳이 되어주며, 아버지가 되어주고 어머니가 되어준다고 마땅히 알아야 하느니라.

왜 그러한가? 선현이여. 과거에 소유(所有)하였던 일체의 여래·응공·정등각들께서도 모두 보시바라밀다, 나아가 부사의계로써 스승으로 삼았고 인도자로 삼았으며 광명으로 삼았고 횃불로 삼았으며 등불로 삼았고 조명으로 삼았으며 이해로 삼았고 깨달음으로 삼았으며 재능으로 삼았고 지혜로 삼았으며 구제자로 삼았고 수호자로 삼았으며 방으로 삼았고 집으로 삼았으며 모래톱으로 삼았고 삼각주로 삼았으며 돌아갈 곳으로 삼았고 나아갈 곳으로 삼았으며, 아버지로 삼았고 어머니로 삼았느니라.

미래에 소유하실 일체의 여래·응공·정등각들께서도 모두 보시바라밀다, 나아가 부사의계로써 스승으로 삼을 것이고 인도자로 삼을 것이며 광명으로 삼을 것이고 횃불로 삼을 것이며 등불로 삼을 것이고 조명으로 삼을 것이며 이해로 삼을 것이고 깨달음으로 삼을 것이며 재능으로 삼을 것이고 지혜로 삼을 것이며 구제자로 삼을 것이고 수호자로 삼을 것이며 방으로 삼을 것이고 집으로 삼을 것이며 모래톱으로 삼을 것이고 삼각주로 삼을 것이며 돌아갈 곳으로 삼을 것이고 나아갈 곳으로 삼을 것이며, 아버지로 삼을 것이고 어머니로 삼을 것이니라.

현재에 시방의 무수이고 무량하며 무변한 일체의 여래·응공·정등각들께서도 모두 보시바라밀다, 나아가 부사의계로써 스승으로 삼고 있고 인도자로 삼고 있으며 광명으로 삼고 있고 횃불로 삼고 있으며 등불로 삼고 있고 조명으로 삼고 있으며 이해로 삼고 있고 깨달음으로 삼고 있으며 재능으로 삼고 있고 지혜로 삼고 있으며 구제자로 삼고 있고 수호자로 삼고 있으며 방으로 삼고 있고 집으로 삼고 있으며 모래톱으로 삼고 있고 삼각주로 삼고 있으며 돌아갈 곳으로 삼고 있고 나아갈 곳으로 삼고 있으며, 아버지로 삼고 있고 어머니로 삼고 있느니라.

왜 그러한가? 선현이여. 과거·미래·현재의 제불은 모두 보시바라밀다, 나아가 부사의계에서 출생하시는 까닭이니라. 이러한 까닭으로 선현이여. 만약 보살마하살이 증상(增上)[11]하는 의요(意樂)로 무상정등보리를 증득하고서 유정을 성숙시키고 불국토를 청정하게 장엄하고자 하였다면, 마땅히 보시바라밀다를 수학해야 하고 마땅히 정계·안인·정진·정려·반야바라밀다를 수학해야 하며, 마땅히 4념주를 수학해야 하고 마땅히 4정단·4신족·5근·5력·7등각지·8성도지를 수학해야 하느니라.

마땅히 4정려를 수학해야 하고 4무량·4무색정을 수학해야 하며, 마땅히 8해탈을 수학해야 하고 마땅히 8승처·9차제정·10변처를 수학해야 하며, 마땅히 공해탈문을 수학해야 하고 마땅히 무상·무원해탈문을 수학해야 하며, 마땅히 극희지를 수학해야 하고 마땅히 이구지·발광지·염혜지·극

11) '증가한다.', '증대한다.'는 등의 뜻이다.

난승지·현전지·원행지·부동지·선혜지·법운지를 수학해야 하며, 마땅히 5안을 수학해야 하고 마땅히 6신통을 수학해야 하며, 마땅히 삼마지문을 수학해야 하고 다라니문을 수학해야 하느니라.

마땅히 여래의 10력을 수학해야 하고 마땅히 4무소외·4무애해·대자·대비·대희·대사·18불불공법을 수학해야 하며, 마땅히 무망실법을 수학해야 하고 마땅히 항주사성을 수학해야 하며, 영원히 일체의 번뇌와 습기를 끊어야 하며, 마땅히 일체지를 수학해야 하고 도상지·일체상지를 수학해야 하며, 마땅히 일체의 보살마하살의 행을 수학해야 하고 마땅히 제불의 무상정등보리를 수학해야 하며, 고성제를 수학해야 하고 마땅히 집·멸·도성제를 수학해야 하느니라.

마땅히 제법의 인연의 성품을 수학해야 하고 마땅히 제연기지를 수학해야 하며, 마땅히 내공을 수학해야 하고 마땅히 외공·내외공·공공·대공·승의공·유위공·무위공·필경공·무제공·산공·무변이공·본성공·자상공·공상공·일체법공·불가득공·무성공·자성공·무성자성공을 수학해야 하며, 마땅히 진여를 수학해야 하고 마땅히 법계·법성·불허망성·불변이성·평등성·이생성·법정·법주·실제·허공계·부사의계를 수학해야 하느니라.

선현이여. 이 보살마하살은 이미 보시바라밀다, 나아가 부사의계를 수학하였다면, 다시 4섭사(四攝事)로써 제유정들을 섭수하는데, 무엇 등이 네 가지인가? 첫째는 보시(布施)이고, 둘째는 애어(愛語)이며, 셋째는 이행(利行)이고, 넷째는 동사(同事)이니라. 선현이여. 나는 이러한 의취를 관찰하였던 까닭으로 '보시·정계·안인·정진·정려·반야바라밀다, 나아가 부사의계는 제보살마하살의 대중들에게 스승이 되어주고 인도자가 되어주며 광명이 되어주고 횃불이 되어주며 등불이 되어주고 조명이 되어주며 이해가 되어주고 깨달음이 되어주며 재능이 되어주고 지혜가 되어주며 구제자가 되어주고 수호자가 되어주며 방이 되어주고 집이 되어주며 모래톱이 되어주고 삼각주가 되어주며 돌아갈 곳이 되어주고 나아갈 곳이 되어주며, 아버지가 되어주고 어머니가 되어 준다.'라고 이렇게 설하느니라.

이와 같은 까닭으로 선현이여. 제보살마하살은 다른 사람의 가르침을 따라서 행하는 것을 행하지 않으려고 하였거나, 다른 사람의 가르침을 따라서 머무르는 것을 머무르지 않으려고 하였거나, 일체 유정들의 의심을 끊어주고자 하였거나, 일체 유정들의 소원을 채워주고자 하였거나, 불국토를 청정하게 장엄하려고 하였거나, 유정들을 성숙시키려고 하였다면, 마땅히 반야바라밀다를 수학해야 하느니라. 왜 그러한가? 선현이여. 이 반야바라밀다의 매우 깊은 경전의 가운데에서는 보살마하살의 대중들이 상응하여 수학해야 하는 일체의 법상(法相)을 널리 설하였나니, 일체의 보살마하살의 대중들은 모두 이 가운데에서 상응하여 정근하면서 수학할지니라."

그때 구수 선현이 세존께 아뢰어 말하였다.

"세존이시여. 이와 같은 반야바라밀다는 무엇으로 상(相)을 삼는 까닭으로, 보살마하살의 대중들에게 상응하여 정근하면서 수학하라고 권유하십니까?"

세존께서 말씀하셨다.

"선현이여. 이와 같은 반야바라밀다는 허공(虛空)으로써 상을 삼고, 이와 같은 반야바라밀다는 무착(無着)으로써 상을 삼으며, 이와 같은 반야바라밀다는 무상(無相)으로써 상을 삼느니라. 왜 그러한가? 선현이여. 이 반야바라밀다의 매우 깊은 상의 가운데에서 제법(諸法)과 제상(諸相)은 모두 얻을 수 없고 무소유(無所有)인 까닭이니라."

이때 구수 선현이 세존께 아뢰어 말하였다.

"세존이시여. 대체로 인연이 있다면 반야바라밀다가 소유한 미묘한 상을 설할 수 있고, 제법도 역시 이와 같은 상(相)이 있습니까?"

세존께서 말씀하셨다.

"선현이여. 그와 같으니라. 그와 같으니라. 그대가 말한 것과 같아서 인연이 있다면 반야바라밀다가 소유한 미묘한 상을 설할 수 있고, 제법도 역시 이와 같은 상이 있느니라. 그 까닭은 무엇인가? 선현이여. 이와 같은 반야바라밀다는 자성의 공(空)으로써 상(相)을 삼고 제법도 역시 자성의 공으로써 상을 삼으며, 이와 같은 반야바라밀다는 멀리 벗어남(遠離)으로써 상을 삼고 제법도 역시 멀리 벗어남으로써 상을 삼느니라. 오히려 이러한 인연으로 '매우 깊은 반야바라밀다의 미묘한 상을 소유하였고, 제법도 역시 이와 같은 미묘한 상이 있다.'라고 이렇게 설하는데, 일체법으로써 모두 자성(自性)이 공하고 여러 상을 벗어난 까닭이니라."

구수 선현이 세존께 아뢰어 말하였다.

"세존이시여. 만약 일체법이 모두 자성(自性)이 공하고 여러 상을 벗어났다면, 곧 일체법은 일체법이 공하고 일체법은 일체법을 벗어났는데, 어찌하여 유정들이 잡염(雜染)과 청정(淸淨)을 시설(施設)할 수 있습니까? 세존이시여. 자성이 공한 법에는 염오가 있거나 청정함이 있지 않고, 역시 멀리 벗어난 법에 염오가 있거나 청정함이 있지 않습니다. 세존이시여. 자성이 공한 법에서 능히 무상정등보리를 증득할 수 있지 않고, 역시 멀리 벗어난 법에서도 무상정등보리를 증득할 수 있지 않습니다.

세존이시여. 자성이 공한 가운데에서 법을 얻을 수 있지 않고, 멀리 벗어난 가운데에서도 법을 얻을 수 있지 않습니다. 세존이시여. 자성이 공한 가운데에서 보살마하살이 무상정등보리를 증득할 수 있지 않고, 멀리 벗어난 가운데에서도 보살마하살이 무상정등보리를 증득할 수 있지 않습니다. 세존이시여. 어떻게 저에게 세존께서 설하신 매우 깊은 의취(義趣)를 이해시키겠습니까?"

그때 세존께서 구수 선현에게 알려 말씀하셨다.

"선현이여. 그대의 뜻은 어떠한가? 유정들은 장야(長夜)에 아(我)·아소(我所)의 마음이 있고, 아·아소에 집착하고 있는가?"

선현이 대답하였다.

"그와 같습니다. 세존이시여. 그와 같습니다. 선서시여. 유정들은 장야에 아·아소의 마음이 있고, 아·아소에 집착하고 있습니다."

"선현이여. 그대의 뜻은 어떠한가? 그들의 마음에서 아·아소라고 집착하고 있는 것이 모두 공하고 멀리 벗어났는가?"

선현이 대답하였다.

"그와 같습니다. 세존이시여. 그와 같습니다. 선서시여. 그들의 마음에서 아·아소라고 집착하고 있는 것이 모두 공하고 멀리 벗어났습니다."

"선현이여. 그대의 뜻은 어떠한가? 어찌 유정들이 오히려 아·아소라고 집착하고 있으므로 생사(生死)를 유전(流傳)하지 않겠는가?"

선현이 대답하였다.

"그와 같습니다. 세존이시여. 그와 같습니다. 선서시여. 제유정들이 오히려 아·아소라고 집착하고 있으므로 생사를 유전하고 있습니다."

"선현이여. 이와 같은 유정들이 생사를 유전하므로 오히려 염오가 있고, 이것으로써 잡염을 얻을 수 있다고 증명하여 알 수 있느니라. 선현이여. 만약 제유정들에게 아·아소에 집착하는 마음이 없다면 곧 잡염이 없고, 만약 잡염의 이것이 없다면 곧 상응하여 생사의 유전이 없으며, 생사의 유전은 이미 현재에서 얻을 수 있으므로 오히려 이것으로 잡염의 법이 있다고 상응하여 알 수 있고, 이미 잡염이 있으므로 역시 청정함도 있느니라. 이와 같은 까닭으로 선현이여. 유정들이 비록 자성이 공하고 여러 상을 벗어났더라도 잡염과 청정함이 있다고 상응하여 알아야 하느니라."

마하반야바라밀다경 제334권

53. 선학품(善學品)(4)

그때 구수 선현이 다시 세존께 아뢰어 말하였다.

“세존이시여. 제보살마하살이 만약 이와 같이 행한다면, 곧 색을 행하지 않고, 역시 수·상·행·식도 행하지 않습니다. 세존이시여. 제보살마하살이 만약 이와 같이 행한다면, 곧 안처를 행하지 않고, 역시 이·비·설·신·의처도 행하지 않습니다. 세존이시여. 제보살마하살이 만약 이와 같이 행한다면, 곧 색처를 행하지 않고, 역시 성·향·미·촉·법처도 행하지 않습니다.

세존이시여. 제보살마하살이 만약 이와 같이 행한다면, 곧 안계를 행하지 않고, 역시 이·비·설·신·의계도 행하지 않습니다. 세존이시여. 제보살마하살이 만약 이와 같이 행한다면, 곧 색계를 행하지 않고, 역시 성·향·미·촉·법계도 행하지 않습니다. 세존이시여. 제보살마하살이 만약 이와 같이 행한다면, 곧 안식계를 행하지 않고, 역시 이·비·설·신·의식계도 행하지 않습니다.

세존이시여. 제보살마하살이 만약 이와 같이 행한다면, 곧 안촉을 행하지 않고, 역시 이·비·설·신·의촉도 행하지 않습니다. 세존이시여. 제보살마하살이 만약 이와 같이 행한다면, 곧 안촉을 인연으로 생겨난 여러 수를 행하지 않고, 역시 이·비·설·신·의촉을 인연으로 생겨난 여러 수도 행하지 않습니다. 세존이시여. 제보살마하살이 만약 이와 같이 행한다면, 곧 지계를 행하지 않고, 역시 수·화·풍·공·식계도 행하지 않습니다.

세존이시여. 제보살마하살이 만약 이와 같이 행한다면, 곧 무명을 행하지 않고, 역시 행·식·명색·육처·촉·수·애·취·유·생·노사도 행하지 않습니다. 세존이시여. 제보살마하살이 만약 이와 같이 행한다면, 곧 보시바라밀다를 행하지 않고, 역시 정계·안인·정진·정려·반야바라밀다도 행하지 않습니다. 세존이시여. 제보살마하살이 만약 이와 같이 행한다면, 곧 내공을 행하지 않고, 역시 외공·내외공·공공·대공·승의공·유위공·무위공·필경공·무제공·산공·무변이공·본성공·자상공·공상공·일체법공·불가득공·무성공·자성공·무성자성공도 행하지 않습니다.

세존이시여. 제보살마하살이 만약 이와 같이 행한다면, 곧 진여를 행하지 않고, 역시 법계·법성·불허망성·불변이성·평등성·이생성·법정·법주·실제·허공계·부사의계도 행하지 않습니다. 세존이시여. 제보살마하살이 만약 이와 같이 행한다면, 곧 4념주를 행하지 않고, 역시 4정단·4신족·5근·5력·7등각지·8성도지도 행하지 않습니다. 세존이시여. 제보살마하살이 만약 이와 같이 행한다면, 곧 고성제를 행하지 않고, 역시 집·멸·도성제도 행하지 않습니다.

세존이시여. 제보살마하살이 만약 이와 같이 행한다면, 곧 4정려를 행하지 않고, 역시 4무량·4무색정도 행하지 않습니다. 세존이시여. 제보살마하살이 만약 이와 같이 행한다면, 곧 8해탈을 행하지 않고, 역시 8승처·9차제정·10변처도 행하지 않습니다. 세존이시여. 제보살마하살이 만약 이와 같이 행한다면, 곧 공해탈문을 행하지 않고, 역시 무상·무원해탈문도 행하지 않습니다.

세존이시여. 제보살마하살이 만약 이와 같이 행한다면, 곧 5안을 행하지 않고, 역시 6신통도 행하지 않습니다. 세존이시여. 제보살마하살이 만약 이와 같이 행한다면, 곧 다라니문을 행하지 않고, 역시 삼마지문도 행하지 않습니다. 세존이시여. 제보살마하살이 만약 이와 같이 행한다면, 곧 여래의 10력을 행하지 않고, 역시 4무소외·4무애해·대자·대비·대희·대사·18불불공법도 행하지 않습니다.

세존이시여. 제보살마하살이 만약 이와 같이 행한다면, 곧 무망실법을 행하지 않고, 역시 항주사성도 행하지 않습니다. 세존이시여. 제보살마하살이 만약 이와 같이 행한다면, 곧 예류과를 행하지 않고, 역시 일래·불환·아라한과도 행하지 않습니다. 세존이시여. 제보살마하살이 만약 이와 같이 행한다면, 곧 독각의 보리를 행하지 않습니다. 세존이시여. 제보살마하살이 만약 이와 같이 행한다면, 곧 일체지를 행하지 않고, 역시 도상지·일체상지도 행하지 않습니다.

왜 그러한가? 세존이시여. 이와 같이 제법은 능히 행하는 것·행하여진 것·행하는 때·행하는 처소와 오히려 이것을 행하는 것을 모두 얻을 수 없는 까닭입니다. 세존이시여. 만약 보살마하살이 이와 같이 행한다면 일체 세간의 천인·인간·아소락 등에게 항복하지 않는 것이고, 능히 일체 세간의 천인·인간·아소락 등을 항복시킬 수 있습니다.

세존이시여. 만약 보살마하살이 이와 같이 행한다면 일체의 성문과 독각들에게 항복하지 않는 것이고, 능히 일체의 성문과 독각을 항복시킬 수 있습니다. 왜 그러한가? 세존이시여. 이 보살마하살은 이미 능히 항복시킬 수 없는 처소에 안주하고 있는데 이를테면, 보살의 이생위(離生位)입니다. 세존이시여. 이 보살마하살은 항상 일체지지(一切智智)의 작의(作意)를 굴복시킬 수 없습니다.

세존이시여. 이 보살마하살이 이와 같이 행하는 때라면, 곧 일체지지에 가까워졌으므로 빠르게 무상정등보리를 증득합니다.”

세존께서 말씀하셨다.

“선현이여. 그와 같으니라. 그와 같으니라. 그대가 말한 것과 같으니라. 다시 다음으로 선현이여. 그대의 생각은 어떠한가? 가사(假使) 이 남섬부주(南贍部洲)에서 제유정의 부류들이 모두 사람의 몸을 얻었고 사람의 몸을 얻은 뒤에 모두가 무상정등보리를 증득하였는데, 선남자와 선여인 등이 있어서 그들의 몸과 목숨(形壽)을 마치도록 여러 세간의 상묘(上妙)한 공양구(供養具)로 이러한 제여래·응공·정등각들께 공양하였고 공경하였으며 존중하였고 찬탄하였으며, 다시 이와 같이 공양한 선근으로 제유정들과 함께 평등하게 공유(共有)하면서 무상정등보리에 회향하였다면,

이 선남자와 선여인 등이 오히려 이러한 인연으로 얻는 복취는 많겠는가?"

선현이 대답하여 말하였다.

"매우 많습니다. 세존이시여. 매우 많습니다. 선서시여."

"선현이여. 만약 선남자와 선여인 등이 대중의 가운데에서 이와 같은 매우 깊은 반야바라밀다를 선설(宣說)하면서 시설(施設)하고 건립(建立)하며 분별(分別)하고 열어서 보여주며 그것을 쉽게 이해시켰고, 더불어 이와 같은 매우 깊은 반야바라밀다에 상응하여 작의(作意)하면서 안주하게 하였다면, 이 선남자와 선여인 등이 오히려 이러한 인연으로 얻는 공덕은 그것보다 매우 많아서 무량(無量)하고 무변(無邊)하며 헤아려서 말할 수 없느니라.

다시 다음으로 선현이여. 그대의 생각은 어떠한가? 가사 이 남섬부주와 동승신주(東勝身洲)에서 제유정의 부류들이 모두 사람의 몸을 얻었고 사람의 몸을 얻은 뒤에 모두가 무상정등보리를 증득하였는데, 선남자와 선여인 등이 있어서 그들의 몸과 목숨을 마치도록 여러 세간의 상묘한 공양구로 이러한 제여래·응공·정등각들께 공양하였고 공경하였으며 존중하였고 찬탄하였으며, 다시 이와 같이 공양한 선근으로 제유정들과 함께 평등하게 공유하면서 무상정등보리에 회향하였다면, 이 선남자와 선여인 등이 오히려 이러한 인연으로 얻는 복취는 많겠는가?"

선현이 대답하여 말하였다.

"매우 많습니다. 세존이시여. 매우 많습니다. 선서시여."

"선현이여. 만약 선남자와 선여인 등이 대중의 가운데에서 이와 같은 매우 깊은 반야바라밀다를 선설하면서 시설하고 건립하며 분별하고 열어서 보여주며 그것을 쉽게 이해시켰고, 더불어 이와 같은 매우 깊은 반야바라밀다에 상응하여 작의하면서 안주하게 하였다면, 이 선남자와 선여인 등이 오히려 이러한 인연으로 얻는 공덕은 그것보다 매우 많아서 무량하고 무변하며 헤아려서 말할 수 없느니라.

다시 다음으로 선현이여. 그대의 생각은 어떠한가? 가사 이 남섬부주와 동승신주(東勝身洲)와 서우화주(西牛貨洲)에서 제유정의 부류들이 모두 사람의 몸을 얻었고 사람의 몸을 얻은 뒤에 모두가 무상정등보리를 증득하였는데, 선남자와 선여인 등이 있어서 그들의 몸과 목숨을 마치도록 여러 세간의 상묘한 공양구로 이러한 제여래·응공·정등각들께 공양하였고 공경하였으며 존중하였고 찬탄하였으며, 다시 이와 같이 공양한 선근으로 제유정들과 함께 평등하게 공유하면서 무상정등보리에 회향하였다면, 이 선남자와 선여인 등이 오히려 이러한 인연으로 얻는 복취는 많겠는가?"

선현이 대답하여 말하였다.

"매우 많습니다. 세존이시여. 매우 많습니다. 선서시여."

"선현이여. 만약 선남자와 선여인 등이 대중의 가운데에서 이와 같은 매우 깊은 반야바라밀다를 선설하면서 시설하고 건립하며 분별하고 열어서 보여주며 그것을 쉽게 이해시켰고, 더불어 이와 같은 매우 깊은 반야바라밀다에 상응하여 작의하면서 안주하게 하였다면, 이 선남자와 선여인 등이 오히려 이러한 인연으로 얻는 공덕은 그것보다 매우 많아서 무량하고 무변하며 헤아려서 말할 수 없느니라."

"다시 다음으로 선현이여. 그대의 생각은 어떠한가? 가사 이 사대주(四大洲)의 세계에서 제유정의 부류들이 모두 사람의 몸을 얻었고 사람의 몸을 얻은 뒤에 모두가 무상정등보리를 증득하였는데, 선남자와 선여인 등이 있어서 그들의 몸과 목숨을 마치도록 여러 세간의 상묘한 공양구로 이러한 제여래·응공·정등각들께 공양하였고 공경하였으며 존중하였고 찬탄하였으며, 다시 이와 같이 공양한 선근으로 제유정들과 함께 평등하게 공유하면서 무상정등보리에 회향하였다면, 이 선남자와 선여인 등이 오히려 이러한 인연으로 얻는 복취는 많겠는가?"

선현이 대답하여 말하였다.

"매우 많습니다. 세존이시여. 매우 많습니다. 선서시여."

"선현이여. 만약 선남자와 선여인 등이 대중의 가운데에서 이와 같은 매우 깊은 반야바라밀다를 선설하면서 시설하고 건립하며 분별하고 열어서 보여주며 그것을 쉽게 이해시켰고, 더불어 이와 같은 매우 깊은 반야바라밀다에 상응하여 작의하면서 안주하게 하였다면, 이 선남자와 선여인 등이 오히려 이러한 인연으로 얻는 공덕은 그것보다 매우 많아서 무량하고 무변하며 헤아려서 말할 수 없느니라."

"다시 다음으로 선현이여. 그대의 생각은 어떠한가? 가사 이 소천세계(小千世界)에서 제유정의 부류들이 모두 사람의 몸을 얻었고 사람의 몸을 얻은 뒤에 모두가 무상정등보리를 증득하였는데, 선남자와 선여인 등이 있어서 그들의 몸과 목숨을 마치도록 여러 세간의 상묘한 공양구로 이러한 제여래·응공·정등각들께 공양하였고 공경하였으며 존중하였고 찬탄하였으며, 다시 이와 같이 공양한 선근으로 제유정들과 함께 평등하게 공유하면서 무상정등보리에 회향하였다면, 이 선남자와 선여인 등이 오히려 이러한 인연으로 얻는 복취는 많겠는가?"

선현이 대답하여 말하였다.

"매우 많습니다. 세존이시여. 매우 많습니다. 선서시여."

"선현이여. 만약 선남자와 선여인 등이 대중의 가운데에서 이와 같은 매우 깊은 반야바라밀다를 선설하면서 시설하고 건립하며 분별하고 열어서 보여주며 그것을 쉽게 이해시켰고, 더불어 이와 같은 매우 깊은 반야바라밀다에 상응하여 작의하면서 안주하게 하였다면, 이 선남자와 선여인 등이 오히려 이러한 인연으로 얻는 공덕은 그것보다 매우 많아서 무량하고 무변하며 헤아려서 말할 수 없느니라."

"다시 다음으로 선현이여. 그대의 생각은 어떠한가? 가사 이 중천세계(中千世界)에서 제유정의 부류들이 모두 사람의 몸을 얻었고 사람의 몸을 얻은 뒤에 모두가 무상정등보리를 증득하였는데, 선남자와 선여인 등이 있어서 그들의 몸과 목숨을 마치도록 여러 세간의 상묘한 공양구로 이러한 제여래·응공·정등각들께 공양하였고 공경하였으며 존중하였고 찬탄하였으며, 다시 이와 같이 공양한 선근으로 제유정들과 함께 평등하게 공유하면서 무상정등보리에 회향하였다면, 이 선남자와 선여인 등이 오히려 이러한 인연으로 얻는 복취는 많겠는가?"

선현이 대답하여 말하였다.

"매우 많습니다. 세존이시여. 매우 많습니다. 선서시여."

“선현이여. 만약 선남자와 선여인 등이 대중의 가운데에서 이와 같은 매우 깊은 반야바라밀다를 선설하면서 시설하고 건립하며 분별하고 열어서 보여주며 그것을 쉽게 이해시켰고, 더불어 이와 같은 매우 깊은 반야바라밀다에 상응하여 작의하면서 안주하게 하였다면, 이 선남자와 선여인 등이 오히려 이러한 인연으로 얻는 공덕은 그것보다 매우 많아서 무량하고 무변하며 헤아려서 말할 수 없느니라.”

“다시 다음으로 선현이여. 그대의 생각은 어떠한가? 가사 이 삼천대천세계(三千大千世界)에서 제유정의 부류들이 모두 사람의 몸을 얻었고 사람의 몸을 얻은 뒤에 모두가 무상정등보리를 증득하였는데, 선남자와 선여인 등이 있어서 그들의 몸과 목숨을 마치도록 여러 세간의 상묘한 공양구로 이러한 제여래·응공·정등각들께 공양하였고 공경하였으며 존중하였고 찬탄하였으며, 다시 이와 같이 공양한 선근으로 제유정들과 함께 평등하게 공유하면서 무상정등보리에 회향하였다면, 이 선남자와 선여인 등이 오히려 이러한 인연으로 얻는 복취는 많겠는가?”

선현이 대답하여 말하였다.

“매우 많습니다. 세존이시여. 매우 많습니다. 선서시여.”

“선현이여. 만약 선남자와 선여인 등이 대중의 가운데에서 이와 같은 매우 깊은 반야바라밀다를 선설하면서 시설하고 건립하며 분별하고 열어서 보여주며 그것을 쉽게 이해시켰고, 더불어 이와 같은 매우 깊은 반야바라밀다에 상응하여 작의하면서 안주하게 하였다면, 이 선남자와 선여인 등이 오히려 이러한 인연으로 얻는 공덕은 그것보다 매우 많아서 무량하고 무변하며 헤아려서 말할 수 없느니라.”

“다시 다음으로 선현이여. 그대의 생각은 어떠한가? 가사 이 남섬부주에서 제유정의 부류들이 앞이 아니고 뒤에도 아니게 모두 사람의 몸을 얻었고, 선남자와 선여인 등이 있어서 방편으로 교수하여 인도하고 모두를 십선업도(十善業道)에 안주하게 하였으며, 다시 이와 같이 교수하여 인도하였던 선근을 지니고서 제유정들과 함께 평등하게 공유하면서 무상정등보리에 회향하였다면, 이 선남자와 선여인 등이 오히려 이러한 인연으로 얻는 복취는 많겠는가?"

선현이 대답하여 말하였다.

"매우 많습니다. 세존이시여. 매우 많습니다. 선서시여."

"선현이여. 만약 선남자와 선여인 등이 대중의 가운데에서 이와 같은 매우 깊은 반야바라밀다를 선설하면서 시설하고 건립하며 분별하고 열어서 보여주며 그것을 쉽게 이해시켰고, 더불어 이와 같은 매우 깊은 반야바라밀다에 상응하여 작의하면서 바르게 안주하게 하였다면, 이 선남자와 선여인 등이 오히려 이러한 인연으로 얻는 공덕은 그것보다 매우 많아서 무량하고 무변하며 헤아려서 말할 수 없느니라."

"다시 다음으로 선현이여. 그대의 생각은 어떠한가? 가사 이 남섬부주와 동승신주에서 제유정의 부류들이 앞이 아니고 뒤에도 아니게 모두 사람의 몸을 얻었고, 선남자와 선여인 등이 있어서 방편으로 교수하여 인도하고 모두를 십선업도에 안주하게 하였으며, 다시 이와 같이 교수하여 인도하였던 선근을 지니고서 제유정들과 함께 평등하게 공유하면서 무상정등보리에 회향하였다면, 이 선남자와 선여인 등이 오히려 이러한 인연으로 얻는 복취는 많겠는가?"

선현이 대답하여 말하였다.

"매우 많습니다. 세존이시여. 매우 많습니다. 선서시여."

"선현이여. 만약 선남자와 선여인 등이 대중의 가운데에서 이와 같은 매우 깊은 반야바라밀다를 선설하면서 시설하고 건립하며 분별하고 열어서 보여주며 그것을 쉽게 이해시켰고, 더불어 이와 같은 매우 깊은 반야바라밀다에 상응하여 작의하면서 바르게 안주하게 하였다면, 이 선남자와 선여인 등이 오히려 이러한 인연으로 얻는 공덕은 그것보다 매우 많아서 무량하고 무변하며 헤아려서 말할 수 없느니라."

"다시 다음으로 선현이여. 그대의 생각은 어떠한가? 가사 이 남섬부주와 동승신주와 서우화주에서 제유정의 부류들이 앞이 아니고 뒤에도 아니게 모두 사람의 몸을 얻었고, 선남자와 선여인 등이 있어서 방편으로 교수하여 인도하고 모두를 십선업도에 안주하게 하였으며, 다시 이와 같이 교수하여 인도하였던 선근을 지니고서 제유정들과 함께 평등하게 공유하면서 무상정등보리에 회향하였다면, 이 선남자와 선여인 등이 오히려 이러한 인연으로 얻는 복취는 많겠는가?"

선현이 대답하여 말하였다.

"매우 많습니다. 세존이시여. 매우 많습니다. 선서시여."

"선현이여. 만약 선남자와 선여인 등이 대중의 가운데에서 이와 같은 매우 깊은 반야바라밀다를 선설하면서 시설하고 건립하며 분별하고 열어서 보여주며 그것을 쉽게 이해시켰고, 더불어 이와 같은 매우 깊은 반야바라밀다에 상응하여 작의하면서 바르게 안주하게 하였다면, 이 선남자와 선여인 등이 오히려 이러한 인연으로 얻는 공덕은 그것보다 매우 많아서 무량하고 무변하며 헤아려서 말할 수 없느니라."

"다시 다음으로 선현이여. 그대의 생각은 어떠한가? 가사 이 사대주 세계에서 제유정의 부류들이 앞이 아니고 뒤에도 아니게 모두 사람의 몸을 얻었고, 선남자와 선여인 등이 있어서 방편으로 교수하여 인도하고 모두를 십선업도에 안주하게 하였으며, 다시 이와 같이 교수하여 인도하였던 선근을 지니고서 제유정들과 함께 평등하게 공유하면서 무상정등보리에 회향하였다면, 이 선남자와 선여인 등이 오히려 이러한 인연으로 얻는 복취는 많겠는가?"

선현이 대답하여 말하였다.

"매우 많습니다. 세존이시여. 매우 많습니다. 선서시여."

"선현이여. 만약 선남자와 선여인 등이 대중의 가운데에서 이와 같은 매우 깊은 반야바라밀다를 선설하면서 시설하고 건립하며 분별하고 열어서 보여주며 그것을 쉽게 이해시켰고, 더불어 이와 같은 매우 깊은 반야바라밀다에 상응하여 작의하면서 바르게 안주하게 하였다면, 이 선남자와 선여인 등이 오히려 이러한 인연으로 얻는 공덕은 그것보다 매우 많아서 무량하고 무변하며 헤아려서 말할 수 없느니라."

"다시 다음으로 선현이여. 그대의 생각은 어떠한가? 가사 이 소천세계에서 제유정의 부류들이 앞이 아니고 뒤에도 아니게 모두 사람의 몸을 얻었고, 선남자와 선여인 등이 있어서 방편으로 교수하여 인도하고 모두를 십선업도에 안주하게 하였으며, 다시 이와 같이 교수하여 인도하였던 선근을 지니고서 제유정들과 함께 평등하게 공유하면서 무상정등보리에 회향하였다면, 이 선남자와 선여인 등이 오히려 이러한 인연으로 얻는 복취는 많겠는가?"

선현이 대답하여 말하였다.

"매우 많습니다. 세존이시여. 매우 많습니다. 선서시여."

"선현이여. 만약 선남자와 선여인 등이 대중의 가운데에서 이와 같은 매우 깊은 반야바라밀다를 선설하면서 시설하고 건립하며 분별하고 열어서 보여주며 그것을 쉽게 이해시켰고, 더불어 이와 같은 매우 깊은 반야바라밀다에 상응하여 작의하면서 바르게 안주하게 하였다면, 이 선남자와 선여인 등이 오히려 이러한 인연으로 얻는 공덕은 그것보다 매우 많아서 무량하고 무변하며 헤아려서 말할 수 없느니라."

"다시 다음으로 선현이여. 그대의 생각은 어떠한가? 가사 이 중천세계에서 제유정의 부류들이 앞이 아니고 뒤에도 아니게 모두 사람의 몸을 얻었고, 선남자와 선여인 등이 있어서 방편으로 교수하여 인도하고 모두를 십선업도에 안주하게 하였으며, 다시 이와 같이 교수하여 인도하였던 선근을 지니고서 제유정들과 함께 평등하게 공유하면서 무상정등보리에 회향하였다면, 이 선남자와 선여인 등이 오히려 이러한 인연으로 얻는 복취는 많겠는가?"

선현이 대답하여 말하였다.

"매우 많습니다. 세존이시여. 매우 많습니다. 선서시여."

"선현이여. 만약 선남자와 선여인 등이 대중의 가운데에서 이와 같은 매우 깊은 반야바라밀다를 선설하면서 시설하고 건립하며 분별하고 열어서 보여주며 그것을 쉽게 이해시켰고, 더불어 이와 같은 매우 깊은 반야바라밀다에 상응하여 작의하면서 바르게 안주하게 하였다면, 이 선남자와 선여인 등이 오히려 이러한 인연으로 얻는 공덕은 그것보다 매우 많아서 무량하고 무변하며 헤아려서 말할 수 없느니라."

"다시 다음으로 선현이여. 그대의 생각은 어떠한가? 가사 이 삼천대천세계에서 제유정의 부류들이 앞이 아니고 뒤에도 아니게 모두 사람의 몸을 얻었고, 선남자와 선여인 등이 있어서 방편으로 교수하여 인도하고 모두를 십선업도에 안주하게 하였으며, 다시 이와 같이 교수하여 인도하였던 선근을 지니고서 제유정들과 함께 평등하게 공유하면서 무상정등보리에 회향하였다면, 이 선남자와 선여인 등이 오히려 이러한 인연으로 얻는 복취는 많겠는가?"

선현이 대답하여 말하였다.

"매우 많습니다. 세존이시여. 매우 많습니다. 선서시여."

"선현이여. 만약 선남자와 선여인 등이 대중의 가운데에서 이와 같은 매우 깊은 반야바라밀다를 선설하면서 시설하고 건립하며 분별하고 열어서 보여주며 그것을 쉽게 이해시켰고, 더불어 이와 같은 매우 깊은 반야바라밀다에 상응하여 작의하면서 바르게 안주하게 하였다면, 이 선남자와 선여인 등이 오히려 이러한 인연으로 얻는 공덕은 그것보다 매우 많아서 무량하고 무변하며 헤아려서 말할 수 없느니라."

"다시 다음으로 선현이여. 그대의 생각은 어떠한가? 가사 이 남섬부주에서 제유정의 부류들이 앞이 아니고 뒤에도 아니게 모두 사람의 몸을 얻었고, 선남자와 선여인 등이 있어서 방편으로 교수하여 인도하고 모두를 4정려(四靜慮)·4무량(四無量)·4무색정(四無色定)·5신통(五神通)에 안주하게 하였으며, 다시 이와 같이 교수하여 인도하였던 선근을 지니고서 제유정들과 함께 평등하게 공유하면서 무상정등보리에 회향하였다면, 이 선남자와 선여인 등이 오히려 이러한 인연으로 얻는 복취는 많겠는가?"

선현이 대답하여 말하였다.

"매우 많습니다. 세존이시여. 매우 많습니다. 선서시여."

"선현이여. 만약 선남자와 선여인 등이 대중의 가운데에서 이와 같은 매우 깊은 반야바라밀다를 선설하면서 시설하고 건립하며 분별하고 열어서 보여주며 그것을 쉽게 이해시켰고, 더불어 이와 같은 매우 깊은 반야바라밀다에 상응하여 작의하면서 바르게 안주하게 하였다면, 이 선남자와 선여인 등이 오히려 이러한 인연으로 얻는 공덕은 그것보다 매우 많아서 무량하고 무변하며 헤아려서 말할 수 없느니라."

"다시 다음으로 선현이여. 그대의 생각은 어떠한가? 가사 이 남섬부주와 동승신주에서 제유정의 부류들이 앞이 아니고 뒤에도 아니게 모두 사람의 몸을 얻었고, 선남자와 선여인 등이 있어서 방편으로 교수하여 인도하고 모두를 4정려·4무량·4무색정·5신통에 안주하게 하였으며, 다시 이와 같이 교수하여 인도하였던 선근을 지니고서 제유정들과 함께 평등하게 공유하면서 무상정등보리에 회향하였다면, 이 선남자와 선여인 등이 오히려 이러한 인연으로 얻는 복취는 많겠는가?"

선현이 대답하여 말하였다.

"매우 많습니다. 세존이시여. 매우 많습니다. 선서시여."

"선현이여. 만약 선남자와 선여인 등이 대중의 가운데에서 이와 같은 매우 깊은 반야바라밀다를 선설하면서 시설하고 건립하며 분별하고 열어서 보여주며 그것을 쉽게 이해시켰고, 더불어 이와 같은 매우 깊은 반야바라밀다에 상응하여 작의하면서 바르게 안주하게 하였다면, 이 선남자와 선여인 등이 오히려 이러한 인연으로 얻는 공덕은 그것보다 매우 많아서 무량하고 무변하며 헤아려서 말할 수 없느니라."

"다시 다음으로 선현이여. 그대의 생각은 어떠한가? 가사 이 남섬부주와 동승신주와 서우화주에서 제유정의 부류들이 앞이 아니고 뒤에도 아니게 모두 사람의 몸을 얻었고, 선남자와 선여인 등이 있어서 방편으로 교수하여 인도하고 모두를 4정려·4무량·4무색정·5신통에 안주하게 하였으며, 다시 이와 같이 교수하여 인도하였던 선근을 지니고서 제유정들과 함께 평등하게 공유하면서 무상정등보리에 회향하였다면, 이 선남자와 선여인 등이 오히려 이러한 인연으로 얻는 복취는 많겠는가?"

선현이 대답하여 말하였다.

"매우 많습니다. 세존이시여. 매우 많습니다. 선서시여."

"선현이여. 만약 선남자와 선여인 등이 대중의 가운데에서 이와 같은 매우 깊은 반야바라밀다를 선설하면서 시설하고 건립하며 분별하고 열어서 보여주며 그것을 쉽게 이해시켰고, 더불어 이와 같은 매우 깊은 반야바라밀다에 상응하여 작의하면서 바르게 안주하게 하였다면, 이 선남자와 선여인 등이 오히려 이러한 인연으로 얻는 공덕은 그것보다 매우 많아서 무량하고 무변하며 헤아려서 말할 수 없느니라."

"다시 다음으로 선현이여. 그대의 생각은 어떠한가? 가사 이 사대주의 세계에서 제유정의 부류들이 앞이 아니고 뒤에도 아니게 모두 사람의 몸을 얻었고, 선남자와 선여인 등이 있어서 방편으로 교수하여 인도하고 모두를 4정려·4무량·4무색정·5신통에 안주하게 하였으며, 다시 이와 같이 교수하여 인도하였던 선근을 지니고서 제유정들과 함께 평등하게 공유하면서 무상정등보리에 회향하였다면, 이 선남자와 선여인 등이 오히려 이러한 인연으로 얻는 복취는 많겠는가?"

선현이 대답하여 말하였다.

"매우 많습니다. 세존이시여. 매우 많습니다. 선서시여."

"선현이여. 만약 선남자와 선여인 등이 대중의 가운데에서 이와 같은 매우 깊은 반야바라밀다를 선설하면서 시설하고 건립하며 분별하고 열어서 보여주며 그것을 쉽게 이해시켰고, 더불어 이와 같은 매우 깊은 반야바라밀다에 상응하여 작의하면서 바르게 안주하게 하였다면, 이 선남자와 선여인 등이 오히려 이러한 인연으로 얻는 공덕은 그것보다 매우 많아서 무량하고 무변하며 헤아려서 말할 수 없느니라."

"다시 다음으로 선현이여. 그대의 생각은 어떠한가? 가사 이 소천세계에서 제유정의 부류들이 앞이 아니고 뒤에도 아니게 모두 사람의 몸을 얻었고, 선남자와 선여인 등이 있어서 방편으로 교수하여 인도하고 모두를 4정려·4무량·4무색정·5신통에 안주하게 하였으며, 다시 이와 같이 교수하여 인도하였던 선근을 지니고서 제유정들과 함께 평등하게 공유하면서 무상정등보리에 회향하였다면, 이 선남자와 선여인 등이 오히려 이러한 인연으로 얻는 복취는 많겠는가?"

선현이 대답하여 말하였다.

"매우 많습니다. 세존이시여. 매우 많습니다. 선서시여."

"선현이여. 만약 선남자와 선여인 등이 대중의 가운데에서 이와 같은 매우 깊은 반야바라밀다를 선설하면서 시설하고 건립하며 분별하고 열어서 보여주며 그것을 쉽게 이해시켰고, 더불어 이와 같은 매우 깊은 반야바라밀다에 상응하여 작의하면서 바르게 안주하게 하였다면, 이 선남자와 선여인 등이 오히려 이러한 인연으로 얻는 공덕은 그것보다 매우 많아서 무량하고 무변하며 헤아려서 말할 수 없느니라."

"다시 다음으로 선현이여. 그대의 생각은 어떠한가? 가사 이 중천세계에서 제유정의 부류들이 앞이 아니고 뒤에도 아니게 모두 사람의 몸을 얻었고, 선남자와 선여인 등이 있어서 방편으로 교수하여 인도하고 모두를 4정려·4무량·4무색정·5신통에 안주하게 하였으며, 다시 이와 같이 교수하여 인도하였던 선근을 지니고서 제유정들과 함께 평등하게 공유하면서 무상정등보리에 회향하였다면, 이 선남자와 선여인 등이 오히려 이러한 인연으로 얻는 복취는 많겠는가?"

선현이 대답하여 말하였다.

"매우 많습니다. 세존이시여. 매우 많습니다. 선서시여."

"선현이여. 만약 선남자와 선여인 등이 대중의 가운데에서 이와 같은 매우 깊은 반야바라밀다를 선설하면서 시설하고 건립하며 분별하고 열어서 보여주며 그것을 쉽게 이해시켰고, 더불어 이와 같은 매우 깊은 반야바라밀다에 상응하여 작의하면서 바르게 안주하게 하였다면, 이 선남자와 선여인 등이 오히려 이러한 인연으로 얻는 공덕은 그것보다 매우 많아서 무량하고 무변하며 헤아려서 말할 수 없느니라."

"다시 다음으로 선현이여. 그대의 생각은 어떠한가? 가사 이 삼천대천세계에서 제유정의 부류들이 앞이 아니고 뒤에도 아니게 모두 사람의 몸을 얻었고, 선남자와 선여인 등이 있어서 방편으로 교수하여 인도하고 모두를 4정려·4무량·4무색정·5신통에 안주하게 하였으며, 다시 이와 같이 교수하여 인도하였던 선근을 지니고서 제유정들과 함께 평등하게 공유하면서 무상정등보리에 회향하였다면, 이 선남자와 선여인 등이 오히려 이러한 인연으로 얻는 복취는 많겠는가?"

선현이 대답하여 말하였다.

"매우 많습니다. 세존이시여. 매우 많습니다. 선서시여."

"선현이여. 만약 선남자와 선여인 등이 대중의 가운데에서 이와 같은 매우 깊은 반야바라밀다를 선설하면서 시설하고 건립하며 분별하고 열어서 보여주며 그것을 쉽게 이해시켰고, 더불어 이와 같은 매우 깊은 반야바라밀다에 상응하여 작의하면서 바르게 안주하게 하였다면, 이 선남자와 선여인 등이 오히려 이러한 인연으로 얻는 공덕은 그것보다 매우 많아서 무량하고 무변하며 헤아려서 말할 수 없느니라."

"다시 다음으로 선현이여. 그대의 생각은 어떠한가? 가사 이 남섬부주에서 제유정의 부류들이 앞이 아니고 뒤에도 아니게 모두 사람의 몸을 얻었고, 선남자와 선여인 등이 있어서 방편으로 교수하여 인도하고 모두를 4사문과(四沙門果)[1]에 안주하게 하였으며, 다시 이와 같이 교수하여 인도하였던 선근을 지니고서 제유정들과 함께 평등하게 공유하면서 무상정등보리에 회향하였다면, 이 선남자와 선여인 등이 오히려 이러한 인연으로 얻는 복취는 많겠는가?"

선현이 대답하여 말하였다.

"매우 많습니다. 세존이시여. 매우 많습니다. 선서시여."

"선현이여. 만약 선남자와 선여인 등이 대중의 가운데에서 이와 같은 매우 깊은 반야바라밀다를 선설하면서 시설하고 건립하며 분별하고 열어서 보여주며 그것을 쉽게 이해시켰고, 더불어 이와 같은 매우 깊은 반야바라밀다에 상응하여 작의하면서 바르게 안주하게 하였다면, 이 선남자와 선여인 등이 오히려 이러한 인연으로 얻는 공덕은 그것보다 매우 많아서 무량하고 무변하며 헤아려서 말할 수 없느니라."

---

1) 성문들이 성취하는 네 가지의 계위로서. 수다원과(須陀洹果)·사다함과(斯陀含果)·아나함과(阿那含果)·아라한과(阿羅漢果) 등을 가리킨다.

"다시 다음으로 선현이여. 그대의 생각은 어떠한가? 가사 이 남섬부주와 동승신주에서 제유정의 부류들이 앞이 아니고 뒤에도 아니게 모두 사람의 몸을 얻었고, 선남자와 선여인 등이 있어서 방편으로 교수하여 인도하고 모두를 4사문과에 안주하게 하였으며, 다시 이와 같이 교수하여 인도하였던 선근을 지니고서 제유정들과 함께 평등하게 공유하면서 무상정등보리에 회향하였다면, 이 선남자와 선여인 등이 오히려 이러한 인연으로 얻는 복취는 많겠는가?"

선현이 대답하여 말하였다.

"매우 많습니다. 세존이시여. 매우 많습니다. 선서시여."

"선현이여. 만약 선남자와 선여인 등이 대중의 가운데에서 이와 같은 매우 깊은 반야바라밀다를 선설하면서 시설하고 건립하며 분별하고 열어서 보여주며 그것을 쉽게 이해시켰고, 더불어 이와 같은 매우 깊은 반야바라밀다에 상응하여 작의하면서 바르게 안주하게 하였다면, 이 선남자와 선여인 등이 오히려 이러한 인연으로 얻는 공덕은 그것보다 매우 많아서 무량하고 무변하며 헤아려서 말할 수 없느니라."

"다시 다음으로 선현이여. 그대의 생각은 어떠한가? 가사 이 남섬부주와 동승신주와 서우화주에서 제유정의 부류들이 앞이 아니고 뒤에도 아니게 모두 사람의 몸을 얻었고, 선남자와 선여인 등이 있어서 방편으로 교수하여 인도하고 모두를 4사문과에 안주하게 하였으며, 다시 이와 같이 교수하여 인도하였던 선근을 지니고서 제유정들과 함께 평등하게 공유하면서 무상정등보리에 회향하였다면, 이 선남자와 선여인 등이 오히려 이러한 인연으로 얻는 복취는 많겠는가?"

선현이 대답하여 말하였다.

"매우 많습니다. 세존이시여. 매우 많습니다. 선서시여."

"선현이여. 만약 선남자와 선여인 등이 대중의 가운데에서 이와 같은 매우 깊은 반야바라밀다를 선설하면서 시설하고 건립하며 분별하고 열어서 보여주며 그것을 쉽게 이해시켰고, 더불어 이와 같은 매우 깊은 반야바라밀다에 상응하여 작의하면서 바르게 안주하게 하였다면, 이 선남자와 선여인 등이 오히려 이러한 인연으로 얻는 공덕은 그것보다 매우 많아서 무량하고 무변하며 헤아려서 말할 수 없느니라."

"다시 다음으로 선현이여. 그대의 생각은 어떠한가? 가사 이 사대주의 세계에서 제유정의 부류들이 앞이 아니고 뒤에도 아니게 모두 사람의 몸을 얻었고, 선남자와 선여인 등이 있어서 방편으로 교수하여 인도하고 모두를 4사문과에 안주하게 하였으며, 다시 이와 같이 교수하여 인도하였던 선근을 지니고서 제유정들과 함께 평등하게 공유하면서 무상정등보리에 회향하였다면, 이 선남자와 선여인 등이 오히려 이러한 인연으로 얻는 복취는 많겠는가?"

선현이 대답하여 말하였다.

"매우 많습니다. 세존이시여. 매우 많습니다. 선서시여."

"선현이여. 만약 선남자와 선여인 등이 대중의 가운데에서 이와 같은 매우 깊은 반야바라밀다를 선설하면서 시설하고 건립하며 분별하고 열어서 보여주며 그것을 쉽게 이해시켰고, 더불어 이와 같은 매우 깊은 반야바라밀다에 상응하여 작의하면서 바르게 안주하게 하였다면, 이 선남자와 선여인 등이 오히려 이러한 인연으로 얻는 공덕은 그것보다 매우 많아서 무량하고 무변하며 헤아려서 말할 수 없느니라."

"다시 다음으로 선현이여. 그대의 생각은 어떠한가? 가사 이 소천세계에서 제유정의 부류들이 앞이 아니고 뒤에도 아니게 모두 사람의 몸을 얻었고, 선남자와 선여인 등이 있어서 방편으로 교수하여 인도하고 모두를 4사문과에 안주하게 하였으며, 다시 이와 같이 교수하여 인도하였던 선근을 지니고서 제유정들과 함께 평등하게 공유하면서 무상정등보리에 회향하였다면, 이 선남자와 선여인 등이 오히려 이러한 인연으로 얻는 복취는 많겠는가?"

선현이 대답하여 말하였다.

"매우 많습니다. 세존이시여. 매우 많습니다. 선서시여."

"선현이여. 만약 선남자와 선여인 등이 대중의 가운데에서 이와 같은 매우 깊은 반야바라밀다를 선설하면서 시설하고 건립하며 분별하고 열어서 보여주며 그것을 쉽게 이해시켰고, 더불어 이와 같은 매우 깊은 반야바라밀다에 상응하여 작의하면서 바르게 안주하게 하였다면, 이 선남자와 선여인 등이 오히려 이러한 인연으로 얻는 공덕은 그것보다 매우 많아서 무량하고 무변하며 헤아려서 말할 수 없느니라."

"다시 다음으로 선현이여. 그대의 생각은 어떠한가? 가사 이 중천세계에서 제유정의 부류들이 앞이 아니고 뒤에도 아니게 모두 사람의 몸을 얻었고, 선남자와 선여인 등이 있어서 방편으로 교수하여 인도하고 모두를 4사문과에 안주하게 하였으며, 다시 이와 같이 교수하여 인도하였던 선근을 지니고서 제유정들과 함께 평등하게 공유하면서 무상정등보리에 회향하였다면, 이 선남자와 선여인 등이 오히려 이러한 인연으로 얻는 복취는 많겠는가?"

선현이 대답하여 말하였다.

"매우 많습니다. 세존이시여. 매우 많습니다. 선서시여."

"선현이여. 만약 선남자와 선여인 등이 대중의 가운데에서 이와 같은 매우 깊은 반야바라밀다를 선설하면서 시설하고 건립하며 분별하고 열어서 보여주며 그것을 쉽게 이해시켰고, 더불어 이와 같은 매우 깊은 반야바라밀다에 상응하여 작의하면서 바르게 안주하게 하였다면, 이 선남자와 선여인 등이 오히려 이러한 인연으로 얻는 공덕은 그것보다 매우 많아서 무량하고 무변하며 헤아려서 말할 수 없느니라."

"다시 다음으로 선현이여. 그대의 생각은 어떠한가? 가사 이 삼천대천세계에서 제유정의 부류들이 앞이 아니고 뒤에도 아니게 모두 사람의 몸을 얻었고, 선남자와 선여인 등이 있어서 방편으로 교수하여 인도하고 모두를 4사문과에 안주하게 하였으며, 다시 이와 같이 교수하여 인도하였던 선근을 지니고서 제유정들과 함께 평등하게 공유하면서 무상정등보리에 회향하였다면, 이 선남자와 선여인 등이 오히려 이러한 인연으로 얻는 복취는 많겠는가?"

선현이 대답하여 말하였다.

"매우 많습니다. 세존이시여. 매우 많습니다. 선서시여."

“선현이여. 만약 선남자와 선여인 등이 대중의 가운데에서 이와 같은 매우 깊은 반야바라밀다를 선설하면서 시설하고 건립하며 분별하고 열어서 보여주며 그것을 쉽게 이해시켰고, 더불어 이와 같은 매우 깊은 반야바라밀다에 상응하여 작의하면서 바르게 안주하게 하였다면, 이 선남자와 선여인 등이 오히려 이러한 인연으로 얻는 공덕은 그것보다 매우 많아서 무량하고 무변하며 헤아려서 말할 수 없느니라.”

“다시 다음으로 선현이여. 그대의 생각은 어떠한가? 가사 이 남섬부주에서 제유정의 부류들이 앞이 아니고 뒤에도 아니게 모두 사람의 몸을 얻었고, 선남자와 선여인 등이 있어서 방편으로 교수하여 인도하고 모두를 독각(獨覺)의 보리(菩提)에 안주하게 하였으며, 다시 이와 같이 교수하여 인도하였던 선근을 지니고서 제유정들과 함께 평등하게 공유하면서 무상정등보리에 회향하였다면, 이 선남자와 선여인 등이 오히려 이러한 인연으로 얻는 복취는 많겠는가?”

선현이 대답하여 말하였다.

“매우 많습니다. 세존이시여. 매우 많습니다. 선서시여.”

“선현이여. 만약 선남자와 선여인 등이 대중의 가운데에서 이와 같은 매우 깊은 반야바라밀다를 선설하면서 시설하고 건립하며 분별하고 열어서 보여주며 그것을 쉽게 이해시켰고, 더불어 이와 같은 매우 깊은 반야바라밀다에 상응하여 작의하면서 바르게 안주하게 하였다면, 이 선남자와 선여인 등이 오히려 이러한 인연으로 얻는 공덕은 그것보다 매우 많아서 무량하고 무변하며 헤아려서 말할 수 없느니라.

다시 다음으로 선현이여. 그대의 생각은 어떠한가? 가사 이 남섬부주와 동승신주에서 제유정의 부류들이 앞이 아니고 뒤에도 아니게 모두 사람의 몸을 얻었고, 선남자와 선여인 등이 있어서 방편으로 교수하여 인도하고 모두를 독각의 보리에 안주하게 하였으며, 다시 이와 같이 교수하여 인도하였던 선근을 지니고서 제유정들과 함께 평등하게 공유하면서 무상정등보리에 회향하였다면, 이 선남자와 선여인 등이 오히려 이러한 인연으로 얻는 복취는 많겠는가?"

선현이 대답하여 말하였다.

"매우 많습니다. 세존이시여. 매우 많습니다. 선서시여."

"선현이여. 만약 선남자와 선여인 등이 대중의 가운데에서 이와 같은 매우 깊은 반야바라밀다를 선설하면서 시설하고 건립하며 분별하고 열어서 보여주며 그것을 쉽게 이해시켰고, 더불어 이와 같은 매우 깊은 반야바라밀다에 상응하여 작의하면서 바르게 안주하게 하였다면, 이 선남자와 선여인 등이 오히려 이러한 인연으로 얻는 공덕은 그것보다 매우 많아서 무량하고 무변하며 헤아려서 말할 수 없느니라.

다시 다음으로 선현이여. 그대의 생각은 어떠한가? 가사 이 남섬부주와 동승신주와 서우화주에서 제유정의 부류들이 앞이 아니고 뒤에도 아니게 모두 사람의 몸을 얻었고, 선남자와 선여인 등이 있어서 방편으로 교수하여 인도하고 모두를 독각의 보리에 안주하게 하였으며, 다시 이와 같이 교수하여 인도하였던 선근을 지니고서 제유정들과 함께 평등하게 공유하면서 무상정등보리에 회향하였다면, 이 선남자와 선여인 등이 오히려 이러한 인연으로 얻는 복취는 많겠는가?"

선현이 대답하여 말하였다.

"매우 많습니다. 세존이시여. 매우 많습니다. 선서시여."

"선현이여. 만약 선남자와 선여인 등이 대중의 가운데에서 이와 같은 매우 깊은 반야바라밀다를 선설하면서 시설하고 건립하며 분별하고 열어서 보여주며 그것을 쉽게 이해시켰고, 더불어 이와 같은 매우 깊은 반야바라밀다에 상응하여 작의하면서 바르게 안주하게 하였다면, 이 선남자와 선여인 등이 오히려 이러한 인연으로 얻는 공덕은 그것보다 매우 많아서 무량하고 무변하며 헤아려서 말할 수 없느니라.

다시 다음으로 선현이여. 그대의 생각은 어떠한가? 가사 이 사대주의 세계에서 제유정의 부류들이 앞이 아니고 뒤에도 아니게 모두 사람의 몸을 얻었고, 선남자와 선여인 등이 있어서 방편으로 교수하여 인도하고 모두를 독각의 보리에 안주하게 하였으며, 다시 이와 같이 교수하여 인도하였던 선근을 지니고서 제유정들과 함께 평등하게 공유하면서 무상정등보리에 회향하였다면, 이 선남자와 선여인 등이 오히려 이러한 인연으로 얻는 복취는 많겠는가?"

선현이 대답하여 말하였다.

"매우 많습니다. 세존이시여. 매우 많습니다. 선서시여."

"선현이여. 만약 선남자와 선여인 등이 대중의 가운데에서 이와 같은 매우 깊은 반야바라밀다를 선설하면서 시설하고 건립하며 분별하고 열어서 보여주며 그것을 쉽게 이해시켰고, 더불어 이와 같은 매우 깊은 반야바라밀다에 상응하여 작의하면서 바르게 안주하게 하였다면, 이 선남자와 선여인 등이 오히려 이러한 인연으로 얻는 공덕은 그것보다 매우 많아서 무량하고 무변하며 헤아려서 말할 수 없느니라.

다시 다음으로 선현이여. 그대의 생각은 어떠한가? 가사 이 소천세계에서 제유정의 부류들이 앞이 아니고 뒤에도 아니게 모두 사람의 몸을 얻었고, 선남자와 선여인 등이 있어서 방편으로 교수하여 인도하고 모두를 독각의 보리에 안주하게 하였으며, 다시 이와 같이 교수하여 인도하였던 선근을 지니고서 제유정들과 함께 평등하게 공유하면서 무상정등보리에 회향하였다면, 이 선남자와 선여인 등이 오히려 이러한 인연으로 얻는 복취는 많겠는가?"

선현이 대답하여 말하였다.

"매우 많습니다. 세존이시여. 매우 많습니다. 선서시여."

"선현이여. 만약 선남자와 선여인 등이 대중의 가운데에서 이와 같은 매우 깊은 반야바라밀다를 선설하면서 시설하고 건립하며 분별하고 열어서 보여주며 그것을 쉽게 이해시켰고, 더불어 이와 같은 매우 깊은 반야바라밀다에 상응하여 작의하면서 바르게 안주하게 하였다면, 이 선남자와 선여인 등이 오히려 이러한 인연으로 얻는 공덕은 그것보다 매우 많아서 무량하고 무변하며 헤아려서 말할 수 없느니라.

다시 다음으로 선현이여. 그대의 생각은 어떠한가? 가사 이 중천세계에서 제유정의 부류들이 앞이 아니고 뒤에도 아니게 모두 사람의 몸을 얻었고, 선남자와 선여인 등이 있어서 방편으로 교수하여 인도하고 모두를 독각의 보리에 안주하게 하였으며, 다시 이와 같이 교수하여 인도하였던 선근을 지니고서 제유정들과 함께 평등하게 공유하면서 무상정등보리에 회향하였다면, 이 선남자와 선여인 등이 오히려 이러한 인연으로 얻는 복취는 많겠는가?"

선현이 대답하여 말하였다.

"매우 많습니다. 세존이시여. 매우 많습니다. 선서시여."

"선현이여. 만약 선남자와 선여인 등이 대중의 가운데에서 이와 같은 매우 깊은 반야바라밀다를 선설하면서 시설하고 건립하며 분별하고 열어서 보여주며 그것을 쉽게 이해시켰고, 더불어 이와 같은 매우 깊은 반야바라밀다에 상응하여 작의하면서 바르게 안주하게 하였다면, 이 선남자와 선여인 등이 오히려 이러한 인연으로 얻는 공덕은 그것보다 매우 많아서 무량하고 무변하며 헤아려서 말할 수 없느니라.

다시 다음으로 선현이여. 그대의 생각은 어떠한가? 가사 이 삼천대천세계에서 제유정의 부류들이 앞이 아니고 뒤에도 아니게 모두 사람의 몸을 얻었고, 선남자와 선여인 등이 있어서 방편으로 교수하여 인도하고 모두를 독각의 보리에 안주하게 하였으며, 다시 이와 같이 교수하여 인도하였던 선근을 지니고서 제유정들과 함께 평등하게 공유하면서 무상정등보리에 회향하였다면, 이 선남자와 선여인 등이 오히려 이러한 인연으로 얻는 복취는 많겠는가?"

선현이 대답하여 말하였다.

"매우 많습니다. 세존이시여. 매우 많습니다. 선서시여."

"선현이여. 만약 선남자와 선여인 등이 대중의 가운데에서 이와 같은 매우 깊은 반야바라밀다를 선설하면서 시설하고 건립하며 분별하고 열어서 보여주며 그것을 쉽게 이해시켰고, 더불어 이와 같은 매우 깊은 반야바라밀다에 상응하여 작의하면서 바르게 안주하게 하였다면, 이 선남자와 선여인 등이 오히려 이러한 인연으로 얻는 공덕은 그것보다 매우 많아서 무량하고 무변하며 헤아려서 말할 수 없느니라."

마하반야바라밀다경 제335권

53. 선학품(善學品)(5)

"다시 다음으로 선현이여. 그대의 생각은 어떠한가? 가사 이 남섬부주에서 제유정의 부류들이 앞이 아니고 뒤에도 아니게 모두 사람의 몸을 얻었고, 선남자와 선여인 등이 있어서 방편으로 교수하여 인도하고 모두에게 무상각심(無上覺心)을 일으키게 하였고 보살마하살의 행을 수습하게 하였으며 무상정등보리를 증득하게 하였고, 다시 이와 같이 교수하여 인도하였던 선근을 지니고서 제유정들과 함께 평등하게 공유하면서 무상정등보리에 회향하였다면, 이 선남자와 선여인 등이 오히려 이러한 인연으로 얻는 복취는 많겠는가?"

선현이 대답하여 말하였다.

"매우 많습니다. 세존이시여. 매우 많습니다. 선서시여."

"선현이여. 만약 선남자와 선여인 등이 대중의 가운데에서 이와 같은 매우 깊은 반야바라밀다를 선설하면서 시설하고 건립하며 분별하고 열어서 보여주며 그것을 쉽게 이해시켰고, 더불어 이와 같은 매우 깊은 반야바라밀다에 상응하여 작의하면서 바르게 안주하게 하였다면, 이 선남자와 선여인 등이 오히려 이러한 인연으로 얻는 공덕은 그것보다 매우 많아서 무량하고 무변하며 헤아려서 말할 수 없느니라.

다시 다음으로 선현이여. 그대의 생각은 어떠한가? 가사 이 남섬부주와 동승신주에서 제유정의 부류들이 앞이 아니고 뒤에도 아니게 모두 사람의 몸을 얻었고, 선남자와 선여인 등이 있어서 방편으로 교수하여 인도하고 모두에게 무상각심을 일으키게 하였고 보살마하살의 행을 수습하게 하였으며 무상정등보리를 증득하게 하였고, 다시 이와 같이 교수하여 인도하였던 선근을 지니고서 제유정들과 함께 평등하게 공유하면서 무상정등보리에 회향하였다면, 이 선남자와 선여인 등이 오히려 이러한 인연으로 얻는 복취는 많겠는가?"

선현이 대답하여 말하였다.

"매우 많습니다. 세존이시여. 매우 많습니다. 선서시여."

"선현이여. 만약 선남자와 선여인 등이 대중의 가운데에서 이와 같은 매우 깊은 반야바라밀다를 선설하면서 시설하고 건립하며 분별하고 열어서 보여주며 그것을 쉽게 이해시켰고, 더불어 이와 같은 매우 깊은 반야바라밀다에 상응하여 작의하면서 바르게 안주하게 하였다면, 이 선남자와 선여인 등이 오히려 이러한 인연으로 얻는 공덕은 그것보다 매우 많아서 무량하고 무변하며 헤아려서 말할 수 없느니라.

다시 다음으로 선현이여. 그대의 생각은 어떠한가? 가사 이 남섬부주와 동승신주와 서우화주에서 제유정의 부류들이 앞이 아니고 뒤에도 아니게 모두 사람의 몸을 얻었고, 선남자와 선여인 등이 있어서 방편으로 교수하여 인도하고 모두에게 무상각심을 일으키게 하였고 보살마하살의 행을 수습하게 하였으며 무상정등보리를 증득하게 하였고, 다시 이와 같이 교수하여 인도하였던 선근을 지니고서 제유정들과 함께 평등하게 공유하면서 무상정등보리에 회향하였다면, 이 선남자와 선여인 등이 오히려 이러한 인연으로 얻는 복취는 많겠는가?"

선현이 대답하여 말하였다.

"매우 많습니다. 세존이시여. 매우 많습니다. 선서시여."

"선현이여. 만약 선남자와 선여인 등이 대중의 가운데에서 이와 같은 매우 깊은 반야바라밀다를 선설하면서 시설하고 건립하며 분별하고 열어서 보여주며 그것을 쉽게 이해시켰고, 더불어 이와 같은 매우 깊은 반야바라밀다에 상응하여 작의하면서 바르게 안주하게 하였다면, 이 선남자와 선여인 등이 오히려 이러한 인연으로 얻는 공덕은 그것보다 매우 많아서 무량하고 무변하며 헤아려서 말할 수 없느니라.

다시 다음으로 선현이여. 그대의 생각은 어떠한가? 가사 이 사대주의 세계에서 제유정의 부류들이 앞이 아니고 뒤에도 아니게 모두 사람의 몸을 얻었고, 선남자와 선여인 등이 있어서 방편으로 교수하여 인도하고 모두에게 무상각심을 일으키게 하였고 보살마하살의 행을 수습하게 하였으며 무상정등보리를 증득하게 하였고, 다시 이와 같이 교수하여 인도하였던 선근을 지니고서 제유정들과 함께 평등하게 공유하면서 무상정등보리에 회향하였다면, 이 선남자와 선여인 등이 오히려 이러한 인연으로 얻는 복취는 많겠는가?"

선현이 대답하여 말하였다.

"매우 많습니다. 세존이시여. 매우 많습니다. 선서시여."

"선현이여. 만약 선남자와 선여인 등이 대중의 가운데에서 이와 같은 매우 깊은 반야바라밀다를 선설하면서 시설하고 건립하며 분별하고 열어서 보여주며 그것을 쉽게 이해시켰고, 더불어 이와 같은 매우 깊은 반야바라밀다에 상응하여 작의하면서 바르게 안주하게 하였다면, 이 선남자와 선여인 등이 오히려 이러한 인연으로 얻는 공덕은 그것보다 매우 많아서 무량하고 무변하며 헤아려서 말할 수 없느니라.

다시 다음으로 선현이여. 그대의 생각은 어떠한가? 가사 이 소천세계에서 제유정의 부류들이 앞이 아니고 뒤에도 아니게 모두 사람의 몸을 얻었고, 선남자와 선여인 등이 있어서 방편으로 교수하여 인도하고 모두에게 무상각심을 일으키게 하였고 보살마하살의 행을 수습하게 하였으며 무상정등보리를 증득하게 하였고, 다시 이와 같이 교수하여 인도하였던 선근을 지니고서 제유정들과 함께 평등하게 공유하면서 무상정등보리에 회향하였다면, 이 선남자와 선여인 등이 오히려 이러한 인연으로 얻는 복취는 많겠는가?"

선현이 대답하여 말하였다.

"매우 많습니다. 세존이시여. 매우 많습니다. 선서시여."

"선현이여. 만약 선남자와 선여인 등이 대중의 가운데에서 이와 같은 매우 깊은 반야바라밀다를 선설하면서 시설하고 건립하며 분별하고 열어서 보여주며 그것을 쉽게 이해시켰고, 더불어 이와 같은 매우 깊은 반야바라밀다에 상응하여 작의하면서 바르게 안주하게 하였다면, 이 선남자와 선여인 등이 오히려 이러한 인연으로 얻는 공덕은 그것보다 매우 많아서 무량하고 무변하며 헤아려서 말할 수 없느니라.

다시 다음으로 선현이여. 그대의 생각은 어떠한가? 가사 이 중천세계에서 제유정의 부류들이 앞이 아니고 뒤에도 아니게 모두 사람의 몸을 얻었고, 선남자와 선여인 등이 있어서 방편으로 교수하여 인도하고 모두에게 무상각심을 일으키게 하였고 보살마하살의 행을 수습하게 하였으며 무상정등보리를 증득하게 하였고, 다시 이와 같이 교수하여 인도하였던 선근을 지니고서 제유정들과 함께 평등하게 공유하면서 무상정등보리에 회향하였다면, 이 선남자와 선여인 등이 오히려 이러한 인연으로 얻는 복취는 많겠는가?"

선현이 대답하여 말하였다.

"매우 많습니다. 세존이시여. 매우 많습니다. 선서시여."

"선현이여. 만약 선남자와 선여인 등이 대중의 가운데에서 이와 같은 매우 깊은 반야바라밀다를 선설하면서 시설하고 건립하며 분별하고 열어서 보여주며 그것을 쉽게 이해시켰고, 더불어 이와 같은 매우 깊은 반야바라밀다에 상응하여 작의하면서 바르게 안주하게 하였다면, 이 선남자와 선여인 등이 오히려 이러한 인연으로 얻는 공덕은 그것보다 매우 많아서 무량하고 무변하며 헤아려서 말할 수 없느니라.

다시 다음으로 선현이여. 그대의 생각은 어떠한가? 가사 이 삼천대천세계에서 제유정의 부류들이 앞이 아니고 뒤에도 아니게 모두 사람의 몸을 얻었고, 선남자와 선여인 등이 있어서 방편으로 교수하여 인도하고 모두에게 무상각심을 일으키게 하였고 보살마하살의 행을 수습하게 하였으며 무상정등보리를 증득하게 하였고, 다시 이와 같이 교수하여 인도하였던 선근을 지니고서 제유정들과 함께 평등하게 공유하면서 무상정등보리에 회향하였다면, 이 선남자와 선여인 등이 오히려 이러한 인연으로 얻는 복취는 많겠는가?"

선현이 대답하여 말하였다.

"매우 많습니다. 세존이시여. 매우 많습니다. 선서시여."

"선현이여. 만약 선남자와 선여인 등이 대중의 가운데에서 이와 같은 매우 깊은 반야바라밀다를 선설하면서 시설하고 건립하며 분별하고 열어서 보여주며 그것을 쉽게 이해시켰고, 더불어 이와 같은 매우 깊은 반야바라밀다에 상응하여 작의하면서 바르게 안주하게 하였다면, 이 선남자와 선여인 등이 오히려 이러한 인연으로 얻는 공덕은 그것보다 매우 많아서 무량하고 무변하며 헤아려서 말할 수 없느니라.

선현이여. 마땅히 알아야 하느니라. 이 보살마하살은 오히려 이러한 정근(精勤)하여 세력(勢力)이 증상(增上)하였다면 제유정들의 복전(福田)인 피안(彼岸)에 이르느니라. 왜 그러한가? 선현이여. 이 보살마하살이 법에서 정근(精勤)하여 세력(勢力)이 증상(增上)하였다면, 일체의 유정들이 능히 미치는 자가 없는데, 오직 여래·응공·정등각을 제외하느니라.

그 까닭은 무엇인가? 선현이여. 이 보살마하살이 깊은 반야바라밀다를 수행하면서 제유정들에게 이익과 즐거움이 없는 것을 보았던 까닭으로 대자(大慈)의 마음을 일으키고, 유정에게 노쇠(老衰)의 고통이 있는 것을 보았던 까닭으로 대비(大悲)의 마음을 일으키며, 제유정들이 이익과 즐거움을 얻는 것을 보았던 까닭으로 대희(大喜)의 마음을 일으키고, 제유정들에게 성상(性相)이 없는 것을 보았던 까닭으로 대사(大捨)의 마음을 일으키느니라. 선현이여. 이 보살마하살은 비록 유정에게 대자·대비·대희·대사를 평등하게 일으킬지라도 일체에서 집착이라는 것이 없느니라.

선현이여. 이 보살마하살은 깊은 반야바라밀다를 수행하면서 큰 광명(大光明)을 얻는데 이를테면, 보시바라밀다의 광명을 얻고 역시 정계·안인·정진·정려·반야바라밀다의 큰 광명을 얻느니라. 선현이여. 이 보살마하살은 비록 아직 일체지지를 증득하지 못하였더라도 무상정등보리에서 불퇴전을 얻었던 까닭으로, 유정들의 복전인 피안에 이르고, 일체의 의복·음식·평상·의자·의약품 등의 여러 자생구(資生具)[1]를 받아도 감당할 수 있느니라.

선현이여. 이 보살마하살은 깊은 반야바라밀다와 상응하는 작의에 안주하는 까닭으로, 능히 반드시 결국에는 시주(施主)의 은혜를 갚을 수 있고, 역시 능히 일체지지에도 친근할 수 있느니라. 이러한 까닭으로 선현이여. 만약 보살마하살이 국왕(國王)·대신(大臣)·장자(長者)·거사(居士)와 유정(有情)들의 시주를 공허하게 받지 않으려고 하였고, 유정들에게 진실하고 선한 도로(道路)를 보여주려고 하였으며, 유정들에게 청정한 광명(光明)을 지으려고 하였고, 유정들에게 삼계(三界)의 뇌옥(牢獄)을 벗어나게 하려고 하였으며, 유정들에게 청정한 법안(法眼)을 베풀어 주려고 하였다면, 상응하게 항상 매우 깊은 반야바라밀다와 상응하는 작의에 안주해야 하느니라.

선현이여. 만약 보살마하살이 반야바라밀다와 상응하는 작의에 안주하면서 여러 설하는 것이 있다면, 모두가 반야바라밀다를 설하는데 이를테면, 반야바라밀다와 상응하는 법을 설하는 것이고, 이미 반야바라밀다와 상응한 법을 설하였다면, 다시 능히 반야바라밀다와 상응한 법을 이치와 같이 사유하게 되느니라. 선현이여. 이 보살마하살이 항상 반야바라밀다와 상응하는 작의에 안주한다면 여러 나머지의 작의는 그 가운데에서 잠시도 모습이 나타나거나 일어날 수 없느니라. 선현이여. 이 보살마하살은 낮과 밤에 정근하면서 반야바라밀다와 상응하는 작의에 안주하고 잠시도 버리는 때도 없느니라.

선현이여. 비유한다면 사람이 있어서 이전에는 일찍이 말니보주(末尼寶珠)[2]가 없었으나, 뒤의 때에 우연히 얻었고 몹시 스스로가 즐겁고 좋아하였는데, 갑자기 그것을 잃어버렸으므로 큰 고뇌(苦惱)가 생겨났으며 항상

1) 산스크리트어 upakaraṇa의 번역이고, 이양을 가져오는 도구와 수단을 뜻한다. 즉 살아가면서 필요한 생활용품을 가리킨다.

2) 산스크리트어 maṇi의 음사이고, '주(珠)', '보주(寶珠)', '마니주(摩尼珠)', '말니(末尼)', '이구(離垢)', '여의(如意)' 등으로 번역한다. 보배 구슬을 통틀어 일컫는데, 모든 악과 재난을 없애는 불가사의한 힘을 지닌 보주를 가리킨다.

슬퍼하면서 '아깝구나! 어느 날에 잃어버렸던 말니보주를 다시 얻을 것인가?'라고 개탄(慨歎)하는 것과 같은데, 그 사람은 이 말니보주와 상응하는 작의를 잠시도 버리는 때도 없느니라.

선현이여. 마땅히 알아야 하느니라. 제보살마하살도 역시 다시 그와 같아서 항상 상응하여 반야바라밀다와 상응하는 작의에 안주해야 하나니, 만약 반야바라밀다와 상응하는 작의를 벗어난다면, 곧 일체지지와 상응하는 작의를 상실(喪失)하게 되느니라."

54. 단분별품(斷分別品)(1)

그때 구수 선현이 세존께 아뢰어 말하였다.

"세존이시여. 일체의 작의(作意)는 모두가 자성(自性)을 벗어났고 일체의 작의는 모두가 자성이 공(空)하며, 제법도 역시 그와 같아서 모두가 자성을 벗어났고 모두가 자성이 공합니다. 자성을 벗어났고 자성이 공한 가운데에서는 만약 보살마하살이거나, 만약 반야바라밀다이거나, 만약 일체지지이거나, 만약 여러 작의를 모두 얻을 수 없는데, 어찌하여 보살마하살은 반야바라밀다와 상응하는 작의를 벗어나지 않고, 역시 일체지지와 상응하는 작의를 벗어나지 않습니까?"

세존께서 말씀하셨다.

"선현이여. 만약 보살마하살이 일체법과 여러 작의는 모두 자성을 벗어났고 모두 자성이 공하며 이와 같은 벗어나고 공한 것은 성문(聲聞)이 지은 것도 아니고 제불(諸佛)이 지은 것도 아니며, 역시 나머지가 지은 것도 아닐지라도, 그렇지만 일체법은 법주(法住)이고 법정(法定)이며 법성(法性)이고 법계(法界)이며 불허망성(不虛妄性)이고 불변이성(不變異性)이며 진여(眞如)이고 실제(實際)이며, 법도 그와 같아서 항상 안주한다고 알았다면, 이 보살마하살은 반야바라밀다와 상응하는 작의를 벗어나지 않았고 역시 다시 일체지지와 상응하는 작의를 벗어나지 않았느니라.

왜 그러한가? 선현이여. 매우 깊은 반야바라밀다와 일체지지 및 작의는 모두 자성을 벗어났고 자성이 공하며, 이와 같이 벗어났고 공한 것은 증가함이 없고 감소함도 없다고 능히 바르게 통달하였다면 벗어나지 않는다고 이름하는 까닭이니라."

그때 구수 선현이 다시 세존께 아뢰어 말하였다.

"세존이시여. 만약 깊은 반야바라밀다가 역시 자성을 벗어나고 자성이 본래 공하였다면, 어찌하여 보살마하살이 반야바라밀다의 평등성(平等性)을 수행하여 증득하고서 무상정등보리를 증득합니까?"

세존께서 말씀하셨다.

"선현이여. 제보살마하살이 반야바라밀다의 평등성을 수행하여 증득하는 때에, 제불법(諸佛法)에 증장함이 있지 않고 감소함이 있지 않으며, 일체법의 법주·법정·법성·법계·불허망성·불변이성·진여·실제에도 증정함이 있지 않고 감소함이 있지 않으니라. 왜 그러한가? 선현이여. 매우 깊은 반야바라밀다는 하나가 아니고 둘이 아니며 셋이 아니고 넷이 아니며, 역시 많음도 아닌 까닭이니라. 선현이여. 만약 보살마하살이 이와 같은 매우 깊은 반야바라밀다를 설하는 것을 듣고서 그 마음이 놀라지 않고 두려워하지 않으며 근심하지 않고 후회하지 않으며 어리석지 않고 역시 머뭇거리지(猶豫) 않는다면, 이 보살마하살은 깊은 반야바라밀다를 수행하면서 이미 구경(究竟)을 얻었으므로 보살의 불퇴전지(不退轉地)에 안주(安住)한다고 마땅히 알아야 하느니라."

그때 구수 선현이 다시 세존께 아뢰어 말하였다.

"세존이시여. 깊은 반야바라밀다의 공허(空虛)하여 존재하지 않고, 자재(自在)하지 않은 자성과 견실(堅實)하지 않은 자성으로 나아가게 되므로 능히 반야바라밀다를 수행하는 것입니까?"

세존께서 알려 말씀하셨다.

"아니니라. 선현이여."

"세존이시여. 깊은 반야바라밀다의 공허하여 존재하지 않고, 자재하지 않은 자성과 견실하지 않은 자성을 벗어나게 되고, 법이 있어서 얻을 수 있으므로 능히 반야바라밀다를 수행하는 것입니까?"

세존께서 알려 말씀하셨다.

"아니니라. 선현이여."

"세존이시여. 깊은 반야바라밀다에 나아가게 되므로 능히 반야바라밀다를 수행하는 것입니까?"

"아니니라. 선현이여."

"세존이시여. 깊은 반야바라밀다를 벗어나게 되므로 능히 반야바라밀다를 수행하는 것입니까?"

"아니니라. 선현이여."

"세존이시여. 공성(空性)에 나아가게 되므로 능히 반야바라밀다를 수행하는 것입니까?"

"아니니라. 선현이여."

"세존이시여. 깊은 공성을 벗어나게 되므로 능히 반야바라밀다를 수행하는 것입니까?"

"아니니라. 선현이여."

"세존이시여. 색(色)에 나아가게 되므로 능히 반야바라밀다를 수행하는 것입니까?"

"아니니라. 선현이여."

"세존이시여. 색을 벗어나게 되므로 능히 반야바라밀다를 수행하는 것입니까?"

"아니니라. 선현이여."

"세존이시여. 수(受)·상(想)·행(行)·식(識)에 나아가게 되므로 능히 반야바라밀다를 수행하는 것입니까?"

"아니니라. 선현이여."

"세존이시여. 수·상·행·식을 벗어나게 되므로 능히 반야바라밀다를 수행하는 것입니까?"

"아니니라. 선현이여."

"세존이시여. 안처(眼處)에 나아가게 되므로 능히 반야바라밀다를 수행하는 것입니까?"

"아니니라. 선현이여."

"세존이시여. 안처를 벗어나게 되므로 능히 반야바라밀다를 수행하는 것입니까?"

"아니니라. 선현이여."

"세존이시여. 이(耳)·비(鼻)·설(舌)·신(身)·의처(意處)에 나아가게 되므로 능히 반야바라밀다를 수행하는 것입니까?"

"아니니라. 선현이여."

"세존이시여. 이·비·설·신·의처를 벗어나게 되므로 능히 반야바라밀다를 수행하는 것입니까?"

"아니니라. 선현이여."

"세존이시여. 색처(色處)에 나아가게 되므로 능히 반야바라밀다를 수행하는 것입니까?"

"아니니라. 선현이여."

"세존이시여. 색처를 벗어나게 되므로 능히 반야바라밀다를 수행하는 것입니까?"

"아니니라. 선현이여."

"세존이시여. 성(聲)·향(香)·미(味)·촉(觸)·법처(法處)에 나아가게 되므로 능히 반야바라밀다를 수행하는 것입니까?"

"아니니라. 선현이여."

"세존이시여. 성·향·미·촉·법처를 벗어나게 되므로 능히 반야바라밀다를 수행하는 것입니까?"

"아니니라. 선현이여."

"세존이시여. 안계(眼界)에 나아가게 되므로 능히 반야바라밀다를 수행하는 것입니까?"

"아니니라. 선현이여."

"세존이시여. 안계를 벗어나게 되므로 능히 반야바라밀다를 수행하는 것입니까?"

"아니니라. 선현이여."

"세존이시여. 이(耳)·비(鼻)·설(舌)·신(身)·의계(意界)에 나아가게 되므로 능히 반야바라밀다를 수행하는 것입니까?"

"아니니라. 선현이여."

"세존이시여. 이·비·설·신·의계를 벗어나게 되므로 능히 반야바라밀다를 수행하는 것입니까?"

"아니니라. 선현이여."

"세존이시여. 색계(色界)에 나아가게 되므로 능히 반야바라밀다를 수행하는 것입니까?"

"아니니라. 선현이여."

"세존이시여. 색계를 벗어나게 되므로 능히 반야바라밀다를 수행하는 것입니까?"

"아니니라. 선현이여."

"세존이시여. 성(聲)·향(香)·미(味)·촉(觸)·법계(法界)에 나아가게 되므로 능히 반야바라밀다를 수행하는 것입니까?"

"아니니라. 선현이여."

"세존이시여. 성·향·미·촉·법계를 벗어나게 되므로 능히 반야바라밀다를 수행하는 것입니까?"

"아니니라. 선현이여."

"세존이시여. 안식계(眼識界)에 나아가게 되므로 능히 반야바라밀다를 수행하는 것입니까?"

"아니니라. 선현이여."

"세존이시여. 안식계를 벗어나게 되므로 능히 반야바라밀다를 수행하는 것입니까?"

"아니니라. 선현이여."

"세존이시여. 이(耳)·비(鼻)·설(舌)·신(身)·의식계(意識界)에 나아가게 되므로 능히 반야바라밀다를 수행하는 것입니까?"

"아니니라. 선현이여."

"세존이시여. 이·비·설·신·의식계를 벗어나게 되므로 능히 반야바라밀다를 수행하는 것입니까?"

"아니니라. 선현이여."

"세존이시여. 안촉(眼觸)에 나아가게 되므로 능히 반야바라밀다를 수행하는 것입니까?"

"아니니라. 선현이여."

"세존이시여. 안촉을 벗어나게 되므로 능히 반야바라밀다를 수행하는 것입니까?"

"아니니라. 선현이여."

"세존이시여. 이(耳)·비(鼻)·설(舌)·신(身)·의촉(意觸)에 나아가게 되므로 능히 반야바라밀다를 수행하는 것입니까?"

"아니니라. 선현이여."

"세존이시여. 이·비·설·신·의촉을 벗어나게 되므로 능히 반야바라밀다를 수행하는 것입니까?"

"아니니라. 선현이여."

"세존이시여. 안촉(眼觸)을 인연으로 생겨난 여러 수(受)에 나아가게 되므로 능히 반야바라밀다를 수행하는 것입니까?"

"아니니라. 선현이여."

"세존이시여. 안촉을 인연으로 생겨난 여러 수를 벗어나게 되므로 능히 반야바라밀다를 수행하는 것입니까?"

"아니니라. 선현이여."

"세존이시여. 이(耳)·비(鼻)·설(舌)·신(身)·의촉(意觸)을 인연으로 생겨난 여러 수에 나아가게 되므로 능히 반야바라밀다를 수행하는 것입니까?"

"아니니라. 선현이여."

"세존이시여. 이·비·설·신·의촉을 인연으로 생겨난 여러 수를 벗어나게 되므로 능히 반야바라밀다를 수행하는 것입니까?"

"아니니라. 선현이여."

"세존이시여. 지계(地界)에 나아가게 되므로 능히 반야바라밀다를 수행하는 것입니까?"

"아니니라. 선현이여."

"세존이시여. 지계를 벗어나게 되므로 능히 반야바라밀다를 수행하는 것입니까?"

"아니니라. 선현이여."

"세존이시여. 수(水)·화(火)·풍(風)·공(空)·식계(識界)에 나아가게 되므로 능히 반야바라밀다를 수행하는 것입니까?"

"아니니라. 선현이여."

"세존이시여. 수·화·풍·공·식계를 벗어나게 되므로 능히 반야바라밀다를 수행하는 것입니까?"

"아니니라. 선현이여."

"세존이시여. 무명(無明)에 나아가게 되므로 능히 반야바라밀다를 수행하는 것입니까?"

"아니니라. 선현이여."

"세존이시여. 무명을 벗어나게 되므로 능히 반야바라밀다를 수행하는 것입니까?"

"아니니라. 선현이여."

"세존이시여. 행(行)·식(識)·명색(名色)·육처(六處)·촉(觸)·수(受)·애(愛)·취(取)·유(有)·생(生)·노사(老死)에 나아가게 되므로 능히 반야바라밀다를 수행하는 것입니까?"

"아니니라. 선현이여."

"세존이시여. 행·식·명색·육처·촉·수·애·취·유·생·노사를 벗어나게 되므로 능히 반야바라밀다를 수행하는 것입니까?"

"아니니라. 선현이여."

"세존이시여. 보시바라밀다(布施波羅蜜多)에 나아가게 되므로 능히 반야바라밀다를 수행하는 것입니까?"

"아니니라. 선현이여."

"세존이시여. 보시바라밀다를 벗어나게 되므로 능히 반야바라밀다를 수행하는 것입니까?"

"아니니라. 선현이여."

"세존이시여. 정계(淨戒)·안인(安忍)·정진(精進)·정려(靜慮)·반야바라밀다(般若波羅蜜多)에 나아가게 되므로 능히 반야바라밀다를 수행하는 것입니까?"

"아니니라. 선현이여."

"세존이시여. 정계·안인·정진·정려·반야바라밀다를 벗어나게 되므로 능히 반야바라밀다를 수행하는 것입니까?"

"아니니라. 선현이여."

"세존이시여. 내공(內空)에 나아가게 되므로 능히 반야바라밀다를 수행하는 것입니까?"

"아니니라. 선현이여."

"세존이시여. 내공을 벗어나게 되므로 능히 반야바라밀다를 수행하는 것입니까?"

"아니니라. 선현이여."

"세존이시여. 외공(外空)·내외공(內外空)·공공(空空)·대공(大空)·승의공(勝義空)·유위공(有爲空)·무위공(無爲空)·필경공(畢竟空)·무제공(無際空)·산공(散空)·무변이공(無變異空)·본성공(本性空)·자상공(自相空)·공상공(共相空)·일체법공(一切法空)·불가득공(不可得空)·무성공(無性空)·자성공(自性空)·무성자성공(無性自性空)에 나아가게 되므로 능히 반야바라밀다를 수행하는 것입니까?"

"아니니라. 선현이여."

"세존이시여. 외공·내외공·공공·대공·승의공·유위공·무위공·필경공·무제공·산공·무변이공·본성공·자상공·공상공·일체법공·불가득공·무성공·자성공·무성자성공을 벗어나게 되므로 능히 반야바라밀다를 수행하는 것입니까?"

"아니니라. 선현이여."

"세존이시여. 진여(眞如)에 나아가게 되므로 능히 반야바라밀다를 수행하는 것입니까?"

"아니니라. 선현이여."

"세존이시여. 진여를 벗어나게 되므로 능히 반야바라밀다를 수행하는 것입니까?"

"아니니라. 선현이여."

"세존이시여. 법계(法界)·법성(法性)·불허망성(不虛妄性)·불변이성(不變異性)·평등성(平等性)·이생성(離生性)·법정(法定)·법주(法住)·실제(實際)·허공계(虛空界)·부사의계(不思議界)에 나아가게 되므로 능히 반야바라밀다를 수행하는 것입니까?"

"아니니라. 선현이여."

"세존이시여. 법계·법성·불허망성·불변이성·평등성·이생성·법정·법주·실제·허공계·부사의계를 벗어나게 되므로 능히 반야바라밀다를 수행하는 것입니까?"

"아니니라. 선현이여."

"세존이시여. 고성제(苦聖諦)에 나아가게 되므로 능히 반야바라밀다를 수행하는 것입니까?"

"아니니라. 선현이여."

"세존이시여. 고성제를 벗어나게 되므로 능히 반야바라밀다를 수행하는 것입니까?"

"아니니라. 선현이여."

"세존이시여. 집(集)·멸(滅)·도성제(道聖諦)에 나아가게 되므로 능히 반야바라밀다를 수행하는 것입니까?"

"아니니라. 선현이여."

"세존이시여. 집·멸·도성제를 벗어나게 되므로 능히 반야바라밀다를 수행하는 것입니까?"

"아니니라. 선현이여."

"세존이시여. 4정려(靜慮)에 나아가게 되므로 능히 반야바라밀다를 수행하는 것입니까?"

"아니니라. 선현이여."

"세존이시여. 4정려를 벗어나게 되므로 능히 반야바라밀다를 수행하는 것입니까?"

"아니니라. 선현이여."

"세존이시여. 4무량(四無量)·4무색정(四無色定)에 나아가게 되므로 능히 반야바라밀다를 수행하는 것입니까?"

"아니니라. 선현이여."

"세존이시여. 4무량·4무색정을 벗어나게 되므로 능히 반야바라밀다를 수행하는 것입니까?"

"아니니라. 선현이여."

"세존이시여. 8해탈(八解脫)에 나아가게 되므로 능히 반야바라밀다를 수행하는 것입니까?"

"아니니라. 선현이여."

"세존이시여. 8해탈을 벗어나게 되므로 능히 반야바라밀다를 수행하는 것입니까?"

"아니니라. 선현이여."

"세존이시여. 8승처(八勝處)·9차제정(九次第定)·10변처(十遍處)에 나아가게 되므로 능히 반야바라밀다를 수행하는 것입니까?"

"아니니라. 선현이여."

"세존이시여. 8승처·9차제정·10변처를 벗어나게 되므로 능히 반야바라밀다를 수행하는 것입니까?"

"아니니라. 선현이여."

"세존이시여. 4념주(四念住)에 나아가게 되므로 능히 반야바라밀다를 수행하는 것입니까?"

"아니니라. 선현이여."

“세존이시여. 4념주를 벗어나게 되므로 능히 반야바라밀다를 수행하는 것입니까?”

“아니니라. 선현이여.”

“세존이시여. 4정단(四正斷)·4신족(四神足)·5근(五根)·5력(五力)·7등각지(七等覺支)·8성도지(八聖道支)에 나아가게 되므로 능히 반야바라밀다를 수행하는 것입니까?”

“아니니라. 선현이여.”

“세존이시여. 4정단·4신족·5근·5력·7등각지·8성도지를 벗어나게 되므로 능히 반야바라밀다를 수행하는 것입니까?”

“아니니라. 선현이여.”

“세존이시여. 공해탈문(空解脫門)에 나아가게 되므로 능히 반야바라밀다를 수행하는 것입니까?”

“아니니라. 선현이여.”

“세존이시여. 공해탈문을 벗어나게 되므로 능히 반야바라밀다를 수행하는 것입니까?”

“아니니라. 선현이여.”

“세존이시여. 무상(無相)·무원해탈문(無願解脫門)에 나아가게 되므로 능히 반야바라밀다를 수행하는 것입니까?”

“아니니라. 선현이여.”

“세존이시여. 무상·무원해탈문을 벗어나게 되므로 능히 반야바라밀다를 수행하는 것입니까?”

“아니니라. 선현이여.”

“세존이시여. 극희지(極喜地)에 나아가게 되므로 능히 반야바라밀다를 수행하는 것입니까?”

“아니니라. 선현이여.”

“세존이시여. 극희지를 벗어나게 되므로 능히 반야바라밀다를 수행하는 것입니까?”

“아니니라. 선현이여.”

"세존이시여. 이구지(離垢地)·발광지(發光地)·염혜지(焰慧地)·극난승지(極難勝地)·현전지(現前地)·원행지(遠行地)·부동지(不動地)·선혜지(善慧地)·법운지(法雲地)에 나아가게 되므로 능히 반야바라밀다를 수행하는 것입니까?"

"아니니라. 선현이여."

"세존이시여. 이구지·발광지·염혜지·극난승지·현전지·원행지·부동지·선혜지·법운지를 벗어나게 되므로 능히 반야바라밀다를 수행하는 것입니까?"

"아니니라. 선현이여."

"세존이시여. 5안(五眼)에 나아가게 되므로 능히 반야바라밀다를 수행하는 것입니까?"

"아니니라. 선현이여."

"세존이시여. 5안을 벗어나게 되므로 능히 반야바라밀다를 수행하는 것입니까?"

"아니니라. 선현이여."

"세존이시여. 6신통(六神通)에 나아가게 되므로 능히 반야바라밀다를 수행하는 것입니까?"

"아니니라. 선현이여."

"세존이시여. 6신통을 벗어나게 되므로 능히 반야바라밀다를 수행하는 것입니까?"

"아니니라. 선현이여."

"세존이시여. 여래(佛)의 10력(十力)에 나아가게 되므로 능히 반야바라밀다를 수행하는 것입니까?"

"아니니라. 선현이여."

"세존이시여. 여래의 10력을 벗어나게 되므로 능히 반야바라밀다를 수행하는 것입니까?"

"아니니라. 선현이여."

"세존이시여. 4무소외(四無所畏)·4무애해(四無礙解)·대자(大慈)·대비

(大悲)·대희(大喜)·대사(大捨)·18불불공법(十八佛不共法)에 나아가게 되므로 능히 반야바라밀다를 수행하는 것입니까?"

"아니니라. 선현이여."

"세존이시여. 4무소외·4무애해·대자·대비·대희·대사·18불불공법을 벗어나게 되므로 능히 반야바라밀다를 수행하는 것입니까?"

"아니니라. 선현이여."

"세존이시여. 무망실법(無忘失法)에 나아가게 되므로 능히 반야바라밀다를 수행하는 것입니까?"

"아니니라. 선현이여."

"세존이시여. 무망실법을 벗어나게 되므로 능히 반야바라밀다를 수행하는 것입니까?"

"아니니라. 선현이여."

"세존이시여. 항주사성(恒住捨性)에 나아가게 되므로 능히 반야바라밀다를 수행하는 것입니까?"

"아니니라. 선현이여."

"세존이시여. 항주사성을 벗어나게 되므로 능히 반야바라밀다를 수행하는 것입니까?"

"아니니라. 선현이여."

"세존이시여. 일체지(一切智)에 나아가게 되므로 능히 반야바라밀다를 수행하는 것입니까?"

"아니니라. 선현이여."

"세존이시여. 일체지를 벗어나게 되므로 능히 반야바라밀다를 수행하는 것입니까?"

"아니니라. 선현이여."

"세존이시여. 도상지(道相智)·일체상지(一切相智)에 나아가게 되므로 능히 반야바라밀다를 수행하는 것입니까?"

"아니니라. 선현이여."

"세존이시여. 도상지·일체상지를 벗어나게 되므로 능히 반야바라밀다를 수행하는 것입니까?"

"아니니라. 선현이여."

"세존이시여. 일체의 다라니문(陀羅尼門)에 나아가게 되므로 능히 반야바라밀다를 수행하는 것입니까?"

"아니니라. 선현이여."

"세존이시여. 일체의 다라니문을 벗어나게 되므로 능히 반야바라밀다를 수행하는 것입니까?"

"아니니라. 선현이여."

"세존이시여. 일체의 삼마지문(三摩地門)에 나아가게 되므로 능히 반야바라밀다를 수행하는 것입니까?"

"아니니라. 선현이여."

"세존이시여. 일체의 삼마지문을 벗어나게 되므로 능히 반야바라밀다를 수행하는 것입니까?"

"아니니라. 선현이여."

"세존이시여. 예류과(預流果)에 나아가게 되므로 능히 반야바라밀다를 수행하는 것입니까?"

"아니니라. 선현이여."

"세존이시여. 예류과를 벗어나게 되므로 능히 반야바라밀다를 수행하는 것입니까?"

"아니니라. 선현이여."

"세존이시여. 일래(一來)·불환(不還)·아라한과(阿羅漢果)에 나아가게 되므로 능히 반야바라밀다를 수행하는 것입니까?"

"아니니라. 선현이여."

"세존이시여. 일래·불환·아라한과를 벗어나게 되므로 능히 반야바라밀다를 수행하는 것입니까?"

"아니니라. 선현이여."

"세존이시여. 독각(獨覺)의 보리(菩提)에 나아가게 되므로 능히 반야바라밀다를 수행하는 것입니까?"

"아니니라. 선현이여."

"세존이시여. 독각의 보리를 벗어나게 되므로 능히 반야바라밀다를 수행하는 것입니까?"

"아니니라. 선현이여."

"세존이시여. 일체의 보살마하살(菩薩摩訶薩)의 행(行)에 나아가게 되므로 능히 반야바라밀다를 수행하는 것입니까?"

"아니니라. 선현이여."

"세존이시여. 일체의 보살마하살의 행을 벗어나게 되므로 능히 반야바라밀다를 수행하는 것입니까?"

"아니니라. 선현이여."

"세존이시여. 제불(諸佛)의 무상정등보리(無上正等菩提)에 나아가게 되므로 능히 반야바라밀다를 수행하는 것입니까?"

"아니니라. 선현이여."

"세존이시여. 제불의 무상정등보리를 벗어나게 되므로 능히 반야바라밀다를 수행하는 것입니까?"

"아니니라. 선현이여."

"세존이시여. 색의 공허하고 존재하지 않으며, 자재하지 않은 자성과 견실하지 않은 자성에 나아가게 되므로 능히 반야바라밀다를 수행하는 것입니까?"

"아니니라. 선현이여."

"세존이시여. 색의 공허하고 존재하지 않으며, 자재하지 않은 자성과 견실하지 않은 자성을 벗어나게 되므로 능히 반야바라밀다를 수행하는 것입니까?"

"아니니라. 선현이여."

"세존이시여. 수·상·행·식의 공허하고 존재하지 않으며, 자재하지 않은 자성과 견실하지 않은 자성에 나아가게 되므로 능히 반야바라밀다를 수행하는 것입니까?"

"아니니라. 선현이여."

"세존이시여. 수·상·행·식의 공허하고 존재하지 않으며, 자재하지 않은 자성과 견실하지 않은 자성을 벗어나게 되므로 능히 반야바라밀다를 수행하는 것입니까?"

"아니니라. 선현이여."

"세존이시여. 안처의 공허하고 존재하지 않으며, 자재하지 않은 자성과 견실하지 않은 자성에 나아가게 되므로 능히 반야바라밀다를 수행하는 것입니까?"

"아니니라. 선현이여."

"세존이시여. 안처의 공허하고 존재하지 않으며, 자재하지 않은 자성과 견실하지 않은 자성을 벗어나게 되므로 능히 반야바라밀다를 수행하는 것입니까?"

"아니니라. 선현이여."

"세존이시여. 이·비·설·신·의처의 공허하고 존재하지 않으며, 자재하지 않은 자성과 견실하지 않은 자성에 나아가게 되므로 능히 반야바라밀다를 수행하는 것입니까?"

"아니니라. 선현이여."

"세존이시여. 이·비·설·신·의처의 공허하고 존재하지 않으며, 자재하지 않은 자성과 견실하지 않은 자성을 벗어나게 되므로 능히 반야바라밀다를 수행하는 것입니까?"

"아니니라. 선현이여."

"세존이시여. 색처의 공허하고 존재하지 않으며, 자재하지 않은 자성과 견실하지 않은 자성에 나아가게 되므로 능히 반야바라밀다를 수행하는 것입니까?"

"아니니라. 선현이여."

"세존이시여. 색처의 공허하고 존재하지 않으며, 자재하지 않은 자성과 견실하지 않은 자성을 벗어나게 되므로 능히 반야바라밀다를 수행하는 것입니까?"

"아니니라. 선현이여."

"세존이시여. 성·향·미·촉·법처의 공허하고 존재하지 않으며, 자재하지 않은 자성과 견실하지 않은 자성에 나아가게 되므로 능히 반야바라밀다를 수행하는 것입니까?"

"아니니라. 선현이여."

"세존이시여. 성·향·미·촉·법처의 공허하고 존재하지 않으며, 자재하지 않은 자성과 견실하지 않은 자성을 벗어나게 되므로 능히 반야바라밀다를 수행하는 것입니까?"

"아니니라. 선현이여."

"세존이시여. 안계의 공허하고 존재하지 않으며, 자재하지 않은 자성과 견실하지 않은 자성에 나아가게 되므로 능히 반야바라밀다를 수행하는 것입니까?"

"아니니라. 선현이여."

"세존이시여. 안계의 공허하고 존재하지 않으며, 자재하지 않은 자성과 견실하지 않은 자성을 벗어나게 되므로 능히 반야바라밀다를 수행하는 것입니까?"

"아니니라. 선현이여."

"세존이시여. 이·비·설·신·의계의 공허하고 존재하지 않으며, 자재하지 않은 자성과 견실하지 않은 자성에 나아가게 되므로 능히 반야바라밀다를 수행하는 것입니까?"

"아니니라. 선현이여."

"세존이시여. 이·비·설·신·의계의 공허하고 존재하지 않으며, 자재하지 않은 자성과 견실하지 않은 자성을 벗어나게 되므로 능히 반야바라밀다를 수행하는 것입니까?"

"아니니라. 선현이여."

"세존이시여. 색계의 공허하고 존재하지 않으며, 자재하지 않은 자성과 견실하지 않은 자성에 나아가게 되므로 능히 반야바라밀다를 수행하는 것입니까?"

"아니니라. 선현이여."

"세존이시여. 색계의 공허하고 존재하지 않으며, 자재하지 않은 자성과 견실하지 않은 자성을 벗어나게 되므로 능히 반야바라밀다를 수행하는 것입니까?"

"아니니라. 선현이여."

"세존이시여. 성·향·미·촉·법계의 공허하고 존재하지 않으며, 자재하지 않은 자성과 견실하지 않은 자성에 나아가게 되므로 능히 반야바라밀다를 수행하는 것입니까?"

"아니니라. 선현이여."

"세존이시여. 성·향·미·촉·법계의 공허하고 존재하지 않으며, 자재하지 않은 자성과 견실하지 않은 자성을 벗어나게 되므로 능히 반야바라밀다를 수행하는 것입니까?"

"아니니라. 선현이여."

"세존이시여. 안식계의 공허하고 존재하지 않으며, 자재하지 않은 자성과 견실하지 않은 자성에 나아가게 되므로 능히 반야바라밀다를 수행하는 것입니까?"

"아니니라. 선현이여."

"세존이시여. 안식계의 공허하고 존재하지 않으며, 자재하지 않은 자성과 견실하지 않은 자성을 벗어나게 되므로 능히 반야바라밀다를 수행하는 것입니까?"

"아니니라. 선현이여."

"세존이시여. 이·비·설·신·의식계의 공허하고 존재하지 않으며, 자재하지 않은 자성과 견실하지 않은 자성에 나아가게 되므로 능히 반야바라밀다를 수행하는 것입니까?"

"아니니라. 선현이여."

"세존이시여. 이·비·설·신·의식계의 공허하고 존재하지 않으며, 자재하지 않은 자성과 견실하지 않은 자성을 벗어나게 되므로 능히 반야바라밀다를 수행하는 것입니까?"

"아니니라. 선현이여."

"세존이시여. 안촉의 공허하고 존재하지 않으며, 자재하지 않은 자성과 견실하지 않은 자성에 나아가게 되므로 능히 반야바라밀다를 수행하는 것입니까?"

"아니니라. 선현이여."

"세존이시여. 안촉의 공허하고 존재하지 않으며, 자재하지 않은 자성과 견실하지 않은 자성을 벗어나게 되므로 능히 반야바라밀다를 수행하는 것입니까?"

"아니니라. 선현이여."

"세존이시여. 이·비·설·신·의촉의 공허하고 존재하지 않으며, 자재하지 않은 자성과 견실하지 않은 자성에 나아가게 되므로 능히 반야바라밀다를 수행하는 것입니까?"

"아니니라. 선현이여."

"세존이시여. 이·비·설·신·의촉의 공허하고 존재하지 않으며, 자재하지 않은 자성과 견실하지 않은 자성을 벗어나게 되므로 능히 반야바라밀다를 수행하는 것입니까?"

"아니니라. 선현이여."

"세존이시여. 안촉을 인연으로 생겨난 여러 수의 공허하고 존재하지 않으며, 자재하지 않은 자성과 견실하지 않은 자성에 나아가게 되므로 능히 반야바라밀다를 수행하는 것입니까?"

"아니니라. 선현이여."

"세존이시여. 안촉을 인연으로 생겨난 여러 수의 공허하고 존재하지 않으며, 자재하지 않은 자성과 견실하지 않은 자성을 벗어나게 되므로 능히 반야바라밀다를 수행하는 것입니까?"

"아니니라. 선현이여."

"세존이시여. 이·비·설·신·의촉을 인연으로 생겨난 여러 수의 공허하고 존재하지 않으며, 자재하지 않은 자성과 견실하지 않은 자성에 나아가게 되므로 능히 반야바라밀다를 수행하는 것입니까?"

"아니니라. 선현이여."

"세존이시여. 이·비·설·신·의촉을 인연으로 생겨난 여러 수의 공허하고 존재하지 않으며, 자재하지 않은 자성과 견실하지 않은 자성을 벗어나게 되므로 능히 반야바라밀다를 수행하는 것입니까?"

"아니니라. 선현이여."

"세존이시여. 지계의 공허하고 존재하지 않으며, 자재하지 않은 자성과 견실하지 않은 자성에 나아가게 되므로 능히 반야바라밀다를 수행하는 것입니까?"

"아니니라. 선현이여."

"세존이시여. 지계의 공허하고 존재하지 않으며, 자재하지 않은 자성과 견실하지 않은 자성을 벗어나게 되므로 능히 반야바라밀다를 수행하는 것입니까?"

"아니니라. 선현이여."

"세존이시여. 수·화·풍·공·식계의 공허하고 존재하지 않으며, 자재하지 않은 자성과 견실하지 않은 자성에 나아가게 되므로 능히 반야바라밀다를 수행하는 것입니까?"

"아니니라. 선현이여."

"세존이시여. 수·화·풍·공·식계의 공허하고 존재하지 않으며, 자재하지 않은 자성과 견실하지 않은 자성을 벗어나게 되므로 능히 반야바라밀다를 수행하는 것입니까?"

"아니니라. 선현이여."

"세존이시여. 무명의 공허하고 존재하지 않으며, 자재하지 않은 자성과 견실하지 않은 자성에 나아가게 되므로 능히 반야바라밀다를 수행하는 것입니까?"

"아니니라. 선현이여."

"세존이시여. 무명의 공허하고 존재하지 않으며, 자재하지 않은 자성과 견실하지 않은 자성을 벗어나게 되므로 능히 반야바라밀다를 수행하는 것입니까?"

"아니니라. 선현이여."

"세존이시여. 행·식·명색·육처·촉·수·애·취·유·생·노사의 공허하고 존재하지 않으며, 자재하지 않은 자성과 견실하지 않은 자성에 나아가게 되므로 능히 반야바라밀다를 수행하는 것입니까?"

"아니니라. 선현이여."

"세존이시여. 행·식·명색·육처·촉·수·애·취·유·생·노사의 공허하고 존재하지 않으며, 자재하지 않은 자성과 견실하지 않은 자성을 벗어나게 되므로 능히 반야바라밀다를 수행하는 것입니까?"

"아니니라. 선현이여."

"세존이시여. 보시바라밀다의 공허하고 존재하지 않으며, 자재하지 않은 자성과 견실하지 않은 자성에 나아가게 되므로 능히 반야바라밀다를 수행하는 것입니까?"

"아니니라. 선현이여."

"세존이시여. 보시바라밀다의 공허하고 존재하지 않으며, 자재하지 않은 자성과 견실하지 않은 자성을 벗어나게 되므로 능히 반야바라밀다를 수행하는 것입니까?"

"아니니라. 선현이여."

"세존이시여. 정계·안인·정진·정려·반야바라밀다의 공허하고 존재하지 않으며, 자재하지 않은 자성과 견실하지 않은 자성에 나아가게 되므로 능히 반야바라밀다를 수행하는 것입니까?"

"아니니라. 선현이여."

"세존이시여. 정계·안인·정진·정려·반야바라밀다의 공허하고 존재하지 않으며, 자재하지 않은 자성과 견실하지 않은 자성을 벗어나게 되므로 능히 반야바라밀다를 수행하는 것입니까?"

"아니니라. 선현이여."

"세존이시여. 내공의 공허하고 존재하지 않으며, 자재하지 않은 자성과 견실하지 않은 자성에 나아가게 되므로 능히 반야바라밀다를 수행하는 것입니까?"

"아니니라. 선현이여."

"세존이시여. 내공의 공허하여 존재하지 않고, 자재하지 않은 자성과 견실하지 않은 자성을 벗어나게 되므로 능히 반야바라밀다를 수행하는 것입니까?"

"아니니라. 선현이여."

"세존이시여. 외공·내외공·공공·대공·승의공·유위공·무위공·필경공·무제공·산공·무변이공·본성공·자상공·공상공·일체법공·불가득공·무성공·자성공·무성자성공의 공허하고 존재하지 않으며, 자재하지 않은 자성과 견실하지 않은 자성에 나아가게 되므로 능히 반야바라밀다를 수행하는 것입니까?"

"아니니라. 선현이여."

"세존이시여. 외공·내외공·공공·대공·승의공·유위공·무위공·필경공·무제공·산공·무변이공·본성공·자상공·공상공·일체법공·불가득공·무성공·자성공·무성자성공의 공허하고 존재하지 않으며, 자재하지 않은 자성과 견실하지 않은 자성을 벗어나게 되므로 능히 반야바라밀다를 수행하는 것입니까?"

"아니니라. 선현이여."

"세존이시여. 진여의 공허하고 존재하지 않으며, 자재하지 않은 자성과 견실하지 않은 자성에 나아가게 되므로 능히 반야바라밀다를 수행하는 것입니까?"

"아니니라. 선현이여."

"세존이시여. 진여의 공허하고 존재하지 않으며, 자재하지 않은 자성과 견실하지 않은 자성을 벗어나게 되므로 능히 반야바라밀다를 수행하는 것입니까?"

"아니니라. 선현이여."

"세존이시여. 법계·법성·불허망성·불변이성·평등성·이생성·법정·법주·실제·허공계·부사의계의 공허하고 존재하지 않으며, 자재하지 않은 자성과 견실하지 않은 자성에 나아가게 되므로 능히 반야바라밀다를 수행하는 것입니까?"

"아니니라. 선현이여."

"세존이시여. 법계·법성·불허망성·불변이성·평등성·이생성·법정·법주·실제·허공계·부사의계의 공허하고 존재하지 않으며, 자재하지 않은 자성과 견실하지 않은 자성 벗어나게 되므로 능히 반야바라밀다를 수행하는 것입니까?"

"아니니라. 선현이여."

"세존이시여. 고성제의 공허하고 존재하지 않으며, 자재하지 않은 자성과 견실하지 않은 자성에 나아가게 되므로 능히 반야바라밀다를 수행하는 것입니까?"

"아니니라. 선현이여."

"세존이시여. 고성제의 공허하고 존재하지 않으며, 자재하지 않은 자성과 견실하지 않은 자성을 벗어나게 되므로 능히 반야바라밀다를 수행하는 것입니까?"

"아니니라. 선현이여."

"세존이시여. 집·멸·도성제의 공허하고 존재하지 않으며, 자재하지 않은 자성과 견실하지 않은 자성에 나아가게 되므로 능히 반야바라밀다를 수행하는 것입니까?"

"아니니라. 선현이여."

"세존이시여. 집·멸·도성제의 공허하고 존재하지 않으며, 자재하지 않은 자성과 견실하지 않은 자성을 벗어나게 되므로 능히 반야바라밀다를 수행하는 것입니까?"

"아니니라. 선현이여."

"세존이시여. 4정려의 공허하고 존재하지 않으며, 자재하지 않은 자성과 견실하지 않은 자성에 나아가게 되므로 능히 반야바라밀다를 수행하는 것입니까?"

"아니니라. 선현이여."

"세존이시여. 4정려의 공허하고 존재하지 않으며, 자재하지 않은 자성과 견실하지 않은 자성을 벗어나게 되므로 능히 반야바라밀다를 수행하는 것입니까?"

"아니니라. 선현이여."

"세존이시여. 4무량·4무색정의 공허하고 존재하지 않으며, 자재하지 않은 자성과 견실하지 않은 자성에 나아가게 되므로 능히 반야바라밀다를 수행하는 것입니까?"

"아니니라. 선현이여."

"세존이시여. 4무량·4무색정의 공허하고 존재하지 않으며, 자재하지 않은 자성과 견실하지 않은 자성을 벗어나게 되므로 능히 반야바라밀다를 수행하는 것입니까?"

"아니니라. 선현이여."

"세존이시여. 8해탈의 공허하고 존재하지 않으며, 자재하지 않은 자성과 견실하지 않은 자성에 나아가게 되므로 능히 반야바라밀다를 수행하는 것입니까?"

"아니니라. 선현이여."

"세존이시여. 8해탈의 공허하고 존재하지 않으며, 자재하지 않은 자성과 견실하지 않은 자성을 벗어나게 되므로 능히 반야바라밀다를 수행하는 것입니까?"

"아니니라. 선현이여."

"세존이시여. 8승처·9차제정·10변처의 공허하고 존재하지 않으며, 자재하지 않은 자성과 견실하지 않은 자성에 나아가게 되므로 능히 반야바라밀다를 수행하는 것입니까?"

"아니니라. 선현이여."

"세존이시여. 8승처·9차제정·10변처의 공허하고 존재하지 않으며, 자재하지 않은 자성과 견실하지 않은 자성을 벗어나게 되므로 능히 반야바라밀다를 수행하는 것입니까?"

"아니니라. 선현이여."

"세존이시여. 4념주의 공허하고 존재하지 않으며, 자재하지 않은 자성과 견실하지 않은 자성에 나아가게 되므로 능히 반야바라밀다를 수행하는 것입니까?"

"아니니라. 선현이여."

"세존이시여. 4념주의 공허하고 존재하지 않으며, 자재하지 않은 자성과 견실하지 않은 자성을 벗어나게 되므로 능히 반야바라밀다를 수행하는 것입니까?"

"아니니라. 선현이여."

"세존이시여. 4정단·4신족·5근·5력·7등각지·8성도지의 공허하고 존재하지 않으며, 자재하지 않은 자성과 견실하지 않은 자성에 나아가게 되므로 능히 반야바라밀다를 수행하는 것입니까?"

"아니니라. 선현이여."

"세존이시여. 4정단·4신족·5근·5력·7등각지·8성도지의 공허하고 존재하지 않으며, 자재하지 않은 자성과 견실하지 않은 자성을 벗어나게 되므로 능히 반야바라밀다를 수행하는 것입니까?"

"아니니라. 선현이여."

"세존이시여. 공해탈문의 공허하고 존재하지 않으며, 자재하지 않은 자성과 견실하지 않은 자성에 나아가게 되므로 능히 반야바라밀다를 수행하는 것입니까?"

"아니니라. 선현이여."

"세존이시여. 공해탈문의 공허하고 존재하지 않으며, 자재하지 않은 자성과 견실하지 않은 자성을 벗어나게 되므로 능히 반야바라밀다를 수행하는 것입니까?"

"아니니라. 선현이여."

"세존이시여. 무상·무원해탈문의 공허하고 존재하지 않으며, 자재하지 않은 자성과 견실하지 않은 자성에 나아가게 되므로 능히 반야바라밀다를 수행하는 것입니까?"

"아니니라. 선현이여."

"세존이시여. 무상·무원해탈문의 공허하고 존재하지 않으며, 자재하지 않은 자성과 견실하지 않은 자성을 벗어나게 되므로 능히 반야바라밀다를 수행하는 것입니까?"

"아니니라. 선현이여."

"세존이시여. 극희지의 공허하고 존재하지 않으며, 자재하지 않은 자성과 견실하지 않은 자성에 나아가게 되므로 능히 반야바라밀다를 수행하는 것입니까?"

"아니니라. 선현이여."

"세존이시여. 극희지의 공허하고 존재하지 않으며, 자재하지 않은 자성과 견실하지 않은 자성을 벗어나게 되므로 능히 반야바라밀다를 수행하는 것입니까?"

"아니니라. 선현이여."

"세존이시여. 이구지·발광지·염혜지·극난승지·현전지·원행지·부동지·선혜지·법운지의 공허하고 존재하지 않으며, 자재하지 않은 자성과 견실하지 않은 자성에 나아가게 되므로 능히 반야바라밀다를 수행하는 것입니까?"

"아니니라. 선현이여."

"세존이시여. 이구지·발광지·염혜지·극난승지·현전지·원행지·부동지·선혜지·법운지의 공허하고 존재하지 않으며, 자재하지 않은 자성과 견실하지 않은 자성을 벗어나게 되므로 능히 반야바라밀다를 수행하는 것입니까?"

"아니니라. 선현이여."

마하반야바라밀다경 제336권

54. 단분별품(斷分別品)(2)

“세존이시여. 5안의 공허하고 존재하지 않으며, 자재하지 않은 자성과 견실하지 않은 자성에 나아가게 되므로 능히 반야바라밀다를 수행하는 것입니까?”

“아니니라. 선현이여.”

“세존이시여. 5안의 공허하고 존재하지 않으며, 자재하지 않은 자성과 견실하지 않은 자성을 벗어나게 되므로 능히 반야바라밀다를 수행하는 것입니까?”

“아니니라. 선현이여.”

“세존이시여. 6신통의 공허하고 존재하지 않으며, 자재하지 않은 자성과 견실하지 않은 자성에 나아가게 되므로 능히 반야바라밀다를 수행하는 것입니까?”

“아니니라. 선현이여.”

“세존이시여. 6신통의 공허하고 존재하지 않으며, 자재하지 않은 자성과 견실하지 않은 자성을 벗어나게 되므로 능히 반야바라밀다를 수행하는 것입니까?”

“아니니라. 선현이여.”

“세존이시여. 여래의 10력의 공허하고 존재하지 않으며, 자재하지 않은 자성과 견실하지 않은 자성에 나아가게 되므로 능히 반야바라밀다를 수행하는 것입니까?”

"아니니라. 선현이여."

"세존이시여. 여래의 10력의 공허하고 존재하지 않으며, 자재하지 않은 자성과 견실하지 않은 자성을 벗어나게 되므로 능히 반야바라밀다를 수행하는 것입니까?"

"아니니라. 선현이여."

"세존이시여. 4무소외·4무애해·대자·대비·대희·대사·18불불공법의 공허하고 존재하지 않으며, 자재하지 않은 자성과 견실하지 않은 자성에 나아가게 되므로 능히 반야바라밀다를 수행하는 것입니까?"

"아니니라. 선현이여."

"세존이시여. 4무소외·4무애해·대자·대비·대희·대사·18불불공법의 공허하고 존재하지 않으며, 자재하지 않은 자성과 견실하지 않은 자성을 벗어나게 되므로 능히 반야바라밀다를 수행하는 것입니까?"

"아니니라. 선현이여."

"세존이시여. 무망실법의 공허하고 존재하지 않으며, 자재하지 않은 자성과 견실하지 않은 자성에 나아가게 되므로 능히 반야바라밀다를 수행하는 것입니까?"

"아니니라. 선현이여."

"세존이시여. 무망실법의 공허하고 존재하지 않으며, 자재하지 않은 자성과 견실하지 않은 자성을 벗어나게 되므로 능히 반야바라밀다를 수행하는 것입니까?"

"아니니라. 선현이여."

"세존이시여. 항주사성의 공허하고 존재하지 않으며, 자재하지 않은 자성과 견실하지 않은 자성에 나아가게 되므로 능히 반야바라밀다를 수행하는 것입니까?"

"아니니라. 선현이여."

"세존이시여. 항주사성의 공허하고 존재하지 않으며, 자재하지 않은 자성과 견실하지 않은 자성을 벗어나게 되므로 능히 반야바라밀다를 수행하는 것입니까?"

"아니니라. 선현이여."

"세존이시여. 일체지의 공허하고 존재하지 않으며, 자재하지 않은 자성과 견실하지 않은 자성에 나아가게 되므로 능히 반야바라밀다를 수행하는 것입니까?"

"아니니라. 선현이여."

"세존이시여. 일체지의 공허하고 존재하지 않으며, 자재하지 않은 자성과 견실하지 않은 자성을 벗어나게 되므로 능히 반야바라밀다를 수행하는 것입니까?"

"아니니라. 선현이여."

"세존이시여. 도상지·일체상지의 공허하고 존재하지 않으며, 자재하지 않은 자성과 견실하지 않은 자성에 나아가게 되므로 능히 반야바라밀다를 수행하는 것입니까?"

"아니니라. 선현이여."

"세존이시여. 도상지·일체상지의 공허하고 존재하지 않으며, 자재하지 않은 자성과 견실하지 않은 자성을 벗어나게 되므로 능히 반야바라밀다를 수행하는 것입니까?"

"아니니라. 선현이여."

"세존이시여. 일체의 다라니문의 공허하고 존재하지 않으며, 자재하지 않은 자성과 견실하지 않은 자성에 나아가게 되므로 능히 반야바라밀다를 수행하는 것입니까?"

"아니니라. 선현이여."

"세존이시여. 일체의 다라니문의 공허하고 존재하지 않으며, 자재하지 않은 자성과 견실하지 않은 자성을 벗어나게 되므로 능히 반야바라밀다를 수행하는 것입니까?"

"아니니라. 선현이여."

"세존이시여. 일체의 삼마지문의 공허하고 존재하지 않으며, 자재하지 않은 자성과 견실하지 않은 자성에 나아가게 되므로 능히 반야바라밀다를 수행하는 것입니까?"

"아니니라. 선현이여."

"세존이시여. 일체의 삼마지문의 공허하고 존재하지 않으며, 자재하지 않은 자성과 견실하지 않은 자성을 벗어나게 되므로 능히 반야바라밀다를 수행하는 것입니까?"

"아니니라. 선현이여."

"세존이시여. 예류과의 공허하고 존재하지 않으며, 자재하지 않은 자성과 견실하지 않은 자성에 나아가게 되므로 능히 반야바라밀다를 수행하는 것입니까?"

"아니니라. 선현이여."

"세존이시여. 예류과의 공허하고 존재하지 않으며, 자재하지 않은 자성과 견실하지 않은 자성을 벗어나게 되므로 능히 반야바라밀다를 수행하는 것입니까?"

"아니니라. 선현이여."

"세존이시여. 일래·불환·아라한과의 공허하고 존재하지 않으며, 자재하지 않은 자성과 견실하지 않은 자성에 나아가게 되므로 능히 반야바라밀다를 수행하는 것입니까?"

"아니니라. 선현이여."

"세존이시여. 일래·불환·아라한과의 공허하고 존재하지 않으며, 자재하지 않은 자성과 견실하지 않은 자성을 벗어나게 되므로 능히 반야바라밀다를 수행하는 것입니까?"

"아니니라. 선현이여."

"세존이시여. 독각의 보리의 공허하고 존재하지 않으며, 자재하지 않은 자성과 견실하지 않은 자성에 나아가게 되므로 능히 반야바라밀다를 수행하는 것입니까?"

"아니니라. 선현이여."

"세존이시여. 독각의 보리의 공허하고 존재하지 않으며, 자재하지 않은 자성과 견실하지 않은 자성을 벗어나게 되므로 능히 반야바라밀다를 수행하는 것입니까?"

"아니니라. 선현이여."

"세존이시여. 일체의 보살마하살의 행의 공허하고 존재하지 않으며, 자재하지 않은 자성과 견실하지 않은 자성에 나아가게 되므로 능히 반야바라밀다를 수행하는 것입니까?"

"아니니라. 선현이여."

"세존이시여. 일체의 보살마하살의 행의 공허하고 존재하지 않으며, 자재하지 않은 자성과 견실하지 않은 자성을 벗어나게 되므로 능히 반야바라밀다를 수행하는 것입니까?"

"아니니라. 선현이여."

"세존이시여. 제불의 무상정등보리의 공허하고 존재하지 않으며, 자재하지 않은 자성과 견실하지 않은 자성에 나아가게 되므로 능히 반야바라밀다를 수행하는 것입니까?"

"아니니라. 선현이여."

"세존이시여. 제불의 무상정등보리의 공허하고 존재하지 않으며, 자재하지 않은 자성과 견실하지 않은 자성을 벗어나게 되므로 능히 반야바라밀다를 수행하는 것입니까?"

"아니니라. 선현이여."

"세존이시여. 색의 진여(眞如)·법계(法界)·법성(法性)·불허망성(不虛妄性)·불변이성(不變異性)·평등성(平等性)·이생성(離生性)·법정(法定)·법주(法住)·실제(實際)·허공계(虛空界)·부사의계(不思議界)에 나아가게 되므로 능히 반야바라밀다를 수행하는 것입니까?"

"아니니라. 선현이여."

"세존이시여. 색의 진여·법계·법성·불허망성·불변이성·평등성·이생성·법정·법주·실제·허공계·부사의계를 벗어나게 되므로 능히 반야바라밀다를 수행하는 것입니까?"

"아니니라. 선현이여."

"세존이시여. 수·상·행·식의 진여·법계·법성·불허망성·불변이성·평등성·이생성·법정·법주·실제·허공계·부사의계에 나아가게 되므로 능히 반야바라밀다를 수행하는 것입니까?"

"아니니라. 선현이여."

"세존이시여. 수·상·행·식의 진여·법계·법성·불허망성·불변이성·평등성·이생성·법정·법주·실제·허공계·부사의계를 벗어나게 되므로 능히 반야바라밀다를 수행하는 것입니까?"

"아니니라. 선현이여."

"세존이시여. 안처의 진여·법계·법성·불허망성·불변이성·평등성·이생성·법정·법주·실제·허공계·부사의계에 나아가게 되므로 능히 반야바라밀다를 수행하는 것입니까?"

"아니니라. 선현이여."

"세존이시여. 안처의 진여·법계·법성·불허망성·불변이성·평등성·이생성·법정·법주·실제·허공계·부사의계를 벗어나게 되므로 능히 반야바라밀다를 수행하는 것입니까?"

"아니니라. 선현이여."

"세존이시여. 이·비·설·신·의처의 진여·법계·법성·불허망성·불변이성·평등성·이생성·법정·법주·실제·허공계·부사의계에 나아가게 되므로 능히 반야바라밀다를 수행하는 것입니까?"

"아니니라. 선현이여."

"세존이시여. 이·비·설·신·의처의 진여·법계·법성·불허망성·불변이성·평등성·이생성·법정·법주·실제·허공계·부사의계를 벗어나게 되므로 능히 반야바라밀다를 수행하는 것입니까?"

"아니니라. 선현이여."

"세존이시여. 색처의 진여·법계·법성·불허망성·불변이성·평등성·이생성·법정·법주·실제·허공계·부사의계에 나아가게 되므로 능히 반야바라밀다를 수행하는 것입니까?"

"아니니라. 선현이여."

"세존이시여. 색처의 진여·법계·법성·불허망성·불변이성·평등성·이생성·법정·법주·실제·허공계·부사의계를 벗어나게 되므로 능히 반야바라밀다를 수행하는 것입니까?"

"아니니라. 선현이여."

"세존이시여. 성·향·미·촉·법처의 진여·법계·법성·불허망성·불변이성·평등성·이생성·법정·법주·실제·허공계·부사의계에 나아가게 되므로 능히 반야바라밀다를 수행하는 것입니까?"

"아니니라. 선현이여."

"세존이시여. 성·향·미·촉·법처의 진여·법계·법성·불허망성·불변이성·평등성·이생성·법정·법주·실제·허공계·부사의계를 벗어나게 되므로 능히 반야바라밀다를 수행하는 것입니까?"

"아니니라. 선현이여."

"세존이시여. 안계의 진여·법계·법성·불허망성·불변이성·평등성·이생성·법정·법주·실제·허공계·부사의계에 나아가게 되므로 능히 반야바라밀다를 수행하는 것입니까?"

"아니니라. 선현이여."

"세존이시여. 안계의 진여·법계·법성·불허망성·불변이성·평등성·이생성·법정·법주·실제·허공계·부사의계를 벗어나게 되므로 능히 반야바라밀다를 수행하는 것입니까?"

"아니니라. 선현이여."

"세존이시여. 이·비·설·신·의계의 진여·법계·법성·불허망성·불변이성·평등성·이생성·법정·법주·실제·허공계·부사의계에 나아가게 되므로 능히 반야바라밀다를 수행하는 것입니까?"

"아니니라. 선현이여."

"세존이시여. 이·비·설·신·의계의 진여·법계·법성·불허망성·불변이성·평등성·이생성·법정·법주·실제·허공계·부사의계를 벗어나게 되므로 능히 반야바라밀다를 수행하는 것입니까?"

"아니니라. 선현이여."

"세존이시여. 색계의 진여·법계·법성·불허망성·불변이성·평등성·이생성·법정·법주·실제·허공계·부사의계에 나아가게 되므로 능히 반야바라밀다를 수행하는 것입니까?"

"아니니라. 선현이여."

"세존이시여. 색계의 진여·법계·법성·불허망성·불변이성·평등성·이생성·법정·법주·실제·허공계·부사의계를 벗어나게 되므로 능히 반야바라밀다를 수행하는 것입니까?"

"아니니라. 선현이여."

"세존이시여. 성·향·미·촉·법계의 진여·법계·법성·불허망성·불변이성·평등성·이생성·법정·법주·실제·허공계·부사의계에 나아가게 되므로 능히 반야바라밀다를 수행하는 것입니까?"

"아니니라. 선현이여."

"세존이시여. 성·향·미·촉·법계의 진여·법계·법성·불허망성·불변이성·평등성·이생성·법정·법주·실제·허공계·부사의계를 벗어나게 되므로 능히 반야바라밀다를 수행하는 것입니까?"

"아니니라. 선현이여."

"세존이시여. 안식계의 진여·법계·법성·불허망성·불변이성·평등성·이생성·법정·법주·실제·허공계·부사의계에 나아가게 되므로 능히 반야바라밀다를 수행하는 것입니까?"

"아니니라. 선현이여."

"세존이시여. 안식계의 진여·법계·법성·불허망성·불변이성·평등성·이생성·법정·법주·실제·허공계·부사의계를 벗어나게 되므로 능히 반야바라밀다를 수행하는 것입니까?"

"아니니라. 선현이여."

"세존이시여. 이·비·설·신·의식계의 진여·법계·법성·불허망성·불변이성·평등성·이생성·법정·법주·실제·허공계·부사의계에 나아가게 되므로 능히 반야바라밀다를 수행하는 것입니까?"

"아니니라. 선현이여."

"세존이시여. 이·비·설·신·의식계의 진여·법계·법성·불허망성·불변이성·평등성·이생성·법정·법주·실제·허공계·부사의계를 벗어나게 되므로 능히 반야바라밀다를 수행하는 것입니까?"

"아니니라. 선현이여."

"세존이시여. 안촉의 진여·법계·법성·불허망성·불변이성·평등성·이생성·법정·법주·실제·허공계·부사의계에 나아가게 되므로 능히 반야바라밀다를 수행하는 것입니까?"

"아니니라. 선현이여."

"세존이시여. 안촉의 진여·법계·법성·불허망성·불변이성·평등성·이생성·법정·법주·실제·허공계·부사의계를 벗어나게 되므로 능히 반야바라밀다를 수행하는 것입니까?"

"아니니라. 선현이여."

"세존이시여. 이·비·설·신·의촉의 진여·법계·법성·불허망성·불변이성·평등성·이생성·법정·법주·실제·허공계·부사의계에 나아가게 되므로 능히 반야바라밀다를 수행하는 것입니까?"

"아니니라. 선현이여."

"세존이시여. 이·비·설·신·의촉의 진여·법계·법성·불허망성·불변이성·평등성·이생성·법정·법주·실제·허공계·부사의계를 벗어나게 되므로 능히 반야바라밀다를 수행하는 것입니까?"

"아니니라. 선현이여."

"세존이시여. 안촉을 인연으로 생겨난 여러 수의 진여·법계·법성·불허망성·불변이성·평등성·이생성·법정·법주·실제·허공계·부사의계에 나아가게 되므로 능히 반야바라밀다를 수행하는 것입니까?"

"아니니라. 선현이여."

"세존이시여. 안촉을 인연으로 생겨난 여러 수의 진여·법계·법성·불허망성·불변이성·평등성·이생성·법정·법주·실제·허공계·부사의계를 벗어나게 되므로 능히 반야바라밀다를 수행하는 것입니까?"

"아니니라. 선현이여."

"세존이시여. 이·비·설·신·의촉을 인연으로 생겨난 여러 수의 진여·법계·법성·불허망성·불변이성·평등성·이생성·법정·법주·실제·허공계·부사의계에 나아가게 되므로 능히 반야바라밀다를 수행하는 것입니까?"

"아니니라. 선현이여."

"세존이시여. 이·비·설·신·의촉을 인연으로 생겨난 여러 수의 진여·법계·법성·불허망성·불변이성·평등성·이생성·법정·법주·실제·허공계·부사의계를 벗어나게 되므로 능히 반야바라밀다를 수행하는 것입니까?"

"아니니라. 선현이여."

"세존이시여. 지계의 진여·법계·법성·불허망성·불변이성·평등성·이생성·법정·법주·실제·허공계·부사의계에 나아가게 되므로 능히 반야바라밀다를 수행하는 것입니까?"

"아니니라. 선현이여."

"세존이시여. 지계의 진여·법계·법성·불허망성·불변이성·평등성·이생성·법정·법주·실제·허공계·부사의계를 벗어나게 되므로 능히 반야바라밀다를 수행하는 것입니까?"

"아니니라. 선현이여."

"세존이시여. 수·화·풍·공·식계의 진여·법계·법성·불허망성·불변이성·평등성·이생성·법정·법주·실제·허공계·부사의계에 나아가게 되므로 능히 반야바라밀다를 수행하는 것입니까?"

"아니니라. 선현이여."

"세존이시여. 수·화·풍·공·식계의 진여·법계·법성·불허망성·불변이성·평등성·이생성·법정·법주·실제·허공계·부사의계를 벗어나게 되므로 능히 반야바라밀다를 수행하는 것입니까?"

"아니니라. 선현이여."

"세존이시여. 무명의 진여·법계·법성·불허망성·불변이성·평등성·이생성·법정·법주·실제·허공계·부사의계에 나아가게 되므로 능히 반야바라밀다를 수행하는 것입니까?"

"아니니라. 선현이여."

"세존이시여. 무명의 진여·법계·법성·불허망성·불변이성·평등성·이생성·법정·법주·실제·허공계·부사의계를 벗어나게 되므로 능히 반야바라밀다를 수행하는 것입니까?"

"아니니라. 선현이여."

"세존이시여. 행·식·명색·육처·촉·수·애·취·유·생·노사의 진여·법계·법성·불허망성·불변이성·평등성·이생성·법정·법주·실제·허공계·부사의계에 나아가게 되므로 능히 반야바라밀다를 수행하는 것입니까?"

"아니니라. 선현이여."

"세존이시여. 행·식·명색·육처·촉·수·애·취·유·생·노사의 진여·법계·법성·불허망성·불변이성·평등성·이생성·법정·법주·실제·허공계·부사의계를 벗어나게 되므로 능히 반야바라밀다를 수행하는 것입니까?"

"아니니라. 선현이여."

"세존이시여. 보시바라밀다의 진여·법계·법성·불허망성·불변이성·평등성·이생성·법정·법주·실제·허공계·부사의계에 나아가게 되므로 능히 반야바라밀다를 수행하는 것입니까?"

"아니니라. 선현이여."

"세존이시여. 보시바라밀다의 진여·법계·법성·불허망성·불변이성·평등성·이생성·법정·법주·실제·허공계·부사의계를 벗어나게 되므로 능히 반야바라밀다를 수행하는 것입니까?"

"아니니라. 선현이여."

"세존이시여. 정계·안인·정진·정려·반야바라밀다의 진여·법계·법성·불허망성·불변이성·평등성·이생성·법정·법주·실제·허공계·부사의계에 나아가게 되므로 능히 반야바라밀다를 수행하는 것입니까?"

"아니니라. 선현이여."

"세존이시여. 정계·안인·정진·정려·반야바라밀다의 진여·법계·법성·불허망성·불변이성·평등성·이생성·법정·법주·실제·허공계·부사의계를 벗어나게 되므로 능히 반야바라밀다를 수행하는 것입니까?"

"아니니라. 선현이여."

"세존이시여. 내공의 진여·법계·법성·불허망성·불변이성·평등성·이생성·법정·법주·실제·허공계·부사의계에 나아가게 되므로 능히 반야바라밀다를 수행하는 것입니까?"

"아니니라. 선현이여."

"세존이시여. 내공의 진여·법계·법성·불허망성·불변이성·평등성·이생성·법정·법주·실제·허공계·부사의계를 벗어나게 되므로 능히 반야바라밀다를 수행하는 것입니까?"

"아니니라. 선현이여."

"세존이시여. 외공·내외공·공공·대공·승의공·유위공·무위공·필경공·무제공·산공·무변이공·본성공·자상공·공상공·일체법공·불가득공·무성공·자성공·무성자성공의 진여·법계·법성·불허망성·불변이성·평등성·이생성·법정·법주·실제·허공계·부사의계에 나아가게 되므로 능히 반야바라밀다를 수행하는 것입니까?"

"아니니라. 선현이여."

"세존이시여. 외공·내외공·공공·대공·승의공·유위공·무위공·필경공·무제공·산공·무변이공·본성공·자상공·공상공·일체법공·불가득공·무성공·자성공·무성자성공의 진여·법계·법성·불허망성·불변이성·평등성·이생성·법정·법주·실제·허공계·부사의계를 벗어나게 되므로 능히 반야바라밀다를 수행하는 것입니까?"

"아니니라. 선현이여."

"세존이시여. 고성제의 진여·법계·법성·불허망성·불변이성·평등성·이생성·법정·법주·실제·허공계·부사의계에 나아가게 되므로 능히 반야바라밀다를 수행하는 것입니까?"

"아니니라. 선현이여."

"세존이시여. 고성제의 진여·법계·법성·불허망성·불변이성·평등성·이생성·법정·법주·실제·허공계·부사의계를 벗어나게 되므로 능히 반야바라밀다를 수행하는 것입니까?"

"아니니라. 선현이여."

"세존이시여. 집·멸·도성제의 진여·법계·법성·불허망성·불변이성·

평등성·이생성·법정·법주·실제·허공계·부사의계에 나아가게 되므로 능히 반야바라밀다를 수행하는 것입니까?"

"아니니라. 선현이여."

"세존이시여. 집·멸·도성제의 진여·법계·법성·불허망성·불변이성·평등성·이생성·법정·법주·실제·허공계·부사의계를 벗어나게 되므로 능히 반야바라밀다를 수행하는 것입니까?"

"아니니라. 선현이여."

"세존이시여. 4정려의 진여·법계·법성·불허망성·불변이성·평등성·이생성·법정·법주·실제·허공계·부사의계에 나아가게 되므로 능히 반야바라밀다를 수행하는 것입니까?"

"아니니라. 선현이여."

"세존이시여. 4정려의 진여·법계·법성·불허망성·불변이성·평등성·이생성·법정·법주·실제·허공계·부사의계를 벗어나게 되므로 능히 반야바라밀다를 수행하는 것입니까?"

"아니니라. 선현이여."

"세존이시여. 4무량·4무색정의 진여·법계·법성·불허망성·불변이성·평등성·이생성·법정·법주·실제·허공계·부사의계에 나아가게 되므로 능히 반야바라밀다를 수행하는 것입니까?"

"아니니라. 선현이여."

"세존이시여. 4무량·4무색정의 진여·법계·법성·불허망성·불변이성·평등성·이생성·법정·법주·실제·허공계·부사의계를 벗어나게 되므로 능히 반야바라밀다를 수행하는 것입니까?"

"아니니라. 선현이여."

"세존이시여. 8해탈의 진여·법계·법성·불허망성·불변이성·평등성·이생성·법정·법주·실제·허공계·부사의계에 나아가게 되므로 능히 반야바라밀다를 수행하는 것입니까?"

"아니니라. 선현이여."

"세존이시여. 8해탈의 진여·법계·법성·불허망성·불변이성·평등성·

이생성·법정·법주·실제·허공계·부사의계를 벗어나게 되므로 능히 반야바라밀다를 수행하는 것입니까?"

"아니니라. 선현이여."

"세존이시여. 8승처·9차제정·10변처의 진여·법계·법성·불허망성·불변이성·평등성·이생성·법정·법주·실제·허공계·부사의계에 나아가게 되므로 능히 반야바라밀다를 수행하는 것입니까?"

"아니니라. 선현이여."

"세존이시여. 8승처·9차제정·10변처의 진여·법계·법성·불허망성·불변이성·평등성·이생성·법정·법주·실제·허공계·부사의계를 벗어나게 되므로 능히 반야바라밀다를 수행하는 것입니까?"

"아니니라. 선현이여."

"세존이시여. 4념주의 진여·법계·법성·불허망성·불변이성·평등성·이생성·법정·법주·실제·허공계·부사의계에 나아가게 되므로 능히 반야바라밀다를 수행하는 것입니까?"

"아니니라. 선현이여."

"세존이시여. 4념주의 진여·법계·법성·불허망성·불변이성·평등성·이생성·법정·법주·실제·허공계·부사의계를 벗어나게 되므로 능히 반야바라밀다를 수행하는 것입니까?"

"아니니라. 선현이여."

"세존이시여. 4정단·4신족·5근·5력·7등각지·8성도지의 진여·법계·법성·불허망성·불변이성·평등성·이생성·법정·법주·실제·허공계·부사의계에 나아가게 되므로 능히 반야바라밀다를 수행하는 것입니까?"

"아니니라. 선현이여."

"세존이시여. 4정단·4신족·5근·5력·7등각지·8성도지의 진여·법계·법성·불허망성·불변이성·평등성·이생성·법정·법주·실제·허공계·부사의계를 벗어나게 되므로 능히 반야바라밀다를 수행하는 것입니까?"

"아니니라. 선현이여."

"세존이시여. 공해탈문의 진여·법계·법성·불허망성·불변이성·평등성·이생성·법정·법주·실제·허공계·부사의계에 나아가게 되므로 능히 반야바라밀다를 수행하는 것입니까?"

"아니니라. 선현이여."

"세존이시여. 공해탈문의 진여·법계·법성·불허망성·불변이성·평등성·이생성·법정·법주·실제·허공계·부사의계를 벗어나게 되므로 능히 반야바라밀다를 수행하는 것입니까?"

"아니니라. 선현이여."

"세존이시여. 무상·무원해탈문의 진여·법계·법성·불허망성·불변이성·평등성·이생성·법정·법주·실제·허공계·부사의계에 나아가게 되므로 능히 반야바라밀다를 수행하는 것입니까?"

"아니니라. 선현이여."

"세존이시여. 무상·무원해탈문의 진여·법계·법성·불허망성·불변이성·평등성·이생성·법정·법주·실제·허공계·부사의계를 벗어나게 되므로 능히 반야바라밀다를 수행하는 것입니까?"

"아니니라. 선현이여."

"세존이시여. 극희지의 진여·법계·법성·불허망성·불변이성·평등성·이생성·법정·법주·실제·허공계·부사의계에 나아가게 되므로 능히 반야바라밀다를 수행하는 것입니까?"

"아니니라. 선현이여."

"세존이시여. 극희지의 진여·법계·법성·불허망성·불변이성·평등성·이생성·법정·법주·실제·허공계·부사의계를 벗어나게 되므로 능히 반야바라밀다를 수행하는 것입니까?"

"아니니라. 선현이여."

"세존이시여. 이구지·발광지·염혜지·극난승지·현전지·원행지·부동지·선혜지·법운지의 진여·법계·법성·불허망성·불변이성·평등성·이생성·법정·법주·실제·허공계·부사의계에 나아가게 되므로 능히 반야바라밀다를 수행하는 것입니까?"

"아니니라. 선현이여."

“세존이시여. 이구지·발광지·염혜지·극난승지·현전지·원행지·부동지·선혜지·법운지의 진여·법계·법성·불허망성·불변이성·평등성·이생성·법정·법주·실제·허공계·부사의계를 벗어나게 되므로 능히 반야바라밀다를 수행하는 것입니까?”

“아니니라. 선현이여.”

“세존이시여. 5안의 진여·법계·법성·불허망성·불변이성·평등성·이생성·법정·법주·실제·허공계·부사의계에 나아가게 되므로 능히 반야바라밀다를 수행하는 것입니까?”

“아니니라. 선현이여.”

“세존이시여. 5안의 진여·법계·법성·불허망성·불변이성·평등성·이생성·법정·법주·실제·허공계·부사의계를 벗어나게 되므로 능히 반야바라밀다를 수행하는 것입니까?”

“아니니라. 선현이여.”

“세존이시여. 6신통의 진여·법계·법성·불허망성·불변이성·평등성·이생성·법정·법주·실제·허공계·부사의계에 나아가게 되므로 능히 반야바라밀다를 수행하는 것입니까?”

“아니니라. 선현이여.”

“세존이시여. 6신통의 진여·법계·법성·불허망성·불변이성·평등성·이생성·법정·법주·실제·허공계·부사의계를 벗어나게 되므로 능히 반야바라밀다를 수행하는 것입니까?”

“아니니라. 선현이여.”

“세존이시여. 여래의 10력의 진여·법계·법성·불허망성·불변이성·평등성·이생성·법정·법주·실제·허공계·부사의계에 나아가게 되므로 능히 반야바라밀다를 수행하는 것입니까?”

“아니니라. 선현이여.”

“세존이시여. 여래의 10력의 진여·법계·법성·불허망성·불변이성·평등성·이생성·법정·법주·실제·허공계·부사의계를 벗어나게 되므로 능히 반야바라밀다를 수행하는 것입니까?”

"아니니라. 선현이여."

"세존이시여. 4무소외·4무애해·대자·대비·대희·대사·18불불공법의 진여·법계·법성·불허망성·불변이성·평등성·이생성·법정·법주·실제·허공계·부사의계에 나아가게 되므로 능히 반야바라밀다를 수행하는 것입니까?"

"아니니라. 선현이여."

"세존이시여. 4무소외·4무애해·대자·대비·대희·대사·18불불공법의 진여·법계·법성·불허망성·불변이성·평등성·이생성·법정·법주·실제·허공계·부사의계를 벗어나게 되므로 능히 반야바라밀다를 수행하는 것입니까?"

"아니니라. 선현이여."

"세존이시여. 무망실법의 진여·법계·법성·불허망성·불변이성·평등성·이생성·법정·법주·실제·허공계·부사의계에 나아가게 되므로 능히 반야바라밀다를 수행하는 것입니까?"

"아니니라. 선현이여."

"세존이시여. 무망실법의 진여·법계·법성·불허망성·불변이성·평등성·이생성·법정·법주·실제·허공계·부사의계를 벗어나게 되므로 능히 반야바라밀다를 수행하는 것입니까?"

"아니니라. 선현이여."

"세존이시여. 항주사성의 진여·법계·법성·불허망성·불변이성·평등성·이생성·법정·법주·실제·허공계·부사의계에 나아가게 되므로 능히 반야바라밀다를 수행하는 것입니까?"

"아니니라. 선현이여."

"세존이시여. 항주사성의 진여·법계·법성·불허망성·불변이성·평등성·이생성·법정·법주·실제·허공계·부사의계를 벗어나게 되므로 능히 반야바라밀다를 수행하는 것입니까?"

"아니니라. 선현이여."

"세존이시여. 일체지의 진여·법계·법성·불허망성·불변이성·평등성·

이생성·법정·법주·실제·허공계·부사의계에 나아가게 되므로 능히 반야바라밀다를 수행하는 것입니까?"

"아니니라. 선현이여."

"세존이시여. 일체지의 진여·법계·법성·불허망성·불변이성·평등성·이생성·법정·법주·실제·허공계·부사의계를 벗어나게 되므로 능히 반야바라밀다를 수행하는 것입니까?"

"아니니라. 선현이여."

"세존이시여. 도상지·일체상지의 진여·법계·법성·불허망성·불변이성·평등성·이생성·법정·법주·실제·허공계·부사의계에 나아가게 되므로 능히 반야바라밀다를 수행하는 것입니까?"

"아니니라. 선현이여."

"세존이시여. 도상지·일체상지의 진여·법계·법성·불허망성·불변이성·평등성·이생성·법정·법주·실제·허공계·부사의계를 벗어나게 되므로 능히 반야바라밀다를 수행하는 것입니까?"

"아니니라. 선현이여."

"세존이시여. 일체의 다라니문의 진여·법계·법성·불허망성·불변이성·평등성·이생성·법정·법주·실제·허공계·부사의계에 나아가게 되므로 능히 반야바라밀다를 수행하는 것입니까?"

"아니니라. 선현이여."

"세존이시여. 일체의 다라니문의 진여·법계·법성·불허망성·불변이성·평등성·이생성·법정·법주·실제·허공계·부사의계를 벗어나게 되므로 능히 반야바라밀다를 수행하는 것입니까?"

"아니니라. 선현이여."

"세존이시여. 일체의 삼마지문의 진여·법계·법성·불허망성·불변이성·평등성·이생성·법정·법주·실제·허공계·부사의계에 나아가게 되므로 능히 반야바라밀다를 수행하는 것입니까?"

"아니니라. 선현이여."

"세존이시여. 일체의 삼마지문의 진여·법계·법성·불허망성·불변이성

·평등성·이생성·법정·법주·실제·허공계·부사의계를 벗어나게 되므로 능히 반야바라밀다를 수행하는 것입니까?"

"아니니라. 선현이여."

"세존이시여. 예류과의 진여·법계·법성·불허망성·불변이성·평등성·이생성·법정·법주·실제·허공계·부사의계에 나아가게 되므로 능히 반야바라밀다를 수행하는 것입니까?"

"아니니라. 선현이여."

"세존이시여. 예류과의 진여·법계·법성·불허망성·불변이성·평등성·이생성·법정·법주·실제·허공계·부사의계를 벗어나게 되므로 능히 반야바라밀다를 수행하는 것입니까?"

"아니니라. 선현이여."

"세존이시여. 일래·불환·아라한과의 진여·법계·법성·불허망성·불변이성·평등성·이생성·법정·법주·실제·허공계·부사의계에 나아가게 되므로 능히 반야바라밀다를 수행하는 것입니까?"

"아니니라. 선현이여."

"세존이시여. 일래·불환·아라한과의 진여·법계·법성·불허망성·불변이성·평등성·이생성·법정·법주·실제·허공계·부사의계를 벗어나게 되므로 능히 반야바라밀다를 수행하는 것입니까?"

"아니니라. 선현이여."

"세존이시여. 독각의 보리의 진여·법계·법성·불허망성·불변이성·평등성·이생성·법정·법주·실제·허공계·부사의계에 나아가게 되므로 능히 반야바라밀다를 수행하는 것입니까?"

"아니니라. 선현이여."

"세존이시여. 독각의 보리의 진여·법계·법성·불허망성·불변이성·평등성·이생성·법정·법주·실제·허공계·부사의계를 벗어나게 되므로 능히 반야바라밀다를 수행하는 것입니까?"

"아니니라. 선현이여."

"세존이시여. 일체의 보살마하살의 행의 진여·법계·법성·불허망성·불변이성·평등성·이생성·법정·법주·실제·허공계·부사의계에 나아가게 되므로 능히 반야바라밀다를 수행하는 것입니까?"

"아니니라. 선현이여."

"세존이시여. 일체의 보살마하살의 행의 진여·법계·법성·불허망성·불변이성·평등성·이생성·법정·법주·실제·허공계·부사의계를 벗어나게 되므로 능히 반야바라밀다를 수행하는 것입니까?"

"아니니라. 선현이여."

"세존이시여. 제불의 무상정등보리의 진여·법계·법성·불허망성·불변이성·평등성·이생성·법정·법주·실제·허공계·부사의계에 나아가게 되므로 능히 반야바라밀다를 수행하는 것입니까?"

"아니니라. 선현이여."

"세존이시여. 제불의 무상정등보리의 진여·법계·법성·불허망성·불변이성·평등성·이생성·법정·법주·실제·허공계·부사의계를 벗어나게 되므로 능히 반야바라밀다를 수행하는 것입니까?"

"아니니라. 선현이여."

그때 구수 선현이 세존께 아뢰어 말하였다.

"세존이시여. 만약 이와 같이 제법의 모두가 능히 반야바라밀다를 수행할 수 없다면, 어찌 보살마하살이 능히 반야바라밀다를 수행한다고 말할 수 있습니까?"

세존께서 알리셨다.

"선현이여. 그대의 뜻은 어떠한가? 그대는 반야바라밀다를 수행할 수 있는 법이 있다고 보는가?"

"아닙니다. 세존이시여."

세존께서 알리셨다.

"선현이여. 그대의 뜻은 어떠한가? 그대는 반야바라밀다가 이 보살마하살이 수행할 처소라고 보는가?"

"아닙니다. 세존이시여."

세존께서 알리셨다.

"선현이여. 그대의 뜻은 어떠한가? 그대가 보지 못하는 법이라는 것의 이러한 법을 얻을 수 있는가?"

"아닙니다. 세존이시여."

세존께서 알리셨다.

"선현이여. 그대의 뜻은 어떠한가? 얻을 수 없는 법에 생겨나고 소멸함이 있겠는가?"

"아닙니다. 세존이시여."

세존께서 알리셨다.

"선현이여. 그대가 보았던 것과 같이, 제법의 진실한 자성(實性)이 곧 이 보살마하살의 무생법인(無生法忍)이나니, 만약 보살마하살이 이와 같은 무생법인을 성취한다면, 곧 여래·응공·정등각께서는 무상정등보리인 불퇴전의 수기(不退轉記)를 주게 되느니라.

선현이여. 만약 보살마하살이 여래의 10력·4무소외·4무애해·대자·대비·대희·대사·18불불공법 등의 수승한 공덕을 정근하면서 수행하고 항상 게으름과 나태함이 없다면, 무상정등보리·일체지지·대승의 미묘한 지혜를 증득하지 못하는 이러한 처소는 없느니라. 그 까닭은 무엇인가? 선현이여. 이 보살마하살은 반드시 이미 무생법인을 획득하였으므로, 나아가 무상정등보리까지 얻은 법이라는 것에서 퇴실(退失)이 없고 감소(減少)도 없느니라."

구수 선현이 다시 세존께 아뢰어 말하였다.

"세존이시여. 제보살마하살은 일체법의 생겨남이 없는 자성(無生性)으로써 여래의 무상정등보리인 불퇴전의 수기를 얻게 됩니까?"

세존께서 알려 말씀하셨다.

"아니니라. 선현이여."

"세존이시여. 제보살마하살은 일체법의 생겨나는 자성(生性)으로써 여래의 무상정등보리인 불퇴전의 수기를 얻게 됩니까?"

"아니니라. 선현이여."

“세존이시여. 제보살마하살은 일체법의 생겨나거나 생겨남이 없는 자성으로써 여래의 무상정등보리인 불퇴전의 수기를 얻게 됩니까?”

“아니니라. 선현이여.”

“세존이시여. 제보살마하살은 일체법의 생겨남이 있는 것도 아니고 생겨남이 없는 것도 아닌 자성으로써 여래의 무상정등보리인 불퇴전의 수기를 얻게 됩니까?”

“아니니라. 선현이여.”

이때 구수 선현이 세존께 아뢰어 말하였다.

“세존이시여. 어찌하여 보살마하살은 여래(佛)의 무상정등보리에서 불퇴전의 수기를 얻습니까?”

세존께서 알리셨다.

“선현이여. 그대의 뜻은 어떠한가? 그대는 여래의 무상정등보리에서 불퇴전의 수기를 얻을 수 있는 법을 보았는가?”

“아닙니다. 세존이시여. 저는 여래의 무상정등보리에서 불퇴전의 수기를 얻을 수 있는 법이 있다고 보지 못하였고, 역시 여래의 무상정등보리를 능히 증득하는 자가 있다는 법도 보지 못하였으며, 증득하는 처소, 증득하는 때, 더불어 오히려 이것을 증득한다는 것도 모두 얻을 수 없습니다.”

“선현이여. 그와 같으니라. 그와 같으니라. 그대가 말한 것과 같으니라. 선현이여. 만약 보살마하살이 일체법에서 얻을 수 없는 때에 ‘나는 무상정등보리에서 마땅하게 능히 증득하겠다. 나는 이 법을 수용하여 무상정등보리를 증득하겠다. 나는 오히려 이러한 법으로, 이와 같은 때에, 이와 같은 처소에서 무상정등보리를 증득하겠다.’라고 생각하지 않느니라. 그 까닭은 무엇인가? 선현이여. 제보살마하살이 깊은 반야바라밀다를 수행한다면 이와 같은 등의 일체의 분별이 없느니라. 왜 그러한가? 선현이여. 매우 깊은 반야바라밀다는 분별이 없는 까닭이니라.”

마하반야바라밀다경 제337권

55. 교편학품(巧便學品)(1)

그때 천제석(天帝釋)이 세존께 아뢰어 말하였다.

"세존이시여. 이와 같은 반야바라밀다는 최고로 지극히 깊어서 보기 어렵고 깨닫기 어려우며, 심사(尋思)[1]할 수도 없고 심사의 경계를 초월하였으므로, 총명하고 지혜로우며 미묘하고 세밀하게 지혜로운 자가 증득하는 것인데, 일체의 분별을 반드시 결국 벗어난 까닭입니다.

세존이시여. 만약 제유정들이 이 반야바라밀다의 매우 깊은 경전에서 항상 즐겁게 듣고서 수지(受持)하고 독송(讀誦)하며 구경(究竟)의 이치를 통달하고 이치와 같이 사유(思惟)하며 가르침에 의지하여 수행하고 다른 사람을 위하여 바르게 설하며, 나아가 무상정등보리까지 여러 나머지의 심(心)·심소(心所)에 뒤섞이지 않는다면, 이와 같은 제유정들은 반드시 매우 적은 선근(善根)을 성취하지 않는다고 마땅히 알 것입니다."

그때 세존께서 천제석에게 알려 말씀하셨다.

"그와 같으니라. 그와 같으니라. 그대가 말한 것과 같으니라. 교시가(憍尸迦)여. 만약 제유정들이 이 반야바라밀다의 매우 깊은 경전에서 항상 즐겁게 듣고서 수지하고 독송하며 구경의 이치를 통달하고 이치와 같이 사유(思惟)하며 가르침에 의지하여 수행하고 다른 사람을 위하여 바르게 설하며, 나아가 무상정등보리까지 여러 나머지의 심·심소에 뒤섞이지

1) '마음을 가라앉혀 깊이 사유한다.'는 뜻이다.

않는다면, 이와 같은 제유정들은 결정(決定)적으로 광대(廣大)한 선근을 성취한다고 마땅히 알아야 하느니라.

교시가여. 가사 이 섬부주(贍部洲)의 가운데에서 일체의 유정들이 모두 십선업도·4정려·4무량·4무색정·5신통 등의 무량한 공덕을 성취하였는데, 선남자와 선여인 등이 있어서 이 반야바라밀다의 매우 깊은 경전에서 항상 즐겁게 듣고서 수지하고 독송하며 구경의 이치를 통달하고 이치와 같이 사유(思惟)하며 가르침에 의지하여 수행하고 다른 사람을 위하여 바르게 설하였다면, 이 선남자와 선여인 등이 얻는 공덕은 섬부주의 가운데에서 제유정의 부류들이 성취하였던 공덕이라는 것보다 백 배(倍)가 수승하고 천 배가 수승하며 백천 배가 수승하고 구지(俱胝) 배가 수승하며 백 구지 배가 수승하고 천 구지 배가 수승하며 백천 구지 배가 수승하고 나유다(那庾多) 배가 수승하며 백 나유다 배가 수승하고 산(算) 배·수(數) 배·계(計) 배·유(喩) 배, 나아가 오파니살담(鄔波尼殺曇) 배가 수승하느니라."

그때 회중(會中)에 한 비구가 있었는데 천제석에게 알려 말하였다.

"교시가여. 만약 선남자와 선여인 등이 이 반야바라밀다의 매우 깊은 경전에서 마음을 섭수하여 어지럽지 않으므로 항상 즐겁게 듣고서 수지하고 독송하며 지극히 이치를 통달하게 하고 이치와 같이 사유하며 가르침에 의지하여 수행하고 다른 사람을 위하여 바르게 설하며, 나아가 무상정등보리까지 여러 나머지의 심·심소에 뒤섞이지 않는다면, 섬부주의 유정의 부류들이 얻는 공덕은 십선업도·4정려·4무량·4무색정·5신통 등의 무량한 공덕보다 수승합니다."

천제석이 말하였다.

"이 선남자와 선여인 등이 처음으로 일체지지(一切智智)와 상응하는 일념(一念)을 일으켰던 때에 얻었던 공덕은 이미 수승하다고 말하였거니와, 섬부주의 가운데에서 제유의 부류들이 일체를 성취하였던 십선업도·4정려·4무량·4무색정·5신통 등의 무량한 공덕을 모두 성취한 것보다 백천 배가 더 많은데, 하물며 이 매우 깊은 반야바라밀다의 매우 깊은 경전에서 수하여 어지럽지 않으므로 항상 즐겁게 듣고서 수지하고 독송하며 지극히 이치를 통달하게 하고 이치와 같이 사유하며 가르침에 의지하여 수행하고 다른 사람을 위하여 바르게 설하며, 나아가 무상정등보리까지 여러 나머지의 심·심소에 뒤섞이지 않았던 자가 얻었던 공덕을 교량(校量)[2]할 수 있겠습니까?

비구여. 마땅히 아십시오. 이 선남자와 선여인들의 공덕과 지혜는 다만 섬부주의 가운데에서 십선업도 등을 성취한 제유정의 부류들의 공덕보다 수승한 것이 아니고, 역시 일체 세간의 천인·인간·아소락 등의 공덕보다 수승합니다. 왜 그러한가? 이 선남자와 선여인 등은 빠르게 무상정등보리를 증득하여 유정들을 이익되고 안락하게 하면서 변제(邊際)가 없는 까닭입니다.

비구여. 마땅히 아십시오. 이 선남자와 선여인들의 공덕과 지혜는 다만 그 세간의 천인·인간·아소락 등의 공덕보다 수승한 것이 아니고, 역시 일체의 예류(預類)·일래(一來)·불환(不還)·아라한(阿羅漢)·독각(獨覺)의 공덕보다 수승합니다. 왜 그러한가? 이 선남자와 선여인 등은 빠르게 무상정등보리를 증득하여 유정들을 이익되고 안락하게 하면서 변제가 없는 까닭입니다.

비구여. 마땅히 아십시오. 이 선남자와 선여인들의 공덕과 지혜는 다만 그 일체의 예류·일래·불환·아라한·독각 등의 공덕보다 수승한 것이 아니고, 역시 보살마하살이 반야바라밀다의 방편선교를 멀리 벗어나서 보시·정계·안인·정진·정려·반야바라밀다를 수행하는 자의 공덕보다 수승합니다. 왜 그러한가? 이 선남자와 선여인 등은 빠르게 무상정등보리를 증득하여 유정들을 이익되고 안락하게 하면서 변제가 없는 까닭입니다.

비구여. 마땅히 아십시오. 이 선남자와 선여인들의 공덕과 지혜는 역시 보살마하살이 반야바라밀다의 방편선교를 멀리 벗어나서 내공·외공·내외공·공공·대공·승의공·유위공·무위공·필경공·무제공·산공·무

---

2) '비교하여 헤아린다.'는 뜻이다.

변이공·본성공·자상공·공상공·일체법공·불가득공·무성공·자성공·무성자성공에 안주하는 자의 공덕보다 수승합니다. 왜 그러한가? 이 선남자와 선여인 등은 빠르게 무상정등보리를 증득하여 유정들을 이익되고 안락하게 하면서 변제가 없는 까닭입니다.

비구여. 마땅히 아십시오. 이 선남자와 선여인들의 공덕과 지혜는 역시 보살마하살이 반야바라밀다의 방편선교를 멀리 벗어나서 진여·법계·법성·불허망성·불변이성·평등성·이생성·법정·법주·실제·허공계·부사의계에 안주하는 자의 공덕보다 수승합니다. 왜 그러한가? 이 선남자와 선여인 등은 빠르게 무상정등보리를 증득하여 유정들을 이익되고 안락하게 하면서 변제가 없는 까닭입니다.

비구여. 마땅히 아십시오. 이 선남자와 선여인들의 공덕과 지혜는 역시 보살마하살이 반야바라밀다의 방편선교를 멀리 벗어나서 고·집·멸·도성제에 안주하는 자의 공덕보다 수승합니다. 왜 그러한가? 이 선남자와 선여인 등은 빠르게 무상정등보리를 증득하여 유정들을 이익되고 안락하게 하면서 변제가 없는 까닭입니다.

비구여. 마땅히 아십시오. 이 선남자와 선여인들의 공덕과 지혜는 역시 보살마하살이 반야바라밀다의 방편선교를 멀리 벗어나서 4정려·4무량·4무색정을 수행하는 자의 공덕보다 수승합니다. 왜 그러한가? 이 선남자와 선여인 등은 빠르게 무상정등보리를 증득하여 유정들을 이익되고 안락하게 하면서 변제가 없는 까닭입니다.

비구여. 마땅히 아십시오. 이 선남자와 선여인들의 공덕과 지혜는 역시 보살마하살이 반야바라밀다의 방편선교를 멀리 벗어나서 8해탈·8승처·9차제정·10변처를 수행하는 자의 공덕보다 수승합니다. 왜 그러한가? 이 선남자와 선여인 등은 빠르게 무상정등보리를 증득하여 유정들을 이익되고 안락하게 하면서 변제가 없는 까닭입니다.

비구여. 마땅히 아십시오. 이 선남자와 선여인들의 공덕과 지혜는 역시 보살마하살이 반야바라밀다의 방편선교를 멀리 벗어나서 4념주·4정단·4신족·5근·5력·7등각지·8성도지를 수행하는 자의 공덕보다 수승합니다. 왜 그러한가? 이 선남자와 선여인 등은 빠르게 무상정등보리를 증득하여 유정들을 이익되고 안락하게 하면서 변제가 없는 까닭입니다.

비구여. 마땅히 아십시오. 이 선남자와 선여인들의 공덕과 지혜는 역시 보살마하살이 반야바라밀다의 방편선교를 멀리 벗어나서 공·무상·무원해탈문을 수행하는 자의 공덕보다 수승합니다. 왜 그러한가? 이 선남자와 선여인 등은 빠르게 무상정등보리를 증득하여 유정들을 이익되고 안락하게 하면서 변제가 없는 까닭입니다.

비구여. 마땅히 아십시오. 이 선남자와 선여인들의 공덕과 지혜는 역시 보살마하살이 반야바라밀다의 방편선교를 멀리 벗어나서 극희지·이구지·발광지·염혜지·극난승지·현전지·원행지·부동지·선혜지·법운지를 수행하는 자의 공덕보다 수승합니다. 왜 그러한가? 이 선남자와 선여인 등은 빠르게 무상정등보리를 증득하여 유정들을 이익되고 안락하게 하면서 변제가 없는 까닭입니다.

비구여. 마땅히 아십시오. 이 선남자와 선여인들의 공덕과 지혜는 역시 보살마하살이 반야바라밀다의 방편선교를 멀리 벗어나서 5안·6신통을 수행하는 자의 공덕보다 수승합니다. 왜 그러한가? 이 선남자와 선여인 등은 빠르게 무상정등보리를 증득하여 유정들을 이익되고 안락하게 하면서 변제가 없는 까닭입니다.

비구여. 마땅히 아십시오. 이 선남자와 선여인들의 공덕과 지혜는 역시 보살마하살이 반야바라밀다의 방편선교를 멀리 벗어나서 여래의 10력·4무소외·4무애해·대자·대비·대희·대사·18불불공법을 수행하는 자의 공덕보다 수승합니다. 왜 그러한가? 이 선남자와 선여인 등은 빠르게 무상정등보리를 증득하여 유정들을 이익되고 안락하게 하면서 변제가 없는 까닭입니다.

비구여. 마땅히 아십시오. 이 선남자와 선여인들의 공덕과 지혜는 역시 보살마하살이 반야바라밀다의 방편선교를 멀리 벗어나서 무망실법·항주사성을 수행하는 자의 공덕보다 수승합니다. 왜 그러한가? 이 선남자와 선여인 등은 빠르게 무상정등보리를 증득하여 유정들을 이익되고 안락하게 하면서 변제가 없는 까닭입니다.

비구여. 마땅히 아십시오. 이 선남자와 선여인들의 공덕과 지혜는 역시 보살마하살이 반야바라밀다의 방편선교를 멀리 벗어나서 일체지·도상지·일체상지를 수행하는 자의 공덕보다 수승합니다. 왜 그러한가? 이 선남자와 선여인 등은 빠르게 무상정등보리를 증득하여 유정들을 이익되고 안락하게 하면서 변제가 없는 까닭입니다.

비구여. 마땅히 아십시오. 이 선남자와 선여인들의 공덕과 지혜는 역시 보살마하살이 반야바라밀다의 방편선교를 멀리 벗어나서 다라니문·삼마지문을 수행하는 자의 공덕보다 수승합니다. 왜 그러한가? 이 선남자와 선여인 등은 빠르게 무상정등보리를 증득하여 유정들을 이익되고 안락하게 하면서 변제가 없는 까닭입니다.

비구여. 마땅히 아십시오. 이 선남자와 선여인들의 공덕과 지혜는 역시 보살마하살이 반야바라밀다의 방편선교를 멀리 벗어나서 연성(緣性)·연기관(緣起觀)을 수행하는 자의 공덕보다 수승합니다. 왜 그러한가? 이 선남자와 선여인 등은 빠르게 무상정등보리를 증득하여 유정들을 이익되고 안락하게 하면서 변제가 없는 까닭입니다.

비구여. 마땅히 아십시오. 이 선남자와 선여인들의 공덕과 지혜는 역시 보살마하살이 반야바라밀다의 방편선교를 멀리 벗어나서 불국토를 청정하게 장엄하고 유정을 성숙시키는 자의 공덕보다 수승합니다. 왜 그러한가? 이 선남자와 선여인 등은 빠르게 무상정등보리를 증득하여 유정들을 이익되고 안락하게 하면서 변제가 없는 까닭입니다.

비구여. 마땅히 아십시오. 이 선남자와 선여인들의 공덕과 지혜는 역시 보살마하살이 반야바라밀다의 방편선교를 멀리 벗어나서 보살마하살의 행을 수행하고 무상정등보리를 수행하는 자의 공덕보다 수승합니다. 왜 그러한가? 이 선남자와 선여인 등은 빠르게 무상정등보리를 증득하여 유정들을 이익되고 안락하게 하면서 변제가 없는 까닭입니다.

비구여. 마땅히 아십시오. 이 선남자와 선여인들의 공덕과 지혜는 역시 보살마하살이 반야바라밀다의 방편선교를 멀리 벗어나서 반야바라밀다를 수행하는 자의 공덕보다 수승합니다. 왜 그러한가? 이 선남자와 선여인 등은 빠르게 무상정등보리를 증득하여 유정들을 이익되고 안락하게 하면서 변제가 없는 까닭입니다."

"다시 다음으로 비구여. 이 선남자와 선여인 등이 곧 이것이 보살마하살이라고 마땅히 아십시오. 비구여. 마땅히 아십시오. 이 보살마하살은 매우 깊은 반야바라밀다를 설하였던 것과 같이 수행하는 까닭으로, 일체 세간의 천인·인간·아소락들과 제성문·독각·보살들의 처소에서 수승하므로 항복하지 않습니다. 비구여. 마땅히 아십시오. 이 보살마하살은 매우 깊은 반야바라밀다를 설하는 것과 같이 수행하는 까닭으로, 능히 여래의 종자(佛種)를 잇고서 끊어지지 않게 합니다.

비구여. 마땅히 아십시오. 이 보살마하살은 매우 깊은 반야바라밀다를 설하는 것과 같이 수행하는 까닭으로, 항상 진실로 수승한 선한 벗인 보살과 여래·응공·정등각을 멀리 벗어나지 않습니다.

비구여. 마땅히 아십시오. 이 보살마하살은 매우 깊은 반야바라밀다를 설하는 것과 같이 수행하는 까닭으로, 오래지 않아 마땅히 미묘한 보리좌(菩提座)에 앉아서 마군(魔軍)을 항복받고 무상정등보리를 증득하며 미묘한 법륜(法輪)을 굴리면서 유정의 부류들에게 있는 생사의 큰 고통을 발제(拔濟)하실 것입니다. 비구여. 마땅히 아십시오. 이 보살마하살은 매우 깊은 반야바라밀다를 설하는 것과 같이 수행하는 까닭으로, 보살마하살의 대중들이 상응하여 수학할 법이라는 것을 항상 수학하고 성문과 독각이 상응하여 수학할 행이라는 것은 수학하지 않습니다.

비구여. 마땅히 아십시오. 이 보살마하살은 매우 깊은 반야바라밀다를 수행하고 항상 보살마하살의 대중들이 상응하여 수학할 것을 항상 수학하는 까닭으로, 세상을 호세사천왕(護世四天王)[3]이 사대천왕(四大天王)의

3) 산스크리트어 Vehapphala devā의 번역으로, 수미산(須彌山)의 중턱에서 4대륙을 수호하며, 수미산 정상의 중앙부에 있는 제석천(帝釋天)을 섬기고 있다. 불법(佛法) 뿐 아니라, 불법에 귀의하는 사람들을 수호하는 호법신으로 동쪽의 지국천왕(持國

대중들을 거느리고 와서 그의 처소에 이르러서 공양하고 공경하며 존중하고 찬탄하면서 '옳습니다(善哉). 대사(大士)여. 제보살마하살의 대중들이 상응하여 수학해야 하는 법을 마땅히 정근하고 정진하면서 수학하시고, 성문과 독각이 상응하여 수학해야 하는 행을 배우지 마십시오. 만약 이와 같이 수학한다면, 빠르게 미묘한 보리좌에 안좌(安坐)하여 빠르게 무상정등보리를 증득하실 것이고, 이전에 여래·응공·정등각께서 사천왕이 받들었던 네 개의 발우(鉢盂)를 받으셨던 것과 같이, 그대도 역시 마땅히 받으실 것이며, 옛날에 호세사천왕이 네 개의 발우를 받들어 바쳤던 것과 같이, 우리들도 역시 받들어 바치겠습니다.'라고 이와 같이 말을 지을 것입니다.

비구여. 마땅히 아십시오. 이 보살마하살은 매우 깊은 반야바라밀다를 수행하고 제보살마하살의 대중들이 상응하여 수학해야 하는 법을 항상 수학하는 까닭으로, 나 천제석(天帝釋)[4]은 33천(三十三天)[5]의 대중을 거느리고 와서 그의 처소에 이르러서 공양하고 공경하며 존중하고 찬탄하면서 '옳습니다. 대사여. 제보살마하살의 대중들이 상응하여 수학해야 하는 법을 마땅히 정근하고 정진하면서 수학하시고, 성문과 독각이 상응하여 수학해야 하는 행을 배우지 마십시오. 만약 이와 같이 수학한다면, 빠르게 미묘한 보리좌에 안좌하시어 빠르게 무상정등보리를 증득하실 것이니, 미묘한 법륜을 굴리면서 무량한 대중들을 제도하십시오.'라고 이와 같이 말을 지을 것입니다.

비구여. 마땅히 아십시오. 이 보살마하살은 매우 깊은 반야바라밀다를

天王), 서쪽의 광목천왕(廣目天王), 남쪽의 증장천왕(增長天王), 북쪽의 다문천왕(多聞天王 ; 毘沙門天王)을 가리킨다.

4) 산스크리트어 Śakrodevandra의 번역이고, 수미산 정상 선견성(善見城)에 거주하고 있으며 도리천의 왕으로, 사천왕과 32천왕을 통솔한다.

5) 산스크리트어 Trāyastriṃśa의 번역이고, 도리천(忉利天)으로 한역한다. 33천이라고 말한다. 6욕천(六欲天) 가운데 2번째 천상으로, 수미산(須彌山)의 정상에 위치하고 있다. 도리천 천인들의 수명은 1,000세이고, 도리천의 하루가 인간세상의 100년에 해당한다.

수행하고 제보살마하살의 대중들이 상응하여 수학해야 하는 법을 항상 수학하는 까닭으로, 소야마천왕(蘇夜摩天王)[6]은 야마천(夜摩天)[7]의 대중을 거느리고 와서 그의 처소에 이르러서 공양하고 공경하며 존중하고 찬탄하면서 '옳습니다. 대사여. 제보살마하살의 대중들이 상응하여 수학해야 하는 법을 마땅히 정근하고 정진하면서 수학하시고, 성문과 독각이 상응하여 수학해야 하는 행을 배우지 마십시오. 만약 이와 같이 수학한다면, 빠르게 미묘한 보리좌에 안좌하여 빠르게 무상정등보리를 증득하실 것이니, 미묘한 법륜을 굴리면서 무량한 대중들을 제도하십시오.'라고 이와 같이 말을 지을 것입니다.

비구여. 마땅히 아십시오. 이 보살마하살은 매우 깊은 반야바라밀다를 수행하고 제보살마하살의 대중들이 상응하여 수학해야 하는 법을 항상 수학하는 까닭으로, 산도사다천왕(珊覩史多天王)[8]은 도사다천(覩史多天)[9]의 대중을 거느리고 와서 그의 처소에 이르러서 공양하고 공경하며 존중하고 찬탄하면서 '옳습니다. 대사여. 제보살마하살의 대중들이 상응하여 수학해야 하는 법을 마땅히 정근하고 정진하면서 수학하시고, 성문과 독각이 상응하여 수학해야 하는 행을 배우지 마십시오. 만약 이와 같이 수학한다면, 빠르게 미묘한 보리좌에 안좌하여 빠르게 무상정등보리를 증득하실 것이니, 미묘한 법륜을 굴리면서 무량한 대중들을 제도하십시오.'라고 이와 같이 말을 지을 것입니다.

비구여. 마땅히 아십시오. 이 보살마하살은 매우 깊은 반야바라밀다를

6) 산스크리트어 Suyāma의 음사이다.
7) 산스크리트어 Yāmā devā의 음사이고, 염마천(焰摩天)이라고도 하며 욕계 6천의 가운데에서 제3천이다. 밤낮의 구분(區分)이 없고 시간(時間)에 따라 여러 가지의 환락(歡樂)을 누리는 곳으로, 여기서의 하루는 인간세상(人間世上)의 200년에 해당한다.
8) 산스크리트어 Saṁtuṣita의 음사이다.
9) 산스크리트어 Tuṣit의 음사이고, '묘족(妙足)', '지족(知足)' 등으로 번역한다. 욕계 6천의 가운데에서 제4천으로, 이곳에는 내원(內院)과 외원(外院)이 있는데, 내원에는 미륵보살이 수행하고 있고 외원에는 천인들이 살고 있다.

수행하고 제보살마하살의 대중들이 상응하여 수학해야 하는 법을 항상 수학하는 까닭으로, 묘변화천왕(妙變化天王)[10]은 낙변화천(樂變化天)[11]의 대중을 거느리고 와서 그의 처소에 이르러서 공양하고 공경하며 존중하고 찬탄하면서 '옳습니다. 대사여. 제보살마하살의 대중들이 상응하여 수학해야 하는 법을 마땅히 정근하고 정진하면서 수학하시고, 성문과 독각이 상응하여 수학해야 하는 행을 배우지 마십시오. 만약 이와 같이 수학한다면, 빠르게 미묘한 보리좌에 안좌하여 빠르게 무상정등보리를 증득하실 것이니, 미묘한 법륜을 굴리면서 무량한 대중들을 제도하십시오.'라고 이와 같이 말을 지을 것입니다.

비구여. 마땅히 아십시오. 이 보살마하살은 매우 깊은 반야바라밀다를 수행하고 제보살마하살의 대중들이 상응하여 수학해야 하는 법을 항상 수학하는 까닭으로, 묘자재천왕(妙自在天王)[12]은 타화자재천(他化自在天)[13]의 대중을 거느리고 와서 그의 처소에 이르러서 공양하고 공경하며 존중하고 찬탄하면서 '옳습니다. 대사여. 제보살마하살의 대중들이 상응하여 수학해야 하는 법을 마땅히 정근하고 정진하면서 수학하시고, 성문과 독각이 상응하여 수학해야 하는 행을 배우지 마십시오. 만약 이와 같이 수학한다면, 빠르게 미묘한 보리좌에 안좌하여 빠르게 무상정등보리를 증득하실 것이니, 미묘한 법륜을 굴리면서 무량한 대중들을 제도하십시오.'라고 이와 같이 말을 지을 것입니다.

비구여. 마땅히 아십시오. 이 보살마하살은 매우 깊은 반야바라밀다를

---

10) 산스크리트어 Nirmānarati-deva의 번역이다.

11) 산스크리트어 Nirmāṇarati의 번역이고, '화자재천(化自在天)', '화자락천(化自樂天)' 등으로 한역한다. 욕계 6천의 가운데에서 제5천이고, 이곳에 태어난 사람은 스스로가 환경을 변화시켜 즐긴다고 하며, 이 천인들의 수명은 8천년이고 이곳의 하루는 인간계의 8백년에 해당한다고 한다.

12) 산스크리트어 pāpīyas의 번역이고, 마왕(魔王) 파순(波旬)을 가리킨다.

13) 산스크리트어 Para-nirmita-vaśa-vartin의 번역이고, 욕계 6천의 가운데에서 제6천이고, 이곳에 태어난 자는 다른 자의 즐거움을 자유롭게 자기의 즐거움으로 만들어 즐긴다고 한다. 이곳은 마왕 파순의 거처(居處)로 알려져 있다.

수행하고 제보살마하살의 대중들이 상응하여 수학해야 하는 법을 항상 수학하는 까닭으로, 삭하계주(索訶界主)[14]인 대범천왕(大梵天王)[15]은 범중천(梵衆天)·범보천(梵輔天)·범회천(梵會天)의 대중을 거느리고 와서 그의 처소에 이르러서 공양하고 공경하며 존중하고 찬탄하면서 '옳습니다. 대사여. 제보살마하살의 대중들이 상응하여 수학해야 하는 법을 마땅히 정근하고 정진하면서 수학하시고, 성문과 독각이 상응하여 수학해야 하는 행을 배우지 마십시오. 만약 이와 같이 수학한다면, 빠르게 미묘한 보리좌에 안좌하여 빠르게 무상정등보리를 증득하실 것이니, 미묘한 법륜을 굴리면서 무량한 대중들을 제도하십시오.'라고 이와 같이 말을 지을 것입니다.

비구여. 마땅히 아십시오. 이 보살마하살은 매우 깊은 반야바라밀다를 수행하고 제보살마하살의 대중들이 상응하여 수학해야 하는 법을 항상 수학하는 까닭으로, 극광정천(極光淨天)[16]은 광천(光天)·소광천(少光天)·무량광천(無量光天)의 대중을 거느리고 와서 그의 처소에 이르러서 공양하고 공경하며 존중하고 찬탄하면서 '옳습니다. 대사여. 제보살마하살의 대중들이 상응하여 수학해야 하는 법을 마땅히 정근하고 정진하면서 수학하시고, 성문과 독각이 상응하여 수학해야 하는 행을 배우지 마십시오. 만약 이와 같이 수학한다면, 빠르게 미묘한 보리좌에 안좌하여 빠르게 무상정등보리를 증득하실 것이니, 미묘한 법륜을 굴리면서 무량한 대중들을 제도하십시오.'라고 이와 같이 말을 지을 것입니다.

비구여. 마땅히 아십시오. 이 보살마하살은 매우 깊은 반야바라밀다를 수행하고 제보살마하살의 대중들이 상응하여 수학해야 하는 법을 항상 수학하는 까닭으로, 변정천(遍淨天)[17]은 정천(淨天)·소정천(少淨天)·무량

14) 산스크리트어 sahālokadhātu의 음사이고, 사바세계(娑婆世界)를 가리킨다.

15) 산스크리트어 mahā-brahman의 번역이고, 색계 초선천(初禪天)의 제3천의 왕으로, 시기(尸棄, śikhin)라고 이름하고, 도리천의 왕인 제석(帝釋)과 함께 불법(佛法)을 수호한다고 한다.

16) 산스크리트어 ābhāsvara의 번역이고, '광음천(光音天)', '편승광천(遍勝光天)' 등으로 한역한다. 색계 제2선천(第二禪天)의 제3천을 가리킨다.

정천(無量淨天)의 대중을 거느리고 와서 그의 처소에 이르러서 공양하고 공경하며 존중하고 찬탄하면서 '옳습니다. 대사여. 제보살마하살의 대중들이 상응하여 수학해야 하는 법을 마땅히 정근하고 정진하면서 수학하시고, 성문과 독각이 상응하여 수학해야 하는 행을 배우지 마십시오. 만약 이와 같이 수학한다면, 빠르게 미묘한 보리좌에 안좌하여 빠르게 무상정등보리를 증득하실 것이니, 미묘한 법륜을 굴리면서 무량한 대중들을 제도하십시오.'라고 이와 같이 말을 지을 것입니다.

비구여. 마땅히 아십시오. 이 보살마하살은 매우 깊은 반야바라밀다를 수행하고 제보살마하살의 대중들이 상응하여 수학해야 하는 법을 항상 수학하는 까닭으로, 광과천(廣果天)[18]은 광천(廣天)·소광천(少廣天)·무량광천(無量光天)의 대중을 거느리고 와서 그의 처소에 이르러서 공양하고 공경하며 존중하고 찬탄하면서 '옳습니다. 대사여. 제보살마하살의 대중들이 상응하여 수학해야 하는 법을 마땅히 정근하고 정진하면서 수학하시고, 성문과 독각이 상응하여 수학해야 하는 행을 배우지 마십시오. 만약 이와 같이 수학한다면, 빠르게 미묘한 보리좌에 안좌하여 빠르게 무상정등보리를 증득하실 것이니, 미묘한 법륜을 굴리면서 무량한 대중들을 제도하십시오.'라고 이와 같이 말을 지을 것입니다.

비구여. 마땅히 아십시오. 이 보살마하살은 매우 깊은 반야바라밀다를 수행하고 제보살마하살의 대중들이 상응하여 수학해야 하는 법을 항상 수학하는 까닭으로, 색구경천(色究竟天)[19]은 무번천(無繁天)·무열천(無熱天)·선현천(善現天)·선견천(善見天)의 대중을 거느리고 와서 그의 처소에 이르러서 공양하고 공경하며 존중하고 찬탄하면서 '옳습니다. 대사여.

---

17) 산스크리트어 Subha-krtsna의 번역이고, '무량정천(無量淨天)', '廣善天(廣善天)' 등으로 한역한다. 색계 제3禪天의 제3天을 가리킨다.

18) 산스크리트어 Brhatphala의 번역이고, '果實天(果實天)', '密果天(密果天)', '광천(廣天)' '극묘천(極妙天)' 등으로 한역한다. 색계 제사선천의 8천 가운데에서 제3천을 가리킨다.

19) 산스크리트어 Akaniṣṭha의 번역이고, 색계(色界)에 있는 십팔천(十八天)의 하나이며, 사선천(四禪天)에서 가장 위에 있는 천상계(天上界)이다.

제보살마하살의 대중들이 상응하여 수학해야 하는 법을 마땅히 정근하고 정진하면서 수학하시고, 성문과 독각이 상응하여 수학해야 하는 행을 배우지 마십시오. 만약 이와 같이 수학한다면, 빠르게 미묘한 보리좌에 안좌하여 빠르게 무상정등보리를 증득하실 것이니, 미묘한 법륜을 굴리면서 무량한 대중들을 제도하십시오.'라고 이와 같이 말을 지을 것입니다.

비구여. 마땅히 아십시오. 이 보살마하살은 매우 깊은 반야바라밀다를 수행하고 제보살마하살의 대중들이 상응하여 수학해야 하는 법을 항상 수학하는 까닭으로, 일체의 여래·응공·정등각과 제보살마하살의 대중, 아울러 여러 천인·용·아소락들이 항상 따르면서 호념(護念)하는데, 오히려 이러한 인연으로 이 보살마하살은 세간에서 일체의 험난(險難)한 액운(危厄)과 몸과 마음의 우뇌와 고통이 모두 침해하지 않습니다.

비구여. 마땅히 아십시오. 이 보살마하살은 제불·보살과 여러 천인·용·아소락들이 항상 호념하는 까닭으로, 세간이 소유한 대종(大種)[20]이 서로 어긋나서 일어나는 여러 질병이라는 것이 모두가 침범하여 고뇌시키지 못하는데 이를테면, 눈의 병·귀의 병·코의 병·혀의 병·몸의 병과·여러 지절(支節)의 병·몸의 통증·마음의 통증·두통(頭痛)·치통(痔痛)·협통(脇痛)·요통(腰痛)·배통(背痛)·복통(腹痛)·여러 지절의 통증 등의 이와 같은 4백4병(四百四病)이나니, 모두 몸의 가운데에서 영원히 무소유(無所有)이며, 오직 무거운 업을 전전하여 가볍게 받는 것은 제외합니다.

비구여. 마땅히 아십시오. 이 보살마하살은 매우 깊은 반야바라밀다를 설하는 것과 같이 수행하는 까닭으로, 이와 같은 것 등의 공덕을 현재의 세상에서 얻게 되고, 뒤의 세상의 공덕도 무량하고 무변(無邊)합니다."

그때 구수 아난(阿難)은 살며시 이렇게 생각을 지었다.

'지금 천제석은 스스로가 변재(辯才)를 삼아서 이와 같은 매우 깊은 반야바라밀다의 수승한 공덕을 설하면서 찬탄하는 것인가? 이것은 여래

---

20) 중생의 몸을 구성하고 있는 4대(大)인 지(地)·수(水)·화(火)·풍(風)을 가리킨다.

의 위신력으로 삼은 것인가?'

그때 천제석은 곧 아난의 마음으로 생각하는 것을 알고서 아난에게 알려 말하였다.

"내가 찬탄한 매우 깊은 반야바라밀다의 수승한 공덕을 설하면서 찬탄하였던 것은 모두 이것이 여래의 위신력입니다."

그때 세존께서 아난에게 알려 말씀하셨다.

"그와 같으니라. 그와 같으니라. 지금 천제석이 깊은 반야바라밀다의 희유한 공덕을 찬탄하였는데, 이것은 모두가 여래의 신력(神力)이고 스스로의 변재는 아니라고 마땅히 알아야 하느니라. 왜 그러한가? 매우 깊은 반야바라밀다의 희유한 공덕은 인간이거나, 천인 등이 능히 알 수 있는 것이 아닌 까닭이니라.

아난이여. 마땅히 알아야 하느니라. 만약 보살마하살이 이와 같은 매우 깊은 반야바라밀다를 수습하고 수학하면서 이와 같은 매우 깊은 반야바라밀다를 사유하고 이와 같은 매우 깊은 반야바라밀다를 수행한다면, 그때 이 삼천대천세계의 일체의 악마들은 모두가 의혹이 생겨나서 '이 보살마하살은 실제(實際)를 증득하였고 불퇴전의 예류·일래·불환·아라한과·독각의 보리를 취하는가? 무상정등보리에 나아가는가?'라고 이렇게 생각을 짓느니라.

다시 다음으로 아난이여. 만약 보살마하살이 이와 같은 매우 깊은 반야바라밀다를 벗어나지 않는다면, 그때 여러 악마들은 큰 근심과 고통이 생겨나서 몸과 마음이 전율(戰慄)하는데, 독화살의 가운데서와 같으니라.

다시 다음으로 아난이여. 만약 보살마하살이 깊은 반야바라밀다를 행한다면, 그때 악마는 있어서 그 처소로 와서 이르러서 여러 종류의 두려운 일을 변화시켜 짓는데 이를테면, 칼·검(劍)·악한 짐승·독사(毒蛇)·맹렬한 불꽃이 사방에서 함께 일어나는 등이니, 보살의 몸과 마음을 놀라고 두렵게 하여서 무상대보리심(無上大菩提心)을 미혹시켜 잃어버리게 하려고 하였거나, 수행하였던 마음이라는 것에서 퇴굴(退屈)이 생겨나게 하려고 하였거나, 나아가 일념이라도 어지러운 뜻을 일으키려고 하면서 무상정등보리를 증득하는 것을 장애하느니라.”

그때 구수 아난이 세존께 아뢰어 말하였다.

“세존이시여. 제보살마하살이 깊은 반야바라밀다를 수행하는 때에 모두를 악마가 요란(擾亂)시키는 것입니까? 그럼에도 요란되는 자도 있고 요란되지 않는 자도 있습니까?”

세존께서 아난에게 알리셨다.

“제보살마하살이 깊은 반야바라밀다를 수행하는 때에 모두가 악마에게 요란되는 것은 아니니라. 그럼에도 요란되는 자도 있고 요란되지 않는 자도 있느니라.”

구수 아난이 다시 세존께 아뢰어 말하였다.

“세존이시여. 누구 등의 보살마하살이 깊은 반야바라밀다를 수행하는 때에, 곧 악마에게 요란됩니까? 누구 등의 보살마하살이 깊은 반야바라밀다를 수행하는 때에, 곧 악마에게 요란되지 않습니까?”

세존께서 아난에게 알리셨다.

“만약 보살마하살이 이전의 세상에서 이러한 매우 깊은 반야바라밀다를 듣고서 마음에 신해(信解)하지 않고 곧 비방이 생겨났다면, 이 보살마하살은 반야바라밀다를 수행하는 때에 곧 악마에게 요란되고, 만약 보살마하살이 이전의 세상에서 이러한 매우 깊은 반야바라밀다를 듣고서 마음으로 깊이 신해하였고 비방이 생겨나지 않았다면, 이 보살마하살은 반야바라밀다를 수행하는 때에 곧 악마에게 요란되지 않느니라.

다시 다음으로 아난이여. 만약 보살마하살이 이전의 세상에서 이러한 매우 깊은 반야바라밀다를 듣고서 마음으로 ‘이러한 매우 깊은 반야바라밀다가 진실로 있는가? 이러한 매우 깊은 반야바라밀다가 진실로 없는가?’라고 머뭇거렸다면, 이 보살마하살은 반야바라밀다를 수행하는 때에 곧 악마에게 요란되느니라. 만약 보살마하살이 이전의 세상에서 이러한 매우 깊은 반야바라밀다를 듣고서 의혹이 생겨나지 않았고, 결정적으로 매우 깊은 반야바라밀다가 있다고 신해하였다면 이 보살마하살은 반야바라밀다를 수행하는 때에 곧 악마에게 요란되지 않느니라.

다시 다음으로 아난이여. 만약 보살마하살이 선한 벗을 멀리 벗어나고 여러 악한 벗에게 섭지(攝持)[21]되었으므로 이와 같은 매우 깊은 반야바라밀다를 듣지 못하였고, 오히려 듣지 못하였던 까닭으로 능히 명료하게 이해하지 못하였으며, 명료하게 이해하지 못하였던 까닭으로 능히 수습하지 못하였고, 수습하지 못하였던 까닭으로 능히 이와 같은 매우 깊은 반야바라밀다를 여실(如實)하게 증득하지 못하였다면, 이 보살마하살은 깊은 반야바라밀다를 수행하는 때에 악마에게 요란되느니라.

만약 보살마하살이 선한 벗과 친근(親近)하고 악한 벗에게 요란되지 않았으며, 이와 같은 매우 깊은 반야바라밀다를 들었고, 오히려 들었던 까닭으로 곧 능히 명료하게 이해하였으며, 명료하게 이해하지 못하였던 까닭으로 능히 수습하였고, 수습하였던 까닭으로 능히 이와 같은 매우 깊은 반야바라밀다를 여실하게 증득하였다면, 이 보살마하살은 깊은 반야바라밀다를 수행하는 때에 악마에게 요란되지 않느니라.

다시 다음으로 아난이여. 만약 보살마하살이 반야바라밀다를 멀리 벗어나고 진실하거나 미묘하지 않은 법을 섭수하면서 찬탄(讚歎)한다면, 이 보살마하살은 깊은 반야바라밀다를 수행하는 때에, 곧 악마에게 요란되느니라. 만약 보살마하살이 반야바라밀다와 친근하면서 진실하거나 미묘하지 않은 법을 섭수하지 않고 찬탄하지 않는다면, 이 보살마하살은 깊은 반야바라밀다를 수행하는 때에 악마에게 요란되지 않느니라.

다시 다음으로 아난이여. 만약 보살마하살이 반야바라밀다를 멀리 벗어나고 진실하고 미묘한 법을 비방(誹謗)하고 훼자(毁呰)한다면 그때에 악마는 '지금 이 보살은 나의 반려(伴侶)가 되었다. 오히려 그가 비방하고 훼자하는 까닭으로 곧 무량한 보살승(菩薩乘)에 안주하는 선남자와 선여인 등이 있더라도 진실하고 미묘한 법을 훼자할 것이니, 오히려 이러한 인연으로 나의 소원은 원만해질 것이다.'라고 곧 이렇게 생각을 짓느니라. 이 보살승의 선남자와 선여인 등은 설사 여러 선법을 정근하면서 정진할지

21) '섭수(攝受)하여 지닌다.'는 뜻으로, 마음을 안으로 거두어들여서 지니고 있는 상태를 뜻한다.

라도 성문지에 퇴실하여 떨어(退墮)지거나, 혹은 독각지에 퇴실하여 떨어지거나, 역시 다른 사람도 퇴실하여 떨어지게 하느니라. 아난이여. 이 보살마하살은 깊은 반야바라밀다를 수행하는 때에 악마에게 요란된다고 마땅히 알아야 하느니라.

만약 보살마하살이 반야바라밀다를 멀리 벗어나고 진실하고 미묘한 법을 받아들여 신해(信解)하고 찬탄하였으며, 무량한 보살승에 안주하는 선남자와 선여인 등이 진실하고 미묘한 법을 받아들여 신해하고 찬탄하게 하였다면, 오히려 이것으로 악마는 놀라고 두려워하며 근심하고 번뇌하느니라. 이 보살승의 선남자와 선여인 등은 설사 여러 선법을 정근하면서 정진하지 않을지라도, 역시 결정적으로 스스로가 성문지에 퇴실하여 떨어지지 않게 하거나, 혹은 독각지에 퇴실하여 떨어지지 않게 하고, 역시 다른 사람도 퇴실하여 떨어지지 않게 하느니라. 아난이여. 이 보살마하살은 깊은 반야바라밀다를 수행하는 때에 악마에게 요란되지 않는다고 마땅히 알아야 하느니라.

다시 다음으로 아난이여. 만약 보살마하살이 반야바라밀다의 매우 깊은 경전의 설법을 듣는 때에 말하기를 '이와 같은 반야바라밀다는 지극히 매우 깊으므로 보기도 어렵고 깨닫기도 어려운데, 선설(宣說)하고 듣고서 수지(受持)하며 독송(讀誦)하고 사유(思惟)하며 정근(精勤)하면서 수습(修習)하고 서사(書寫)하고 유포(流布)하였더라도 무슨 소용이 있겠는가? 나도 오히려 능히 그 근원의 기초(源底)를 얻지 못하였는데 하물며 나머지의 지혜가 얕은 자이겠는가!' 이때 무량한 보살승에 안주하는 선남자와 선여인 등은 그가 말하는 것을 듣고서 마음에 놀람과 두려움이 생겨나서 모두 무상정등각심(無上正等覺心)에서 퇴실하여 떨어지느니라. 아난이여. 이 보살마하살은 깊은 반야바라밀다를 수행하는 때에 악마에게 요란된다고 마땅히 알아야 하느니라.

만약 보살마하살이 반야바라밀다의 매우 깊은 경전의 설법을 듣는 때에 '이와 같은 반야바라밀다는 지극히 매우 깊으므로 보기도 어렵고 깨닫기도 어렵더라도, 만약 선설하지 않거나, 듣고서 수지하지 않거나,

독송하지 않거나, 사유하지 않거나, 정근하면서 수습하지 않거나, 서사하지 않거나, 유포하지 않으면서 능히 무상정등보리를 증득하는 이러한 처소는 반드시 없다.'라고 이와 같이 말을 지었다면, 이때 무량한 보살승에 안주하는 선남자와 선여인 등은 그가 말하는 것을 듣고서 환희(歡喜)하고 용약(踊躍)하면서 모두가 반야바라밀다에서 항상 즐겁게 듣고서 수지하고 독송하며 지극히 예리하게 통하게 하고 이치와 같이 사유하며 정근하면서 수행하고 다른 사람을 위하여 연설(演說)하고 서사하며 유포하면서 빠르게 무상정등보리에 나아가느니라. 아난이여. 이 보살마하살은 깊은 반야바라밀다를 수행하는 때에 악마에게 요란되지 않는다고 마땅히 알아야 하느니라."

"다시 다음으로 아난이여. 만약 보살마하살이 스스로(己)가 소유한 공덕과 선근을 믿고서 나머지의 보살마하살들을 경멸(輕蔑)하면서 이를테면, '나는 능히 보시·정계·안인·정진·정려·반야바라밀다를 수습할 수 있으나, 그대들은 능히 수습할 수 없습니다. 나는 능히 내공·외공·내외공·공공·대공·승의공·유위공·무위공·필경공·무제공·산공·무변이공·본성공·자상공·공상공·일체법공·불가득공·무성공·자성공·무성자성공에 안주할 수 있으나, 그대들은 능히 안주할 수 없습니다. 나는 능히 진여·법계·법성·불허망성·불변이성·평등성·이생성·법정·법주·실제·허공계·부사의계에 안주할 수 있으나, 그대들은 능히 안주할 수 없습니다. 나는 능히 고·집·멸·도성제에 안주할 수 있으나, 그대들은 능히 안주할 수 없습니다.

나는 능히 4정려·4무량·4무색정을 수습할 수 있으나, 그대들은 능히 수습할 수 없습니다. 나는 능히 8해탈·8승처·9차제정·10변처를수습할 수 있으나, 그대들은 능히 수습할 수 없습니다. 나는 능히 4념주·4정단·4신족·5근·5력·7등각지·8성도지를 수습할 수 있으나, 그대들은 능히 수습할 수 없습니다. 나는 능히 공·무상·무원해탈문을 수습할 수 있으나, 그대들은 능히 수습할 수 없습니다. 나는 능히 보살의 10지를 수습할 수 있으나,

그대들은 능히 수습할 수 없습니다. 나는 능히 불국토를 장엄하고 유정을 성숙시킬 수 있으나, 그대들은 능히 성숙시킬 수 없습니다.

나는 능히 12연기(十二緣起)를 수순(順)하거나, 거스(逆)르면서 관찰할 수 있으나, 그대들은 능히 관찰할 수 없습니다. 나는 능히 5안·6신통을 수습할 수 있으나, 그대들은 능히 수습할 수 없습니다. 나는 능히 여래의 10력·4무소외· 4무애해·대자·대비·대희·대사·18불불공법을 수습할 수 있으나, 그대들은 능히 수습할 수 없습니다. 나는 능히 사마타(奢摩他)[22]와 비발사나(毘鉢舍那)[23]를 수습할 수 있으나, 그대들은 능히 수습할 수 없습니다. 나는 능히 무망실법과 항주사성을 수습할 수 있으나, 그대들은 능히 수습할 수 없습니다.

나는 능히 다라니문·삼마지문을 수습할 수 있으나, 그대들은 능히 수습할 수 없습니다. 나는 능히 일체지·도상지·일체상지를 수습할 수 있으나, 그대들은 능히 수습할 수 없습니다. 나는 능히 제법의 자상(自相)·공상(共相)을 관찰할 수 있으나, 그대들은 능히 관찰할 수 없습니다. 나는 능히 일체의 보살마하살의 행을 수습할 수 있으나, 그대들은 능히 수습할 수 없습니다. 나는 능히 제불의 무상정등보리를 수습할 수 있으나, 그대들은 능히 수습할 수 없습니다.'라고 이와 같이 말하였다면, 그때 악마는 환희하고 용약하면서 '이 보살마하살은 반드시 나의 반려(伴侶)이다. 생사를 윤회(輪迴)하면서 벗어날 기약이 없구나.'라고 말하느니라. 아난이여. 이 보살마하살은 깊은 반야바라밀다를 수행하는 때에 악마에게 요란된다고 마땅히 알아야 하느니라.

만약 보살마하살이 스스로가 소유한 공덕과 선근을 믿지 않고 나머지의 보살마하살들을 경멸하지 않으면서 비록 항상 여러 선법을 정진하면서

---

22) 산스크리트어 Śamatha의 번역이고, '지(止)', 또는 '적정(寂靜)' 등으로 번역한다. 외부 대상에 대해 감각기관을 다스려 마음이 동요되지 않고 마음이 흔들이지 않도록 하는 수행법을 가리킨다.

23) 산스크리트어 vipaśyanā의 음사이고, 관(觀)이라 번역한다. 지혜로써 대상을 있는 그대로 자세히 관찰하는 것이고, 마음을 한곳에 집중하여 산란을 멈추고 평온한 상태에서 대상을 있는 그대로 관찰하는 수행법을 가리킨다.

여러 선법의 상(相)에 집착하지 않는다면, 아난이여. 이 보살마하살은 깊은 반야바라밀다를 수행하는 때에 악마에게 요란되지 않는다고 마땅히 알아야 하느니라.

다시 다음으로 아난이여. 만약 보살마하살이 스스로의 명자(名字)와 족성(族姓)이 대중들에게 알려졌던 것을 믿고서 여러 나머지의 선법을 수습하는는 보살을 경멸(輕蔑)하면서 항상 스스로의 덕을 찬탄하고 다른 사람은 훼자하며, 진실로 불퇴전의 보살마하살의 제행(諸行)·형상(狀)·상(相)이 없으나 진실로 있다고 알리고, 여러 번뇌를 일으켜 스스로를 찬탄하고 다른 사람은 훼자하면서 '그대들은 보살의 명자와 족성이 없고 오직 내가 보살의 명자와 족성이 있습니다.'라고 말하면서, 오히려 증상만(增上慢)으로 여러 나머지의 보살마하살의 대중들을 경멸하고 훼자하였다면, 그때 악마는 이러한 일을 보고서 '지금 이 보살은 나의 국토와 궁전을 비워(空)지지 않게 하고 지옥(地獄)·방생(傍生)·귀계(鬼界)를 더욱 증익(增益)시킨다.'라고 곧 이렇게 생각을 짓느니라.

이때 악마가 그를 신력으로 도와서 전전하여 위세(威勢)와 변재(辯才)를 증익시킨다면, 오히려 이것으로 많은 사람들이 그의 말을 믿고 받드는데, 이러한 인연으로 권유하고 부추기면서 그의 악한 견해를 같이 하고, 그의 견해와 같아졌다면 그를 따라서 삿되게 수학하며 그를 따라서 이미 삿되게 수학하였다면 번뇌가 치성(熾盛)해져서 마음이 전도(轉倒)되는 까닭으로 여러 일으켰던 신(身)·구(口)·의업(意業)이 모두 애락(愛樂)하지 못하고 쇠퇴하고 손실되는 고통의 과보를 능히 감응하면서 얻게 되나니, 오히려 이러한 인연으로 삼악취(三惡趣)는 증익하고 악마의 궁전과 국토가 충만(充滿)하게 되므로, 오히려 이것으로 악마는 환희하고 용약하는데 여러 짓고자 하였던 것은 이러한 뜻을 따라서 자재(自在)하게 되느니라. 아난이여. 이 보살마하살은 깊은 반야바라밀다를 수행하는 때에 악마에게 요란된다고 마땅히 알아야 하느니라.

만일 보살마하살이 스스로가 허망한 족성과 명자를 믿지 않고 여러 나머지의 선법을 수습하는 보살을 경멸하지 않으며 여러 공덕에서 증상만

이 없고 항상 스스로가 찬탄하지 않고 다른 사람을 훼자하지 않으며 능히 여러 악마들의 사업(事業)을 잘 깨달아서 알았다면, 아난이여. 이 보살마하살은 깊은 반야바라밀다를 수행하는 때에 악마에게 요란되지 않는다고 마땅히 알아야 하느니라.

다시 다음으로 아난이여. 만약 보살마하살이 성문승이나 독각승을 구하는 자와 함께 다시 서로를 훼자(毁)하고 욕설(辱)하며 투쟁(鬪諍)하고 비방(誹謗)한다면, 그때 악마는 이러한 일을 보고서 이렇게 생각을 짓느니라.

'이 선남자는 무상정등보리는 멀리 벗어났고 지옥·방생·귀계에 친근하구나! 그 까닭은 무엇인가? 다시 서로가 훼자하고 욕설하며 다투고 비방하는 것은 보리도(菩提道)가 아니고 다만 이것은 지옥·방생·귀계의 여러 악취도(惡趣道)이다.'

이렇게 생각을 짓고서 환희하고 용약하나니, 아난이여. 이 보살마하살은 깊은 반야바라밀다를 수행하는 때에 악마에게 요란된다고 마땅히 알아야 하느니라.

만약 보살마하살이 성문승이거나 독각승을 구하는 자와 함께 하면서 훼자하지 않고 욕설하지 않으며 다투지 않고 비방하지 않으며 방편으로 교화하고 인도하여 대승에 나아가게 하였고, 혹은 스스로가 법(乘)인 선법(善法)을 권유하여 수습하게 하였다면, 아난이여. 이 보살마하살은 깊은 반야바라밀다를 수행하는 때에 악마에게 요란되지 않는다고 마땅히 알아야 하느니라.

다시 다음으로 아난이여. 만약 보살마하살이 선남자와 선여인 등이 함께 무상정등보리를 구하면서 다시 서로를 훼자하고 욕설하며 투쟁하고 비방한다면, 그때 악마는 이러한 일을 보고서 '이 두 보살은 함께 무상정등보리에서 멀어졌고 함께 지옥·방생·귀계에 가깝구나. 그 까닭은 무엇인가? 다시 서로를 훼자하고 욕설하며 투쟁하고 비방한다면, 보리도가 아니고 다만 이것은 지옥·방생·귀계의 여러 악취도이다.'라고 이렇게 생각을 짓고서 환희하고 용약하였다면, 아난이여. 이 보살마하살은 깊은 반야바라밀다를 수행하는 때에 악마에게 요란된다고 마땅히 알아야 하느니라.

만약 보살마하살이 선남자와 선여인 등이 함께 무상정등보리를 구하면서 서로가 훼자하지 않고 욕설하지 않으며 투쟁하지 않고 비방하지 않으면서 다시 서로가 교수하여 인도하고 선법을 정근하면서 수습하며 빠르게 일체지지를 증득하게 하였다면, 아난이여. 이 보살마하살은 깊은 반야바라밀다를 수행하는 때에 악마에게 요란되지 않는다고 마땅히 알아야 하느니라.

아난이여. 마땅히 알아야 하느니라. 만약 보살마하살이 무상정등보리의 불퇴전의 수기를 증득하지 못하였으나, 무상정등보리의 불퇴전의 수기를 증득하였던 제보살들에게 해치려는 마음을 일으켜서 투쟁하고 훼자하며 욕설하고 경멸하며 비방하였다면, 이 보살마하살은 그와 같은 요익하지 못한 마음을 일으켰던 것을 따라서 오히려 그와 같은 겁(劫)을 일찍이 수승하였던 행에서 퇴전하며, 그와 같은 시간이 지나도록 선한 벗을 벗어나므로 도리어 그와 같은 생사(生死)라는 것에 계박(繫縛)되는데, 만약 대보리심(大菩提心)을 버리지 않고 오히려 도리와 그와 같은 겁에 수승한 행을 정근하면서 수습한다면 그러한 뒤에 비로소 퇴전한 공덕을 보충하게 되느니라."

그때 구수 아난이 세존께 아뢰어 말하였다.

"세존이시여. 이 보살마하살이 일으켰던 악한 마음이라는 것에서 생사의 죄(罪)와 고통은 반드시 유전(流傳)하면서 그와 같은 시간이 지나야 합니까? 중간(中間)에서 출리(出離)[24]를 얻을 수 있습니까? 이 보살마하살이 퇴전한 수승한 행이라는 것은 반드시 그와 같은 겁을 정근한다면 그러한 뒤에 보충이 됩니까? 중간에도 회복되는 본래의 의취(義趣)가 있습니까?"

세존께서 아난에게 알리셨다.

---

24) '세속적인 세상에서 벗어나서 성스럽게 살아가는 것', '욕망이거나, 5욕락에서 벗어나는 것', '특정한 상태에서 벗어난다.'는 뜻이 있다.

"내가 보살·독각·성문들을 위하여 죄에서 출리하고 도리어 선(善)을 보충하는 법이 있는 것을 설하겠노라. 아난이여. 마땅히 알아야 하느니라. 만약 보살마하살이 무상정등보리의 불퇴전의 수기를 받지 못하였으나, 무상정등보리의 불퇴전의 수기를 증득하였던 제보살들에게 해치려는 마음을 일으켜서 투쟁하고 훼자하며 욕설하고 경멸하며 비방하였고, 다시 참괴(慚愧)[25]가 없고 원한을 품고서 버리지 않으며 능히 여법(如法)하게 드러내어 참회하지 않는다면, 나는 그러한 부류들은 그 중간에서 죄를 출리하고 선을 보충하는 의취가 있지 않고, 반드시 그와 같은 겁에 생사를 유전하면서 선한 벗을 벗어나고 여러 고통에 계박되는데, 만약 대보리심(大菩提心)을 버리지 않고 오히려 도리와 그와 같은 겁에 수승한 행을 정근하면서 수습한다면 그러한 뒤에 비로소 퇴전한 공덕을 보충하게 되느니라.

만약 보살마하살이 무상정등보리의 불퇴전의 수기를 받지 못하였으나, 무상정등보리의 불퇴전의 수기를 증득하였던 제보살들에게 해치려는 마음을 일으켜서 투쟁하고 훼자하며 욕설하고 경멸하며 비방하였으나, 뒤에 참괴가 생겨났고 마음이 원결(怨結)이 없었으며 빠르게 도리어 여법하게 드러내어 참회하면서 '나는 지금 스스로가 얻기 어려운 사람의 몸을 얻었는데, 어찌 다시 이와 같은 허물과 악을 일으켜서 크고 선한 이익을 잃겠는가? 나는 상응하여 일체의 유정들을 이익되게 해야 하는데, 어찌 중간에서 반대로 쇠퇴와 손실을 짓겠는가? 나는 상응하여 일체의 유정들을 공경하고 노비(僕)가 주인을 섬기는 것과 같아야 하는데, 어찌 중간에서 반대로 교만하고 훼자하며 욕설하고 능멸하겠는가?

나는 일체의 유정이 채찍질하며 때리고 꾸짖으며 욕설할지라도 상응하여 받아들여야 하는데, 어찌 그들에게 반대로 포악(暴惡)한 몸과 말로 보복을 가(加)하겠는가? 나는 상응하여 일체의 유정들을 화해(和解)시켜서 서로가 공경하고 사랑하게 해야 하는데, 어찌 다시 악한 말을 일으켜서

25) 참(慚)은 스스로가 지은 죄(罪)를 부끄러워하는 마음이고, 괴(愧)는 남에 대해서 또는 하늘에 대해서 부끄러워하는 마음을 가리킨다.

그들과 함께 어그러지고 투쟁하겠는가? 나는 상응하여 일체의 유정들이 오랫동안 밟고 다녔던 오히려 도로와 같고 역시 다리와 같더라도 받아들여야 하는데, 어찌 그들에게 반대로 능욕(凌辱)을 하겠는가?

내가 무상정등보리를 구하면서 유정들을 생사의 큰 고통에서 벗어나게 하여 구경의 안락한 열반을 얻게 하고자 하였는데, 어찌 다시 괴로움으로써 그것을 더하고자 하겠는가? 나는 상응하여 지금부터 미래의 세상을 끝마치도록 바보와 같고 벙어리와 같으며 귀머거리와 같고 장님과 같이, 제유정들에게 분별이 없게 하겠고, 가사(假使) 머리·발·몸이 잘리더라도 그 유정들에게 결국 악한 마음을 일으키지 않겠으며, 내가 악을 일으켜서 무상정등보리의 마음을 무너뜨려서 구하는 일체지지라는 것에 장애가 없게 하겠다.'라고 이와 같이 생각을 지었다면, 아난이여. 마땅히 알아야 하느니라. 이 보살마하살은 '중간에서도 역시 죄에서 출리하고 도리어 선을 보충하는 의취가 있으며, 반드시 그와 같은 겁의 숫자를 지내면서 생사를 유전하지 않으며, 악마가 그를 능히 요란시키지 못한다.'라고 나는 설하느니라.

아난이여. 마땅히 알아야 하느니라. 제보살마하살은 성문승이거나, 독각승을 구하는 자와는 상응하여 교섭(交涉)하지 않을 것이고, 설사 함께 교섭하더라도 함께 머무르지 않을 것이며, 설사 함께 머물렀더라도 그와 함께 논의(論義)하여 결정하고 선택(決擇)하지 않을지니라. 그 까닭은 무엇인가? 만약 그러한 부류들과 논의하여 결정하고 선택한다면 혹은 마땅히 성내는 마음 등을 일으키거나, 혹은 다시 거칠고 악(麤惡)한 말이 생겨나게 하느니라.

그렇지만 제보살마하살은 유정들에게 상응하여 진에(瞋恚)하고 분노(忿怒)하는 등의 마음을 일으키지 않아야 하고 역시 거칠고 악한 말이 생겨나지 않아야 하느니라. 설사 머리·발·몸이 잘리더라도 역시 진에·분노·추악한 말은 상응하여 생겨나지 않아야 하느니라. 그 까닭은 무엇인가? '내가 무상정등보리를 구하면서 유정들을 생사의 큰 고통에서 벗어나게 하여 구경의 안락한 열반을 얻게 하고자 하였는데, 어찌 다시 그들에게 악한 일을 일으키겠는가?'라고 상응하여 이렇게 짓는 것이니라.

아난이여. 마땅히 알아야 하느니라. 만약 제보살들이 유정들에게 진에의 마음을 일으키거나 거칠고 악한 말을 일으켰다면, 곧 보살의 일체지지를 장애하고 역시 무변하고 수승한 행과 법을 무너뜨리느니라. 이러한 까닭으로 보살마하살들이 무상정등보리를 증득하고자 하였다면 제유정들에게 상응하여 진에를 일으키지 않아야 하고, 거칠고 악한 말도 일으키지 않아야 하느니라."

마하반야바라밀다경 제338권

55. 교편학품(巧便學品)(2)

그때 아난이 세존께 아뢰어 말하였다.

"세존이시여. 보살과 보살은 어찌하여 함께 안주해야 합니까?"

세존께서 아난에게 알리셨다.

"보살과 보살은 함께 머무르면서 서로를 마땅히 대사(大師)와 같이 바라보아야 하느니라. 그 까닭은 무엇인가? 제보살마하살은 전전하여 서로를 바라보면서 '그들은 우리들에게 진실한 선지식(善知識)이고, 우리들과 함께 도반(道伴)이 되어서 같이 하나의 배를 타고 있다. 우리들과 그들은 학처(學處)·수학하는 때(學時)·학법(學法)의 일체가 다르지 않다. 그들이 보시·정계·안인·정진·정려·반야바라밀다를 상응하여 수학하는 것과 같이 우리들도 역시 상응하여 수학해야 한다.

그들이 내공·외공·내외공·공공·대공·승의공·유위공·무위공·필경공·무제공·산공·무변이공·본성공·자상공·공상공·일체법공·불가득공·무성공·자성공·무성자성공을 상응하여 수학하는 것과 같이 우리들도 역시 상응하여 수학해야 하고, 그들이 진여·법계·법성·불허망성·불변이성·평등성·이생성·법정·법주·실제·허공계·부사의계를 상응하여 수학하는 것과 같이 우리들도 역시 상응하여 수학해야 하며, 그들이 고·집·멸·도성제를 상응하여 수학하는 것과 같이 우리들도 역시 상응하여 수학해야 한다.

그들이 4정려·4무량·4무색정을 상응하여 수학하는 것과 같이 우리들도 역시 상응하여 수학해야 하고, 그들이 8해탈·8승처·9차제정·10변처를 상응하여 수학하는 것과 같이 우리들도 역시 상응하여 수학해야 하며, 그들이 4념주·4정단·4신족·5근·5력·7등각지·8성도지를 상응하여 수학하는 것과 같이 우리들도 역시 상응하여 수학해야 하고, 그들이 공·무상·무원해탈문을 상응하여 수학하는 것과 같이 우리들도 역시 상응하여 수학해야 하며, 그들이 보살의 10지를 상응하여 수학하는 것과 같이 우리들도 역시 상응하여 수학해야 하고, 그들이 5안·6신통을 상응하여 수학하는 것과 같이 우리들도 역시 상응하여 수학해야 한다.

그들이 여래의 10력·4무소외·4무애해·대자·대비·대희·대사·18불불공법을 상응하여 수학하는 것과 같이 우리들도 역시 상응하여 수학해야 하고, 그들이 무망실법·항주사성을 상응하여 수학하는 것과 같이 우리들도 역시 상응하여 수학해야 하며, 그들이 다라니문·삼마지문을 상응하여 수학하는 것과 같이 우리들도 역시 상응하여 수학해야 하고, 그들이 불국토를 청정하게 장엄하고 유정을 성숙시키는 것을 상응하여 수학하는 것과 같이 우리들도 역시 상응하여 수학해야 하며, 그들이 일체지·도상지·일체상지를 상응하여 수학하는 것과 같이 우리들도 역시 상응하여 수학해야 한다.'라고 상응하여 이렇게 생각을 짓느니라.

다시 '그 제보살들은 우리들을 위하여 대보리도(大菩提道)를 설하므로 곧 나의 진실한 도반이고, 다시 나의 스승이다. 만약 그 보살마하살이 잡스러운 작의(作意)에 안주하여 일체지지에 상응하는 작의를 멀리 벗어난다면 나는 곧 그 가운데에서 그들과 같이 수학하지 않겠으며, 만약 그 보살마하살이 잡스러운 작의를 벗어나고 일체지지에 상응하는 작의를 멀리 벗어나지 않는다면 나는 곧 그 가운데에서 항상 그들과 같이 수학하겠다.'라고 이렇게 생각을 짓느니라.

아난이여. 마땅히 알아야 하느니라. 만약 보살마하살의 대중들이 이와 같이 수학한다면 보리의 자량(資糧)이 빠르게 원만하게 되며, 만약 제보살마하살의 대중들이 이와 같이 수학하는 때라면 평등하게 수학한다고 이름하느니라."

그때 구수 선현이 세존께 아뢰어 말하였다.

"세존이시여. 무엇을 보살마하살의 평등성(平等性)이라고 말하고, 제보살마하살이 그 가운데에서 수학하는 까닭으로 평등하게 수학한다고 이름합니까?"

세존께서 말씀하셨다.

"선현이여. 내공의 이것이 보살마하살의 평등성이고, 외공·내외공·공공·대공·승의공·유위공·무위공·필경공·무제공·산공·무변이공·본성공·자상공·공상공·일체법공·불가득공·무성공·자성공·무성자성공이 보살마하살의 평등성이며, 제보살마하살이 그 가운데에서 수학하는 까닭으로 평등하게 수학한다고 이름하며, 오히려 평등하게 수학하므로 빠르게 무상정등보리를 증득하느니라.

다시 다음으로 선현이여. 색(色)은 색의 자성이 공(空)한 이것이 보살마하살의 평등성이고, 수(受)·상(想)·행(行)·식(識)은 수·상·행·식의 자성이 공한 이것이 보살마하살의 평등성이며, 제보살마하살이 그 가운데에서 수학하는 까닭으로 평등하게 수학한다고 이름하며, 오히려 평등하게 수학하므로 빠르게 무상정등보리를 증득하느니라.

다시 다음으로 선현이여. 안처(眼處)는 안처의 자성이 공한 이것이 보살마하살의 평등성이고, 이(耳)·비(鼻)·설(舌)·신(身)·의처(意處)는 이·비·설·신·의처의 자성이 공한 이것이 보살마하살의 평등성이며, 제보살마하살이 그 가운데에서 수학하는 까닭으로 평등하게 수학한다고 이름하며, 오히려 평등하게 수학하므로 빠르게 무상정등보리를 증득하느니라.

다시 다음으로 선현이여. 색처(色處)는 색처의 자성이 공한 이것이 보살마하살의 평등성이고, 성(聲)·향(香)·미(味)·촉(觸)·법처(法處)는 성·향·미·촉·법처의 자성이 공한 이것이 보살마하살의 평등성이며, 제보살마하살이 그 가운데에서 수학하는 까닭으로 평등하게 수학한다고 이름하며, 오히려 평등하게 수학하므로 빠르게 무상정등보리를 증득하느니라.

다시 다음으로 선현이여. 안계(眼界)는 안계의 자성이 공한 이것이 보살마하살의 평등성이고, 이(耳)·비(鼻)·설(舌)·신(身)·의계(意界)는 이·

비·설·신·의계의 자성이 공한 이것이 보살마하살의 평등성이며, 제보살마하살이 그 가운데에서 수학하는 까닭으로 평등하게 수학한다고 이름하며, 오히려 평등하게 수학하므로 빠르게 무상정등보리를 증득하느니라.

다시 다음으로 선현이여. 색계(色界)는 색계의 자성이 공한 이것이 보살마하살의 평등성이고, 성(聲)·향(香)·미(味)·촉(觸)·법계(法界)는 성·향·미·촉·법계의 자성이 공한 이것이 보살마하살의 평등성이며, 제보살마하살이 그 가운데에서 수학하는 까닭으로 평등하게 수학한다고 이름하며, 오히려 평등하게 수학하므로 빠르게 무상정등보리를 증득하느니라.

다시 다음으로 선현이여. 안식계(眼識界)는 안식계의 자성이 공한 이것이 보살마하살의 평등성이고, 이(耳)·비(鼻)·설(舌)·신(身)·의식계(意識界)는 이·비·설·신·의식계의 자성이 공한 이것이 보살마하살의 평등성이며, 제보살마하살이 그 가운데에서 수학하는 까닭으로 평등하게 수학한다고 이름하며, 오히려 평등하게 수학하므로 빠르게 무상정등보리를 증득하느니라.

다시 다음으로 선현이여. 안촉(眼觸)은 안촉의 자성이 공한 이것이 보살마하살의 평등성이고, 이(耳)·비(鼻)·설(舌)·신(身)·의촉(意觸)은 이·비·설·신·의촉의 자성이 공한 이것이 보살마하살의 평등성이며, 제보살마하살이 그 가운데에서 수학하는 까닭으로 평등하게 수학한다고 이름하며, 오히려 평등하게 수학하므로 빠르게 무상정등보리를 증득하느니라.

다시 다음으로 선현이여. 안촉(眼觸)을 인연으로 생겨난 수는 안촉을 인연으로 생겨난 수의 자성이 공한 이것이 보살마하살의 평등성이고, 이(耳)·비(鼻)·설(舌)·신(身)·의촉(意觸)을 인연으로 생겨난 수는 이·비·설·신·의촉을 인연으로 생겨난 수의 자성이 공한 이것이 보살마하살의 평등성이며, 제보살마하살이 그 가운데에서 수학하는 까닭으로 평등하게 수학한다고 이름하며, 오히려 평등하게 수학하므로 빠르게 무상정등보리를 증득하느니라.

다시 다음으로 선현이여. 지계(地界)는 지계의 자성이 공한 이것이 보살마하살의 평등성이고, 수(水)·화(火)·풍(風)·공(空)·식계(識界)는 수·

화·풍·공·식계의 자성이 공한 이것이 보살마하살의 평등성이며, 제보살마하살이 그 가운데에서 수학하는 까닭으로 평등하게 수학한다고 이름하며, 오히려 평등하게 수학하므로 빠르게 무상정등보리를 증득하느니라.

다시 다음으로 선현이여. 무명(無明)은 무명의 자성이 공한 이것이 보살마하살의 평등성이고, 행(行)·식(識)·명색(名色)·육처(六處)·촉(觸)·수(受)·애(愛)·취(取)·유(有)·생(生)·노사(老死)는 행·식·명색·육처·촉·수·애·취·유·생·노사의 자성이 공한 이것이 보살마하살의 평등성이며, 제보살마하살이 그 가운데에서 수학하는 까닭으로 평등하게 수학한다고 이름하며, 오히려 평등하게 수학하므로 빠르게 무상정등보리를 증득하느니라.

다시 다음으로 선현이여. 보시바라밀다(布施波羅蜜多)는 보시바라밀다의 자성이 공한 이것이 보살마하살의 평등성이고, 정계(淨戒)·안인(安忍)·정진(精進)·정려(靜慮)·반야바라밀다(般若波羅蜜多)는 정계·안인·정진·정려·반야바라밀다의 자성이 공한 이것이 보살마하살의 평등성이며, 제보살마하살이 그 가운데에서 수학하는 까닭으로 평등하게 수학한다고 이름하며, 오히려 평등하게 수학하므로 빠르게 무상정등보리를 증득하느니라.

다시 다음으로 선현이여. 내공(內空)은 내공의 자성이 공한 이것이 보살마하살의 평등성이고, 외공(外空)·내외공(內外空)·공공(空空)·대공(大空)·승의공(勝義空)·유위공(有爲空)·무위공(無爲空)·필경공(畢竟空)·무제공(無際空)·산공(散空)·무변이공(無變異空)·본성공(本性空)·자상공(自相空)·공상공(共相空)·일체법공(一切法空)·불가득공(不可得空)·무성공(無性空)·자성공(自性空)·무성자성공(無性自性空)은 외공·내외공·공공·대공·승의공·유위공·무위공·필경공·무제공·산공·무변이공·본성공·자상공·공상공·일체법공·불가득공·무성공·자성공·무성자성공의 자성이 공한 이것이 보살마하살의 평등성이며, 제보살마하살이 그 가운데에서 수학하는 까닭으로 평등하게 수학한다고 이름하며, 오히려 평등하게 수학하므로 빠르게 무상정등보리를 증득하느니라.

다시 다음으로 선현이여. 진여(眞如)는 진여의 자성이 공한 이것이 보살마하살의 평등성이고, 법계(法界)·법성(法性)·불허망성(不虛妄性)·불변이성(不變異性)·평등성(平等性)·이생성(離生性)·법정(法定)·법주(法住)·실제(實際)·허공계(虛空界)·부사의계(不思議界)는 법계·법성·불허망성·불변이성·평등성·이생성·법정·법주·실제·허공계·부사의계의 자성이 공한 이것이 보살마하살의 평등성이며, 제보살마하살이 그 가운데에서 수학하는 까닭으로 평등하게 수학한다고 이름하며, 오히려 평등하게 수학하므로 빠르게 무상정등보리를 증득하느니라.

다시 다음으로 선현이여. 고성제(苦聖諦)는 고성제의 자성이 공한 이것이 보살마하살의 평등성이고, 집(集)·멸(滅)·도성제(道聖諦)는 집·멸·도성제의 자성이 공한 이것이 보살마하살의 평등성이며, 제보살마하살이 그 가운데에서 수학하는 까닭으로 평등하게 수학한다고 이름하며, 오히려 평등하게 수학하므로 빠르게 무상정등보리를 증득하느니라.

다시 다음으로 선현이여. 4정려(四靜慮)는 4정려의 자성이 공한 이것이 보살마하살의 평등성이고, 4무량(四無量)·4무색정(四無色定)은 4무량·4무색정의 자성이 공한 이것이 보살마하살의 평등성이며, 제보살마하살이 그 가운데에서 수학하는 까닭으로 평등하게 수학한다고 이름하며, 오히려 평등하게 수학하므로 빠르게 무상정등보리를 증득하느니라.

다시 다음으로 선현이여. 8해탈(八解脫)은 8해탈의 자성이 공한 이것이 보살마하살의 평등성이고, 8승처(八勝處)·9차제정(九次第定)·10변처(十遍處)는 8승처·9차제정·10변처의 자성이 공한 이것이 보살마하살의 평등성이며, 제보살마하살이 그 가운데에서 수학하는 까닭으로 평등하게 수학한다고 이름하며, 오히려 평등하게 수학하므로 빠르게 무상정등보리를 증득하느니라.

다시 다음으로 선현이여. 4념주(四念住)는 4념주의 자성이 공한 이것이 보살마하살의 평등성이고, 4정단(四正斷)·4신족(四神足)·5근(五根)·5력(五力)·7등각지(七等覺支)·8성도지(八聖道支)는 4정단·4신족·5근·5력·7등각지·8성도지의 자성이 공한 이것이 보살마하살의 평등성이며, 제보살마하살이 그 가운데에서 수학하는 까닭으로 평등하게 수학한다고 이름하며, 오히려 평등하게 수학하므로 빠르게 무상정등보리를 증득하느니라.

다시 다음으로 선현이여. 공해탈문(空解脫門)은 공해탈문의 자성이 공한 이것이 보살마하살의 평등성이고, 무상(無相)·무원해탈문(無願解脫門)은 무상·무원해탈문의 자성이 공한 이것이 보살마하살의 평등성이며, 제보살마하살이 그 가운데에서 수학하는 까닭으로 평등하게 수학한다고 이름하며, 오히려 평등하게 수학하므로 빠르게 무상정등보리를 증득하느니라.

다시 다음으로 선현이여. 극희지(極喜地)는 극희지의 자성이 공한 이것이 보살마하살의 평등성이고, 이구지(離垢地)·발광지(發光地)·염혜지(焰慧地)·극난승지(極難勝地)·현전지(現前地)·원행지(遠行地)·부동지(不動地)·선혜지(善慧地)·법운지(法雲地)는 이구지·발광지·염혜지·극난승지·현전지·원행지·부동지·선혜지·법운지의 자성이 공한 이것이 보살마하살의 평등성이며, 제보살마하살이 그 가운데에서 수학하는 까닭으로 평등하게 수학한다고 이름하며, 오히려 평등하게 수학하므로 빠르게 무상정등보리를 증득하느니라.

다시 다음으로 선현이여. 5안(五眼)은 5안의 자성이 공한 이것이 보살마하살의 평등성이고, 6신통(六神通)은 6신통의 자성이 공한 이것이 보살마하살의 평등성이며, 제보살마하살이 그 가운데에서 수학하는 까닭으로 평등하게 수학한다고 이름하며, 오히려 평등하게 수학하므로 빠르게 무상정등보리를 증득하느니라.

다시 다음으로 선현이여. 여래(佛)의 10력(十力)은 여래의 10력의 자성이 공한 이것이 보살마하살의 평등성이고, 4무소외(四無所畏)·4무애해(四無礙解)·대자(大慈)·대비(大悲)·대희(大喜)·대사(大捨)·18불불공법(十八佛不共法)은 4무소외·4무애해·대자·대비·대희·대사·18불불공법의 자성이 공한 이것이 보살마하살의 평등성이며, 제보살마하살이 그 가운데에서 수학하는 까닭으로 평등하게 수학한다고 이름하며, 오히려 평등하게 수학하므로 빠르게 무상정등보리를 증득하느니라.

다시 다음으로 선현이여. 무망실법(無忘失法)은 무망실법의 자성이 공한 이것이 보살마하살의 평등성이고, 항주사성(恒住捨性)은 항주사성의 자성이 공한 이것이 보살마하살의 평등성이며, 제보살마하살이 그 가운데에서 수학하는 까닭으로 평등하게 수학한다고 이름하며, 오히려 평등하게 수학하므로 빠르게 무상정등보리를 증득하느니라.

다시 다음으로 선현이여. 일체지(一切智)는 일체지의 자성이 공한 이것이 보살마하살의 평등성이고, 도상지(道相智)·일체상지(一切相智)는 도상지·일체상지의 자성이 공한 이것이 보살마하살의 평등성이며, 제보살마하살이 그 가운데에서 수학하는 까닭으로 평등하게 수학한다고 이름하며, 오히려 평등하게 수학하므로 빠르게 무상정등보리를 증득하느니라.

다시 다음으로 선현이여. 일체(一切)의 다라니문(陀羅尼門)은 일체의 다라니문의 자성이 공한 이것이 보살마하살의 평등성이고, 일체의 삼마지문(三摩地門)은 일체의 삼마지문의 자성이 공한 이것이 보살마하살의 평등성이며, 제보살마하살이 그 가운데에서 수학하는 까닭으로 평등하게 수학한다고 이름하며, 오히려 평등하게 수학하므로 빠르게 무상정등보리를 증득하느니라.

다시 다음으로 선현이여. 예류과(預流果)는 예류과의 자성이 공한 이것이 보살마하살의 평등성이고, 일래(一來)·불환(不還)·아라한과(阿羅漢果)는 일래·불환·아라한과의 자성이 공한 이것이 보살마하살의 평등성이며, 제보살마하살이 그 가운데에서 수학하는 까닭으로 평등하게 수학한다고 이름하며, 오히려 평등하게 수학하므로 빠르게 무상정등보리를 증득하느니라.

다시 다음으로 선현이여. 독각(獨覺)의 보리(菩提)는 독각의 보리의 자성이 공한 이것이 보살마하살의 평등성이고, 제보살마하살이 그 가운데에서 수학하는 까닭으로 평등하게 수학한다고 이름하며, 오히려 평등하게 수학하므로 빠르게 무상정등보리를 증득하느니라. 다시 다음으로 선현이여. 일체의 보살마하살(菩薩摩訶薩)의 행(行)은 일체의 보살마하살의 행의 자성이 공한 이것이 보살마하살의 평등성이고, 제보살마하살이 그 가운데에서 수학하는 까닭으로 평등하게 수학한다고 이름하며, 오히려 평등하게 수학하므로 빠르게 무상정등보리를 증득하느니라.

다시 다음으로 선현이여. 제불(諸佛)의 무상정등보리(無上正等菩提)는 제불의 무상정등보리의 자성이 공한 이것이 보살마하살의 평등성이고, 제보살마하살이 그 가운데에서 수학하는 까닭으로 평등하게 수학한다고 이름하며, 오히려 평등하게 수학하므로 빠르게 무상정등보리를 증득하느니라."

구수 선현이 다시 세존께 아뢰어 말하였다.

"세존이시여. 만약 보살마하살이 색을 끝마치기(盡) 위한 까닭으로 수학한다면 이것이 일체지지(一切智智)를 수학하는 것이고, 수·상·행·식을 끝마치기 위한 까닭으로 수학한다면 이것이 일체지지를 수학하는 것입니까? 만약 보살마하살이 색을 벗어나기(離) 위한 까닭으로 수학한다면 이것이 일체지지를 수학하는 것이고, 수·상·행·식을 벗어나기 위한 까닭으로 수학한다면 이것이 일체지지를 수학하는 것입니까?

만약 보살마하살이 색을 소멸시키기(滅) 위한 까닭으로 수학한다면 이것이 일체지지를 수학하는 것이고, 수·상·행·식을 소멸시키기 위한 까닭으로 수학한다면 이것이 일체지지를 수학하는 것입니까? 만약 보살마하살이 색을 생겨남이 없게(無生) 하기 위한 까닭으로 수학한다면 이것이 일체지지를 수학하는 것이고, 수·상·행·식을 생겨남이 없게 하기 위한 까닭으로 수학한다면 이것이 일체지지를 수학하는 것입니까?

만약 보살마하살이 색을 소멸시키지 않기(無滅) 위한 까닭으로 수학한다면 이것이 일체지지를 수학하는 것이고, 수·상·행·식을 소멸시키지 않기 위한 까닭으로 수학한다면 이것이 일체지지를 수학하는 것입니까? 만약 보살마하살이 색을 본래(本來)부터 적정(寂靜)시키기 위한 까닭으로 수학한다면 이것이 일체지지를 수학하는 것이고, 수·상·행·식을 본래부터 적정시키기 위한 까닭으로 수학한다면 이것이 일체지지를 수학하는 것입니까?

만약 보살마하살이 색의 자성(自性)을 열반(涅槃)시키기 위한 까닭으로 수학한다면 이것이 일체지지를 수학하는 것이고, 수·상·행·식의 자성을 열반시키기 위한 까닭으로 수학한다면 이것이 일체지지를 수학하는 것입니까?

세존이시여. 만약 보살마하살이 안처를 끝마치기 위한 까닭으로 수학한다면 이것이 일체지지를 수학하는 것이고, 이·비·설·신·의처를 끝마치기 위한 까닭으로 수학한다면 이것이 일체지지를 수학하는 것입니까? 만약 보살마하살이 안처를 벗어나기 위한 까닭으로 수학한다면 이것이 일체지지를 수학하는 것이고, 이·비·설·신·의처를 벗어나기 위한 까닭으로 수학한다면 이것이 일체지지를 수학하는 것입니까?

만약 보살마하살이 안처를 소멸시키기 위한 까닭으로 수학한다면 이것이 일체지지를 수학하는 것이고, 이·비·설·신·의처를 소멸시키기 위한 까닭으로 수학한다면 이것이 일체지지를 수학하는 것입니까? 만약 보살마하살이 안처를 생겨남이 없게 하기 위한 까닭으로 수학한다면 이것이 일체지지를 수학하는 것이고, 이·비·설·신·의처를 생겨남이 없게 하기 위한 까닭으로 수학한다면 이것이 일체지지를 수학하는 것입니까?

만약 보살마하살이 안처를 소멸시키지 않기 위한 까닭으로 수학한다면 이것이 일체지지를 수학하는 것이고, 이·비·설·신·의처를 소멸시키지 않기 위한 까닭으로 수학한다면 이것이 일체지지를 수학하는 것입니까? 만약 보살마하살이 안처를 본래부터 적정시키기 위한 까닭으로 수학한다면 이것이 일체지지를 수학하는 것이고, 이·비·설·신·의처를 본래부터 적정시키기 위한 까닭으로 수학한다면 이것이 일체지지를 수학하는 것입니까?

만약 보살마하살이 안처의 자성을 열반시키기 위한 까닭으로 수학한다면 이것이 일체지지를 수학하는 것이고, 이·비·설·신·의처의 자성을 열반시키기 위한 까닭으로 수학한다면 이것이 일체지지를 수학하는 것입니까?

세존이시여. 만약 보살마하살이 색처를 끝마치기 위한 까닭으로 수학한다면 이것이 일체지지를 수학하는 것이고, 성·향·미·촉·법처를 끝마치기 위한 까닭으로 수학한다면 이것이 일체지지를 수학하는 것입니까? 만약 보살마하살이 색처를 벗어나기 위한 까닭으로 수학한다면 이것이 일체지지를 수학하는 것이고, 성·향·미·촉·법처를 벗어나기 위한 까닭으로 수학한다면 이것이 일체지지를 수학하는 것입니까?

만약 보살마하살이 색처를 소멸시키기 위한 까닭으로 수학한다면 이것이 일체지지를 수학하는 것이고, 성·향·미·촉·법처를 소멸시키기 위한 까닭으로 수학한다면 이것이 일체지지를 수학하는 것입니까? 만약 보살마하살이 색처를 생겨남이 없게 하기 위한 까닭으로 수학한다면 이것이 일체지지를 수학하는 것이고, 성·향·미·촉·법처를 생겨남이 없게 하기 위한 까닭으로 수학한다면 이것이 일체지지를 수학하는 것입니까?

만약 보살마하살이 색처를 소멸시키지 않기 위한 까닭으로 수학한다면 이것이 일체지지를 수학하는 것이고, 성·향·미·촉·법처를 소멸시키지 않기 위한 까닭으로 수학한다면 이것이 일체지지를 수학하는 것입니까? 만약 보살마하살이 색처를 본래부터 적정시키기 위한 까닭으로 수학한다면 이것이 일체지지를 수학하는 것이고, 성·향·미·촉·법처를 본래부터 적정시키기 위한 까닭으로 수학한다면 이것이 일체지지를 수학하는 것입니까?

만약 보살마하살이 색처의 자성을 열반시키기 위한 까닭으로 수학한다면 이것이 일체지지를 수학하는 것이고, 성·향·미·촉·법처의 자성을 열반시키기 위한 까닭으로 수학한다면 이것이 일체지지를 수학하는 것입니까?

세존이시여. 만약 보살마하살이 안계를 끝마치기 위한 까닭으로 수학한다면 이것이 일체지지를 수학하는 것이고, 이·비·설·신·의계를 끝마치기 위한 까닭으로 수학한다면 이것이 일체지지를 수학하는 것입니까? 만약 보살마하살이 안계를 벗어나기 위한 까닭으로 수학한다면 이것이 일체지지를 수학하는 것이고, 이·비·설·신·의계를 벗어나기 위한 까닭으로 수학한다면 이것이 일체지지를 수학하는 것입니까?

만약 보살마하살이 안계를 소멸시키기 위한 까닭으로 수학한다면 이것이 일체지지를 수학하는 것이고, 이·비·설·신·의계를 소멸시키기 위한 까닭으로 수학한다면 이것이 일체지지를 수학하는 것입니까? 만약 보살마하살이 안계를 생겨남이 없게 하기 위한 까닭으로 수학한다면 이것이 일체지지를 수학하는 것이고, 이·비·설·신·의계를 생겨남이 없게 하기 위한 까닭으로 수학한다면 이것이 일체지지를 수학하는 것입니까?

만약 보살마하살이 안계를 소멸시키지 않기 위한 까닭으로 수학한다면 이것이 일체지지를 수학하는 것이고, 이·비·설·신·의계를 소멸시키지 않기 위한 까닭으로 수학한다면 이것이 일체지지를 수학하는 것입니까? 만약 보살마하살이 안계를 본래부터 적정시키기 위한 까닭으로 수학한다면 이것이 일체지지를 수학하는 것이고, 이·비·설·신·의계를 본래부터 적정시키기 위한 까닭으로 수학한다면 이것이 일체지지를 수학하는 것입니까?

만약 보살마하살이 안계의 자성을 열반시키기 위한 까닭으로 수학한다면 이것이 일체지지를 수학하는 것이고, 이·비·설·신·의계의 자성을 열반시키기 위한 까닭으로 수학한다면 이것이 일체지지를 수학하는 것입니까?

세존이시여. 만약 보살마하살이 색계를 끝마치기 위한 까닭으로 수학한다면 이것이 일체지지를 수학하는 것이고, 성·향·미·촉·법계를 끝마치기 위한 까닭으로 수학한다면 이것이 일체지지를 수학하는 것입니까? 만약 보살마하살이 색계를 벗어나기 위한 까닭으로 수학한다면 이것이 일체지지를 수학하는 것이고, 성·향·미·촉·법계를 벗어나기 위한 까닭으로 수학한다면 이것이 일체지지를 수학하는 것입니까?

만약 보살마하살이 색계를 소멸시키기 위한 까닭으로 수학한다면 이것이 일체지지를 수학하는 것이고, 성·향·미·촉·법계를 소멸시키기 위한 까닭으로 수학한다면 이것이 일체지지를 수학하는 것입니까? 만약 보살마하살이 색계를 생겨남이 없게 하기 위한 까닭으로 수학한다면 이것이 일체지지를 수학하는 것이고, 성·향·미·촉·법계를 생겨남이 없게 하기 위한 까닭으로 수학한다면 이것이 일체지지를 수학하는 것입니까?

만약 보살마하살이 색계를 소멸시키지 않기 위한 까닭으로 수학한다면 이것이 일체지지를 수학하는 것이고, 성·향·미·촉·법계를 소멸시키지 않기 위한 까닭으로 수학한다면 이것이 일체지지를 수학하는 것입니까? 만약 보살마하살이 색계를 본래부터 적정시키기 위한 까닭으로 수학한다면 이것이 일체지지를 수학하는 것이고, 성·향·미·촉·법계를 본래부터 적정시키기 위한 까닭으로 수학한다면 이것이 일체지지를 수학하는 것입니까?

만약 보살마하살이 색계의 자성을 열반시키기 위한 까닭으로 수학한다면 이것이 일체지지를 수학하는 것이고, 성·향·미·촉·법계의 자성을 열반시키기 위한 까닭으로 수학한다면 이것이 일체지지를 수학하는 것입니까?

세존이시여. 만약 보살마하살이 안식계를 끝마치기 위한 까닭으로 수학한다면 이것이 일체지지를 수학하는 것이고, 이·비·설·신·의식계를 끝마치기 위한 까닭으로 수학한다면 이것이 일체지지를 수학하는 것입니까? 만약 보살마하살이 안식계를 벗어나기 위한 까닭으로 수학한다면 이것이 일체지지를 수학하는 것이고, 이·비·설·신·의식계를 벗어나기 위한 까닭으로 수학한다면 이것이 일체지지를 수학하는 것입니까?

만약 보살마하살이 안식계를 소멸시키기 위한 까닭으로 수학한다면 이것이 일체지지를 수학하는 것이고, 이·비·설·신·의식계를 소멸시키기 위한 까닭으로 수학한다면 이것이 일체지지를 수학하는 것입니까? 만약 보살마하살이 안식계를 생겨남이 없게 하기 위한 까닭으로 수학한다면 이것이 일체지지를 수학하는 것이고, 이·비·설·신·의식계를 생겨남이 없게 하기 위한 까닭으로 수학한다면 이것이 일체지지를 수학하는 것입니까?

만약 보살마하살이 안식계를 소멸시키지 않기 위한 까닭으로 수학한다면 이것이 일체지지를 수학하는 것이고, 이·비·설·신·의식계를 소멸시키지 않기 위한 까닭으로 수학한다면 이것이 일체지지를 수학하는 것입니까? 만약 보살마하살이 안식계를 본래부터 적정시키기 위한 까닭으로 수학한다면 이것이 일체지지를 수학하는 것이고, 이·비·설·신·의식계를 본래부터 적정시키기 위한 까닭으로 수학한다면 이것이 일체지지를 수학하는 것입니까?

만약 보살마하살이 안식계의 자성을 열반시키기 위한 까닭으로 수학한다면 이것이 일체지지를 수학하는 것이고, 이·비·설·신·의식계의 자성을 열반시키기 위한 까닭으로 수학한다면 이것이 일체지지를 수학하는 것입니까?

세존이시여. 만약 보살마하살이 안촉을 끝마치기 위한 까닭으로 수학한다면 이것이 일체지지를 수학하는 것이고, 이·비·설·신·의촉을 끝마치기 위한 까닭으로 수학한다면 이것이 일체지지를 수학하는 것입니까? 만약 보살마하살이 안촉을 벗어나기 위한 까닭으로 수학한다면 이것이 일체지지를 수학하는 것이고, 이·비·설·신·의촉을 벗어나기 위한 까닭으로 수학한다면 이것이 일체지지를 수학하는 것입니까?

만약 보살마하살이 안촉을 소멸시키기 위한 까닭으로 수학한다면 이것이 일체지지를 수학하는 것이고, 이·비·설·신·의촉을 소멸시키기 위한 까닭으로 수학한다면 이것이 일체지지를 수학하는 것입니까? 만약 보살마하살이 안촉을 생겨남이 없게 하기 위한 까닭으로 수학한다면 이것이 일체지지를 수학하는 것이고, 이·비·설·신·의촉을 생겨남이 없게 하기 위한 까닭으로 수학한다면 이것이 일체지지를 수학하는 것입니까?

만약 보살마하살이 안촉을 소멸시키지 않기 위한 까닭으로 수학한다면 이것이 일체지지를 수학하는 것이고, 이·비·설·신·의촉을 소멸시키지 않기 위한 까닭으로 수학한다면 이것이 일체지지를 수학하는 것입니까? 만약 보살마하살이 안촉을 본래부터 적정시키기 위한 까닭으로 수학한다면 이것이 일체지지를 수학하는 것이고, 이·비·설·신·의촉을 본래부터 적정시키기 위한 까닭으로 수학한다면 이것이 일체지지를 수학하는 것입니까?

만약 보살마하살이 안촉의 자성을 열반시키기 위한 까닭으로 수학한다면 이것이 일체지지를 수학하는 것이고, 이·비·설·신·의촉의 자성을 열반시키기 위한 까닭으로 수학한다면 이것이 일체지지를 수학하는 것입니까?

세존이시여. 만약 보살마하살이 안촉을 인연으로 생겨난 여러 수를 끝마치기 위한 까닭으로 수학한다면 이것이 일체지지를 수학하는 것이고, 이·비·설·신·의촉을 인연으로 생겨난 여러 수를 끝마치기 위한 까닭으로 수학한다면 이것이 일체지지를 수학하는 것입니까? 만약 보살마하살이 안촉을 인연으로 생겨난 여러 수를 벗어나기 위한 까닭으로 수학한다면 이것이 일체지지를 수학하는 것이고, 이·비·설·신·의촉을 인연으로 생겨난 여러 수를 벗어나기 위한 까닭으로 수학한다면 이것이 일체지지를 수학하는 것입니까?

만약 보살마하살이 안촉을 인연으로 생겨난 여러 수를 소멸시키기 위한 까닭으로 수학한다면 이것이 일체지지를 수학하는 것이고, 이·비·설·신·의촉을 인연으로 생겨난 여러 수를 소멸시키기 위한 까닭으로 수학한다면 이것이 일체지지를 수학하는 것입니까? 만약 보살마하살이 안촉을 인연으로 생겨난 여러 수를 생겨남이 없게 하기 위한 까닭으로 수학한다면 이것이 일체지지를 수학하는 것이고, 이·비·설·신·의촉을 인연으로 생겨난 여러 수를 생겨남이 없게 하기 위한 까닭으로 수학한다면 이것이 일체지지를 수학하는 것입니까?

만약 보살마하살이 안촉을 인연으로 생겨난 여러 수를 소멸시키지 않기 위한 까닭으로 수학한다면 이것이 일체지지를 수학하는 것이고, 이·비·설·신·의촉을 인연으로 생겨난 여러 수를 소멸시키지 않기 위한 까닭으로 수학한다면 이것이 일체지지를 수학하는 것입니까? 만약 보살마하살이 안촉을 인연으로 생겨난 여러 수를 본래부터 적정시키기 위한 까닭으로 수학한다면 이것이 일체지지를 수학하는 것이고, 이·비·설·신·의촉을 인연으로 생겨난 여러 수를 본래부터 적정시키기 위한 까닭으로 수학한다면 이것이 일체지지를 수학하는 것입니까?

만약 보살마하살이 안촉을 인연으로 생겨난 여러 수의 자성을 열반시키기 위한 까닭으로 수학한다면 이것이 일체지지를 수학하는 것이고, 이·비·

설·신·의촉을 인연으로 생겨난 여러 수의 자성을 열반시키기 위한 까닭으로 수학한다면 이것이 일체지지를 수학하는 것입니까?

세존이시여. 만약 보살마하살이 지계를 끝마치기 위한 까닭으로 수학한다면 이것이 일체지지를 수학하는 것이고, 수·화·풍·공·식계를 끝마치기 위한 까닭으로 수학한다면 이것이 일체지지를 수학하는 것입니까? 만약 보살마하살이 지계를 벗어나기 위한 까닭으로 수학한다면 이것이 일체지지를 수학하는 것이고, 수·화·풍·공·식계를 벗어나기 위한 까닭으로 수학한다면 이것이 일체지지를 수학하는 것입니까?

만약 보살마하살이 지계를 소멸시키기 위한 까닭으로 수학한다면 이것이 일체지지를 수학하는 것이고, 수·화·풍·공·식계를 소멸시키기 위한 까닭으로 수학한다면 이것이 일체지지를 수학하는 것입니까? 만약 보살마하살이 지계를 생겨남이 없게 하기 위한 까닭으로 수학한다면 이것이 일체지지를 수학하는 것이고, 수·화·풍·공·식계를 생겨남이 없게 하기 위한 까닭으로 수학한다면 이것이 일체지지를 수학하는 것입니까?

만약 보살마하살이 지계를 소멸시키지 않기 위한 까닭으로 수학한다면 이것이 일체지지를 수학하는 것이고, 수·화·풍·공·식계를 소멸시키지 않기 위한 까닭으로 수학한다면 이것이 일체지지를 수학하는 것입니까? 만약 보살마하살이 지계를 본래부터 적정시키기 위한 까닭으로 수학한다면 이것이 일체지지를 수학하는 것이고, 수·화·풍·공·식계를 본래부터 적정시키기 위한 까닭으로 수학한다면 이것이 일체지지를 수학하는 것입니까?

만약 보살마하살이 지계의 자성을 열반시키기 위한 까닭으로 수학한다면 이것이 일체지지를 수학하는 것이고, 수·화·풍·공·식계의 자성을 열반시키기 위한 까닭으로 수학한다면 이것이 일체지지를 수학하는 것입니까?

세존이시여. 만약 보살마하살이 무명을 끝마치기 위한 까닭으로 수학한다면 이것이 일체지지를 수학하는 것이고, 행·식·명색·육처·촉·수·애·취·유·생·노사를 끝마치기 위한 까닭으로 수학한다면 이것이 일체지지를 수학하는 것입니까? 만약 보살마하살이 무명을 벗어나기 위한 까닭으로 수학한다면 이것이 일체지지를 수학하는 것이고, 행·식·명색·육처·촉·수·애·취·유·생·노사를 벗어나기 위한 까닭으로 수학한다면 이것이 일체지지를 수학하는 것입니까?

만약 보살마하살이 무명을 소멸시키기 위한 까닭으로 수학한다면 이것이 일체지지를 수학하는 것이고, 행·식·명색·육처·촉·수·애·취·유·생·노사를 소멸시키기 위한 까닭으로 수학한다면 이것이 일체지지를 수학하는 것입니까? 만약 보살마하살이 무명을 생겨남이 없게 하기 위한 까닭으로 수학한다면 이것이 일체지지를 수학하는 것이고, 행·식·명색·육처·촉·수·애·취·유·생·노사를 생겨남이 없게 하기 위한 까닭으로 수학한다면 이것이 일체지지를 수학하는 것입니까?

만약 보살마하살이 무명을 소멸시키지 않기 위한 까닭으로 수학한다면 이것이 일체지지를 수학하는 것이고, 행·식·명색·육처·촉·수·애·취·유·생·노사를 소멸시키지 않기 위한 까닭으로 수학한다면 이것이 일체지지를 수학하는 것입니까? 만약 보살마하살이 무명을 본래부터 적정시키기 위한 까닭으로 수학한다면 이것이 일체지지를 수학하는 것이고, 행·식·명색·육처·촉·수·애·취·유·생·노사를 본래부터 적정시키기 위한 까닭으로 수학한다면 이것이 일체지지를 수학하는 것입니까?

만약 보살마하살이 무명의 자성을 열반시키기 위한 까닭으로 수학한다면 이것이 일체지지를 수학하는 것이고, 행·식·명색·육처·촉·수·애·취·유·생·노사의 자성을 열반시키기 위한 까닭으로 수학한다면 이것이 일체지지를 수학하는 것입니까?

세존이시여. 만약 보살마하살이 보시바라밀다를 끝마치기 위한 까닭으로 수학한다면 이것이 일체지지를 수학하는 것이고, 정계·안인·정진·정려·반야바라밀다를 끝마치기 위한 까닭으로 수학한다면 이것이 일체지지를 수학하는 것입니까? 만약 보살마하살이 보시바라밀다를 벗어나기 위한 까닭으로 수학한다면 이것이 일체지지를 수학하는 것이고, 정계·안인·정진·정려·반야바라밀다를 벗어나기 위한 까닭으로 수학한다면 이것이 일체지지를 수학하는 것입니까?

만약 보살마하살이 보시바라밀다를 소멸시키기 위한 까닭으로 수학한다면 이것이 일체지지를 수학하는 것이고, 정계·안인·정진·정려·반야바라밀다를 소멸시키기 위한 까닭으로 수학한다면 이것이 일체지지를 수학하는 것입니까? 만약 보살마하살이 보시바라밀다를 생겨남이 없게 하기 위한 까닭으로 수학한다면 이것이 일체지지를 수학하는 것이고, 정계·안인·정진·정려·반야바라밀다를 생겨남이 없게 하기 위한 까닭으로 수학한다면 이것이 일체지지를 수학하는 것입니까?

만약 보살마하살이 보시바라밀다를 소멸시키지 않기 위한 까닭으로 수학한다면 이것이 일체지지를 수학하는 것이고, 정계·안인·정진·정려·반야바라밀다를 소멸시키지 않기 위한 까닭으로 수학한다면 이것이 일체지지를 수학하는 것입니까? 만약 보살마하살이 보시바라밀다를 본래부터 적정시키기 위한 까닭으로 수학한다면 이것이 일체지지를 수학하는 것이고, 정계·안인·정진·정려·반야바라밀다를 본래부터 적정시키기 위한 까닭으로 수학한다면 이것이 일체지지를 수학하는 것입니까?

만약 보살마하살이 보시바라밀다의 자성을 열반시키기 위한 까닭으로 수학한다면 이것이 일체지지를 수학하는 것이고, 정계·안인·정진·정려·반야바라밀다의 자성을 열반시키기 위한 까닭으로 수학한다면 이것이 일체지지를 수학하는 것입니까?

세존이시여. 만약 보살마하살이 내공을 끝마치기 위한 까닭으로 수학한다면 이것이 일체지지를 수학하는 것이고, 외공·내외공·공공·대공·승의공·유위공·무위공·필경공·무제공·산공·무변이공·본성공·자상공·공상공·일체법공·불가득공·무성공·자성공·무성자성공을 끝마치기 위한 까닭으로 수학한다면 이것이 일체지지를 수학하는 것입니까? 만약 보살마하살이 내공을 벗어나기 위한 까닭으로 수학한다면 이것이 일체지지를 수학하는 것이고, 외공, 나아가 무성자성공을 벗어나기 위한 까닭으로 수학한다면 이것이 일체지지를 수학하는 것입니까?

만약 보살마하살이 내공을 소멸시키기 위한 까닭으로 수학한다면 이것이 일체지지를 수학하는 것이고, 외공, 나아가 무성자성공을 소멸시키기 위한 까닭으로 수학한다면 이것이 일체지지를 수학하는 것입니까? 만약 보살마하살이 내공을 생겨남이 없게 하기 위한 까닭으로 수학한다면 이것이 일체지지를 수학하는 것이고, 외공, 나아가 무성자성공을 생겨남이 없게 하기 위한 까닭으로 수학한다면 이것이 일체지지를 수학하는 것입니까?

만약 보살마하살이 내공을 소멸시키지 않기 위한 까닭으로 수학한다면 이것이 일체지지를 수학하는 것이고, 외공, 나아가 무성자성공을 소멸시키지 않기 위한 까닭으로 수학한다면 이것이 일체지지를 수학하는 것입니까? 만약 보살마하살이 내공을 본래부터 적정시키기 위한 까닭으로 수학한다면 이것이 일체지지를 수학하는 것이고, 외공, 나아가 무성자성공을 본래부터 적정시키기 위한 까닭으로 수학한다면 이것이 일체지지를 수학하는 것입니까?

만약 보살마하살이 내공의 자성을 열반시키기 위한 까닭으로 수학한다면 이것이 일체지지를 수학하는 것이고, 외공, 나아가 무성자성공의 자성을 열반시키기 위한 까닭으로 수학한다면 이것이 일체지지를 수학하는 것입니까?

세존이시여. 만약 보살마하살이 진여를 끝마치기 위한 까닭으로 수학한다면 이것이 일체지지를 수학하는 것이고, 법계·법성·불허망성·불변이성·평등성·이생성·법정·법주·실제·허공계·부사의계를 끝마치기 위한 까닭으로 수학한다면 이것이 일체지지를 수학하는 것입니까? 만약 보살마하살이 진여를 벗어나기 위한 까닭으로 수학한다면 이것이 일체지지를 수학하는 것이고, 법계, 나아가 부사의계를 벗어나기 위한 까닭으로 수학한다면 이것이 일체지지를 수학하는 것입니까?

만약 보살마하살이 진여를 소멸시키기 위한 까닭으로 수학한다면 이것이 일체지지를 수학하는 것이고, 법계, 나아가 부사의계를 소멸시키기 위한 까닭으로 수학한다면 이것이 일체지지를 수학하는 것입니까? 만약 보살마하살이 진여를 생겨남이 없게 하기 위한 까닭으로 수학한다면 이것이 일체지지를 수학하는 것이고, 법계, 나아가 부사의계를 생겨남이 없게 하기 위한 까닭으로 수학한다면 이것이 일체지지를 수학하는 것입니까?

만약 보살마하살이 진여를 소멸시키지 않기 위한 까닭으로 수학한다면 이것이 일체지지를 수학하는 것이고, 법계, 나아가 부사의계를 소멸시키지 않기 위한 까닭으로 수학한다면 이것이 일체지지를 수학하는 것입니까? 만약 보살마하살이 진여를 본래부터 적정시키기 위한 까닭으로 수학한다면 이것이 일체지지를 수학하는 것이고, 법계, 나아가 부사의계를 본래부터 적정시키기 위한 까닭으로 수학한다면 이것이 일체지지를 수학하는 것입니까?

만약 보살마하살이 진여의 자성을 열반시키기 위한 까닭으로 수학한다면 이것이 일체지지를 수학하는 것이고, 법계, 나아가 부사의계의 자성을 열반시키기 위한 까닭으로 수학한다면 이것이 일체지지를 수학하는 것입니까?

세존이시여. 만약 보살마하살이 고성제를 끝마치기 위한 까닭으로 수학한다면 이것이 일체지지를 수학하는 것이고, 집·멸·도성제를 끝마치기 위한 까닭으로 수학한다면 이것이 일체지지를 수학하는 것입니까? 만약 보살마하살이 고성제를 벗어나기 위한 까닭으로 수학한다면 이것이 일체지지를 수학하는 것이고, 집·멸·도성제를 벗어나기 위한 까닭으로 수학한다면 이것이 일체지지를 수학하는 것입니까?

만약 보살마하살이 고성제를 소멸시키기 위한 까닭으로 수학한다면 이것이 일체지지를 수학하는 것이고, 집·멸·도성제를 소멸시키기 위한 까닭으로 수학한다면 이것이 일체지지를 수학하는 것입니까? 만약 보살마하살이 고성제를 생겨남이 없게 하기 위한 까닭으로 수학한다면 이것이 일체지지를 수학하는 것이고, 집·멸·도성제를 생겨남이 없게 하기 위한 까닭으로 수학한다면 이것이 일체지지를 수학하는 것입니까?

만약 보살마하살이 고성제를 소멸시키지 않기 위한 까닭으로 수학한다면 이것이 일체지지를 수학하는 것이고, 집·멸·도성제를 소멸시키지 않기 위한 까닭으로 수학한다면 이것이 일체지지를 수학하는 것입니까?

만약 보살마하살이 고성제를 본래부터 적정시키기 위한 까닭으로 수학한다면 이것이 일체지지를 수학하는 것이고, 집·멸·도성제를 본래부터 적정시키기 위한 까닭으로 수학한다면 이것이 일체지지를 수학하는 것입니까?

만약 보살마하살이 고성제의 자성을 열반시키기 위한 까닭으로 수학한다면 이것이 일체지지를 수학하는 것이고, 집·멸·도성제의 자성을 열반시키기 위한 까닭으로 수학한다면 이것이 일체지지를 수학하는 것입니까?

세존이시여. 만약 보살마하살이 4정려를 끝마치기 위한 까닭으로 수학한다면 이것이 일체지지를 수학하는 것이고, 4무량·4무색정을 끝마치기 위한 까닭으로 수학한다면 이것이 일체지지를 수학하는 것입니까? 만약 보살마하살이 4정려를 벗어나기 위한 까닭으로 수학한다면 이것이 일체지지를 수학하는 것이고, 4무량·4무색정을 벗어나기 위한 까닭으로 수학한다면 이것이 일체지지를 수학하는 것입니까?

만약 보살마하살이 4정려를 소멸시키기 위한 까닭으로 수학한다면 이것이 일체지지를 수학하는 것이고, 4무량·4무색정을 소멸시키기 위한 까닭으로 수학한다면 이것이 일체지지를 수학하는 것입니까? 만약 보살마하살이 4정려를 생겨남이 없게 하기 위한 까닭으로 수학한다면 이것이 일체지지를 수학하는 것이고, 4무량·4무색정을 생겨남이 없게 하기 위한 까닭으로 수학한다면 이것이 일체지지를 수학하는 것입니까?

만약 보살마하살이 4정려를 소멸시키지 않기 위한 까닭으로 수학한다면 이것이 일체지지를 수학하는 것이고, 4무량·4무색정을 소멸시키지 않기 위한 까닭으로 수학한다면 이것이 일체지지를 수학하는 것입니까? 만약 보살마하살이 4정려를 본래부터 적정시키기 위한 까닭으로 수학한다면 이것이 일체지지를 수학하는 것이고, 4무량·4무색정을 본래부터 적정시키기 위한 까닭으로 수학한다면 이것이 일체지지를 수학하는 것입니까?

만약 보살마하살이 4정려의 자성을 열반시키기 위한 까닭으로 수학한다면 이것이 일체지지를 수학하는 것이고, 4무량·4무색정의 자성을 열반시키기 위한 까닭으로 수학한다면 이것이 일체지지를 수학하는 것입니까?

세존이시여. 만약 보살마하살이 8해탈을 끝마치기 위한 까닭으로 수학한다면 이것이 일체지지를 수학하는 것이고, 8승처·9차제정·10변처를 끝마치기 위한 까닭으로 수학한다면 이것이 일체지지를 수학하는 것입니까? 만약 보살마하살이 8해탈을 벗어나기 위한 까닭으로 수학한다면 이것이 일체지지를 수학하는 것이고, 8승처·9차제정·10변처를 벗어나기 위한 까닭으로 수학한다면 이것이 일체지지를 수학하는 것입니까?

만약 보살마하살이 8해탈을 소멸시키기 위한 까닭으로 수학한다면 이것이 일체지지를 수학하는 것이고, 8승처·9차제정·10변처를 소멸시키기 위한 까닭으로 수학한다면 이것이 일체지지를 수학하는 것입니까? 만약 보살마하살이 8해탈을 생겨남이 없게 하기 위한 까닭으로 수학한다면 이것이 일체지지를 수학하는 것이고, 8승처·9차제정·10변처를 생겨남이 없게 하기 위한 까닭으로 수학한다면 이것이 일체지지를 수학하는 것입니까?

만약 보살마하살이 8해탈을 소멸시키지 않기 위한 까닭으로 수학한다면 이것이 일체지지를 수학하는 것이고, 8승처·9차제정·10변처를 소멸시키지 않기 위한 까닭으로 수학한다면 이것이 일체지지를 수학하는 것입니까? 만약 보살마하살이 8해탈을 본래부터 적정시키기 위한 까닭으로 수학한다면 이것이 일체지지를 수학하는 것이고, 8승처·9차제정·10변처를 본래부터 적정시키기 위한 까닭으로 수학한다면 이것이 일체지지를 수학하는 것입니까?

만약 보살마하살이 8해탈의 자성을 열반시키기 위한 까닭으로 수학한다면 이것이 일체지지를 수학하는 것이고, 8승처·9차제정·10변처의 자성을 열반시키기 위한 까닭으로 수학한다면 이것이 일체지지를 수학하는 것입니까?”

마하반야바라밀다경 제339권

55. 교편학품(巧便學品)(3)

"세존이시여. 만약 보살마하살이 4념주를 끝마치기 위한 까닭으로 수학한다면 이것이 일체지지를 수학하는 것이고, 4정단·4신족·5근·5력·7등각지·8성도지를 끝마치기 위한 까닭으로 수학한다면 이것이 일체지지를 수학하는 것입니까? 만약 보살마하살이 4념주를 벗어나기 위한 까닭으로 수학한다면 이것이 일체지지를 수학하는 것이고, 4정단, 나아가 8성도지를 벗어나기 위한 까닭으로 수학한다면 이것이 일체지지를 수학하는 것입니까?

만약 보살마하살이 4념주를 소멸시키기 위한 까닭으로 수학한다면 이것이 일체지지를 수학하는 것이고, 4정단, 나아가 8성도지를 소멸시키기 위한 까닭으로 수학한다면 이것이 일체지지를 수학하는 것입니까? 만약 보살마하살이 4념주를 생겨남이 없게 하기 위한 까닭으로 수학한다면 이것이 일체지지를 수학하는 것이고, 4정단, 나아가 8성도지를 생겨남이 없게 하기 위한 까닭으로 수학한다면 이것이 일체지지를 수학하는 것입니까?

만약 보살마하살이 4념주를 소멸시키지 않기 위한 까닭으로 수학한다면 이것이 일체지지를 수학하는 것이고, 4정단, 나아가 8성도지를 소멸시키지 않기 위한 까닭으로 수학한다면 이것이 일체지지를 수학하는 것입니까? 만약 보살마하살이 4념주를 본래부터 적정시키기 위한 까닭으로 수학한다면 이것이 일체지지를 수학하는 것이고, 4정단, 나아가 8성도지를 본래부터 적정시키기 위한 까닭으로 수학한다면 이것이 일체지지를 수학하는 것입니까?

만약 보살마하살이 4념주의 자성을 열반시키기 위한 까닭으로 수학한다면 이것이 일체지지를 수학하는 것이고, 4정단, 나아가 8성도지의 자성을 열반시키기 위한 까닭으로 수학한다면 이것이 일체지지를 수학하는 것입니까?

세존이시여. 만약 보살마하살이 공해탈문을 끝마치기 위한 까닭으로 수학한다면 이것이 일체지지를 수학하는 것이고, 무상·무원해탈문을 끝마치기 위한 까닭으로 수학한다면 이것이 일체지지를 수학하는 것입니까? 만약 보살마하살이 공해탈문을 벗어나기 위한 까닭으로 수학한다면 이것이 일체지지를 수학하는 것이고, 무상·무원해탈문을 벗어나기 위한 까닭으로 수학한다면 이것이 일체지지를 수학하는 것입니까?

만약 보살마하살이 공해탈문을 소멸시키기 위한 까닭으로 수학한다면 이것이 일체지지를 수학하는 것이고, 무상·무원해탈문을 소멸시키기 위한 까닭으로 수학한다면 이것이 일체지지를 수학하는 것입니까? 만약 보살마하살이 공해탈문을 생겨남이 없게 하기 위한 까닭으로 수학한다면 이것이 일체지지를 수학하는 것이고, 무상·무원해탈문을 생겨남이 없게 하기 위한 까닭으로 수학한다면 이것이 일체지지를 수학하는 것입니까?

만약 보살마하살이 공해탈문을 소멸시키지 않기 위한 까닭으로 수학한다면 이것이 일체지지를 수학하는 것이고, 무상·무원해탈문을 소멸시키지 않기 위한 까닭으로 수학한다면 이것이 일체지지를 수학하는 것입니까? 만약 보살마하살이 공해탈문을 본래부터 적정시키기 위한 까닭으로 수학한다면 이것이 일체지지를 수학하는 것이고, 무상·무원해탈문을 본래부터 적정시키기 위한 까닭으로 수학한다면 이것이 일체지지를 수학하는 것입니까?

만약 보살마하살이 공해탈문의 자성을 열반시키기 위한 까닭으로 수학한다면 이것이 일체지지를 수학하는 것이고, 무상·무원해탈문의 자성을 열반시키기 위한 까닭으로 수학한다면 이것이 일체지지를 수학하는 것입니까?

세존이시여. 만약 보살마하살이 극희지를 끝마치기 위한 까닭으로 수학한다면 이것이 일체지지를 수학하는 것이고, 이구지·발광지·염혜지·극난승지·현전지·원행지·부동지·선혜지·법운지를 끝마치기 위한 까닭으로 수학한다면 이것이 일체지지를 수학하는 것입니까? 만약 보살마하살이 극희지를 벗어나기 위한 까닭으로 수학한다면 이것이 일체지지를 수학하는 것이고, 이구지, 나아가 법운지를 벗어나기 위한 까닭으로 수학한다면 이것이 일체지지를 수학하는 것입니까?

만약 보살마하살이 극희지를 소멸시키기 위한 까닭으로 수학한다면 이것이 일체지지를 수학하는 것이고, 이구지, 나아가 법운지를 소멸시키기 위한 까닭으로 수학한다면 이것이 일체지지를 수학하는 것입니까? 만약 보살마하살이 극희지를 생겨남이 없게 하기 위한 까닭으로 수학한다면 이것이 일체지지를 수학하는 것이고, 이구지, 나아가 법운지를 생겨남이 없게 하기 위한 까닭으로 수학한다면 이것이 일체지지를 수학하는 것입니까?

만약 보살마하살이 극희지를 소멸시키지 않기 위한 까닭으로 수학한다면 이것이 일체지지를 수학하는 것이고, 이구지, 나아가 법운지를 소멸시키지 않기 위한 까닭으로 수학한다면 이것이 일체지지를 수학하는 것입니까? 만약 보살마하살이 극희지를 본래부터 적정시키기 위한 까닭으로 수학한다면 이것이 일체지지를 수학하는 것이고, 이구지, 나아가 법운지를 본래부터 적정시키기 위한 까닭으로 수학한다면 이것이 일체지지를 수학하는 것입니까?

만약 보살마하살이 극희지를 자성을 열반시키기 위한 까닭으로 수학한다면 이것이 일체지지를 수학하는 것이고, 이구지, 나아가 법운지의 자성을 열반시키기 위한 까닭으로 수학한다면 이것이 일체지지를 수학하는 것입니까?

세존이시여. 만약 보살마하살이 5안을 끝마치기 위한 까닭으로 수학한다면 이것이 일체지지를 수학하는 것이고, 6신통을 끝마치기 위한 까닭으로 수학한다면 이것이 일체지지를 수학하는 것입니까? 만약 보살마하살이 5안을 벗어나기 위한 까닭으로 수학한다면 이것이 일체지지를 수학하는 것이고, 6신통을 벗어나기 위한 까닭으로 수학한다면 이것이 일체지지를 수학하는 것입니까?

만약 보살마하살이 5안을 소멸시키기 위한 까닭으로 수학한다면 이것이 일체지지를 수학하는 것이고, 6신통을 소멸시키기 위한 까닭으로 수학한다면 이것이 일체지지를 수학하는 것입니까? 만약 보살마하살이 5안을 생겨남이 없게 하기 위한 까닭으로 수학한다면 이것이 일체지지를 수학하는 것이고, 6신통을 생겨남이 없게 하기 위한 까닭으로 수학한다면 이것이 일체지지를 수학하는 것입니까?

만약 보살마하살이 5안을 소멸시키지 않기 위한 까닭으로 수학한다면 이것이 일체지지를 수학하는 것이고, 6신통을 소멸시키지 않기 위한 까닭으로 수학한다면 이것이 일체지지를 수학하는 것입니까? 만약 보살마하살이 5안을 본래부터 적정시키기 위한 까닭으로 수학한다면 이것이 일체지지를 수학하는 것이고, 6신통을 본래부터 적정시키기 위한 까닭으로 수학한다면 이것이 일체지지를 수학하는 것입니까?

만약 보살마하살이 5안의 자성을 열반시키기 위한 까닭으로 수학한다면 이것이 일체지지를 수학하는 것이고, 6신통의 자성을 열반시키기 위한 까닭으로 수학한다면 이것이 일체지지를 수학하는 것입니까?

세존이시여. 만약 보살마하살이 여래의 10력을 끝마치기 위한 까닭으로 수학한다면 이것이 일체지지를 수학하는 것이고, 4무소외·4무애해·대자·대비·대희·대사·18불불공법을 끝마치기 위한 까닭으로 수학한다면 이것이 일체지지를 수학하는 것입니까? 만약 보살마하살이 여래의 10력을 벗어나기 위한 까닭으로 수학한다면 이것이 일체지지를 수학하는 것이고, 4무소외, 나아가 18불불공법을 벗어나기 위한 까닭으로 수학한다면 이것이 일체지지를 수학하는 것입니까?

만약 보살마하살이 여래의 10력을 소멸시키기 위한 까닭으로 수학한다면 이것이 일체지지를 수학하는 것이고, 4무소외, 나아가 18불불공법을 소멸시키기 위한 까닭으로 수학한다면 이것이 일체지지를 수학하는 것입니까? 만약 보살마하살이 여래의 10력을 생겨남이 없게 하기 위한 까닭으로 수학한다면 이것이 일체지지를 수학하는 것이고, 4무소외, 나아가 18불불공법을 생겨남이 없게 하기 위한 까닭으로 수학한다면 이것이 일체지지를 수학하는 것입니까?

만약 보살마하살이 여래의 10력을 소멸시키지 않기 위한 까닭으로 수학한다면 이것이 일체지지를 수학하는 것이고, 4무소외, 나아가 18불불공법을 소멸시키지 않기 위한 까닭으로 수학한다면 이것이 일체지지를 수학하는 것입니까? 만약 보살마하살이 여래의 10력을 본래부터 적정시키기 위한 까닭으로 수학한다면 이것이 일체지지를 수학하는 것이고, 4무소외, 나아가 18불불공법을 본래부터 적정시키기 위한 까닭으로 수학한다면 이것이 일체지지를 수학하는 것입니까?

만약 보살마하살이 여래의 10력의 자성을 열반시키기 위한 까닭으로 수학한다면 이것이 일체지지를 수학하는 것이고, 4무소외, 나아가 18불불공법의 자성을 열반시키기 위한 까닭으로 수학한다면 이것이 일체지지를 수학하는 것입니까?

세존이시여. 만약 보살마하살이 무망실법을 끝마치기 위한 까닭으로 수학한다면 이것이 일체지지를 수학하는 것이고, 항주사성을 끝마치기 위한 까닭으로 수학한다면 이것이 일체지지를 수학하는 것입니까? 만약 보살마하살이 무망실법을 벗어나기 위한 까닭으로 수학한다면 이것이 일체지지를 수학하는 것이고, 항주사성을 벗어나기 위한 까닭으로 수학한다면 이것이 일체지지를 수학하는 것입니까?

만약 보살마하살이 무망실법을 소멸시키기 위한 까닭으로 수학한다면 이것이 일체지지를 수학하는 것이고, 항주사성을 소멸시키기 위한 까닭으로 수학한다면 이것이 일체지지를 수학하는 것입니까? 만약 보살마하살이 무망실법을 생겨남이 없게 하기 위한 까닭으로 수학한다면 이것이 일체지지를 수학하는 것이고, 항주사성을 생겨남이 없게 하기 위한 까닭으로 수학한다면 이것이 일체지지를 수학하는 것입니까?

만약 보살마하살이 무망실법을 소멸시키지 않기 위한 까닭으로 수학한다면 이것이 일체지지를 수학하는 것이고, 항주사성을 소멸시키지 않기 위한 까닭으로 수학한다면 이것이 일체지지를 수학하는 것입니까? 만약 보살마하살이 무망실법을 본래부터 적정시키기 위한 까닭으로 수학한다면 이것이 일체지지를 수학하는 것이고, 항주사성을 본래부터 적정시키기 위한 까닭으로 수학한다면 이것이 일체지지를 수학하는 것입니까?

만약 보살마하살이 무망실법의 자성을 열반시키기 위한 까닭으로 수학한다면 이것이 일체지지를 수학하는 것이고, 항주사성의 자성을 열반시키기 위한 까닭으로 수학한다면 이것이 일체지지를 수학하는 것입니까?

세존이시여. 만약 보살마하살이 일체지를 끝마치기 위한 까닭으로 수학한다면 이것이 일체지지를 수학하는 것이고, 도상지·일체상지를 끝마치기 위한 까닭으로 수학한다면 이것이 일체지지를 수학하는 것입니까? 만약 보살마하살이 일체지를 벗어나기 위한 까닭으로 수학한다면 이것이 일체지지를 수학하는 것이고, 도상지·일체상지를 벗어나기 위한 까닭으로 수학한다면 이것이 일체지지를 수학하는 것입니까?

만약 보살마하살이 일체지를 소멸시키기 위한 까닭으로 수학한다면 이것이 일체지지를 수학하는 것이고, 도상지·일체상지를 소멸시키기 위한 까닭으로 수학한다면 이것이 일체지지를 수학하는 것입니까? 만약 보살마하살이 일체지를 생겨남이 없게 하기 위한 까닭으로 수학한다면 이것이 일체지지를 수학하는 것이고, 도상지·일체상지를 생겨남이 없게 하기 위한 까닭으로 수학한다면 이것이 일체지지를 수학하는 것입니까?

만약 보살마하살이 일체지를 소멸시키지 않기 위한 까닭으로 수학한다면 이것이 일체지지를 수학하는 것이고, 도상지·일체상지를 소멸시키지 않기 위한 까닭으로 수학한다면 이것이 일체지지를 수학하는 것입니까? 만약 보살마하살이 일체지를 본래부터 적정시키기 위한 까닭으로 수학한다면 이것이 일체지지를 수학하는 것이고, 도상지·일체상지를 본래부터 적정시키기 위한 까닭으로 수학한다면 이것이 일체지지를 수학하는 것입니까?

만약 보살마하살이 일체지의 자성을 열반시키기 위한 까닭으로 수학한다면 이것이 일체지지를 수학하는 것이고, 도상지·일체상지의 자성을 열반시키기 위한 까닭으로 수학한다면 이것이 일체지지를 수학하는 것입니까?

세존이시여. 만약 보살마하살이 일체의 다라니문을 끝마치기 위한 까닭으로 수학한다면 이것이 일체지지를 수학하는 것이고, 일체의 삼마지문을 끝마치기 위한 까닭으로 수학한다면 이것이 일체지지를 수학하는 것입니까? 만약 보살마하살이 일체의 다라니문을 벗어나기 위한 까닭으로 수학한다면 이것이 일체지지를 수학하는 것이고, 일체의 삼마지문을 벗어나기 위한 까닭으로 수학한다면 이것이 일체지지를 수학하는 것입니까?

만약 보살마하살이 일체의 다라니문을 소멸시키기 위한 까닭으로 수학한다면 이것이 일체지지를 수학하는 것이고, 일체의 삼마지문을 소멸시키기 위한 까닭으로 수학한다면 이것이 일체지지를 수학하는 것입니까? 만약 보살마하살이 일체의 다라니문을 생겨남이 없게 하기 위한 까닭으로 수학한다면 이것이 일체지지를 수학하는 것이고, 일체의 삼마지문을 생겨남이 없게 하기 위한 까닭으로 수학한다면 이것이 일체지지를 수학하는 것입니까?

만약 보살마하살이 일체의 다라니문을 소멸시키지 않기 위한 까닭으로 수학한다면 이것이 일체지지를 수학하는 것이고, 일체의 삼마지문을 소멸시키지 않기 위한 까닭으로 수학한다면 이것이 일체지지를 수학하는 것입니까? 만약 보살마하살이 일체의 다라니문을 본래부터 적정시키기 위한 까닭으로 수학한다면 이것이 일체지지를 수학하는 것이고, 일체의 삼마지문을 본래부터 적정시키기 위한 까닭으로 수학한다면 이것이 일체지지를 수학하는 것입니까?

만약 보살마하살이 일체의 다라니문의 자성을 열반시키기 위한 까닭으로 수학한다면 이것이 일체지지를 수학하는 것이고, 일체의 삼마지문의 자성을 열반시키기 위한 까닭으로 수학한다면 이것이 일체지지를 수학하는 것입니까?

세존이시여. 만약 보살마하살이 예류과를 끝마치기 위한 까닭으로 수학한다면 이것이 일체지지를 수학하는 것이고, 일래·불환·아라한과를 끝마치기 위한 까닭으로 수학한다면 이것이 일체지지를 수학하는 것입니까? 만약 보살마하살이 예류과를 벗어나기 위한 까닭으로 수학한다면 이것이 일체지지를 수학하는 것이고, 일래·불환·아라한과를 벗어나기 위한 까닭으로 수학한다면 이것이 일체지지를 수학하는 것입니까?

만약 보살마하살이 예류과를 소멸시키기 위한 까닭으로 수학한다면 이것이 일체지지를 수학하는 것이고, 일래·불환·아라한과를 소멸시키기 위한 까닭으로 수학한다면 이것이 일체지지를 수학하는 것입니까? 만약 보살마하살이 예류과를 생겨남이 없게 하기 위한 까닭으로 수학한다면 이것이 일체지지를 수학하는 것이고, 일래·불환·아라한과를 생겨남이 없게 하기 위한 까닭으로 수학한다면 이것이 일체지지를 수학하는 것입니까?

만약 보살마하살이 예류과를 소멸시키지 않기 위한 까닭으로 수학한다면 이것이 일체지지를 수학하는 것이고, 일래·불환·아라한과를 소멸시키지 않기 위한 까닭으로 수학한다면 이것이 일체지지를 수학하는 것입니까? 만약 보살마하살이 예류과를 본래부터 적정시키기 위한 까닭으로 수학한다면 이것이 일체지지를 수학하는 것이고, 일래·불환·아라한과를 본래부터 적정시키기 위한 까닭으로 수학한다면 이것이 일체지지를 수학하는 것입니까?

만약 보살마하살이 예류과의 자성을 열반시키기 위한 까닭으로 수학한다면 이것이 일체지지를 수학하는 것이고, 일래·불환·아라한과의 자성을 열반시키기 위한 까닭으로 수학한다면 이것이 일체지지를 수학하는 것입니까?

세존이시여. 만약 보살마하살이 독각의 보리를 끝내기 위한 까닭으로 수학한다면 이것이 일체지지를 수학하는 것입니까? 만약 보살마하살이 독각의 보리를 소멸시키기 위한 까닭으로 수학한다면 이것이 일체지지를 수학하는 것입니까? 만약 보살마하살이 독각의 보리를 생겨남이 없게 하기 위한 까닭으로 수학한다면 이것이 일체지지를 수학하는 것입니까?

만약 보살마하살이 독각의 보리를 소멸시키지 않기 위한 까닭으로 수학한다면 이것이 일체지지를 수학하는 것입니까? 만약 보살마하살이 독각의 보리를 본래부터 적정시키기 위한 까닭으로 수학한다면 이것이 일체지지를 수학하는 것입니까? 만약 보살마하살이 독각의 보리의 자성을 열반시키기 위한 까닭으로 수학한다면 이것이 일체지지를 수학하는 것입니까?

세존이시여. 만약 보살마하살이 일체의 보살마하살의 행을 끝마치기 위한 까닭으로 수학한다면 이것이 일체지지를 수학하는 것입니까? 만약 보살마하살이 일체의 보살마하살의 행을 벗어나기 위한 까닭으로 수학한다면 이것이 일체지지를 수학하는 것입니까? 만약 보살마하살이 일체의 보살마하살의 행을 소멸시키기 위한 까닭으로 수학한다면 이것이 일체지지를 수학하는 것입니까?

만약 보살마하살이 일체의 보살마하살의 행을 생겨남이 없게 하기 위한 까닭으로 수학한다면 이것이 일체지지를 수학하는 것입니까? 만약 보살마하살이 일체의 보살마하살의 행을 소멸시키지 않기 위한 까닭으로 수학한다면 이것이 일체지지를 수학하는 것입니까? 만약 보살마하살이 일체의 보살마하살의 행을 본래부터 적정시키기 위한 까닭으로 수학한다면 이것이 일체지지를 수학하는 것입니까? 만약 보살마하살이 일체의 보살마하살의 행의 자성을 열반시키기 위한 까닭으로 수학한다면 이것이 일체지지를 수학하는 것입니까?

세존이시여. 만약 보살마하살이 제불의 무상정등보리를 끝마치기 위한 까닭으로 수학한다면 이것이 일체지지를 수학하는 것입니까? 만약 보살마하살이 제불의 무상정등보리를 벗어나기 위한 까닭으로 수학한다면 이것이 일체지지를 수학하는 것입니까? 만약 보살마하살이 제불의 무상정등보리를 소멸시키기 위한 까닭으로 수학한다면 이것이 일체지지를 수학하는 것입니까?

만약 보살마하살이 제불의 무상정등보리를 생겨남이 없게 하기 위한 까닭으로 수학한다면 이것이 일체지지를 수학하는 것입니까? 만약 보살마하살이 제불의 무상정등보리를 소멸시키지 않기 위한 까닭으로 수학한다면 이것이 일체지지를 수학하는 것입니까? 만약 보살마하살이 제불의 무상정등보리를 본래부터 적정시키기 위한 까닭으로 수학한다면 이것이 일체지지를 수학하는 것입니까? 만약 보살마하살이 제불의 무상정등보리의 자성을 열반시키기 위한 까닭으로 수학한다면 이것이 일체지지를 수학하는 것입니까?

세존이시여. 만약 보살마하살이 유정을 끝마치기 위한 까닭으로 수학한다면 이것이 일체지지를 수학하는 것입니까? 만약 보살마하살이 유정을 벗어나기 위한 까닭으로 수학한다면 이것이 일체지지를 수학하는 것입니까? 만약 보살마하살이 유정을 소멸시키기 위한 까닭으로 수학한다면 이것이 일체지지를 수학하는 것입니까?

만약 보살마하살이 유정을 생겨남이 없게 하기 위한 까닭으로 수학한다면 이것이 일체지지를 수학하는 것입니까? 만약 보살마하살이 유정을 소멸시키지 않기 위한 까닭으로 수학한다면 이것이 일체지지를 수학하는 것입니까? 만약 보살마하살이 유정을 본래부터 적정시키기 위한 까닭으로 수학한다면 이것이 일체지지를 수학하는 것입니까? 만약 보살마하살이 유정의 자성을 열반시키기 위한 까닭으로 수학한다면 이것이 일체지지를 수학하는 것입니까?

세존이시여. 만약 보살마하살이 보살을 끝마치기 위한 까닭으로 수학한다면 이것이 일체지지를 수학하는 것입니까? 만약 보살마하살이 보살을 벗어나기 위한 까닭으로 수학한다면 이것이 일체지지를 수학하는 것입니까? 만약 보살마하살이 보살을 소멸시키기 위한 까닭으로 수학한다면 이것이 일체지지를 수학하는 것입니까?

만약 보살마하살이 보살을 생겨남이 없게 하기 위한 까닭으로 수학한다면 이것이 일체지지를 수학하는 것입니까? 만약 보살마하살이 보살을 소멸시키지 않기 위한 까닭으로 수학한다면 이것이 일체지지를 수학하는 것입니까? 만약 보살마하살이 보살을 본래부터 적정시키기 위한 까닭으로 수학한다면 이것이 일체지지를 수학하는 것입니까? 만약 보살마하살이 보살의 자성을 열반시키기 위한 까닭으로 수학한다면 이것이 일체지지를 수학하는 것입니까?

세존이시여. 만약 보살마하살이 여래를 끝마치기 위한 까닭으로 수학한다면 이것이 일체지지를 수학하는 것입니까? 만약 보살마하살이 여래를 벗어나기 위한 까닭으로 수학한다면 이것이 일체지지를 수학하는 것입니까? 만약 보살마하살이 여래를 소멸시키기 위한 까닭으로 수학한다면 이것이 일체지지를 수학하는 것입니까?

만약 보살마하살이 여래를 생겨남이 없게 하기 위한 까닭으로 수학한다면 이것이 일체지지를 수학하는 것입니까? 만약 보살마하살이 여래를 소멸시키지 않기 위한 까닭으로 수학한다면 이것이 일체지지를 수학하는 것입니까? 만약 보살마하살이 여래를 본래부터 적정시키기 위한 까닭으로 수학한다면 이것이 일체지지를 수학하는 것입니까? 만약 보살마하살이 여래의 자성을 열반시키기 위한 까닭으로 수학한다면 이것이 일체지지를 수학하는 것입니까?"

세존께서 말씀하셨다.

"선현이여. 그대는 '만약 보살마하살이 색을 끝마치기 위한 까닭으로 수학한다면 이것이 일체지지를 수학하는 것이고, 수·상·행·식을 끝마치기 위한 까닭으로 수학한다면 이것이 일체지지를 수학하는 것입니까? 만약 보살마하살이 색을 벗어나기 위한 까닭으로 수학한다면 이것이 일체지지를 수학하는 것이고, 수·상·행·식을 벗어나기 위한 까닭으로 수학한다면 이것이 일체지지를 수학하는 것입니까?

만약 보살마하살이 색을 소멸시키기 위한 까닭으로 수학한다면 이것이 일체지지를 수학하는 것이고, 수·상·행·식을 소멸시키기 위한 까닭으로 수학한다면 이것이 일체지지를 수학하는 것입니까? 만약 보살마하살이 색을 생겨남이 없게 하기 위한 까닭으로 수학한다면 이것이 일체지지를 수학하는 것이고, 수·상·행·식을 생겨남이 없게 하기 위한 까닭으로 수학한다면 이것이 일체지지를 수학하는 것입니까?

만약 보살마하살이 색을 소멸시키지 않기 위한 까닭으로 수학한다면 이것이 일체지지를 수학하는 것이고, 수·상·행·식을 소멸시키지 않기 위한 까닭으로 수학한다면 이것이 일체지지를 수학하는 것입니까? 만약 보살마하살이 색을 본래부터 적정시키기 위한 까닭으로 수학한다면 이것이 일체지지를 수학하는 것이고, 수·상·행·식을 본래부터 적정시키기 위한 까닭으로 수학한다면 이것이 일체지지를 수학하는 것입니까?

만약 보살마하살이 색의 자성을 열반시키기 위한 까닭으로 수학한다면 이것이 일체지지를 수학하는 것이고, 수·상·행·식의 자성을 열반시키기 위한 까닭으로 수학한다면 이것이 일체지지를 수학하는 것입니까?'라고 그대가 말하였던 것과 같다면, 선현이여. 그대의 뜻은 어떠한가? 색의 진여(眞如)는 끝마치고 소멸하며 단절하는가?"

선현이 대답하여 말하였다.

"아닙니다. 세존이시여. 아닙니다. 선서시여."

"선현이여. 그대의 뜻은 어떠한가? 수·상·행·식의 진여는 끝마치고 소멸하며 단절하는가?"

"아닙니다. 세존이시여. 아닙니다. 선서시여."

"선현이여. 만약 보살마하살이 진여에서 이와 같이 수학한다면 이것이 일체지지를 수학하는 것이니라. 선현이여. 진여는 끝마침이 없고 소멸도 없으며 단절도 없고 증득할 수 없다고 마땅히 알아야 하느니라. 만약 보살마하살이 진여에서 이와 같이 수학한다면 이것이 일체지지를 수학하는 것이니라."

세존께서 말씀하셨다.

"선현이여. 그대는 '만약 보살마하살이 안처를 끝마치기 위한 까닭으로 수학한다면 이것이 일체지지를 수학하는 것이고, 이·비·설·신·의처를 끝마치기 위한 까닭으로 수학한다면 이것이 일체지지를 수학하는 것입니까? 만약 보살마하살이 안처를 벗어나기 위한 까닭으로 수학한다면 이것이 일체지지를 수학하는 것이고, 이·비·설·신·의처를 벗어나기 위한 까닭으로 수학한다면 이것이 일체지지를 수학하는 것입니까?

만약 보살마하살이 안처를 소멸시키기 위한 까닭으로 수학한다면 이것이 일체지지를 수학하는 것이고, 이·비·설·신·의처를 소멸시키기 위한 까닭으로 수학한다면 이것이 일체지지를 수학하는 것입니까? 만약 보살마하살이 안처를 생겨남이 없게 하기 위한 까닭으로 수학한다면 이것이 일체지지를 수학하는 것이고, 이·비·설·신·의처를 생겨남이 없게 하기 위한 까닭으로 수학한다면 이것이 일체지지를 수학하는 것입니까?

만약 보살마하살이 안처를 소멸시키지 않기 위한 까닭으로 수학한다면 이것이 일체지지를 수학하는 것이고, 이·비·설·신·의처를 소멸시키지 않기 위한 까닭으로 수학한다면 이것이 일체지지를 수학하는 것입니까? 만약 보살마하살이 안처를 본래부터 적정시키기 위한 까닭으로 수학한다면 이것이 일체지지를 수학하는 것이고, 이·비·설·신·의처를 본래부터 적정시키기 위한 까닭으로 수학한다면 이것이 일체지지를 수학하는 것입니까?

만약 보살마하살이 안처의 자성을 열반시키기 위한 까닭으로 수학한다면 이것이 일체지지를 수학하는 것이고, 이·비·설·신·의처의 자성을 열반시키기 위한 까닭으로 수학한다면 이것이 일체지지를 수학하는 것입니까?'라고 그대가 말하였던 것과 같다면, 선현이여. 그대의 뜻은 어떠한가? 안처의 진여는 끝마치고 소멸하며 단절하는가?"

선현이 대답하여 말하였다.

"아닙니다. 세존이시여. 아닙니다. 선서시여."

"선현이여. 그대의 뜻은 어떠한가? 이·비·설·신·의처의 진여는 끝마치고 소멸하며 단절하는가?"

"아닙니다. 세존이시여. 아닙니다. 선서시여."

"선현이여. 만약 보살마하살이 진여에서 이와 같이 수학한다면 이것이 일체지지를 수학하는 것이니라. 선현이여. 진여는 끝마침이 없고 소멸도 없으며 단절도 없고 증득할 수 없다고 마땅히 알아야 하느니라. 만약 보살마하살이 진여에서 이와 같이 수학한다면 이것이 일체지지를 수학하는 것이니라."

세존께서 말씀하셨다.

"선현이여. 그대는 '만약 보살마하살이 색처를 끝마치기 위한 까닭으로 수학한다면 이것이 일체지지를 수학하는 것이고, 성·향·미·촉·법처를 끝마치기 위한 까닭으로 수학한다면 이것이 일체지지를 수학하는 것입니까? 만약 보살마하살이 색처를 벗어나기 위한 까닭으로 수학한다면 이것이 일체지지를 수학하는 것이고, 성·향·미·촉·법처를 벗어나기 위한 까닭으로 수학한다면 이것이 일체지지를 수학하는 것입니까?

만약 보살마하살이 색처를 소멸시키기 위한 까닭으로 수학한다면 이것이 일체지지를 수학하는 것이고, 성·향·미·촉·법처를 소멸시키기 위한 까닭으로 수학한다면 이것이 일체지지를 수학하는 것입니까? 만약 보살마하살이 색처를 생겨남이 없게 하기 위한 까닭으로 수학한다면 이것이 일체지지를 수학하는 것이고, 성·향·미·촉·법처를 생겨남이 없게 하기 위한 까닭으로 수학한다면 이것이 일체지지를 수학하는 것입니까?

만약 보살마하살이 색처를 소멸시키지 않기 위한 까닭으로 수학한다면 이것이 일체지지를 수학하는 것이고, 성·향·미·촉·법처를 소멸시키지 않기 위한 까닭으로 수학한다면 이것이 일체지지를 수학하는 것입니까? 만약 보살마하살이 색처를 본래부터 적정시키기 위한 까닭으로 수학한다면 이것이 일체지지를 수학하는 것이고, 성·향·미·촉·법처를 본래부터 적정시키기 위한 까닭으로 수학한다면 이것이 일체지지를 수학하는 것입니까?

만약 보살마하살이 색처의 자성을 열반시키기 위한 까닭으로 수학한다면 이것이 일체지지를 수학하는 것이고, 성·향·미·촉·법처의 자성을 열반시키기 위한 까닭으로 수학한다면 이것이 일체지지를 수학하는 것입니까?'라고 그대가 말하였던 것과 같다면, 선현이여. 그대의 뜻은 어떠한가? 색처의 진여는 끝마치고 소멸하며 단절하는가?"

선현이 대답하여 말하였다.

"아닙니다. 세존이시여. 아닙니다. 선서시여."

"선현이여. 그대의 뜻은 어떠한가? 성·향·미·촉·법처의 진여는 끝마치고 소멸하며 단절하는가?"

"아닙니다. 세존이시여. 아닙니다. 선서시여."

"선현이여. 만약 보살마하살이 진여에서 이와 같이 수학한다면 이것이 일체지지를 수학하는 것이니라. 선현이여. 진여는 끝마침이 없고 소멸도 없으며 단절도 없고 증득할 수 없다고 마땅히 알아야 하느니라. 만약 보살마하살이 진여에서 이와 같이 수학한다면 이것이 일체지지를 수학하는 것이니라."

세존께서 말씀하셨다.

"선현이여. 그대는 '만약 보살마하살이 안계를 끝마치기 위한 까닭으로 수학한다면 이것이 일체지지를 수학하는 것이고, 이·비·설·신·의계를 끝마치기 위한 까닭으로 수학한다면 이것이 일체지지를 수학하는 것입니까? 만약 보살마하살이 안계를 벗어나기 위한 까닭으로 수학한다면 이것이 일체지지를 수학하는 것이고, 이·비·설·신·의계를 벗어나기 위한 까닭으로 수학한다면 이것이 일체지지를 수학하는 것입니까?

만약 보살마하살이 안계를 소멸시키기 위한 까닭으로 수학한다면 이것이 일체지지를 수학하는 것이고, 이·비·설·신·의계를 소멸시키기 위한 까닭으로 수학한다면 이것이 일체지지를 수학하는 것입니까? 만약 보살마하살이 안계를 생겨남이 없게 하기 위한 까닭으로 수학한다면 이것이 일체지지를 수학하는 것이고, 이·비·설·신·의계를 생겨남이 없게 하기 위한 까닭으로 수학한다면 이것이 일체지지를 수학하는 것입니까?

만약 보살마하살이 안계를 소멸시키지 않기 위한 까닭으로 수학한다면 이것이 일체지지를 수학하는 것이고, 이·비·설·신·의계를 소멸시키지 않기 위한 까닭으로 수학한다면 이것이 일체지지를 수학하는 것입니까? 만약 보살마하살이 안계를 본래부터 적정시키기 위한 까닭으로 수학한다면 이것이 일체지지를 수학하는 것이고, 이·비·설·신·의계를 본래부터 적정시키기 위한 까닭으로 수학한다면 이것이 일체지지를 수학하는 것입니까?

만약 보살마하살이 안계의 자성을 열반시키기 위한 까닭으로 수학한다면 이것이 일체지지를 수학하는 것이고, 이·비·설·신·의계의 자성을 열반시키기 위한 까닭으로 수학한다면 이것이 일체지지를 수학하는 것입니까?'라고 그대가 말하였던 것과 같다면, 선현이여. 그대의 뜻은 어떠한가? 안계의 진여는 끝마치고 소멸하며 단절하는가?"

선현이 대답하여 말하였다.

"아닙니다. 세존이시여. 아닙니다. 선서시여."

"선현이여. 그대의 뜻은 어떠한가? 이·비·설·신·의계의 진여는 끝마치고 소멸하며 단절하는가?"

"아닙니다. 세존이시여. 아닙니다. 선서시여."

"선현이여. 만약 보살마하살이 진여에서 이와 같이 수학한다면 이것이 일체지지를 수학하는 것이니라. 선현이여. 진여는 끝마침이 없고 소멸도 없으며 단절도 없고 증득할 수 없다고 마땅히 알아야 하느니라. 만약 보살마하살이 진여에서 이와 같이 수학한다면 이것이 일체지지를 수학하는 것이니라."

세존께서 말씀하셨다.

"선현이여. 그대는 '만약 보살마하살이 색계를 끝마치기 위한 까닭으로 수학한다면 이것이 일체지지를 수학하는 것이고, 성·향·미·촉·법계를 끝마치기 위한 까닭으로 수학한다면 이것이 일체지지를 수학하는 것입니까? 만약 보살마하살이 색계를 벗어나기 위한 까닭으로 수학한다면 이것이 일체지지를 수학하는 것이고, 성·향·미·촉·법계를 벗어나기 위한 까닭으로 수학한다면 이것이 일체지지를 수학하는 것입니까?

만약 보살마하살이 색계를 소멸시키기 위한 까닭으로 수학한다면 이것이 일체지지를 수학하는 것이고, 성·향·미·촉·법계를 소멸시키기 위한 까닭으로 수학한다면 이것이 일체지지를 수학하는 것입니까? 만약 보살마하살이 색계를 생겨남이 없게 하기 위한 까닭으로 수학한다면 이것이 일체지지를 수학하는 것이고, 성·향·미·촉·법계를 생겨남이 없게 하기 위한 까닭으로 수학한다면 이것이 일체지지를 수학하는 것입니까?

만약 보살마하살이 색계를 소멸시키지 않기 위한 까닭으로 수학한다면 이것이 일체지지를 수학하는 것이고, 성·향·미·촉·법계를 소멸시키지 않기 위한 까닭으로 수학한다면 이것이 일체지지를 수학하는 것입니까?

만약 보살마하살이 색계를 본래부터 적정시키기 위한 까닭으로 수학한다면 이것이 일체지지를 수학하는 것이고, 성·향·미·촉·법계를 본래부터 적정시키기 위한 까닭으로 수학한다면 이것이 일체지지를 수학하는 것입니까?

만약 보살마하살이 색계의 자성을 열반시키기 위한 까닭으로 수학한다면 이것이 일체지지를 수학하는 것이고, 성·향·미·촉·법계의 자성을 열반시키기 위한 까닭으로 수학한다면 이것이 일체지지를 수학하는 것입니까?'라고 그대가 말하였던 것과 같다면, 선현이여. 그대의 뜻은 어떠한가? 색계의 진여는 끝마치고 소멸하며 단절하는가?"

선현이 대답하여 말하였다.

"아닙니다. 세존이시여. 아닙니다. 선서시여."

"선현이여. 그대의 뜻은 어떠한가? 성·향·미·촉·법계의 진여는 끝마치고 소멸하며 단절하는가?"

"아닙니다. 세존이시여. 아닙니다. 선서시여."

"선현이여. 만약 보살마하살이 진여에서 이와 같이 수학한다면 이것이 일체지지를 수학하는 것이니라. 선현이여. 진여는 끝마침이 없고 소멸도 없으며 단절도 없고 증득할 수 없다고 마땅히 알아야 하느니라. 만약 보살마하살이 진여에서 이와 같이 수학한다면 이것이 일체지지를 수학하는 것이니라."

세존께서 말씀하셨다.

"선현이여. 그대는 '만약 보살마하살이 안식계를 끝마치기 위한 까닭으로 수학한다면 이것이 일체지지를 수학하는 것이고, 이·비·설·신·의식계를 끝마치기 위한 까닭으로 수학한다면 이것이 일체지지를 수학하는 것입니까? 만약 보살마하살이 안식계를 벗어나기 위한 까닭으로 수학한다면 이것이 일체지지를 수학하는 것이고, 이·비·설·신·의식계를 벗어나기 위한 까닭으로 수학한다면 이것이 일체지지를 수학하는 것입니까?

만약 보살마하살이 안식계를 소멸시키기 위한 까닭으로 수학한다면 이것이 일체지지를 수학하는 것이고, 이·비·설·신·의식계를 소멸시키기 위한 까닭으로 수학한다면 이것이 일체지지를 수학하는 것입니까? 만약 보살마하살이 안식계를 생겨남이 없게 하기 위한 까닭으로 수학한다면 이것이 일체지지를 수학하는 것이고, 이·비·설·신·의식계를 생겨남이 없게 하기 위한 까닭으로 수학한다면 이것이 일체지지를 수학하는 것입니까?

만약 보살마하살이 안식계를 소멸시키지 않기 위한 까닭으로 수학한다면 이것이 일체지지를 수학하는 것이고, 이·비·설·신·의식계를 소멸시키지 않기 위한 까닭으로 수학한다면 이것이 일체지지를 수학하는 것입니까? 만약 보살마하살이 안식계를 본래부터 적정시키기 위한 까닭으로 수학한다면 이것이 일체지지를 수학하는 것이고, 이·비·설·신·의식계를 본래부터 적정시키기 위한 까닭으로 수학한다면 이것이 일체지지를 수학하는 것입니까?

만약 보살마하살이 안식계의 자성을 열반시키기 위한 까닭으로 수학한다면 이것이 일체지지를 수학하는 것이고, 이·비·설·신·의식계의 자성을 열반시키기 위한 까닭으로 수학한다면 이것이 일체지지를 수학하는 것입니까?'라고 그대가 말하였던 것과 같다면, 선현이여. 그대의 뜻은 어떠한가? 안식계의 진여는 끝마치고 소멸하며 단절하는가?"

선현이 대답하여 말하였다.

"아닙니다. 세존이시여. 아닙니다. 선서시여."

"선현이여. 그대의 뜻은 어떠한가? 이·비·설·신·의식계의 진여는 끝마치고 소멸하며 단절하는가?"

"아닙니다. 세존이시여. 아닙니다. 선서시여."

"선현이여. 만약 보살마하살이 진여에서 이와 같이 수학한다면 이것이 일체지지를 수학하는 것이니라. 선현이여. 진여는 끝마침이 없고 소멸도 없으며 단절도 없고 증득할 수 없다고 마땅히 알아야 하느니라. 만약 보살마하살이 진여에서 이와 같이 수학한다면 이것이 일체지지를 수학하는 것이니라."

세존께서 말씀하셨다.

"선현이여. 그대는 '만약 보살마하살이 안촉을 끝마치기 위한 까닭으로 수학한다면 이것이 일체지지를 수학하는 것이고, 이·비·설·신·의촉을 끝마치기 위한 까닭으로 수학한다면 이것이 일체지지를 수학하는 것입니까? 만약 보살마하살이 안촉을 벗어나기 위한 까닭으로 수학한다면 이것이 일체지지를 수학하는 것이고, 이·비·설·신·의촉을 벗어나기 위한 까닭으로 수학한다면 이것이 일체지지를 수학하는 것입니까?

만약 보살마하살이 안촉을 소멸시키기 위한 까닭으로 수학한다면 이것이 일체지지를 수학하는 것이고, 이·비·설·신·의촉을 소멸시키기 위한 까닭으로 수학한다면 이것이 일체지지를 수학하는 것입니까? 만약 보살마하살이 안촉을 생겨남이 없게 하기 위한 까닭으로 수학한다면 이것이 일체지지를 수학하는 것이고, 이·비·설·신·의촉을 생겨남이 없게 하기 위한 까닭으로 수학한다면 이것이 일체지지를 수학하는 것입니까?

만약 보살마하살이 안촉을 소멸시키지 않기 위한 까닭으로 수학한다면 이것이 일체지지를 수학하는 것이고, 이·비·설·신·의촉을 소멸시키지 않기 위한 까닭으로 수학한다면 이것이 일체지지를 수학하는 것입니까? 만약 보살마하살이 안촉을 본래부터 적정시키기 위한 까닭으로 수학한다면 이것이 일체지지를 수학하는 것이고, 이·비·설·신·의촉을 본래부터 적정시키기 위한 까닭으로 수학한다면 이것이 일체지지를 수학하는 것입니까?

만약 보살마하살이 안촉의 자성을 열반시키기 위한 까닭으로 수학한다면 이것이 일체지지를 수학하는 것이고, 이·비·설·신·의촉의 자성을 열반시키기 위한 까닭으로 수학한다면 이것이 일체지지를 수학하는 것입니까?'라고 그대가 말하였던 것과 같다면, 선현이여. 그대의 뜻은 어떠한가? 안촉의 진여는 끝마치고 소멸하며 단절하는가?"

선현이 대답하여 말하였다.

"아닙니다. 세존이시여. 아닙니다. 선서시여."

"선현이여. 그대의 뜻은 어떠한가? 이·비·설·신·의촉의 진여는 끝마치고 소멸하며 단절하는가?"

"아닙니다. 세존이시여. 아닙니다. 선서시여."

“선현이여. 만약 보살마하살이 진여에서 이와 같이 수학한다면 이것이 일체지지를 수학하는 것이니라. 선현이여. 진여는 끝마침이 없고 소멸도 없으며 단절도 없고 증득할 수 없다고 마땅히 알아야 하느니라. 만약 보살마하살이 진여에서 이와 같이 수학한다면 이것이 일체지지를 수학하는 것이니라.”

세존께서 말씀하셨다.

“선현이여. 그대는 ‘만약 보살마하살이 안촉을 인연으로 생겨난 여러 수를 끝마치기 위한 까닭으로 수학한다면 이것이 일체지지를 수학하는 것이고, 이·비·설·신·의촉을 인연으로 생겨난 여러 수를 끝마치기 위한 까닭으로 수학한다면 이것이 일체지지를 수학하는 것입니까? 만약 보살마하살이 안촉을 인연으로 생겨난 여러 수를 벗어나기 위한 까닭으로 수학한다면 이것이 일체지지를 수학하는 것이고, 이·비·설·신·의촉을 인연으로 생겨난 여러 수를 벗어나기 위한 까닭으로 수학한다면 이것이 일체지지를 수학하는 것입니까?

만약 보살마하살이 안촉을 인연으로 생겨난 여러 수를 소멸시키기 위한 까닭으로 수학한다면 이것이 일체지지를 수학하는 것이고, 이·비·설·신·의촉을 인연으로 생겨난 여러 수를 소멸시키기 위한 까닭으로 수학한다면 이것이 일체지지를 수학하는 것입니까? 만약 보살마하살이 안촉을 인연으로 생겨난 여러 수를 생겨남이 없게 하기 위한 까닭으로 수학한다면 이것이 일체지지를 수학하는 것이고, 이·비·설·신·의촉을 인연으로 생겨난 여러 수를 생겨남이 없게 하기 위한 까닭으로 수학한다면 이것이 일체지지를 수학하는 것입니까?

만약 보살마하살이 안촉을 인연으로 생겨난 여러 수를 소멸시키지 않기 위한 까닭으로 수학한다면 이것이 일체지지를 수학하는 것이고, 이·비·설·신·의촉을 인연으로 생겨난 여러 수를 소멸시키지 않기 위한 까닭으로 수학한다면 이것이 일체지지를 수학하는 것입니까? 만약 보살마하살이 안촉을 인연으로 생겨난 여러 수를 본래부터 적정시키기 위한 까닭으로 수학한다면 이것이 일체지지를 수학하는 것이고, 이·비·설·신·

의촉을 인연으로 생겨난 여러 수를 본래부터 적정시키기 위한 까닭으로 수학한다면 이것이 일체지지를 수학하는 것입니까?

만약 보살마하살이 안촉을 인연으로 생겨난 여러 수의 자성을 열반시키기 위한 까닭으로 수학한다면 이것이 일체지지를 수학하는 것이고, 이·비·설·신·의촉을 인연으로 생겨난 여러 수의 자성을 열반시키기 위한 까닭으로 수학한다면 이것이 일체지지를 수학하는 것입니까?'라고 그대가 말하였던 것과 같다면, 선현이여. 그대의 뜻은 어떠한가? 안촉을 인연으로 생겨난 여러 수의 진여는 끝마치고 소멸하며 단절하는가?"

선현이 대답하여 말하였다.

"아닙니다. 세존이시여. 아닙니다. 선서시여."

"선현이여. 그대의 뜻은 어떠한가? 이·비·설·신·의촉을 인연으로 생겨난 여러 수의 진여는 끝마치고 소멸하며 단절하는가?"

"아닙니다. 세존이시여. 아닙니다. 선서시여."

"선현이여. 만약 보살마하살이 진여에서 이와 같이 수학한다면 이것이 일체지지를 수학하는 것이니라. 선현이여. 진여는 끝마침이 없고 소멸도 없으며 단절도 없고 증득할 수 없다고 마땅히 알아야 하느니라. 만약 보살마하살이 진여에서 이와 같이 수학한다면 이것이 일체지지를 수학하는 것이니라."

세존께서 말씀하셨다.

"선현이여. 그대는 '만약 보살마하살이 지계를 끝마치기 위한 까닭으로 수학한다면 이것이 일체지지를 수학하는 것이고, 수·화·풍·공·식계를 끝마치기 위한 까닭으로 수학한다면 이것이 일체지지를 수학하는 것입니까? 만약 보살마하살이 지계를 벗어나기 위한 까닭으로 수학한다면 이것이 일체지지를 수학하는 것이고, 수·화·풍·공·식계를 벗어나기 위한 까닭으로 수학한다면 이것이 일체지지를 수학하는 것입니까?

만약 보살마하살이 지계를 소멸시키기 위한 까닭으로 수학한다면 이것이 일체지지를 수학하는 것이고, 수·화·풍·공·식계를 소멸시키기 위한 까닭으로 수학한다면 이것이 일체지지를 수학하는 것입니까? 만약 보살마하살이 지계를 생겨남이 없게 하기 위한 까닭으로 수학한다면 이것이 일체지지를 수학하는 것이고, 수·화·풍·공·식계를 생겨남이 없게 하기 위한 까닭으로 수학한다면 이것이 일체지지를 수학하는 것입니까?

만약 보살마하살이 지계를 소멸시키지 않기 위한 까닭으로 수학한다면 이것이 일체지지를 수학하는 것이고, 수·화·풍·공·식계를 소멸시키지 않기 위한 까닭으로 수학한다면 이것이 일체지지를 수학하는 것입니까? 만약 보살마하살이 지계를 본래부터 적정시키기 위한 까닭으로 수학한다면 이것이 일체지지를 수학하는 것이고, 수·화·풍·공·식계를 본래부터 적정시키기 위한 까닭으로 수학한다면 이것이 일체지지를 수학하는 것입니까?

만약 보살마하살이 지계의 자성을 열반시키기 위한 까닭으로 수학한다면 이것이 일체지지를 수학하는 것이고, 수·화·풍·공·식계의 자성을 열반시키기 위한 까닭으로 수학한다면 이것이 일체지지를 수학하는 것입니까?'라고 그대가 말하였던 것과 같다면, 선현이여. 그대의 뜻은 어떠한가? 지계의 진여는 끝마치고 소멸하며 단절하는가?"

선현이 대답하여 말하였다.

"아닙니다. 세존이시여. 아닙니다. 선서시여."

"선현이여. 그대의 뜻은 어떠한가? 수·화·풍·공·식계의 진여는 끝마치고 소멸하며 단절하는가?"

"아닙니다. 세존이시여. 아닙니다. 선서시여."

"선현이여. 만약 보살마하살이 진여에서 이와 같이 수학한다면 이것이 일체지지를 수학하는 것이니라. 선현이여. 진여는 끝마침이 없고 소멸도 없으며 단절도 없고 증득할 수 없다고 마땅히 알아야 하느니라. 만약 보살마하살이 진여에서 이와 같이 수학한다면 이것이 일체지지를 수학하는 것이니라."

세존께서 말씀하셨다.

"선현이여. 그대는 '만약 보살마하살이 무명을 끝마치기 위한 까닭으로 수학한다면 이것이 일체지지를 수학하는 것이고, 행·식·명색·육처·촉·

수·애·취·유·생·노사를 끝마치기 위한 까닭으로 수학한다면 이것이 일체지지를 수학하는 것입니까? 만약 보살마하살이 무명을 벗어나기 위한 까닭으로 수학한다면 이것이 일체지지를 수학하는 것이고, 행·식·명색·육처·촉·수·애·취·유·생·노사를 벗어나기 위한 까닭으로 수학한다면 이것이 일체지지를 수학하는 것입니까?

만약 보살마하살이 무명을 소멸시키기 위한 까닭으로 수학한다면 이것이 일체지지를 수학하는 것이고, 행·식·명색·육처·촉·수·애·취·유·생·노사를 소멸시키기 위한 까닭으로 수학한다면 이것이 일체지지를 수학하는 것입니까? 만약 보살마하살이 무명을 생겨남이 없게 하기 위한 까닭으로 수학한다면 이것이 일체지지를 수학하는 것이고, 행·식·명색·육처·촉·수·애·취·유·생·노사를 생겨남이 없게 하기 위한 까닭으로 수학한다면 이것이 일체지지를 수학하는 것입니까?

만약 보살마하살이 무명을 소멸시키지 않기 위한 까닭으로 수학한다면 이것이 일체지지를 수학하는 것이고, 행·식·명색·육처·촉·수·애·취·유·생·노사를 소멸시키지 않기 위한 까닭으로 수학한다면 이것이 일체지지를 수학하는 것입니까? 만약 보살마하살이 무명을 본래부터 적정시키기 위한 까닭으로 수학한다면 이것이 일체지지를 수학하는 것이고, 행·식·명색·육처·촉·수·애·취·유·생·노사를 본래부터 적정시키기 위한 까닭으로 수학한다면 이것이 일체지지를 수학하는 것입니까?

만약 보살마하살이 무명의 자성을 열반시키기 위한 까닭으로 수학한다면 이것이 일체지지를 수학하는 것이고, 행·식·명색·육처·촉·수·애·취·유·생·노사의 자성을 열반시키기 위한 까닭으로 수학한다면 이것이 일체지지를 수학하는 것입니까?'라고 그대가 말하였던 것과 같다면, 선현이여. 그대의 뜻은 어떠한가? 무명의 진여는 끝마치고 소멸하며 단절하는가?"

선현이 대답하여 말하였다.

"아닙니다. 세존이시여. 아닙니다. 선서시여."

"선현이여. 그대의 뜻은 어떠한가? 수·화·풍·공·식계의 진여는 끝마치고 소멸하며 단절하는가?"

"아닙니다. 세존이시여. 아닙니다. 선서시여."

"선현이여. 만약 보살마하살이 진여에서 이와 같이 수학한다면 이것이 일체지지를 수학하는 것이니라. 선현이여. 진여는 끝마침이 없고 소멸도 없으며 단절도 없고 증득할 수 없다고 마땅히 알아야 하느니라. 만약 보살마하살이 진여에서 이와 같이 수학한다면 이것이 일체지지를 수학하는 것이니라."

마하반야바라밀다경 제340권

55. 교편학품(巧便學品)(4)

세존께서 말씀하셨다.

"선현이여. 그대는 '만약 보살마하살이 보시바라밀다를 끝마치기 위한 까닭으로 수학한다면 이것이 일체지지를 수학하는 것이고, 정계·안인·정진·정려·반야바라밀다를 끝마치기 위한 까닭으로 수학한다면 이것이 일체지지를 수학하는 것입니까? 만약 보살마하살이 보시바라밀다를 벗어나기 위한 까닭으로 수학한다면 이것이 일체지지를 수학하는 것이고, 정계·안인·정진·정려·반야바라밀다를 벗어나기 위한 까닭으로 수학한다면 이것이 일체지지를 수학하는 것입니까?

만약 보살마하살이 보시바라밀다를 소멸시키기 위한 까닭으로 수학한다면 이것이 일체지지를 수학하는 것이고, 정계·안인·정진·정려·반야바라밀다를 소멸시키기 위한 까닭으로 수학한다면 이것이 일체지지를 수학하는 것입니까? 만약 보살마하살이 보시바라밀다를 생겨남이 없게 하기 위한 까닭으로 수학한다면 이것이 일체지지를 수학하는 것이고, 정계·안인·정진·정려·반야바라밀다를 생겨남이 없게 하기 위한 까닭으로 수학한다면 이것이 일체지지를 수학하는 것입니까?

만약 보살마하살이 보시바라밀다를 소멸시키지 않기 위한 까닭으로 수학한다면 이것이 일체지지를 수학하는 것이고, 정계·안인·정진·정려·반야바라밀다를 소멸시키지 않기 위한 까닭으로 수학한다면 이것이 일체지지를 수학하는 것입니까? 만약 보살마하살이 보시바라밀다를 본래부터 적정시키기 위한 까닭으로 수학한다면 이것이 일체지지를 수학하는 것이고, 정계·안인·정진·정려·반야바라밀다를 본래부터 적정시키기 위한 까닭으로 수학한다면 이것이 일체지지를 수학하는 것입니까?

만약 보살마하살이 보시바라밀다의 자성을 열반시키기 위한 까닭으로 수학한다면 이것이 일체지지를 수학하는 것이고, 정계·안인·정진·정려·반야바라밀다의 자성을 열반시키기 위한 까닭으로 수학한다면 이것이 일체지지를 수학하는 것입니까?'라고 그대가 말하였던 것과 같다면, 선현이여. 그대의 뜻은 어떠한가? 보시바라밀다의 진여는 끝마치고 소멸하며 단절하는가?"

선현이 대답하여 말하였다.

"아닙니다. 세존이시여. 아닙니다. 선서시여."

"선현이여. 그대의 뜻은 어떠한가? 정계·안인·정진·정려·반야바라밀다의 진여는 끝마치고 소멸하며 단절하는가?"

"아닙니다. 세존이시여. 아닙니다. 선서시여."

"선현이여. 만약 보살마하살이 진여에서 이와 같이 수학한다면 이것이 일체지지를 수학하는 것이니라. 선현이여. 진여는 끝마침이 없고 소멸도 없으며 단절도 없고 증득할 수 없다고 마땅히 알아야 하느니라. 만약 보살마하살이 진여에서 이와 같이 수학한다면 이것이 일체지지를 수학하는 것이니라."

세존께서 말씀하셨다.

"선현이여. 그대는 '만약 보살마하살이 내공을 끝마치기 위한 까닭으로 수학한다면 이것이 일체지지를 수학하는 것이고, 외공·내외공·공공·대공·승의공·유위공·무위공·필경공·무제공·산공·무변이공·본성공·자상공·공상공·일체법공·불가득공·무성공·자성공·무성자성공을 끝마치기 위한 까닭으로 수학한다면 이것이 일체지지를 수학하는 것입니까? 만약 보살마하살이 내공을 벗어나기 위한 까닭으로 수학한다면 이것이 일체지지를 수학하는 것이고, 외공, 나아가 무성자성공을 벗어나기 위한 까닭으로 수학한다면 이것이 일체지지를 수학하는 것입니까?

만약 보살마하살이 내공을 소멸시키기 위한 까닭으로 수학한다면 이것이 일체지지를 수학하는 것이고, 외공, 나아가 무성자성공을 소멸시키기 위한 까닭으로 수학한다면 이것이 일체지지를 수학하는 것입니까? 만약 보살마하살이 내공을 생겨남이 없게 하기 위한 까닭으로 수학한다면 이것이 일체지지를 수학하는 것이고, 외공, 나아가 무성자성공을 생겨남이 없게 하기 위한 까닭으로 수학한다면 이것이 일체지지를 수학하는 것입니까?

만약 보살마하살이 내공을 소멸시키지 않기 위한 까닭으로 수학한다면 이것이 일체지지를 수학하는 것이고, 외공, 나아가 무성자성공을 소멸시키지 않기 위한 까닭으로 수학한다면 이것이 일체지지를 수학하는 것입니까? 만약 보살마하살이 내공을 본래부터 적정시키기 위한 까닭으로 수학한다면 이것이 일체지지를 수학하는 것이고, 외공, 나아가 무성자성공을 본래부터 적정시키기 위한 까닭으로 수학한다면 이것이 일체지지를 수학하는 것입니까?

만약 보살마하살이 내공의 자성을 열반시키기 위한 까닭으로 수학한다면 이것이 일체지지를 수학하는 것이고, 외공, 나아가 무성자성공의 자성을 열반시키기 위한 까닭으로 수학한다면 이것이 일체지지를 수학하는 것입니까?'라고 그대가 말하였던 것과 같다면, 선현이여. 그대의 뜻은 어떠한가? 내공의 진여는 끝마치고 소멸하며 단절하는가?"

선현이 대답하여 말하였다.

"아닙니다. 세존이시여. 아닙니다. 선서시여."

"선현이여. 그대의 뜻은 어떠한가? 외공, 나아가 무성자성공의 진여는 끝마치고 소멸하며 단절하는가?"

"아닙니다. 세존이시여. 아닙니다. 선서시여."

"선현이여. 만약 보살마하살이 진여에서 이와 같이 수학한다면 이것이 일체지지를 수학하는 것이니라. 선현이여. 진여는 끝마침이 없고 소멸도 없으며 단절도 없고 증득할 수 없다고 마땅히 알아야 하느니라. 만약 보살마하살이 진여에서 이와 같이 수학한다면 이것이 일체지지를 수학하는 것이니라.”

세존께서 말씀하셨다.

“선현이여. 그대는 ‘만약 보살마하살이 진여를 끝마치기 위한 까닭으로 수학한다면 이것이 일체지지를 수학하는 것이고, 법계·법성·불허망성·불변이성·평등성·이생성·법정·법주·실제·허공계·부사의계를 끝마치기 위한 까닭으로 수학한다면 이것이 일체지지를 수학하는 것입니까? 만약 보살마하살이 진여를 벗어나기 위한 까닭으로 수학한다면 이것이 일체지지를 수학하는 것이고, 법계, 나아가 부사의계를 벗어나기 위한 까닭으로 수학한다면 이것이 일체지지를 수학하는 것입니까?

만약 보살마하살이 진여를 소멸시키기 위한 까닭으로 수학한다면 이것이 일체지지를 수학하는 것이고, 법계, 나아가 부사의계를 소멸시키기 위한 까닭으로 수학한다면 이것이 일체지지를 수학하는 것입니까? 만약 보살마하살이 진여를 생겨남이 없게 하기 위한 까닭으로 수학한다면 이것이 일체지지를 수학하는 것이고, 법계, 나아가 부사의계를 생겨남이 없게 하기 위한 까닭으로 수학한다면 이것이 일체지지를 수학하는 것입니까?

만약 보살마하살이 진여를 소멸시키지 않기 위한 까닭으로 수학한다면 이것이 일체지지를 수학하는 것이고, 법계, 나아가 부사의계를 소멸시키지 않기 위한 까닭으로 수학한다면 이것이 일체지지를 수학하는 것입니까? 만약 보살마하살이 진여를 본래부터 적정시키기 위한 까닭으로 수학한다면 이것이 일체지지를 수학하는 것이고, 법계, 나아가 부사의계를 본래부터 적정시키기 위한 까닭으로 수학한다면 이것이 일체지지를 수학하는 것입니까?

만약 보살마하살이 진여의 자성을 열반시키기 위한 까닭으로 수학한다면 이것이 일체지지를 수학하는 것이고, 법계, 나아가 부사의계의 자성을 열반시키기 위한 까닭으로 수학한다면 이것이 일체지지를 수학하는 것입니까?’라고 그대가 말하였던 것과 같다면, 선현이여. 그대의 뜻은 어떠한가? 진여의 진여는 끝마치고 소멸하며 단절하는가?”

선현이 대답하여 말하였다.

"아닙니다. 세존이시여. 아닙니다. 선서시여."

"선현이여. 그대의 뜻은 어떠한가? 법계, 나아가 부사의계의 진여는 끝마치고 소멸하며 단절하는가?"

"아닙니다. 세존이시여. 아닙니다. 선서시여."

"선현이여. 만약 보살마하살이 진여에서 이와 같이 수학한다면 이것이 일체지지를 수학하는 것이니라. 선현이여. 진여는 끝마침이 없고 소멸도 없으며 단절도 없고 증득할 수 없다고 마땅히 알아야 하느니라. 만약 보살마하살이 진여에서 이와 같이 수학한다면 이것이 일체지지를 수학하는 것이니라."

세존께서 말씀하셨다.

"선현이여. 그대는 '만약 보살마하살이 고성제를 끝마치기 위한 까닭으로 수학한다면 이것이 일체지지를 수학하는 것이고, 집·멸·도성제를 끝마치기 위한 까닭으로 수학한다면 이것이 일체지지를 수학하는 것입니까? 만약 보살마하살이 고성제를 벗어나기 위한 까닭으로 수학한다면 이것이 일체지지를 수학하는 것이고, 집·멸·도성제를 벗어나기 위한 까닭으로 수학한다면 이것이 일체지지를 수학하는 것입니까?

만약 보살마하살이 고성제를 소멸시키기 위한 까닭으로 수학한다면 이것이 일체지지를 수학하는 것이고, 집·멸·도성제를 소멸시키기 위한 까닭으로 수학한다면 이것이 일체지지를 수학하는 것입니까? 만약 보살마하살이 고성제를 생겨남이 없게 하기 위한 까닭으로 수학한다면 이것이 일체지지를 수학하는 것이고, 집·멸·도성제를 생겨남이 없게 하기 위한 까닭으로 수학한다면 이것이 일체지지를 수학하는 것입니까?

만약 보살마하살이 고성제를 소멸시키지 않기 위한 까닭으로 수학한다면 이것이 일체지지를 수학하는 것이고, 집·멸·도성제를 소멸시키지 않기 위한 까닭으로 수학한다면 이것이 일체지지를 수학하는 것입니까? 만약 보살마하살이 고성제를 본래부터 적정시키기 위한 까닭으로 수학한다면 이것이 일체지지를 수학하는 것이고, 집·멸·도성제를 본래부터 적정시키기 위한 까닭으로 수학한다면 이것이 일체지지를 수학하는 것입니까?

만약 보살마하살이 고성제의 자성을 열반시키기 위한 까닭으로 수학한다면 이것이 일체지지를 수학하는 것이고, 집·멸·도성제의 자성을 열반시키기 위한 까닭으로 수학한다면 이것이 일체지지를 수학하는 것입니까?' 라고 그대가 말하였던 것과 같다면, 선현이여. 그대의 뜻은 어떠한가? 고성제의 진여는 끝마치고 소멸하며 단절하는가?"

선현이 대답하여 말하였다.

"아닙니다. 세존이시여. 아닙니다. 선서시여."

"선현이여. 그대의 뜻은 어떠한가? 집·멸·도성제의 진여는 끝마치고 소멸하며 단절하는가?"

"아닙니다. 세존이시여. 아닙니다. 선서시여."

"선현이여. 만약 보살마하살이 진여에서 이와 같이 수학한다면 이것이 일체지지를 수학하는 것이니라. 선현이여. 진여는 끝마침이 없고 소멸도 없으며 단절도 없고 증득할 수 없다고 마땅히 알아야 하느니라. 만약 보살마하살이 진여에서 이와 같이 수학한다면 이것이 일체지지를 수학하는 것이니라."

세존께서 말씀하셨다.

"선현이여. 그대는 '만약 보살마하살이 4정려를 끝마치기 위한 까닭으로 수학한다면 이것이 일체지지를 수학하는 것이고, 4무량·4무색정을 끝마치기 위한 까닭으로 수학한다면 이것이 일체지지를 수학하는 것입니까? 만약 보살마하살이 4정려를 벗어나기 위한 까닭으로 수학한다면 이것이 일체지지를 수학하는 것이고, 4무량·4무색정을 벗어나기 위한 까닭으로 수학한다면 이것이 일체지지를 수학하는 것입니까?

만약 보살마하살이 4정려를 소멸시키기 위한 까닭으로 수학한다면 이것이 일체지지를 수학하는 것이고, 4무량·4무색정을 소멸시키기 위한 까닭으로 수학한다면 이것이 일체지지를 수학하는 것입니까? 만약 보살마하살이 4정려를 생겨남이 없게 하기 위한 까닭으로 수학한다면 이것이 일체지지를 수학하는 것이고, 4무량·4무색정을 생겨남이 없게 하기 위한 까닭으로 수학한다면 이것이 일체지지를 수학하는 것입니까?

만약 보살마하살이 4정려를 소멸시키지 않기 위한 까닭으로 수학한다면 이것이 일체지지를 수학하는 것이고, 4무량·4무색정을 소멸시키지 않기 위한 까닭으로 수학한다면 이것이 일체지지를 수학하는 것입니까? 만약 보살마하살이 4정려를 본래부터 적정시키기 위한 까닭으로 수학한다면 이것이 일체지지를 수학하는 것이고, 4무량·4무색정을 본래부터 적정시키기 위한 까닭으로 수학한다면 이것이 일체지지를 수학하는 것입니까?

만약 보살마하살이 4정려의 자성을 열반시키기 위한 까닭으로 수학한다면 이것이 일체지지를 수학하는 것이고, 4무량·4무색정의 자성을 열반시키기 위한 까닭으로 수학한다면 이것이 일체지지를 수학하는 것입니까?'라고 그대가 말하였던 것과 같다면, 선현이여. 그대의 뜻은 어떠한가? 4정려의 진여는 끝마치고 소멸하며 단절하는가?"

선현이 대답하여 말하였다.

"아닙니다. 세존이시여. 아닙니다. 선서시여."

"선현이여. 그대의 뜻은 어떠한가? 4무량·4무색정의 진여는 끝마치고 소멸하며 단절하는가?"

"아닙니다. 세존이시여. 아닙니다. 선서시여."

"선현이여. 만약 보살마하살이 진여에서 이와 같이 수학한다면 이것이 일체지지를 수학하는 것이니라. 선현이여. 진여는 끝마침이 없고 소멸도 없으며 단절도 없고 증득할 수 없다고 마땅히 알아야 하느니라. 만약 보살마하살이 진여에서 이와 같이 수학한다면 이것이 일체지지를 수학하는 것이니라."

세존께서 말씀하셨다.

"선현이여. 그대는 '만약 보살마하살이 8해탈을 끝마치기 위한 까닭으로 수학한다면 이것이 일체지지를 수학하는 것이고, 8승처·9차제정·10변처를 끝마치기 위한 까닭으로 수학한다면 이것이 일체지지를 수학하는 것입니까? 만약 보살마하살이 8해탈을 벗어나기 위한 까닭으로 수학한다면 이것이 일체지지를 수학하는 것이고, 8승처·9차제정·10변처를 벗어나기 위한 까닭으로 수학한다면 이것이 일체지지를 수학하는 것입니까?

만약 보살마하살이 8해탈을 소멸시키기 위한 까닭으로 수학한다면 이것이 일체지지를 수학하는 것이고, 8승처·9차제정·10변처를 소멸시키기 위한 까닭으로 수학한다면 이것이 일체지지를 수학하는 것입니까? 만약 보살마하살이 8해탈을 생겨남이 없게 하기 위한 까닭으로 수학한다면 이것이 일체지지를 수학하는 것이고, 8승처·9차제정·10변처를 생겨남이 없게 하기 위한 까닭으로 수학한다면 이것이 일체지지를 수학하는 것입니까?

만약 보살마하살이 8해탈을 소멸시키지 않기 위한 까닭으로 수학한다면 이것이 일체지지를 수학하는 것이고, 8승처·9차제정·10변처를 소멸시키지 않기 위한 까닭으로 수학한다면 이것이 일체지지를 수학하는 것입니까? 만약 보살마하살이 8해탈을 본래부터 적정시키기 위한 까닭으로 수학한다면 이것이 일체지지를 수학하는 것이고, 8승처·9차제정·10변처를 본래부터 적정시키기 위한 까닭으로 수학한다면 이것이 일체지지를 수학하는 것입니까?

만약 보살마하살이 8해탈의 자성을 열반시키기 위한 까닭으로 수학한다면 이것이 일체지지를 수학하는 것이고, 8승처·9차제정·10변처의 자성을 열반시키기 위한 까닭으로 수학한다면 이것이 일체지지를 수학하는 것입니까?'라고 그대가 말하였던 것과 같다면, 선현이여. 그대의 뜻은 어떠한가? 8해탈의 진여는 끝마치고 소멸하며 단절하는가?"

선현이 대답하여 말하였다.

"아닙니다. 세존이시여. 아닙니다. 선서시여."

"선현이여. 그대의 뜻은 어떠한가? 8승처·9차제정·10변처의 진여는 끝마치고 소멸하며 단절하는가?"

"아닙니다. 세존이시여. 아닙니다. 선서시여."

"선현이여. 만약 보살마하살이 진여에서 이와 같이 수학한다면 이것이 일체지지를 수학하는 것이니라. 선현이여. 진여는 끝마침이 없고 소멸도

없으며 단절도 없고 증득할 수 없다고 마땅히 알아야 하느니라. 만약 보살마하살이 진여에서 이와 같이 수학한다면 이것이 일체지지를 수학하는 것이니라."

세존께서 말씀하셨다.

"선현이여. 그대는 '만약 보살마하살이 4념주를 끝마치기 위한 까닭으로 수학한다면 이것이 일체지지를 수학하는 것이고, 4정단·4신족·5근·5력·7등각지·8성도지를 끝마치기 위한 까닭으로 수학한다면 이것이 일체지지를 수학하는 것입니까? 만약 보살마하살이 4념주를 벗어나기 위한 까닭으로 수학한다면 이것이 일체지지를 수학하는 것이고, 4정단, 나아가 8성도지를 벗어나기 위한 까닭으로 수학한다면 이것이 일체지지를 수학하는 것입니까?

만약 보살마하살이 4념주를 소멸시키기 위한 까닭으로 수학한다면 이것이 일체지지를 수학하는 것이고, 4정단, 나아가 8성도지를 소멸시키기 위한 까닭으로 수학한다면 이것이 일체지지를 수학하는 것입니까? 만약 보살마하살이 4념주를 생겨남이 없게 하기 위한 까닭으로 수학한다면 이것이 일체지지를 수학하는 것이고, 4정단, 나아가 8성도지를 생겨남이 없게 하기 위한 까닭으로 수학한다면 이것이 일체지지를 수학하는 것입니까?

만약 보살마하살이 4념주를 소멸시키지 않기 위한 까닭으로 수학한다면 이것이 일체지지를 수학하는 것이고, 4정단, 나아가 8성도지를 소멸시키지 않기 위한 까닭으로 수학한다면 이것이 일체지지를 수학하는 것입니까? 만약 보살마하살이 4념주를 본래부터 적정시키기 위한 까닭으로 수학한다면 이것이 일체지지를 수학하는 것이고, 4정단, 나아가 8성도지를 본래부터 적정시키기 위한 까닭으로 수학한다면 이것이 일체지지를 수학하는 것입니까?

만약 보살마하살이 4념주의 자성을 열반시키기 위한 까닭으로 수학한다면 이것이 일체지지를 수학하는 것이고, 4정단, 나아가 8성도지의 자성을 열반시키기 위한 까닭으로 수학한다면 이것이 일체지지를 수학하는 것입니까?'라고 그대가 말하였던 것과 같다면, 선현이여. 그대의 뜻은 어떠한가? 4념주의 진여는 끝마치고 소멸하며 단절하는가?"

선현이 대답하여 말하였다.

"아닙니다. 세존이시여. 아닙니다. 선서시여."

"선현이여. 그대의 뜻은 어떠한가? 4정단, 나아가 8성도지의 진여는 끝마치고 소멸하며 단절하는가?"

"아닙니다. 세존이시여. 아닙니다. 선서시여."

"선현이여. 만약 보살마하살이 진여에서 이와 같이 수학한다면 이것이 일체지지를 수학하는 것이니라. 선현이여. 진여는 끝마침이 없고 소멸도 없으며 단절도 없고 증득할 수 없다고 마땅히 알아야 하느니라. 만약 보살마하살이 진여에서 이와 같이 수학한다면 이것이 일체지지를 수학하는 것이니라."

세존께서 말씀하셨다.

"선현이여. 그대는 '만약 보살마하살이 공해탈문을 끝마치기 위한 까닭으로 수학한다면 이것이 일체지지를 수학하는 것이고, 무상·무원해탈문을 끝마치기 위한 까닭으로 수학한다면 이것이 일체지지를 수학하는 것입니까? 만약 보살마하살이 공해탈문을 벗어나기 위한 까닭으로 수학한다면 이것이 일체지지를 수학하는 것이고, 무상·무원해탈문을 벗어나기 위한 까닭으로 수학한다면 이것이 일체지지를 수학하는 것입니까?

만약 보살마하살이 공해탈문을 소멸시키기 위한 까닭으로 수학한다면 이것이 일체지지를 수학하는 것이고, 무상·무원해탈문을 소멸시키기 위한 까닭으로 수학한다면 이것이 일체지지를 수학하는 것입니까? 만약 보살마하살이 공해탈문을 생겨남이 없게 하기 위한 까닭으로 수학한다면 이것이 일체지지를 수학하는 것이고, 무상·무원해탈문을 생겨남이 없게 하기 위한 까닭으로 수학한다면 이것이 일체지지를 수학하는 것입니까?

만약 보살마하살이 공해탈문을 소멸시키지 않기 위한 까닭으로 수학한다면 이것이 일체지지를 수학하는 것이고, 무상·무원해탈문을 소멸시키지 않기 위한 까닭으로 수학한다면 이것이 일체지지를 수학하는 것입니까? 만약 보살마하살이 공해탈문을 본래부터 적정시키기 위한 까닭으로 수학한다면 이것이 일체지지를 수학하는 것이고, 무상·무원해탈문을 본래부터 적정시키기 위한 까닭으로 수학한다면 이것이 일체지지를 수학하는 것입니까?

만약 보살마하살이 공해탈문의 자성을 열반시키기 위한 까닭으로 수학한다면 이것이 일체지지를 수학하는 것이고, 무상·무원해탈문의 자성을 열반시키기 위한 까닭으로 수학한다면 이것이 일체지지를 수학하는 것입니까?'라고 그대가 말하였던 것과 같다면, 선현이여. 그대의 뜻은 어떠한가? 공해탈문의 진여는 끝마치고 소멸하며 단절하는가?"

선현이 대답하여 말하였다.

"아닙니다. 세존이시여. 아닙니다. 선서시여."

"선현이여. 그대의 뜻은 어떠한가? 무상·무원해탈문의 진여는 끝마치고 소멸하며 단절하는가?"

"아닙니다. 세존이시여. 아닙니다. 선서시여."

"선현이여. 만약 보살마하살이 진여에서 이와 같이 수학한다면 이것이 일체지지를 수학하는 것이니라. 선현이여. 진여는 끝마침이 없고 소멸도 없으며 단절도 없고 증득할 수 없다고 마땅히 알아야 하느니라. 만약 보살마하살이 진여에서 이와 같이 수학한다면 이것이 일체지지를 수학하는 것이니라."

세존께서 말씀하셨다.

"선현이여. 그대는 '만약 보살마하살이 극희지를 끝마치기 위한 까닭으로 수학한다면 이것이 일체지지를 수학하는 것이고, 이구지·발광지·염혜지·극난승지·현전지·원행지·부동지·선혜지·법운지를 끝마치기 위한 까닭으로 수학한다면 이것이 일체지지를 수학하는 것입니까? 만약 보살마하살이 극희지를 벗어나기 위한 까닭으로 수학한다면 이것이 일체지지를 수학하는 것이고, 이구지, 나아가 법운지를 벗어나기 위한 까닭으로 수학한다면 이것이 일체지지를 수학하는 것입니까?

만약 보살마하살이 극희지를 소멸시키기 위한 까닭으로 수학한다면 이것이 일체지지를 수학하는 것이고, 이구지, 나아가 법운지를 소멸시키기 위한 까닭으로 수학한다면 이것이 일체지지를 수학하는 것입니까? 만약 보살마하살이 극희지를 생겨남이 없게 하기 위한 까닭으로 수학한다면 이것이 일체지지를 수학하는 것이고, 이구지, 나아가 법운지를 생겨남이 없게 하기 위한 까닭으로 수학한다면 이것이 일체지지를 수학하는 것입니까?

만약 보살마하살이 극희지를 소멸시키지 않기 위한 까닭으로 수학한다면 이것이 일체지지를 수학하는 것이고, 이구지, 나아가 법운지를 소멸시키지 않기 위한 까닭으로 수학한다면 이것이 일체지지를 수학하는 것입니까? 만약 보살마하살이 극희지를 본래부터 적정시키기 위한 까닭으로 수학한다면 이것이 일체지지를 수학하는 것이고, 이구지, 나아가 법운지를 본래부터 적정시키기 위한 까닭으로 수학한다면 이것이 일체지지를 수학하는 것입니까?

만약 보살마하살이 극희지의 자성을 열반시키기 위한 까닭으로 수학한다면 이것이 일체지지를 수학하는 것이고, 이구지, 나아가 법운지의 자성을 열반시키기 위한 까닭으로 수학한다면 이것이 일체지지를 수학하는 것입니까?'라고 그대가 말하였던 것과 같다면, 선현이여. 그대의 뜻은 어떠한가? 극희지의 진여는 끝마치고 소멸하며 단절하는가?"

선현이 대답하여 말하였다.

"아닙니다. 세존이시여. 아닙니다. 선서시여."

"선현이여. 그대의 뜻은 어떠한가? 이구지, 나아가 법운지의 진여는 끝마치고 소멸하며 단절하는가?"

"아닙니다. 세존이시여. 아닙니다. 선서시여."

"선현이여. 만약 보살마하살이 진여에서 이와 같이 수학한다면 이것이 일체지지를 수학하는 것이니라. 선현이여. 진여는 끝마침이 없고 소멸도 없으며 단절도 없고 증득할 수 없다고 마땅히 알아야 하느니라. 만약 보살마하살이 진여에서 이와 같이 수학한다면 이것이 일체지지를 수학하는 것이니라."

세존께서 말씀하셨다.

"선현이여. 그대는 '만약 보살마하살이 5안을 끝마치기 위한 까닭으로 수학한다면 이것이 일체지지를 수학하는 것이고, 6신통을 끝마치기 위한 까닭으로 수학한다면 이것이 일체지지를 수학하는 것입니까? 만약 보살마하살이 5안을 벗어나기 위한 까닭으로 수학한다면 이것이 일체지지를 수학하는 것이고, 6신통을 벗어나기 위한 까닭으로 수학한다면 이것이 일체지지를 수학하는 것입니까?

만약 보살마하살이 5안을 소멸시키기 위한 까닭으로 수학한다면 이것이 일체지지를 수학하는 것이고, 6신통을 소멸시키기 위한 까닭으로 수학한다면 이것이 일체지지를 수학하는 것입니까? 만약 보살마하살이 5안을 생겨남이 없게 하기 위한 까닭으로 수학한다면 이것이 일체지지를 수학하는 것이고, 6신통을 생겨남이 없게 하기 위한 까닭으로 수학한다면 이것이 일체지지를 수학하는 것입니까?

만약 보살마하살이 5안을 소멸시키지 않기 위한 까닭으로 수학한다면 이것이 일체지지를 수학하는 것이고, 6신통을 소멸시키지 않기 위한 까닭으로 수학한다면 이것이 일체지지를 수학하는 것입니까? 만약 보살마하살이 5안을 본래부터 적정시키기 위한 까닭으로 수학한다면 이것이 일체지지를 수학하는 것이고, 6신통을 본래부터 적정시키기 위한 까닭으로 수학한다면 이것이 일체지지를 수학하는 것입니까?

만약 보살마하살이 5안의 자성을 열반시키기 위한 까닭으로 수학한다면 이것이 일체지지를 수학하는 것이고, 6신통의 자성을 열반시키기 위한 까닭으로 수학한다면 이것이 일체지지를 수학하는 것입니까?'라고 그대가 말하였던 것과 같다면, 선현이여. 그대의 뜻은 어떠한가? 5안의 진여는 끝마치고 소멸하며 단절하는가?"

선현이 대답하여 말하였다.

"아닙니다. 세존이시여. 아닙니다. 선서시여."

"선현이여. 그대의 뜻은 어떠한가? 6신통의 진여는 끝마치고 소멸하며 단절하는가?"

“아닙니다. 세존이시여. 아닙니다. 선서시여.”

“선현이여. 만약 보살마하살이 진여에서 이와 같이 수학한다면 이것이 일체지지를 수학하는 것이니라. 선현이여. 진여는 끝마침이 없고 소멸도 없으며 단절도 없고 증득할 수 없다고 마땅히 알아야 하느니라. 만약 보살마하살이 진여에서 이와 같이 수학한다면 이것이 일체지지를 수학하는 것이니라.”

세존께서 말씀하셨다.

“선현이여. 그대는 ‘만약 보살마하살이 여래의 10력을 끝마치기 위한 까닭으로 수학한다면 이것이 일체지지를 수학하는 것이고, 4무소외·4무애해·대자·대비·대희·대사·18불불공법을 끝마치기 위한 까닭으로 수학한다면 이것이 일체지지를 수학하는 것입니까? 만약 보살마하살이 여래의 10력을 벗어나기 위한 까닭으로 수학한다면 이것이 일체지지를 수학하는 것이고, 4무소외, 나아가 18불불공법을 벗어나기 위한 까닭으로 수학한다면 이것이 일체지지를 수학하는 것입니까?

만약 보살마하살이 여래의 10력을 소멸시키기 위한 까닭으로 수학한다면 이것이 일체지지를 수학하는 것이고, 4무소외, 나아가 18불불공법을 소멸시키기 위한 까닭으로 수학한다면 이것이 일체지지를 수학하는 것입니까? 만약 보살마하살이 여래의 10력을 생겨남이 없게 하기 위한 까닭으로 수학한다면 이것이 일체지지를 수학하는 것이고, 4무소외, 나아가 18불불공법을 생겨남이 없게 하기 위한 까닭으로 수학한다면 이것이 일체지지를 수학하는 것입니까?

만약 보살마하살이 여래의 10력을 소멸시키지 않기 위한 까닭으로 수학한다면 이것이 일체지지를 수학하는 것이고, 4무소외, 나아가 18불불공법을 소멸시키지 않기 위한 까닭으로 수학한다면 이것이 일체지지를 수학하는 것입니까? 만약 보살마하살이 여래의 10력을 본래부터 적정시키기 위한 까닭으로 수학한다면 이것이 일체지지를 수학하는 것이고, 4무소외, 나아가 18불불공법을 본래부터 적정시키기 위한 까닭으로 수학한다면 이것이 일체지지를 수학하는 것입니까?

만약 보살마하살이 여래의 10력의 자성을 열반시키기 위한 까닭으로 수학한다면 이것이 일체지지를 수학하는 것이고, 4무소외, 나아가 18불불공법의 자성을 열반시키기 위한 까닭으로 수학한다면 이것이 일체지지를 수학하는 것입니까?'라고 그대가 말하였던 것과 같다면, 선현이여. 그대의 뜻은 어떠한가? 여래의 10력의 진여는 끝마치고 소멸하며 단절하는가?"

선현이 대답하여 말하였다.

"아닙니다. 세존이시여. 아닙니다. 선서시여."

"선현이여. 그대의 뜻은 어떠한가? 4무소외, 나아가 18불불공법의 진여는 끝마치고 소멸하며 단절하는가?"

"아닙니다. 세존이시여. 아닙니다. 선서시여."

"선현이여. 만약 보살마하살이 진여에서 이와 같이 수학한다면 이것이 일체지지를 수학하는 것이니라. 선현이여. 진여는 끝마침이 없고 소멸도 없으며 단절도 없고 증득할 수 없다고 마땅히 알아야 하느니라. 만약 보살마하살이 진여에서 이와 같이 수학한다면 이것이 일체지지를 수학하는 것이니라."

세존께서 말씀하셨다.

"선현이여. 그대는 '만약 보살마하살이 무망실법을 끝마치기 위한 까닭으로 수학한다면 이것이 일체지지를 수학하는 것이고, 항주사성을 끝마치기 위한 까닭으로 수학한다면 이것이 일체지지를 수학하는 것입니까? 만약 보살마하살이 무망실법을 벗어나기 위한 까닭으로 수학한다면 이것이 일체지지를 수학하는 것이고, 항주사성을 벗어나기 위한 까닭으로 수학한다면 이것이 일체지지를 수학하는 것입니까?

만약 보살마하살이 무망실법을 소멸시키기 위한 까닭으로 수학한다면 이것이 일체지지를 수학하는 것이고, 항주사성을 소멸시키기 위한 까닭으로 수학한다면 이것이 일체지지를 수학하는 것입니까? 만약 보살마하살이 무망실법을 생겨남이 없게 하기 위한 까닭으로 수학한다면 이것이 일체지지를 수학하는 것이고, 항주사성을 생겨남이 없게 하기 위한 까닭으로 수학한다면 이것이 일체지지를 수학하는 것입니까?

만약 보살마하살이 무망실법을 소멸시키지 않기 위한 까닭으로 수학한다면 이것이 일체지지를 수학하는 것이고, 항주사성을 소멸시키지 않기 위한 까닭으로 수학한다면 이것이 일체지지를 수학하는 것입니까? 만약 보살마하살이 무망실법을 본래부터 적정시키기 위한 까닭으로 수학한다면 이것이 일체지지를 수학하는 것이고, 항주사성을 본래부터 적정시키기 위한 까닭으로 수학한다면 이것이 일체지지를 수학하는 것입니까?

만약 보살마하살이 무망실법의 자성을 열반시키기 위한 까닭으로 수학한다면 이것이 일체지지를 수학하는 것이고, 항주사성의 자성을 열반시키기 위한 까닭으로 수학한다면 이것이 일체지지를 수학하는 것입니까?'라고 그대가 말하였던 것과 같다면, 선현이여. 그대의 뜻은 어떠한가? 무망실법의 진여는 끝마치고 소멸하며 단절하는가?"

선현이 대답하여 말하였다.

"아닙니다. 세존이시여. 아닙니다. 선서시여."

"선현이여. 그대의 뜻은 어떠한가? 항주사성의 진여는 끝마치고 소멸하며 단절하는가?"

"아닙니다. 세존이시여. 아닙니다. 선서시여."

"선현이여. 만약 보살마하살이 진여에서 이와 같이 수학한다면 이것이 일체지지를 수학하는 것이니라. 선현이여. 진여는 끝마침이 없고 소멸도 없으며 단절도 없고 증득할 수 없다고 마땅히 알아야 하느니라. 만약 보살마하살이 진여에서 이와 같이 수학한다면 이것이 일체지지를 수학하는 것이니라."

세존께서 말씀하셨다.

"선현이여. 그대는 '만약 보살마하살이 일체지를 끝마치기 위한 까닭으로 수학한다면 이것이 일체지지를 수학하는 것이고, 도상지·일체상지를 끝마치기 위한 까닭으로 수학한다면 이것이 일체지지를 수학하는 것입니까? 만약 보살마하살이 일체지를 벗어나기 위한 까닭으로 수학한다면 이것이 일체지지를 수학하는 것이고, 도상지·일체상지를 벗어나기 위한 까닭으로 수학한다면 이것이 일체지지를 수학하는 것입니까?

만약 보살마하살이 일체지를 소멸시키기 위한 까닭으로 수학한다면 이것이 일체지지를 수학하는 것이고, 도상지·일체상지를 소멸시키기 위한 까닭으로 수학한다면 이것이 일체지지를 수학하는 것입니까? 만약 보살마하살이 일체지를 생겨남이 없게 하기 위한 까닭으로 수학한다면 이것이 일체지지를 수학하는 것이고, 도상지·일체상지를 생겨남이 없게 하기 위한 까닭으로 수학한다면 이것이 일체지지를 수학하는 것입니까?

만약 보살마하살이 일체지를 소멸시키지 않기 위한 까닭으로 수학한다면 이것이 일체지지를 수학하는 것이고, 도상지·일체상지를 소멸시키지 않기 위한 까닭으로 수학한다면 이것이 일체지지를 수학하는 것입니까? 만약 보살마하살이 일체지를 본래부터 적정시키기 위한 까닭으로 수학한다면 이것이 일체지지를 수학하는 것이고, 도상지·일체상지를 본래부터 적정시키기 위한 까닭으로 수학한다면 이것이 일체지지를 수학하는 것입니까?

만약 보살마하살이 일체지의 자성을 열반시키기 위한 까닭으로 수학한다면 이것이 일체지지를 수학하는 것이고, 도상지·일체상지의 자성을 열반시키기 위한 까닭으로 수학한다면 이것이 일체지지를 수학하는 것입니까?'라고 그대가 말하였던 것과 같다면, 선현이여. 그대의 뜻은 어떠한가? 일체지의 진여는 끝마치고 소멸하며 단절하는가?"

선현이 대답하여 말하였다.

"아닙니다. 세존이시여. 아닙니다. 선서시여."

"선현이여. 그대의 뜻은 어떠한가? 도상지·일체상지의 진여는 끝마치고 소멸하며 단절하는가?"

"아닙니다. 세존이시여. 아닙니다. 선서시여."

"선현이여. 만약 보살마하살이 진여에서 이와 같이 수학한다면 이것이 일체지지를 수학하는 것이니라. 선현이여. 진여는 끝마침이 없고 소멸도 없으며 단절도 없고 증득할 수 없다고 마땅히 알아야 하느니라. 만약 보살마하살이 진여에서 이와 같이 수학한다면 이것이 일체지지를 수학하는 것이니라."

세존께서 말씀하셨다.

"선현이여. 그대는 '만약 보살마하살이 일체의 다라니문을 끝마치기 위한 까닭으로 수학한다면 이것이 일체지지를 수학하는 것이고, 일체의 삼마지문을 끝마치기 위한 까닭으로 수학한다면 이것이 일체지지를 수학하는 것입니까? 만약 보살마하살이 일체의 다라니문을 벗어나기 위한 까닭으로 수학한다면 이것이 일체지지를 수학하는 것이고, 일체의 삼마지문을 벗어나기 위한 까닭으로 수학한다면 이것이 일체지지를 수학하는 것입니까?

만약 보살마하살이 일체의 다라니문을 소멸시키기 위한 까닭으로 수학한다면 이것이 일체지지를 수학하는 것이고, 일체의 삼마지문을 소멸시키기 위한 까닭으로 수학한다면 이것이 일체지지를 수학하는 것입니까? 만약 보살마하살이 일체의 다라니문을 생겨남이 없게 하기 위한 까닭으로 수학한다면 이것이 일체지지를 수학하는 것이고, 일체의 삼마지문을 생겨남이 없게 하기 위한 까닭으로 수학한다면 이것이 일체지지를 수학하는 것입니까?

만약 보살마하살이 일체의 다라니문을 소멸시키지 않기 위한 까닭으로 수학한다면 이것이 일체지지를 수학하는 것이고, 일체의 삼마지문을 소멸시키지 않기 위한 까닭으로 수학한다면 이것이 일체지지를 수학하는 것입니까? 만약 보살마하살이 일체의 다라니문을 본래부터 적정시키기 위한 까닭으로 수학한다면 이것이 일체지지를 수학하는 것이고, 일체의 삼마지문을 본래부터 적정시키기 위한 까닭으로 수학한다면 이것이 일체지지를 수학하는 것입니까?

만약 보살마하살이 일체의 다라니문을 자성을 열반시키기 위한 까닭으로 수학한다면 이것이 일체지지를 수학하는 것이고, 일체의 삼마지문의 자성을 열반시키기 위한 까닭으로 수학한다면 이것이 일체지지를 수학하는 것입니까?'라고 그대가 말하였던 것과 같다면, 선현이여. 그대의 뜻은 어떠한가? 일체의 다라니문의 진여는 끝마치고 소멸하며 단절하는가?"

선현이 대답하여 말하였다.

"아닙니다. 세존이시여. 아닙니다. 선서시여."

"선현이여. 그대의 뜻은 어떠한가? 일체의 삼마지문의 진여는 끝마치고 소멸하며 단절하는가?"

"아닙니다. 세존이시여. 아닙니다. 선서시여."

"선현이여. 만약 보살마하살이 진여에서 이와 같이 수학한다면 이것이 일체지지를 수학하는 것이니라. 선현이여. 진여는 끝마침이 없고 소멸도 없으며 단절도 없고 증득할 수 없다고 마땅히 알아야 하느니라. 만약 보살마하살이 진여에서 이와 같이 수학한다면 이것이 일체지지를 수학하는 것이니라."

세존께서 말씀하셨다.

"선현이여. 그대는 '만약 보살마하살이 예류과를 끝마치기 위한 까닭으로 수학한다면 이것이 일체지지를 수학하는 것이고, 일래·불환·아라한과를 끝마치기 위한 까닭으로 수학한다면 이것이 일체지지를 수학하는 것입니까? 만약 보살마하살이 예류과를 벗어나기 위한 까닭으로 수학한다면 이것이 일체지지를 수학하는 것이고, 일래·불환·아라한과를 벗어나기 위한 까닭으로 수학한다면 이것이 일체지지를 수학하는 것입니까?

만약 보살마하살이 예류과를 소멸시키기 위한 까닭으로 수학한다면 이것이 일체지지를 수학하는 것이고, 일래·불환·아라한과를 소멸시키기 위한 까닭으로 수학한다면 이것이 일체지지를 수학하는 것입니까? 만약 보살마하살이 예류과를 생겨남이 없게 하기 위한 까닭으로 수학한다면 이것이 일체지지를 수학하는 것이고, 일래·불환·아라한과를 생겨남이 없게 하기 위한 까닭으로 수학한다면 이것이 일체지지를 수학하는 것입니까?

만약 보살마하살이 예류과를 소멸시키지 않기 위한 까닭으로 수학한다면 이것이 일체지지를 수학하는 것이고, 일래·불환·아라한과를 소멸시키지 않기 위한 까닭으로 수학한다면 이것이 일체지지를 수학하는 것입니까? 만약 보살마하살이 예류과를 본래부터 적정시키기 위한 까닭으로 수학한다면 이것이 일체지지를 수학하는 것이고, 일래·불환·아라한과를 본래부터 적정시키기 위한 까닭으로 수학한다면 이것이 일체지지를 수학하는 것입니까?

만약 보살마하살이 예류과의 자성을 열반시키기 위한 까닭으로 수학한다면 이것이 일체지지를 수학하는 것이고, 일래·불환·아라한과의 자성을 열반시키기 위한 까닭으로 수학한다면 이것이 일체지지를 수학하는 것입니까?'라고 그대가 말하였던 것과 같다면, 선현이여. 그대의 뜻은 어떠한가? 예류과의 진여는 끝마치고 소멸하며 단절하는가?"

선현이 대답하여 말하였다.

"아닙니다. 세존이시여. 아닙니다. 선서시여."

"선현이여. 그대의 뜻은 어떠한가? 일래·불환·아라한과의 진여는 끝마치고 소멸하며 단절하는가?"

"아닙니다. 세존이시여. 아닙니다. 선서시여."

"선현이여. 만약 보살마하살이 진여에서 이와 같이 수학한다면 이것이 일체지지를 수학하는 것이니라. 선현이여. 진여는 끝마침이 없고 소멸도 없으며 단절도 없고 증득할 수 없다고 마땅히 알아야 하느니라. 만약 보살마하살이 진여에서 이와 같이 수학한다면 이것이 일체지지를 수학하는 것이니라."

세존께서 말씀하셨다.

"선현이여. 그대는 '만약 보살마하살이 독각의 보리를 끝마치기 위한 까닭으로 수학한다면 이것이 일체지지를 수학하는 것입니까? 만약 보살마하살이 독각의 보리를 벗어나기 위한 까닭으로 수학한다면 이것이 일체지지를 수학하는 것입니까? 만약 보살마하살이 독각의 보리를 소멸시키기 위한 까닭으로 수학한다면 이것이 일체지지를 수학하는 것입니까? 만약 보살마하살이 독각의 보리를 생겨남이 없게 하기 위한 까닭으로 수학한다면 이것이 일체지지를 수학하는 것입니까?

만약 보살마하살이 독각의 보리를 소멸시키지 않기 위한 까닭으로 수학한다면 이것이 일체지지를 수학하는 것입니까? 만약 보살마하살이 독각의 보리를 본래부터 적정시키기 위한 까닭으로 수학한다면 이것이 일체지지를 수학하는 것입니까? 만약 보살마하살이 독각의 보리의 자성을 열반시키기 위한 까닭으로 수학한다면 이것이 일체지지를 수학하는 것입니까?'라고 그대가 말하였던 것과 같다면, 선현이여. 그대의 뜻은 어떠한가? 독각의 보리의 진여는 끝마치고 소멸하며 단절하는가?"

선현이 대답하여 말하였다.

"아닙니다. 세존이시여. 아닙니다. 선서시여."

"선현이여. 만약 보살마하살이 진여에서 이와 같이 수학한다면 이것이 일체지지를 수학하는 것이니라. 선현이여. 진여는 끝마침이 없고 소멸도 없으며 단절도 없고 증득할 수 없다고 마땅히 알아야 하느니라. 만약 보살마하살이 진여에서 이와 같이 수학한다면 이것이 일체지지를 수학하는 것이니라."

세존께서 말씀하셨다.

"선현이여. 그대는 '만약 보살마하살이 일체의 보살마하살의 행을 끝마치기 위한 까닭으로 수학한다면 이것이 일체지지를 수학하는 것입니까? 만약 보살마하살이 일체의 보살마하살의 행을 벗어나기 위한 까닭으로 수학한다면 이것이 일체지지를 수학하는 것입니까? 만약 보살마하살이 일체의 보살마하살의 행을 소멸시키기 위한 까닭으로 수학한다면 이것이 일체지지를 수학하는 것입니까? 만약 보살마하살이 일체의 보살마하살의 행을 생겨남이 없게 하기 위한 까닭으로 수학한다면 이것이 일체지지를 수학하는 것입니까?

만약 보살마하살이 일체의 보살마하살의 행을 소멸시키지 않기 위한 까닭으로 수학한다면 이것이 일체지지를 수학하는 것입니까? 만약 보살마하살이 일체의 보살마하살의 행을 본래부터 적정시키기 위한 까닭으로 수학한다면 이것이 일체지지를 수학하는 것입니까? 만약 보살마하살이 일체의 보살마하살의 행의 자성을 열반시키기 위한 까닭으로 수학한다면 이것이 일체지지를 수학하는 것입니까?'라고 그대가 말하였던 것과 같다면, 선현이여. 그대의 뜻은 어떠한가? 일체의 보살마하살의 행의 진여는 끝마치고 소멸하며 단절하는가?"

선현이 대답하여 말하였다.

“아닙니다. 세존이시여. 아닙니다. 선서시여.”

“선현이여. 만약 보살마하살이 진여에서 이와 같이 수학한다면 이것이 일체지지를 수학하는 것이니라. 선현이여. 진여는 끝마침이 없고 소멸도 없으며 단절도 없고 증득할 수 없다고 마땅히 알아야 하느니라. 만약 보살마하살이 진여에서 이와 같이 수학한다면 이것이 일체지지를 수학하는 것이니라.”

세존께서 말씀하셨다.

“선현이여. 그대는 ‘만약 보살마하살이 제불의 무상정등보리를 끝마치기 위한 까닭으로 수학한다면 이것이 일체지지를 수학하는 것입니까? 만약 보살마하살이 제불의 무상정등보리를 벗어나기 위한 까닭으로 수학한다면 이것이 일체지지를 수학하는 것입니까? 만약 보살마하살이 제불의 무상정등보리를 소멸시키기 위한 까닭으로 수학한다면 이것이 일체지지를 수학하는 것입니까? 만약 보살마하살이 제불의 무상정등보리를 생겨남이 없게 하기 위한 까닭으로 수학한다면 이것이 일체지지를 수학하는 것입니까?

만약 보살마하살이 제불의 무상정등보리를 소멸시키지 않기 위한 까닭으로 수학한다면 이것이 일체지지를 수학하는 것입니까? 만약 보살마하살이 제불의 무상정등보리를 본래부터 적정시키기 위한 까닭으로 수학한다면 이것이 일체지지를 수학하는 것입니까? 만약 보살마하살이 제불의 무상정등보리의 자성을 열반시키기 위한 까닭으로 수학한다면 이것이 일체지지를 수학하는 것입니까?’라고 그대가 말하였던 것과 같다면, 선현이여. 그대의 뜻은 어떠한가? 제불의 무상정등보리의 진여는 끝마치고 소멸하며 단절하는가?”

선현이 대답하여 말하였다.

“아닙니다. 세존이시여. 아닙니다. 선서시여.”

“선현이여. 만약 보살마하살이 진여에서 이와 같이 수학한다면 이것이 일체지지를 수학하는 것이니라. 선현이여. 진여는 끝마침이 없고 소멸도

없으며 단절도 없고 증득할 수 없다고 마땅히 알아야 하느니라. 만약 보살마하살이 진여에서 이와 같이 수학한다면 이것이 일체지지를 수학하는 것이니라."

세존께서 말씀하셨다.

"선현이여. 그대는 '만약 보살마하살이 유정을 끝마치기 위한 까닭으로 수학한다면 이것이 일체지지를 수학하는 것입니까? 만약 보살마하살이 유정을 벗어나기 위한 까닭으로 수학한다면 이것이 일체지지를 수학하는 것입니까? 만약 보살마하살이 유정을 소멸시키기 위한 까닭으로 수학한다면 이것이 일체지지를 수학하는 것입니까? 만약 보살마하살이 유정을 생겨남이 없게 하기 위한 까닭으로 수학한다면 이것이 일체지지를 수학하는 것입니까?

만약 보살마하살이 유정을 소멸시키지 않기 위한 까닭으로 수학한다면 이것이 일체지지를 수학하는 것입니까? 만약 보살마하살이 유정을 본래부터 적정시키기 위한 까닭으로 수학한다면 이것이 일체지지를 수학하는 것입니까? 만약 보살마하살이 유정의 자성을 열반시키기 위한 까닭으로 수학한다면 이것이 일체지지를 수학하는 것입니까?'라고 그대가 말하였던 것과 같다면, 선현이여. 그대의 뜻은 어떠한가? 유정의 진여는 끝마치고 소멸하며 단절하는가?"

선현이 대답하여 말하였다.

"아닙니다. 세존이시여. 아닙니다. 선서시여."

"선현이여. 만약 보살마하살이 진여에서 이와 같이 수학한다면 이것이 일체지지를 수학하는 것이니라. 선현이여. 진여는 끝마침이 없고 소멸도 없으며 단절도 없고 증득할 수 없다고 마땅히 알아야 하느니라. 만약 보살마하살이 진여에서 이와 같이 수학한다면 이것이 일체지지를 수학하는 것이니라."

세존께서 말씀하셨다.

"선현이여. 그대는 '만약 보살마하살이 보살을 끝마치기 위한 까닭으로 수학한다면 이것이 일체지지를 수학하는 것입니까? 만약 보살마하살이 보살을 벗어나기 위한 까닭으로 수학한다면 이것이 일체지지를 수학하는 것입니까? 만약 보살마하살이 보살을 소멸시키기 위한 까닭으로 수학한다면 이것이 일체지지를 수학하는 것입니까?

만약 보살마하살이 보살을 생겨남이 없게 하기 위한 까닭으로 수학한다면 이것이 일체지지를 수학하는 것입니까? 만약 보살마하살이 보살을 소멸시키지 않기 위한 까닭으로 수학한다면 이것이 일체지지를 수학하는 것입니까? 만약 보살마하살이 보살을 본래부터 적정시키기 위한 까닭으로 수학한다면 이것이 일체지지를 수학하는 것입니까?

만약 보살마하살이 보살의 자성을 열반시키기 위한 까닭으로 수학한다면 이것이 일체지지를 수학하는 것입니까?'라고 그대가 말하였던 것과 같다면, 선현이여. 그대의 뜻은 어떠한가? 보살의 진여는 끝마치고 소멸하며 단절하는가?"

선현이 대답하여 말하였다.

"아닙니다. 세존이시여. 아닙니다. 선서시여."

"선현이여. 만약 보살마하살이 진여에서 이와 같이 수학한다면 이것이 일체지지를 수학하는 것이니라. 선현이여. 진여는 끝마침이 없고 소멸도 없으며 단절도 없고 증득할 수 없다고 마땅히 알아야 하느니라. 만약 보살마하살이 진여에서 이와 같이 수학한다면 이것이 일체지지를 수학하는 것이니라."

마하반야바라밀다경 제341권

55. 교편학품(巧便學品)(5)

세존께서 말씀하셨다.

“선현이여. 그대는 ‘만약 보살마하살이 여래를 끝마치기 위한 까닭으로 수학한다면 이것이 일체지지를 수학하는 것입니까? 만약 보살마하살이 여래를 벗어나기 위한 까닭으로 수학한다면 이것이 일체지지를 수학하는 것입니까? 만약 보살마하살이 여래를 소멸시키기 위한 까닭으로 수학한다면 이것이 일체지지를 수학하는 것입니까?

만약 보살마하살이 여래를 생겨남이 없게 하기 위한 까닭으로 수학한다면 이것이 일체지지를 수학하는 것입니까? 만약 보살마하살이 여래를 소멸시키지 않기 위한 까닭으로 수학한다면 이것이 일체지지를 수학하는 것입니까? 만약 보살마하살이 여래를 본래부터 적정시키기 위한 까닭으로 수학한다면 이것이 일체지지를 수학하는 것입니까?

만약 보살마하살이 여래의 자성을 열반시키기 위한 까닭으로 수학한다면 이것이 일체지지를 수학하는 것입니까?’라고 그대가 말하였던 것과 같다면, 선현이여. 그대의 뜻은 어떠한가? 여래의 진여는 끝마치고 소멸하며 단절하는가?”

선현이 대답하여 말하였다.

“아닙니다. 세존이시여. 아닙니다. 선서시여.”

“선현이여. 만약 보살마하살이 진여에서 이와 같이 수학한다면 이것이 일체지지를 수학하는 것이니라. 선현이여. 진여는 끝마침이 없고 소멸도

없으며 단절도 없고 증득할 수 없다고 마땅히 알아야 하느니라. 만약 보살마하살이 진여에서 이와 같이 수학한다면 이것이 일체지지를 수학하는 것이니라."

"다시 다음으로 선현이여. 보살마하살이 이와 같이 수학하는 때라면, 이것이 보시바라밀다를 수학하는 것이고 이것이 정계·안인·정진·정려·반야바라밀다를 수학하는 것이며, 만약 보살마하살이 보시·정계·안인·정진·정려·반야바라밀다를 수학한다면 이것이 일체지지를 수학하는 것이니라. 다시 다음으로 선현이여. 보살마하살이 이와 같이 수학하는 때라면, 이것이 내공을 수학하는 것이고 이것이 외공·내외공·공공·대공·승의공·유위공·무위공·필경공·무제공·산공·무변이공·본성공·자상공·공상공·일체법공·불가득공·무성공·자성공·무성자성공을 수학하는 것이며, 만약 보살마하살이 내공·외공, 나아가 무성자성공을 수학한다면 이것이 일체지지를 수학하는 것이니라.

다시 다음으로 선현이여. 보살마하살이 이와 같이 수학하는 때라면, 이것이 진여를 수학하는 것이고 이것이 법계·법성·불허망성·불변이성·평등성·이생성·법정·법주·실제·허공계·부사의계를 수학하는 것이며, 만약 보살마하살이 진여·법계, 나아가 부사의계를 수학한다면 이것이 일체지지를 수학하는 것이니라. 다시 다음으로 선현이여. 보살마하살이 이와 같이 수학하는 때라면, 이것이 고성제를 수학하는 것이고 이것이 집·멸·도성제를 수학하는 것이며, 만약 보살마하살이 고·집·멸·도성제를 수학한다면 이것이 일체지지를 수학하는 것이니라.

다시 다음으로 선현이여. 보살마하살이 이와 같이 수학하는 때라면, 이것이 4정려를 수학하는 것이고 이것이 4무량·4무색정을 수학하는 것이며, 만약 보살마하살이 4정려·4무량·4무색정을 수학한다면 이것이 일체지지를 수학하는 것이니라. 다시 다음으로 선현이여. 보살마하살이 이와 같이 수학하는 때라면, 이것이 8해탈을 수학하는 것이고 이것이 8승처·9차제정·10변처를 수학하는 것이며, 만약 보살마하살이 8해탈·8승처·9차제정·10변처를 수학한다면 이것이 일체지지를 수학하는 것이니라.

다시 다음으로 선현이여. 보살마하살이 이와 같이 수학하는 때라면, 이것이 4념주를 수학하는 것이고 이것이 4정단·4신족·5근·5력·7등각지·8성도지를 수학하는 것이며, 만약 보살마하살이 4념주·4정단, 나아가 8성도지를 배우면 그것이 일체지지를 배우는 것이니라. 다시 다음으로 선현이여. 보살마하살이 이와 같이 수학하는 때라면, 이것이 공해탈문을 수학하는 것이고 이것이 무상·무원해탈문을 수학하는 것이며, 만약 보살마하살이 공·무상·무원해탈문을 수학한다면 이것이 일체지지를 수학하는 것이니라.

다시 다음으로 선현이여. 보살마하살이 이와 같이 수학하는 때라면, 이것이 극희지를 수학하는 것이고 이것이 이구지·발광지·염혜지·극난승지·현전지·원행지·부동지·선혜지·법운지를 수학하는 것이며, 만약 보살마하살이 극희지·이구지, 나아가 법운지를 수학한다면 이것이 일체지지를 수학하는 것이니라. 다시 다음으로 선현이여. 보살마하살이 이와 같이 수학하는 때라면, 이것이 5안을 수학하는 것이고 이것이 6신통을 수학하는 것이며, 만약 보살마하살이 5안· 6신통을 배우면 그것이 일체지지를 배우는 것이니라.

다시 다음으로 선현이여. 보살마하살이 이와 같이 수학하는 때라면, 이것이 여래의 10력을 수학하는 것이고 이것이 4무소외·4무애해·대자·대비·대희·대사와 18불불공법을 수학하는 것이며, 만약 보살마하살이 여래의 10력·4무소외, 나아가 18불불공법을 수학한다면 이것이 일체지지를 수학하는 것이니라. 다시 다음으로 선현이여. 보살마하살이 이와 같이 수학하는 때라면, 이것이 무망실법을 수학하는 것이고 이것이 항주사성을 수학하는 것이며, 만약 보살마하살이 무망실법·항주사성을 수학한다면 이것이 일체지지를 수학하는 것이니라.

다시 다음으로 선현이여. 보살마하살이 이와 같이 수학하는 때라면, 이것이 일체지를 수학하는 것이고 이것이 도상지·일체상지를 수학하는 것이며, 만약 보살마하살이 일체지·도상지·일체상지를 수학한다면 이것이 일체지지를 수학하는 것이니라. 다시 다음으로 선현이여. 보살마하살이 이와 같이 수학하는 때라면, 이것이 일체의 다라니문을 수학하는 것이고 이것이 일체의 삼마지문을 수학하는 것이며, 만약 보살마하살이 일체의 다라니문·일체의 삼마지문을 수학한다면 이것이 일체지지를 수학하는 것이니라.

다시 다음으로 선현이여. 보살마하살이 이와 같이 수학하는 때라면, 이것이 일체의 보살마하살의 행을 수학하는 것이며, 만약 보살마하살이 일체의 보살마하살의 행을 수학한다면 이것이 일체지지를 수학하는 것이니라. 다시 다음으로 선현이여. 보살마하살이 이와 같이 수학하는 때라면, 이것이 제불의 무상정등보리를 수학하는 것이며, 만약 보살마하살이 제불의 무상정등보리를 수학한다면 이것이 일체지지를 수학하는 것이니라.

다시 다음으로 선현이여. 만약 보살마하살이 이와 같이 수학하는 때라면, 일체의 수학이 원만해져서 피안(彼岸)에 이르는 것이고, 만약 보살마하살이 이와 같이 수학하는 때라면 일체의 천마(天魔)와 여러 외도들이 모두 능히 무너뜨릴 수 없는 것이며, 만약 보살마하살이 이와 같이 수학하는 때라면 빠르게 보살의 불퇴전지에 이르는 것이고, 만약 보살마하살이 이와 같이 수학하는 때라면 스스로가 조부(祖父)이셨던 일체의 여래·응공·정등각들의 처소에서 상응하여 행하시던 것을 행하는 것이며, 만약 보살마하살이 이와 같이 수학하는 때라면 능히 법을 수호하면서 전도(顚倒)가 없이 따라서 전전(展轉)하느니라.

만약 보살마하살이 이와 같이 수학하는 때라면, 능히 어두운 처소를 벗어나고 상응하는 작법(作法)을 행할 수 있고, 만약 보살마하살이 이와 같이 수학하는 때라면 이것이 스스로가 불국토를 청정하게 장엄하는 법을 수학하는 것이며, 만약 보살마하살이 이와 같이 수학하는 때라면 이것이 제유정을 성숙시키는 법을 수학하는 것이고, 만약 보살마하살이 이와 같이 수학하는 때라면 여실히 불국토를 장엄할 수 있으며, 만약 보살마하살이 이와 같이 수학하는 때라면, 곧 능히 여실히 유정들을 성숙시킬 수 있느니라.

만약 보살마하살이 이와 같이 수학하는 때라면, 곧 능히 대자·대비를 일으켜서 일체를 애민(哀愍)하게 생각할 수 있고, 만약 보살마하살이 이와 같이 수학하는 때라면 이것이 삼전십이행상(三轉十二行相)[1]의 미묘한 법륜(法輪)을 수학하는 것이며, 만약 보살마하살이 이와 같이 수학하는 때라면, 이것이 일체의 유정을 제도하고 해탈시켜서 무여열반계(無餘涅槃界)에 안치(安置)하는 것을 수학하는 것이고, 만약 보살마하살이 이와 같이 수학하는 때라면, 이것이 여래의 종자(佛種)를 끊지 않는 미묘한 행을 수학하는 것이며, 만약 보살마하살이 이와 같이 수학하는 때라면, 이것이 제불께서 유정의 부류들을 위하여 감로문(甘露門)을 여는 것을 수학하는 것이니라.

만약 보살마하살이 이와 같이 수학하는 때라면, 이것이 무량하고 무수이며 무변한 유정들을 안립(安立)시키고 삼승법(三乘法)에 안주시키는 것을 수학하는 것이며, 만약 보살마하살이 이와 같이 수학하는 때라면, 이것이 일체의 유정들에게 나타내어 보여주면서 구경(究竟)의 적멸(寂滅)하고 진실한 무위계(無爲界)를 수학하는 것이며, 이것이 진실로 일체지지를 수학하는 것이니, 이와 같이 수학하는 자는 하열(下劣)한 유정들의 처소에서는 능히 수학할 수 없느니라. 만약 보살마하살이 이와 같이 수학하는 때라면, 일체 유정들의 생(生)·노(老)·병(病)·사(死)를 발제(拔濟)시켜서 상응하는 학처(學處)라는 것을 정근하면서 수학하게 할 수 있느니라.

---

1) 사성제(四聖諦)를 시전(示轉)·권전(勸轉)·증전(證轉)의 세 부류로 해석하고, 다시 시전(示轉)·권전(勸轉)·증전(證轉)의 사제(四諦) 각각에 안(眼)·지(智)·명(明)·각(覺)의 네 단계로 결합하여, 사제(四諦) 열두 가지의 형태로 설하는 것이다. 한 예로써 '이것은 고(苦)이다. 이것은 고(苦)의 원인이다. 이것은 고(苦)의 소멸이다. 이것은 고(苦)의 소멸에 이르는 길이다.'라고 드러낸 것을 시전(示轉), '고(苦)를 알아야 한다. 집(集)을 끊어야 한다. 멸(滅)을 증득해야 한다. 도(道)를 수행해야 한다.'라고 권유하는 것을 권전(勸轉), '나는 이미 고(苦)를 알았다. 나는 이미 집(集)을 끊었다. 나는 이미 멸(滅)을 증득했다. 나는 이미 도(道)를 수행하였다.'라고 여래께서 밝힌 것을 증전(證轉)이라 한다.

다시 다음으로 선현이여. 만약 보살마하살이 이와 같이 수학하는 때라면, 결정적으로 지옥·방생·귀계에 떨어지지 않고, 만약 보살마하살이 이와 같이 수학하는 때라면 결정적으로 변방의 지역의 달서(達絮)[2]·멸예차(蔑隸車)[3]의 가운데에 태어나지 않으며, 만약 보살마하살이 이와 같이 수학하는 때라면, 결정적으로 전다라가(旃荼羅家)·보갈사가(補羯娑家)[4]와 나머지의 여러 빈궁(貧窮)하고 비천(卑賤)하며 율의(律儀)가 아닌 집에 태어나지 않느니라.

만약 보살마하살이 이와 같이 수학하는 때라면, 결국 귀머거리·장님·벙어리(攣躄)·연벽(攣躄)[5]·불구자(根支不具)가 안 되고, 곱추(背僂)·간질(癲癇)과 나머지의 여러 종류의 더럽고 악한 창병(瘡病)[6]에 걸리지 않으며, 만약 보살마하살이 이와 같이 수학하는 때라면, 생생(生生)에 권속이 항상 원만함을 얻고 형체와 용모가 단엄(端嚴)하며 언사(言詞)가 위엄있고 엄숙하여 여러 사람들이 사랑하고 공경하게 되느니라.

만약 보살마하살이 이와 같이 수학하는 때라면, 생생의 처소는 생명을 해치는 것을 벗어나고, 주지 않았으나 취하는 것을 벗어나며, 음욕의 삿된 행을 벗어나고, 허망하고 속이는 말을 벗어나며, 추악(麤惡)한 말을 벗어나고, 이간(離間)하는 말을 벗어나며, 잡스럽고 지저분한 말을 벗어나고, 역시 탐욕(貪欲)·진에(瞋恚)·삿된 견해(邪見)를 벗어나느니라. 만약 보살마하살이 이와 같이 수학하는 때라면, 여러 생의 처소에 삿된 법으로써 스스로가 생활하지 않고, 결국 허망하고 삿된 법을 섭수하지 않으며,

---

2) 변방 국가의 하천(下賤)하고 악(惡)한 종족으로 예의를 모르는 금수(禽獸)와 같은 부류들을 가리킨다.

3) 산스크리트어 mleccha의 음사이고, 고대 인도에서 아리아인이 아닌 북부에 위치하는 인종과 외국 출신의 사람들을 지칭하였다. 그들은 베다를 믿지 않는 야만인으로 묘사하는데, 아마도 인더스 문명의 원주민들을 지칭하는 것으로 추정된다.

4) 산스크리트어 Pulkasa의 음사이고, 비천한 종족으로 분뇨나 오물을 청소하는 직업을 가진 자들을 가리킨다.

5) 손발이 굽어서 펴지지 않는 것, 또는 그와 같은 사람을 가리킨다.

6) 피부(皮膚)의 질병(疾病)을 합쳐서 말하는 것이다.

역시 파계(破戒)·악한 견해(惡見)·유정들을 비방하는 법 등을 섭수하지도 않느니라.

만약 보살마하살이 이와 같이 수학하는 때라면, 결국 작은 지혜를 탐내고 즐거워하는 장수천(長壽天)[7]의 처소에 태어나지 않는데, 그 까닭은 무엇인가? 이 보살마하살은 선교방편의 세력(勢力)을 성취하였고, 오히려 이 선교방편의 세력을 까닭으로 비록 능히 자주 정려(靜慮)·무량(無量)·무색정(無色定)에 들어갈지라도 그 세력을 따라서 태어나지 않는데, 매우 깊은 반야바라밀다의 처소에서 섭수되는 까닭이니라. 이와 같은 선교방편을 성취하였으므로 여러 정려의 가운데에서 비록 항상 들어가고 나오는 것이 자재(自在)하며, 그 여러 정려의 세력을 따라서 장수천에 태어나고 보살마하살의 행을 수습하는 것을 그만두지 않느니라.

다시 다음으로 선현이여. 만약 보살마하살이 이와 같이 수학하는 때라면, 여래의 10력·4무소외·4무애해·대자·대비·대희·대사·18불불공법 등의 무량하고 무수이며 무변한 불법(佛法)에서 모두가 청정함을 얻을 것이고, 결정적으로 일체의 성문지·독각지에 퇴실하여 떨어지지 않느니라."

그때 구수 선현이 세존께 아뢰어 말하였다.

"세존이시여. 만약 일체법(一切法)의 본성(本性)이 청정하다면 어찌하여 보살마하살은 제법(諸法)의 가운데에서 다시 청정함을 얻는다고 말합니까?"

세존께서 말씀하셨다.

"선현이여. 그와 같으니라. 그와 같으니라. 그대가 말한 것과 같이 제법은 본래 자성(自性)이 청정하고, 이 보살마하살은 일체법의 본성이 청정한 가운데에서 매우 깊은 반야바라밀다를 정근하면서 수학(修學)하고 여실(如實)하게 통달하여 빠뜨림이 없고 막힘도 없으며, 일체 번뇌의 염오와 집착을 멀리 벗어나는 까닭으로 보살이 다시 청정함을 얻는다고

---

7) 색계 사선천(四禪天)의 제4천인 무상천(無想天)을 가리키고, 수명(壽命)이 5백 대겁(大劫)을 살며, 색계천(色界天)에서 최고로 장수하므로 이렇게 이름한다.

설(說)하느니라.

다시 다음으로 선현이여. 비록 일체법의 본성이 청정하였으나, 여러 이생(異生)들은 알지도 못하고 보지도 못하며 깨닫지도 못하므로, 이 보살마하살은 그들이 알고 보며 깨닫게 시키기 위하여 보시바라밀다를 수행하고 정계·안인·정진·정려·반야바라밀다를 수행하며, 내공에 안주하고 외공·내외공·공공·대공·승의공·유위공·무위공·필경공·무제공·산공·무변이공·본성공·자상공·공상공·일체법공·불가득공·무성공·자성공·무성자성공에 안주하느니라.

진여에 안주하고 법계·법성·불허망성·불변이성·평등성·이생성·법정·법주·실제·허공계·부사의계에 안주하며, 고성제에 안주하고 집·멸·괴도성제에 안주하며, 4정려를 수행하고 4무량·4무색정을 수행하며, 8해탈을 수행하고 8승처·9차제정·10변처를 수행하며, 4념주를 수행하고 4정단·4신족·5근·5력·7등각지·8성도지를 수행하며, 공해탈문을 수행하고, 무상·무원해탈문을 수행하느니라.

극희지를 수행하고 이구지·발광지·염혜지·극난승지·현전지·원행지·부동지·선혜지·법운지를 수행하며, 5안을 수행하고 6신통을 수행하며, 여래의 10력을 수행하고 4무소외·4무애해·대자·대비·대희·대사·18불불공법을 수행하며, 무망실법을 수행하고 항주사성을 수행하며, 일체의 다라니문을 수행하고 일체의 삼마지문을 수행하느니라.

선현이여. 이 보살마하살이 일체법에서 본성이 청정하다고 이와 같이 수학하는 때라면 여래의 10력·4무소외·4무애해·대자·대비·대희·대사·18불불공법 등의 무량하고 무수이며 무변한 불법에서 모두 청정함을 얻으므로 성문지·독각지에 퇴실하여 떨어지지 않고, 제유정들의 마음으로 행(行)하는 차별을 모두 능히 통달하여 피안(彼岸)의 지극한 선교방편으로 제유정들에게 일체법의 본성이 청정함을 증득하게 하느니라.

선현이여. 마땅히 알아야 하느니라. 비유한다면 대지(大地)가 적은 곳에서 금·은·보배를 출생(出生)시키고 많은 곳에서 모래·돌·기왓장을 출생시키는 것과 같이, 제유정들도 역시 이와 같아서 적은 부분의 사람이 매우 깊은 반야바라밀다를 능히 수학하고 많은 사람들은 성문지·독각지의 법을 수학하느니라.

선현이여. 마땅히 알아야 하느니라. 비유한다면 인간세상(人趣)에서 적은 부분의 사람이 능히 전륜왕(轉輪王)의 업을 수행하고 많은 부분의 사람은 여러 작은 나라의 왕의 업을 받아서 행하는 것과 같이, 제유정들도 역시 이와 같아서 적은 부분의 사람이 매우 깊은 반야바라밀다를 능히 수학하고 많은 사람들은 성문지·독각지의 법을 수학하느니라. 선현이여. 마땅히 알아야 하느니라. 무상정등보리를 구하는 제보살의 대중들은 적은 자들이 무상정등보리를 증득하고, 많은 자들은 성문지·독각지에 퇴실하여 떨어지느니라.

선현이여. 마땅히 알아야 하느니라. 보살승에 안주하는 선남자와 선여인 등이 만약 매우 깊은 반야바라밀다의 선교방편을 멀리 벗어나지 않는다면 반드시 불퇴전지(不退轉地)에 나아가서 들어가고, 만약 매우 깊은 반야바라밀다의 선교방편을 멀리 벗어난다면 반드시 무상정등보리에서 마땅히 퇴전이 있느니라. 이러한 까닭으로 보살마하살의 대중들이 보살의 불퇴전지를 얻으려고 하였거나, 보살의 불퇴전 숫자(數)에 들어가고자 하였다면, 마땅히 매우 깊은 반야바라밀다의 선교방편을 마땅히 정근하면서 수학할지니라.

다시 다음으로 선현이여. 만약 보살마하살이 매우 깊은 반야바라밀다를 이와 같이 선교방편으로 수학한다면, 결국 간탐(慳貪)·파계(破戒)·진분(瞋忿)·해태(懈怠)·산란(散亂)·악한 지혜(惡慧)와 상응하는 마음을 일으키지 않고, 결국 탐욕(貪欲)·진에(瞋恚)·우치(愚癡)·교만(憍慢)과 상응하는 마음을 일으키지 않으며, 결국 여러 나머지의 과실(過失)과 상응하는 마음을 일으키지 않느니라.

결국 색의 상(相)을 집착하면서 취(取)하거나 상응하는 마음을 일으키지 않고 역시 수·상·행·식의 상을 집착하면서 취하거나 상응하는 마음을 일으키지 않으며, 결국 안처의 상을 집착하면서 취하거나 상응하는 마음을 일으키지 않고 역시 이·비·설·신·의처의 상을 집착하면서 취하거나 상응하는 마음을 일으키지 않으며, 결국 색처의 상을 집착하면서 취하거나 상응하는 마음을 일으키지 않고 역시 성·향·미·촉·법처의 상을 집착하면서 취하거나 상응하는 마음을 일으키지 않느니라.

결국 안계의 상을 집착하면서 취하거나 상응하는 마음을 일으키지 않고 역시 이·비·설·신·의계의 상을 집착하면서 취하거나 상응하는 마음을 일으키지 않으며, 결국 색계의 상을 집착하면서 취하거나 상응하는 마음을 일으키지 않고 역시 성·향·미·촉·법계의 상을 집착하면서 취하거나 상응하는 마음을 일으키지 않으며, 결국 안식계의 상을 집착하면서 취하거나 상응하는 마음을 일으키지 않고 역시 이·비·설·신·의식계의 상을 집착하면서 취하거나 상응하는 마음을 일으키지 않느니라.

결국 안촉의 상을 집착하면서 취하거나 상응하는 마음을 일으키지 않고 역시 이·비·설·신·의촉의 상을 집착하면서 취하거나 상응하는 마음을 일으키지 않으며, 결국 안촉을 인연으로 생겨난 여러 수의 상을 집착하면서 취하거나 상응하는 마음을 일으키지 않고 역시 이·비·설·신·의촉을 인연으로 생겨난 여러 수의 상을 집착하면서 취하거나 상응하는 마음을 일으키지 않느니라.

결국 지계의 상을 집착하면서 취하거나 상응하는 마음을 일으키지 않고 역시 수·화·풍·공·식계의 상을 집착하면서 취하거나 상응하는 마음을 일으키지 않으며, 결국 무명의 상을 집착하면서 취하거나 상응하는 마음을 일으키지 않고 역시 행·식·명색·육처·촉·수·애·취·유·생·노사의 상을 집착하면서 취하거나 상응하는 마음을 일으키지 않으며, 결국 보시바라밀다의 상을 집착하면서 취하거나 상응하는 마음을 일으키지 않고 역시 정계·안인·정진·정려·반야바라밀다의 상을 집착하면서 취하거나 상응하는 마음을 일으키지 않느니라.

결국 내공의 상을 집착하면서 취하거나 상응하는 마음을 일으키지 않고 역시 외공·내외공·공공·대공·승의공·유위공·무위공·필경공·무제공·산공·무변이공·본성공·자상공·공상공·일체법공·불가득공·무성공·

자성공·무성자성공의 상을 집착하면서 취하거나 상응하는 마음을 일으키지 않으며, 결국 진여의 상을 집착하면서 취하거나 상응하는 마음을 일으키지 않고 역시 법계·법성·불허망성·불변이성·평등성·이생성·법정·법주·실제·허공계·부사의계의 상을 집착하면서 취하거나 상응하는 마음을 일으키지 않느니라.

결국 고성제의 상을 집착하면서 취하거나 상응하는 마음을 일으키지 않고 역시 집·멸·도성제의 상을 집착하면서 취하거나 상응하는 마음을 일으키지 않으며, 결국 4정려의 상을 집착하면서 취하거나 상응하는 마음을 일으키지 않고 역시 4무량·4무색정의 상을 집착하면서 취하거나 상응하는 마음을 일으키지 않으며, 결국 8해탈의 상을 집착하면서 취하거나 상응하는 마음을 일으키지 않고 역시 8승처·9차제정·10변처의 상을 집착하면서 취하거나 상응하는 마음을 일으키지 않느니라.

결국 4념주의 상을 집착하면서 취하거나 상응하는 마음을 일으키지 않고 역시 4정단·4신족·5근·5력·7등각지·8성도지의 상을 집착하면서 취하거나 상응하는 마음을 일으키지 않으며, 결국 공해탈문의 상을 집착하면서 취하거나 상응하는 마음을 일으키지 않고 역시 무상·무원해탈문의 상을 집착하면서 취하거나 상응하는 마음을 일으키지 않으며, 결국 극희지의 상을 집착하면서 취하거나 상응하는 마음을 일으키지 않고 역시 이구지·발광지·염혜지·극난승지·현전지·원행지·부동지·선혜지·법운지의 상을 집착하면서 취하거나 상응하는 마음을 일으키지 않느니라.

결국 5안의 상을 집착하면서 취하거나 상응하는 마음을 일으키지 않고 역시 6신통의 상을 집착하면서 취하거나 상응하는 마음을 일으키지 않으며, 결국 여래의 10력의 상을 집착하면서 취하거나 상응하는 마음을 일으키지 않고 역시 4무소외·4무애해·대자·대비·대희·대사·18불불공법의 상을 집착하면서 취하거나 상응하는 마음을 일으키지 않으며, 결국 무망실법의 상을 집착하면서 취하거나 상응하는 마음을 일으키지 않고 역시 항주사성의 상을 집착하면서 취하거나 상응하는 마음을 일으키지 않느니라.

결국 일체지의 상을 집착하면서 취하거나 상응하는 마음을 일으키지 않고 역시 도상지·일체상지의 상을 집착하면서 취하거나 상응하는 마음을 일으키지 않으며, 결국 일체의 다라니문의 상을 집착하면서 취하거나 상응하는 마음을 일으키지 않고 역시 일체의 삼마지문의 상을 집착하면서 취하거나 상응하는 마음을 일으키지 않으며, 결국 예류과의 상을 집착하면서 취하거나 상응하는 마음을 일으키지 않고 역시 일래·불환·아라한과의 상을 집착하면서 취하거나 상응하는 마음을 일으키지 않느니라.

결국 독각의 보리의 상을 집착하면서 취하거나 상응하는 마음을 일으키지 않고, 결국 일체의 보살마하살의 행의 상을 집착하면서 취하거나 상응하는 마음을 일으키지 않으며, 결국 제불의 무상정등보리의 상을 집착하면서 취하거나 상응하는 마음을 일으키지 않느니라. 왜 그러한가? 선현이여. 이 보살마하살은 깊은 반야바라밀다를 선교방편으로 행하면서 모든 법은 이것이 얻을 수 있다고 보지 않고, 얻을 수 없다고 보는 까닭으로, 색 등의 법상(法相)을 집착하면서 취하거나 상응하는 마음을 일으키지 않느니라.

다시 다음으로 선현이여. 만약 보살마하살이 이와 같은 매우 깊은 반야바라밀다의 선교방편으로 수학한다면 능히 일체의 바라밀다를 섭수할 수 있고 일체의 바라밀다를 집적(集積)할 수 있으며 일체의 바라밀다를 인도할 수 있느니라. 왜 그러한가? 선현이여. 매우 깊은 반야바라밀다 가운데에는 일체의 바라밀다를 포함하여 수용(含用)하는 까닭이니라.

선현이여. 비유한다면 살가야견(薩迦耶見)[8]은 62견(六十二見)[9]을 널리

---

8) 산스크리트어 sat-kāya의 음사이고, 견(見)은 산스크리트어 dṛṣṭi의 번역이며, 유신견(有身見)이라 한역한다. 유신견(有身見)은 소의신(所依身), 즉 '5온(五蘊)의 화합체' 또는 '5취온(五取蘊)'을 실유(實有)라고 집착하는 견해이거나, 실재하는 '아(我)', 또는 '아소(我所)'가 있다고 집착하는 견해이다.

9) 고대 인도의 외도들이 주장한 62가지 견해로, 과거에 대한 견해로서 '자아(自我)와 세계는 영원하다는 견해', '자아와 세계는 일부분이 영원하다는 견해', '세계는 유한(有限)하다는 견해', '세계는 무한하다는 견해', '자아와 세계는 원인이 없이

능히 섭수하는 것과 같이, 매우 깊은 반야바라밀다도 역시 이와 같아서 일체의 바라밀다를 포용하느니라. 선현이여. 비유한다면 여러 죽었던 사람은 명근(命根)[10)]이 소멸되는 까닭으로 여러 근(根)도 따라서 소멸하는 것과 같이, 매우 깊은 반야바라밀다도 역시 이와 같아서 일체 수학해야 할 바라밀다는 모두가 따르고 좇는 것이니, 만약 반야바라밀다가 없다면 일체의 바라밀다도 없느니라. 이러한 까닭으로 선현이여. 만약 보살마하살이 일체 바라밀다의 구경(究竟)인 피안에 이르고자 하였다면, 매우 깊은 반야바라밀다를 상응하여 정근하면서 수학해야 하느니라.

선현이여. 마땅히 알아야 하느니라. 만약 보살마하살이 이와 같이 매우 깊은 반야바라밀다를 수학한다면 제유정에서 최고로 상수(上首)가 되느니라. 왜 그러한가? 선현이여. 이 보살마하살은 이미 무상처(無想處)를 능히 수학한 까닭이니라.

다시 다음으로 선현이여. 그대의 뜻은 어떠한가? 이 삼천대천세계의 제유정의 부류들은 오히려(寧) 많다고 하겠는가?"

선현이 대답하여 말하였다.

"매우 많습니다. 세존이시여. 매우 많습니다. 선서시여. 섬부주 가운데의 제유정의 부류들도 오히려 많아서 무수(無數)인데, 어찌 하물며 삼천대천세계의 제유정이겠습니까?"

"선현이여. 가사 삼천대천세계의 제유정의 부류들이 앞서지도 않고 뒤처지지도 않으면서 모두 사람의 몸을 얻었고, 사람의 몸을 얻고서 앞서지도 않고 뒤처지지도 않으면서 무상정등보리를 증득하였는데, 선남자와 선여인 등이 있어서 보살승에 안주하여 그가 목숨을 마치도록 상묘

생겨난다는 견해' 등 18가지와 미래에 대한 견해로서 '자아는 사후(死後)에도 의식(意識)이 있다는 견해', '자아는 사후에 의식이 없다는 견해', '자아는 사후에 의식이 있지도 않고 없지도 않다.'는 견해 등 44종류가 있다.

10) 산스크리트어 jīvitendriya의 번역이고, 명(命)은 목숨을 뜻하고 근(根)은 작용을 뜻한다. 따라서 목숨을 이어가게 하는 작용을 가리킨다.

(上妙)한 의복·음식·와구(臥具)[11]·탕약(湯藥)과 나머지의 자구(資具)[12]로 이러한 제여래·응공·정등각께서 공양하고 공경하며 존중하고 찬탄하였다면 이 선남자와 선여인 등이 오히려 이 인연으로 얻는 복은 많겠는가?"

선현이 대답하여 말하였다.

"매우 많습니다. 세존이시여. 매우 많습니다. 선서시여."

세존께서 말씀하셨다.

"선현이여. 만약 선남자와 선여인 등이 보살승에 안주하여 능히 이와 같이 매우 깊은 반야바라밀다에서 듣고서 수지(受持)하고 독송(讀誦)하며 서사(書寫)하고 사유(思惟)하며 수습(修習)한다면, 그들이 얻었던 복취(福聚)라는 것은 이전보다 무량(無量)하고 무수(無數)하느니라. 왜 그러한가? 선현이여. 매우 깊은 반야바라밀다는 큰 이치와 이익을 갖추었고, 능히 보살마하살의 대중들을 빠르게 무상정등보리로 이끌어서 이전에 얻은 여러 선근보다 수승하게 하는 까닭이니라. 이러한 까닭으로 선현이여. 만약 보살마하살이 일체 유정들의 상수(上首)에 기거하고자 하였다면, 마땅히 이와 같이 매우 깊은 반야바라밀다를 수학해야 하느니라.

만약 보살마하살이 일체의 유정들을 널리 요익(饒益)하게 하고자 하였다면, 구호(救護)가 없는 자에게 구호를 지어서 주고 귀의(歸依)가 없는 자에게 귀의가 되어주며 합쳐서 나아갈(投趣) 수 없는 자에게 합쳐서 나아가는 것이 되어주고 안목(眼目)이 없는 자에게 안목이 되어주며 광명이 없는 자에게 광명이 되어주고 도로(道路)를 잃은 자에게 도로를 보여주며, 열반하지 못한 자에게 열반을 얻게 하고자 하였다면, 마땅히 이와 같이 매우 깊은 반야바라밀다를 수학해야 하느니라.

만약 보살마하살이 무상정등보리를 증득하고자 하였거나, 제불께서 행하였던 경계를 행하고자 하였거나, 여래(佛)께서 유희(遊戲)하셨던 처소를 유희하고자 하였거나, 제불의 큰 사자후(獅子吼)를 지으려고 하였거나, 제불의 무상(無上)한 법의 북(法鼓)을 울리려고 하였거나, 제불의

---

11) 이불이나 베개 등과 같이 눕는 때에 사용하는 물건을 가리킨다.

12) 집 안이나 집무실(執務室)에서 쓰는 여러 물품을 가리킨다.

무상한 법의 종(法鐘)을 울리려고 하였거나, 제불의 무상한 법의 소라(法螺)를 불려고 하였거나, 제불의 무상한 법의 자리(法座)에 오르려고 하였거나, 제불의 무상한 법의 의취를 설하려고 하였거나, 일체 유정에게 의심의 그물을 끊어주려고 하였거나, 제불의 감로(甘露)인 법계(法界)에 들어가려고 하였거나, 제불의 미묘한 기쁨과 즐거움을 받으려고 하였다면, 마땅히 매우 깊은 반야바라밀다를 수학해야 하느니라.

다시 다음으로 선현이여. 만약 보살마하살이 이와 같이 매우 깊은 반야바라밀다를 수학한다면, 일체의 공덕과 선근을 얻지 못함이 없느니라."

이때 구수 선현이 세존께 아뢰어 말하였다.

"세존이시여. 제보살마하살이 이와 같은 매우 깊은 반야바라밀다를 수학하였더라도, 어떻게 역시 능히 성문이나 독각들의 공덕과 선근을 얻겠습니까?"

세존께서 말씀하셨다.

"선현이여. 성문과 독각의 공덕과 선근도 이 제보살마하살들은 모두 능히 얻을 수 있으나, 다만 그 가운데에 머무르지 않고 집착함이 없느니라. 수승한 지견(智見)으로써 바르게 관찰하고서 그 지위를 초과(超過)하여 보살의 정성이생(正性離性)에 나아가서 들어가는 까닭으로, 이 보살마하살의 대중들은 일체의 공덕과 선근을 얻지 못함이 없느니라.

다시 다음으로 선현이여. 만약 보살마하살이 이와 같이 수학하는 때라면, 곧 일체지지에 가까이 접근하게 되어서 빠르게 무상정등보리를 증득하느니라. 다시 다음으로 선현이여. 만약 보살마하살이 이와 같이 수학하는 때라면, 일체 세간의 천인·인간·아소락 등의 진실한 복전(福田)이 되느니라. 다시 다음으로 선현이여. 만약 보살마하살이 이와 같이 수학하는 때라면, 여러 세간의 사문(沙門)·범지(梵志)·성문·독각의 상수인 복전을 초과하여 빠르게 능히 일체지지를 증득하게 되느니라.

다시 다음으로 선현이여. 만약 보살마하살이 이와 같이 수학하는 때라면, 태어나는 곳을 따라서 반야바라밀다를 버리지 않고 반야바라밀다를 벗어나지 않으면서 항상 반야바라밀다를 수행하느니라. 다시 다음으로 선현이여. 만약 보살마하살이 이와 같은 매우 깊은 반야바라밀다를 수학하는 때라면, 이미 일체지지에서 불퇴전을 증득하였으며 성문지·독각지를 멀리 벗어나서 무상정등보리에 가까이 접근하였다고 마땅히 알아야 하느니라.

다시 다음으로 선현이여. 만약 보살마하살이 매우 깊은 반야바라밀다를 수행하는 때에 '이것은 반야바라밀다이다. 이것은 수행하는 때이다. 이것은 수행하는 처소이다. 나는 능히 이러한 매우 깊은 반야바라밀다를 수행한다. 나는 오히려 이와 같은 매우 깊은 반야바라밀다로 이와 같이 상응하여 버려야 하는 법이라는 것을 버리고 벗어나서 반드시 마땅하게 일체지지를 증득하겠다.'라고 이와 같이 생각을 지었다면, 만약 이렇게 생각을 지었더라도 반야바라밀다를 행하는 것이 아니었고, 역시 반야바라밀다에서 매우 깊은 반야바라밀다를 명료하게 이해하지 못하였으므로, '이것이 반야바라밀다이다. 이것이 수행하는 때이다. 이것이 수행하는 처소이다. 이것은 반야바라밀다라는 것에서 상응하여 멀리 벗어나야 할 번뇌장(煩惱障)의 법이다. 이것이 반야바라밀다에서 증득하는 것인 무상정등보리이다.'라고 이렇게 생각을 짓지 않아야 하느니라.

만약 보살마하살이 매우 깊은 반야바라밀다를 행하는 때에 '이것은 반야바라밀다가 아니다. 이것은 수행하는 때가 아니다. 이것은 수행하는 처소가 아니다. 이것은 수행자가 아니다. 오히려 반야바라밀다는 능히 벗어날 것이 있지 않고 얻을 것이 있지 않다. 그 까닭은 무엇인가? 일체법으로써 모두가 진여(眞如)·법계(法界)·실제(實際)에 안주한다면 차별(差別)이 없는 까닭이다.'라고 만약 이렇게 수행한다면 이것이 반야바라밀다를 수행하는 것이니라."

56. 원유품(願喩品)(1)

이때 천제석은 '만약 보살마하살이 반야바라밀다를 수행하였고 정려·정진·안인·정계·보시바라밀다를 수행하였다면, 오히려 일체 유정의 상수를 초월하는데, 하물며 무상정등보리를 증득하였던 보살임에랴! 만약 보살마하살이 내공에 안주하고 외공·내외공·공공·대공·승의공·유위공·무위공·필경공·무제공·산공·무변이공·본성공·자상공·공상공·일체법공·불가득공·무성공·자성공·무성자성공에 안주하였다면, 오히려 일체 유정의 상수를 초월하는데, 하물며 무상정등보리를 증득하였던 보살임에랴!

만약 보살마하살이 진여에 안주하고 법계·법성·불허망성·불변이성·평등성·이생성·법정·법주·실제·허공계·부사의계에 안주하였다면, 오히려 일체 유정의 상수를 초월하는데, 하물며 무상정등보리를 증득하였던 보살임에랴! 만약 보살마하살이 고성제에 안주하고 집·멸·도성제에 안주하였다면, 오히려 일체 유정의 상수를 초월하는데, 하물며 무상정등보리를 증득하였던 보살임에랴! 만약 보살마하살이 4정려를 수행하였고 4무량·4무색정을 수행하였다면, 오히려 일체 유정의 상수를 초월하는데, 하물며 무상정등보리를 증득하였던 보살임에랴!

만약 보살마하살이 8해탈을 수행하였고 8승처·9차제정·10변처를 수행하였다면, 오히려 일체 유정의 상수를 초월하는데, 하물며 무상정등보리를 증득하였던 보살임에랴! 만약 보살마하살이 4념주를 수행하였고 4정단·4신족·5근·5력·7등각지·8성도지를 수행하였다면, 오히려 일체 유정의 상수를 초월하는데, 하물며 무상정등보리를 증득하였던 보살임에랴! 만약 보살마하살이 공해탈문을 수행하였고 무상·무원해탈문을 수행하였다면, 오히려 일체 유정의 상수를 초월하는데, 하물며 무상정등보리를 증득하였던 보살임에랴!

만약 보살마하살이 극희지를 수행하였고 이구지·발광지·염혜지·극난승지·현전지·원행지·부동지·선혜지·법운지를 수행하였다면, 오히려 일체 유정의 상수를 초월하는데, 하물며 무상정등보리를 증득하였던 보살임에랴! 만약 보살마하살이 5안을 수행하였고 6신통을 수행하였다면, 오히려 일체 유정의 상수를 초월하는데, 하물며 무상정등보리를 증득하였던 보살임에랴!

만약 보살마하살이 여래의 10력을 수행하였고 4무소외·4무애해·대자·대비·대희·대사·18불불공법을 수행하였다면, 오히려 일체 유정의 상수를 초월하는데, 하물며 무상정등보리를 증득하였던 보살임에랴! 만약 보살마하살이 무망실법을 수행하였고 항주사성을 수행하였다면, 오히려 일체 유정의 상수를 초월하는데, 하물며 무상정등보리를 증득하였던 보살임에랴! 만약 보살마하살이 일체지를 수행하고 도상지·일체상지를 수행하였다면, 오히려 일체 유정의 상수를 초월하는데, 하물며 무상정등보리를 증득하였던 보살임에랴!

만약 보살마하살이 일체의 다라니문을 수행하였고 일체의 삼마지문을 수행하였다면, 오히려 일체 유정의 상수를 초월하는데, 하물며 무상정등보리를 증득하였던 보살임에랴! 만약 보살마하살이 일체의 보살마하살의 행을 수행하였다면, 오히려 일체 유정의 상수를 초월하는데, 하물며 무상정등보리를 증득하였던 보살임에랴! 만약 보살마하살이 무상정등보리를 수행하였다면, 오히려 일체 유정의 상수를 초월하는데, 하물며 무상정등보리를 증득하였던 보살임에랴!

만약 제유정들이 일체지지라는 명자(名字)를 듣고 마음에서 신해(信解)가 생겨났다면 오히려 인간들의 가운데에서 선한 이익을 얻게 되고 세간에서 가장 수승한 수명(壽命)을 얻는데, 하물며 무상정등각(無上正等覺)의 마음을 일으키거나, 혹은 항상 이와 같은 반야바라밀다의 매우 깊은 경전을 항상 들었음에랴!

만약 제유정들이 능히 무상정등각(無上正等覺)의 마음을 일으켜서 매우 깊은 반야바라밀다의 매우 깊은 경전을 듣는다면 여러 나머지의 유정들이 모두 상응하여 안락을 발원하였다면, 세간의 천인·인간·아소락 등이 얻었던 공덕은 능히 미칠 수 없는 까닭이다.'라고 이렇게 생각하면서 말하였다.

그때 세존께서는 천제석이 마음으로 생각하는 것을 아셨으며, 나아가 곧 알려 말씀하셨다.

"교시가(憍尸迦)여. 그와 같으니라. 그와 같으니라. 그대가 생각한 것과 같으니라."

이때 천제석은 마음으로 환희(歡喜)하면서 곧 천상의 미묘하고 향기로운 꽃을 취(取)하여 여래·응공·정등각과 제보살마하살의 대중들에게 흩뿌리면서 이렇게 발원을 지으면서 말하였다.

"만약 보살승의 여러 선남자와 선여인 등이 무상정등보리를 구하면서 나아간다면, 나에게 생겨났던 것인 선근과 공덕으로써 그들이 구하였던 것인 무상(無上)의 불법(佛法)을 빠르게 원만하게 하시고, 그들이 구하였던 것인 일체지지를 빠르게 원만하게 하시며, 그들이 구하였던 것인 자연인(自然人)의 법을 빠르게 원만하게 하시고, 그들이 구하였던 것인 진실한 무루법(無漏法)을 빠르게 원만하게 하시며, 그가 들으려고 하였던 일체법을 모두 빠르게 원만하게 하십시오. 만약 성문과 독각승을 구하는 자(者)라도 역시 소원을 빠르게 얻어서 만족하게 하십시오."

이렇게 발원을 짓고서 곧 세존께 아뢰어 말하였다.

"세존이시여. 만약 보살승의 여러 선남자와 선여인 등이 이미 무상정등보리의 마음을 일으켰다면, 저는 결국 일념(一念)으로 다른 뜻이 생겨나지 않게 하겠고, 그들이 대보리심(大菩提心)에서 퇴전하지 않게 하겠습니다. 저는 역시 일념으로 다른 뜻이 생겨나지 않게 하겠고, 제보살마하살의 대중들이 무상정등보리를 싫어하고 벗어나서 성문지이거나, 혹은 독각지에 안주하게 하지 않겠습니다.

세존이시여. 만약 보살승의 여러 선남자와 선여인 등이 이미 무상정등보리에서 마음에 즐거운 욕망이 생겨났다면, 저는 그들의 마음이 두 배로 증진(增進)하여 빠르게 무상정등보리를 증득하도록 발원하겠으며, 그 보살마하살의 대중들이 생사의 가운데에서 여러 종류의 고통을 보고서 세간의 천인·인간·아소락 등을 이익되고 안락하게 하기 위하여 여러 종류의 견고(堅固)한 대원(大願)을 일으켜서 '나는 이미 스스로가 생사의 큰 바다를 헤아렸으니, 역시 헤아리지 못한 자를 마땅히 정근하여 헤아리게 하겠습니다. 나는 이미 스스로가 생사의 계박(繫縛)을 해탈하였으니, 역시 해탈하지 못한 자를 마땅히 정근하여 해탈하게 하겠습니다. 나는 여러 종류의 생사의 두려움에서 이미 스스로가 안은(安隱)하나니, 역시 안온하지 않은 자를 마땅히 정근하여 안은하게 하겠습니다. 나는 이미 스스로가 구경의 열반을 증득하였으니, 역시 증득하지 못한 자를 마땅히 정근하면서 모두가 같이 증득하게 시키겠습니다.'라고 발원하겠습니다.

세존이시여. 만약 선남자와 선여인 등이 초발심(初發心)한 보살의 공덕에서 따라서 기뻐하는 마음을 일으켰다면 어떠한 것인 복취(福聚)를 얻게 되고, 오랫동안 발심한 보살의 공덕에서 따라서 기뻐하는 마음을 일으켰다면 어떠한 것인 복취를 얻게 되며, 불퇴전지인 보살의 공덕에서 따라서 기뻐하는 마음을 일으켰다면 어떠한 것의 복취를 얻게 되고, 한 생(一生)에 얽매였던 것인 보살의 공덕에서 따라서 기뻐하는 마음을 일으켰다면 어떠한 것의 복취를 얻게 됩니까?"

그때 세존께서 천제석에게 알려 말씀하셨다.

"교시가여. 사대주(四大洲) 세계의 무게는 알 수 있더라도 이것을 따라서 기뻐하였던 복취는 양(量)을 헤아릴 수 없느니라. 다시 다음으로 교시가여. 소천세계(小千世界)의 무게는 알 수 있더라도 이것을 따라서 기뻐하였던 복취는 양(量)을 헤아릴 수 없느니라. 다시 다음으로 교시가여. 중천세계(中千世界)의 무게는 알 수 있더라도 이것을 따라서 기뻐하였던 복취는 양을 헤아릴 수 없느니라.

다시 다음으로 교시가여. 삼천대천세계(三千大千世界)의 무게는 알 수 있더라도 이것을 따라서 기뻐하였던 복취는 양을 헤아릴 수 없느니라. 다시 다음으로 교시가여. 삼천대천세계를 합하여 하나의 바다로 삼고, 만약 능히 하나의 머리칼을 백 개로 쪼개어 나누고서 그 하나의 끝으로 그 바다의 물을 적시는 물방울의 숫자는 알 수 있더라도 이것을 따라서 기뻐하였던 복취는 양을 헤아릴 수 없느니라. 왜 그러한가? 교시가여.

이 선남자와 선여인 등이 따라서 기뻐하였던 복취는 변제(邊際)가 없는 까닭이니라."

그때 천제석이 다시 세존께 아뢰어 말하였다.

"세존이시여. 만약 제유정들이 제보살의 공덕과 선근에서 수희(隨喜)[13] 하지 않는 자라면, 모두가 이것이 악마의 처소에서 현혹되어 집착한다고 마땅히 알 수 있습니다. 세존이시여. 만약 제유정들이 제보살의 공덕과 선근에서 수희하지 않는 자라면, 모두가 이는 악마의 권속이라고 마땅히 알 수 있습니다. 세존이시여. 만약 제유정들이 제보살의 공덕과 선근에서 수희하지 않는 자라면, 모두가 악마의 천계(天界)에서 죽었고 이 세간으로 와서 태어났다고 마땅히 알 수 있습니다. 그 까닭은 무엇인가? 만약 보살마하살들이 무상정등보리를 구하였거나, 만약 누가 발심하였고 그들의 공덕에서 깊이 따라서 기뻐하였다면, 일체 마군(魔軍)의 궁전과 권속을 무너뜨리고서 무상정등보리에 회향하는 까닭입니다.

세존이시여. 만약 제유정들이 깊은 마음으로 불(佛)·법(法)·승보(僧寶)를 사랑하고 공경한다면 제보살의 공덕과 선근에서 상응하여 수희하는 마음이 생겨날 것이고, 이미 따라서 기뻐하였다면 무상정등보리에 회향하더라도 '하나이다. 둘이다. 여럿이다.'라는 생각이 상응하여 생겨나지 않습니다. 만약 능히 이와 같다면 빠르게 무상정등보리를 증득하고서 유정들을 제도하여 해탈(度脫)시키며 악마의 권속을 무너뜨릴 것입니다."

그때 세존께서 천제석에게 알려 말씀하셨다.

"그와 같으니라. 그와 같으니라. 그대가 말한 것과 같으니라. 교시가여. 만약 선남자와 선여인 등이 제보살의 공덕과 선근에서 깊은 수희가 생겨나서 무상정등보리에 회향하였다면, 이 선남자와 선여인 등은 빠르게 무상정등보리를 증득할 것이고, 빠르게 능히 제보살의 행이 원만해질 것이며,

---

13) 산스크리트어 anumodanā의 번역이고, 사전에서는, '다른 사람의 선업(善業)을 기뻐하는 일', '다른 사람의 선업을 찬탄하는 일' 등을 뜻한다. 즉 제불과 보살 등이 수행한 공덕을 따라 기뻐하는 것이다.

빠르게 능히 일체 여래·응공·정등각께서 공양할 것이고, 항상 선한 벗을 만나며, 항상 반야바라밀다의 매우 깊은 경전을 들을 것이다. 이 선남자와 선여인 등은 이와 같은 공덕과 선근을 성취하였으므로 태어나는 처소를 따라서 항상 일체 세간의 천인·인간·아소락 등을 공양하고 공경하며 존중하고 찬탄할 것이며, 악한 색깔을 보지 않고, 악한 소리를 듣지 않으며, 악한 향기를 맡지 않고, 악한 맛을 보지 않으며, 악한 접촉을 느끼지 않고, 항상 이치와 같지 않은 법을 사념(思念)하지 않으며, 결국 제불·세존을 멀리 벗어나지 않고, 한 불국토에서 한 불국토에 이르면서 제불을 친근하고 여러 선근을 심으며 유정을 성숙시키고 불국토를 청정하게 장엄하느니라.

왜 그러한가? 교시가여. 이 선남자와 선여인 등은 무량하고 무수이며 무변하며 최초(最初)로 발심한 보살마하살의 공덕과 선근에서 깊이 수희하면서 무상정등보리에 회향하는 까닭이고, 무량하고 무수이며 무변한 초지(初地)부터 나아가 10지(十地)의 보살마하살의 공덕과 선근에서 깊이 수희하면서 무상정등보리에 회향하는 까닭이며, 무량하고 무수이며 무변하게 한 생(一生)을 얽매였던 것인 보살마하살의 공덕과 선근에서 깊이 수희하면서 무상정등보리에 회향하는 까닭이니라.

오히려 이러한 인연으로 이 선남자와 선여인 등은 선근이 증진하여서 빠르게 무상정등보리에 친근해져서 무상정등보리를 증득하고서 무량하고 무수이며 무변한 제유정의 부류들을 능히 제도하며 무여의열반계(無餘依涅槃界)에서 반열반(般涅槃)을 하느니라.

이와 같은 까닭으로써 교시가여. 여러 선남자와 선여인 등은 초발심한 보살마하살의 공덕과 선근에서 수희하면서 무상정등보리에 회향해야 하고, 회향하는 때에 마음에 나아가거나(卽心) 마음을 벗어나는(離心) 것에 상응하여 집착하지 않을 것이고, 역시 마음의 수행에 나아가거나 마음의 수행을 벗어나는 것에도 집착하지 않을지니라.

여러 선남자와 선여인 등은 오랫동안 발심한 보살마하살의 공덕과 근에서 수희하면서 무상정등보리에 회향해야 하고, 회향하는 때에 마음에 나아가거나 마음을 벗어나는 것에 상응하여 집착하지 않을 것이고, 역시 마음의 수행에 나아가거나 마음의 수행을 벗어나는 것에도 집착하지 않을지니라.

여러 선남자와 선여인 등은 불퇴전 보살마하살의 공덕과 근에서 수희하면서 무상정등보리에 회향해야 하고, 회향하는 때에 마음에 나아가거나 마음을 벗어나는 것에 상응하여 집착하지 않을 것이고, 역시 마음의 수행에 나아가거나 마음의 수행을 벗어나는 것에도 집착하지 않을지니라.

여러 선남자와 선여인 등은 한 생을 얽어매었던 보살마하살의 공덕과 선근에서 수희하면서 무상정등보리에 회향해야 하고, 회향하는 때에 마음에 나아가거나 마음을 벗어나는 것에 상응하여 집착하지 않을 것이고, 역시 마음의 수행에 나아가거나 마음의 수행을 벗어나는 것에도 집착하지 않을지니라.

만약 능히 이와 같이 집착하는 것이 없이 수희하면서 회향한다면 무상정등보리를 빠르게 증득하며 천인·인간·아소락 등을 제도하여 생사에서 해탈시켜서 열반의 즐거움을 얻게 할 것이니라."

그때 구수 선현이 세존께 아뢰어 말하였다.

"세존이시여. 어찌하여 보살마하살은 환영(幻)과 같은 마음으로써 능히 무상정등보리를 증득합니까?"

세존께서 말씀하셨다.

"선현이여. 그대의 뜻은 어떠한가? 그대는 보살마하살들의 환영과 같은 마음을 보았는가?"

선현이 대답하여 말하였다.

"아닙니다. 세존이시여. 아닙니다. 선서시여. 저는 환영을 보지 않고, 역시 환영과 같은 마음이 있다고 보지 않습니다."

"선현이여. 그대의 뜻은 어떠한가? 만약 환영이 없고 환영과 같은 마음도 없는 처소에서, 그대는 이러한 마음으로 무상정등보리를 능히 증득할 수 있다고 보는가?"

“아닙니다. 세존이시여. 아닙니다. 선서시여. 저는 환영이 없고 환영과 같은 마음도 없는 처소에서 있거나, 다시 이러한 마음으로 무상정등보리를 능히 증득할 수 있다고 모두 보지 않습니다.

세존이시여. 저는 마음에 나아가는 법과 마음을 벗어나는 법을 모두 보지 않는데, 무슨 법의 이것이 있고 이것이 없다고 말하겠습니까? 일체법은 반드시 결국에는 벗어나는 까닭입니다. 만약 일체법이 반드시 결국에는 벗어나는 것이라면, 이러한 법은 있다거나 이러한 법은 없다고 시설(施設)할 수 없고, 만약 법이 있다거나 없다고 시설할 수 없다면 곧 능히 무상정등보리를 증득한다고 말할 수 없는데, 무소유인 법으로 능히 무상정등보리를 증득할 수 없는 까닭입니다. 그 까닭은 무엇인가? 일체법은 모두 무소유인 자성으로써 얻을 수 없고 염오도 없으며 청정함도 없습니다.

왜 그러한가? 세존이시여. 반야바라밀다는 반드시 결국에는 벗어나는 까닭이고, 정려·정진·안인·정계·보시바라밀다도 반드시 결국에는 벗어나는 까닭입니다. 세존이시여. 내공은 반드시 결국에는 벗어나는 까닭이고, 외공·내외공·공공·대공·승의공·유위공·무위공·필경공·무제공·산공·무변이공·본성공·자상공·공상공·일체법공·불가득공·무성공·자성공·무성자성공도 반드시 결국에는 벗어나는 까닭입니다.

세존이시여. 진여는 반드시 결국에는 벗어나는 까닭이고, 법계·법성·불허망성·불변이성·평등성·이생성·법정·법주·실제·허공계·부사의계도 반드시 결국에는 벗어나는 까닭입니다. 세존이시여. 고성제는 반드시 결국에는 벗어나는 까닭이고, 집·멸·도성제도 반드시 결국에는 벗어나는 까닭입니다. 세존이시여. 4정려는 반드시 결국에는 벗어나는 까닭이고, 4무량·4무색정도 반드시 결국에는 벗어나는 까닭입니다.

세존이시여. 8해탈은 반드시 결국에는 벗어나는 까닭이고, 8승처·9차제정·10변처도 반드시 결국에는 벗어나는 까닭입니다. 세존이시여. 4념주는 반드시 결국에는 벗어나는 까닭이고, 4정단·4신족·5근·5력·7등각지·8성도지도 반드시 결국에는 벗어나는 까닭입니다. 세존이시여. 공해탈문은 반드시 결국에는 벗어나는 까닭이고, 무상·무원해탈문도 반드시 결국에는 벗어나기 때문입니다.

세존이시여. 극희지는 반드시 결국에는 벗어나는 까닭이고, 이구지·발광지·염혜지·극난승지·현전지·원행지·부동지·선혜지·법운지도 반드시 결국에는 벗어나는 까닭입니다. 세존이시여. 5안은 반드시 결국에는 벗어나는 까닭이고, 6신통도 반드시 결국에는 벗어나는 까닭입니다. 세존이시여. 여래의 10력은 반드시 결국에는 벗어나는 까닭이고, 4무소외·4무애해·대자·대비·대희·대사·18불불공법도 반드시 결국에는 벗어나기 때문입니다.

세존이시여. 무망실법은 반드시 결국에는 벗어나는 까닭이고, 항주사성도 반드시 결국에는 벗어나는 까닭입니다. 세존이시여. 일체지는 반드시 결국에는 벗어나는 까닭이고, 도상지·일체상지도 반드시 결국에는 벗어나는 까닭입니다. 세존이시여. 일체의 다라니문은 반드시 결국에는 벗어나는 까닭이고, 일체의 삼마지문도 반드시 결국에는 벗어나는 까닭입니다.

세존이시여. 일체의 보살마하살이 행은 반드시 결국에는 벗어나는 까닭입니다. 세존이시여. 제불의 무상정등보리는 반드시 결국에는 벗어나는 까닭입니다. 세존이시여. 일체지지는 반드시 결국에는 벗어나는 까닭입니다.

세존이시여. 만약 법이 반드시 결국에는 벗어나는 까닭이라면 이 법은 상응하여 수행하지 않아야 하고, 역시 상응하여 무너뜨리지도 않아야 하며, 역시 상응하여 인도하지도 않아야 하며, 매우 깊은 반야바라밀다도 반드시 결국에는 벗어나는 까닭이라면 상응하여 능히 인도하지 않아야 합니다.

세존이시여. 매우 깊은 반야바라밀다가 반드시 결국에는 벗어난다면 어찌 보살마하살은 매우 깊은 반야바라밀다에 의지하여 무상정등보리를 증득한다고 말할 수 있겠습니까? 세존이시여. 제불의 무상정등보리도 역시 반드시 결국에는 벗어난다면 어찌 벗어나는 법으로 능히 벗어나는 법을 증득하겠습니까? 이러한 까닭으로 반야바라밀다는 무상정등보리를 증득한다고 상응하여 말할 수 없습니다."

마하반야바라밀다경 제342권

56. 원유품(願喩品)(2)

세존께서 말씀하셨다.

“선현이여. 옳도다(善哉). 옳도다. 그대가 말한 것과 같으니라. 선현이여. 반야바라밀다(般若波羅密多)는 반드시 결국에는 벗어나는 것이고, 정려(靜慮)·정진(精進)·안인(安忍)·정계(淨戒)·보시바라밀다(布施波羅密多)도 반드시 결국에는 벗어나는 것이니라. 선현이여. 내공(內空)은 반드시 결국에는 벗어나는 것이고, 외공(外空)·내외공(內外空)·공공(空空)·대공(大空)·승의공(勝義空)·유위공(有爲空)·무위공(無爲空)·필경공(畢竟空)·무제공(無際空)·산공(散空)·무변이공(無變異空)·본성공(本性空)·자상공(自相空)·공상공(共相空)·일체법공(一切法空)·불가득공(不可得空)·무성공(無性空)·자성공(自性空)·무성자성공(無性自性空)도 반드시 결국에는 벗어나는 것이니라.

선현이여. 진여(眞如)는 반드시 결국에는 벗어나는 것이고, 법계(法界)·법성(法性)·불허망성(不虛妄性)·불변이성(不變異性)·평등성(平等性)·이생성(離生性)·법정(法定)·법주(法住)·실제(實際)·허공계(虛空界)·부사의계(不思議界)도 반드시 결국에는 벗어나는 것이니라. 선현이여. 4정려(四靜慮)는 반드시 결국에는 벗어나는 것이고, 4무량(四無量)·4무색정(四無色定)도 반드시 결국에는 벗어나는 것이니라. 선현이여. 8해탈(八解脫)은 반드시 결국에는 벗어나는 것이고, 8승처(八勝處)·9차제정(九次第定)·10변처(十遍處)도 반드시 결국에는 벗어나는 것이니라.

선현이여. 4념주(四念住)는 반드시 결국에는 벗어나는 것이고, 4정단(四正斷)·4신족(四神足)·5근(五根)·5력(五力)·7등각지(七等覺支)·8성도지(八聖道支)도 반드시 결국에는 벗어나는 것이니라. 선현이여. 극희지(極喜地)는 반드시 결국에는 벗어나는 것이고, 이구지(離垢地)·발광지(發光地)·염혜지(焰慧地)·극난승지(極難勝地)·현전지(現前地)·원행지(遠行地)·부동지(不動地)·선혜지(善慧地)·법운지(法雲地)도 반드시 결국에는 벗어나는 것이니라. 선현이여. 5안(五眼)은 반드시 결국에는 벗어나는 것이고, 6신통(六神通)도 반드시 결국에는 벗어나는 것이니라.

선현이여. 여래(佛)의 10력(十力)은 반드시 결국에는 벗어나는 것이고, 4무소외(四無所畏)·4무애해(四無礙解)·대자(大慈)·대비(大悲)·대희(大喜)·대사(大捨)·18불불공법(十八佛不共法)도 반드시 결국에는 벗어나는 것이니라. 선현이여. 무망실법(無妄失法)이 반드시 결국에는 벗어나는 것이고, 항주사성(恒住捨性)도 반드시 결국에는 벗어나는 것이니라. 선현이여. 일체지(一切智)는 반드시 결국에는 벗어나는 것이고, 도상지(道相智)·일체상지(一切相智)도 반드시 결국에는 벗어나느니라. 선현이여. 일체의 다라니문(陀羅尼門)은 반드시 결국에는 벗어나는 것이고, 일체의 삼마지문(三摩地門)도 반드시 결국에는 벗어나는 것이니라.

선현이여. 일체의 보살마하살(菩薩摩訶薩菩)의 행(行)은 반드시 결국에는 벗어나는 것이니라. 선현이여. 제불(諸佛)의 무상정등보리(無上正等菩提)는 반드시 결국에는 벗어나는 것이니라. 선현이여. 일체지지(一切智智)가 반드시 결국에는 벗어나는 것이니라.

선현이여. 반야바라밀다는 반드시 결국에는 벗어나고 정려·정진·안인·정계·보시바라밀다도 반드시 결국에는 벗어나는 까닭으로 보살마하살은 무상정등보리를 증득할 수 있느니라. 선현이여. 내공은 반드시 결국에는 벗어나고 외공·내외공·공공·대공·승의공·유위공·무위공·필경공·무제공·산공·무변이공·본성공·자상공·공상공·일체법공·불가득공·무성공·자성공·무성자성공도 반드시 결국에는 벗어나는 까닭으로 보살마하살은 무상정등보리를 증득할 수 있느니라.

선현이여. 진여는 반드시 결국에는 벗어나고 법계·법성·불허망성·불변이성·평등성·이생성·법정·법주·실제·허공계·부사의계도 반드시 결국에는 벗어나기 때문에 보살마하살은 위없는 바르고 평등한 깨달음을 증득할 수 있느니라. 선현이여. 고성제는 반드시 결국에는 벗어나고 집·멸·도성제도 반드시 결국에는 벗어나는 까닭으로 보살마하살은 무상정등보리를 증득할 수 있느니라. 선현이여. 4정려는 반드시 결국에는 벗어나고 4무량·4무색정도 반드시 결국에는 벗어나는 까닭으로 보살마하살은 무상정등보리를 증득할 수 있느니라.

선현이여. 8해탈은 반드시 결국에는 벗어나고 8승처·9차제정·10변처도 반드시 결국에는 벗어나는 까닭으로 보살마하살은 무상정등보리를 증득할 수 있느니라. 선현이여. 4념주는 반드시 결국에는 벗어나고 4정단·4신족·5근·5력·7등각지·8성도지도 반드시 결국에는 벗어나는 까닭으로 보살마하살은 무상정등보리를 증득할 수 있느니라. 선현이여. 공해탈문은 반드시 결국에는 벗어나고 무상·무원해탈문도 반드시 결국에는 벗어나는 까닭으로 보살마하살은 무상정등보리를 증득할 수 있느니라.

선현이여. 극희지는 반드시 결국에는 벗어나고 이구지·발광지·염혜지·극난승지·현전지·원행지·부동지·선혜지·법운지도 반드시 결국에는 벗어나는 까닭으로 보살마하살은 무상정등보리를 증득할 수 있느니라. 선현이여. 5안은 반드시 결국에는 벗어나고 6신통도 반드시 결국에는 벗어나는 까닭으로 보살마하살은 무상정등보리를 증득할 수 있느니라. 선현이여. 여래의 10력은 반드시 결국에는 벗어나고 4무소외·4무애해·대자·대비·대희·대사·18불불공법도 반드시 결국에는 벗어나는 까닭으로 보살마하살은 무상정등보리를 증득할 수 있느니라.

선현이여. 무망실법은 반드시 결국에는 벗어나고 항주사성도 반드시 결국에는 벗어나는 까닭으로 보살마하살은 무상정등보리를 증득할 수 있느니라. 선현이여. 일체지가 반드시 결국에는 벗어나고 도상지·일체상지도 반드시 결국에는 벗어나는 까닭으로 보살마하살은 무상정등보리를 증득할 수 있느니라. 선현이여. 일체의 다라니문은 반드시 결국에는 벗어나고 일체의 삼마지문도 반드시 결국에는 벗어나는 까닭으로 보살마하살은 무상정등보리를 증득할 수 있느니라.

선현이여. 일체의 보살마하살의 행은 반드시 결국에는 벗어나는 까닭으로 보살마하살은 무상정등보리를 증득할 수 있느니라. 선현이여. 제불의 무상정등보리는 반드시 결국에는 벗어나는 까닭으로 보살마하살은 무상정등보리를 증득할 수 있느니라. 선현이여. 일체지지가 반드시 결국에는 벗어나는 까닭으로 보살마하살은 무상정등보리를 증득할 수 있느니라."

"다시 다음으로 선현이여. 만약 반야바라밀다가 반드시 결국에는 벗어나는 것이 아니라면 상응하여 반야바라밀다가 아니어야 하고, 정려·정진·안인·정계·보시바라밀다가 반드시 결국에는 벗어나는 것이 아니라면 상응하여 정려·정진·안인·정계·보시바라밀다가 아니어야 하느니라. 선현이여. 만약 내공이 반드시 결국에는 벗어나는 것이 아니라면 상응하여 내공이 아니어야 하고, 외공·내외공·공공·대공·승의공·유위공·무위공·필경공·무제공·산공·무변이공·본성공·자상공·공상공·일체법공·불가득공·무성공·자성공·무성자성공이 반드시 결국에는 벗어나는 것이 아니라면 상응하여 외공, 나아가 무성자성공이 아니어야 하느니라.

선현이여. 만약 진여가 반드시 결국에는 벗어나는 것이 아니라면 상응하여 진여가 아니어야 하고, 법계·법성·불허망성·불변이성·평등성·이생성·법정·법주·실제·허공계·부사의계가 반드시 결국에는 벗어나는 것이 아니라면 상응하여 법계, 나아가 부사의계가 아니어야 하느니라. 선현이여. 만약 고성제가 반드시 결국에는 벗어나는 것이 아니라면 상응하여 고성제가 아니어야 하고, 집·멸·도성제가 반드시 결국에는 벗어나는 것이 아니라면 상응하여 집·멸·도성제가 아니어야 하느니라.

선현이여. 만약 4정려가 반드시 결국에는 벗어나는 것이 아니라면 상응하여 4정려가 아니어야 하고, 4무량·4무색정이 반드시 결국에는 벗어나는 것이 아니라면 상응하여 4무량과 4무색정이 아니어야 하느니라.

선현이여. 만약 8해탈이 반드시 결국에는 벗어나는 것이 아니라면 상응하여 8해탈이 아니어야 하고, 8승처·9차제정·10변처가 반드시 결국에는 벗어나는 것이 아니라면 상응하여 8승처·9차제정·10변처가 아니어야 하느니라.

선현이여. 만약 4념주가 반드시 결국에는 벗어나는 것이 아니라면 상응하여 4념주가 아니어야 하고, 4정단·4신족·5근·5력·7등각지·8성도지가 반드시 결국에는 벗어나는 것이 아니라면 상응하여 4정단, 나아가 8성도지가 아니어야 하느니라. 선현이여. 만약 공해탈문이 반드시 결국에는 벗어나는 것이 아니라면 상응하여 공해탈문이 아니어야 하고, 무상·무원해탈문이 반드시 결국에는 벗어나는 것이 아니라면 상응하여 무상·무원해탈문이 아니어야 하느니라.

선현이여. 만약 극희지가 반드시 결국에는 벗어나는 것이 아니라면 상응하여 극희지가 아니어야 하고, 이구지·발광지·염혜지·극난승지·현전지·원행지·부동지·선혜지·법운지가 반드시 결국에는 벗어나는 것이 아니라면 상응하여 이구지, 나아가 법운지가 아니어야 하느니라. 선현이여. 만약 5안이 반드시 결국에는 벗어나는 것이 아니라면 상응하여 5안이 아니어야 하고 6신통이 반드시 결국에는 벗어나는 것이 아니라면 상응하여 6신통이 아니어야 하느니라.

선현이여. 만약 여래의 10력이 반드시 결국에는 벗어나는 것이 아니라면 상응하여 여래의 10력이 아니어야 하고, 4무소외·4무애해·대자·대비·대희·대사·18불불공법이 반드시 결국에는 벗어나는 것이 아니라면 상응하여 4무소외, 나아가 18불불공법이 아니어야 하느니라. 선현이여. 만약 무망실법이 반드시 결국에는 벗어나는 것이 아니라면 상응하여 무망실법이 아니어야 하고, 항주사성이 반드시 결국에는 벗어나는 것이 아니라면 상응하여 항주사성이 아니어야 하느니라.

선현이여. 만약 일체지가 반드시 결국에는 벗어나는 것이 아니라면 상응하여 일체지가 아니어야 하고, 도상지와 일체상지가 반드시 결국에는 벗어나는 것이 아니라면 상응하여 도상지와 일체상지가 아니어야 하느니

라. 선현이여. 만약 일체의 다라니문이 반드시 결국에는 벗어나는 것이 아니라면 상응하여 일체의 다라니문이 아니어야 하고, 일체의 삼마지문이 반드시 결국에는 벗어나는 것이 아니라면 상응하여 일체의 삼마지문이 아니어야 하느니라.

선현이여. 만약 일체의 보살마하살의 행이 반드시 결국에는 벗어나는 것이 아니라면 상응하여 일체의 보살마하살의 행이 아니어야 하느니라. 선현이여. 만약 제불의 무상정등보리가 반드시 결국에는 벗어나는 것이 아니라면 상응하여 제불의 무상정등보리가 아니어야 하느니라. 선현이여. 만약 일체지지가 반드시 결국에는 벗어나는 것이 아니라면 상응하여 일체지지가 아니어야 하느니라.

선현이여. 반야바라밀다가 결국에는 벗어나는 까닭으로 반야바라밀다라고 이름하고, 정려·정진·안인·정계·보시바라밀다가 결국에는 벗어나는 까닭으로 정려·정진·안인·정계·보시바라밀다라고 이름하느니라. 선현이여. 내공이 결국에는 벗어나는 까닭으로 내공이라고 이름하고 외공·내외공·공공·대공·승의공·유위공·무위공·필경공·무제공·산공·무변이공·본성공·자상공·공상공·일체법공·불가득공·무성공·자성공·무성자성공이 결국에는 벗어나는 까닭으로 외공, 나아가 무성자성공이라고 이름하느니라.

선현이여. 진여가 결국에는 벗어나는 까닭으로 진여라고 이름하고, 법계·법성·불허망성·불변이성·평등성·이생성·법정·법주·실제·허공계·부사의계가 결국에는 벗어나는 까닭으로 법계, 나아가 부사의계라고 이름하느니라. 선현이여. 고성제가 결국에는 벗어나는 까닭으로 고성제라고 이름하고, 집·멸·도성제가 결국에는 벗어나는 까닭으로 집·멸·도성제라고 이름하느니라. 선현이여. 4정려가 결국에는 벗어나는 까닭으로 4정려라고 이름하고 4무량·4무색정이 결국에는 벗어나는 까닭으로 4무량·4무색정이라고 이름하느니라.

선현이여. 8해탈이 결국에는 벗어나는 까닭으로 8해탈이라고 이름하고

8승처·9차제정·10변처가 결국에는 벗어나는 까닭으로 8승처·9차제정·10변처라고 이름하느니라. 선현이여. 4념주가 결국에는 벗어나는 까닭으로 4념주라고 이름하고 4정단·4신족·5근·5력·7등각지·8성도지가 결국에는 벗어나는 까닭으로 4정단, 나아가 8성도지라고 이름하느니라. 선현이여. 공해탈문이 결국에는 벗어나는 까닭으로 공해탈문이라고 이름하고 무상·무원해탈문이 결국에는 벗어나는 까닭으로 무상·무원해탈문이라고 이름하느니라.

선현이여. 극희지가 결국에는 벗어나는 까닭으로 극희지라고 이름하고 이구지·발광지·염혜지·극난승지·현전지·원행지·부동지·선혜지·법운지가 결국에는 벗어나는 까닭으로 이구지, 나아가 법운지라고 이름하느니라. 선현이여. 5안이 결국에는 벗어나는 까닭으로 5안이라고 이름하고 6신통이 결국에는 벗어나는 까닭으로 6신통이라고 이름하느니라. 선현이여. 여래의 10력이 결국에는 벗어나는 까닭으로 여래의 10력이라고 이름하고 4무소외·4무애해·대자·대비·대희·대사·18불불공법이 결국에는 벗어나는 까닭으로 4무소외, 나아가 18불불공법이라고 이름하느니라.

선현이여. 무망실법이 결국에는 벗어나는 까닭으로 무망실법이라고 이름하고 항주사성이 결국에는 벗어나는 까닭으로 항주사성이라고 이름하느니라. 선현이여. 일체지가 결국에는 벗어나는 까닭으로 일체지라고 이름하고 도상지와 일체상지가 결국에는 벗어나는 까닭으로 도상지·일체상지라고 이름하느니라. 선현이여. 일체의 다라니문이 결국에는 벗어나는 까닭으로 일체의 다라니문이라고 이름하고 일체의 삼마지문이 결국에는 벗어나는 까닭으로 일체의 삼마지문이라고 이름하느니라.

선현이여. 일체의 보살마하살의 행이 결국에는 벗어나는 까닭으로 일체의 보살마하살의 행이라고 이름하느니라. 선현이여. 제불의 무상정등보리가 결국에는 벗어나는 까닭으로 제불의 무상정등보리라고 이름하느니라. 선현이여. 일체지지가 결국에는 벗어나는 까닭으로 일체지지라고 이름하느니라.

이러한 까닭으로 선현이여. 보살마하살이 반야바라밀다를 의지하지 않고서 능히 무상정등보리를 증득하는 것이 아니니라. 비록 벗어나는 법이 아니고 능히 벗어나는 법을 증득하지 않았더라도, 무상정등보리를 증득하는 것은 매우 깊은 반야바라밀다를 의지하지 않는 것은 아니니라. 이러한 까닭으로 보살마하살들이 무상정등보리를 증득하려고 하였다면 매우 깊은 반야바라밀다를 상응하여 정근하면서 수학해야 하느니라."

그때 구수 선현이 세존께 아뢰어 말하였다.

"세존이시여. 제보살마하살의 행법(行法)의 의취(義趣)인 것은 지극히 매우 깊습니다."

세존께서 말씀하셨다.

"선현이여. 그와 같으니라. 그와 같으니라. 그대가 말한 것과 같이 제보살마하살의 행법의 의취는 지극히 깊으니라. 선현이여. 마땅히 알아야 하느니라. 제보살마하살은 능히 어려운 일을 하나니, 비록 이와 같은 매우 깊은 법의 의취를 행하였더라도 성문지·독각지의 법을 증득하지 않느니라."

그때 선현이 세존께 아뢰어 말하였다.

"세존이시여. 제가 세존께서 설하신 의취를 이해하는 것과 같다면, 제보살마하살이 지었던 일은 어렵지 않습니다. 그 까닭은 무엇인가? 제보살마하살이 증득하였던 법의 의취라는 것은 모두 얻을 수 없고, 능히 반야바라밀다를 증득하는 것도 역시 얻을 수 없으며, 증득하는 법·증득하는 자·증득하는 처소·증득하는 때도 역시 얻을 수 없습니다.

세존이시여. 제보살마하살이 일체법은 이미 얻을 수 없다고 관찰하였는데, 무슨 법의 의취가 있겠고 증득되는 것이 있겠습니까? 무슨 반야바라밀다가 있어서 능히 증득하겠습니까? 다시 어느 것 등이 있어서 증득하는 법·증득하는 자·증득하는 처소·증득하는 때를 시설하겠습니까? 이미 그와 같다면, 어찌하여 오히려 이것으로 무상정등보리를 증득하겠다고 집착하겠습니까? 무상정등보리를 오히려 증득할 수 없는데, 하물며 성문지·독각지의 법을 증득하겠습니까?

세존이시여. 이것을 보살의 얻을 것이 없는 행이라고 이름합니다. 만약 보살마하살이 이와 같이 얻을 것이 없는 행을 수행한다면 일체법에서 어둠과 장애가 없습니다. 세존이시여. 만약 보살마하살이 이와 같은 말을 듣고 마음이 숨기지 않고 가라앉지 않으며 놀라지 않고 두려워하지도 않으며 근심하거나 후회하지도 않는다면, 이것이 반야바라밀다를 수행하는 것입니다.

세존이시여. 이 보살마하살이 이와 같이 수행하는 때에는 여러 상(衆相)을 보지 않고 나(我)의 수행을 보지 않으며, 수행하지 않을 것을 보지 않고 반야바라밀다의 이것이 내가 행할 것이라고 보지 않으며, 무상정등보리의 이것이 내가 증득할 것이라고 보지 않고, 역시 증득하는 처소와 때라는 것 등도 보지 않습니다. 세존이시여. 이 보살마하살이 매우 깊은 반야바라밀다를 수행하는 때에는 '나는 성문지와 독각지에 멀어졌고, 무상정등보리에 가까워졌다.'라고 이렇게 생각을 짓지 않습니다.

세존이시여. 비유한다면 허공이 '나는 이러한 법을 떠났으므로 먼 것과 같거나 가까운 것과 같다.'라고 이렇게 생각을 짓지 않는 것과 같습니다. 그 까닭은 무엇인가? 허공은 움직이지 않고 차별도 없으며 분별(分別)도 없는 까닭입니다. 매우 깊은 반야바라밀다를 수행하는 제보살마하살도 역시 다시 그와 같아서 '나는 성문지와 독각지에 멀어졌고, 나는 무상정등보리에 가까워졌다.'라고 이렇게 생각을 짓지 않습니다. 그 까닭은 무엇인가? 매우 깊은 반야바라밀다는 분별이 없는 까닭입니다.

세존이시여. 비유한다면 마술사(幻師)가 '마술과 비슷한 것의 법을 떠났으므로 나에게 멀어졌다. 마술의 도구와 마술로 지어진 사람은 나와 가까워졌다. 모여있는 도중(徒衆)들도 역시 가까이 있고 역시 멀리 있다.'라고 이렇게 생각을 짓지 않는 것과 같습니다. 그 까닭은 무엇인가? 마술로 지어진 사람은 분별이 없는 까닭입니다. 매우 깊은 반야바라밀다를 수행하는 제보살마하살도 역시 다시 그와 같아서 '나는 성문지와 독각지에 멀어졌고, 나는 무상정등보리에 가까워졌다.'라고 이렇게 생각을 짓지 않습니다. 그 까닭은 무엇인가? 매우 깊은 반야바라밀다는 분별이 없는 까닭입니다.

세존이시여. 비유한다면 그림자가 '내가 그를 인연으로 나타났고 떠나갔으나 나와는 가까이 있다. 인연이 아닌 법이라는 것을 떠났으므로 나와 멀어졌다.'라고 이렇게 생각을 짓지 않는 것과 같습니다. 그 까닭은 무엇인가? 나타났던 그림자라는 것은 분별이 없는 까닭입니다. 매우 깊은 반야바라밀다를 수행하는 제보살마하살도 역시 다시 그와 같아서 '나는 성문지·독각지에 멀어졌고, 나는 무상정등보리에 가까워졌다.'라고 이렇게 생각을 짓지 않습니다. 그 까닭은 무엇인가? 매우 깊은 반야바라밀다는 분별이 없는 까닭입니다.

세존이시여. 깊은 반야바라밀다를 수행하는 제보살마하살은 애락(愛樂)이 없고 증오(憎惡)도 없습니다. 그 까닭은 무엇인가? 매우 깊은 반야바라밀다와 일체법은 애락과 증오의 자성은 얻을 수 없는 까닭입니다. 세존이시여. 제여래·응공·정등각께서는 애락이 없고 증오도 없는 것과 같이, 깊은 반야바라밀다를 수행하는 제보살마하살도 역시 다시 그와 같아서 애락이 없고 증오도 없습니다. 그 까닭은 무엇인가? 제불·보살은 애락과 증오가 단절된 까닭입니다.

세존이시여. 제여래·응공·정등각께서는 일체의 망상과 분별이 영원히 단절한 것과 같이, 깊은 반야바라밀다를 수행하는 제보살마하살도 역시 그와 같아서 일체의 망상과 분별이 조복되어 단절되었습니다. 그 까닭은 무엇인가? 제불·보살은 일체법에서 분별이 없는 까닭입니다. 세존이시여. 제여래·응공·정등각께서는 '나는 성문지·독각지에 멀어졌고, 나는 무상정등보리에 가까워졌다.'라고 이렇게 생각을 짓지 않는 것과 같습니다. 그 까닭은 무엇인가? 제불·보살은 일체법에서 분별이 없는 까닭입니다.

세존이시여. 제여래·응공·정등각께서 변화로 지어진 사람은 '나는 성문지·독각지에 멀어졌고, 나는 무상정등보리에 가까워졌다.'라고 이렇게 생각을 짓지 않는 것과 같습니다. 그 까닭은 무엇인가? 변화로 지어진 사람은 분별이 없는 까닭입니다. 매우 깊은 반야바라밀다를 수행하는 제보살마하살도 역시 다시 그와 같아서 '나는 성문지와 독각지에 멀어졌고, 나는 무상정등보리에 가까워졌다.'라고 이렇게 생각을 짓지 않습니다. 그 까닭은 무엇인가? 매우 깊은 반야바라밀다는 분별이 없는 까닭입니다.

세존이시여. 제여래 등께서 지으려고 하셨던 것이 있었으므로 변화시켜서 지었던 사람에게 그러한 일을 짓게 하였는데, 그 변화시켜서 지었던 사람이 '나는 능히 이와 같은 사업(事業)을 조작(造作)한다.'라고 이렇게 생각을 짓지 않는 것과 같습니다. 그 까닭은 무엇인가? 변화시켜서 지었던 사람은 분별이 없는 까닭입니다. 매우 깊은 반야바라밀다도 역시 다시 그와 같아서 할 것이 있는 까닭으로 이미 수습하였고 비록 지었던 사업이라는 것을 성취(成辦)하였더라도 지었던 것에 모두 분별이 없습니다. 그 까닭은 무엇인가? 매우 깊은 반야바라밀다는 분별이 없는 까닭입니다.

세존이시여. 비유한다면 장인(匠人)이거나, 혹은 그의 제자가 해야 하는 것이 있었던 까닭으로 여러 기관(機關)으로 혹은 여인이거나, 혹은 남자이거나, 만약 코끼리와 말 등을 조작하였고, 이러한 여러 기관이 비록 지었던 것이 있더라도, 그 일에서 모두 분별이 없는 것과 같습니다. 그 까닭은 무엇인가? 여러 기관들의 일은 분별이 없는 까닭입니다. 매우 깊은 반야바라밀다도 역시 다시 그와 같아서 하였던 것이 있었던 까닭으로 그것을 성립(成立)시켰고 이미 성립시켰다면, 비록 여러 종류의 사업을 능히 성취하였더라도 지었던 것에 모두 분별이 없습니다. 그 까닭은 무엇인가? 매우 깊은 반야바라밀다는 일체법에서 분별이 없는 까닭입니다."

그때 구수 사리자(舍利子)가 구수 선현에게 물어 말하였다.

"선현이여. 다만 반야바라밀다(般若波羅蜜多)가 분별이 없습니까? 정계(淨戒)·안인(安忍)·정진(精進)·정려(靜慮)·반야바라밀다(般若波羅蜜多)도 역시 분별이 없습니까?"

선현이 대답하여 말하였다.

"사리자여. 다만 반야바라밀다가 분별이 없는 것이 아니고, 정려·정진·안인·정계·보시바라밀다도 역시 분별이 없습니다."

그때 사리자가 다시 선현에게 물어 말하였다.

“선현이여. 더불어(爲) 색(色)도 역시 분별이 없고, 수(受)·상(想)·행(行)·식(識)도 역시 분별이 없습니까? 선현이여. 더불어 안처(眼處)도 역시 분별이 없고, 이(耳)·비(鼻)·설(舌)·신(身)·의처(意處)도 역시 분별이 없습니까? 선현이여. 더불어 색처(色處)도 역시 분별이 없고, 성(聲)·향(香)·미(味)·촉(觸)·법처(法處)도 역시 분별이 없습니까? 선현이여. 더불어 안계(眼界)도 역시 분별이 없고, 이(耳)·비(鼻)·설(舌)·신(身)·의계(意界)도 역시 분별이 없습니까? 선현이여. 더불어 색계(色界)도 역시 분별이 없고, 성(聲)·향(香)·미(味)·촉(觸)·법계(法界)도 역시 분별이 없습니까?

선현이여. 더불어 안식계(眼識界)도 역시 분별이 없고, 이(耳)·비(鼻)·설(舌)·신(身)·의식계(意識界)도 역시 분별이 없습니까? 선현이여. 더불어 안촉(眼觸)도 역시 분별이 없고, 이(耳)·비(鼻)·설(舌)·신(身)·의촉(意觸)도 역시 분별이 없습니까? 선현이여. 더불어 안촉(眼觸)을 인연으로 생겨난 여러 수(受)도 역시 분별이 없고, 이(耳)·비(鼻)·설(舌)·신(身)·의촉(意觸)을 인연으로 생겨난 여러 수도 역시 분별이 없습니까? 선현이여. 더불어 지계(地界)도 역시 분별이 없고, 수(水)·화(火)·풍(風)·공(空)·식계(識界)도 역시 분별이 없습니까?

선현이여. 더불어 무명(無明)도 역시 분별이 없고, 행(行)·식(識)·명색(名色)·육처(六處)·촉(觸)·수(受)·애(愛)·취(取)·유(有)·생(生)·노사(老死)도 역시 분별이 없습니까? 선현이여. 더불어 내공(內空)도 역시 분별이 없고, 외공(外空)·내외공(內外空)·공공(空空)·대공(大空)·승의공(勝義空)·유위공(有爲空)·무위공(無爲空)·필경공(畢竟空)·무제공(無際空)·산공(散空)·무변이공(無變異空)·본성공(本性空)·자상공(自相空)·공상공(共相空)·일체법공(一切法空)·불가득공(不可得空)·무성공(無性空)·자성공(自性空)·무성자성공(無性自性空)도 역시 분별이 없습니까?

선현이여. 더불어 진여(眞如)도 역시 분별이 없고, 법계(法界)·법성(法性)·불허망성(不虛妄性)·불변이성(不變異性)·평등성(平等性)·이생성(離生性)·법정(法定)·법주(法住)·실제(實際)·허공계(虛空界)·부사의계(不思議界)도 역시 분별이 없습니까? 선현이여. 더불어 고성제(苦聖諦)도 역시 분별이 없고, 집(集)·멸(滅)·도성제(道聖諦)도 역시 분별이 없습니까? 선현이여. 더불어 4정려(四靜慮)도 역시 분별이 없고, 4무량(四無量)·4무색정(四無色定)도 역시 분별이 없습니까?

선현이여. 더불어 8해탈(八解脫)도 역시 분별이 없고, 8승처(八勝處)·9차제정(九次第定)·10변처(十遍處)도 역시 분별이 없습니까? 선현이여. 더불어 4념주(四念住)도 역시 분별이 없고, 4정단(四正斷)·4신족(四神足)·5근(五根)·5력(五力)·7등각지(七等覺支)·8성도지(八聖道支)도 역시 분별이 없습니까? 선현이여. 더불어 공해탈문(空解脫門)도 역시 분별이 없고, 무상(無相)·무원해탈문(無願解脫門)도 역시 분별이 없습니까? 선현이여. 더불어 극희지(極喜地)도 역시 분별이 없고, 이구지(離垢地)·발광지(發光地)·염혜지(焰慧地)·극난승지(極難勝地)·현전지(現前地)·원행지(遠行地)·부동지(不動地)·선혜지(善慧地)·법운지(法雲地)도 역시 분별이 없습니까?

선현이여. 더불어 5안(五眼)도 역시 분별이 없고, 6신통(六神通)도 역시 분별이 없습니까? 선현이여. 더불어 여래(佛)의 10력(十力)도 역시 분별이 없고, 4무소외(四無所畏)·4무애해(四無礙解)·대자(大慈)·대비(大悲)·대희(大喜)·대사(大捨)·18불불공법(十八佛不共法)도 역시 분별이 없습니까? 선현이여. 더불어 무망실법(無忘失法)도 역시 분별이 없고, 항주사성(恒住捨性)도 역시 분별이 없습니까? 선현이여. 더불어 일체지(一切智)도 역시 분별이 없고, 도상지(道相智)·일체상지(一切相智)도 역시 분별이 없습니까?

선현이여. 더불어 일체(一切)의 다라니문(陀羅尼門)도 역시 분별이 없고, 일체의 삼마지문(三摩地門)도 역시 분별이 없습니까? 선현이여. 더불어 예류과(預流果)도 역시 분별이 없고, 일래(一來)·불환(不還)·아라한과(阿羅漢果)도 역시 분별이 없습니까? 선현이여. 더불어 일체의 보살마하살(菩薩摩訶薩)의 행(行)도 역시 분별이 없고, 제불(諸佛)의 무상정등보리(無上正等菩提)도 역시 분별이 없습니까? 선현이여. 더불어 유위계(有爲界)도 역시 분별이 없고, 무위계(無爲界)도 역시 분별이 없습니까?"

선현이 대답하여 말하였다.

"사리자여. 색도 역시 분별이 없고, 수·상·행·식도 역시 분별이 없습니다. 사리자여. 안처도 역시 분별이 없고, 이·비·설·신·의처도 역시 분별이 없습니다. 사리자여. 색처도 역시 분별이 없고, 성·향·미·촉·법처도 역시 분별이 없습니다. 사리자여. 안계도 역시 분별이 없고, 이·비·설·신·의계도 역시 분별이 없습니다. 사리자여. 색계도 역시 분별이 없고, 성·향·미·촉·법계도 역시 분별이 없습니다.

사리자여. 안식계도 역시 분별이 없고, 이·비·설·신·의식계도 역시 분별이 없습니다. 사리자여. 안촉도 역시 분별이 없고, 이·비·설·신·의촉도 역시 분별이 없습니다. 사리자여. 안촉을 인연으로 생겨난 여러 수도 역시 분별이 없고, 이·비·설·신·의촉을 인연으로 생겨난 여러 수도 역시 분별이 없습니다. 사리자여. 지계도 역시 분별이 없고, 수·화·풍·공·식계도 역시 분별이 없습니다.

사리자여. 무명도 역시 분별이 없고, 행·식·명색·육처·촉·수·애·취·유·생·노사도 역시 분별이 없습니다. 사리자여. 내공(內空)도 역시 분별이 없고, 외공·내외공·공공·대공·승의공·유위공·무위공·필경공·무제공·산공·무변이공·본성공·자상공·공상공·일체법공·불가득공·무성공·자성공·무성자성공도 역시 분별이 없습니다. 사리자여. 진여도 역시 분별이 없고, 법계·법성·불허망성·불변이성·평등성·이생성·법정·법주·실제·허공계·부사의계도 역시 분별이 없습니다.

사리자여. 고성제도 역시 분별이 없고, 집·멸·도성제도 역시 분별이 없습니다. 사리자여. 4정려도 역시 분별이 없고, 4무량·4무색정도 역시 분별이 없습니다. 사리자여. 8해탈도 역시 분별이 없고, 8승처·9차제정·10변처도 역시 분별이 없습니다. 사리자여. 4념주도 역시 분별이 없고, 4정단·4신족·5근·5력·7등각지·8성도지도 역시 분별이 없습니다. 사리자여. 공해탈문도 역시 분별이 없고, 무상·무원해탈문도 역시 분별이 없습니다.

사리자여. 극희지도 역시 분별이 없고, 이구지·발광지·염혜지·극난승지·현전지·원행지·부동지·선혜지·법운지도 역시 분별이 없습니다. 사리자여. 5안도 역시 분별이 없고, 6신통도 역시 분별이 없습니다. 사리자여. 더불어 여래의 10력도 역시 분별이 없고, 4무소외·4무애해·대자·대비·대희·대사·18불불공법도 역시 분별이 없습니다. 사리자여. 무망실법도 역시 분별이 없고, 항주사성도 역시 분별이 없습니다. 사리자여. 일체지도 역시 분별이 없고, 도상지·일체상지도 역시 분별이 없습니다.

사리자여. 일체의 다라니문도 역시 분별이 없고, 일체의 삼마지문도 역시 분별이 없습니다. 사리자여. 예류과도 역시 분별이 없고, 일래·불환·아라한과도 역시 분별이 없습니다. 사리자여. 일체의 보살마하살의 행도 역시 분별이 없고, 제불의 무상정등보리도 역시 분별이 없습니다. 사리자여. 유위계도 역시 분별이 없고, 무위계도 역시 분별이 없습니다."

사리자가 말하였다.

"선현이여. 만약 일체법이 모두 분별이 없다면, 어찌하여 지옥·방생·귀계·인간·천상의 다섯 세계(五趣)의 차별이 있고, 어찌하여 다시 예류·일래·불환·아라한·독각·보살·제불의 지위에 다른 수행이 있습니까?"

선현이 말하였다.

"사리자여. 유정이 전도(顚倒)된 번뇌(煩惱)의 인연으로 여러 신(身)·구(口)·의업(意業)을 짓고, 오히려 이것을 욕망의 근본적인 업으로 삼아서 이숙(異熟)의 과보를 감득(感得)[1]하게 되고, 이것을 의지하므로 지옥·방생·귀계·인간·천상의 다섯 세계(五趣)의 차별이 있습니다.

'어찌하여 예류 등의 여러 지위의 다른 수행이 있습니까?'라고 말하였는데, 사리자여. 분별이 없는 까닭으로 예류와 예류과의 수행이 있고, 분별이 없는 까닭으로 일래와 일래과의 수행이 있으며, 분별이 없는 까닭으로 불환과 불환과의 수행이 있고, 분별이 없는 까닭으로 아라한과 아라한과의 수행이 있으며, 분별이 없는 까닭으로 독각과 독각의 보리의 수행이 있고, 분별이 없는 까닭으로 보살마하살과 보살마하살의 도(道)의 수행이 있으며, 분별이 없는 까닭으로 여래·응공·정등각과 여래(佛)의 무상정등보리의 수행이 있습니다.

---

1) 감응하여 바라는 것을 얻는 것이다.

사리자여. 과거의 여래·응공·정등각들께서는 오히려 분별이 없고 분별이 단절되었던 까닭으로 존재(有)한다고 시설할 수 있고, 미래의 여래·응공·정등각께서도 분별이 없고 분별이 단절되었던 까닭으로 존재한다고 시설할 수 있으며, 현재 시방의 제불세계의 제여래·응공·정등각들께서는 현재에 설법하시는 자라도 분별이 없고 분별이 단절되었던 까닭으로 존재한다고 시설할 수 있습니다.

사리자여. 오히려 이러한 인연으로 일체법은 모두 분별이 없다고 알 수 있는데, 분별이 없는 진여(眞如)·법계(法界)·법성(法性)·실제(實際)로써 결정된 분량으로 삼는 까닭입니다. 사리자여. 보살마하살은 상응하여 이와 같이 분별이 없는 상의 매우 깊은 반야바라밀다를 수행해야 하나니, 만약 이와 같이 분별이 없는 상의 매우 깊은 반야바라밀다를 수행한다면, 곧 분별이 없는 상으로 구하였던 무상정등보리를 능히 증득합니다."

57. 견등찬품(堅等讚品)(1)

그때 사리자가 선현에게 물어 말하였다.

"보살마하살의 깊은 반야바라밀다를 행하는 때에는 견실(堅實)[2]한 법을 행합니까? 견실함이 없는 법을 행합니까?"

선현이 대답하여 말하였다.

"보살마하살이 깊은 반야바라밀다를 행하는 때에 견실함이 없는 법을 행하고, 견실한 법을 행하지 않습니다. 왜 그러한가? 사리자여. 반야바라밀다는 견실함이 없는 까닭이고, 정려·정진·안인·정계·보시바라밀다도 견실함이 없는 까닭입니다. 사리자여. 내공은 견실함이 없는 까닭이고,

2) '굳건하고 확실(確實)하다.'는 뜻이다.

외공·내외공·공공·대공·승의공·유위공·무위공·필경공·무제공·산공·무변이공·본성공·자상공·공상공·일체법공·불가득공·무성공·자성공·무성자성공도 견실함이 없는 까닭입니다.

사리자여. 진여는 견실함이 없는 까닭이고, 법계·법성·불허망성·불변이성·평등성·이생성·법정·법주·실제·허공계·부사의계도 견실함이 없는 까닭입니다. 사리자여. 고성제는 견실함이 없는 까닭이고, 집·멸·도성제도 견실함이 없는 까닭입니다. 사리자여. 4정려는 견실함이 없는 까닭이고, 4무량·4무색정도 견실함이 없는 까닭입니다. 사리자여. 8해탈은 견실함이 없는 까닭이고, 8승처·9차제정·10변처도 견실함이 없는 까닭입니다.

사리자여. 4념주는 견실함이 없는 까닭이고, 4정단·4신족·5근·5력·7등각지·8성도지도 견실함이 없는 까닭입니다. 사리자여. 공해탈문은 견실함이 없는 까닭이고, 무상·무원해탈문도 견실함이 없는 까닭입니다. 사리자여. 극희지는 견실함이 없는 까닭이고, 이구지·발광지·염혜지·극난승지·현전지·원행지·부동지·선혜지·법운지도 견실함이 없는 까닭입니다. 사리자여. 5안은 견실함이 없는 까닭이고, 6신통도 견실함이 없는 까닭입니다. 사리자여. 여래의 10력은 견실함이 없는 까닭이고, 4무소외·4무애해·대자·대비·대희·대사·18불불공법도 견실함이 없는 까닭입니다.

사리자여. 무망실법은 견실함이 없는 까닭이고, 항주사성도 견실함이 없는 까닭입니다. 사리자여. 일체지는 견실함이 없는 까닭이고, 도상지·일체상지도 견실함이 없는 까닭입니다. 사리자여. 일체의 다라니문은 견실함이 없는 까닭이고, 일체의 삼마지문도 견실함이 없는 까닭입니다. 사리자여. 일체의 보살마하살의 행은 견실함이 없는 까닭이고, 제불의 무상정등보리도 견실함이 없는 까닭입니다. 사리자여. 일체지지도 견실함이 없는 까닭입니다.

그 까닭은 무엇인가? 사리자여. 보살마하살이 깊은 반야바라밀다를 수행하는 때에 반야바라밀다에서 오히려 견실함이 없는 것을 얻을 수 있다고 보지 않는데, 하물며 견실함이 있는 것을 얻을 수 있다고 보겠고, 정려·정진·안인·정계·보시바라밀다에서도 오히려 견실함이 없는 것을 얻을 수 있다고 보지 않는데, 하물며 견실함이 있으므로 얻을 수 있다고 보겠습니까?

사리자여. 보살마하살이 깊은 반야바라밀다를 수행하는 때에 내공에서 오히려 견실함이 없는 것을 얻을 수 있다고 보지 않는데, 하물며 견실함이 있는 것을 얻을 수 있다고 보겠으며, 외공·내외공·공공·대공·승의공·유위공·무위공·필경공·무제공·산공·무변이공·본성공·자상공·공상공·일체법공·불가득공·무성공·자성공·무성자성공에서도 오히려 견실함이 없는 것을 얻을 수 있다고 보지 않는데, 하물며 견실함이 있는 것을 얻을 수 있다고 보겠습니까?

사리자여. 보살마하살이 깊은 반야바라밀다를 수행하는 때에 진여에서 오히려 견실함이 없는 것을 얻을 수 있다고 보지 않는데, 하물며 견실함이 있는 것을 얻을 수 있다고 보겠으며, 법계·법성·불허망성·불변이성·평등성·이생성·법정·법주·실제·허공계·부사의계에서도 오히려 견실함이 없는 것을 얻을 수 있다고 보지 않는데, 하물며 견실함이 있는 것을 얻을 수 있다고 보겠습니까?

사리자여. 보살마하살이 깊은 반야바라밀다를 수행하는 때에 고성제에서 오히려 견실함이 없는 것을 얻을 수 있다고 보지 않는데, 하물며 견실함이 있는 것을 얻을 수 있다고 보겠으며, 집·멸·도성제에서 오히려 견실함이 없는 것을 얻을 수 있다고 보지 않는데, 하물며 견실함이 있는 것을 얻을 수 있다고 보겠습니까?

사리자여. 보살마하살이 깊은 반야바라밀다를 수행하는 때에 4정려에서 오히려 견실함이 없는 것을 얻을 수 있다고 보지 않는데, 하물며 견실함이 있는 것을 얻을 수 있다고 보겠으며, 4무량·4무색정에서도 오히려 견실함이 없는 것을 얻을 수 있다고 보지 않는데, 하물며 견실함이 있는 것을 얻을 수 있다고 보겠습니까?

사리자여. 보살마하살이 깊은 반야바라밀다를 수행하는 때에 8해탈에서 오히려 견실함이 없는 것을 얻을 수 있다고 보지 않는데, 하물며 견실함이 있는 것을 얻을 수 있다고 보겠으며, 8승처·9차제정·10변처에서도 오히려 견실함이 없는 것을 얻을 수 있다고 보지 않는데, 하물며 견실함이 있는 것을 얻을 수 있다고 보겠습니까?

사리자여. 보살마하살이 깊은 반야바라밀다를 수행하는 때에 4념주에서 오히려 견실함이 없는 것을 얻을 수 있다고 보지 않는데, 하물며 견실함이 있는 것을 얻을 수 있다고 보겠으며, 4정단·4신족·5근·5력·7등각지·8성도지에서도 오히려 견실함이 없는 것을 얻을 수 있다고 보지 않는데, 하물며 견실함이 있는 것을 얻을 수 있다고 보겠습니까?

사리자여. 보살마하살이 깊은 반야바라밀다를 수행하는 때에 공해탈문에서 오히려 견실함이 없는 것을 얻을 수 있다고 보지 않는데, 하물며 견실함이 있는 것을 얻을 수 있다고 보겠으며, 무상·무원해탈문에서도 오히려 견실함이 없는 것을 얻을 수 있다고 보지 않는데, 하물며 견실함이 있는 것을 얻을 수 있다고 보겠습니까?

사리자여. 보살마하살이 깊은 반야바라밀다를 수행하는 때에 극희지에서 오히려 견실함이 없는 것을 얻을 수 있다고 보지 않는데, 하물며 견실함이 있는 것을 얻을 수 있다고 보겠으며, 이구지·발광지·염혜지·극난승지·현전지·원행지·부동지·선혜지·법운지에서도 오히려 견실함이 없는 것을 얻을 수 있다고 보지 않는데, 하물며 견실함이 있는 것을 얻을 수 있다고 보겠습니까?

사리자여. 보살마하살이 깊은 반야바라밀다를 수행하는 때에 5안에서 오히려 견실함이 없는 것을 얻을 수 있다고 보지 않는데, 하물며 견실함이 있는 것을 얻을 수 있다고 보겠으며, 6신통에서도 오히려 견실함이 없는 것을 얻을 수 있다고 보지 않는데, 하물며 견실함이 있는 것을 얻을 수 있다고 보겠습니까?

사리자여. 보살마하살이 깊은 반야바라밀다를 수행하는 때에 여래의 10력에서는 오히려 견실함이 없는 것을 얻을 수 있다고 보지 않는데, 하물며 견실함이 있는 것을 얻을 수 있다고 보겠으며, 4무소외·4무애해·대자·대비·대희·대사·18불불공법에서도 오히려 견실함이 없는 것을 얻을 수 있다고 보지 않는데, 하물며 견실함이 있는 것을 얻을 수 있다고 보겠습니까?

사리자여. 보살마하살이 깊은 반야바라밀다를 수행하는 때에 무망실법에서 오히려 견실함이 없는 것을 얻을 수 있다고 보지 않는데, 하물며 견실함이 있는 것을 얻을 수 있다고 보겠으며, 항주사성에서도 오히려 견실함이 없는 것을 얻을 수 있다고 보지 않는데, 하물며 견실함이 있는 것을 얻을 수 있다고 보겠습니까?

사리자여. 보살마하살이 깊은 반야바라밀다를 수행하는 때에 일체지에서 오히려 견실함이 없는 것을 얻을 수 있다고 보지 않는데, 하물며 견실함이 있는 것을 얻을 수 있다고 보겠으며, 도상지·일체상지에서도 오히려 견실함이 없는 것을 얻을 수 있다고 보지 않는데, 하물며 견실함이 있는 것을 얻을 수 있다고 보겠습니까?

사리자여. 보살마하살이 깊은 반야바라밀다를 수행하는 때에 일체의 다라니문에서는 오히려 견실함이 없는 것을 얻을 수 있다고 보지 않는데, 하물며 견실함이 있는 것을 얻을 수 있다고 보겠으며, 일체의 삼마지문에서도 오히려 견실함이 없는 것을 얻을 수 있다고 보지 않는데, 하물며 견실함이 있는 것을 얻을 수 있다고 보겠습니까?

사리자여. 보살마하살이 반야바라밀다를 수행하는 때에 일체의 보살마하살의 행에서는 오히려 견실함이 없는 것을 얻을 수 있다고 보지 않는데, 하물며 견실함이 있는 것을 얻을 수 있다고 보겠으며, 제불의 무상정등보리에서도 오히려 견실함이 없는 것을 얻을 수 있다고 보지 않는데, 하물며 견실함이 있는 것을 얻을 수 있다고 보겠습니까?

사리자여. 보살마하살이 깊은 반야바라밀다를 수행하는 때에 일체지지에서는 오히려 견실함이 없는 것을 얻을 수 있다고 보지 않는데, 하물며 견실함이 있는 것을 얻을 수 있다고 보겠습니까?"

그때 무량한 욕계(欲界)와 색계(色界)의 천자(天子)들이 함께 이렇게 생각을 지었다.

'만약 선남자와 선여인 등이 능히 무상정등보리의 마음을 일으켰고 깊은 반야바라밀다에서 설하신 의취와 같이 수행하면서 실제(實際)와 평등성을 증득하지 않아서 성문지와 독각지에 퇴실하여 떨어지지 않는다면, 이 보살마하살은 오히려 이러한 인연으로 깊이 희유(希有)해지고 능히 어려운 일을 하므로, 상응하여 마땅하게 공경하고 예배해야 한다.'

구수 선현이 여러 천자들이 마음에서 생각하는 것을 알고서 곧 알려 말하였다.

"이 보살마하살은 실제와 평등성을 증득하지 않아서 성문지·독각지에 퇴실하여 떨어지지 않았고 깊이 희유하지도 않았더라도 어려운 일에는 부족합니다. 만약 보살마하살이 일체법과 제유정들을 모두 얻을 수 없다고 알고서 무상정등보리의 마음을 일으켰고 공덕의 갑옷을 입고서 무량하고 무수이며 무변한 백천의 유정들을 제도하기 위하여 구경의 무여열반(無餘涅槃)을 증득하게 시켰다면, 이 보살마하살은 깊게 희유하며 능히 어려운 일을 하였던 것입니다.

천자들이여. 마땅히 아십시오. 이 보살마하살이 비록 유정이 모두 무소유(無所有)라고 알았고 무상정등보리의 마음을 일으켰으며 공덕의 갑옷을 입고서 제유정의 부류들을 조복(調伏)하려고 하였더라도, 누가 허공을 조복하고자 하는 것과 같습니다.

그 까닭은 무엇인가? 여러 천자들이여. 허공을 벗어난 까닭으로 일체의 유정들도 역시 벗어났다고 마땅히 알아야 하고, 허공이 공(空)한 까닭으로 일체의 유정들도 역시 공하다고 마땅히 알아야 하며, 허공이 견실하지 않은 까닭으로 일체의 유정들도 역시 견실하지 않다고 마땅히 알아야 하고, 허공은 무소유인 까닭으로 일체의 유정들도 역시 무소유라고 마땅히 알아야 합니다. 이러한 까닭으로 천자들이여. 이 보살마하살이 깊이 희유하고 능히 어려운 일을 하는 것입니다.

천자들이여. 마땅히 아십시오. 제보살마하살이 대비(大悲)의 갑옷을 입고서 일체의 유정들을 조복시키려고 하였더라도, 제유정들이 모두 없으므로 누가 갑옷을 입고 허공과 싸우는 것과 같습니다. 천자들이여. 마땅히 아십시오. 제보살마하살이 대비의 갑옷을 입고서 제유정들을 이익되고 안락하게 하고자 할지라도 제유정들과 대비의 갑옷을 함께 얻을 수 없습니다.

그 까닭은 무엇인가? 천자들이여. 유정이 벗어난 까닭으로 이 대비의 갑옷도 역시 벗어났다고 마땅히 알아야 하고 유정이 공한 까닭으로 이 대비의 갑옷도 역시 공하다고 마땅히 알아야 하며, 유정이 견실하지 않은 까닭으로 이 대비의 갑옷도 역시 견실하지 않다고 마땅히 알아야 하고, 유정이 무소유인 까닭으로 이 대비의 갑옷도 역시 무소유라고 마땅히 알아야 합니다.

천자들이여. 마땅히 아십시오. 제보살마하살이 제유정들을 조복시켜서 이익되고 안락하게 하는 일도 역시 얻을 수 없습니다. 그 까닭은 무엇인가? 유정이 벗어난 까닭으로 이렇게 조복시켜서 이익되고 안락하게 하는 일도 역시 벗어났다고 마땅히 알아야 하고, 유정이 공한 까닭으로 이렇게 조복시켜서 이익되고 안락하게 하는 일도 역시 공하다고 마땅히 알아야 하며, 유정이 견실하지 않은 까닭으로 이렇게 조복시켜서 이익되고 안락하게 하는 일도 역시 견실하지 않다고 마땅히 알아야 하고, 유정이 무소유인 까닭으로 이렇게 조복시켜서 이익되고 안락하게 하는 일도 무소유라고 마땅히 알아야 합니다.

천자들이여. 마땅히 아십시오. 제보살마하살도 역시 무소유입니다. 그 까닭은 무엇인가? 천자들이여. 유정이 벗어난 까닭으로 보살마하살도 역시 벗어났다고 마땅히 알아야 하고, 유정이 공한 까닭으로 보살마하살도 공하다고 마땅히 알아야 하며, 유정이 견실하지 않은 까닭으로 보살마하살도 견실하지 않다고 마땅히 알아야 하고, 유정이 무소유인 까닭으로 보살마하살도 무소유라고 마땅히 알아야 합니다.

천자들이여. 만약 보살마하살이 이와 같은 일을 듣고서 마음에 숨기지 않고 가라앉지 않으며 놀라지도 않고 두려워하지도 않으며 근심하거나 후회하지도 않는다면, 이 보살마하살은 깊은 반야바라밀다를 수행한다고 마땅히 아십시오.”

마하반야바라밀다경 제343권

57. 견등찬품(堅等讚品)(2)

“왜 그러한가? 천자들이여. 색을 벗어나는 까닭으로 유정(有情)을 벗어나고, 수·상·행·식을 벗어나는 까닭으로 유정을 벗어납니다. 천자들이여. 안처를 벗어나는 까닭으로 유정을 벗어나고, 이·비·설·신·의처를 벗어나는 까닭으로 유정을 벗어납니다. 천자들이여. 색처를 벗어나는 까닭으로 유정을 벗어나고, 성·향·미·촉·법처를 벗어나는 까닭으로 유정을 벗어납니다.

천자들이여. 안계를 벗어나는 까닭으로 유정을 벗어나고, 이·비·설·신·의계를 벗어나는 까닭으로 유정을 벗어납니다. 천자들이여. 색계를 벗어나는 까닭으로 유정을 벗어나고, 성·향·미·촉·법계를 벗어나는 까닭으로 유정을 벗어납니다. 천자들이여. 안촉을 벗어나는 까닭으로 유정을 벗어나고, 이·비·설·신·의촉을 벗어나는 까닭으로 유정을 벗어납니다.

천자들이여. 안촉을 인연으로 생겨난 여러 수를 벗어나는 까닭으로 유정을 벗어나고, 이·비·설·신·의촉을 인연으로 생겨난 여러 수를 벗어나는 까닭으로 유정을 벗어납니다. 천자들이여. 지계를 벗어나는 까닭으로 유정을 벗어나고, 수·화·풍·공·식계를 벗어나는 까닭으로 유정을 벗어납니다. 천자들이여. 무명을 벗어나는 까닭으로 유정을 벗어나고, 행·식·명색·육처·촉·수·애·취·유·생·노사를 벗어나는 까닭으로 유정을 벗어납니다.

천자들이여. 보시바라밀다를 벗어나는 까닭으로 유정을 벗어나고,

정계·안인·정진·정려·반야바라밀다를 벗어나는 까닭으로 유정을 벗어납니다. 천자들이여. 내공을 벗어나는 까닭으로 유정을 벗어나고, 외공·내외공·공공·대공·승의공·유위공·무위공·필경공·무제공·산공·무변이공·본성공·자상공·공상공·일체법공·불가득공·무성공·자성공·무성자성공을 벗어나는 까닭으로 유정을 벗어납니다.

천자들이여. 진여를 벗어나는 까닭으로 유정을 벗어나고, 법계·법성·불허망성·불변이성·평등성·이생성·법정·법주·실제·허공계·부사의계를 벗어나는 까닭으로 유정을 벗어납니다. 천자들이여. 고성제를 벗어나는 까닭으로 유정을 벗어나고, 집·멸·도성제를 벗어나는 까닭으로 유정을 벗어납니다.

천자들이여. 4정려를 벗어나는 까닭으로 유정을 벗어나고, 4무량·4무색정을 벗어나는 까닭으로 유정을 벗어납니다. 천자들이여. 8해탈을 벗어나는 까닭으로 유정을 벗어나고, 8승처·9차제정·10변처를 벗어나는 까닭으로 유정을 벗어납니다. 천자들이여. 4념주를 벗어나는 까닭으로 유정을 벗어나고, 4정단·4신족·5근·5력·7등각지·8성도지를 벗어나는 까닭으로 유정을 벗어납니다. 천자들이여. 공해탈문을 벗어나는 까닭으로 유정을 벗어나고, 무상·무원해탈문을 벗어나는 까닭으로 유정을 벗어납니다.

천자들이여. 극희지를 벗어나는 까닭으로 유정을 벗어나고, 이구지·발광지·염혜지·극난승지·현전지·원행지·부동지·선혜지·법운지를 벗어나는 까닭으로 유정을 벗어납니다. 천자들이여. 5안을 벗어나는 까닭으로 유정을 벗어나고, 6신통을 벗어나는 까닭으로 유정을 벗어납니다. 천자들이여. 여래의 10력을 벗어나는 까닭으로 유정을 벗어나고, 4무소외·4무애해·대자·대비·대희·대사·18불불공법을 벗어나는 까닭으로 유정을 벗어납니다. 천자들이여. 무망실법을 벗어나는 까닭으로 유정을 벗어나고, 항주사성을 벗어나는 까닭으로 유정을 벗어납니다.

천자들이여. 일체지를 벗어나는 까닭으로 유정을 벗어나고, 도상지·일체상지를 벗어나는 까닭으로 유정을 벗어납니다. 천자들이여. 일체의 다라니문을 벗어나는 까닭으로 유정을 벗어나고, 일체의 삼마지문을 벗어나는 까닭으로 유정을 벗어납니다. 천자들이여. 예류과를 벗어나는 까닭으로 유정을 벗어나고, 일래·불환·아라한과를 벗어나는 까닭으로 유정을 벗어납니다. 천자들이여. 독각의 보리를 벗어나는 까닭으로 유정을 벗어납니다.

천자들이여. 일체의 보살마하살의 행을 벗어나는 까닭으로 유정을 벗어납니다. 천자들이여. 제불의 무상정등보리를 벗어나는 까닭으로 유정을 벗어납니다. 천자들이여. 일체지지를 벗어나는 까닭으로 유정을 벗어납니다.

다시 다음으로 여러 천자들이여. 색을 벗어나는 까닭으로 보시·정계·안인·정진·정려·반야바라밀다를 벗어나고, 수·상·행·식을 벗어나는 까닭으로 보시·정계·안인·정진·정려·반야바라밀다를 벗어납니다. 여러 천자들이여. 색을 벗어나는 까닭으로 내공·외공·내외공·공공·대공·승의공·유위공·무위공·필경공·무제공·산공·무변이공·본성공·자상공·공상공·일체법공·불가득공·무성공·자성공·무성자성공을 벗어나고, 수·상·행·식을 벗어나는 까닭으로 내공, 나아가 무성자성공을 벗어납니다.

여러 천자들이여. 색을 벗어나는 까닭으로 진여·법계·법성·불허망성·불변이성·평등성·이생성·법정·법주·실제·허공계·부사의계를 벗어나고, 수·상·행·식을 벗어나는 까닭으로 진여, 나아가 부사의계를 벗어납니다. 여러 천자들이여. 색을 벗어나는 까닭으로 고·집·멸·도성제를 벗어나고, 수·상·행·식을 벗어나는 까닭으로 고·집·멸·도성제를 벗어납니다. 여러 천자들이여. 색을 벗어나는 까닭으로 4정려·4무량·4무색정을 벗어났고, 수·상·행·식을 벗어나는 까닭으로 4정려·4무량·4무색정을 벗어납니다.

여러 천자들이여. 색을 벗어나는 까닭으로 8해탈·8승처·9차제정·10변처를 벗어나고, 수·상·행·식을 벗어나는 까닭으로 8해탈·8승처·9차제정·10변처를 벗어납니다. 여러 천자들이여. 색을 벗어나는 까닭으로 4념주·4

정단·4신족·5근·5력·7등각지·8성도지를 벗어나고, 수·상·행·식을 벗어나는 까닭으로 4념주, 나아가 8성도지를 벗어납니다. 여러 천자들이여. 색을 벗어나는 까닭으로 공·무상·무원해탈문을 벗어나고, 수·상·행·식을 벗어나는 까닭으로 공·무상·무원해탈문을 벗어납니다.

여러 천자들이여. 색을 벗어나는 까닭으로 극희지·이구지·발광지·염혜지·극난승지·현전지·원행지·부동지·선혜지·법운지를 벗어나고, 수·상·행·식을 벗어나는 까닭으로 극희지, 나아가 법운지를 벗어납니다. 여러 천자들이여. 색을 벗어나는 까닭으로 5안·6신통을 벗어나고, 수·상·행·식을 벗어나는 까닭으로 5안·6신통을 벗어납니다. 여러 천자들이여. 색을 벗어나는 까닭으로 여래의 10력·4무소외·4무애해·대자·대비·대희·대사·18불불공법을 벗어나고, 수·상·행·식을 벗어나는 까닭으로 여래의 10력, 나아가 18불불공법을 벗어납니다.

여러 천자들이여. 색을 벗어나는 까닭으로 무망실법·항주사성을 벗어나고, 수·상·행·식을 벗어나는 까닭으로 무망실법·항주사성을 벗어납니다. 여러 천자들이여. 색을 벗어나는 까닭으로 일체지·도상지·일체상지를 벗어나고, 수·상·행·식을 벗어나는 까닭으로 일체지·도상지·일체상지를 벗어납니다. 여러 천자들이여. 색을 벗어나는 까닭으로 일체의 다라니문·일체의 삼마지문을 벗어나고, 수·상·행·식을 벗어나는 까닭으로 일체의 다라니문·일체의 삼마지문을 벗어납니다.

여러 천자들이여. 색을 벗어나는 까닭으로 예류·일래·불환·아라한과를 벗어나고, 수·상·행·식을 벗어나는 까닭으로 예류·일래·불환·아라한과를 벗어납니다. 여러 천자들이여. 색을 벗어나는 까닭으로 독각의 보리를 벗어나고, 수·상·행·식을 벗어나는 까닭으로 독각의 보리를 벗어납니다. 여러 천자들이여. 색을 벗어나는 까닭으로 일체의 보살마하살의 행을 벗어나고, 수·상·행·식을 벗어나는 까닭으로 일체의 보살마하살의 행을 벗어납니다.

여러 천자들이여. 색을 벗어나는 까닭으로 제불의 무상정등보리를 벗어나고, 수·상·행·식을 벗어나는 까닭으로 제불의 무상정등보리를 벗어납니다. 여러 천자들이여. 색을 벗어나는 까닭으로 일체지지를 벗어나고, 수·상·행·식을 벗어나는 까닭으로 일체지지를 벗어납니다.

다시 다음으로 여러 천자들이여. 안처를 벗어나는 까닭으로 보시·정계·안인·정진·정려·반야바라밀다를 벗어나고, 이·비·설·신·의처를 벗어나는 까닭으로 보시·정계·안인·정진·정려·반야바라밀다를 벗어납니다. 여러 천자들이여. 안처를 벗어나는 까닭으로 내공·외공·내외공·공공·대공·승의공·유위공·무위공·필경공·무제공·산공·무변이공·본성공·자상공·공상공·일체법공·불가득공·무성공·자성공·무성자성공을 벗어나고, 이·비·설·신·의처를 벗어나는 까닭으로 내공, 나아가 무성자성공을 벗어납니다.

여러 천자들이여. 안처를 벗어나는 까닭으로 진여·법계·법성·불허망성·불변이성·평등성·이생성·법정·법주·실제·허공계·부사의계를 벗어나고, 이·비·설·신·의처를 벗어나는 까닭으로 진여, 나아가 부사의계를 벗어납니다. 여러 천자들이여. 안처를 벗어나는 까닭으로 고·집·멸·도성제를 벗어나고, 이·비·설·신·의처를 벗어나는 까닭으로 고·집·멸·도성제를 벗어납니다. 여러 천자들이여. 안처를 벗어나는 까닭으로 4정려·4무량·4무색정을 벗어나고, 이·비·설·신·의처를 벗어나는 까닭으로 4정려·4무량·4무색정을 벗어납니다.

여러 천자들이여. 안처를 벗어나는 까닭으로 8해탈·8승처·9차제정·10변처를 벗어나고, 이·비·설·신·의처를 벗어나는 까닭으로 8해탈·8승처·9차제정·10변처를 벗어납니다. 여러 천자들이여. 안처를 벗어나는 까닭으로 4념주·4정단·4신족·5근·5력·7등각지·8성도지를 벗어났고, 이·비·설·신·의처를 벗어나는 까닭으로 4념주, 나아가 8성도지를 벗어납니다. 여러 천자들이여. 안처를 벗어나는 까닭으로 공·무상·무원해탈문을 벗어나고, 이·비·설·신·의처를 벗어나는 까닭으로 공·무상·무원해탈문을 벗어납니다.

여러 천자들이여. 안처를 벗어나는 까닭으로 극희지·이구지·발광지·염혜지·극난승지·현전지·원행지·부동지·선혜지·법운지를 벗어나고,

이·비·설·신·의처를 벗어나는 까닭으로 극희지, 나아가 법운지를 벗어납니다. 여러 천자들이여. 안처를 벗어나는 까닭으로 5안·6신통을 벗어나고, 이·비·설·신·의처를 벗어나는 까닭으로 5안·6신통을 벗어납니다. 여러 천자들이여. 안처를 벗어나는 까닭으로 여래의 10력·4무소외·4무애해·대자·대비·대희·대사·18불불공법을 벗어나고, 이·비·설·신·의처를 벗어나는 까닭으로 여래의 10력, 나아가 18불불공법을 벗어납니다.

여러 천자들이여. 안처를 벗어나는 까닭으로 무망실법·항주사성을 벗어나고, 이·비·설·신·의처를 벗어나는 까닭으로 무망실법·항주사성을 벗어납니다. 여러 천자들이여. 안처를 벗어나는 까닭으로 일체지·도상지·일체상지를 벗어나고, 이·비·설·신·의처를 벗어나는 까닭으로 일체지·도상지·일체상지를 벗어납니다. 여러 천자들이여. 안처를 벗어나는 까닭으로 일체의 다라니문·일체의 삼마지문을 벗어나고, 이·비·설·신·의처를 벗어나는 까닭으로 일체의 다라니문·일체의 삼마지문을 벗어납니다.

여러 천자들이여. 안처를 벗어나는 까닭으로 예류·일래·불환·아라한과를 벗어나고, 이·비·설·신·의처를 벗어나는 까닭으로 예류·일래·불환·아라한과를 벗어납니다. 여러 천자들이여. 안처를 벗어나는 까닭으로 독각의 보리를 벗어나고, 이·비·설·신·의처를 벗어나는 까닭으로 독각의 보리를 벗어납니다. 여러 천자들이여. 안처를 벗어나는 까닭으로 일체의 보살마하살의 행을 벗어나고, 이·비·설·신·의처를 벗어나는 까닭으로 일체의 보살마하살의 행을 벗어납니다.

여러 천자들이여. 안처를 벗어나는 까닭으로 제불의 무상정등보리를 벗어나고, 이·비·설·신·의처를 벗어나는 까닭으로 제불의 무상정등보리를 벗어납니다. 여러 천자들이여. 안처를 벗어나는 까닭으로 일체지지를 벗어나고, 이·비·설·신·의처를 벗어나는 까닭으로 일체지지를 벗어납니다.

다시 다음으로 여러 천자들이여. 색처를 벗어나는 까닭으로 보시·정계·안인·정진·정려·반야바라밀다를 벗어나고, 성·향·미·촉·법처를 벗어나는 까닭으로 보시·정계·안인·정진·정려·반야바라밀다를 벗어납니다. 여러 천자들이여. 색처를 벗어나는 까닭으로 내공·외공·내외공·공공·대공·승의공·유위공·무위공·필경공·무제공·산공·무변이공·본성공·자상공·공상공·일체법공·불가득공·무성공·자성공·무성자성공을 벗어나고, 성·향·미·촉·법처를 벗어나는 까닭으로 내공, 나아가 무성자성공을 벗어납니다.

여러 천자들이여. 색처를 벗어나는 까닭으로 진여·법계·법성·불허망성·불변이성·평등성·이생성·법정·법주·실제·허공계·부사의계를 벗어나고, 성·향·미·촉·법처를 벗어나는 까닭으로 진여, 나아가 부사의계를 벗어납니다. 여러 천자들이여. 색처를 벗어나는 까닭으로 고·집·멸·도성제를 벗어나고, 성·향·미·촉·법처를 벗어나는 까닭으로 고·집·멸·도성제를 벗어납니다. 여러 천자들이여. 색처를 벗어나는 까닭으로 4정려·4무량·4무색정을 벗어나고, 성·향·미·촉·법처를 벗어나는 까닭으로 4정려·4무량·4무색정을 벗어납니다.

여러 천자들이여. 색처를 벗어나는 까닭으로 8해탈·8승처·9차제정·10변처를 벗어나고, 성·향·미·촉·법처를 벗어나는 까닭으로 8해탈·8승처·9차제정·10변처를 벗어납니다. 여러 천자들이여. 색처를 벗어나는 까닭으로 4념주·4정단·4신족·5근·5력·7등각지·8성도지를 벗어나고, 성·향·미·촉·법처를 벗어나는 까닭으로 4념주, 나아가 8성도지를 벗어납니다. 여러 천자들이여. 색처를 벗어나는 까닭으로 공·무상·무원해탈문을 벗어나고, 성·향·미·촉·법처를 벗어나는 까닭으로 공·무상·무원해탈문을 벗어납니다.

여러 천자들이여. 색처를 벗어나는 까닭으로 극희지·이구지·발광지·염혜지·극난승지·현전지·원행지·부동지·선혜지·법운지를 벗어나고, 성·향·미·촉·법처를 벗어나는 까닭으로 극희지, 나아가 법운지를 벗어납니다. 여러 천자들이여. 색처를 벗어나는 까닭으로 5안·6신통을 벗어나고, 성·향·미·촉·법처를 벗어나는 까닭으로 5안·6신통을 벗어납니다. 여러 천자들이여. 색처를 벗어나는 까닭으로 여래의 10력·4무소외·4무애해·대자·대비·대희·대사·18불불공법을 벗어나고, 성·향·미·촉·법처를 벗어나는 까닭으로 여래의 10력, 나아가 18불불공법을 벗어납니다.

여러 천자들이여. 색처를 벗어나는 까닭으로 무망실법·항주사성을 벗어나고, 성·향·미·촉·법처를 벗어나는 까닭으로 무망실법·항주사성을 벗어납니다. 여러 천자들이여. 색처를 벗어나는 까닭으로 일체지·도상지·일체상지를 벗어나고, 성·향·미·촉·법처를 벗어나는 까닭으로 일체지·도상지·일체상지를 벗어납니다. 여러 천자들이여. 색처를 벗어나는 까닭으로 일체의 다라니문·일체의 삼마지문을 벗어나고, 성·향·미·촉·법처를 벗어나는 까닭으로 일체의 다라니문·일체의 삼마지문을 벗어납니다.

여러 천자들이여. 색처를 벗어나는 까닭으로 예류·일래·불환·아라한과를 벗어나고, 성·향·미·촉·법처를 벗어나는 까닭으로 예류·일래·불환·아라한과를 벗어납니다. 여러 천자들이여. 색처를 벗어나는 까닭으로 독각의 보리를 벗어나고, 성·향·미·촉·법처를 벗어나는 까닭으로 독각의 보리를 벗어납니다. 여러 천자들이여. 색처를 벗어나는 까닭으로 일체의 보살마하살의 행을 벗어나고, 성·향·미·촉·법처를 벗어나는 까닭으로 일체의 보살마하살의 행을 벗어납니다.

여러 천자들이여. 색처를 벗어나는 까닭으로 제불의 무상정등보리를 벗어나고, 성·향·미·촉·법처를 벗어나는 까닭으로 제불의 무상정등보리를 벗어납니다. 여러 천자들이여. 색처를 벗어나는 까닭으로 일체지지를 벗어나고, 성·향·미·촉·법처를 벗어나는 까닭으로 일체지지를 벗어납니다.

다시 다음으로 여러 천자들이여. 안계를 벗어나는 까닭으로 보시·정계·안인·정진·정려·반야바라밀다를 벗어나고, 이·비·설·신·의계를 벗어나는 까닭으로 보시·정계·안인·정진·정려·반야바라밀다를 벗어납니다. 여러 천자들이여. 안계를 벗어나는 까닭으로 내공·외공·내외공·공공·대공·승의공·유위공·무위공·필경공·무제공·산공·무변이공·본성공·자상공·공상공·일체법공·불가득공·무성공·자성공·무성자성공을 벗어나고, 이·비·설·신·의계를 벗어나는 까닭으로 내공, 나아가 무성자성공을 벗어납니다.

여러 천자들이여. 안계를 벗어나는 까닭으로 진여·법계·법성·불허망성·불변이성·평등성·이생성·법정·법주·실제·허공계·부사의계를 벗어나고, 이·비·설·신·의계를 벗어나는 까닭으로 진여, 나아가 부사의계를 벗어납니다. 여러 천자들이여. 안계를 벗어나는 까닭으로 고·집·멸·도성제를 벗어나고, 이·비·설·신·의계를 벗어나는 까닭으로 고·집·멸·도성제를 벗어납니다. 여러 천자들이여. 안계를 벗어나는 까닭으로 4정려·4무량·4무색정을 벗어나고, 이·비·설·신·의계를 벗어나는 까닭으로 4정려·4무량·4무색정을 벗어납니다.

여러 천자들이여. 안계를 벗어나는 까닭으로 8해탈·8승처·9차제정·10변처를 벗어나고, 이·비·설·신·의계를 벗어나는 까닭으로 8해탈·8승처·9차제정·10변처를 벗어납니다. 여러 천자들이여. 안계를 벗어나는 까닭으로 4념주·4정단·4신족·5근·5력·7등각지·8성도지를 벗어나고, 이·비·설·신·의계를 벗어나는 까닭으로 4념주, 나아가 8성도지를 벗어납니다. 여러 천자들이여. 안계를 벗어나는 까닭으로 공·무상·무원해탈문을 벗어나고, 이·비·설·신·의계를 벗어나는 까닭으로 공·무상·무원해탈문을 벗어납니다.

여러 천자들이여. 안계를 벗어나는 까닭으로 극희지·이구지·발광지·염혜지·극난승지·현전지·원행지·부동지·선혜지·법운지를 벗어나고, 이·비·설·신·의계를 벗어나는 까닭으로 극희지, 나아가 법운지를 벗어납니다. 여러 천자들이여. 안계를 벗어나는 까닭으로 5안·6신통을 벗어나고, 이·비·설·신·의계를 벗어나는 까닭으로 5안·6신통을 벗어납니다. 여러 천자들이여. 안계를 벗어나는 까닭으로 여래의 10력·4무소외·4무애해·대자·대비·대희·대사·18불불공법을 벗어나고, 이·비·설·신·의계를 벗어나는 까닭으로 여래의 10력, 나아가 18불불공법을 벗어납니다.

여러 천자들이여. 안계를 벗어나는 까닭으로 무망실법·항주사성을 벗어나고, 이·비·설·신·의계를 벗어나는 까닭으로 무망실법·항주사성을 벗어납니다.

여러 천자들이여. 안계를 벗어나는 까닭으로 일체지·도상지·일체상지를 벗어나고, 이·비·설·신·의계를 벗어나는 까닭으로 일체지·도상지·일체상지를 벗어납니다. 여러 천자들이여. 안계를 벗어나는 까닭으로 일체의 다라니문·일체의 삼마지문을 벗어나고, 이·비·설·신·의계를 벗어나는 까닭으로 일체의 다라니문·일체의 삼마지문을 벗어납니다.

여러 천자들이여. 안계를 벗어나는 까닭으로 예류·일래·불환·아라한과를 벗어나고, 이·비·설·신·의계를 벗어나는 까닭으로 예류·일래·불환·아라한과를 벗어납니다. 여러 천자들이여. 안계를 벗어나는 까닭으로 독각의 보리를 벗어나고, 이·비·설·신·의계를 벗어나는 까닭으로 독각의 보리를 벗어납니다. 여러 천자들이여. 안계를 벗어나는 까닭으로 일체의 보살마하살의 행을 벗어나고, 이·비·설·신·의계를 벗어나는 까닭으로 일체의 보살마하살의 행을 벗어납니다.

여러 천자들이여. 안계를 벗어나는 까닭으로 제불의 무상정등보리를 벗어나고, 이·비·설·신·의계를 벗어나는 까닭으로 제불의 무상정등보리를 벗어납니다. 여러 천자들이여. 안계를 벗어나는 까닭으로 일체지지를 벗어나고, 이·비·설·신·의계를 벗어나는 까닭으로 일체지지를 벗어납니다.

다시 다음으로 여러 천자들이여. 색계를 벗어나는 까닭으로 보시·정계·안인·정진·정려·반야바라밀다를 벗어나고, 성·향·미·촉·법계를 벗어나는 까닭으로 보시·정계·안인·정진·정려·반야바라밀다를 벗어납니다. 여러 천자들이여. 색계를 벗어나는 까닭으로 내공·외공·내외공·공공·대공·승의공·유위공·무위공·필경공·무제공·산공·무변이공·본성공·자상공·공상공·일체법공·불가득공·무성공·자성공·무성자성공을 벗어나고, 성·향·미·촉·법계를 벗어나는 까닭으로 내공, 나아가 무성자성공을 벗어납니다.

여러 천자들이여. 색계를 벗어나는 까닭으로 진여·법계·법성·불허망성·불변이성·평등성·이생성·법정·법주·실제·허공계·부사의계를 벗어나고, 성·향·미·촉·법계를 벗어나는 까닭으로 진여, 나아가 부사의계를 벗어납니다. 여러 천자들이여. 색계를 벗어나는 까닭으로 고·집·멸·도성제를 벗어나고, 성·향·미·촉·법계를 벗어나는 까닭으로 고·집·멸·도성제를 벗어납니다. 여러 천자들이여. 색계를 벗어나는 까닭으로 4정려·4무량·4무색정을 벗어나고, 성·향·미·촉·법계를 벗어나는 까닭으로 4정려·4

무량·4무색정을 벗어납니다.

여러 천자들이여. 색계를 벗어나는 까닭으로 8해탈·8승처·9차제정·10변처를 벗어나고, 성·향·미·촉·법계를 벗어나는 까닭으로 8해탈·8승처·9차제정·10변처를 벗어납니다. 여러 천자들이여. 색계를 벗어나는 까닭으로 4념주·4정단·4신족·5근·5력·7등각지·8성도지를 벗어나고, 성·향·미·촉·법계를 벗어나는 까닭으로 4념주, 나아가 8성도지를 벗어납니다. 여러 천자들이여. 색계를 벗어나는 까닭으로 공·무상·무원해탈문을 벗어나고, 성·향·미·촉·법계를 벗어나는 까닭으로 공·무상·무원해탈문을 벗어납니다.

여러 천자들이여. 색계를 벗어나는 까닭으로 극희지·이구지·발광지·염혜지·극난승지·현전지·원행지·부동지·선혜지·법운지를 벗어나고, 성·향·미·촉·법계를 벗어나는 까닭으로 극희지, 나아가 법운지를 벗어납니다. 여러 천자들이여. 색계를 벗어나는 까닭으로 5안·6신통을 벗어나고, 성·향·미·촉·법계를 벗어나는 까닭으로 5안·6신통을 벗어납니다. 여러 천자들이여. 색계를 벗어나는 까닭으로 여래의 10력·4무소외·4무애해·대자·대비·대희·대사·18불불공법을 벗어나고, 성·향·미·촉·법계를 벗어나는 까닭으로 여래의 10력, 나아가 18불불공법을 벗어납니다.

여러 천자들이여. 색계를 벗어나는 까닭으로 무망실법·항주사성을 벗어나고, 성·향·미·촉·법계를 벗어나는 까닭으로 무망실법·항주사성을 벗어납니다. 여러 천자들이여. 색계를 벗어나는 까닭으로 일체지·도상지·일체상지를 벗어나고, 성·향·미·촉·법계를 벗어나는 까닭으로 일체지·도상지·일체상지를 벗어납니다. 여러 천자들이여. 색계를 벗어나는 까닭으로 일체의 다라니문·일체의 삼마지문을 벗어나고, 성·향·미·촉·법계를 벗어나는 까닭으로 일체의 다라니문·일체의 삼마지문을 벗어납니다.

여러 천자들이여. 색계를 벗어나는 까닭으로 예류·일래·불환·아라한과를 벗어나고, 성·향·미·촉·법계를 벗어나는 까닭으로 예류·일래·불환·아라한과를 벗어납니다. 여러 천자들이여. 색계를 벗어나는 까닭으로 독각의 보리를 벗어나고, 성·향·미·촉·법계를 벗어나는 까닭으로 독각의 보리를 벗어납니다. 여러 천자들이여. 색계를 벗어나는 까닭으로 일체의 보살마하살의 행을 벗어나고, 성·향·미·촉·법계를 벗어나는 까닭으로 일체의 보살마하살의 행을 벗어납니다.

여러 천자들이여. 색계를 벗어나는 까닭으로 제불의 무상정등보리를 벗어나고, 성·향·미·촉·법계를 벗어나는 까닭으로 제불의 무상정등보리를 벗어납니다. 여러 천자들이여. 색계를 벗어나는 까닭으로 일체지지를 벗어나고, 성·향·미·촉·법계를 벗어나는 까닭으로 일체지지를 벗어납니다.

다시 다음으로 여러 천자들이여. 안식계를 벗어나는 까닭으로 보시·정계·안인·정진·정려·반야바라밀다를 벗어나고, 이·비·설·신·의식계를 벗어나는 까닭으로 보시·정계·안인·정진·정려·반야바라밀다를 벗어납니다. 여러 천자들이여. 안식계를 벗어나는 까닭으로 내공·외공·내외공·공공·대공·승의공·유위공·무위공·필경공·무제공·산공·무변이공·본성공·자상공·공상공·일체법공·불가득공·무성공·자성공·무성자성공을 벗어나고, 이·비·설·신·의식계를 벗어나는 까닭으로 내공, 나아가 무성자성공을 벗어납니다.

여러 천자들이여. 안식계를 벗어나는 까닭으로 진여·법계·법성·불허망성·불변이성·평등성·이생성·법정·법주·실제·허공계·부사의계를 벗어나고, 이·비·설·신·의식계를 벗어나는 까닭으로 진여, 나아가 부사의계를 벗어납니다. 여러 천자들이여. 안식계를 벗어나는 까닭으로 고·집·멸·도성제를 벗어나고, 이·비·설·신·의식계를 벗어나는 까닭으로 고·집·멸·도성제를 벗어납니다. 여러 천자들이여. 안식계를 벗어나는 까닭으로 4정려·4무량·4무색정을 벗어나고, 이·비·설·신·의식계를 벗어나는 까닭으로 4정려·4무량·4무색정을 벗어납니다.

여러 천자들이여. 안식계를 벗어나는 까닭으로 8해탈·8승처·9차제정·10변처를 벗어나고, 이·비·설·신·의식계를 벗어나는 까닭으로 8해탈·8승처·9차제정·10변처를 벗어납니다. 여러 천자들이여. 안식계를 벗어나는 까닭으로 4념주·4정단·4신족·5근·5력·7등각지·8성도지를 벗어나고, 이·비·설·신·의식계를 벗어나는 까닭으로 4념주, 나아가 8성도지를 벗어납니다. 여러 천자들이여. 안식계를 벗어나는 까닭으로 공·무상·무원해탈문을 벗어나고, 이·비·설·신·의식계를 벗어나는 까닭으로 공·무상·무원해탈문을 벗어납니다.

여러 천자들이여. 안식계를 벗어나는 까닭으로 극희지·이구지·발광지·염혜지·극난승지·현전지·원행지·부동지·선혜지·법운지를 벗어나고, 이·비·설·신·의식계를 벗어나는 까닭으로 극희지, 나아가 법운지를 벗어납니다. 여러 천자들이여. 안식계를 벗어나는 까닭으로 5안·6신통을 벗어나고, 이·비·설·신·의식계를 벗어나는 까닭으로 5안·6신통을 벗어납니다. 여러 천자들이여. 안식계를 벗어나는 까닭으로 여래의 10력·4무소외·4무애해·대자·대비·대희·대사·18불불공법을 벗어나고, 이·비·설·신·의식계를 벗어나는 까닭으로 여래의 10력, 나아가 18불불공법을 벗어납니다.

여러 천자들이여. 안식계를 벗어나는 까닭으로 무망실법·항주사성을 벗어나고, 이·비·설·신·의식계를 벗어나는 까닭으로 무망실법·항주사성을 벗어납니다. 여러 천자들이여. 안식계를 벗어나는 까닭으로 일체지·도상지·일체상지를 벗어나고, 이·비·설·신·의식계를 벗어나는 까닭으로 일체지·도상지·일체상지를 벗어납니다. 여러 천자들이여. 안식계를 벗어나는 까닭으로 일체의 다라니문·일체의 삼마지문을 벗어나고, 이·비·설·신·의식계를 벗어나는 까닭으로 일체의 다라니문·일체의 삼마지문을 벗어납니다.

여러 천자들이여. 안식계를 벗어나는 까닭으로 예류·일래·불환·아라한과를 벗어나고, 이·비·설·신·의식계를 벗어나는 까닭으로 예류·일래·불환·아라한과를 벗어납니다. 여러 천자들이여. 안식계를 벗어나는 까닭으로 독각의 보리를 벗어나고, 이·비·설·신·의식계를 벗어나는 까닭으로 독각의 보리를 벗어납니다. 여러 천자들이여. 안식계를 벗어나는 까닭으로 일체의 보살마하살의 행을 벗어나고, 이·비·설·신·의식계를 벗어나는 까닭으로 일체의 보살마하살의 행을 벗어납니다.

여러 천자들이여. 안식계를 벗어나는 까닭으로 제불의 무상정등보리를 벗어나고, 이·비·설·신·의식계를 벗어나는 까닭으로 제불의 무상정등보리를 벗어납니다. 여러 천자들이여. 안식계를 벗어나는 까닭으로 일체지지를 벗어나고, 이·비·설·신·의식계를 벗어나는 까닭으로 일체지지를 벗어납니다.

다시 다음으로 여러 천자들이여. 안촉을 벗어나는 까닭으로 보시·정계·안인·정진·정려·반야바라밀다를 벗어나고, 이·비·설·신·의촉을 벗어나는 까닭으로 보시·정계·안인·정진·정려·반야바라밀다를 벗어납니다. 여러 천자들이여. 안촉을 벗어나는 까닭으로 내공·외공·내외공·공공·대공·승의공·유위공·무위공·필경공·무제공·산공·무변이공·본성공·자상공·공상공·일체법공·불가득공·무성공·자성공·무성자성공을 벗어나고, 이·비·설·신·의촉을 벗어나는 까닭으로 내공, 나아가 무성자성공을 벗어납니다.

여러 천자들이여. 안촉을 벗어나는 까닭으로 진여·법계·법성·불허망성·불변이성·평등성·이생성·법정·법주·실제·허공계·부사의계를 벗어나고, 이·비·설·신·의촉을 벗어나는 까닭으로 진여, 나아가 부사의계를 벗어납니다. 여러 천자들이여. 안촉을 벗어나는 까닭으로 고·집·멸·도성제를 벗어나고, 이·비·설·신·의촉을 벗어나는 까닭으로 고·집·멸·도성제를 벗어납니다. 여러 천자들이여. 안촉을 벗어나는 까닭으로 4정려·4무량·4무색정을 벗어나고, 이·비·설·신·의촉을 벗어나는 까닭으로 4정려·4무량·4무색정을 벗어납니다.

여러 천자들이여. 안촉을 벗어나는 까닭으로 8해탈·8승처·9차제정·10변처를 벗어나고, 이·비·설·신·의촉을 벗어나는 까닭으로 8해탈·8승처·9차제정·10변처를 벗어납니다. 여러 천자들이여. 안촉을 벗어나는 까닭으로 4념주·4정단·4신족·5근·5력·7등각지·8성도지를 벗어나고, 이·비·설·신·의촉을 벗어나는 까닭으로 4념주, 나아가 8성도지를 벗어납니다. 여러 천자들이여. 안촉을 벗어나는 까닭으로 공·무상·무원해탈문을 벗어나고, 이·비·설·신·의촉을 벗어나는 까닭으로 공·무상·무원해탈문을 벗어납니다.

여러 천자들이여. 안촉을 벗어나는 까닭으로 극희지·이구지·발광지·염혜지·극난승지·현전지·원행지·부동지·선혜지·법운지를 벗어나고, 이·비·설·신·의촉을 벗어나는 까닭으로 극희지, 나아가 법운지를 벗어납니다. 여러 천자들이여. 안촉을 벗어나는 까닭으로 5안·6신통을 벗어나고, 이·비·설·신·의촉을 벗어나는 까닭으로 5안·6신통을 벗어납니다. 여러 천자들이여. 안촉을 벗어나는 까닭으로 여래의 10력·4무소외·4무애해·대자·대비·대희·대사·18불불공법을 벗어나고, 이·비·설·신·의촉을 벗어나는 까닭으로 여래의 10력, 나아가 18불불공법을 벗어납니다.

여러 천자들이여. 안촉을 벗어나는 까닭으로 무망실법·항주사성을 벗어나고, 이·비·설·신·의촉을 벗어나는 까닭으로 무망실법·항주사성을 벗어납니다. 여러 천자들이여. 안촉을 벗어나는 까닭으로 일체지·도상지·일체상지를 벗어나고, 이·비·설·신·의촉을 벗어나는 까닭으로 일체지·도상지·일체상지를 벗어납니다. 여러 천자들이여. 안촉을 벗어나는 까닭으로 일체의 다라니문·일체의 삼마지문을 벗어나고, 이·비·설·신·의촉을 벗어나는 까닭으로 일체의 다라니문·일체의 삼마지문을 벗어납니다.

여러 천자들이여. 안촉을 벗어나는 까닭으로 예류·일래·불환·아라한과를 벗어나고, 이·비·설·신·의촉을 벗어나는 까닭으로 예류·일래·불환·아라한과를 벗어납니다. 여러 천자들이여. 안촉을 벗어나는 까닭으로 독각의 보리를 벗어나고, 이·비·설·신·의촉을 벗어나는 까닭으로 독각의 보리를 벗어납니다. 여러 천자들이여. 안촉을 벗어나는 까닭으로 일체의 보살마하살의 행을 벗어나고, 이·비·설·신·의촉을 벗어나는 까닭으로 일체의 보살마하살의 행을 벗어납니다.

여러 천자들이여. 안촉을 벗어나는 까닭으로 제불의 무상정등보리를 벗어나고, 이·비·설·신·의촉을 벗어나는 까닭으로 제불의 무상정등보리를 벗어납니다. 여러 천자들이여. 안촉을 벗어나는 까닭으로 일체지지를 벗어나고, 이·비·설·신·의촉을 벗어나는 까닭으로 일체지지를 벗어납니다.

다시 다음으로 여러 천자들이여. 안촉을 인연으로 생겨난 여러 수를 벗어나는 까닭으로 보시·정계·안인·정진·정려·반야바라밀다를 벗어나고, 이·비·설·신·의촉을 인연으로 생겨난 여러 수를 벗어나는 까닭으로 보시·정계·안인·정진·정려·반야바라밀다를 벗어납니다. 여러 천자들이여. 안촉을 인연으로 생겨난 여러 수를 벗어나는 까닭으로 내공·외공·내외공·공공·대공·승의공·유위공·무위공·필경공·무제공·산공·무변이공·본성공·자상공·공상공·일체법공·불가득공·무성공·자성공·무성자성공을 벗어나고, 이·비·설·신·의촉을 인연으로 생겨난 여러 수를 벗어나는 까닭으로 내공, 나아가 무성자성공을 벗어납니다.

여러 천자들이여. 안촉을 인연으로 생겨난 여러 수를 벗어나는 까닭으로 진여·법계·법성·불허망성·불변이성·평등성·이생성·법정·법주·실제·허공계·부사의계를 벗어나고, 이·비·설·신·의촉을 인연으로 생겨나는 여러 수를 벗어나는 까닭으로 진여, 나아가 부사의계를 벗어납니다. 여러 천자들이여. 안촉을 인연으로 생겨난 여러 수를 벗어나는 까닭으로 고·집·멸·도성제를 벗어나고, 이·비·설·신·의촉을 인연으로 생겨난 여러 수를 벗어나는 까닭으로 고·집·멸·도성제를 벗어납니다. 여러 천자들이여. 안촉을 인연으로 생겨난 여러 수를 벗어나는 까닭으로 4정려·4무량·4무색정을 벗어나고, 이·비·설·신·의촉을 인연으로 생겨난 여러 수를 벗어나는 까닭으로 4정려·4무량·4무색정을 벗어납니다.

여러 천자들이여. 안촉을 인연으로 생겨난 여러 수를 벗어나는 까닭으로 8해탈·8승처·9차제정·10변처를 벗어나고, 이·비·설·신·의촉을 인연으로 생겨난 여러 수를 벗어나는 까닭으로 8해탈·8승처·9차제정·10변처를 벗어납니다. 여러 천자들이여. 안촉을 인연으로 생겨난 여러 수를 벗어나는 까닭으로 4념주·4정단·4신족·5근·5력·7등각지·8성도지를 벗어나고, 이·비·설·신·의촉을 인연으로 생겨난 여러 수를 벗어나는 까닭으로 4념주, 나아가 8성도지를 벗어납니다. 여러 천자들이여. 안촉을 인연으로 생겨난 여러 수를 벗어나는 까닭으로 공·무상·무원해탈문을 벗어나고, 이·비·설·신·의촉을 인연으로 생겨난 여러 수를 벗어나는 까닭으로 공·무상·무원해탈문을 벗어납니다.

여러 천자들이여. 안촉을 인연으로 생겨난 여러 수를 벗어나는 까닭으로 극희지·이구지·발광지·염혜지·극난승지·현전지·원행지·부동지·선혜지·법운지를 벗어나고, 이·비·설·신·의촉을 인연으로 생겨난 여러 수를 벗어나는 까닭으로 극희지, 나아가 법운지를 벗어납니다. 여러 천자들이여. 안촉을 인연으로 생겨난 여러 수를 벗어나는 까닭으로 5안·6신통을 벗어나고, 이·비·설·신·의촉을 인연으로 생겨난 여러 수를 벗어나는 까닭으로 5안·6신통을 벗어납니다. 여러 천자들이여. 안촉을 인연으로 생겨난 여러 수를 벗어나는 까닭으로 여래의 10력·4무소외·4무애해·대자·대비·대희·대사·18불불공법을 벗어나고, 이·비·설·신·의촉을 인연으로 생겨난 여러 수를 벗어나는 까닭으로 여래의 10력, 나아가 18불불공법을 벗어납니다.

여러 천자들이여. 안촉을 인연으로 생겨난 여러 수를 벗어나는 까닭으로 무망실법·항주사성을 벗어나고, 이·비·설·신·의촉을 인연으로 생겨난 여러 수를 벗어나는 까닭으로 무망실법·항주사성을 벗어납니다. 여러 천자들이여. 안촉을 인연으로 생겨나는 여러 수를 벗어나는 까닭으로 일체지·도상지·일체상지를 벗어나고, 이·비·설·신·의촉을 인연으로 생겨난 여러 수를 벗어나는 까닭으로 일체지·도상지·일체상지를 벗어납니다. 여러 천자들이여. 안촉을 인연으로 생겨난 여러 수를 벗어나는 까닭으로 일체의 다라니문·일체의 삼마지문을 벗어나고, 이·비·설·신·의촉을 인연으로 생겨난 여러 수를 벗어나는 까닭으로 일체의 다라니문·일체의 삼마지문을 벗어납니다.

여러 천자들이여. 안촉을 인연으로 생겨난 여러 수를 벗어나는 까닭으로 예류·일래·불환·아라한과를 벗어나고, 이·비·설·신·의촉을 인연으로 생겨난 여러 수를 벗어나는 까닭으로 예류·일래·불환·아라한과를 벗어납니다. 여러 천자들이여. 안촉을 인연으로 생겨난 여러 수를 벗어나는 까닭으로 독각의 보리를 벗어나고, 이·비·설·신·의촉을 벗어나는 인연으로 생겨난 여러 수를 까닭으로 독각의 보리를 벗어납니다. 여러 천자들이여. 안촉을 인연으로 생겨난 여러 수를 벗어나는 까닭으로 일체의 보살마하살의 행을 벗어나고, 이·비·설·신·의촉을 인연으로 생겨난 여러 수를 벗어나는 까닭으로 일체의 보살마하살의 행을 벗어납니다.

여러 천자들이여. 안촉을 인연으로 생겨난 여러 수를 벗어나는 까닭으로 제불의 무상정등보리를 벗어나고, 이·비·설·신·의촉을 인연으로 생겨난 여러 수를 벗어나는 까닭으로 제불의 무상정등보리를 벗어납니다. 여러 천자들이여. 안촉을 인연으로 생겨난 여러 수를 벗어나는 까닭으로 일체지지를 벗어나고, 이·비·설·신·의촉을 인연으로 생겨난 여러 수를 벗어나는 까닭으로 일체지지를 벗어납니다.

다시 다음으로 여러 천자들이여. 지계를 벗어나는 까닭으로 보시·정계·안인·정진·정려·반야바라밀다를 벗어나고, 수·화·풍·공·식계를 벗어나는 까닭으로 보시·정계·안인·정진·정려·반야바라밀다를 벗어납니다. 여러 천자들이여. 지계를 벗어나는 까닭으로 내공·외공·내외공·공공·대공·승의공·유위공·무위공·필경공·무제공·산공·무변이공·본성공·자상공·공상공·일체법공·불가득공·무성공·자성공·무성자성공을 벗어나고, 수·화·풍·공·식계를 벗어나는 까닭으로 내공, 나아가 무성자성공을 벗어납니다.

여러 천자들이여. 지계를 벗어나는 까닭으로 진여·법계·법성·불허망성·불변이성·평등성·이생성·법정·법주·실제·허공계·부사의계를 벗어나고, 수·화·풍·공·식계를 벗어나는 까닭으로 진여, 나아가 부사의계를 벗어납니다. 여러 천자들이여. 지계를 벗어나는 까닭으로 고·집·멸·도성제를 벗어나고, 수·화·풍·공·식계를 벗어나는 까닭으로 고·집·멸·도성제를 벗어납니다. 여러 천자들이여. 지계를 벗어나는 까닭으로 4정려·4무량·4무색정을 벗어났고, 수·화·풍·공·식계를 벗어나는 까닭으로 4정려·4무량·4무색정을 벗어납니다.

여러 천자들이여. 지계를 벗어나는 까닭으로 8해탈·8승처·9차제정·10변처를 벗어나고, 수·화·풍·공·식계를 벗어나는 까닭으로 8해탈·8승처·9차제정·10변처를 벗어납니다. 여러 천자들이여. 지계를 벗어나는 까닭으로 4념주·4정단·4신족·5근·5력·7등각지·8성도지를 벗어나고, 수·화·풍·공·식계를 벗어나는 까닭으로 4념주, 나아가 8성도지를 벗어납니다.”

마하반야바라밀다경 제344권

57. 견등찬품(堅等讚品)(3)

"여러 천자들이여. 지계를 벗어나는 까닭으로 공·무상·무원해탈문을 벗어나고, 수·화·풍·공·식계를 벗어나는 까닭으로 공·무상·무원해탈문을 벗어납니다. 여러 천자들이여. 지계를 벗어나는 까닭으로 극희지·이구지·발광지·염혜지·극난승지·현전지·원행지·부동지·선혜지·법운지를 벗어나고, 수·화·풍·공·식계를 벗어나는 까닭으로 극희지, 나아가 법운지를 벗어납니다. 여러 천자들이여. 지계를 벗어나는 까닭으로 5안·6신통을 벗어나고, 수·화·풍·공·식계를 벗어나는 까닭으로 5안·6신통을 벗어납니다.

여러 천자들이여. 지계를 벗어나는 까닭으로 여래의 10력·4무소외·4무애해·대자·대비·대희·대사·18불불공법을 벗어나고, 수·화·풍·공·식계를 벗어나는 까닭으로 여래의 10력, 나아가 18불불공법을 벗어납니다. 여러 천자들이여. 지계를 벗어나는 까닭으로 무망실법·항주사성을 벗어나고, 수·화·풍·공·식계를 벗어나는 까닭으로 무망실법·항주사성을 벗어납니다. 여러 천자들이여. 지계를 벗어나는 까닭으로 일체지·도상지·일체상지를 벗어나고, 수·화·풍·공·식계를 벗어나는 까닭으로 일체지·도상지·일체상지를 벗어납니다.

여러 천자들이여. 지계를 벗어나는 까닭으로 일체의 다라니문·일체의 삼마지문을 벗어나고, 수·화·풍·공·식계를 벗어나는 까닭으로 일체의 다라니문·일체의 삼마지문을 벗어납니다. 여러 천자들이여. 지계를 벗어나는 까닭으로 예류·일래·불환·아라한과를 벗어나고, 수·화·풍·공·식계를 벗어나는 까닭으로 예류·일래·불환·아라한과를 벗어납니다. 여러 천자들이여. 지계를 벗어나는 까닭으로 독각의 보리를 벗어나고, 수·화·풍·공·식계를 벗어나는 까닭으로 독각의 보리를 벗어납니다. 여러 천자들이여. 지계를 벗어나는 까닭으로 일체의 보살마하살의 행을 벗어나고, 수·화·풍·공·식계를 벗어나는 까닭으로 일체의 보살마하살의 행을 벗어납니다.

여러 천자들이여. 지계를 벗어나는 까닭으로 제불의 무상정등보리를 벗어나고, 수·화·풍·공·식계를 벗어나는 까닭으로 제불의 무상정등보리를 벗어납니다. 여러 천자들이여. 지계를 벗어나는 까닭으로 일체지지를 벗어나고, 수·화·풍·공·식계를 벗어나는 까닭으로 일체지지를 벗어납니다.

다시 다음으로 여러 천자들이여. 무명을 벗어나는 까닭으로 보시·정계·안인·정진·정려·반야바라밀다를 벗어나고, 행·식·명색·육처·촉·수·애·취·유·생·노사를 벗어나는 까닭으로 보시·정계·안인·정진·정려·반야바라밀다를 벗어납니다. 여러 천자들이여. 무명을 벗어나는 까닭으로 내공·외공·내외공·공공·대공·승의공·유위공·무위공·필경공·무제공·산공·무변이공·본성공·자상공·공상공·일체법공·불가득공·무성공·자성공·무성자성공을 벗어나고, 행·식·명색·육처·촉·수·애·취·유·생·노사를 벗어나는 까닭으로 내공, 나아가 무성자성공을 벗어납니다.

여러 천자들이여. 무명을 벗어나는 까닭으로 진여·법계·법성·불허망성·불변이성·평등성·이생성·법정·법주·실제·허공계·부사의계를 벗어나고, 행·식·명색·육처·촉·수·애·취·유·생·노사를 벗어나는 까닭으로 진여, 나아가 부사의계를 벗어납니다. 여러 천자들이여. 무명을 벗어나는 까닭으로 고·집·멸·도성제를 벗어나났고, 행·식·명색·육처·촉·수·애·취·유·생·노사를 벗어나는 까닭으로 고·집·멸·도성제를 벗어납니다. 여러 천자들이여. 무명을 벗어나는 까닭으로 4정려·4무량·4무색정을 벗어나고, 행·식·명색·육처·촉·수·애·취·유·생·노사를 벗어나는 까닭으로 4정려·4무량·4무색정을 벗어납니다.

여러 천자들이여. 무명을 벗어나는 까닭으로 8해탈·8승처·9차제정·10변처를 벗어나고, 행·식·명색·육처·촉·수·애·취·유·생·노사를 벗어나는 까닭으로 8해탈·8승처·9차제정·10변처를 벗어납니다. 여러 천자들이여. 무명을 벗어나는 까닭으로 4념주·4정단·4신족·5근·5력·7등각지·8성도지를 벗어나고, 행·식·명색·육처·촉·수·애·취·유·생·노사를 벗어나는 까닭으로 4념주, 나아가 8성도지를 벗어납니다. 여러 천자들이여. 무명을 벗어나는 까닭으로 공·무상·무원해탈문을 벗어나고, 행·식·명색·육처·촉·수·애·취·유·생·노사를 벗어나는 까닭으로 공·무상·무원해탈문을 벗어납니다.

여러 천자들이여. 무명을 벗어나는 까닭으로 극희지·이구지·발광지·염혜지·극난승지·현전지·원행지·부동지·선혜지·법운지를 벗어나고, 행·식·명색·육처·촉·수·애·취·유·생·노사를 벗어나는 까닭으로 극희지, 나아가 법운지를 벗어납니다. 여러 천자들이여. 무명을 벗어나는 까닭으로 5안·6신통을 벗어나고, 행·식·명색·육처·촉·수·애·취·유·생·노사를 벗어나는 까닭으로 5안·6신통을 벗어납니다. 여러 천자들이여. 무명을 벗어나는 까닭으로 여래의 10력·4무소외·4무애해·대자·대비·대희·대사·18불불공법을 벗어나고, 행·식·명색·육처·촉·수·애·취·유·생·노사를 벗어나는 까닭으로 여래의 10력, 나아가 18불불공법을 벗어납니다.

여러 천자들이여. 무명을 벗어나는 까닭으로 무망실법·항주사성을 벗어나고, 행·식·명색·육처·촉·수·애·취·유·생·노사를 벗어나는 까닭으로 무망실법·항주사성을 벗어납니다. 여러 천자들이여. 무명을 벗어나는 까닭으로 일체지·도상지·일체상지를 벗어나고, 행·식·명색·육처·촉·수·애·취·유·생·노사를 벗어나는 까닭으로 일체지·도상지·일체상지를 벗어납니다. 여러 천자들이여. 무명을 벗어나는 까닭으로 일체의 다라니문·일체의 삼마지문을 벗어나고, 행·식·명색·육처·촉·수·애·취·유·생·노사를 벗어나는 까닭으로 일체의 다라니문·일체의 삼마지문을 벗어납니다.

여러 천자들이여. 무명을 벗어나는 까닭으로 예류·일래·불환·아라한과를 벗어나고, 행·식·명색·육처·촉·수·애·취·유·생·노사를 벗어나는 까닭으로 예류·일래·불환·아라한과를 벗어납니다. 여러 천자들이여. 무명을 벗어나는 까닭으로 독각의 보리를 벗어나고, 행·식·명색·육처·촉·수·애·취·유·생·노사를 벗어나는 까닭으로 독각의 보리를 벗어납니다. 여러 천자들이여. 무명을 벗어나는 까닭으로 일체의 보살마하살의 행을 벗어나고, 행·식·명색·육처·촉·수·애·취·유·생·노사를 벗어나는 까닭으로 일체의 보살마하살의 행을 벗어납니다.

여러 천자들이여. 무명을 벗어나는 까닭으로 제불의 무상정등보리를 벗어나고, 행·식·명색·육처·촉·수·애·취·유·생·노사를 벗어나는 까닭으로 제불의 무상정등보리를 벗어납니다. 여러 천자들이여. 무명을 벗어나는 까닭으로 일체지지를 벗어나고, 행·식·명색·육처·촉·수·애·취·유·생·노사를 벗어나는 까닭으로 일체지지를 벗어납니다.

다시 다음으로 여러 천자들이여. 보시바라밀다를 벗어나는 까닭으로 내공·외공·내외공·공공·대공·승의공·유위공·무위공·필경공·무제공·산공·무변이공·본성공·자상공·공상공·일체법공·불가득공·무성공·자성공·무성자성공을 벗어나고, 정계·안인·정진·정려·반야바라밀다를 벗어나는 까닭으로 내공, 나아가 무성자성공을 벗어납니다. 여러 천자들이여. 보시바라밀다를 벗어나는 까닭으로 진여·법계·법성·불허망성·불변이성·평등성·이생성·법정·법주·실제·허공계·부사의계를 벗어나고, 정계·안인·정진·정려·반야바라밀다를 벗어나는 까닭으로 진여, 나아가 부사의계를 벗어납니다.

여러 천자들이여. 보시바라밀다를 벗어나는 까닭으로 고·집·멸·도성제를 벗어나고, 정계·안인·정진·정려·반야바라밀다를 벗어나는 까닭으로 고·집·멸·도성제를 벗어납니다. 여러 천자들이여. 보시바라밀다를 벗어나는 까닭으로 4정려·4무량·4무색정을 벗어나고, 정계·안인·정진·정려·반야바라밀다를 벗어나는 까닭으로 4정려·4무량·4무색정을 벗어납니다. 여러 천자들이여. 보시바라밀다를 벗어나는 까닭으로 8해탈·8승처·9차제정·10변처를 벗어나고, 정계·안인·정진·정려·반야바라밀다를 벗어나는 까닭으로 8해탈·8승처·9차제정·10변처를 벗어납니다.

여러 천자들이여. 보시바라밀다를 벗어나는 까닭으로 4념주·4정단·4신족·5근·5력·7등각지·8성도지를 벗어나고, 정계·안인·정진·정려·반야바라밀다를 벗어나는 까닭으로 4념주, 나아가 8성도지를 벗어납니다. 여러 천자들이여. 보시바라밀다를 벗어나는 까닭으로 공·무상·무원해탈문을 벗어나고, 정계·안인·정진·정려·반야바라밀다를 벗어나는 까닭으로 공·무상·무원해탈문을 벗어납니다. 여러 천자들이여. 보시바라밀다를 벗어나는 까닭으로 극희지·이구지·발광지·염혜지·극난승지·현전지·원행지·부동지·선혜지·법운지를 벗어나고, 정계·안인·정진·정려·반야바라밀다를 벗어나는 까닭으로 극희지, 나아가 법운지를 벗어납니다.

여러 천자들이여. 보시바라밀다를 벗어나는 까닭으로 5안·6신통을 벗어나고, 정계·안인·정진·정려·반야바라밀다를 벗어나는 까닭으로 5안·6신통을 벗어납니다. 여러 천자들이여. 보시바라밀다를 벗어나는 까닭으로 여래의 10력·4무소외·4무애해·대자·대비·대희·대사·18불불공법을 벗어나고, 정계·안인·정진·정려·반야바라밀다를 벗어나는 까닭으로 여래의 10력, 나아가 18불불공법을 벗어납니다. 여러 천자들이여. 보시바라밀다를 벗어나는 까닭으로 무망실법·항주사성을 벗어나고, 정계·안인·정진·정려·반야바라밀다를 벗어나는 까닭으로 무망실법·항주사성을 벗어납니다.

여러 천자들이여. 보시바라밀다를 벗어나는 까닭으로 일체지·도상지·일체상지를 벗어나고, 정계·안인·정진·정려·반야바라밀다를 벗어나는 까닭으로 일체지·도상지·일체상지를 벗어납니다. 여러 천자들이여. 보시바라밀다를 벗어나는 까닭으로 일체의 다라니문·일체의 삼마지문을 벗어나고, 정계·안인·정진·정려·반야바라밀다를 벗어나는 까닭으로 일체의 다라니문·일체의 삼마지문을 벗어납니다. 여러 천자들이여. 보시바라밀다를 벗어나는 까닭으로 예류·일래·불환·아라한과를 벗어나고, 정계·안인·정진·정려·반야바라밀다를 벗어나는 까닭으로 예류·일래·불환·아라한과를 벗어납니다.

여러 천자들이여. 보시바라밀다를 벗어나는 까닭으로 독각의 보리를 벗어나고, 정계·안인·정진·정려·반야바라밀다를 벗어나는 까닭으로 독각의 보리를 벗어납니다. 여러 천자들이여. 보시바라밀다를 벗어나는 까닭으로 일체의 보살마하살의 행을 벗어나고, 정계·안인·정진·정려·반야바라밀다를 벗어나는 까닭으로 일체의 보살마하살의 행을 벗어납니다. 여러 천자들이여. 보시바라밀다를 벗어나는 까닭으로 제불의 무상정등보리를 벗어나고, 정계·안인·정진·정려·반야바라밀다를 벗어나는 까닭으로 제불의 무상정등보리를 벗어납니다.

여러 천자들이여. 보시바라밀다를 벗어나는 까닭으로 일체지지를 벗어나고, 정계·안인·정진·정려·반야바라밀다를 벗어나는 까닭으로 일체지지를 벗어납니다.

다시 다음으로 여러 천자들이여. 내공을 벗어나는 까닭으로 보시바라밀다를 벗어나고, 외공·내외공·공공·대공·승의공·유위공·무위공·필경공·무제공·산공·무변이공·본성공·자상공·공상공·일체법공·불가득공·무성공·자성공·무성자성공을 벗어나는 까닭으로 정계·안인·정진·정려·반야바라밀다를 벗어납니다. 여러 천자들이여. 내공을 벗어나는 까닭으로 진여·법계·법성·불허망성·불변이성·평등성·이생성·법정·법주·실제·허공계·부사의계를 벗어나고, 외공, 나아가 무성자성공을 벗어나는 까닭으로 진여, 나아가 부사의계를 벗어납니다.

여러 천자들이여. 내공을 벗어나는 까닭으로 고·집·멸·도성제를 벗어나고, 외공, 나아가 무성자성공을 벗어나는 까닭으로 고·집·멸·도성제를 벗어납니다. 여러 천자들이여. 내공을 벗어나는 까닭으로 4정려·4무량·4무색정을 벗어나고, 외공, 나아가 무성자성공을 벗어나는 까닭으로 4정려·4무량·4무색정을 벗어납니다. 여러 천자들이여. 내공을 벗어나는 까닭으로 8해탈·8승처·9차제정·10변처를 벗어나고, 외공, 나아가 무성자성공을 벗어나는 까닭으로 8해탈·8승처·9차제정·10변처를 벗어납니다.

여러 천자들이여. 내공을 벗어나는 까닭으로 4념주·4정단·4신족·5근·5력·7등각지·8성도지를 벗어나고, 외공, 나아가 무성자성공을 벗어나는 까닭으로 4념주, 나아가 8성도지를 벗어납니다. 여러 천자들이여. 내공을 벗어나는 까닭으로 공·무상·무원해탈문을 벗어나고, 외공, 나아가 무성자성공을 벗어나는 까닭으로 공·무상·무원해탈문을 벗어납니다. 여러 천자들이여. 내공을 벗어나는 까닭으로 극희지·이구지·발광지·염혜지·극난승지·현전지·원행지·부동지·선혜지·법운지를 벗어나고, 외공, 나아가 무성자성공을 벗어나는 까닭으로 극희지, 나아가 법운지를 벗어납니다.

여러 천자들이여. 내공을 벗어나는 까닭으로 5안·6신통을 벗어나고, 외공, 나아가 무성자성공을 벗어나는 까닭으로 5안·6신통을 벗어납니다. 여러 천자들이여. 내공을 벗어나는 까닭으로 여래의 10력·4무소외·4무애해·대자·대비·대희·대사·18불불공법을 벗어나고, 외공, 나아가 무성자성공을 벗어나는 까닭으로 여래의 10력, 나아가 18불불공법을 벗어납니다. 여러 천자들이여. 내공을 벗어나는 까닭으로 무망실법·항주사성을 벗어나고, 외공, 나아가 무성자성공을 벗어나는 까닭으로 무망실법·항주사성을 벗어납니다.

여러 천자들이여. 내공을 벗어나는 까닭으로 일체지·도상지·일체상지를 벗어나고, 외공, 나아가 무성자성공을 벗어나는 까닭으로 일체지·도상지·일체상지를 벗어납니다. 여러 천자들이여. 내공을 벗어나는 까닭으로 일체의 다라니문·일체의 삼마지문을 벗어나고, 외공, 나아가 무성자성공을 벗어나는 까닭으로 일체의 다라니문·일체의 삼마지문을 벗어납니다. 여러 천자들이여. 내공을 벗어나는 까닭으로 예류·일래·불환·아라한과를 벗어나고, 외공, 나아가 무성자성공을 벗어나는 까닭으로 예류·일래·불환·아라한과를 벗어납니다.

여러 천자들이여. 내공을 벗어나는 까닭으로 독각의 보리를 벗어나고, 외공, 나아가 무성자성공을 벗어나는 까닭으로 독각의 보리를 벗어납니다. 여러 천자들이여. 내공을 벗어나는 까닭으로 일체의 보살마하살의 행을 벗어나고, 외공, 나아가 무성자성공을 벗어나는 까닭으로 일체의 보살마하살의 행을 벗어납니다.

여러 천자들이여. 내공을 벗어나는 까닭으로 제불의 무상정등보리를 벗어나고, 외공, 나아가 무성자성공을 벗어나는 까닭으로 제불의 무상정등보리를 벗어납니다. 여러 천자들이여. 내공을 벗어나는 까닭으로 일체지지를 벗어나고, 외공, 나아가 무성자성공을 벗어나는 까닭으로 일체지지를 벗어납니다.

다시 다음으로 여러 천자들이여. 진여를 벗어나는 까닭으로 보시·정계·안인·정진·정려·반야바라밀다를 벗어나고, 법계·법성·불허망성·불변이성·평등성·이생성·법정·법주·실제·허공계·부사의계를 벗어나는 까닭으로 보시·정계·안인·정진·정려·반야바라밀다를 벗어납니다. 여러 천자들이여. 진여를 벗어나는 까닭으로 내공·외공·내외공·공공·대공·승의공·유위공·무위공·필경공·무제공·산공·무변이공·본성공·자상공·공상공·일체법공·불가득공·무성공·자성공·무성자성공을 벗어나고, 법계, 나아가 부사의계를 벗어나는 까닭으로 내공, 나아가 무성자성공을 벗어납니다.

여러 천자들이여. 진여를 벗어나는 까닭으로 고·집·멸·도성제를 벗어나고, 법계, 나아가 부사의계를 벗어나는 까닭으로 고·집·멸·도성제를 벗어납니다. 여러 천자들이여. 진여를 벗어나는 까닭으로 4정려·4무량·4무색정을 벗어나고, 법계, 나아가 부사의계를 벗어나는 까닭으로 4정려·4무량·4무색정을 벗어납니다. 여러 천자들이여. 진여를 벗어나는 까닭으로 8해탈·8승처·9차제정·10변처를 벗어나고, 법계, 나아가 부사의계를 벗어나는 까닭으로 8해탈·8승처·9차제정·10변처를 벗어납니다.

여러 천자들이여. 진여를 벗어나는 까닭으로 4념주·4정단·4신족·5근·5력·7등각지·8성도지를 벗어나고, 법계, 나아가 부사의계를 벗어나는 까닭으로 4념주, 나아가 8성도지를 벗어납니다. 여러 천자들이여. 진여를 벗어나는 까닭으로 공·무상·무원해탈문을 벗어나고, 법계, 나아가 부사의계를 벗어나는 까닭으로 공·무상·무원해탈문을 벗어납니다. 여러 천자들이여. 진여를 벗어나는 까닭으로 극희지·이구지·발광지·염혜지·극난승지·현전지·원행지·부동지·선혜지·법운지를 벗어나고, 법계, 나아가 부사의계를 벗어나는 까닭으로 극희지, 나아가 법운지를 벗어납니다.

여러 천자들이여. 진여를 벗어나는 까닭으로 5안·6신통을 벗어나고, 법계, 나아가 부사의계를 벗어나는 까닭으로 5안·6신통을 벗어납니다. 여러 천자들이여. 진여를 벗어나는 까닭으로 여래의 10력·4무소외·4무애해·대자·대비·대희·대사·18불불공법을 벗어나고, 법계, 나아가 부사의계를 벗어나는 까닭으로 여래의 10력, 나아가 18불불공법을 벗어납니다. 여러 천자들이여. 진여를 벗어나는 까닭으로 무망실법·항주사성을 벗어나고, 법계, 나아가 부사의계를 벗어나는 까닭으로 무망실법·항주사성을 벗어납니다.

여러 천자들이여. 진여를 벗어나는 까닭으로 일체지·도상지·일체상지를 벗어나고, 법계, 나아가 부사의계를 벗어나는 까닭으로 일체지·도상지·일체상지를 벗어납니다. 여러 천자들이여. 진여를 벗어나는 까닭으로 일체의 다라니문·일체의 삼마지문을 벗어나고, 법계, 나아가 부사의계를 벗어나는 까닭으로 일체의 다라니문·일체의 삼마지문을 벗어납니다. 여러 천자들이여. 진여를 벗어나는 까닭으로 예류·일래·불환·아라한과를 벗어나고, 법계, 나아가 부사의계를 벗어나는 까닭으로 예류·일래·불환·아라한과를 벗어납니다.

여러 천자들이여. 진여를 벗어나는 까닭으로 독각의 보리를 벗어나고, 법계, 나아가 부사의계를 벗어나는 까닭으로 독각의 보리를 벗어납니다. 여러 천자들이여. 진여를 벗어나는 까닭으로 일체의 보살마하살의 행을 벗어나고, 법계, 나아가 부사의계를 벗어나는 까닭으로 일체의 보살마하살의 행을 벗어납니다. 여러 천자들이여. 진여를 벗어나는 까닭으로 제불의 무상정등보리를 벗어나고, 법계, 나아가 부사의계를 벗어나는 까닭으로 제불의 무상정등보리를 벗어납니다. 여러 천자들이여. 진여를 벗어나는 까닭으로 일체지지를 벗어나고, 법계, 나아가 부사의계를 벗어나는 까닭으로 일체지지를 벗어납니다.

다시 다음으로 여러 천자들이여. 고성제를 벗어나는 까닭으로 보시·정계·안인·정진·정려·반야바라밀다를 벗어나고, 집·멸·도성제를 벗어나는 까닭으로 보시·정계·안인·정진·정려·반야바라밀다를 벗어납니다. 여러 천자들이여. 고성제를 벗어나는 까닭으로 내공·외공·내외공·공공·대공·승의공·유위공·무위공·필경공·무제공·산공·무변이공·본성공·자상공·공상공·일체법공·불가득공·무성공·자성공·무성자성공을 벗어나고, 집·멸·도성제를 벗어나는 까닭으로 내공, 나아가 무성자성공을 벗어납니다.

여러 천자들이여. 고성제를 벗어나는 까닭으로 진여·법계·법성·불허망성·불변이성·평등성·이생성·법정·법주·실제·허공계·부사의계를 벗어나고, 집·멸·도성제를 벗어나는 까닭으로 진여, 나아가 부사의계를 벗어납니다. 여러 천자들이여. 고성제를 벗어나는 까닭으로 4정려·4무량·4무색정을 벗어나고, 집·멸·도성제를 벗어나는 까닭으로 4정려·4무량·4무색정을 벗어납니다. 여러 천자들이여. 고성제를 벗어나는 까닭으로 8해탈·8승처·9차제정·10변처를 벗어나고, 집·멸·도성제를 벗어나는 까닭으로 8해탈·8승처·9차제정·10변처를 벗어납니다.

여러 천자들이여. 고성제를 벗어나는 까닭으로 4념주·4정단·4신족·5근·5력·7등각지·8성도지를 벗어나고, 집·멸·도성제를 벗어나는 까닭으로 4념주, 나아가 8성도지를 벗어납니다. 여러 천자들이여. 고성제를 벗어나는 까닭으로 공·무상·무원해탈문을 벗어나고, 집·멸·도성제를 벗어나는 까닭으로 공·무상·무원해탈문을 벗어납니다. 여러 천자들이여. 고성제를 벗어나는 까닭으로 극희지·이구지·발광지·염혜지·극난승지·현전지·원행지·부동지·선혜지·법운지를 벗어나고,집·멸·도성제를 벗어나는 까닭으로 극희지, 나아가 법운지를 벗어납니다.

여러 천자들이여. 고성제를 벗어나는 까닭으로 5안·6신통을 벗어나고, 집·멸·도성제를 벗어나는 까닭으로 5안·6신통을 벗어납니다. 여러 천자들이여. 고성제를 벗어나는 까닭으로 여래의 10력·4무소외·4무애해·대자·대비·대희·대사·18불불공법을 벗어나고, 집·멸·도성제를 벗어나는 까닭으로 여래의 10력, 나아가 18불불공법을 벗어납니다. 여러 천자들이여. 고성제를 벗어나는 까닭으로 무망실법·항주사성을 벗어나고, 집·멸·도성제를 벗어나는 까닭으로 무망실법·항주사성을 벗어납니다.

여러 천자들이여. 고성제를 벗어나는 까닭으로 일체지·도상지·일체상지를 벗어나고, 집·멸·도성제를 벗어나는 까닭으로 일체지·도상지·일체상지를 벗어납니다. 여러 천자들이여. 고성제를 벗어나는 까닭으로 일체의 다라니문·일체의 삼마지문을 벗어나고, 집·멸·도성제를 벗어나는 까닭으로 일체의 다라니문·일체의 삼마지문을 벗어납니다. 여러 천자들이여. 고성제를 벗어나는 까닭으로 예류·일래·불환·아라한과를 벗어나고, 집·멸·도성제를 벗어나는 까닭으로 예류·일래·불환·아라한과를 벗어납니다.

여러 천자들이여. 고성제를 벗어나는 까닭으로 독각의 보리를 벗어나고, 집·멸·도성제를 벗어나는 까닭으로 독각의 보리를 벗어납니다. 여러 천자들이여. 고성제를 벗어나는 까닭으로 일체의 보살마하살의 행을 벗어나고, 집·멸·도성제를 벗어나는 까닭으로 일체의 보살마하살의 행을 벗어납니다. 여러 천자들이여. 고성제를 벗어나는 까닭으로 제불의 무상정등보리를 벗어나고, 집·멸·도성제를 벗어나는 까닭으로 제불의 무상정등보리를 벗어납니다. 여러 천자들이여. 고성제를 벗어나는 까닭으로 일체지지를 벗어나고, 집·멸·도성제를 벗어나는 까닭으로 일체지지를 벗어납니다.

다시 다음으로 여러 천자들이여. 4정려를 벗어나는 까닭으로 보시·정계·안인·정진·정려·반야바라밀다를 벗어나고, 4무량·4무색정을 벗어나는 까닭으로 보시·정계·안인·정진·정려·반야바라밀다를 벗어납니다. 여러 천자들이여. 4정려를 벗어나는 까닭으로 내공·외공·내외공·공공·대공·승의공·유위공·무위공·필경공·무제공·산공·무변이공·본성공·자상공·공상공·일체법공·불가득공·무성공·자성공·무성자성공을 벗어나고, 4무량·4무색정을 벗어나는 까닭으로 내공, 나아가 무성자성공을 벗어납니다.

여러 천자들이여. 4정려를 벗어나는 까닭으로 진여·법계·법성·불허망성·불변이성·평등성·이생성·법정·법주·실제·허공계·부사의계를 벗어나고, 4무량·4무색정을 벗어나는 까닭으로 진여, 나아가 부사의계를 벗어납니다. 여러 천자들이여. 4정려를 벗어나는 까닭으로 고·집·멸·도성제를 벗어나고, 4무량·4무색정을 벗어나는 까닭으로 고·집·멸·도성제를 벗어납니다. 여러 천자들이여. 4정려를 벗어나는 까닭으로 8해탈·8승처·9차제정·10변처를 벗어나고, 4무량·4무색정을 벗어나는 까닭으로 8해탈·8승처·9차제정·10변처를 벗어납니다.

여러 천자들이여. 4정려를 벗어나는 까닭으로 4념주·4정단·4신족·5근·5력·7등각지·8성도지를 벗어나고, 4무량·4무색정을 벗어나는 까닭으로 4념주, 나아가 8성도지를 벗어납니다. 여러 천자들이여. 4정려를 벗어나는 까닭으로 공·무상·무원해탈문을 벗어났고, 4무량·4무색정을 벗어나는 까닭으로 공·무상·무원해탈문을 벗어납니다. 여러 천자들이여. 4정려를 벗어나는 까닭으로 극희지·이구지·발광지·염혜지·극난승지·현전지·원행지·부동지·선혜지·법운지를 벗어나고, 4무량·4무색정을 벗어나는 까닭으로 극희지, 나아가 법운지를 벗어납니다.

여러 천자들이여. 4정려를 벗어나는 까닭으로 5안·6신통을 벗어나고, 4무량·4무색정을 벗어나는 까닭으로 5안·6신통을 벗어납니다. 여러 천자들이여. 4정려를 벗어나는 까닭으로 여래의 10력·4무소외·4무애해·대자·대비·대희·대사·18불불공법을 벗어나고, 4무량·4무색정을 벗어나는 까닭으로 여래의 10력, 나아가 18불불공법을 벗어납니다. 여러 천자들이여. 4정려를 벗어나는 까닭으로 무망실법·항주사성을 벗어나고, 4무량·4무색정을 벗어나는 까닭으로 무망실법·항주사성을 벗어납니다.

여러 천자들이여. 4정려를 벗어나는 까닭으로 일체지·도상지·일체상지를 벗어나고, 4무량·4무색정을 벗어나는 까닭으로 일체지·도상지·일체상지를 벗어납니다. 여러 천자들이여. 4정려를 벗어나는 까닭으로 일체의 다라니문·일체의 삼마지문을 벗어나고, 4무량·4무색정을 벗어나는 까닭으로 일체의 다라니문·일체의 삼마지문을 벗어납니다. 여러 천자들이여. 4정려를 벗어나는 까닭으로 예류·일래·불환·아라한과를 벗어나고, 4무량·4무색정을 벗어나는 까닭으로 예류·일래·불환·아라한과를 벗어납니다.

여러 천자들이여. 4정려를 벗어나는 까닭으로 독각의 보리를 벗어나고, 4무량·4무색정을 벗어나는 까닭으로 독각의 보리를 벗어납니다. 여러 천자들이여. 4정려를 벗어나는 까닭으로 일체의 보살마하살의 행을 벗어나고, 4무량·4무색정을 벗어나는 까닭으로 일체의 보살마하살의 행을 벗어납니다.

여러 천자들이여. 4정려를 벗어나는 까닭으로 제불의 무상정등보리를 벗어나고, 4무량·4무색정을 벗어나는 까닭으로 제불의 무상정등보리를 벗어납니다. 여러 천자들이여. 4정려를 벗어나는 까닭으로 일체지지를 벗어나고, 4무량·4무색정을 벗어나는 까닭으로 일체지지를 벗어납니다.

다시 다음으로 여러 천자들이여. 8해탈을 벗어나는 까닭으로 보시·정계·안인·정진·정려·반야바라밀다를 벗어나고, 8승처·9차제정·10변처를 벗어나는 까닭으로 보시·정계·안인·정진·정려·반야바라밀다를 벗어납니다. 여러 천자들이여. 8해탈을 벗어나는 까닭으로 내공·외공·내외공·공공·대공·승의공·유위공·무위공·필경공·무제공·산공·무변이공·본성공·자상공·공상공·일체법공·불가득공·무성공·자성공·무성자성공을 벗어나고, 8승처·9차제정·10변처를 벗어나는 까닭으로 내공, 나아가 무성자성공을 벗어납니다.

여러 천자들이여. 8해탈을 벗어나는 까닭으로 진여·법계·법성·불허망성·불변이성·평등성·이생성·법정·법주·실제·허공계·부사의계를 벗어나고, 8승처·9차제정·10변처를 벗어나는 까닭으로 진여, 나아가 부사의계를 벗어납니다. 여러 천자들이여. 8해탈을 벗어나는 까닭으로 고·집·멸·도성제를 벗어나고, 8승처·9차제정·10변처를 벗어나는 까닭으로 고·집·멸·도성제를 벗어납니다. 여러 천자들이여. 8해탈을 벗어나는 까닭으로 4정려·4무량·4무색정을 벗어나고, 8승처·9차제정·10변처를 벗어나는 까닭으로 4정려·4무량·4무색정을 벗어납니다.

여러 천자들이여. 8해탈을 벗어나는 까닭으로 4념주·4정단·4신족·5근·5력·7등각지·8성도지를 벗어나고, 8승처·9차제정·10변처를 벗어나는 까닭으로 4념주, 나아가 8성도지를 벗어납니다. 여러 천자들이여. 8해탈을 벗어나는 까닭으로 공·무상·무원해탈문을 벗어나고, 8승처·9차제정·10변처를 벗어나는 까닭으로 공·무상·무원해탈문을 벗어납니다. 여러 천자들이여. 8해탈을 벗어나는 까닭으로 극희지·이구지·발광지·염혜지·극난승지·현전지·원행지·부동지·선혜지·법운지를 벗어나고, 8승처·9차제정·10변처를 벗어나는 까닭으로 극희지, 나아가 법운지를 벗어납니다.

여러 천자들이여. 8해탈을 벗어나는 까닭으로 5안·6신통을 벗어나고, 8승처·9차제정·10변처를 벗어나는 까닭으로 5안·6신통을 벗어납니다. 여러 천자들이여. 8해탈을 벗어나는 까닭으로 여래의 10력·4무소외·4무애해·대자·대비·대희·대사·18불불공법을 벗어나고, 8승처·9차제정·10변처를 벗어나는 까닭으로 여래의 10력, 나아가 18불불공법을 벗어납니다. 여러 천자들이여. 8해탈을 벗어나는 까닭으로 무망실법·항주사성을 벗어나고, 8승처·9차제정·10변처를 벗어나는 까닭으로 무망실법·항주사성을 벗어납니다.

여러 천자들이여. 8해탈을 벗어나는 까닭으로 일체지·도상지·일체상지를 벗어나고, 8승처·9차제정·10변처를 벗어나는 까닭으로 일체지·도상지·일체상지를 벗어납니다. 여러 천자들이여. 8해탈을 벗어나는 까닭으로 일체의 다라니문·일체의 삼마지문을 벗어나고, 8승처·9차제정·10변처를 벗어나는 까닭으로 일체의 다라니문·일체의 삼마지문을 벗어납니다. 여러 천자들이여. 8해탈을 벗어나는 까닭으로 예류·일래·불환·아라한과를 벗어나고, 8승처·9차제정·10변처를 벗어나는 까닭으로 예류·일래·불환·아라한과를 벗어납니다.

여러 천자들이여. 8해탈을 벗어나는 까닭으로 독각의 보리를 벗어나고, 8승처·9차제정·10변처를 벗어나는 까닭으로 독각의 보리를 벗어납니다. 여러 천자들이여. 8해탈을 벗어나는 까닭으로 일체의 보살마하살의 행을 벗어나고, 8승처·9차제정·10변처를 벗어나는 까닭으로 일체의 보살마하살의 행을 벗어납니다. 여러 천자들이여. 8해탈을 벗어나는 까닭으로 제불의 무상정등보리를 벗어나고, 8승처·9차제정·10변처를 벗어나는 까닭으로 제불의 무상정등보리를 벗어납니다. 여러 천자들이여. 8해탈을 벗어나는 까닭으로 일체지지를 벗어나고, 8승처·9차제정·10변처를 벗어나는 까닭으로 일체지지를 벗어납니다.

다시 다음으로 여러 천자들이여. 4념주를 벗어나는 까닭으로 보시·정계·안인·정진·정려·반야바라밀다를 벗어나고, 4정단·4신족·5근·5력·7등각지·8성도지를 벗어나는 까닭으로 보시·정계·안인·정진·정려·반야바라밀다를 벗어납니다. 여러 천자들이여. 4념주를 벗어나는 까닭으로 내공·외공·내외공·공공·대공·승의공·유위공·무위공·필경공·무제공·산공·무변이공·본성공·자상공·공상공·일체법공·불가득공·무성공·자성공·무성자성공을 벗어나고, 4정단, 나아가 8성도지를 벗어나는 까닭으로 내공, 나아가 무성자성공을 벗어납니다.

여러 천자들이여. 4념주를 벗어나는 까닭으로 진여·법계·법성·불허망성·불변이성·평등성·이생성·법정·법주·실제·허공계·부사의계를 벗어나고, 4정단, 나아가 8성도지를 벗어나는 까닭으로 진여, 나아가 부사의계를 벗어납니다. 여러 천자들이여. 4념주를 벗어나는 까닭으로 고·집·멸·도성제를 벗어나고, 4정단, 나아가 8성도지를 벗어나는 까닭으로 고·집·멸·도성제를 벗어납니다. 여러 천자들이여. 4념주를 벗어나는 까닭으로 4정려·4무량·4무색정을 벗어나고, 4정단, 나아가 8성도지를 벗어나는 까닭으로 4정려·4무량·4무색정을 벗어납니다.

여러 천자들이여. 4념주를 벗어나는 까닭으로 8해탈·8승처·9차제정·10변처를 벗어나고, 4정단, 나아가 8성도지를 벗어나는 까닭으로 8해탈·8승처·9차제정·10변처를 벗어납니다. 여러 천자들이여. 4념주를 벗어나는 까닭으로 공·무상·무원해탈문을 벗어나고, 4정단, 나아가 8성도지를 벗어나는 까닭으로 공·무상·무원해탈문을 벗어납니다. 여러 천자들이여. 4념주를 벗어나는 까닭으로 극희지·이구지·발광지·염혜지·극난승지·

현전지·원행지·부동지·선혜지·법운지를 벗어나고, 4정단, 나아가 8성도지를 벗어나는 까닭으로 극희지, 나아가 법운지를 벗어납니다.

여러 천자들이여. 4념주를 벗어나는 까닭으로 5안·6신통을 벗어나고, 4정단, 나아가 8성도지를 벗어나는 까닭으로 5안·6신통을 벗어납니다. 여러 천자들이여. 4념주를 벗어나는 까닭으로 여래의 10력·4무소외·4무애해·대자·대비·대희·대사·18불불공법을 벗어나고, 4정단, 나아가 8성도지를 벗어나는 까닭으로 여래의 10력, 나아가 18불불공법을 벗어납니다. 여러 천자들이여. 4념주를 벗어나는 까닭으로 무망실법·항주사성을 벗어나고, 4정단, 나아가 8성도지를 벗어나는 까닭으로 무망실법·항주사성을 벗어납니다.

여러 천자들이여. 4념주를 벗어나는 까닭으로 일체지·도상지·일체상지를 벗어나고, 4정단, 나아가 8성도지를 벗어나는 까닭으로 일체지·도상지·일체상지를 벗어납니다. 여러 천자들이여. 4념주를 벗어나는 까닭으로 일체의 다라니문·일체의 삼마지문을 벗어나고, 4정단, 나아가 8성도지를 벗어나는 까닭으로 일체의 다라니문·일체의 삼마지문을 벗어납니다. 여러 천자들이여. 4념주를 벗어나는 까닭으로 예류·일래·불환·아라한과를 벗어나고, 4정단, 나아가 8성도지를 벗어나는 까닭으로 예류·일래·불환·아라한과를 벗어납니다.

여러 천자들이여. 4념주를 벗어나는 까닭으로 독각의 보리를 벗어나고, 4정단, 나아가 8성도지를 벗어나는 까닭으로 독각의 보리를 벗어납니다. 여러 천자들이여. 4념주를 벗어나는 까닭으로 일체의 보살마하살의 행을 벗어나고, 4정단, 나아가 8성도지를 벗어나는 까닭으로 일체의 보살마하살의 행을 벗어납니다. 여러 천자들이여. 4념주를 벗어나는 까닭으로 제불의 무상정등보리를 벗어나고, 4정단, 나아가 8성도지를 벗어나는 까닭으로 제불의 무상정등보리를 벗어납니다. 여러 천자들이여. 4념주를 벗어나는 까닭으로 일체지지를 벗어나고, 4정단, 나아가 8성도지를 벗어나는 까닭으로 일체지지를 벗어납니다.

다시 다음으로 여러 천자들이여. 공해탈문을 벗어나는 까닭으로 보시·

정계·안인·정진·정려·반야바라밀다를 벗어나고, 무상·무원해탈문을 벗어나는 까닭으로 보시·정계·안인·정진·정려·반야바라밀다를 벗어납니다. 여러 천자들이여. 공해탈문을 벗어나는 까닭으로 내공·외공·내외공·공공·대공·승의공·유위공·무위공·필경공·무제공·산공·무변이공·본성공·자상공·공상공·일체법공·불가득공·무성공·자성공·무성자성공을 벗어나고, 무상·무원해탈문을 벗어나는 까닭으로 내공, 나아가 무성자성공을 벗어납니다.

여러 천자들이여. 공해탈문을 벗어나는 까닭으로 진여·법계·법성·불허망성·불변이성·평등성·이생성·법정·법주·실제·허공계·부사의계를 벗어나고, 무상·무원해탈문을 벗어나는 까닭으로 진여, 나아가 부사의계를 벗어납니다. 여러 천자들이여. 공해탈문을 벗어나는 까닭으로 고·집·멸·도성제를 벗어나고, 무상·무원해탈문을 벗어나는 까닭으로 고·집·멸·도성제를 벗어납니다. 여러 천자들이여. 공해탈문을 벗어나는 까닭으로 4정려·4무량·4무색정을 벗어나고, 무상·무원해탈문을 벗어나는 까닭으로 4정려·4무량·4무색정을 벗어납니다.

여러 천자들이여. 공해탈문을 벗어나는 까닭으로 8해탈·8승처·9차제정·10변처를 벗어나고, 무상·무원해탈문을 벗어나는 까닭으로 8해탈·8승처·9차제정·10변처를 벗어납니다. 여러 천자들이여. 공해탈문을 벗어나는 까닭으로 4념주·4정단·4신족·5근·5력·7등각지·8성도지를 벗어나고, 무상·무원해탈문을 벗어나는 까닭으로 4념주, 나아가 8성도지를 벗어납니다. 여러 천자들이여. 공해탈문을 벗어나는 까닭으로 극희지·이구지·발광지·염혜지·극난승지·현전지·원행지·부동지·선혜지·법운지를 벗어나고, 무상·무원해탈문을 벗어나는 까닭으로 극희지, 나아가 법운지를 벗어납니다.

여러 천자들이여. 공해탈문을 벗어나는 까닭으로 5안·6신통을 벗어나고, 무상·무원해탈문을 벗어나는 까닭으로 5안·6신통을 벗어납니다. 여러 천자들이여. 공해탈문을 벗어나는 까닭으로 여래의 10력·4무소외·4무애해·대자·대비·대희·대사·18불불공법을 벗어나고, 무상·무원해탈문을 벗어나는 까닭으로 여래의 10력, 나아가 18불불공법을 벗어납니다. 여러 천자들이여. 공해탈문을 벗어나는 까닭으로 무망실법·항주사성을 벗어나고, 무상·무원해탈문을 벗어나는 까닭으로 무망실법·항주사성을 벗어납니다.

여러 천자들이여. 공해탈문을 벗어나는 까닭으로 일체지·도상지·일체상지를 벗어나고, 무상·무원해탈문을 벗어나는 까닭으로 일체지·도상지·일체상지를 벗어납니다. 여러 천자들이여. 공해탈문을 벗어나는 까닭으로 일체의 다라니문·일체의 삼마지문을 벗어나고, 무상·무원해탈문을 벗어나는 까닭으로 일체의 다라니문·일체의 삼마지문을 벗어납니다. 여러 천자들이여. 공해탈문을 벗어나는 까닭으로 예류·일래·불환·아라한과를 벗어나고, 무상·무원해탈문을 벗어나는 까닭으로 예류·일래·불환·아라한과를 벗어납니다.

여러 천자들이여. 공해탈문을 벗어나는 까닭으로 독각의 보리를 벗어나고, 무상·무원해탈문을 벗어나는 까닭으로 독각의 보리를 벗어납니다. 여러 천자들이여. 공해탈문을 벗어나는 까닭으로 일체의 보살마하살의 행을 벗어나고, 무상·무원해탈문을 벗어나는 까닭으로 일체의 보살마하살의 행을 벗어납니다. 여러 천자들이여. 공해탈문을 벗어나는 까닭으로 제불의 무상정등보리를 벗어나고, 무상·무원해탈문을 벗어나는 까닭으로 제불의 무상정등보리를 벗어납니다. 여러 천자들이여. 공해탈문을 벗어나는 까닭으로 일체지지를 벗어나고, 무상·무원해탈문을 벗어나는 까닭으로 일체지지를 벗어납니다.”

마하반야바라밀다경 제345권

57. 견등찬품(堅等讚品)(4)

"다시 다음으로 여러 천자들이여. 극희지를 벗어나는 까닭으로 보시·정계·안인·정진·정려·반야바라밀다를 벗어나고, 이구지·발광지·염혜지·극난승지·현전지·원행지·부동지·선혜지·법운지를 벗어나는 까닭으로 보시·정계·안인·정진·정려·반야바라밀다를 벗어납니다. 여러 천자들이여. 극희지를 벗어나는 까닭으로 내공·외공·내외공·공공·대공·승의공·유위공·무위공·필경공·무제공·산공·무변이공·본성공·자상공·공상공·일체법공·불가득공·무성공·자성공·무성자성공을 벗어나고, 이구지, 나아가 법운지를 벗어나는 까닭으로 내공, 나아가 무성자성공을 벗어납니다.

여러 천자들이여. 극희지를 벗어나는 까닭으로 진여·법계·법성·불허망성·불변이성·평등성·이생성·법정·법주·실제·허공계·부사의계를 벗어나고, 이구지, 나아가 법운지를 벗어나는 까닭으로 진여, 나아가 부사의계를 벗어납니다. 여러 천자들이여. 극희지를 벗어나는 까닭으로 고·집·멸·도성제를 벗어나고, 이구지, 나아가 법운지를 벗어나는 까닭으로 고·집·멸·도성제를 벗어납니다. 여러 천자들이여. 극희지를 벗어나는 까닭으로 4정려·4무량·4무색정을 벗어나고, 이구지, 나아가 법운지를 벗어나는 까닭으로 4정려·4무량·4무색정을 벗어납니다.

여러 천자들이여. 극희지를 벗어나는 까닭으로 8해탈·8승처·9차제정·10변처를 벗어나고, 이구지, 나아가 법운지를 벗어나는 까닭으로 8해탈·8

승처·9차제정·10변처를 벗어납니다. 여러 천자들이여. 극희지를 벗어나는 까닭으로 4념주·4정단·4신족·5근·5력·7등각지·8성도지를 벗어나고, 이구지, 나아가 법운지를 벗어나는 까닭으로 4념주, 나아가 8성도지를 벗어납니다. 여러 천자들이여. 극희지를 벗어나는 까닭으로 공·무상·무원해탈문을 벗어나고, 이구지, 나아가 법운지를 벗어나는 까닭으로 공·무상·무원해탈문을 벗어납니다.

여러 천자들이여. 극희지를 벗어나는 까닭으로 5안·6신통을 벗어나고, 이구지, 나아가 법운지를 벗어나는 까닭으로 5안·6신통을 벗어납니다. 여러 천자들이여. 극희지를 벗어나는 까닭으로 여래의 10력·4무소외·4무애해·대자·대비·대희·대사·18불불공법을 벗어나고, 이구지, 나아가 법운지를 벗어나는 까닭으로 여래의 10력, 나아가 18불불공법을 벗어납니다. 여러 천자들이여. 극희지를 벗어나는 까닭으로 무망실법·항주사성을 벗어나고, 이구지, 나아가 법운지를 벗어나는 까닭으로 무망실법·항주사성을 벗어납니다.

여러 천자들이여. 극희지를 벗어나는 까닭으로 일체지·도상지·일체상지를 벗어나고, 이구지, 나아가 법운지를 벗어나는 까닭으로 일체지·도상지·일체상지를 벗어납니다. 여러 천자들이여. 극희지를 벗어나는 까닭으로 일체의 다라니문·일체의 삼마지문을 벗어나고, 이구지, 나아가 법운지를 벗어나는 까닭으로 일체의 다라니문·일체의 삼마지문을 벗어납니다. 여러 천자들이여. 극희지를 벗어나는 까닭으로 예류·일래·불환·아라한과를 벗어나고, 이구지, 나아가 법운지를 벗어나는 까닭으로 예류·일래·불환·아라한과를 벗어납니다.

여러 천자들이여. 극희지를 벗어나는 까닭으로 독각의 보리를 벗어나고, 이구지, 나아가 법운지를 벗어나는 까닭으로 독각의 보리를 벗어납니다. 여러 천자들이여. 극희지를 벗어나는 까닭으로 일체의 보살마하살의 행을 벗어나고, 이구지, 나아가 법운지를 벗어나는 까닭으로 일체의 보살마하살의 행을 벗어납니다. 여러 천자들이여. 극희지를 벗어나는 까닭으로 제불의 무상정등보리를 벗어나고, 이구지, 나아가 법운지를 벗어나는 까닭으로 제불의 무상정등보리를 벗어납니다. 여러 천자들이여. 극희지를 벗어나는 까닭으로 일체지지를 벗어나고, 이구지, 나아가 법운지를 벗어나는 까닭으로 일체지지를 벗어납니다.

다시 다음으로 여러 천자들이여. 5안을 벗어나는 까닭으로 보시·정계·안인·정진·정려·반야바라밀다를 벗어나고, 6신통을 벗어나는 까닭으로 보시·정계·안인·정진·정려·반야바라밀다를 벗어납니다. 여러 천자들이여. 5안을 벗어나는 까닭으로 내공·외공·내외공·공공·대공·승의공·유위공·무위공·필경공·무제공·산공·무변이공·본성공·자상공·공상공·일체법공·불가득공·무성공·자성공·무성자성공을 벗어나고, 6신통을 벗어나는 까닭으로 내공, 나아가 무성자성공을 벗어납니다.

여러 천자들이여. 5안을 벗어나는 까닭으로 진여·법계·법성·불허망성·불변이성·평등성·이생성·법정·법주·실제·허공계·부사의계를 벗어나고, 6신통을 벗어나는 까닭으로 진여, 나아가 부사의계를 벗어납니다. 여러 천자들이여. 5안을 벗어나는 까닭으로 고·집·멸·도성제를 벗어나고, 6신통을 벗어나는 까닭으로 고·집·멸·도성제를 벗어납니다. 여러 천자들이여. 5안을 벗어나는 까닭으로 4정려·4무량·4무색정을 벗어나고, 6신통을 벗어나는 까닭으로 4정려·4무량·4무색정을 벗어납니다.

여러 천자들이여. 5안을 벗어나는 까닭으로 8해탈·8승처·9차제정·10변처를 벗어나고, 6신통을 벗어나는 까닭으로 8해탈·8승처·9차제정·10변처를 벗어납니다. 여러 천자들이여. 5안을 벗어나는 까닭으로 4념주·4정단·4신족·5근·5력·7등각지·8성도지를 벗어나고, 6신통을 벗어나는 까닭으로 4념주, 나아가 8성도지를 벗어납니다. 여러 천자들이여. 5안을 벗어나는 까닭으로 공·무상·무원해탈문을 벗어나고, 6신통을 벗어나는 까닭으로 공·무상·무원해탈문을 벗어납니다.

여러 천자들이여. 5안을 벗어나는 까닭으로 극희지·이구지·발광지·염혜지·극난승지·현전지·원행지·부동지·선혜지·법운지를 벗어나고, 6신통을 벗어나는 까닭으로 극희지, 나아가 법운지를 벗어납니다. 여러 천자들이여. 5안을 벗어나는 까닭으로 여래의 10력·4무소외·4무애해·대자·대비·대희·대사·18불불공법을 벗어나고, 6신통을 벗어나는 까닭으로 여래의 10력, 나아가 18불불공법을 벗어납니다. 여러 천자들이여. 5안을 벗어나는 까닭으로 무망실법·항주사성을 벗어나고, 6신통을 벗어나는 까닭으로 무망실법·항주사성을 벗어납니다.

여러 천자들이여. 5안을 벗어나는 까닭으로 일체지·도상지·일체상지를 벗어나고, 6신통을 벗어나는 까닭으로 일체지·도상지·일체상지를 벗어납니다. 여러 천자들이여. 5안을 벗어나는 까닭으로 일체의 다라니문·일체의 삼마지문을 벗어나고, 6신통을 벗어나는 까닭으로 일체의 다라니문·일체의 삼마지문을 벗어납니다. 여러 천자들이여. 5안을 벗어나는 까닭으로 예류·일래·불환·아라한과를 벗어나고, 6신통을 벗어나는 까닭으로 예류·일래·불환·아라한과를 벗어납니다.

여러 천자들이여. 5안을 벗어나는 까닭으로 독각의 보리를 벗어나고, 6신통을 벗어나는 까닭으로 독각의 보리를 벗어납니다. 여러 천자들이여. 5안을 벗어나는 까닭으로 일체의 보살마하살의 행을 벗어나고, 6신통을 벗어나는 까닭으로 일체의 보살마하살의 행을 벗어납니다. 여러 천자들이여. 5안을 벗어나는 까닭으로 제불의 무상정등보리를 벗어나고, 6신통을 벗어나는 까닭으로 제불의 무상정등보리를 벗어납니다. 여러 천자들이여. 5안을 벗어나는 까닭으로 일체지지를 벗어나고, 6신통을 벗어나는 까닭으로 일체지지를 벗어납니다.

다시 다음으로 여러 천자들이여. 여래의 10력을 벗어나는 까닭으로 보시·정계·안인·정진·정려·반야바라밀다를 벗어나고, 4무소외·4무애해·대자·대비·대희·대사·18불불공법을 벗어나는 까닭으로 보시·정계·안인·정진·정려·반야바라밀다를 벗어납니다. 여러 천자들이여. 여래의 10력을 벗어나는 까닭으로 내공·외공·내외공·공공·대공·승의공·유위공·무위공·필경공·무제공·산공·무변이공·본성공·자상공·공상공·일체법공·불가득공·무성공·자성공·무성자성공을 벗어나고, 4무소외, 나아가 18불불공법을 벗어나는 까닭으로 내공, 나아가 무성자성공을 벗어납니다.

여러 천자들이여. 여래의 10력을 벗어나는 까닭으로 진여·법계·법성·불허망성·불변이성·평등성·이생성·법정·법주·실제·허공계·부사의계를 벗어나고, 4무소외, 나아가 18불불공법을 벗어나는 까닭으로 진여, 나아가 부사의계를 벗어납니다. 여러 천자들이여. 여래의 10력을 벗어나는 까닭으로 고·집·멸·도성제를 벗어나고, 4무소외, 나아가 18불불공법을 벗어나는 까닭으로 고·집·멸·도성제를 벗어납니다. 여러 천자들이여. 여래의 10력을 벗어나는 까닭으로 4정려·4무량·4무색정을 벗어나고, 4무소외, 나아가 18불불공법을 벗어나는 까닭으로 4정려·4무량·4무색정을 벗어납니다.

여러 천자들이여. 여래의 10력을 벗어나는 까닭으로 8해탈·8승처·9차제정·10변처를 벗어나고, 4무소외, 나아가 18불불공법을 벗어나는 까닭으로 8해탈·8승처·9차제정·10변처를 벗어납니다. 여러 천자들이여. 여래의 10력을 벗어나는 까닭으로 4념주·4정단·4신족·5근·5력·7등각지·8성도지를 벗어나고, 4무소외, 나아가 18불불공법을 벗어나는 까닭으로 4념주, 나아가 8성도지를 벗어납니다. 여러 천자들이여. 여래의 10력을 벗어나는 까닭으로 공·무상·무원해탈문을 벗어나고, 4무소외, 나아가 18불불공법을 벗어나는 까닭으로 공·무상·무원해탈문을 벗어납니다.

여러 천자들이여. 여래의 10력을 벗어나는 까닭으로 극희지·이구지·발광지·염혜지·극난승지·현전지·원행지·부동지·선혜지·법운지를 벗어나고, 4무소외, 나아가 18불불공법을 벗어나는 까닭으로 극희지, 나아가 법운지를 벗어납니다. 여러 천자들이여. 여래의 10력을 벗어나는 까닭으로 5안·6신통을 벗어나고, 4무소외, 나아가 18불불공법을 벗어나는 까닭으로 5안·6신통을 벗어납니다. 여러 천자들이여. 여래의 10력을 벗어나는 까닭으로 무망실법·항주사성을 벗어나고, 4무소외, 나아가 18불불공법을 벗어나는 까닭으로 무망실법·항주사성을 벗어납니다.

여러 천자들이여. 여래의 10력을 벗어나는 까닭으로 일체지·도상지·일체상지를 벗어나고, 4무소외, 나아가 18불불공법을 벗어나는 까닭으로 일체지·도상지·일체상지를 벗어납니다. 여러 천자들이여. 여래의 10력을 벗어나는 까닭으로 일체의 다라니문·일체의 삼마지문을 벗어나고, 4무소외, 나아가 18불불공법을 벗어나는 까닭으로 일체의 다라니문·일체의 삼마지문을 벗어납니다. 여러 천자들이여. 여래의 10력을 벗어나는 까닭으로 예류·일래·불환·아라한과를 벗어나고, 4무소외, 나아가 18불불공법을 벗어나는 까닭으로 예류·일래·불환·아라한과를 벗어납니다.

여러 천자들이여. 여래의 10력을 벗어나는 까닭으로 독각의 보리를 벗어나고, 4무소외, 나아가 18불불공법을 벗어나는 까닭으로 독각의 보리를 벗어납니다. 여러 천자들이여. 여래의 10력을 벗어나는 까닭으로 일체의 보살마하살의 행을 벗어나고, 4무소외, 나아가 18불불공법을 벗어나는 까닭으로 일체의 보살마하살의 행을 벗어납니다. 여러 천자들이여. 여래의 10력을 벗어나는 까닭으로 제불의 무상정등보리를 벗어나고, 4무소외, 나아가 18불불공법을 벗어나는 까닭으로 제불의 무상정등보리를 벗어납니다. 여러 천자들이여. 여래의 10력을 벗어나는 까닭으로 일체지지를 벗어나고, 4무소외, 나아가 18불불공법을 벗어나는 까닭으로 일체지지를 벗어납니다.

다시 다음으로 여러 천자들이여. 무망실법을 벗어나는 까닭으로 보시·정계·안인·정진·정려·반야바라밀다를 벗어나고, 항주사성을 벗어나는 까닭으로 보시·정계·안인·정진·정려·반야바라밀다를 벗어납니다. 여러 천자들이여. 무망실법을 벗어나는 까닭으로 내공·외공·내외공·공공·대공·승의공·유위공·무위공·필경공·무제공·산공·무변이공·본성공·자상공·공상공·일체법공·불가득공·무성공·자성공·무성자성공을 벗어나고, 항주사성을 벗어나는 까닭으로 내공, 나아가 무성자성공을 벗어납니다.

여러 천자들이여. 무망실법을 벗어나는 까닭으로 진여·법계·법성·불허망성·불변이성·평등성·이생성·법정·법주·실제·허공계·부사의계를 벗어나고, 항주사성을 벗어나는 까닭으로 진여, 나아가 부사의계를 벗어납니다. 여러 천자들이여. 무망실법을 벗어나는 까닭으로 고·집·멸·도성제를 벗어나고, 항주사성을 벗어나는 까닭으로 고·집·멸·도성제를 벗어납니다. 여러 천자들이여. 무망실법을 벗어나는 까닭으로 4정려·4무량·4

무색정을 벗어나고, 항주사성을 벗어나는 까닭으로 4정려·4무량·4무색정을 벗어납니다.

여러 천자들이여. 무망실법을 벗어나는 까닭으로 8해탈·8승처·9차제정·10변처를 벗어나고, 항주사성을 벗어나는 까닭으로 8해탈·8승처·9차제정·10변처를 벗어납니다. 여러 천자들이여. 무망실법을 벗어나는 까닭으로 4념주·4정단·4신족·5근·5력·7등각지·8성도지를 벗어나고, 항주사성을 벗어나는 까닭으로 4념주, 나아가 8성도지를 벗어납니다. 여러 천자들이여. 무망실법을 벗어나는 까닭으로 공·무상·무원해탈문을 벗어나고, 항주사성을 벗어나는 까닭으로 공·무상·무원해탈문을 벗어납니다.

여러 천자들이여. 무망실법을 벗어나는 까닭으로 극희지·이구지·발광지·염혜지·극난승지·현전지·원행지·부동지·선혜지·법운지를 벗어나고, 항주사성을 벗어나는 까닭으로 극희지, 나아가 법운지를 벗어납니다. 여러 천자들이여. 무망실법을 벗어나는 까닭으로 5안·6신통을 벗어나고, 항주사성을 벗어나는 까닭으로 5안·6신통을 벗어납니다. 여러 천자들이여. 무망실법을 벗어나는 까닭으로 여래의 10력·4무소외·4무애해·대자·대비·대희·대사·18불불공법을 벗어나고, 항주사성을 벗어나는 까닭으로 여래의 10력, 나아가 18불불공법을 벗어납니다.

여러 천자들이여. 무망실법을 벗어나는 까닭으로 일체지·도상지·일체상지를 벗어나고, 항주사성을 벗어나는 까닭으로 일체지·도상지·일체상지를 벗어납니다. 여러 천자들이여. 무망실법을 벗어나는 까닭으로 일체의 다라니문·일체의 삼마지문을 벗어나고, 항주사성을 벗어나는 까닭으로 일체의 다라니문·일체의 삼마지문을 벗어납니다. 여러 천자들이여. 무망실법을 벗어나는 까닭으로 예류·일래·불환·아라한과를 벗어나고, 항주사성을 벗어나는 까닭으로 예류·일래·불환·아라한과를 벗어납니다.

여러 천자들이여. 무망실법을 벗어나는 까닭으로 독각의 보리를 벗어나고, 항주사성을 벗어나는 까닭으로 독각의 보리를 벗어납니다. 여러 천자들이여. 무망실법을 벗어나는 까닭으로 일체의 보살마하살의 행을 벗어나고, 항주사성을 벗어나는 까닭으로 일체의 보살마하살의 행을 벗어납니다. 여러 천자들이여. 무망실법을 벗어나는 까닭으로 제불의 무상정등보리를 벗어나고, 항주사성을 벗어나는 까닭으로 제불의 무상정등보리를 벗어납니다. 여러 천자들이여. 무망실법을 벗어나는 까닭으로 일체지지를 벗어나고, 항주사성을 벗어나는 까닭으로 일체지지를 벗어납니다.

다시 다음으로 여러 천자들이여. 일체지를 벗어나는 까닭으로 보시·정계·안인·정진·정려·반야바라밀다를 벗어나고, 도상지·일체상지를 벗어나는 까닭으로 보시·정계·안인·정진·정려·반야바라밀다를 벗어납니다. 여러 천자들이여. 일체지를 벗어나는 까닭으로 내공·외공·내외공·공공·대공·승의공·유위공·무위공·필경공·무제공·산공·무변이공·본성공·자상공·공상공·일체법공·불가득공·무성공·자성공·무성자성공을 벗어나고, 도상지·일체상지를 벗어나는 까닭으로 내공, 나아가 무성자성공을 벗어납니다.

여러 천자들이여. 일체지를 벗어나는 까닭으로 진여·법계·법성·불허망성·불변이성·평등성·이생성·법정·법주·실제·허공계·부사의계를 벗어나고, 도상지·일체상지를 벗어나는 까닭으로 진여, 나아가 부사의계를 벗어납니다. 여러 천자들이여. 일체지를 벗어나는 까닭으로 고·집·멸·도성제를 벗어나고, 도상지·일체상지를 벗어나는 까닭으로 고·집·멸·도성제를 벗어납니다. 여러 천자들이여. 일체지를 벗어나는 까닭으로 4정려·4무량·4무색정을 벗어나고, 도상지·일체상지를 벗어나는 까닭으로 4정려·4무량·4무색정을 벗어납니다.

여러 천자들이여. 일체지를 벗어나는 까닭으로 8해탈·8승처·9차제정·10변처를 벗어나고, 도상지·일체상지를 벗어나는 까닭으로 8해탈·8승처·9차제정·10변처를 벗어납니다. 여러 천자들이여. 일체지를 벗어나는 까닭으로 4념주·4정단·4신족·5근·5력·7등각지·8성도지를 벗어나고, 도상지·일체상지를 벗어나는 까닭으로 4념주, 나아가 8성도지를 벗어납니다. 여러 천자들이여. 일체지를 벗어나는 까닭으로 공·무상·무원해탈문을 벗어나고, 도상지·일체상지를 벗어나는 까닭으로 공·무상·무원해탈문을 벗어납니다.

여러 천자들이여. 일체지를 벗어나는 까닭으로 극희지·이구지·발광지·염혜지·극난승지·현전지·원행지·부동지·선혜지·법운지를 벗어나고, 도상지·일체상지를 벗어나는 까닭으로 극희지, 나아가 법운지를 벗어납니다. 여러 천자들이여. 일체지를 벗어나는 까닭으로 5안·6신통을 벗어나고, 도상지·일체상지를 벗어나는 까닭으로 5안·6신통을 벗어납니다. 여러 천자들이여. 일체지를 벗어나는 까닭으로 여래의 10력·4무소외·4무애해·대자·대비·대희·대사·18불불공법을 벗어나고, 도상지·일체상지를 벗어나는 까닭으로 여래의 10력, 나아가 18불불공법을 벗어납니다.

여러 천자들이여. 일체지를 벗어나는 까닭으로 무망실법·항주사성을 벗어나고, 도상지·일체상지를 벗어나는 까닭으로 무망실법·항주사성을 벗어납니다. 여러 천자들이여. 일체지를 벗어나는 까닭으로 일체의 다라니문·일체의 삼마지문을 벗어나고, 도상지·일체상지를 벗어나는 까닭으로 일체의 다라니문·일체의 삼마지문을 벗어납니다. 여러 천자들이여. 일체지를 벗어나는 까닭으로 예류·일래·불환·아라한과를 벗어나고, 도상지·일체상지를 벗어나는 까닭으로 예류·일래·불환·아라한과를 벗어납니다.

여러 천자들이여. 일체지를 벗어나는 까닭으로 독각의 보리를 벗어나고, 도상지·일체상지를 벗어나는 까닭으로 독각의 보리를 벗어납니다. 여러 천자들이여. 일체지를 벗어나는 까닭으로 일체의 보살마하살의 행을 벗어나고, 도상지·일체상지를 벗어나는 까닭으로 일체의 보살마하살의 행을 벗어납니다. 여러 천자들이여. 일체지를 벗어나는 까닭으로 제불의 무상정등보리를 벗어나고, 도상지·일체상지를 벗어나는 까닭으로 제불의 무상정등보리를 벗어납니다. 여러 천자들이여. 일체지를 벗어나는 까닭으로 일체지지를 벗어나고, 도상지·일체상지를 벗어나는 까닭으로 일체지지를 벗어납니다.

다시 다음으로 여러 천자들이여. 일체의 다라니문을 벗어나는 까닭으로 보시·정계·안인·정진·정려·반야바라밀다를 벗어나고, 일체의 삼마지문을 벗어나는 까닭으로 보시·정계·안인·정진·정려·반야바라밀다를 벗어납니다. 여러 천자들이여. 일체의 다라니문을 벗어나는 까닭으로 내공·외공·내외공·공공·대공·승의공·유위공·무위공·필경공·무제공·산공·무변이공·본성공·자상공·공상공·일체법공·불가득공·무성공·자성공·무성자성공을 벗어나고, 일체의 삼마지문을 벗어나는 까닭으로 내공, 나아가 무성자성공을 벗어납니다.

여러 천자들이여. 일체의 다라니문을 벗어나는 까닭으로 진여·법계·법성·불허망성·불변이성·평등성·이생성·법정·법주·실제·허공계·부사의계를 벗어나고, 일체의 삼마지문을 벗어나는 까닭으로 진여, 나아가 부사의계를 벗어납니다. 여러 천자들이여. 일체의 다라니문을 벗어나는 까닭으로 고·집·멸·도성제를 벗어나고, 일체의 삼마지문을 벗어나는 까닭으로 고·집·멸·도성제를 벗어납니다. 여러 천자들이여. 일체의 다라니문을 벗어나는 까닭으로 4정려·4무량·4무색정을 벗어나고, 일체의 삼마지문을 벗어나는 까닭으로 4정려·4무량·4무색정을 벗어납니다.

여러 천자들이여. 일체의 다라니문을 벗어나는 까닭으로 8해탈·8승처·9차제정·10변처를 벗어나고, 일체의 삼마지문을 벗어나는 까닭으로 8해탈·8승처·9차제정·10변처를 벗어납니다. 여러 천자들이여. 일체의 다라니문을 벗어나는 까닭으로 4념주·4정단·4신족·5근·5력·7등각지·8성도지를 벗어나고, 일체의 삼마지문을 벗어나는 까닭으로 4념주, 나아가 8성도지를 벗어납니다. 여러 천자들이여. 일체의 다라니문을 벗어나는 까닭으로 공·무상·무원해탈문을 벗어나고, 일체의 삼마지문을 벗어나는 까닭으로 공·무상·무원해탈문을 벗어납니다.

여러 천자들이여. 일체의 다라니문을 벗어나는 까닭으로 극희지·이구지·발광지·염혜지·극난승지·현전지·원행지·부동지·선혜지·법운지를 벗어나고, 일체의 삼마지문을 벗어나는 까닭으로 극희지, 나아가 법운지를 벗어납니다. 여러 천자들이여. 일체의 다라니문을 벗어나는 까닭으로 5안·6신통을 벗어나고, 일체의 삼마지문을 벗어나는 까닭으로 5안·6신통을 벗어납니다. 여러 천자들이여. 일체의 다라니문을 벗어나는 까닭으로 여래의 10력·4무소외·4무애해·대자·대비·대희·대사·18불불공법을 벗어나고, 일체의 삼마지문을 벗어나는 까닭으로 여래의 10력, 나아가 18불불공법을 벗어납니다.

여러 천자들이여. 일체의 다라니문을 벗어나는 까닭으로 무망실법·항주사성을 벗어나고, 일체의 삼마지문을 벗어나는 까닭으로 무망실법·항주사성을 벗어납니다. 여러 천자들이여. 일체의 다라니문을 벗어나는 까닭으로 일체지·도상지·일체상지를 벗어나고, 일체의 삼마지문을 벗어나는 까닭으로 일체지·도상지·일체상지를 벗어납니다. 여러 천자들이여. 일체의 다라니문을 벗어나는 까닭으로 예류·일래·불환·아라한과를 벗어나고, 일체의 삼마지문을 벗어나는 까닭으로 예류·일래·불환·아라한과를 벗어납니다.

여러 천자들이여. 일체의 다라니문을 벗어나는 까닭으로 독각의 보리를 벗어나고, 일체의 삼마지문을 벗어나는 까닭으로 독각의 보리를 벗어납니다. 여러 천자들이여. 일체의 다라니문을 벗어나는 까닭으로 일체의 보살마하살의 행을 벗어나고, 일체의 삼마지문을 벗어나는 까닭으로 일체의 보살마하살의 행을 벗어납니다. 여러 천자들이여. 일체의 다라니문을 벗어나는 까닭으로 제불의 무상정등보리를 벗어나고, 일체의 삼마지문을 벗어나는 까닭으로 제불의 무상정등보리를 벗어납니다. 여러 천자들이여. 일체의 다라니문을 벗어나는 까닭으로 일체지지를 벗어나고, 일체의 삼마지문을 벗어나는 까닭으로 일체지지를 벗어납니다.

다시 다음으로 여러 천자들이여. 예류과를 벗어나는 까닭으로 보시·정계·안인·정진·정려·반야바라밀다를 벗어나고, 일래·불환·아라한과를 벗어나는 까닭으로 보시·정계·안인·정진·정려·반야바라밀다를 벗어납니다. 여러 천자들이여. 예류과를 벗어나는 까닭으로 내공·외공·내외공·공공·대공·승의공·유위공·무위공·필경공·무제공·산공·무변이공·본성공·자상공·공상공·일체법공·불가득공·무성공·자성공·무성자성공을 벗어나고, 일래·불환·아라한과를 벗어나는 까닭으로 내공, 나아가 무성자성공을 벗어납니다.

여러 천자들이여. 예류과를 벗어나는 까닭으로 진여·법계·법성·불허망성·불변이성·평등성·이생성·법정·법주·실제·허공계·부사의계를 벗어나고, 일래·불환·아라한과를 벗어나는 까닭으로 진여, 나아가 부사의계를 벗어납니다. 여러 천자들이여. 예류과를 벗어나는 까닭으로 고·집·멸·도성제를 벗어나고, 일래·불환·아라한과를 벗어나는 까닭으로 고·집·멸·도성제를 벗어납니다. 여러 천자들이여. 예류과를 벗어나는 까닭으로 4정려·4무량·4무색정을 벗어나고, 일래·불환·아라한과를 벗어나는 까닭으로 4정려·4무량·4무색정을 벗어납니다.

여러 천자들이여. 예류과를 벗어나는 까닭으로 8해탈·8승처·9차제정·10변처를 벗어나고, 일래·불환·아라한과를 벗어나는 까닭으로 8해탈·8승처·9차제정·10변처를 벗어납니다. 여러 천자들이여. 예류과를 벗어나는 까닭으로 4념주·4정단·4신족·5근·5력·7등각지·8성도지를 벗어나고, 일래·불환·아라한과를 벗어나는 까닭으로 4념주, 나아가 8성도지를 벗어납니다. 여러 천자들이여. 예류과를 벗어나는 까닭으로 공·무상·무원해탈문을 벗어나고, 일래·불환·아라한과를 벗어나는 까닭으로 공·무상·무원해탈문을 벗어납니다.

여러 천자들이여. 예류과를 벗어나는 까닭으로 극희지·이구지·발광지·염혜지·극난승지·현전지·원행지·부동지·선혜지·법운지를 벗어나고, 일래·불환·아라한과를 벗어나는 까닭으로 극희지, 나아가 법운지를 벗어납니다. 여러 천자들이여. 예류과를 벗어나는 까닭으로 5안·6신통을 벗어나고, 일래·불환·아라한과를 벗어나는 까닭으로 5안·6신통을 벗어납니다. 여러 천자들이여. 예류과를 벗어나는 까닭으로 여래의 10력·4무소외·4무애해·대자·대비·대희·대사·18불불공법을 벗어나고, 일래·불환·아라한과를 벗어나는 까닭으로 여래의 10력, 나아가 18불불공법을 벗어납니다.

여러 천자들이여. 예류과를 벗어나는 까닭으로 무망실법·항주사성을 벗어나고, 일래·불환·아라한과를 벗어나는 까닭으로 무망실법·항주사성을 벗어납니다. 여러 천자들이여. 예류과를 벗어나는 까닭으로 일체지·도상지·일체상지를 벗어나고, 일래·불환·아라한과를 벗어나는 까닭으로 일체지·도상지·일체상지를 벗어납니다. 여러 천자들이여. 예류과를 벗어나는 까닭으로 일체의 다라니문·일체의 삼마지문을 벗어나고, 일래·불환·아라한과를 벗어나는 까닭으로 일체의 다라니문·일체의 삼마지문을 벗어납니다.

여러 천자들이여. 예류과를 벗어나는 까닭으로 독각의 보리를 벗어나고, 일래·불환·아라한과를 벗어나는 까닭으로 독각의 보리를 벗어납니다. 여러 천자들이여. 예류과를 벗어나는 까닭으로 일체의 보살마하살의 행을 벗어나고, 일래·불환·아라한과를 벗어나는 까닭으로 일체의 보살마하살의 행을 벗어납니다. 여러 천자들이여. 예류과를 벗어나는 까닭으로 제불의 무상정등보리를 벗어나고, 일래·불환·아라한과를 벗어나는 까닭으로 제불의 무상정등보리를 벗어납니다. 여러 천자들이여. 예류과를 벗어나는 까닭으로 일체지지를 벗어나고, 일래·불환·아라한과를 벗어나는 까닭으로 일체지지를 벗어납니다.

다시 다음으로 여러 천자들이여. 독각의 보리를 벗어나는 까닭으로 보시·정계·안인·정진·정려·반야바라밀다를 벗어납니다. 여러 천자들이여. 독각의 보리를 벗어나는 까닭으로 내공·외공·내외공·공공·대공·승의공·유위공·무위공·필경공·무제공·산공·무변이공·본성공·자상공·공상공·일체법공·불가득공·무성공·자성공·무성자성공을 벗어납니다. 여러 천자들이여. 독각의 보리를 벗어나는 까닭으로 진여·법계·법성·불허망성·불변이성·평등성·이생성·법정·법주·실제·허공계·부사의계를 벗어납니다. 여러 천자들이여. 독각의 보리를 벗어나는 까닭으로 고·집·멸·도성제를 벗어납니다.

여러 천자들이여. 독각의 보리를 벗어나는 까닭으로 4정려·4무량·4무색정을 벗어납니다. 여러 천자들이여. 독각의 보리를 벗어나는 까닭으로 8해탈·8승처·9차제정·10변처를 벗어납니다. 여러 천자들이여. 독각의 보리를 벗어나는 까닭으로 4념주·4정단·4신족·5근·5력·7등각지·8성도지를 벗어납니다. 여러 천자들이여. 독각의 보리를 벗어나는 까닭으로 공·무상·무원해탈문을 벗어납니다. 여러 천자들이여. 독각의 보리를 벗어나는 까닭으로 극희지·이구지·발광지·염혜지·극난승지·현전지·원행지·부동지·선혜지·법운지를 벗어납니다.

여러 천자들이여. 독각의 보리를 벗어나는 까닭으로 5안·6신통을 벗어납니다. 여러 천자들이여. 독각의 보리를 벗어나는 까닭으로 여래의 10력·4무소외·4무애해·대자·대비·대희·대사·18불불공법을 벗어납니다. 여러 천자들이여. 독각의 보리를 벗어나는 까닭으로 무망실법·항주사성을 벗어납니다. 여러 천자들이여. 독각의 보리를 벗어나는 까닭으로 일체지·도상지·일체상지를 벗어납니다. 여러 천자들이여. 독각의 보리를 벗어나는 까닭으로 일체의 다라니문·일체의 삼마지문을 벗어납니다.

여러 천자들이여. 독각의 보리를 벗어나는 까닭으로 일래·불환·아라한과를 벗어납니다. 여러 천자들이여. 독각의 보리를 벗어나는 까닭으로 일체의 보살마하살의 행을 벗어납니다. 여러 천자들이여. 독각의 보리를 벗어나는 까닭으로 제불의 무상정등보리를 벗어납니다. 여러 천자들이여. 독각의 보리를 벗어나는 까닭으로 일체지지를 벗어납니다.

다시 다음으로 여러 천자들이여. 일체의 보살마하살의 행을 벗어나는 까닭으로 보시·정계·안인·정진·정려·반야바라밀다를 벗어납니다. 여러 천자들이여. 일체의 보살마하살의 행을 벗어나는 까닭으로 내공·외공·내외공·공공·대공·승의공·유위공·무위공·필경공·무제공·산공·무변이공·본성공·자상공·공상공·일체법공·불가득공·무성공·자성공·무성자성공을 벗어납니다. 여러 천자들이여. 일체의 보살마하살의 행을 벗어나는 까닭으로 진여·법계·법성·불허망성·불변이성·평등성·이생성·법정·법주·실제·허공계·부사의계를 벗어납니다.

여러 천자들이여. 일체의 보살마하살의 행을 벗어나는 까닭으로 고·집·멸·도성제를 벗어납니다. 여러 천자들이여. 일체의 보살마하살의 행을 벗어나는 까닭으로 4정려·4무량·4무색정을 벗어납니다. 여러 천자들이여. 일체의 보살마하살의 행을 벗어나는 까닭으로 8해탈·8승처·9차제정·10변처를 벗어납니다. 여러 천자들이여. 일체의 보살마하살의 행을 벗어나는 까닭으로 4념주·4정단·4신족·5근·5력·7등각지·8성도지를 벗어납니다. 여러 천자들이여. 일체의 보살마하살의 행을 벗어나는 까닭으로 공·무상·무원해탈문을 벗어납니다.

여러 천자들이여. 일체의 보살마하살의 행을 벗어나는 까닭으로 극희지·이구지·발광지·염혜지·극난승지·현전지·원행지·부동지·선혜지·법운지를 벗어납니다. 여러 천자들이여. 일체의 보살마하살의 행을 벗어나는 까닭으로 5안·6신통을 벗어납니다. 여러 천자들이여. 일체의 보살마하살의 행을 벗어나는 까닭으로 여래의 10력·4무소외·4무애해·대자·대비·대희·대사·18불불공법을 벗어납니다. 여러 천자들이여. 일체의 보살마하살의 행을 벗어나는 까닭으로 무망실법·항주사성을 벗어납니다. 여러 천자들이여. 일체의 보살마하살의 행을 벗어나는 까닭으로 일체지·도상지·일체상지를 벗어납니다.

여러 천자들이여. 일체의 보살마하살의 행을 벗어나는 까닭으로 일체의 다라니문·일체의 삼마지문을 벗어납니다. 여러 천자들이여. 일체의 보살마하살의 행을 벗어나는 까닭으로 일래·불환·아라한과를 벗어납니다. 여러 천자들이여. 일체의 보살마하살의 행을 벗어나는 까닭으로 독각의 보리를 벗어납니다. 여러 천자들이여. 일체의 보살마하살의 행을 벗어나는 까닭으로 제불의 무상정등보리를 벗어납니다. 여러 천자들이여. 일체의 보살마하살의 행을 벗어나는 까닭으로 일체지지를 벗어납니다.

다시 다음으로 여러 천자들이여. 제불의 무상정등보리를 벗어나는 까닭으로 보시·정계·안인·정진·정려·반야바라밀다를 벗어납니다. 여러 천자들이여. 제불의 무상정등보리를 벗어나는 까닭으로 내공·외공·내외공·공공·대공·승의공·유위공·무위공·필경공·무제공·산공·무변이공·본성공·자상공·공상공·일체법공·불가득공·무성공·자성공·무성자성공을 벗어납니다. 여러 천자들이여. 제불의 무상정등보리를 벗어나는 까닭으로 진여·법계·법성·불허망성·불변이성·평등성·이생성·법정·법주·실제·허공계·부사의계를 벗어납니다.

여러 천자들이여. 제불의 무상정등보리를 벗어나는 까닭으로 고·집·멸·도성제를 벗어납니다. 여러 천자들이여. 제불의 무상정등보리를 벗어나는 까닭으로 4정려·4무량·4무색정을 벗어납니다. 여러 천자들이여. 제불의 무상정등보리를 벗어나는 까닭으로 8해탈·8승처·9차제정·10변처를 벗어납니다. 여러 천자들이여. 제불의 무상정등보리를 벗어나는 까닭으로 4념주·4정단·4신족·5근·5력·7등각지·8성도지를 벗어납니다. 여러 천자들이여. 제불의 무상정등보리를 벗어나는 까닭으로 공·무상·무원해탈문을 벗어납니다.

여러 천자들이여. 제불의 무상정등보리를 벗어나는 까닭으로 극희지·이구지·발광지·염혜지·극난승지·현전지·원행지·부동지·선혜지·법운지를 벗어납니다. 여러 천자들이여. 제불의 무상정등보리를 벗어나는 까닭으로 5안·6신통을 벗어납니다. 여러 천자들이여. 제불의 무상정등보리를 벗어나는 까닭으로 여래의 10력·4무소외·4무애해·대자·대비·대희·대사·18불불공법을 벗어납니다.

여러 천자들이여. 제불의 무상정등보리를 벗어나는 까닭으로 무망실법·항주사성을 벗어납니다. 여러 천자들이여. 제불의 무상정등보리를 벗어나는 까닭으로 일체지·도상지·일체상지를 벗어납니다. 여러 천자들이여. 제불의 무상정등보리를 벗어나는 까닭으로 일체의 다라니문·일체의 삼마지문을 벗어납니다. 여러 천자들이여. 제불의 무상정등보리를 벗어나는 까닭으로 일래·불환·아라한과를 벗어납니다.

여러 천자들이여. 제불의 무상정등보리를 벗어나는 까닭으로 독각의 보리를 벗어납니다. 여러 천자들이여. 제불의 무상정등보리를 벗어나는 까닭으로 일체의 보살마하살의 행을 벗어납니다. 여러 천자들이여. 제불의 무상정등보리를 벗어나는 까닭으로 일체지지를 벗어납니다.

다시 다음으로 여러 천자들이여. 일체지지를 벗어나는 까닭으로 보시·정계·안인·정진·정려·반야바라밀다를 벗어납니다. 여러 천자들이여. 일체지지를 벗어나는 까닭으로 내공·외공·내외공·공공·대공·승의공·유위공·무위공·필경공·무제공·산공·무변이공·본성공·자상공·공상공·일체법공·불가득공·무성공·자성공·무성자성공을 벗어납니다. 여러 천자들이여. 일체지지를 벗어나는 까닭으로 진여·법계·법성·불허망성·불변이성·평등성·이생성·법정·법주·실제·허공계·부사의계를 벗어납니다.

여러 천자들이여. 일체지지를 벗어나는 까닭으로 고·집·멸·도성제를 벗어납니다. 여러 천자들이여. 일체지지를 벗어나는 까닭으로 4정려·4무량·4무색정을 벗어납니다. 여러 천자들이여. 일체지지를 벗어나는 까닭으로 8해탈·8승처·9차제정·10변처를 벗어납니다. 여러 천자들이여. 일체지지를 벗어나는 까닭으로 4념주·4정단·4신족·5근·5력·7등각지·8성도지를 벗어납니다. 여러 천자들이여. 일체지지를 벗어나는 까닭으로 공·무상·무원해탈문을 벗어납니다.

여러 천자들이여. 일체지지를 벗어나는 까닭으로 극희지·이구지·발광지·염혜지·극난승지·현전지·원행지·부동지·선혜지·법운지를 벗어납니다. 여러 천자들이여. 일체지지를 벗어나는 까닭으로 5안·6신통을 벗어납니다. 여러 천자들이여. 일체지지를 벗어나는 까닭으로 여래의 10력·4무소외·4무애해·대자·대비·대희·대사·18불불공법을 벗어납니다. 여러 천자들이여. 일체지지를 벗어나는 까닭으로 무망실법·항주사성을 벗어납니다.

여러 천자들이여. 일체지지를 벗어나는 까닭으로 일체지·도상지·일체상지를 벗어납니다. 여러 천자들이여. 일체지지를 벗어나는 까닭으로 일체의 다라니문·일체의 삼마지문을 벗어납니다. 여러 천자들이여. 일체지지를 벗어나는 까닭으로 일래·불환·아라한과를 벗어납니다. 여러 천자들이여. 일체지지를 벗어나는 까닭으로 독각의 보리를 벗어납니다. 여러 천자들이여. 일체지지를 벗어나는 까닭으로 일체의 보살마하살의 행을 벗어납니다. 여러 천자들이여. 일체지지를 벗어나는 까닭으로 제불의 무상정등보리를 벗어납니다.

여러 천자들이여. 만약 보살마하살이 제법이 멀리 벗어나지 않는다고 설하는 것을 듣고서 마음이 침울하지 않고 가라앉지 않으며 놀라지도 않고 두려워하지 않으며 역시 근심하거나 후회하지 않는다면, 이 보살마하살은 깊은 반야바라밀다를 수행한다고 마땅히 아십시오."

마하반야바라밀다경 제346권

57. 견등찬품(堅等讚品)(5)

그때 세존께서 구수 선현에게 알려 말씀하셨다.

"선현이여. 무슨 인연을 까닭으로 제보살마하살은 깊은 반야바라밀다에서 마음을 숨기고 침울하지 않는가?"

구수 선현이 세존께 아뢰어 말하였다.

"세존이시여. 일체법으로써 모두가 존재(有)하지 않는 까닭으로 제보살마하살은 깊은 반야바라밀다에서 마음을 숨기고 침울하지 않습니다. 세존이시여. 일체법으로써 모두가 멀리 벗어나는(遠離) 까닭으로 제보살마하살은 깊은 반야바라밀다에서 마음을 숨기고 침울하지 않습니다. 세존이시여. 일체법으로써 모두가 적정(寂靜)하지 않는 까닭으로 제보살마하살은 깊은 반야바라밀다에서 마음을 숨기고 침울하지 않습니다.

세존이시여. 일체법으로써 모두가 무소유(無所有)인 까닭으로 제보살마하살은 깊은 반야바라밀다에서 마음을 숨기고 침울하지 않습니다. 세존이시여. 일체법으로써 모두가 생멸(生滅)이 없는 까닭으로 제보살마하살은 깊은 반야바라밀다에서 마음을 숨기고 침울하지 않습니다. 세존이시여. 오히려 이와 같은 등의 여러 종류의 인연으로 제보살마하살은 깊은 반야바라밀다에서 마음이 침울하거나 가라앉지 않습니다.

왜 그러한가? 세존이시여. 제보살마하살은 일체법에서 만약 능히 숨기고 침울하게 함·숨기고 침울하는 것·숨기고 침울하는 때·숨기고 침울하는 처소·숨기고 침울하는 자 등의 오히려 이러한 숨기고 침울하는 것을 모두 얻을 수 없는데, 일체법으로써 얻을 수 없는 까닭입니다.

세존이시여. 만약 보살마하살이 이러한 일을 설하는 것을 듣고서 마음을 숨기지 않고 침울하지 않으며 놀라지 않고 두려워하지 않으며 근심하지 않고 후회하지도 않는다면, 이 보살마하살은 깊은 반야바라밀다를 수행한다고 마땅히 알 수 있습니다.

그 까닭은 무엇인가? 이 보살마하살은 일체법에서 '이것은 능히 숨기고 침울하게 한다. 이것은 숨기거나 침울하는 것이다. 이것은 숨기거나 침울하는 때이다. 이것은 숨기거나 침울하는 처소이다. 이것은 숨기거나 침울하는 자이다. 오히려 이것은 숨기거나 침울해진다.'라고 시설할 수 없고 모두 얻을 수도 없다고 관찰합니다. 오히려 이러한 인연으로 제보살마하살은 이와 같은 일을 듣더라도 마음을 숨기지 않고 침울하지 않으며 놀라지 않고 두려워하지 않으며 근심하지 않고 후회하지도 않습니다. 세존이시여. 만약 보살마하살이 매우 깊은 반야바라밀다를 이와 같이 수행한다면, 여러 천제석과 대범천왕 및 여러 세계의 주인들이 항상 예배하고 공경할 것입니다."

세존께서 말씀하셨다.

"선현이여. 만약 보살마하살이 매우 깊은 반야바라밀다를 이와 같이 수행하면, 다만 항상 여러 천제석과 대범천왕 및 여러 세계의 주인들에게 예배와 공경을 받는 것이 아니고, 이 보살마하살은 역시 이것을 초월하여 극광정천(極光淨天)·변정천(遍淨天)·광과천(廣果天)·정거천(淨居天) 및 나머지 천상의 대중들에게 예배와 공경을 받느니라.

선현이여. 이 보살마하살이 매우 깊은 반야바라밀다를 이와 같이 수행한다면, 역시 시방의 무량(無量)하고 무수(無數)이며 무변(無邊)한 세계의 일체 여래·응공·정등각들께 항상 호념(護念)하게 될 것이니라. 선현이여. 이 보살마하살이 매우 깊은 반야바라밀다를 이와 같이 수행한다면 반야바라밀다가 빠르게 원만하게 하고, 역시 정려·정진·안인·정계·보시바라밀다도 빠르게 원만하게 하느니라.

선현이여. 이 보살마하살이 매우 깊은 반야바라밀다를 이와 같이 수행한다면 내공을 빠르게 원만함을 증득하게 하고, 역시 외공·내외공·공공·대공·승의공·유위공·무위공·필경공·무제공·산공·무변이공·본성공·자상공·공상공·일체법공·불가득공·무성공·자성공·무성자성공도 빠르게 원만함을 증득하게 하느니라.

선현이여. 이 보살마하살이 매우 깊은 반야바라밀다를 이와 같이 수행한다면 진여를 빠르게 원만함을 증득하게 하고, 역시 법계·법성·불허망성·불변이성·평등성·이생성·법정·법주·실제·허공계·부사의계도 빠르게 원만함을 증득하게 하느니라. 선현이여. 이 보살마하살이 매우 깊은 반야바라밀다를 이와 같이 수행한다면 고성제를 빠르게 원만함을 증득하게 하고, 역시 집·멸·도성제도 빠르게 원만함을 증득하게 하느니라.

선현이여. 이 보살마하살이 매우 깊은 반야바라밀다를 이와 같이 수행한다면 4정려를 빠르게 원만함을 증득하게 하고, 역시 4무량과 4무색정도 빠르게 원만함을 증득하게 하느니라. 선현이여. 이 보살마하살이 매우 깊은 반야바라밀다를 이와 같이 수행한다면, 8해탈을 빠르게 원만함을 증득하게 하고 역시 8승처·9차제정·10변처도 빠르게 원만함을 증득하게 하느니라. 선현이여. 이 보살마하살이 매우 깊은 반야바라밀다를 이와 같이 수행한다면 4념주를 빠르게 원만함을 증득하게 하고, 역시 4정단·4신족·5근·5력·7등각지·8성도지도 빠르게 원만함을 증득하게 하느니라.

선현이여. 이 보살마하살이 매우 깊은 반야바라밀다를 이와 같이 수행한다면 공해탈문을 빠르게 원만함을 증득하게 하고, 역시 무상·무원해탈문도 빠르게 원만함을 증득하게 하느니라. 선현이여. 이 보살마하살이 매우 깊은 반야바라밀다를 이와 같이 수행한다면 극희지를 빠르게 원만함을 증득하게 하고, 역시 이구지·발광지·염혜지·극난승지·현전지·원행지·부동지·선혜지·법운지도 빠르게 원만함을 증득하게 하느니라.

선현이여. 이 보살마하살이 매우 깊은 반야바라밀다를 이와 같이 수행한다면 5안을 빠르게 원만하게 하고, 역시 6신통도 속히 원만하게 하느니라. 선현이여. 이 보살마하살이 매우 깊은 반야바라밀다를 이와 같이 수행한다면 여래의 10력을 빠르게 원만하게 하고, 역시 4무소외·4무애해·

대자·대비·대희·대사·18불불공법도 빠르게 원만하게 하느니라.

선현이여. 이 보살마하살이 매우 깊은 반야바라밀다를 이와 같이 수행한다면 무망실법을 빠르게 원만함을 증득하게 하고, 역시 항주사성도 빠르게 원만함을 증득하게 하느니라. 선현이여. 이 보살마하살이 매우 깊은 반야바라밀다를 이와 같이 수행한다면, 일체지를 빠르게 원만함을 증득하게 하고 역시 도상지와 일체상지도 빠르게 원만함을 증득하게 하느니라.

선현이여. 이 보살마하살이 매우 깊은 반야바라밀다를 이와 같이 수행한다면 일체의 다라니문을 빠르게 원만함을 증득하게 하고, 역시 일체의 삼마지문도 빠르게 원만함을 증득하게 하느니라. 선현이여. 이 보살마하살이 매우 깊은 반야바라밀다를 이와 같이 수행한다면 제불의 무상정등보리를 빠르게 원만함을 증득하게 하느니라. 선현이여. 이 보살마하살이 매우 깊은 반야바라밀다를 이와 같이 수행한다면 일체지지를 빠르게 원만함을 증득하게 하느니라.

다시 다음으로 선현이여. 만약 보살마하살이 매우 깊은 반야바라밀다를 이와 같이 수행한다면, 항상 제불께서 호념하시므로 일체의 공덕이 빠르게 능히 원만해질 것이고, 이 보살마하살은 여래의 처소에서 행할 것과 상응하여 행할 처소를 마땅히 알 수 있으므로 빠르게 무상정등보리를 증득하느니라.

선현이여. 마땅히 알아야 하느니라. 이 보살마하살은 그 마음이 견고하므로 가사 시방의 긍가사(殑伽沙) 등 세계의 유정들이 모두 변화하여 악마가 되었고 이 하나·하나의 악마가 다시 변화로 이와 같은 숫자의 악마를 지었으며, 이러한 여러 악마들이 모두 무량하고 무변한 신통력(神力)이 있더라도, 이 여러 악마들이 이 보살마하살에게 매우 깊은 반야바라밀다를 수행하는 것을 능히 장애하지 못하고, 역시 구하는 것의 무상정등보리를 증득할 수 없게 하지 못하느니라."

"다시 다음으로 선현이여. 만약 보살마하살이 두 가지의 법을 성취한다면 일체의 악마들이 능히 막거나 무너뜨릴 수 없고 능히 매우 깊은 반야바라밀다를 수행하지 못하게 하거나, 역시 구하는 것의 무상정등보리를 증득할 수 없게 하지 못하느니라. 무엇 등이 두 가지인가? 첫째는 제법은 모두 반드시 결국에는 공하다고 관찰하는 것이고, 둘째는 일체의 유정들을 버리지 않는 것이니라.

다시 다음으로 선현이여. 만약 보살마하살이 두 가지의 법을 성취한다면 일체의 악마들이 능히 막거나 무너뜨릴 수 없고 능히 매우 깊은 반야바라밀다를 수행하지 못하게 하거나, 역시 구하는 것의 무상정등보리를 증득할 수 없게 하지 못하느니라. 무엇 등이 두 가지인가? 첫째는 설하신 것과 같이 모두를 능히 짓는 것이고, 둘째는 제불에게 항상 호념되는 것이니라.

다시 다음으로 선현이여. 만약 보살마하살이 매우 깊은 반야바라밀다를 이와 같이 수행한다면 여러 천자(天子) 등이 항상 와서 예경하고 친근하게 공양하면서 청하여 묻고 권유(勸發)하면서 '선남자여. 그대가 구하는 것의 무상정등보리를 증득하려고 한다면 마땅히 정근하면서 공(空)·무상(無相)·무원(無願)에 안주해야 합니다. 왜 그러한가? 선남자여. 만약 정근하면서 공·무상·무원에 안주한다면 의지(依怙)할 것이 없는 자에게 마땅히 의지할 것을 지어 주고, 귀의(歸依)할 곳이 없는 자에게 마땅히 귀의할 것을 지어 주며, 구호(救護)할 것이 없는 자에게 구호할 것을 마땅히 지어 주고, 던져서 나아(投趣)갈 것이 없는 자에게 마땅히 던져서 나아갈 것을 지어 주며, 주저(洲渚)[1]가 없는 자에게 마땅히 주저가 되어주고, 방사와 집이 없는 자에게 마땅히 방사와 집이 되어주며, 어두운 자를 위하여 마땅히 광명이 되어주고, 장님을 위하여 마땅히 눈이 되어줍니다. 왜 그러한가? 선남자여. 이와 같이 공·무상·무원에 안주한다면 곧 매우 깊은 반야바라밀다에 안주하는 것이니, 만약 매우 깊은 반야바라밀다에 안주한다면 곧 능히 구하는 것의 무상정등보리를 빠르게 증득합니

1) 파도가 밀려와서 맞닿는 물가를 가리킨다.

다.'라고 말하느니라.

다시 다음으로 선현이여. 만약 보살마하살이 매우 깊은 반야바라밀다를 이와 같이 안주한다면 시방의 무량하고 무수이며 무변한 세계를 위하여 현재 제불의 처소에서 대중들의 가운데에서 자연(自然)스럽게 환희하면서 이 보살마하살의 명자(名字)와 종성(種姓) 및 여러 공덕을 칭찬(稱揚)하고 찬탄(讚歎)하는데 이를테면, 매우 깊은 반야바라밀다에 안주하는 수승한 공덕이니라.

선현이여. 마땅히 알아야 하느니라. 내가 지금 대중을 위하여 매우 깊은 반야바라밀다를 선설하고 대중들의 앞에서 자연스럽게 환희하면서 보당보살(寶幢菩薩)[2]·시기보살마하살(尸棄菩薩摩訶薩)[3] 등과 현재 부동불(不動佛)[4]의 처소에서 청정하게 범행(梵行)을 수행하고 깊은 반야바라밀다에 안주하는 보살마하살의 명자와 종성과 여러 공덕인 이를테면, 매우 깊은 반야바라밀다에 안주하는 수승한 공덕을 칭찬하고 찬탄하는 것과 같이, 현재 동방(東方)의 무량하고 무수이며 무변한 세계의 일체의 여래·응공·정등각께서도 대중을 위하여 매우 깊은 반야바라밀다를 선설하는데, 그곳에서 역시 있는 제보살마하살이 청정하게 범행(梵行)을 수행하고 반야바라밀다를 벗어나지 않으므로 그곳의 제여래·응공·정등각들께서도 각각 대중들의 앞에서 자연스럽게 환희하면서 그곳의 보살마하살의 명자와 종성과 여러 공덕인 이를테면, 매우 깊은 반야바라밀다에 안주하는 수승한 공덕을 칭찬하고 찬탄하시며, 남(南)·서(西)·북방(北方)과 사유(四維)[5]와 상(上)·하방(下方) 등도 역시 그와 같으니라.

선현이여. 마땅히 알아야 하느니라. 보살마하살이 있어서 초발심부터

2) 산스크리트어 Ratna-ketu-bodhisattva의 번역이다.

3) 산스크리트어 Sikhī-bodhisattva-mahasattva의 번역이다.

4) 산스크리트어 Akṣobhya-Buddha의 음사이다. 悲華經에 의거하면 아촉불(阿閦佛)의 다른 명호이고, 동방(東方)에 선쾌정토(善快淨土)를 세우고 현재 설법(說法)하신다고 한다.

5) 천지(天地)의 네 가지의 간방(間方)으로, 서북·서남·동북·동남의 네 방위를 가리킨다.

반야바라밀다를 수행한다면 점차로 대보리도(大菩提道)가 원만해져서 나아가 일체지지를 증득할 것이고, 역시 시방의 무량하고 무수이며 무변한 세계에서 현재의 제불께서 정법을 설하시는 때에 대중들에서 자연스럽게 환희하면서 그곳 보살마하살의 명자와 종성과 여러 공덕인 이를테면, 매우 깊은 반야바라밀다에 안주하는 수승한 공덕을 칭찬하고 찬탄하느니라. 그 까닭은 무엇인가? 선현이여. 이 보살마하살은 능히 어려운 일을 하므로, 부처의 종자가 끊어지지 않게 하고 일체의 유정들을 이익되고 안락하게 하느니라."

그때 구수 선현이 세존께 아뢰어 말하였다.

"세존이시여. 누구 등의 보살마하살이 제여래·응공·정등각들께서 정법을 설하시는 때에 대중들의 앞에서 자연스럽게 환희하면서 그곳의 보살마하살의 명자와 종성과 여러 공덕인 이를테면, 매우 깊은 반야바라밀다에 안주하는 수승한 공덕을 칭찬하고 찬탄하였다면, 퇴전위(退轉位)가 됩니까? 불퇴전위(不退轉位)가 됩니까?"

세존께서 선현에게 알리셨다.

"보살마하살이 불퇴전위에 안주하여 깊은 반야바라밀다를 수행하면서 제여래·응공·정등각들께서 정법을 설하시는 인연으로 대중들의 앞에서 자연스럽게 명자와 종성과 여러 공덕을 칭찬받고 찬탄받는 자도 있고, 다시 보살마하살이 아직 수기(受記)는 받지 못하였으나 반야바라밀다를 수행하면서 역시 제여래·응공·정등각들께서 정법을 설하시는 인연으로 대중들의 앞에서 자연스럽게 명자와 종성과 여러 공덕을 칭찬받고 찬탄받는 자도 있느니라."

구수 선현이 다시 세존께 아뢰어 말하였다.

"이렇게 말하여지는 자이었던 이 자는 어느 보살입니까?"

세존께서 말씀하셨다.

"선현이여. 보살마하살이 있어서 부동불께서 보살이 되셨던 때에 수행하던 것을 따라서 수학하여서 이미 불퇴전위에 안주하였다면, 이 보살마하살은 제여래·응공·정등각께서 정법을 설하시는 인연으로 대중들의 앞에서 자연스럽게 명자와 종성과 여러 공덕을 칭찬받고 찬탄받게 되느니라. 다시 보살마하살이 있어서 보당보살과 시기보살마하살께서 수행하던 것을 따라서 수학하여 이미 불퇴전위에 안주하였다면, 이 보살마하살은 아직 수기는 받지 못하였으나 반야바라밀다를 수행하면서 역시 제여래·응공·정등각께서 정법을 설하시는 인연으로 대중들의 앞에서 자연스럽게 명자와 종성과 여러 공덕을 칭찬받고 찬탄받게 되느니라.

다시 다음으로 선현이여. 보살마하살이 있어서 깊은 반야바라밀다를 행하면서 일체법의 생겨남이 없는(無生) 자성의 가운데에서 깊이 신해(信解)하였으나 무생법인(無生法忍)은 증득하지 못하였고, 깊은 반야바라밀다에서 깊이 신해하였으나 역시 무생법인을 증득하지 못하였으며, 일체법이 반드시 결국에는 공성(空性)이라고 신해하였으나 역시 무생법인을 증득하지 못하였고, 일체법이 모두가 적정한 자성이라고 신해하였으나 역시 무생법인을 증득하지 못하였으며, 일체법이 모두가 멀리 벗어난 자성이라고 신해하였으나 역시 무생법인을 증득하지 못하였고, 일체법이 모두가 무소유의 자성이라고 신해하였으나 역시 무생법인을 증득하지 못하였으며, 일체법이 자재(自在)하지 않은 자성이라고 신해하였으나 역시 무생법인을 증득하지 못하였고, 일체법이 견실(堅實)하지 않은 자성이라고 신해하였으나 역시 무생법인을 증득하지 못하였을지라도, 선현이여. 이와 같은 보살마하살 등은 제여래·응공·정등각께서 정법을 설하시는 인연으로 대중들의 앞에서 자연스럽게 명자와 종성과 여러 공덕을 칭찬받고 찬탄받게 되느니라.

선현이여. 만약 보살마하살이 제여래·응공·정등각께서 정법을 설하시는 인연으로 대중들의 앞에서 자연스럽게 명자와 종성과 여러 공덕을 칭찬받고 찬탄을 받았다면, 이 보살마하살은 성문지와 독각지를 초월하고 결정적으로 무상정등보리를 증득하느니라. 선현이여. 만약 보살마하살이 제여래·응공·정등각께서 정법을 설하시는 인연으로 대중들의 앞에서 자연스럽게 명자와 종성과 여러 공덕을 칭찬받고 찬탄을 받았다면, 이 보살마하살은 결정적으로 불퇴전지에 안주하고, 이 지위에 안주하고서 반드시 마땅하게 일체지지를 증득하느니라.

다시 다음으로 선현이여. 만약 보살마하살이 이와 같은 매우 깊은 반야바라밀다를 듣고서 마음에 의혹(疑惑)이 없고 미민(迷悶)[6]하지 않으면서 '여래께서 깊은 반야바라밀다를 설하신 것과 같이 그 이치는 반드시 그러하므로 전도(顚倒)가 없다.'라고 다만 이렇게 생각을 지었다면, 이 보살마하살은 반야바라밀다에서 깊이 청정한 신심이 생겨나서 점차로 마땅하게 부동불의 처소와 제보살마하살의 처소에서 반야바라밀다를 널리 들으면서 그 의취(義趣)에서 깊은 신해가 생겨나고, 깊은 신해가 생겨났다면 마땅히 불퇴전지를 증득하여 안주하며, 이러한 불퇴전지에 안주한다면 결정적으로 마땅하게 일체지지를 증득하느니라.

선현이여. 만약 보살마하살이 다만 이와 같은 매우 깊은 반야바라밀다를 듣고서 비방(誹謗)이 생겨나지 않는다면 오히려 수승한 선근을 많이 획득(獲得)하는데, 하물며 신해(信解)하고 수지(受持)하며 독송(讀誦)하고 진여(眞如)의 이치에 의지하여 마음을 얽어매고 사유(思惟)하며 진여에 안주하여 정근(精勤)하면서 수학(修學)하는 것이겠는가! 이 제보살마하살은 빠르게 불퇴전지에 안주하고, 무상정등보리를 빠르게 증득하느니라."

그때 구수 선현이 세존께 아뢰어 말하였다.

"세존이시여. 제법의 실제의 자성(實性)은 모두가 얻을 수 없는데, 어찌 보살마하살이 진여에 안주하여 정근하면서 수학하고, 빠르고 마땅하게 불퇴전지에 안주하며, 무상정등보리를 빠르게 증득한다고 말합니까?"

세존께서 말씀하셨다.

"선현이여. 여래가 변화시켰던 자가 진여에 안주하여 제보살마하살의 행을 수학하고, 빠르고 마땅하게 불퇴전지에 안주하며, 제유정들을 위하여 정법을 선설(宣說)하는 것과 같이, 제보살마하살도 역시 그와 같아서

---

6) 혼란스럽고 식별하기 어려운 상태를 가리킨다.

진여에 안주하여 제보살마하살의 행을 수행하고, 빠르고 마땅하게 불퇴전지에 안주하며, 무상정등보리를 빠르게 증득하느니라."

구수 선현이 다시 세존께 아뢰어 말하였다.

"세존이시여. 여래께서 변화시켰던 자는 모두 무소유이고, 법이 진여를 벗어났다면 또한 얻을 수 없는데, 누가 진여에 안주하여 제보살마하살의 행을 수행하고, 빠르고 마땅하게 불퇴전지에 안주하며, 무상정등보리를 빠르게 증득하고서 제유정들에게 정법을 선설하겠습니까? 세존이시여. 진여도 오히려 얻을 수 없는데, 하물며 진여에 안주하여 보살의 행을 수행하고, 빠르고 마땅하게 불퇴전지에 안주하며, 무상정등보리를 빠르게 증득하고서 제유정들에게 정법을 선설하겠습니까? 이것이 만약 진실하게 있더라도 이러한 처소는 없습니다."

세존께서 말씀하셨다.

"선현이여. 그와 같으니라. 그와 같으니라. 그대가 말한 것과 같이 여래가 변화시켰던 자는 모두 무소유이고, 법이 진여를 벗어났다면 또한 얻을 수 없는데, 누가 진여에 안주하여 제보살마하살의 행을 수행하고, 빠르고 마땅하게 불퇴전지에 안주하며, 무상정등보리를 빠르게 증득하고서 제유정들에게 정법을 선설하겠는가? 선현이여. 진여도 오히려 얻을 수 없는데, 하물며 진여에 안주하여 보살의 행을 수행하고, 빠르고 마땅하게 불퇴전지에 안주하며, 무상정등보리를 빠르게 증득하고서 제유정들에게 정법을 선설하겠는가? 이것이 만약 진실하게 있더라도 이러한 처소는 없느니라.

그 까닭은 무엇인가? 선현이여. 만약 여래가 세상에 출현(出世)하였거나, 만약 세상에 출현하지 않았거나, 제법의 법이 그와 같아서 진여(眞如)·법계(法界)·법성(法性)·불허망성(不虛妄性)·불변이성(不變異性)·평등성(平等性)·이생성(離生性)·법정(法定)·법주(法住)·실제(實際)·허공계(虛空界)·부사의계(不思議界)를 벗어나지 않느니라.

선현이여. 진여에 안주하여 보살의 행을 수행하고, 빠르고 마땅하게 불퇴전지에 안주하며, 무상정등보리를 빠르게 증득하고서 제유정들에게 정법을 설하는 자는 결정적으로 없느니라. 왜 그러한가? 선현이여. 제법의 진여는 생겨남도 없고 소멸함도 없으며 역시 머무르거나 다른 것을 적은 부분이라도 얻을 수 없느니라. 선현이여. 제법의 진여는 생겨남도 없고 소멸함도 없으며 역시 머무르거나 다른 것을 적은 부분이라도 얻을 수 없다면, 누가 그 가운데에서 안주하여 제보살마하살의 행을 수행하고, 빠르고 마땅하게 불퇴전지에 안주하며, 무상정등보리를 빠르게 증득하고서 제유정들에게 정법을 선설하겠는가? 이것이 만약 진실하게 있더라도 이러한 처소는 없느니라."

그때 천제석이 세존께 아뢰어 말하였다.

"세존이시여. 이와 같은 반야바라밀다는 미묘하고 매우 깊으며 신해하기가 지극하게 어렵습니다. 제보살마하살은 깊은 반야바라밀다를 수행하면서 비록 제법은 모두 얻을 수 없다고 알았더라도 무상정등보리를 구하는 것은 매우 어려운 일입니다. 왜 그러한가? 세존이시여. 진여에 제보살마하살의 행을 수행하고, 빠르고 마땅하게 불퇴전지에 안주하며, 무상정등보리를 빠르게 증득하고서 제유정들에게 정법을 설하는 일은 결정적으로 없더라도, 제보살마하살이 깊은 반야바라밀다를 수행하면서 일체법은 모두가 무소유라고 관찰한다면 깊은 법성(法性)에서 마음이 침울하거나 가라앉지도 않고 두려워하지 않으며 놀라지도 않고 의심함이 없으며 막힘도 없는데, 이와 같은 일 등은 매우 희유합니다."

그때 구수 선현이 천제석에게 말하였다.

"교시가(憍尸迦)여. 그대가 '제보살마하살이 깊은 반야바라밀다를 수행하면서 일체법은 모두가 무소유라고 관찰한다면 깊은 법성(法性)에서 마음이 침울하거나 가라앉지도 않고 두려워하지 않으며 놀라지도 않고 의심함이 없으며 막힘도 없는데, 이와 같은 일 등은 매우 희유하다.'라고 말하는 것과 같다면, 교시가여. 제보살마하살은 깊은 반야바라밀다를 행하면서 일체법은 모두가 공(空)하지 않는 것이 없다고 관찰해야 합니다.

이를테면, 일체의 색법(色法)이 공하고 무색법(無色法)도 역시 공하다고 관찰해야 하며, 일체의 견법(見法)이 공하고 일체의 무견법(無見法)도 역시 공하다고 관찰해야 하며, 일체의 대법(對法)이 공하고 무대법(無對法)도 역시 공하다고 관찰해야 하며, 일체의 유루법(有漏法)이 공하고 무루법(無漏法)도 역시 공하다고 관찰해야 하며, 일체의 유위법(有爲法)이 공하고 무위법(無爲法)도 역시 공하다고 관찰해야 합니다.

일체의 세간법(世間法)이 공하고 출세간법(出世間法)도 역시 공하다고 관찰해야 하며, 일체의 적정법(寂靜法)이 공하고 부적정법(不寂靜法)도 역시 공하다고 관찰해야 하며, 일체의 원리법(遠離法)이 공하고 불원리법(不遠離法)도 역시 공하다고 관찰해야 하며, 일체의 과거법(過去法)이 공하고 미래법(未來法)·현재법(現在法)도 역시 공하다고 관찰해야 하며, 일체의 선법(善法)이 공하고 불선법(不善法)·무기법(無記法)도 역시 공하다고 관찰해야 합니다.

일체의 욕계법(欲界法)이 공하고 색계법(色界法)·무색계법(無色界法)도 역시 공하다고 관찰해야 하며, 일체의 유학법(有學法)이 공하고 무학법(無學法)·비학법(非學法)·비무학법(非無學法)도 역시 공하다고 관찰해야 하며, 일체의 견소단법(見所斷法)이 공하고 수소단법(修所斷法)·비소단법(非所斷法)도 역시 공하다고 관찰해야 하며, 일체의 유법(有法)이 공하고 무법(無法)·비유비무법(非有非無法)도 역시 공하다고 관찰해야 합니다.

교시가여. 제보살마하살이 깊은 반야바라밀다를 수행하면서 이와 같은 등의 일체법이 공하고 제법의 공한 가운데서 모두 무소유라고 관찰한다면, 누가 침울하거나 가라앉고 두려워하며 놀라고 의심하며 막히겠습니까? 이러한 까닭으로 교시가여. 제보살마하살은 깊은 반야바라밀다를 수행하면서 깊은 법성에서 마음이 침울하거나 가라앉지도 않고 두려워하지 않으며 놀라지도 않고 의심함이 없으며 막힘이 없나니, 희유한 것은 아닙니다."

이때 천제석이 선현에게 알려 말하였다.

"존자께서 말하신 것은 모두가 공에 의지한 것입니다. 이러한 까닭으로 설하는 것은 항상 장애(罣礙)가 없습니다. 비유한다면 화살로써 허공을 향하여 쏘았다면 만약 가깝거나, 만약 멀었더라도 모두 장애가 없는 것과 같이, 존자께서 설하신 것도 역시 다시 그와 같습니다."

58. 촉루품(囑累品)(1)

그때 천제석이 세존께 아뢰어 말하였다.

"세존이시여. 제가 이와 같이 말하고 이와 같이 찬탄하며 이와 같이 수기하였다면, 여래·응공·정등각의 법어(法語)와 율어(律語)에 수순하는 것이며, 법에서 법을 수순한다면 전도(顚倒)가 없는 수기(受記)입니까?"

세존께서 말씀하셨다.

"교시가여. 그대가 이와 같이 말하고 이와 같이 찬탄하며 이와 같이 수기한다면 진실로 여래·응공·정등각의 법어와 율어에 수순하는 것이고, 법에서 법을 수순한다면 전도가 없는 수기이니라."

그때 천제석이 다시 세존께 아뢰어 말하였다.

"희유하십니다. 세존이시여. 대덕(大德)이신 선현께서 여러 설하는 것이 있다면 모두 공·무상·무원에 의지하지 않는 것이 없고, 대덕이신 선현께서 여러 설하는 것이 있다면 모두 4념주·4정단·4신족·5근·5력·7등각지·8성도지에 의지하지 않는 것이 없으며, 대덕이신 선현께서 여러 설하는 것이 있다면 모두 4정려·4무량·4무색정에 의지하지 않는 것이 없고, 대덕이신 선현께서 여러 설하는 것이 있다면 모두 8해탈·8승처·9차제정·10변처에 의지하지 않는 것이 없습니다.

대덕이신 선현께서 여러 설하는 것이 있다면 모두 보시·정계·안인·정진·정려·반야바라밀다에 의지하지 않는 것이 없고, 대덕이신 선현께서 여러 설하는 것이 있다면 모두 내공·외공·내외공·공공·대공·승의공·유위공·무위공·필경공·무제공·산공·무변이공·본성공·자상공·공상공·

일체법공·불가득공·무성공·자성공·무성자성공에 의지하지 않는 것이 없으며, 대덕이신 선현께서 여러 설하는 것이 있다면 모두 진여·법계·법성·불허망성·불변이성·평등성·이생성·법정·법주·실제·허공계·부사의계에 의지하지 않는 것이 없습니다.

대덕이신 선현께서 여러 설하는 것이 있다면 모두 고·집·멸·도성제에 의지하지 않는 것이 없고, 대덕이신 선현께서 여러 설하는 것이 있다면 모두 5안·6신통에 의지하지 않는 것이 없으며, 대덕이신 선현께서 여러 설하는 것이 있다면 모두 일체의 다라니문·일체의 삼마지문에 의지하지 않는 것이 없고, 대덕이신 선현께서 여러 설하는 것이 있다면 모두 여래의 10력·4무소외·4무애해·대자·대비·대희·대사·18불불공법에 의지하지 않는 것이 없으며, 대덕이신 선현께서 여러 설하는 것이 있다면 모두 무망실법·항주사성에 의지하지 않는 것이 없습니다.

대덕이신 선현께서 여러 설하는 것이 있다면 모두 일체지·도상지·일체상지에 의지하지 않는 것이 없으며, 대덕이신 선현께서 여러 설하는 것이 있다면 모두 일체의 보살마하살의 행에 의지하지 않는 것이 없고, 대덕이신 선현께서 여러 설하는 것이 있다면 모두 제불의 무상정등보리에 의지하지 않는 것이 없습니다."

그때 세존께서 천제석에게 알려 말씀하였다.

"교시가여. 구수 선현이 공에 안주(安住)하는 까닭으로 '보시바라밀다를 오히려 얻을 수 없는데, 하물며 보시바라밀다를 수행하는 자가 있겠는가?'라고 관찰하고, '정계·안인·정진·정려·반야바라밀다를 오히려 얻을 수 없는데, 하물며 정계·안인·정진·정려·반야바라밀다를 수행하는 자가 있겠는가?'라고 관찰하느니라.

구수 선현이 공에 안주하는 까닭으로 '4념주를 오히려 얻을 수 없는데, 하물며 4념주를 수행하는 자가 있겠는가?'라고 관찰하고, '4정단·4신족·5근·5력·7등각지·8성도지를 오히려 얻을 수 없는데, 하물며 4정단, 나아가 8성도지를 수행하는 자가 있겠는가?'라고 관찰하느니라. 구수 선현이 공에 안주하는 까닭으로 '4정려를 오히려 얻을 수 없는데, 하물며 4정려를 수행하는 자가 있겠는가?'라고 관찰하고, '4무량·4무색정을 오히려 얻을 수 없는데, 하물며 4무량·4무색정을 수행하는 자가 있겠는가?'라고 관찰하느니라.

구수 선현이 공에 안주하는 까닭으로 '8해탈을 오히려 얻을 수 없는데, 하물며 8해탈을 수행하는 자가 있겠는가?'라고 관찰하고, '8승처·9차제정·10변처를 오히려 얻을 수 없는데, 하물며 8승처·9차제정·10변처를 수행하는 자가 있겠는가?'라고 관찰하느니라. 구수 선현이 공에 안주하는 까닭으로 '내공을 오히려 얻을 수 없는데, 하물며 내공을 증득하는 자가 있겠는가?'라고 관찰하고, 외공·내외공·공공·대공·승의공·유위공·무위공·필경공·무제공·산공·무변이공·본성공·자상공·공상공·일체법공·불가득공·무성공·자성공·무성자성공을 오히려 얻을 수 없는데, 하물며 외공, 나아가 무성자성공을 증득하는 자가 있겠는가?'라고 관찰하느니라.

구수 선현이 공에 안주하는 까닭으로 '진여를 오히려 얻을 수 없는데, 하물며 진여를 증득하는 자가 있겠는가?'라고 관찰하고, '법계·법성·불허망성·불변이성·평등성·이생성·법정·법주·실제·허공계·부사의계를 오히려 얻을 수 없는데, 하물며 법계, 나아가 부사의계를 증득하는 자가 있겠는가?'라고 관찰하느니라. 구수 선현이 공에 안주하는 까닭으로 '고성제를 오히려 얻을 수 없는데, 하물며 고성제를 증득하는 자가 있겠는가?'라고 관찰하고, 집·멸·도성제를 오히려 얻을 수 없는데, 하물며 집·멸·도성제를 증득하는 자가 있겠는가?'라고 관찰하느니라.

구수 선현이 공에 안주하는 까닭으로 '공해탈을 오히려 얻을 수 없는데, 하물며 공해탈을 수행하는 자가 있겠는가?'라고 관찰하고, '무상·무원해탈문을 오히려 얻을 수 없는데, 하물며 무상·무원해탈문을 수행하는 자가 있겠는가?'라고 관찰하느니라. 구수 선현이 공에 안주하는 까닭으로 '5안을 오히려 얻을 수 없는데, 하물며 5안을 수행하는 자가 있겠는가?'라고 관찰하고, 6신통을 오히려 얻을 수 없는데, 하물며 6신통을 수행하는 자가 있겠는가?'라고 관찰하느니라.

구수 선현이 공에 안주하는 까닭으로 '일체의 다라니문을 오히려 얻을 수 없는데, 하물며 일체의 다라니문을 수행하는 자가 있겠는가?'라고 관찰하고, '일체의 삼마지문을 오히려 얻을 수 없는데, 하물며 일체의 삼마지문을 수행하는 자가 있겠는가?'라고 관찰하느니라. 구수 선현이 공에 안주하는 까닭으로 '여래의 10력을 오히려 얻을 수 없는데, 하물며 여래의 10력을 수행하는 자가 있겠는가?'라고 관찰하고, 4무소외·4무애해·대자·대비·대희·대사·18불불공법을 오히려 얻을 수 없는데, 하물며 4무소외, 나아가 18불불공법을 수행하는 자가 있겠는가?'라고 관찰하느니라.

구수 선현이 공에 안주하는 까닭으로 '무망실법을 오히려 얻을 수 없는데, 하물며 무망실법을 수행하는 자가 있겠는가?'라고 관찰하고, '항주사성을 오히려 얻을 수 없는데, 하물며 항주사성을 수행하는 자가 있겠는가?'라고 관찰하느니라. 구수 선현이 공에 안주하는 까닭으로 '일체지를 오히려 얻을 수 없는데, 하물며 일체지를 수행하는 자가 있겠는가?'라고 관찰하고, 도상지·일체상지를 오히려 얻을 수 없는데, 하물며 도상지·일체상지를 수행하는 자가 있겠는가?'라고 관찰하느니라.

구수 선현이 공에 안주하는 까닭으로 '일체의 보살마하살의 행을 오히려 얻을 수 없는데, 하물며 일체의 보살마하살의 행을 수행하는 자가 있겠는가?'라고 관찰하느니라. 구수 선현이 공에 안주하는 까닭으로 '제불의 무상정등보리를 오히려 얻을 수 없는데, 하물며 제불의 무상정등보리를 증득하는 자가 있겠는가?'라고 관찰하느니라. 구수 선현이 공에 안주하는 까닭으로 '제여래(諸如來)를 오히려 얻을 수 없는데, 하물며 법륜(法輪)을 굴리는 자가 있겠는가?'라고 관찰하느니라.

구수 선현이 공에 안주하는 까닭으로 '생멸법(生滅法)을 오히려 얻을 수 없는데, 하물며 생멸이 없는 것을 증득하는 자가 있겠는가?'라고 관찰하느니라. 구수 선현이 공에 안주하는 까닭으로 '32상(相)과 80수호(隨好)를 오히려 얻을 수 없는데, 하물며 이러한 상호(相好)의 색신(色身)을 구족한 자가 있겠는가?'라고 관찰하느니라.

왜 그러한가? 교시가여. 구수 선현이 일체법에서 멀리 벗어남(遠離)의 머무름에 안주하였고 적정(寂靜)함의 머무름에 안주하였으며 얻을 수 없음(無所得)의 머무름에 안주하였고 공(空)의 머무름에 안주하였으며 무상(無相)의 머무름에 안주하였고 무원(無願)의 머무름에 안주하였느니라. 교시가여. 구수 선현은 일체법에서 이와 같은 등의 무량하고 수승한 머무름에 안주하였느니라.

교시가여. 선현이 안주한 것을 제보살마하살이 안주하였던 반야바라밀다의 최고로 수승한 수행의 안주와 비교한다면, 백분의 일에도 미치지 못하고, 천분의 일에도 미치지 못하며, 백천 분의 일에도 미치지 못하고, 구지(俱胝) 분의 일에도 미치지 못하며, 백구지 분의 일에도 미치지 못하고, 천구지 분의 일에도 미치지 못하며, 백천 구지 분의 일에도 미치지 못하고, 나유타(那庾多) 분의 일에도 미치지 못하며, 백 나유타 분의 일에도 미치지 못하고, 천나유타 분의 일에도 미치지 못하며, 백천 나유타 분의 일에도 미치지 못하고, 수(數分)·계분(計分)·산분(算分)·유분(喩分), 나아가 오파니살담(鄔波尼薩曇) 분의 일에도 미치지 못하느니라.

왜 그러한가? 교시가여. 여래의 안주를 제외하고서 이 제보살마하살들이 반야바라밀다에 안주하였던 것이 최고로 수승한 수행의 안주이고, 여러 성문과 독각 등의 안주보다 최고가 되고 수승해지며 길(長)게 되고 존귀하게 되며 묘(妙)하게 되고 미묘(微妙)하게 되며 위(上)가 되고 무상(無上)이 되느니라.

이러한 까닭으로써 교시가여. 만약 보살마하살이 일체 유정의 위에 안주하려고 하는 자는 마땅히 반야바라밀다의 최고로 수승한 수행의 머무름에 안주해야 하느니라. 왜 그러한가? 교시가여. 제보살마하살이 반야바라밀다의 최고로 수승한 수행의 머무름에 안주한다면 여러 성문과 독각 등의 지위를 초월하여 보살의 정성이생(正性離生)을 증득하고 들어가고 빠르게 능히 일체의 불법이 원만해져서 여러 번뇌와 상속(相續)하는 습기(習氣)를 끊고서 무상정등보리를 빠르게 증득하므로 여래·응공·정등각이라는 명호를 얻게 되고, 원만한 일체지지를 성취하느니라."

그때 회중(會中)에 있었던 무량하고 무수인 33천(三十三天)들이 환희(歡喜)하고 용약(踊躍)하면서 천상(天上)의 미묘한 음화(音花)를 취하여 여래와 비구들에게 받들어 흩뿌렸다. 이때 대중 안의 6천(六千) 비구는 자리에서 일어나서 왼쪽 어깨를 덮고서 오른쪽 무릎을 땅에 꿇고 세존을 향하여 합장하였는데, 세존의 신력(神力)을 까닭으로 각자 손바닥의 안에서 미묘한 음화가 자연스럽게 가득히 채워졌으므로 이 여러 비구들은 환희하고 용약하면서 미증유(未曾有)를 얻었으며, 각자 이 꽃으로써 여래·응공·정등각께 받들어 흩뿌렸다.

이미 세존께 흩뿌리고서 함께 서원하여 말하였다.

"저희들은 이러한 수승한 선근의 힘을 수용하여 항상 성문의 처소에서 능히 안주할 수 없는 것인 매우 깊은 반야바라밀다의 최고로 수승한 수행의 머무름에 항상 안주하여 빠르게 무상정등보리에 나아가서 여러 성문지이거나 독각지를 초월하게 하십시오."

그때 세존께서는 여러 비구들의 마음과 행(心行)이 청정하고 하얗다고 아시고서 곧 미소를 지으셨다. 여래의 상법(常法)과 같이, 미소를 지으시는 때에 여러 종류의 색깔인 광명(光明)이 입으로부터 솟아나는데 이를테면, 청(靑)·황(黃)·적(赤)·백(白)·홍(紅)·표(縹)[7] 등의 광명이었으며, 이 삼천대천의 여래(如來) 세계를 두루 비추고서 돌아왔고, 불신(佛身)을 세 번을 돌았으며, 정수리를 좇아서 들어갔다. 구수 경희(慶喜)[8]는 곧 자리에서 일어나서 세존께 예경하고 합장하고 아뢰어 말하였다.

"세존이시여. 무슨 인연으로 이러한 미소를 나타내십니까? 제불께서는 인연이 없다면 미소를 나타내지 않습니다. 원하옵건대 여래께서는 애민하게 생각하시어 설하여 주십시오."

세존께서 경희에게 말씀하셨다.

"이렇게 수승한 서원을 일으킨 6천의 비구는 미래의 세상인 성유겁(星喩劫)의 가운데에서 마땅히 무상정등보리를 증득할 것이고, 모두 동일하게

---

7) '옥색(玉色)' 또는 '청백색(靑白色)' 등을 가리킨다.

8) 아난존자를 한역하여 부르는 말이다.

산화(山花) 여래·응공·정등각·명행원만·무상장부·조어사·천인사·불박가범이라고 명호(名號)할 것이니라. 그 제여래·응공·정등각과 비구의 제자들과 불국토의 수량(壽量)은 모두 가지런하게 동등하여 천 년(千歲)을 받을 것이고, 이 제여래·응공·정등각들께서는 처음으로 출생하시어 출가하시고 더불어 성불하시고서, 머무시는 처소라는 것을 따라서 만약 낮이거나 만약 밤이라도 항상 다섯 색깔의 미묘한 음화를 뿌리실 것이니, 이러한 인연의 까닭으로써 내가 미소를 지었느니라.

경희여. 마땅히 알아야 하느니라. 만약 보살마하살이 최고로 수승한 머무름에 안주하려고 한다면, 마땅히 반야바라밀다를 수학해야 하느니라. 경희여. 마땅히 알아야 하느니라. 만약 보살마하살이 여래의 머무름에 안주하려고 한다면, 마땅히 반야바라밀다를 수학해야 하느니라.

경희여. 마땅히 알아야 하느니라. 만약 선남자와 선여인 등이 매우 깊은 반야바라밀다를 정근하면서 수학한다면, 이 선남자와 선여인 등은 이전의 세상인 혹은 인간에서 죽고서 오히려 이 처소에서 태어났거나, 혹은 도사다천에서 죽고서 인간에 와서 태어났는데, 그들은 이전 세상인 혹은 인간의 가운데에 있었거나, 혹은 다시 천상에서 오히려 매우 깊은 반야바라밀다를 널리 얻어서 들었으므로, 능히 지금의 생(生)에서 매우 깊은 반야바라밀다를 정근하면서 수학하는 것이니라. 경희여. 마땅히 알아야 하느니라. 여래는 현재에도 매우 깊은 반야바라밀다를 정근하면서 수학하면서 몸과 목숨을 돌보지 않는 자를 보고 있는데, 그 사람은 결정적으로 대보살이니라.

다시 다음으로 경희여. 만약 선남자와 선여인 등이 이와 같이 매우 깊은 반야바라밀다를 애락(愛樂)하면서 수지하고 독송하며 구경에 이치를 통달하고 이치와 같이 사유하며 보살승(菩薩乘)의 선남자와 선여인 등에게 선설하고 보여주고 경계하며 교수한다면, 그 사람은 대보살이고 일찍이 과거에서 여래·응공·정등각들께 친근하면서 이와 같이 매우 깊은 반야바라밀다의 설법을 들었고 듣고서 애락하면서 수지하고 독송하며 구경에 이치를 통달하고 이치와 같이 사유하며 다른 사람을 위하여 널리 선설하였던 까닭으로 금생에도 능히 이러한 일을 성취한다고 마땅히 알아야 하느니라.

경희여. 마땅히 알아야 하느니라. 그 선남자와 선여인 등은 일찍이 과거에 무량한 여래의 처소에서 많은 선근을 심었던 까닭으로 금생에도 능히 이러한 일을 성취하느니라. 그 선남자와 선여인 등은 '나는 이전부터 성문이나 독각을 쫓아서 이와 같이 매우 깊은 반야바라밀다를 들은 것이 아니고, 결정적으로 여래·응공·정등각들께 이와 같이 매우 깊은 반야바라밀다를 들었을 것이다. 나는 이전부터 성문이나 독각들에게 여러 종류의 선근을 심은 것이 아니고, 결정적으로 여래·응공·정등각들께 여러 종류의 선근을 심었을 것이다. 오히려 이러한 인연으로 지금 이러한 매우 깊은 반야바라밀다를 듣고서 애락하면서 수지하고 독송하며 구경에 이치를 통달하고 이치와 같이 사유하며 다른 사람을 위하여 널리 선설하면서 능히 싫증이 없는 것이다.'라고 상응하여 이렇게 생각을 짓느니라.

경희여. 마땅히 알아야 하느니라. 만약 선남자와 선여인 등이 이와 같은 매우 깊은 반야바라밀다를 애락하면서 수지하고 독송하며 구경에 이치를 통달하고 이치와 같이 사유하면서, 뜻에서, 법에서, 깊은 의취(義趣)에서 수순하며 수행한다면, 이 선남자와 선여인 등은 곧 현재에서 여래·응공·정등각을 볼 수 있을 것이니라. 경희여. 마땅히 알아야 하느니라. 만약 선남자와 선여인 등이 이와 같은 매우 깊은 반야바라밀다의 설법을 듣고서 깊은 마음으로 믿고 받아들이면서 헐뜯지도 않고 비방하지도 않으며 무너뜨리지도 않는다면, 이 선남자와 선여인 등은 이미 일찍이 무량한 제불께 공양하였고, 제불의 처소에서 많은 종류의 선근을 심었으며, 역시 무량한 착한 벗에게 섭수되었던 것이니라.

경희여. 마땅히 알아야 하느니라. 만약 선남자와 선여인 등이 여래·응공·정등각의 수승한 복전(福田)의 처소에서 여러 종류의 선근을 심었다면 비록 결정적으로 마땅히 성문과를 증득하거나, 독각과를 증득하거나 여래과를 증득할지라도, 무상정등보리를 증득하려고 한다면, 반드시 이와 같은 매우 깊은 반야바라밀다를 잘 이해해야 하고 장애가 없으면서 보시바라밀다를 수행해야 하고 정계·안인·정진·정려·반야바라밀다를 수행해야 하며, 내공에 안주해야 하고 외공·내외공·공공·대공·승의공·유위공·무위공·필경공·무제공·산공·무변이공·본성공·자상공·공상공·일체법공·불가득공·무성공·자성공·무성자성공에 안주해야 하며, 진여에 안주해야 하고 법계·법성·불허망성·불변이성·평등성·이생성·법정·법주·실제·허공계·부사의계에 안주해야 하며, 고성제에 안주해야 하고 집·멸·도성제에 안주해야 하며, 4념주를 수행해야 하고 4정단·4신족·5근·5력·7등각지·8성도지를 수행해야 하며, 4정려를 수행해야 하고 4무량·4무색정을 수행해야 하며, 8해탈을 수행해야 하고 8승처·9차제정·10변처를 수행해야 하며, 공해탈문을 수행해야 하고 무상·무원해탈문을 수행해야 하며, 5안을 수행해야 하고 6신통을 수행해야 하며, 여래의 10력을 수행해야 하고 4무소외·4무애해·대자·대비·대희·대사·18불불공법을 수행해야 하며, 무망실법을 수행해야 하고 항주사성을 수행해야 하며, 일체의 다라니문을 수행해야 하고 일체의 삼마지문을 수행해야 하며, 일체지를 수행해야 하고 도상지와 일체상지를 수행하면서 원만함을 얻어야 하느니라.

경희여. 마땅히 알아야 하느니라. 만약 보살마하살이 이와 같은 매우 깊은 반야바라밀다를 잘 이해하고 장애가 없으면서 보시바라밀다를 수행하고 정계·안인·정진·정려·반야바라밀다를 수행하며, 내공에 안주하고 외공·내외공·공공·대공·승의공·유위공·무위공·필경공·무제공·산공·무변이공·본성공·자상공·공상공·일체법공·불가득공·무성공·자성공·무성자성공에 안주하며, 진여에 안주하고 법계·법성·불허망성·불변이성·평등성·이생성·법정·법주·실제·허공계·부사의계에 머무르며, 고성제에 안주하고 집·멸·도성제에 안주하며, 4념주를 수행하고 4정단·4신족·5근·5력·7등각지·8성도지를 수행하며, 4정려를 수행하고 4무량·4무색정을 수행하며, 8해탈을 수행하고 8승처·9차제정·10변처를 수행하며, 공해탈문을 수행하고 무상·무원해탈문을 수행하며, 5안을 수행하고 6신통을 수행하며, 여래의 10력을 수행하고 4무소외·4무애해·대자·대비·대희·대사·18불불공법을 수행하며, 무망실법을 수행하고 항주사성을 수행하며, 일체의 다라니문을 수행하고 일체의 삼마지문을 수행하며, 일체지를 수행하고 도상지·일체상지를 수행하여 원만하게 하였는데, 이 보살마하살이 무상정등보리를 증득하지 못하고, 성문지·독각지에 안주하는 것이라는 이러한 처소는 있지 않느니라.

이러한 까닭으로 보살마하살이 무상정등보리를 증득하려고 하였다면 상응하여 이와 같은 매우 깊은 반야바라밀다를 잘 이해하고 장애가 없으면서 보시·정계·안인·정진·반야바라밀다를 수행하고, 나아가 일체지·도상지·일체상지를 수행하면서 원만하게 해야 하느니라. 이러한 까닭으로 경희여. 나는 반야바라밀다의 매우 깊은 경전을 그대에게 부촉(付囑)하겠나니, 상응하여 바르게 수지하고 독송하며 예리하게 통달하면서 잊지 않을지니라.

경희여. 마땅히 알아야 하느니라. 이러한 반야바라밀다의 매우 깊은 경전을 제외하고서, 나머지의 내가 설법하였던 것을 수지하면서 설사 잊어버렸다면 그 죄는 오히려 작으나, 만약 반야바라밀다의 매우 깊은 경전에서 끝자락에 이르기까지 한 구절이라도 잘 수지하지 않아서 잊어버린다면 그 죄는 매우 크니라.

경희여. 마땅히 알아야 하느니라. 만약 반야바라밀다의 매우 깊은 경전을 끝자락에 이르기까지 한 구절이라도 잘 수지하고서 잊어버리지 않는다면 얻는 복취는 무량하느니라. 만약 이것에서 잘 수지하지 않고 끝자락에 이르기까지 한 구절이라도 잊어버리는 자가 얻는 무거운 죄는 앞에 복취의 분량과 같으니라.

경희여. 나는 반야바라밀다의 매우 깊은 경전을 그대에게 은근(慇懃)하게 부촉하겠나니, 마땅히 바르게 수지하고 독송하며 예리하게 통달하고 이치와 같이 사유하며 다른 사람들에게 널리 설하면서, 분별하고 열어서 보여주면서 수지하는 자가 문장의 뜻과 의취를 구경까지 명료하게 이해하게 할지니라.”

마하반야바라밀다경 제347권

58. 촉루품(囑累品)(2)

"경희여. 마땅히 알아야 하느니라. 만약 선남자와 선여인 등이 반야바라밀다의 매우 깊은 경전을 수지하고 독송하며 예리하게 통달하고 이치와 같이 사유하며 다른 사람들에게 널리 설하면서, 분별하고 열어서 보여주면서 쉽게 이해시켰다면, 곧 과거·미래·현재의 제불께서 증득하신 무상정등보리를 수지하는 것이니라. 경희여. 마땅히 알아야 하느니라. 만약 선남자와 선여인 등이 반야바라밀다의 매우 깊은 경전을 수지하고 독송하며 예리하게 통달하고 이치와 같이 사유하며 다른 사람들에게 널리 설하면서, 분별하고 열어서 보여주면서 쉽게 이해시켰다면, 과거·미래·현재의 제불께서 증득하신 무상정등보리를 섭수하는 것이니라.

경희여. 마땅히 알아야 하느니라. 만약 선남자와 선여인 등이 현재 나의 처소에 여러 종류의 상묘(上妙)한 화만(花鬘)·바르는 향(塗香)·뿌리는 향(散香) 등과 의복(衣服)·영락(瓔珞)·보배의 당기(寶幢)·번기(幡)·일산(蓋)·기악(伎樂)·등불(燈明)로써 공양하고 공경하며 존중하고 찬탄하면서 게으름과 휴식이 없는 자라면, 마땅히 반야바라밀다의 매우 깊은 경전을 수지하고 독송하며 예리하게 통달하고 이치와 같이 사유하며 다른 사람들에게 널리 설하면서, 분별하고 열어서 보여주면서 명료하게 이해시켜야 하며, 혹은 다시 서사(書寫)하여 여러 보배로 장엄하고서 항상 여러 종류의 상묘한 화만·바르는 향·뿌리는 향 등과 의복·영락·보배의 당기·번기·일산·기악·등불로써 공양하고 공경하며 존중하고 찬탄하면서 게으름과 휴식이 없어야 하느니라.

경희여. 마땅히 알아야 하느니라. 만약 선남자와 선여인 등이 매우 깊은 반야바라밀다에 공양하고 공경하며 존중하고 찬탄한다면, 역시 나에게 공양하고 공경하며 존중하고 찬탄하였던 것이 되며, 현재의 시방 세계에서 여래·응공·정등각께서 현재에 설법하는 자와 함께 과거·미래의 제불께 공양하고 공경하며 존중하고 찬탄하는 것이 되느니라. 경희여. 그대가 만약 나를 애락하거나, 나를 버리지 않거나, 역시 마땅히 나를 애락하면서 버리지 않겠다면, 반야바라밀다의 매우 깊은 경전을 끝자락에 이르기까지 한 구절이라도 잊어버리지 않게 하라.

경희여. 내가 이와 같이 반야바라밀다의 매우 깊은 경전을 설하면서 그대에게 부촉하는 인연이 비록 무량할지도, 중요한 것으로써 그것을 말하겠나니, 내가 이미 그대들에게 대사(大師)인 것과 같이, 매우 깊은 반야바라밀다 역시 그대들의 대사라고 마땅히 알아야 하고, 그대들이 나를 공경하고 존중하는 것과 같이, 역시 마땅히 매우 깊은 반야바라밀다를 공경하고 존중해야 하느니라. 이러한 까닭으로 경희여. 나는 무량한 선교방편으로 그대에게 반야바라밀다의 매우 깊은 경전을 부촉하겠나니, 그는 마땅히 수지하면서 잊어버리지 않을지니라. 경희여. 나는 지금 이 반야바라밀다의 매우 깊은 경전을 여러 천인과 인간과 아소락 등의 무량한 대중들을 마주하고서 그대에게 부촉하겠노라.

경희여. 나는 지금 진실한 말로써 그대에게 알려 말하겠나니, 청정한 신심의 제유정들이 여래를 버리지 않고 법을 버리지 않으며 승가를 버리지 않으려고 하였거나, 역시 과거·미래·현재의 제불께서 증득하신 무상정등보리를 버리지 않으려고 하였다면, 결정적으로 상응하여 이와 같은 반야바라밀다의 매우 깊은 경전을 버리지 않아야 하느니라.

경희여. 이것이 우리들의 제불의 여러 제자들을 교계(教誡)하고 교수(教授)하는 법이니라. 만약 선남자와 선여인 등이 이 반야바라밀다의 매우 깊은 경전을 애락하여 듣고서 수지하고 독송하며 이치와 같이 사유하며 무량문(無量門)으로써 다른 사람들에게 널리 설하면서, 분별하고 열어서 보여주며 시설(施設)하여 안립(安立)시키며 쉽게 이해시켰다면, 이 선남자와 선여인 등은 빠르게 무상정등보리를 증득하고 능히 원만한 일체지지에 가까워질 것이니라. 왜 그러한가? 일체의 여래·응공·정등각께서 증득하셨던 것인 무상정등보리는 모두 이와 같은 매우 깊은 반야바라밀다에 의지하여 생겨나는 까닭이니라.

경희여. 마땅히 알아야 하느니라. 과거의 여래·응공·정등각도 이와 같은 매우 깊은 반야바라밀다에 의지하여 무상정등보리를 출생(出生)시켰고, 미래의 여래·응공·정등각도 이와 같은 매우 깊은 반야바라밀다에 의지하여 무상정등보리를 출생시킬 것이며, 현재의 동방·서방·남방·북방·사유(四維)·상방(上方)·하방(下方)의 여러 세계의 가운데에서 설법하시는 일체의 여래·응공·정등각들께서도 역시 이와 같이 매우 깊은 반야바라밀다를 의지하여 무상정등보리를 출생시키느니라. 이러한 까닭으로 경희여. 만약 보살마하살이 무상정등보리를 증득하려고 하였다면 마땅히 반야바라밀다를 정근하면서 수학해야 하느니라. 왜 그러한가? 이와 같은 반야바라밀다는 이것이 제보살마하살의 어머님이고, 제보살마하살을 출생시키는 까닭이니라.

경희여. 마땅히 알아야 하느니라. 만약 보살마하살이 6바라밀다를 정근하면서 수학한다면 모두 마땅히 구하는 것인 무상정등보리를 빠르게 증득하느니라. 이러한 까닭으로 경희여. 나는 이 6바라밀다의 매우 깊은 경전을 여러 대중들을 마주하고서 다시 그대에게 부촉하겠나니, 바르게 수지하고 잊어버리지 않을지니라. 왜 그러한가? 이와 같은 6바라밀다의 매우 깊은 경전은 이것이 여래·응공·정등각의 무진(無盡)한 법장(法藏)이며, 일체의 불법이 이것을 따라서 출생하는 까닭이니라.

경희여. 마땅히 알아야 하느니라. 현재의 동방·서방·남방·북방·사유·상방·하방의 여러 세계의 가운데에서 설법하시는 일체의 여래·응공·정등각들께서도 모두 이러한 6바라밀다의 무진한 법장에서 유출(流出)되는 것이고, 과거의 여래·응공·정등각께서 일찍이 설하셨던 법도 모두 이러한 6바라밀다의 무진한 법장에서 유출되는 것이며, 미래의 여래·응공·정등각께서 마땅히 설하실 법도 모두 이러한 6바라밀다의 무진한 법장에서 유출되는 것이니라.

경희여. 마땅히 알아야 하느니라. 과거의 여래·응공·정등각께서도 역시 이러한 6바라밀다의 무진한 법장에 의지하여 정근하면서 수학하여 이미 무상정등보리를 증득하셨고, 미래의 여래·응공·정등각께서도 역시 이러한 6바라밀다의 무진한 법장에 의지하여 정근하면서 수학하여 마땅히 무상정등보리를 증득하실 것이며, 현재의 동방·서방·남방·북방·사유·상방·하방의 여러 세계의 가운데에서 설법하시는 일체의 여래·응공·정등각들께서도 모두 이러한 6바라밀다의 무진한 법장에 의지하여 정근하면서 수학하여 마땅히 무상정등보리를 증득하시느니라.

경희여. 마땅히 알아야 하느니라. 과거의 여래·응공·정등각들의 여러 제자의 대중들도 모두 이러한 6바라밀다의 무진한 법장에 의지하여 정근하면서 수학하여 무여의묘열반계(無餘依妙涅槃界)에서 이미 반열반(般涅槃)하였고, 미래의 여래·응공·정등각들의 여러 제자의 대중들도 모두 이러한 6바라밀다의 무진한 법장에 의지하여 정근하면서 수학하여 마땅히 반열반할 것이며, 현재의 동방·서방·남방·북방·사유·상방·하방의 여러 세계 가운데에서 설법하시는 일체의 여래·응공·정등각들의 여러 제자의 대중들도 모두 이러한 6바라밀다의 무진한 법장에 의지하여 정근하면서 수학하여 마땅히 반열반하느니라.

다시 다음으로 경희여. 가사 그대가 여러 성문승(聲聞乘)의 보특가라(補特伽羅)를 위하여 성문법을 설하였고, 오히려 이러한 법을 까닭으로 삼천대천세계의 유정들이 일체가 모두 아라한과를 증득하였더도, 오히려 나를 위하여 제자의 일을 지었던 것이 아니고, 그대가 만약 보살승(菩薩乘)에 머무르는 보특가라를 위하여 한 구절의 매우 깊은 반야바라밀다에 상응하는 법을 선설하였다면, 곧 나를 위하여 제자의 일을 지었다고 이름하느니라. 나는 이 일에서 깊은 수희(隨喜)가 생겨나나니, 그대가 삼천대천세계의 유정들을 교화하여 일체가 아라한과를 증득한 것보다 수승하느니라.

다시 다음으로 경희여. 가사 삼천대천세계의 제유정의 부류들이 오히려 다른 가르침의 힘으로 앞도 아니고 뒤도 아니면서 모두 사람의 몸을 얻고서 함께 아라한과를 증득하였던 때에, 이 제아라한들이 소유한 수승한 보시의 성품인 복업사(福業事), 계율의 성품인 복업사, 수행의 성품인 복업사에서 그대의 뜻은 어떠한가? 그들의 복업사는 오히려 많겠는가?"

경희가 아뢰어 말하였다.

"매우 많습니다. 세존이시여. 매우 많습니다. 선서시여."

세존께서 경희에게 알리셨다.

"만약 성문 제자가 있어서 보살마하살에게 반야바라밀다에 상응하는 법을 하루의 낮과 하루의 밤을 지내면서 선설하였다면, 획득하였던 복취(福聚)는 그것보다 매우 많으니라. 경희여. 마땅히 알아야 하느니라. 하루의 낮과 하루의 밤을 제쳐두고 다만 하루의 낮을 지냈거나, 다시 하루의 낮은 제쳐두고 다만 반나절을 지냈거나, 다시 반나절은 제쳐두고 다만 한 시간만을 지냈거나, 다시 한 시간은 제쳐두고 다만 식경(食頃)[1]을 지냈거나, 다시 한 시간은 제쳐두고 다만 수유(須臾)[2]를 지냈거나, 다시 수유는 제쳐두고 다만 아이(俄爾)를 지냈거나, 다시 아이는 제쳐두고 다만 순식경(瞬息頃)을 지내면서, 이 성문인 사람이 보살을 위하여 반야바라밀다에 상응하는 법을 설하였다면, 획득하였던 복취는 앞보다 매우 많으니라. 왜 그러한가? 이 성문이 획득하였던 복취 일체의 성문이거나 독각의 여러 선근을 초월하는 까닭이니라.

다시 다음으로 경희여. 만약 보살마하살이 성문승의 보특가라를 위하여 여러 종류의 성문승의 법을 선설하였고, 가사 삼천대천세계의 제유정의 부류들이 오히려 이러한 법을 까닭으로 일체가 아라한과를 증득하였고 모두가 여러 종류의 수승한 공덕을 구족하였다면 그대의 뜻은 어떠한가? 이 보살마하살이 오히려 이러한 인연으로 획득하였던 것의 복취는 오히려 많겠는가?"

---

1) '밥을 먹을 시간'이라는 뜻으로, 잠깐 동안을 가리킨다.

2) 산스크리트어 muhūrta의 번역이고, 찰나(刹那)와 같은 뜻으로 자주 사용된다.

경희가 아뢰어 말하였다.

"매우 많습니다. 세존이시여. 매우 많습니다. 선서시여. 이 보살마하살이 획득하였던 것의 복취는 무량하고 무변합니다."

세존께서 경희에게 알리셨다.

"만약 보살마하살이 성문승의 보특가라를 위하여, 혹은 독각승의 보특가라를 위하여, 혹은 무상승(無上乘)의 보특가라를 위하여 반야바라밀다와 상응한 법을 선설하면서 하루의 밤과 낮을 지냈다면, 획득한 복취는 앞보다 매우 많으니라. 경희여. 마땅히 알아야 하느니라. 하루의 낮과 하루의 밤을 제쳐두고 다만 하루의 낮을 지냈거나, 다시 하루의 낮은 제쳐두고 다만 반나절을 지냈거나, 다시 반나절은 제쳐두고 다만 한 시간만을 지냈거나, 다시 한 시간은 제쳐두고 다만 식경을 지냈거나, 다시 한 시간은 제쳐두고 다만 수유를 지냈거나, 다시 수유는 제쳐두고 다만 아이를 지냈거나, 다시 아이는 제쳐두고 다만 순식경을 지내면서, 이 보살마하살이 삼승(三乘)의 보특가라를 위하여 반야바라밀다에 상응하는 법을 설하였다면, 획득하였던 복취는 앞보다 매우 많아서 무량하고 무변하느니라.

왜 그러한가? 매우 깊은 반야바라밀다에 상응하는 법시(法施)는 일체의 성문이거나 독각과 상응하는 법시와 그 이승(二乘)의 여러 선근을 초과(超過)하는 까닭이니라. 그 까닭은 무엇인가? 이 보살마하살은 스스로가 무상정등보리를 구하면서, 역시 대승과 상응한 법으로써 다른 유정들에게 나타내어 보여주고 교수하여 인도하며 찬탄하면서 격려하고 축하하고 기뻐하면서 유정들을 교화하여 무상정등보리에서 불퇴전을 얻게 하느니라.

경희여. 마땅히 알아야 하느니라. 이 보살마하살은 스스로가 보시바라밀다를 수행하고 역시 다른 사람을 교수하여 보시바라밀다를 수행하게 하며, 스스로가 정계·안인·정진·정려·반야바라밀다를 수행하고 역시 다른 사람을 교수하여 정계·안인·정진·정려·반야바라밀다를 수행하게 하나니, 오히려 이러한 인연으로 선근이 증장하므로, 만약 무상정등보리에서 퇴전이 있다는 자(者)의 이러한 처소는 있지 않느니라.

이 보살마하살은 스스로가 4념주를 수행하고 역시 다른 사람을 교수하여 4념주를 수행하게 하며, 스스로가 4정단·4신족·5근·5력·7등각지·8성도지를 수행하고 역시 다른 사람을 교수하여 4정단, 나아가 8성도지를 수행하게 하나니, 오히려 이러한 인연으로 선근이 증장하므로, 만약 무상정등보리에서 퇴전이 있다는 자의 이러한 처소는 있지 않느니라.

이 보살마하살은 스스로가 내공에 안주하고 역시 다른 사람을 교수하여 내공에 안주하게 하며, 스스로가 외공·내외공·공공·대공·승의공·유위공·무위공·필경공·무제공·산공·무변이공·본성공·자상공·공상공·일체법공·불가득공·무성공·자성공·무성자성공에 안주하고 역시 다른 사람을 교수하여 외공, 나아가 무성자성공에 안주하게 하나니, 오히려 이러한 인연으로 선근이 증장하므로, 만약 무상정등보리에서 퇴전이 있다는 자의 이러한 처소는 있지 않느니라.

이 보살마하살은 스스로가 진여에 안주하고 역시 다른 사람을 교수하여 진여에 안주하게 하며, 스스로가 법계·법성·불허망성·불변이성·평등성·이생성·법정·법주·실제·허공계·부사의계에 안주하고 역시 다른 사람을 교수하여 법계, 나아가 부사의계에 안주하게 하나니, 오히려 이러한 인연으로 선근이 증장하므로, 만약 무상정등보리에서 퇴전이 있다는 자의 이러한 처소는 있지 않느니라.

이 보살마하살은 스스로가 고성제에 안주하고 역시 다른 사람을 교수하여 고성제에 안주하게 하며, 스스로가 집·멸·도성제에 안주하고 역시 다른 사람을 교수하여 집·멸·도성제에 안주하게 하나니, 오히려 이러한 인연으로 선근이 증장하므로, 만약 무상정등보리에서 퇴전이 있다는 자의 이러한 처소는 있지 않느니라.

이 보살마하살은 스스로가 4정려를 수행하고 역시 다른 사람을 교수하여 4정려를 수행하게 하며, 스스로가 4무량·4무색정을 수행하고 역시 다른 사람을 교수하여 4무량·4무색정을 수행하게 하나니, 오히려 이러한 인연으로 선근이 증장하므로, 만약 무상정등보리에서 퇴전이 있다는 자의 이러한 처소는 있지 않느니라.

이 보살마하살은 스스로가 8해탈을 수행하고 역시 다른 사람을 교수하여 8해탈을 수행하게 하며, 스스로가 8승처·9차제정·10변처를 수행하고 역시 다른 사람을 교수하여 8승처·9차제정·10변처를 수행하게 하나니, 오히려 이러한 인연으로 선근이 증장하므로, 만약 무상정등보리에서 퇴전이 있다는 자의 이러한 처소는 있지 않느니라.

이 보살마하살은 스스로가 공해탈문을 수행하고 역시 다른 사람을 교수하여 공해탈문을 수행하게 하며, 스스로가 무상·무원해탈문을 수행하고 역시 다른 사람을 교수하여 무상·무원해탈문을 수행하게 하나니, 오히려 이러한 인연으로 선근이 증장하므로, 만약 무상정등보리에서 퇴전이 있다는 자의 이러한 처소는 있지 않느니라.

이 보살마하살은 스스로가 5안을 수행하고 역시 다른 사람을 교수하여 5안을 수행하게 하며, 스스로가 6신통을 수행하고 역시 다른 사람을 교수하여 6신통을 수행하게 하나니, 오히려 이러한 인연으로 선근이 증장하므로, 만약 무상정등보리에서 퇴전이 있다는 자의 이러한 처소는 있지 않느니라.

이 보살마하살은 스스로가 여래의 10력을 수행하고 역시 다른 사람을 교수하여 여래의 10력을 수행하게 하며, 스스로가 4무소외·4무애해·대자·대비·대희·대사·18불불공법을 수행하고 역시 다른 사람을 교수하여 4무소외, 나아가 18불불공법을 수행하게 하나니, 오히려 이러한 인연으로 선근이 증장하므로, 만약 무상정등보리에서 퇴전이 있다는 자의 이러한 처소는 있지 않느니라.

이 보살마하살은 스스로가 무망실법을 수행하고 역시 다른 사람을 교수하여 무망실법을 수행하게 하며, 스스로가 항주사성을 수행하고 역시 다른 사람을 교수하여 항주사성을 수행하게 하나니, 오히려 이러한 인연으로 선근이 증장하므로, 만약 무상정등보리에서 퇴전이 있다는 자의 이러한 처소는 있지 않느니라.

이 보살마하살은 스스로가 일체의 다라니문을 수행하고 역시 다른 사람을 교수하여 일체의 다라니문을 수행하게 하며, 스스로가 일체의 삼마지문을 수행하고 역시 다른 사람을 교수하여 일체의 삼마지문을 수행하게 하나니, 오히려 이러한 인연으로 선근이 증장하므로, 만약 무상정등보리에서 퇴전이 있다는 자의 이러한 처소는 있지 않느니라.

이 보살마하살은 스스로가 일체지를 수행하고 역시 다른 사람을 교수하여 일체지를 수행하게 하며, 스스로가 도상지·일체상지를 수행하고 역시 다른 사람을 교수하여 도상지·일체상지를 수행하게 하나니, 오히려 이러한 인연으로 선근이 증장하므로, 만약 무상정등보리에서 퇴전이 있다는 자의 이러한 처소는 있지 않느니라.

이 보살마하살은 스스로가 일체의 보살마하살의 행을 수행하고, 역시 다른 사람을 교수하여 일체의 보살마하살의 행을 수행하게 하나니, 오히려 이러한 인연으로 선근이 증장하므로, 만약 무상정등보리에서 퇴전이 있다는 자의 이러한 처소는 있지 않느니라.

이 보살마하살은 스스로가 제불의 무상정등보리를 수행하고, 역시 다른 사람을 교수하여 제불의 무상정등보리를 수행하게 하나니, 오히려 이러한 인연으로 선근이 증장하므로, 만약 무상정등보리에서 퇴전이 있다는 자의 이러한 처소는 있지 않느니라.

이 보살마하살은 스스로가 무생법인(無生法忍)을 수행하고, 역시 다른 사람을 교수하여 무생법인을 수행하게 하나니, 오히려 이러한 인연으로 선근이 증장하므로, 만약 무상정등보리에서 퇴전이 있다는 자의 이러한 처소는 있지 않느니라.

이 보살마하살은 스스로가 불국토를 청정하게 장엄하고 역시 다른 사람을 교수하여 불국토를 청정하게 장엄하게 하며, 스스로가 유정을 성숙시키고 역시 다른 사람을 교수하여 유정을 성숙시키게 하나니, 오히려 이러한 인연으로 선근이 증장하므로, 만약 무상정등보리에서 퇴전이 있다는 자의 이러한 처소는 있지 않느니라.

이 보살마하살은 스스로가 무상법륜(無上法輪)을 굴리는 것을 수학하고, 역시 다른 사람을 교수하여 무상법륜을 굴리는 것을 수학하게 하나니, 오히려 이러한 인연으로 선근이 증장하므로, 만약 무상정등보리에서 퇴전이 있다는 자의 이러한 처소는 있지 않느니라.

이 보살마하살은 스스로가 무량하고 미묘한 상호(相好)로써 그 몸을 장엄하고, 역시 다른 사람을 교수하여 무량하고 미묘한 상호로써 그 몸을 장엄하게 하나니, 오히려 이러한 인연으로 선근이 증장하므로, 만약 무상정등보리에서 퇴전이 있다는 자의 이러한 처소는 있지 않느니라.

이 보살마하살은 스스로가 순(順)과 역(逆)으로 12연기(十二緣起)를 관찰하고, 역시 다른 사람을 교수하여 순과 역으로 12연기를 관찰하게 하나니, 오히려 이러한 인연으로 선근이 증장하므로, 만약 무상정등보리에서 퇴전이 있다는 자의 이러한 처소는 있지 않느니라.

이 보살마하살은 스스로가 일체법은 아(我)가 없고 유정(有情)이 없으며 명자(命者)가 없고 생자(生者)가 없으며 양자(養者)가 없고 사부(士夫)가 없으며 보특가라(補特伽羅)가 없고 의생(意生)이 없으며 유동(儒童)이 없고 작자(作者)가 없으며 수자(受者)가 없고 지자(知者)가 없으며 견자(見者)가 없다고 관찰하고, 역시 다른 사람을 교수하여 일체법은 아가 없고, 나아가 견자가 없다고 관찰하게 하나니, 오히려 이러한 인연으로 선근이 증장하므로, 만약 무상정등보리에서 퇴전이 있다는 자의 이러한 처소는 있지 않느니라.

이 보살마하살은 스스로가 일체법은 환영과 같고 꿈과 같으며 형상과 같고 메아리와 같으며 그림자와 같고 아지랑이와 같으며 변화한 일과 같고 심향성(尋香城)과 같아서 비록 모두가 있는 것과 비슷하더라도 진실한 자성은 없다고 관찰하고, 역시 다른 사람을 교수하여 일체법은 환영과 같고, 나아가 심향성과 같아서 비록 모두가 있는 것과 비슷하더라도 진실한 자성은 없다고 관찰하게 하나니, 오히려 이러한 인연으로 선근이 증장하므로, 만약 무상정등보리에서 퇴전이 있다는 자의 이러한 처소는 있지 않느니라."

그때 세존께서는 4부대중에게 위요(圍遶)되셨고 반야바라밀다를 찬탄하셨고, 경희에게 부촉하시어 수지하게 하셨으며, 다시 일체의 천인(天)·

용(龍)·약차(藥叉)·건달박(健達縛)·아소락(阿素洛)·갈로다(揭路荼)·긴나락(緊捺洛)·막호락가(莫呼洛伽)·인비인(人非人) 등의 대중 앞에서 신통력을 나타내시어 대중들이 모두를 부동(不動) 여래·응공·정등각께서 성문과 보살들에게 앞뒤로 위요되시어 바다와 같이 모였던 대중들을 위하여 미묘한 법을 선설하시는 것을 보게 하셨으며, 더불어 그 국토가 여러 모습으로 장엄되었던 것을 보게 하셨다.

그 성문의 승가는 모두가 아라한이어서 여러 번뇌가 이미 마쳤으므로 다시는 번뇌가 없어서 진실한 자재(自在)를 얻었으며, 마음으로 잘 해탈하였고 지혜가 잘 해탈하였으므로 조련된 지혜로운 말과 같았고 역시 큰 용과도 같았다. 지을 것은 이미 지었고 성취할 것은 이미 성취하였으며, 여러 무거운 짐을 벗어버리고서 스스로가 이익을 얻었고, 여러 유결(有結)[3]을 마쳐서 해탈을 바르게 알았으며, 마음이 자재하였으므로 제일의 구경(究竟)에 이르렀다. 그 제보살마하살은 일체가 모두가 이 대중들에게 알려졌던 보살이었는데, 다라니와 무애(無碍)한 변재를 얻었고 무량하고 수승한 공덕을 성취하고 있었다.

세존께서는 신력을 거두셨으므로 이 대중들에게 갑자기 다시는 부동 여래·응공·정등각의 성문과 보살 및 바다와 같은 대중들(海會衆)과 더불어 불국토의 여러 모습으로 장엄되었던 것을 보지 못하게 하셨는데, 부동불·보살·성문·불국토들의 장엄·바다와 같은 대중 등의 일은 모두가 이 처소의 안근(眼根)으로 행할 수 있는 일은 아니었다. 그 까닭은 무엇인가? 세존께서 신통을 거두셨으므로 그러한 먼 경계를 보았던 인연이 없어진 까닭이었다.

그때 세존께서 구수 경희에게 알리셨다.

“부동 여래·응공·정등각의 국토와 대중의 회중(會中)을 그대는 다시 보는가?”

경희가 아뢰어 말하였다.

---

3) 유(有)는 생사(生死)의 과보(果報)이고, 결(結)은 결박(結縛)의 뜻이다. 따라서 삶과 죽음에 집착하게 하는 많은 번뇌를 가리킨다.

"저는 다시 보지 못합니다. 그 일은 이 안근으로 행하는 것이 아닌 까닭입니다."

"경희여. 그 불국토와 대중의 회중 등의 일을 이 국토의 눈으로 행할 수 있는 경계가 아닌 것과 같이, 일체법도 역시 그와 같아서 모두가 안근으로 행할 수 있는 경계가 아니므로, 법이 법을 행하지 못하고 법이 법을 보지 못하며 법이 법을 알지 못하느니라. 경희여. 마땅히 알아야 하느니라. 일체법은 행하는 자도 없고 보는 자도 없으며 아는 자도 없고 움직임도 없으며 짓는 것도 없느니라. 그 까닭은 무엇인가? 일체법은 모두가 작용(作用)이 없어서 능히 취(取)하거나 취해지는 것의 자성을 멀리 벗어난 까닭이고, 일체법은 불가사의(不可思議)로써 능히 사유하고 헤아리는 자성을 멀리 벗어난 까닭이며, 일체법은 환영과 같은 일 등으로써 여러 인연이 화합하여 비슷하게 존재하는 까닭이고, 일체법은 무작(無作)으로써 받는 자가 허망하게 유정과 비슷하게 나타났더라도 견실(堅實)함이 없는 까닭이니라.

경희여. 마땅히 알아야 하느니라. 만약 보살마하살이 이와 같이 알고 이와 같이 보며 이와 같이 수행한다면, 이것이 반야바라밀다를 수행하는 것이고 역시 이러한 제법의 상(相)에 집착하지 않는 것이니라. 경희여. 마땅히 알아야 하느니라. 만약 보살마하살이 이와 같이 수학(修學)하는 때라면 이것이 반야바라밀다를 수학하는 것이니라.

경희여. 마땅히 알아야 하느니라. 만약 보살마하살이 일체의 바라밀다를 빠르게 원만하게 하려고 하는 자는 마땅히 반야바라밀다를 수학해야 하느니라. 그 까닭은 무엇인가? 이와 같이 수학하는 자는 여러 수학의 가운데에서 최고가 되고 수승(勝)하게 되며 길(長)게 되고 존귀(尊)하게 되며 묘(妙)하게 되고 미묘(微妙)하게 되며 위(上)가 되고 무상(無上)이 되어서 일체의 세간을 이익되고 안락하게 하며, 의지가 없고 수호가 없는 자에게 의지를 지어 주고 수호가 되어주나니, 제불·세존께서도 열어서 허락하셨고 칭찬하시느니라.

경희여. 마땅히 알아야 하느니라. 제불과 보살은 이러한 수학의 가운데에 안주하여 오른손으로 삼천대천세계를 취하여 들고서, 혹은 타방(他方)으로 던지기도 하고, 혹은 본래의 처소에 되돌려서 놓았더라도 그 가운데의 유정들은 알지도 못하고 깨닫지도 못하느니라. 왜 그러한가? 매우 깊은 반야바라밀다의 공덕과 위력(威力)은 생각하여 헤아리기 어려운 까닭이니라.

경희여. 마땅히 알아야 하느니라. 과거·미래·현재의 제불과 제 보살마하살들은 이러한 반야바라밀다를 수학하여 과거·미래·현재의 법과 무위법(無爲法)에서 모두 장애가 없는 지견(智見)을 획득하였느니라. 이러한 까닭으로 경희여. 나는 이러한 매우 깊은 반야바라밀다를 수학한다면 여러 수학의 가운데에서 최고가 되고 수승하게 되며 길게 되고 존귀하게 되며 묘하게 되고 미묘하게 되며 위가 되고 무상이 된다고 설하느니라. 경희여. 마땅히 알아야 하느니라. 제유정들이 매우 깊은 반야바라밀다의 양(量)과 변제(邊際)를 취하고자 하였다면, 어리석은 사람이 허공의 양과 변제를 취하고자 하는 것과 같느니라. 왜 그러한가? 매우 깊은 반야바라밀다의 공덕은 무량하고 무변한 까닭이니라.

경희여. 마땅히 알아야 하느니라. 나는 결국 매우 깊은 반야바라밀다가 명신(名身) 등과 같이 분량이 있고 변제가 있다고 설하지 않느니라. 왜 그러한가? 일체의 명신·구신(句身)·문신(文身)은 이것이 분량이 있는 법이고, 매우 깊은 반야바라밀다는 분량이 있는 법이 아니므로, 여러 명신·구신·문신으로 반야바라밀다를 능히 헤아릴 수 있는 것이 아니고, 역시 반야바라밀다의 이것이 그것을 헤아릴 수 있는 것도 아니니라."

그때 구수 경희가 세존께 아뢰어 말하였다.

"세존이시여. 무슨 인연을 까닭으로 매우 깊은 반야바라밀다가 무량(無量)하다고 설하십니까?"

세존께서 경희에게 말씀하셨다.

"매우 깊은 반야바라밀다는 자성이 무진(無盡)[4]한 까닭으로 무량하다고 설하고, 매우 깊은 반야바라밀다는 자성이 멀리 벗어난 까닭으로 무량하다고 설하며, 매우 깊은 반야바라밀다는 자성이 적정한 까닭으로 무량하다고 설하고, 매우 깊은 반야바라밀다는 실제(實際)와 같은 까닭으로 무량하다고 설하며, 매우 깊은 반야바라밀다는 허공과 같은 까닭으로 무량하다고 설하느니라.

경희여. 마땅히 알아야 하느니라. 과거의 여래·응공·정등각께서도 모두 반야바라밀다를 수학하셨고 무상정등보리를 증득하셨으며, 제유정들을 위하여 선설하고 열어서 보여주셨으나, 이 반야바라밀다는 역시 무진하고, 미래의 여래·응공·정등각께서도 모두가 반야바라밀다를 수학하시고서 무상정등보리를 증득하실 것이며, 제유정들을 위하여 선설하고 열어서 보여주실 것이라도, 이 반야바라밀다는 역시 무진하며, 현재 시방의 무량하고 무수이며 무변한 세계의 일체 여래·응공·정등각께서도 모두 반야바라밀다를 수학하시고 무상정등보리를 증득하시며 제유정들을 위하여 선설하고 열어서 보여주시더라도, 이 반야바라밀다는 역시 무진하느니라.

왜 그러한가? 매우 깊은 반야바라밀다는 비유한다면 허공과 같아서 무진한 까닭으로, 제유정들이 매우 깊은 반야바라밀다를 끝마치려고 하였다면 곧 허공의 변제를 끝마치려고 하는 것과 같으니라. 경희여. 마땅히 알아야 하느니라. 반야바라밀다는 끝마칠 수 없는 까닭으로 이미 끝마치지 않았고 지금도 끝마치지 않았으며 마땅히 끝마치지 않을 것이고, 정려·정진·안인·정계·보시바라밀다도 끝마칠 수 없는 까닭으로 이미 끝마치지 않았고 지금도 끝마치지 않았으며 마땅히 끝마치지 않을 것이니라.

경희여. 마땅히 알아야 하느니라. 내공이 끝마칠 수 없는 까닭으로 이미 끝마치지 않았고 지금도 끝마치지 않았으며 마땅히 끝마치지 않을 것이고, 외공·내외공·공공·대공·승의공·유위공·무위공·필경공·무제공·산공·무변이공·본성공·자상공·공상공·일체법공·불가득공·무성공·

4) 끝마침이 없다는 뜻이다.

자성공·무성자성공도 끝마칠 수 없는 까닭으로 이미 끝마치지 않았고 지금도 끝마치지 않았으며 마땅히 끝마치지 않을 것이니라.

경희여. 마땅히 알아야 하느니라. 진여가 끝마칠 수 없는 까닭으로 이미 끝마치지 않았고 지금도 끝마치지 않았으며 마땅히 끝마치지 않을 것이고, 법계·법성·불허망성·불변이성·평등성·이생성·법정·법주·실제·허공계·부사의계도 끝마칠 수 없는 까닭으로 이미 끝마치지 않았고 지금도 끝마치지 않았으며 마땅히 끝마치지 않을 것이니라. 경희여. 마땅히 알아야 하느니라. 고성제가 끝마칠 수 없는 까닭으로 이미 끝마치지 않았고 지금도 끝마치지 않으며 마땅히 끝마치지 않을 것이고, 집·멸·도성제도 끝마칠 수 없는 까닭으로 이미 끝마치지 않았고 지금도 끝마치지 않았으며 마땅히 끝마치지 않을 것이니라.

경희여. 마땅히 알아야 하느니라. 4정려가 끝마칠 수 없는 까닭으로 이미 끝마치지 않았고 지금도 끝마치지 않았으며 마땅히 끝마치지 않을 것이고, 4무량·4무색정도 끝마칠 수 없는 까닭으로 이미 끝마치지 않았고 지금도 끝마치지 않았으며 마땅히 끝마치지 않을 것이니라. 경희여. 마땅히 알아야 하느니라. 8해탈이 끝마칠 수 없는 까닭으로 이미 끝마치지 않았고 지금도 끝마치지 않았으며 마땅히 끝마치지 않을 것이고, 8승처·9차제정·10변처도 끝마칠 수 없는 까닭으로 이미 끝마치지 않았고 지금도 끝마치지 않았으며 마땅히 끝마치지 않을 것이니라.

경희여. 마땅히 알아야 하느니라. 4념주가 끝마칠 수 없는 까닭으로 이미 끝마치지 않았고 지금도 끝마치지 않았으며 마땅히 끝마치지 않을 것이고, 4정단·4신족·5근·5력·7등각지·8성도지도 끝마칠 수 없는 까닭으로 이미 끝마치지 않았고 지금도 끝마치지 않았으며 마땅히 끝마치지 않을 것이니라. 경희여. 마땅히 알아야 하느니라. 5안이 끝마칠 수 없는 까닭으로 이미 끝마치지 않았고 지금도 끝마치지 않았으며 마땅히 끝마치지 않을 것이고, 6신통도 끝마칠 수 없는 까닭으로 이미 끝마치지 않았고 지금도 끝마치지 않았으며 마땅히 끝마치지 않을 것이니라.

경희여. 마땅히 알아야 하느니라. 여래의 10력이 끝마칠 수 없는 까닭으로 이미 끝마치지 않았고 지금도 끝마치지 않았으며 마땅히 끝마치지 않을 것이고, 4무소외·4무애해·대자·대비·대희·대사·18불불공법도 끝마칠 수 없는 까닭으로 이미 끝마치지 않았고 지금도 끝마치지 않았으며 마땅히 끝마치지 않을 것이니라. 경희여. 마땅히 알아야 하느니라. 무망실법이 끝마칠 수 없는 까닭으로 이미 끝마치지 않았고 지금도 끝마치지 않았으며 마땅히 끝마치지 않을 것이고, 항주사성도 끝마칠 수 없는 까닭으로 이미 끝마치지 않았고 지금도 끝마치지 않았으며 마땅히 끝마치지 않을 것이니라.

경희여. 마땅히 알아야 하느니라. 일체의 다라니문이 끝마칠 수 없는 까닭으로 이미 끝마치지 않았고 지금도 끝마치지 않았으며 마땅히 끝마치지 않을 것이고, 일체의 삼마지문도 끝마칠 수 없는 까닭으로 이미 끝마치지 않았고 지금도 끝마치지 않았으며 마땅히 끝마치지 않을 것이니라. 경희여. 마땅히 알아야 하느니라. 일체지가 끝마칠 수 없는 까닭으로 이미 끝마치지 않았고 지금도 끝마치지 않았으며 마땅히 끝마치지 않을 것이고, 도상지·일체상지도 끝마칠 수 없는 까닭으로 이미 끝마치지 않았고 지금도 끝마치지 않았으며 마땅히 끝마치지 않을 것이니라.

경희여. 마땅히 알아야 하느니라. 일체의 보살마하살의 행이 끝마칠 수 없는 까닭으로 이미 끝마치지 않았고 지금도 끝마치지 않았으며 마땅히 끝마치지 않을 것이니라. 경희여. 마땅히 알아야 하느니라. 제불의 무상정등보리가 끝마칠 수 없는 까닭으로 이미 끝마치지 않았고 지금도 끝마치지 않았으며 마땅히 끝마치지 않을 것이니라. 그 까닭은 무엇인가? 이것 등의 제법은 생겨남도 없고 소멸함도 없으며 머무르지 않고 달라지지도 않는데, 어찌 끝마침이 있다고 시설할 수 있겠는가?"

그때 세존께서는 입에서 넓고 긴 혀로 두 얼굴을 두루 덮으셨으며, 다시 혀의 모습을 거두시고서 경희에게 알려 말씀하셨다.

"그대의 뜻은 어떠한가? 이와 같은 혀의 모습에서 나왔던 것의 말에서 허망함이 있겠는가?"

경희가 아뢰어 말하였다.

“아닙니다. 세존이시여. 아닙니다. 선서시여.”

세존께서 경희에게 말씀하셨다.

“그대는 지금부터 상응하여 4부대중에게 이와 같이 매우 깊은 반야바라밀다를 널리 설하면서 분별하고 열어서 보여주며 시설하고 안립시키며 쉽게 이해시켜야 하느니라. 경희여. 마땅히 알아야 하느니라. 이와 같은 반야바라밀다의 매우 깊은 경전의 가운데에는 일체의 보리분법(菩提分法)과 제법의 상을 널리 설하셨느니라. 이러한 까닭으로 일체의 성문승을 구하는 보특가라이거나, 독각승을 구하는 보특가라이거나, 무상승을 구하는 보특가라는 모두 상응하여 이러한 매우 깊은 반야바라밀다에서 설하였던 것의 법문을 항상 정근하면서 수학하고 싫어하는 버리는 마음을 품지 말라. 만약 능히 이와 같다면 스스로가 구하는 지위에 빠르고 마땅하게 안주할 것이니라.

다시 다음으로 경희여. 매우 깊은 반야바라밀다는 이것이 능히 일체의 상·일체의 문자·일체의 다라니문을 깨달아서 들어가게 하나니, 제보살마하살은 이러한 일체의 다라니문을 모두 상응하여 수학할지니라. 만약 보살마하살이 이와 같은 다라니문을 수지한다면 능히 일체의 변재(辯才)와 여러 무애해(無礙解)를 빠르게 증득할 수 있느니라. 이러한 까닭으로 경희여. 나는 이와 같은 매우 깊은 반야바라밀다는 다만 과거·미래·현재의 일체 여래·응공·정등각의 무진(無盡)한 법장(法藏)이라고 설하느니라.

경희여. 나는 지금 분명(分明)하게 그대에게 알리겠나니, 만약 이러한 매우 깊은 반야바라밀다를 수지하고 독송하며 구경에 예리하게 통달하고 이치와 같이 사유하였다면, 일체의 과거·미래·현재의 제불의 무상정등보리를 수지하는 것이니라. 경희여. 나는 ‘매우 깊은 반야바라밀다는 이것이 능히 보리도(菩提道)에 나아가서 유행(遊行)하는 자의 견고한 발(足)이고, 역시 이것은 일체의 무상불법(無上佛法)의 대다라니(大陀羅尼)이다.’라고 설하나니, 그대들이 만약 이와 같이 매우 깊은 반야바라밀다의 다라니를 만약 수지한다면, 곧 일체의 불법을 총지(總持)하는 것이니라.”

59. 무진품(無盡品)(1)

그때 구수 선현은 살며시 이렇게 생각을 지었다.

'제불의 무상정등보리는 최고로 매우 깊고, 이와 같은 반야바라밀다도 역시 최고로 매우 깊구나! 나는 마땅히 세존께 물어야겠다.'

이렇게 생각을 짓고서 세존께 아뢰어 말하였다.

"세존이시여. 매우 깊은 반야바라밀다는 무진(無盡)하게 됩니까?"

세존께서 말씀하셨다.

"이와 같은 매우 깊은 반야바라밀다는 진실로 무진하게 되나니, 오히려 허공과 같아서 끝마침이 없는 까닭이니라."

구수 선현이 다시 세존께 아뢰어 말하였다.

"세존이시여. 어찌하여 보살마하살은 반야바라밀다를 상응하게 이끌어서 일으켜야(引發) 합니까?"

세존께서 알리셨다.

"선현이여. 마땅히 알아야 하느니라. 색(色)이 무진한 까닭으로 보살마하살은 반야바라밀다를 이끌어서 일으켜야 하고, 수(受)·상(想)·행(行)·식(識)이 무진한 까닭으로 보살마하살은 반야바라밀다를 이끌어서 일으켜야 하느니라. 선현이여. 마땅히 알아야 하느니라. 안처(眼處)가 무진한 까닭으로 보살마하살은 반야바라밀다를 이끌어서 일으켜야 하고, 이(耳)·비(鼻)·설(舌)·신(身)·의처(意處)가 무진한 까닭으로 보살마하살은 반야바라밀다를 이끌어서 일으켜야 하느니라. 선현이여. 마땅히 알아야 하느니라. 색처(色處)가 무진한 까닭으로 보살마하살은 반야바라밀다를 이끌어서 일으켜야 하고, 성(聲)·향(香)·미(味)·촉(觸)·법처(法處)가 무진한 까닭으로 보살마하살은 반야바라밀다를 이끌어서 일으켜야 하느니라.

선현이여. 마땅히 알아야 하느니라. 안계(眼界)가 무진한 까닭으로 보살마하살은 반야바라밀다를 이끌어서 일으켜야 하고, 색계(色界)·안식계(眼識界), …… 나아가 …… 안촉(眼觸)·안촉을 인연으로 생겨나는 여러 수(受)가 무진한 까닭으로 보살마하살은 반야바라밀다를 이끌어서 일으켜야 하느니라. 선현이여. 마땅히 알아야 하느니라. 이계(耳界)가 무진한 까닭으로 보살마하살은 반야바라밀다를 이끌어서 일으켜야 하고, 성계(聲界)·이식계(耳識界), …… 나아가 …… 이촉(耳觸)·이촉을 인연으로 생겨나는 여러 수가 무진한 까닭으로 보살마하살은 반야바라밀다를 이끌어서 일으켜야 하느니라.

선현이여. 마땅히 알아야 하느니라. 비계(鼻界)가 무진한 까닭으로 보살마하살은 반야바라밀다를 이끌어서 일으켜야 하고, 향계(香界)·비식계(鼻識界), …… 나아가 …… 비촉(鼻觸)·비촉을 인연으로 생겨나는 여러 수가 무진한 까닭으로 보살마하살은 반야바라밀다를 이끌어서 일으켜야 하느니라. 선현이여. 마땅히 알아야 하느니라. 설계(舌界)가 무진한 까닭으로 보살마하살은 반야바라밀다를 이끌어서 일으켜야 하고, 미계(味界)·설식계(舌識界), …… 나아가 …… 설촉(舌觸)·설촉을 인연으로 생겨나는 여러 수가 무진한 까닭으로 보살마하살은 반야바라밀다를 이끌어서 일으켜야 하느니라.

선현이여. 마땅히 알아야 하느니라. 신계(身界)가 무진한 까닭으로 보살마하살은 반야바라밀다를 이끌어서 일으켜야 하고, 촉계(觸界)·신식계(身識界), …… 나아가 …… 신촉(身觸)·신촉을 인연으로 생겨나는 여러 수가 무진한 까닭으로 보살마하살은 반야바라밀다를 이끌어서 일으켜야 하느니라. 선현이여. 마땅히 알아야 하느니라. 의계(意界)가 무진한 까닭으로 보살마하살은 반야바라밀다를 이끌어서 일으켜야 하고, 법계(法界)·의식계(意識界), …… 나아가 …… 의촉(意觸)·의촉을 인연으로 생겨나는 여러 수가 무진한 까닭으로 보살마하살은 반야바라밀다를 이끌어서 일으켜야 하느니라.

선현이여. 마땅히 알아야 하느니라. 지계(地界)가 무진한 까닭으로 보살마하살은 반야바라밀다를 이끌어서 일으켜야 하고, 수(水)·화(火)·풍(風)·공(空)·식계(識界)가 무진한 까닭으로 보살마하살은 반야바라밀다를 이끌어서 일으켜야 하느니라. 선현이여. 마땅히 알아야 하느니라.

무명(無明)이 무진한 까닭으로 보살마하살은 반야바라밀다를 이끌어서 일으켜야 하고, 행(行)·식(識)·명색(名色)·육처(六處)·촉(觸)·수(受)·애(愛)·취(取)·유(有)·생(生)·노사(老死)의 수탄고우뇌(愁歎苦憂惱)가 무진한 까닭으로 보살마하살은 반야바라밀다를 이끌어서 일으켜야 하느니라.

선현이여. 마땅히 알아야 하느니라. 보시바라밀다(布施波羅蜜多)가 무진한 까닭으로 보살마하살은 반야바라밀다를 이끌어서 일으켜야 하고, 정계(淨戒)·안인(安忍)·정진(精進)·정려(靜慮)·반야바라밀다(般若波羅蜜多)가 무진한 까닭으로 보살마하살은 반야바라밀다를 이끌어서 일으켜야 하느니라. 선현이여. 마땅히 알아야 하느니라. 내공(內空)이 무진한 까닭으로 보살마하살은 반야바라밀다를 이끌어서 일으켜야 하고, 외공(外空)·내외공(內外空)·공공(空空)·대공(大空)·승의공(勝義空)·유위공(有爲空)·무위공(無爲空)·필경공(畢竟空)·무제공(無際空)·산공(散空)·무변이공(無變異空)·본성공(本性空)·자상공(自相空)·공상공(共相空)·일체법공(一切法空)·불가득공(不可得空)·무성공(無性空)·자성공(自性空)·무성자성공(無性自性空)이 무진한 까닭으로 보살마하살은 반야바라밀다를 이끌어서 일으켜야 하느니라.

선현이여. 마땅히 알아야 하느니라. 진여(眞如)가 무진한 까닭으로 보살마하살은 반야바라밀다를 이끌어서 일으켜야 하고, 법계(法界)·법성(法性)·불허망성(不虛妄性)·불변이성(不變異性)·평등성(平等性)·이생성(離生性)·법정(法定)·법주(法住)·실제(實際)·허공계(虛空界)·부사의계(不思議界)가 무진한 까닭으로 보살마하살은 반야바라밀다를 이끌어서 일으켜야 하느니라. 선현이여. 마땅히 알아야 하느니라. 고성제(苦聖諦)가 무진한 까닭으로 보살마하살은 반야바라밀다를 이끌어서 일으켜야 하고, 집(集)·멸(滅)·도성제(道聖諦)가 무진한 까닭으로 보살마하살은 반야바라밀다를 이끌어서 일으켜야 하느니라.

선현이여. 마땅히 알아야 하느니라. 4정려(四靜慮)가 무진한 까닭으로 보살마하살은 반야바라밀다를 이끌어서 일으켜야 하고, 4무량(四無量)·4무색정(四無色定)이 무진한 까닭으로 보살마하살은 반야바라밀다를 이끌어서 일으켜야 하느니라. 선현이여. 마땅히 알아야 하느니라. 8해탈(八解脫)이 무진한 까닭으로 보살마하살은 반야바라밀다를 이끌어서 일으켜야 하고, 8승처(八勝處)·9차제정(九次第定)·10변처(十遍處)가 무진한 까닭으로 보살마하살은 반야바라밀다를 이끌어서 일으켜야 하느니라.

선현이여. 마땅히 알아야 하느니라. 4념주(四念住)가 무진한 까닭으로 보살마하살은 반야바라밀다를 이끌어서 일으켜야 하고, 4정단(四正斷)·4신족(四神足)·5근(五根)·5력(五力)·7등각지(七等覺支)·8성도지(八聖道支)가 무진한 까닭으로 보살마하살은 반야바라밀다를 이끌어서 일으켜야 하느니라. 선현이여. 마땅히 알아야 하느니라. 공해탈문(空解脫門)이 무진한 까닭으로 보살마하살은 반야바라밀다를 이끌어서 일으켜야 하고, 무상(無相)·무원해탈문(無願解脫門)이 무진한 까닭으로 보살마하살은 반야바라밀다를 이끌어서 일으켜야 하느니라.

선현이여. 마땅히 알아야 하느니라. 5안(眼)이 무진한 까닭으로 보살마하살은 반야바라밀다를 이끌어서 일으켜야 하고, 6신통(神通)이 무진한 까닭으로 보살마하살은 반야바라밀다를 이끌어서 일으켜야 하느니라. 선현이여. 마땅히 알아야 하느니라. 여래의 10력(十力)이 무진한 까닭으로 보살마하살은 반야바라밀다를 이끌어서 일으켜야 하고, 4무소외(四無所畏)·4무애해(四無礙解)·대자(大慈)·대비(大悲)·대희(大喜)·대사(大捨)·18불불공법(十八佛不共法)이 무진한 까닭으로 보살마하살은 반야바라밀다를 이끌어서 일으켜야 하느니라.

선현이여. 마땅히 알아야 하느니라. 무망실법(無忘失法)이 무진한 까닭으로 보살마하살은 반야바라밀다를 이끌어서 일으켜야 하고, 항주사성(恒住捨性)이 무진한 까닭으로 보살마하살은 반야바라밀다를 이끌어서 일으켜야 하느니라. 선현이여. 마땅히 알아야 하느니라. 일체지(一切智)가 무진한 까닭으로 보살마하살은 반야바라밀다를 이끌어서 일으켜야 하고, 도상지(道相智)·일체상지(一切相智)가 무진한 까닭으로 보살마하살은 반야바라밀다를 이끌어서 일으켜야 하느니라.

선현이여. 마땅히 알아야 하느니라. 일체의 다라니문(陀羅尼門)이 무진한 까닭으로 보살마하살은 반야바라밀다를 이끌어서 일으켜야 하고, 일체의 삼마지문(三摩地門)이 무진한 까닭으로 보살마하살은 반야바라밀다를 이끌어서 일으켜야 하느니라. 선현이여. 마땅히 알아야 하느니라. 예류과(預流果)가 무진한 까닭으로 보살마하살은 반야바라밀다를 이끌어서 일으켜야 하고, 일래(一來)·불환(不還)·아라한과(阿羅漢果)가 무진한 까닭으로 보살마하살은 반야바라밀다를 이끌어서 일으켜야 하느니라.

선현이여. 마땅히 알아야 하느니라. 독각(獨覺)의 보리(菩提)가 무진한 까닭으로 보살마하살은 반야바라밀다를 이끌어서 일으켜야 하느니라. 선현이여. 마땅히 알아야 하느니라. 일체의 보살마하살(菩薩摩訶薩)의 행(行)이 무진한 까닭으로 보살마하살은 반야바라밀다를 이끌어서 일으켜야 하느니라. 선현이여. 마땅히 알아야 하느니라. 제불(諸佛)의 무상정등보리(無上正等菩提)가 무진한 까닭으로 보살마하살은 반야바라밀다를 이끌어서 일으켜야 하느니라."

"선현이여. 마땅히 알아야 하느니라. 색의 허공(虛空)이 무진한 까닭으로 보살마하살은 반야바라밀다를 이끌어서 일으켜야 하고, 수·상·행·식의 허공이 무진한 까닭으로 보살마하살은 반야바라밀다를 이끌어서 일으켜야 하느니라. 선현이여. 마땅히 알아야 하느니라. 안처의 허공이 무진한 까닭으로 보살마하살은 반야바라밀다를 이끌어서 일으켜야 하고, 이·비·설·신·의처의 허공이 무진한 까닭으로 보살마하살은 반야바라밀다를 이끌어서 일으켜야 하느니라. 선현이여. 마땅히 알아야 하느니라. 색처의 허공이 무진한 까닭으로 보살마하살은 반야바라밀다를 이끌어서 일으켜야 하고, 성·향·미·촉·법처의 허공이 무진한 까닭으로 보살마하살은 반야바라밀다를 이끌어서 일으켜야 하느니라.

선현이여. 마땅히 알아야 하느니라. 안계의 허공이 무진한 까닭으로 보살마하살은 반야바라밀다를 이끌어서 일으켜야 하고, 색계·안식계, 나아가 안촉·안촉을 인연으로 생겨나는 여러 수의 허공이 무진한 까닭으로 보살마하살은 반야바라밀다를 이끌어서 일으켜야 하느니라. 선현이여. 마땅히 알아야 하느니라. 이계의 허공이 무진한 까닭으로 보살마하살은 반야바라밀다를 이끌어서 일으켜야 하고, 성계·이식계, 나아가 이촉·이촉을 인연으로 생겨나는 여러 수의 허공이 무진한 까닭으로 보살마하살은 반야바라밀다를 이끌어서 일으켜야 하느니라.

선현이여. 마땅히 알아야 하느니라. 비계의 허공이 무진한 까닭으로 보살마하살은 반야바라밀다를 이끌어서 일으켜야 하고, 향계·비식계, 나아가 비촉·비촉을 인연으로 생겨나는 여러 수의 허공이 무진한 까닭으로 보살마하살은 반야바라밀다를 이끌어서 일으켜야 하느니라. 선현이여. 마땅히 알아야 하느니라. 설계의 허공이 무진한 까닭으로 보살마하살은 반야바라밀다를 이끌어서 일으켜야 하고, 미계·설식계, 나아가 설촉·설촉을 인연으로 생겨나는 여러 수의 허공이 무진한 까닭으로 보살마하살은 반야바라밀다를 이끌어서 일으켜야 하느니라.

선현이여. 마땅히 알아야 하느니라. 신계의 허공이 무진한 까닭으로 보살마하살은 반야바라밀다를 이끌어서 일으켜야 하고, 촉계·신식계, 나아가 신촉·신촉을 인연으로 생겨나는 여러 수의 허공이 무진한 까닭으로 보살마하살은 반야바라밀다를 이끌어서 일으켜야 하느니라. 선현이여. 마땅히 알아야 하느니라. 의계의 허공이 무진한 까닭으로 보살마하살은 반야바라밀다를 이끌어서 일으켜야 하고, 법계·의식계, 의촉·의촉을 인연으로 생겨나는 여러 수의 허공이 무진한 까닭으로 보살마하살은 반야바라밀다를 이끌어서 일으켜야 하느니라.

선현이여. 마땅히 알아야 하느니라. 지계의 허공이 무진한 까닭으로 보살마하살은 반야바라밀다를 이끌어서 일으켜야 하고, 수·화·풍·공·식계의 허공이 무진한 까닭으로 보살마하살은 반야바라밀다를 이끌어서 일으켜야 하느니라. 선현이여. 마땅히 알아야 하느니라. 무명의 허공이 무진한 까닭으로 보살마하살은 반야바라밀다를 이끌어서 일으켜야 하고, 행·식·명색·육처·촉·수·애·취·유·생·노사의 수탄고우뇌의 허공이 무진한 까닭으로 보살마하살은 반야바라밀다를 이끌어서 일으켜야 하느니라."

마하반야바라밀다경 제348권

59. 무진품(無盡品)(2)

“선현이여. 마땅히 알아야 하느니라. 보시바라밀다의 허공이 무진한 까닭으로 보살마하살은 반야바라밀다를 이끌어서 일으켜야 하고, 정계·안인·정진·정려·반야바라밀다의 허공이 무진한 까닭으로 보살마하살은 반야바라밀다를 이끌어서 일으켜야 하느니라. 선현이여. 마땅히 알아야 하느니라. 내공의 허공이 무진한 까닭으로 보살마하살은 반야바라밀다를 이끌어서 일으켜야 하고, 외공·내외공·공공·대공·승의공·유위공·무위공·필경공·무제공·산공·무변이공·본성공·자상공·공상공·일체법공·불가득공·무성공·자성공·무성자성공의 허공이 무진한 까닭으로 보살마하살은 반야바라밀다를 이끌어서 일으켜야 하느니라.

선현이여. 마땅히 알아야 하느니라. 진여의 허공이 무진한 까닭으로 보살마하살은 반야바라밀다를 이끌어서 일으켜야 하고, 법계·법성·불허망성·불변이성·평등성·이생성·법정·법주·실제·허공계·부사의계의 허공이 무진한 까닭으로 보살마하살은 반야바라밀다를 이끌어서 일으켜야 하느니라. 선현이여. 마땅히 알아야 하느니라. 고성제의 허공이 무진한 까닭으로 보살마하살은 반야바라밀다를 이끌어서 일으켜야 하고, 집·멸·도성제의 허공이 무진한 까닭으로 보살마하살은 반야바라밀다를 이끌어서 일으켜야 하느니라.

선현이여. 마땅히 알아야 하느니라. 4정려의 허공이 무진한 까닭으로 보살마하살은 반야바라밀다를 이끌어서 일으켜야 하고, 4무량·4무색정의 허공이 무진한 까닭으로 보살마하살은 반야바라밀다를 이끌어서 일으켜야 하느니라. 선현이여. 마땅히 알아야 하느니라. 8해탈의 허공이 무진한 까닭으로 보살마하살은 반야바라밀다를 이끌어서 일으켜야 하고, 8승처·9차제정·10변처의 허공이 무진한 까닭으로 보살마하살은 반야바라밀다를 이끌어서 일으켜야 하느니라.

선현이여. 마땅히 알아야 하느니라. 4념주의 허공이 무진한 까닭으로 보살마하살은 반야바라밀다를 이끌어서 일으켜야 하고, 4정단·4신족·5근·5력·7등각지·8성도지의 허공이 무진한 까닭으로 보살마하살은 반야바라밀다를 이끌어서 일으켜야 하느니라. 선현이여. 마땅히 알아야 하느니라. 공해탈문의 허공이 무진한 까닭으로 보살마하살은 반야바라밀다를 이끌어서 일으켜야 하고, 무상·무원해탈문의 허공이 무진한 까닭으로 보살마하살은 반야바라밀다를 이끌어서 일으켜야 하느니라.

선현이여. 마땅히 알아야 하느니라. 5안의 허공이 무진한 까닭으로 보살마하살은 반야바라밀다를 이끌어서 일으켜야 하고, 6신통의 허공이 무진한 까닭으로 보살마하살은 반야바라밀다를 이끌어서 일으켜야 하느니라. 선현이여. 마땅히 알아야 하느니라. 여래의 10력의 허공이 무진한 까닭으로 보살마하살은 반야바라밀다를 이끌어서 일으켜야 하고, 4무소외·4무애해·대자·대비·대희·대사·18불불공법의 허공이 무진한 까닭으로 보살마하살은 반야바라밀다를 이끌어서 일으켜야 하느니라.

선현이여. 마땅히 알아야 하느니라. 무망실법의 허공이 무진한 까닭으로 보살마하살은 반야바라밀다를 이끌어서 일으켜야 하고, 항주사성의 허공이 무진한 까닭으로 보살마하살은 반야바라밀다를 이끌어서 일으켜야 하느니라. 선현이여. 마땅히 알아야 하느니라. 일체지의 허공이 무진한 까닭으로 보살마하살은 반야바라밀다를 이끌어서 일으켜야 하고, 도상지·일체상지의 허공이 무진한 까닭으로 보살마하살은 반야바라밀다를 이끌어서 일으켜야 하느니라.

선현이여. 마땅히 알아야 하느니라. 일체의 다라니문의 허공이 무진한 까닭으로 보살마하살은 반야바라밀다를 이끌어서 일으켜야 하고, 일체의 삼마지문의 허공이 무진한 까닭으로 보살마하살은 반야바라밀다를 이끌어서 일으켜야 하느니라. 선현이여. 마땅히 알아야 하느니라. 예류과의 허공이 무진한 까닭으로 보살마하살은 반야바라밀다를 이끌어서 일으켜야 하고, 일래·불환·아라한과의 허공이 무진한 까닭으로 보살마하살은 반야바라밀다를 이끌어서 일으켜야 하느니라.

선현이여. 마땅히 알아야 하느니라. 독각의 보리의 허공이 무진한 까닭으로 보살마하살은 반야바라밀다를 이끌어서 일으켜야 하느니라. 선현이여. 마땅히 알아야 하느니라. 일체의 보살마하살의 행의 허공이 무진한 까닭으로 보살마하살은 반야바라밀다를 이끌어서 일으켜야 하느니라. 선현이여. 마땅히 알아야 하느니라. 제불의 무상정등보리의 허공이 무진한 까닭으로 보살마하살은 반야바라밀다를 이끌어서 일으켜야 하느니라."

"다시 다음으로 선현이여. 보살마하살은 무명(無明)이 허공과 같아서 무진(無盡)하다고 관찰하는 까닭으로 상응하여 반야바라밀다를 이끌어서 일으켜야 하고, 보살마하살은 행(行)이 허공과 같아서 무진하다고 관찰하는 까닭으로 상응하여 반야바라밀다를 이끌어서 일으켜야 하며, 보살마하살은 식(識)이 허공과 같아서 무진하다고 관찰하는 까닭으로 상응하여 반야바라밀다를 이끌어서 일으켜야 하고, 보살마하살은 명색(名色)이 허공과 같아서 무진하다고 관찰하는 까닭으로 상응하여 반야바라밀다를 이끌어서 일으켜야 하느니라.

보살마하살은 육처(六處)가 허공과 같아서 무진하다고 관찰하는 까닭으로 상응하여 반야바라밀다를 이끌어서 일으켜야 하고, 보살마하살은 촉(觸)이 허공과 같아서 무진하다고 관찰하는 까닭으로 상응하여 반야바라밀다를 이끌어서 일으켜야 하며, 보살마하살은 수(受)가 허공과 같아서 무진하다고 관찰하는 까닭으로 상응하여 반야바라밀다를 이끌어서 일으켜야 하고, 보살마하살은 애(愛)가 허공과 같아서 무진하다고 관찰하는 까닭으로 상응하여 반야바라밀다를 이끌어서 일으켜야 하느니라.

보살마하살은 취(取)가 허공과 같아서 무진하다고 관찰하는 까닭으로 상응하여 반야바라밀다를 이끌어서 일으켜야 하고, 보살마하살은 유(有)가 허공과 같아서 무진하다고 관찰하는 까닭으로 상응하여 반야바라밀다를 이끌어서 일으켜야 하며, 보살마하살은 생(生)이 허공과 같아서 무진하다고 관찰하는 까닭으로 상응하여 반야바라밀다를 이끌어서 일으켜야 하고, 보살마하살은 노사(老死)의 수탄고우뇌(愁歎苦憂惱)가 허공과 같아서 무진하다고 관찰하는 까닭으로 상응하여 반야바라밀다를 이끌어서 일으켜야 하느니라. 이와 같이 선현이여. 보살마하살은 상응하여 반야바라밀다를 이끌어서 일으켜야 하느니라.

선현이여. 마땅히 알아야 하느니라. 제보살마하살은 이와 같이 12연기(十二緣起)를 관찰하면서 이변(二邊)[1]을 멀리 벗어나는데, 이것이 제보살이 함께 하지 않는 미묘한 관찰이니라. 선현이여. 마땅히 알아야 하느니라. 제보살마하살은 처소의 보리좌(菩提座)에서 12연기가 오히려 허공과 같아서 끝마침이 없다고 여실(如實)하게 관찰하는 까닭으로 능히 일체지지를 빠르게 증득할 수 있느니라. 선현이여. 마땅히 알아야 하느니라. 만약 보살마하살이 허공과 같아서 무진한 행상(行相)으로 깊은 반야바라밀다를 수행하면서 12연기를 여실하게 관찰한다면, 성문지·독각지에 퇴실하여 떨어지지 않고 마땅히 무상정등보리에 안주하느니라.

선현이여. 제유정들이 보살승의 보특가라에 머무르면서 만약 무상정등보리에서 퇴전이 있는 자는 모두가 반야바라밀다를 이끌어서 일으키는 선교(善巧)의 작의(作意)에 의지하지 않고, 오히려 그들은 어떻게 보살마하살이 반야바라밀다를 수행하며 능히 허공과 같은 무진한 행상으로써 12연기를 여실하게 관찰하여 반야바라밀다를 이끌어서 일으키는 것에 명료하지 않은 것이니라. 선현이여. 마땅히 알아야 하느니라. 제유정들이 보살승에 안주하는 자이고, 만약 무상정등보리에서 퇴전이 있다면, 모두가 오히려 반야바라밀다를 이끌어서 일으키는 선교방편(善巧方便)을 멀리

1) 고통(苦)과 즐거움(樂)의 두 가지에 치우치는 견해를 가리킨다.

벗어난 자이니라.

선현이여. 마땅히 알아야 하느니라. 만약 보살마하살이 무상정등보리에서 불퇴전인 자는, 모두 매우 깊은 반야바라밀다를 이끌어서 일으키는 선교방편에 의지하는 자이니라. 이 보살마하살은 오히려 이와 같은 선교방편에 의지하여 반야바라밀다를 수행하고 허공과 같이 무진한 행상으로써 12연기를 여실하게 관찰하면서 반야바라밀다를 이끌어서 일으키는 것이며, 이 보살마하살은 오히려 이와 같은 선교방편에 의지하여 반야바라밀다를 수행하고 허공과 같이 무진한 행상으로써 매우 깊은 반야바라밀다를 이끌어서 일으키느니라."

"다시 다음으로 선현이여. 만약 보살마하살이 이와 같이 연기법(緣起法)을 관찰하는 때라면, 무슨 법도 인연(因)이 없이 생겨난다고 보지 않고, 어느 법도 인연이 없이 소멸한다고 보지 않으며, 무슨 법도 항상 머무르거나 소멸하지 않는다고 보지 않고, 무슨 법에도 아(我)·유정(有情)·명자(命者)·생자(生者)·양자(養者)·사부(士夫)·보특가라(補特伽羅)·의생(意生)·유동(孺童)·작자(作者)·사작자(使作者)·기자(起者)·사기자(使起者)·수자(受者)·사수자(使受者)·지자(知者)·사지자(使知者)·견자(見者)·사견자(使見者) 등이 있다고 보지 않으며, 무슨 법이라도 만약 항상(常)하거나 만약 무상(無常)하거나, 만약 즐겁(樂)거나 만약 괴롭(苦)거나, 만약 나(我)이거나 만약 무아(無我)이거나, 만약 청정(淨)하거나 만약 부정(不淨)하거나, 만약 적정(寂淨)하거나 만약 적정하지 않거나(不寂靜), 만약 멀리 벗어나거나(遠離) 만약 멀리 벗어나지 않는다(不遠離)고 보지 않느니라. 선현이여. 마땅히 알아야 하느니라. 제보살마하살이 반야바라밀다를 수행하려고 하였다면 상응하여 마땅히 이와 같이 연기를 관찰하고서 반야바라밀다를 수행해야 하느니라.

선현이여. 마땅히 알아야 하느니라. 만약 보살마하살이 깊은 반야바라밀다를 수행하는 때라면, 이때 보살마하살은 색이 항상하거나 만약 무상하거나, 만약 즐겁거나 만약 괴롭거나, 만약 나이거나 만약 무아이거나,

만약 청정하거나 만약 부정하거나, 만약 적정하거나 만약 적정하지 않거나, 만약 멀리 벗어났거나 만약 멀리 벗어나지 않는다고 보지 않고, 역시 수·상·행·식이 항상하거나 만약 무상하거나, 만약 즐겁거나 만약 괴롭거나, 만약 나이거나 만약 무아이거나, 만약 청정하거나 만약 부정하거나, 만약 적정하거나 만약 적정하지 않거나, 만약 멀리 벗어났거나 만약 멀리 벗어나지 않는다고 보지 않느니라.

만약 보살마하살이 깊은 반야바라밀다를 수행하는 때라면, 이때 보살마하살은 안처가 항상하거나 만약 무상하거나, 만약 즐겁거나 만약 괴롭거나, 만약 나이거나 만약 무아이거나, 만약 청정하거나 만약 부정하거나, 만약 적정하거나 만약 적정하지 않거나, 만약 멀리 벗어났거나 만약 멀리 벗어나지 않는다고 보지 않고, 역시 이·비·설·신·의처가 항상하거나 만약 무상하거나, 만약 즐겁거나 만약 괴롭거나, 만약 나이거나 만약 무아이거나, 만약 청정하거나 만약 부정하거나, 만약 적정하거나 만약 적정하지 않거나, 만약 멀리 벗어났거나 만약 멀리 벗어나지 않는다고 보지 않느니라.

만약 보살마하살이 깊은 반야바라밀다를 수행하는 때라면, 이때 보살마하살은 색처가 항상하거나 만약 무상하거나, 만약 즐겁거나 만약 괴롭거나, 만약 나이거나 만약 무아이거나, 만약 청정하거나 만약 부정하거나, 만약 적정하거나 만약 적정하지 않거나, 만약 멀리 벗어났거나 만약 멀리 벗어나지 않는다고 보지 않고, 역시 성·향·미·촉·법처가 항상하거나 만약 무상하거나, 만약 즐겁거나 만약 괴롭거나, 만약 나이거나 만약 무아이거나, 만약 청정하거나 만약 부정하거나, 만약 적정하거나 만약 적정하지 않거나, 만약 멀리 벗어났거나 만약 멀리 벗어나지 않는다고 보지 않느니라.

만약 보살마하살이 깊은 반야바라밀다를 수행하는 때라면, 이때 보살마하살은 안계가 항상하거나 만약 무상하거나, 만약 즐겁거나 만약 괴롭거나, 만약 나이거나 만약 무아이거나, 만약 청정하거나 만약 부정하거나, 만약 적정하거나 만약 적정하지 않거나, 만약 멀리 벗어났거나 만약 멀리 벗어나지 않는다고 보지 않고, 역시 이·비·설·신·의계가 항상하거나 만약 무상하거나, 만약 즐겁거나 만약 괴롭거나, 만약 나이거나 만약 무아이거나, 만약 청정하거나 만약 부정하거나, 만약 적정하거나 만약 적정하지 않거나, 만약 멀리 벗어났거나 만약 멀리 벗어나지 않는다고 보지 않느니라.

만약 보살마하살이 깊은 반야바라밀다를 수행하는 때라면, 이때 보살마하살은 색계가 항상하거나 만약 무상하거나, 만약 즐겁거나 만약 괴롭거나, 만약 나이거나 만약 무아이거나, 만약 청정하거나 만약 부정하거나, 만약 적정하거나 만약 적정하지 않거나, 만약 멀리 벗어났거나 만약 멀리 벗어나지 않는다고 보지 않고, 역시 성·향·미·촉·법계가 항상하거나 만약 무상하거나, 만약 즐겁거나 만약 괴롭거나, 만약 나이거나 만약 무아이거나, 만약 청정하거나 만약 부정하거나, 만약 적정하거나 만약 적정하지 않거나, 만약 멀리 벗어났거나 만약 멀리 벗어나지 않는다고 보지 않느니라.

만약 보살마하살이 깊은 반야바라밀다를 수행하는 때라면, 이때 보살마하살은 안식계가 항상하거나 만약 무상하거나, 만약 즐겁거나 만약 괴롭거나, 만약 나이거나 만약 무아이거나, 만약 청정하거나 만약 부정하거나, 만약 적정하거나 만약 적정하지 않거나, 만약 멀리 벗어났거나 만약 멀리 벗어나지 않는다고 보지 않고, 역시 이·비·설·신·의식계가 항상하거나 만약 무상하거나, 만약 즐겁거나 만약 괴롭거나, 만약 나이거나 만약 무아이거나, 만약 청정하거나 만약 부정하거나, 만약 적정하거나 만약 적정하지 않거나, 만약 멀리 벗어났거나 만약 멀리 벗어나지 않는다고 보지 않느니라.

만약 보살마하살이 깊은 반야바라밀다를 수행하는 때라면, 이때 보살마하살은 안촉이 항상하거나 만약 무상하거나, 만약 즐겁거나 만약 괴롭거나, 만약 나이거나 만약 무아이거나, 만약 청정하거나 만약 부정하거나, 만약 적정하거나 만약 적정하지 않거나, 만약 멀리 벗어났거나 만약 멀리 벗어나지 않는다고 보지 않고, 역시 이·비·설·신·의촉이 항상하거나 만약 무상하거나, 만약 즐겁거나 만약 괴롭거나, 만약 나이거나 만약 무아이거나, 만약 청정하거나 만약 부정하거나, 만약 적정하거나 만약 적정하지 않거나, 만약 멀리 벗어났거나 만약 멀리 벗어나지 않는다고 보지 않느니라.

만약 보살마하살이 깊은 반야바라밀다를 수행하는 때라면, 이때 보살마하살은 안촉을 인연으로 생겨난 여러 수가 항상하거나 만약 무상하거나, 만약 즐겁거나 만약 괴롭거나, 만약 나이거나 만약 무아이거나, 만약 청정하거나 만약 부정하거나, 만약 적정하거나 만약 적정하지 않거나, 만약 멀리 벗어났거나 만약 멀리 벗어나지 않는다고 보지 않고, 역시 이·비·설·신·의촉을 인연으로 생겨난 여러 수가 항상하거나 만약 무상하거나, 만약 즐겁거나 만약 괴롭거나, 만약 나이거나 만약 무아이거나, 만약 청정하거나 만약 부정하거나, 만약 적정하거나 만약 적정하지 않거나, 만약 멀리 벗어났거나 만약 멀리 벗어나지 않는다고 보지 않느니라.

만약 보살마하살이 깊은 반야바라밀다를 수행하는 때라면, 이때 보살마하살은 지계가 항상하거나 만약 무상하거나, 만약 즐겁거나 만약 괴롭거나, 만약 나이거나 만약 무아이거나, 만약 청정하거나 만약 부정하거나, 만약 적정하거나 만약 적정하지 않거나, 만약 멀리 벗어났거나 만약 멀리 벗어나지 않는다고 보지 않고, 역시 수·화·풍·공·식계가 항상하거나 만약 무상하거나, 만약 즐겁거나 만약 괴롭거나, 만약 나이거나 만약 무아이거나, 만약 청정하거나 만약 부정하거나, 만약 적정하거나 만약 적정하지 않거나, 만약 멀리 벗어났거나 만약 멀리 벗어나지 않는다고 보지 않느니라.

만약 보살마하살이 깊은 반야바라밀다를 수행하는 때라면, 이때 보살마하살은 무명이 항상하거나 만약 무상하거나, 만약 즐겁거나 만약 괴롭거나, 만약 나이거나 만약 무아이거나, 만약 청정하거나 만약 부정하거나, 만약 적정하거나 만약 적정하지 않거나, 만약 멀리 벗어났거나 만약 멀리 벗어나지 않는다고 보지 않고, 역시 행·식·명색·육처·촉·수·애·취·유·생·노사의 수탄고우뇌가 항상하거나 만약 무상하거나, 만약 즐겁거나 만약 괴롭거나, 만약 나이거나 만약 무아이거나, 만약 청정하거나 만약 부정하거나, 만약 적정하거나 만약 적정하지 않거나, 만약 멀리 벗어났거나 만약 멀리 벗어나지 않는다고 보지 않느니라.

만약 보살마하살이 깊은 반야바라밀다를 수행하는 때라면, 이때 보살마하살은 보시바라밀다가 항상하거나 만약 무상하거나, 만약 즐겁거나 만약 괴롭거나, 만약 나이거나 만약 무아이거나, 만약 청정하거나 만약 부정하거나, 만약 적정하거나 만약 적정하지 않거나, 만약 멀리 벗어났거나 만약 멀리 벗어나지 않는다고 보지 않고, 역시 정계·안인·정진·정려·반야바라밀다가 항상하거나 만약 무상하거나, 만약 즐겁거나 만약 괴롭거나, 만약 나이거나 만약 무아이거나, 만약 청정하거나 만약 부정하거나, 만약 적정하거나 만약 적정하지 않거나, 만약 멀리 벗어났거나 만약 멀리 벗어나지 않는다고 보지 않느니라.

만약 보살마하살이 깊은 반야바라밀다를 수행하는 때라면, 이때 보살마하살은 내공이 항상하거나 만약 무상하거나, 만약 즐겁거나 만약 괴롭거나, 만약 나이거나 만약 무아이거나, 만약 청정하거나 만약 부정하거나, 만약 적정하거나 만약 적정하지 않거나, 만약 멀리 벗어났거나 만약 멀리 벗어나지 않는다고 보지 않고, 역시 외공·내외공·공공·대공·승의공·유위공·무위공·필경공·무제공·산공·무변이공·본성공·자상공·공상공·일체법공·불가득공·무성공·자성공·무성자성공이 항상하거나 만약 무상하거나, 만약 즐겁거나 만약 괴롭거나, 만약 나이거나 만약 무아이거나, 만약 청정하거나 만약 부정하거나, 만약 적정하거나 만약 적정하지 않거나, 만약 멀리 벗어났거나 만약 멀리 벗어나지 않는다고 보지 않느니라.

만약 보살마하살이 깊은 반야바라밀다를 수행하는 때라면, 이때 보살마하살은 진여가 항상하거나 만약 무상하거나, 만약 즐겁거나 만약 괴롭거나, 만약 나이거나 만약 무아이거나, 만약 청정하거나 만약 부정하거나, 만약 적정하거나 만약 적정하지 않거나, 만약 멀리 벗어났거나 만약 멀리 벗어나지 않는다고 보지 않고, 역시 법계·법성·불허망성·불변이성·평등성·이생성·법정·법주·실제·허공계·부사의계가 항상하거나 만약 무상하거나, 만약 즐겁거나 만약 괴롭거나, 만약 나이거나 만약 무아이거나, 만약 청정하거나 만약 부정하거나, 만약 적정하거나 만약 적정하지 않거나, 만약 멀리 벗어났거나 만약 멀리 벗어나지 않는다고 보지 않느니라.

만약 보살마하살이 깊은 반야바라밀다를 수행하는 때라면, 이때 보살마하살은 고성제가 항상하거나 만약 무상하거나, 만약 즐겁거나 만약 괴롭거나, 만약 나이거나 만약 무아이거나, 만약 청정하거나 만약 부정하거나, 만약 적정하거나 만약 적정하지 않거나, 만약 멀리 벗어났거나 만약 멀리 벗어나지 않는다고 보지 않고, 역시 집·멸·도성제가 항상하거나 만약 무상하거나, 만약 즐겁거나 만약 괴롭거나, 만약 나이거나 만약 무아이거나, 만약 청정하거나 만약 부정하거나, 만약 적정하거나 만약 적정하지 않거나, 만약 멀리 벗어났거나 만약 멀리 벗어나지 않는다고 보지 않느니라.

만약 보살마하살이 깊은 반야바라밀다를 수행하는 때라면, 이때 보살마하살은 4정려가 항상하거나 만약 무상하거나, 만약 즐겁거나 만약 괴롭거나, 만약 나이거나 만약 무아이거나, 만약 청정하거나 만약 부정하거나, 만약 적정하거나 만약 적정하지 않거나, 만약 멀리 벗어났거나 만약 멀리 벗어나지 않는다고 보지 않고, 역시 4무량·4무색정이 항상하거나 만약 무상하거나, 만약 즐겁거나 만약 괴롭거나, 만약 나이거나 만약 무아이거나, 만약 청정하거나 만약 부정하거나, 만약 적정하거나 만약 적정하지 않거나, 만약 멀리 벗어났거나 만약 멀리 벗어나지 않는다고 보지 않느니라.

만약 보살마하살이 깊은 반야바라밀다를 수행하는 때라면, 이때 보살마하살은 8해탈이 항상하거나 만약 무상하거나, 만약 즐겁거나 만약 괴롭거나, 만약 나이거나 만약 무아이거나, 만약 청정하거나 만약 부정하거나, 만약 적정하거나 만약 적정하지 않거나, 만약 멀리 벗어났거나 만약 멀리 벗어나지 않는다고 보지 않고, 역시 8승처·9차제정·10변처가 항상하거나 만약 무상하거나, 만약 즐겁거나 만약 괴롭거나, 만약 나이거나 만약 무아이거나, 만약 청정하거나 만약 부정하거나, 만약 적정하거나 만약 적정하지 않거나, 만약 멀리 벗어났거나 만약 멀리 벗어나지 않는다고 보지 않느니라.

만약 보살마하살이 깊은 반야바라밀다를 수행하는 때라면, 이때 보살마하살은 4념주가 항상하거나 만약 무상하거나, 만약 즐겁거나 만약 괴롭거나, 만약 나이거나 만약 무아이거나, 만약 청정하거나 만약 부정하거나, 만약 적정하거나 만약 적정하지 않거나, 만약 멀리 벗어났거나 만약 멀리 벗어나지 않는다고 보지 않고, 역시 4정단·4신족·5근·5력·7등각지·8성도지가 항상하거나 만약 무상하거나, 만약 즐겁거나 만약 괴롭거나, 만약 나이거나 만약 무아이거나, 만약 청정하거나 만약 부정하거나, 만약 적정하거나 만약 적정하지 않거나, 만약 멀리 벗어났거나 만약 멀리 벗어나지 않는다고 보지 않느니라.

만약 보살마하살이 깊은 반야바라밀다를 수행하는 때라면, 이때 보살마하살은 공해탈문이 항상하거나 만약 무상하거나, 만약 즐겁거나 만약 괴롭거나, 만약 나이거나 만약 무아이거나, 만약 청정하거나 만약 부정하거나, 만약 적정하거나 만약 적정하지 않거나, 만약 멀리 벗어났거나 만약 멀리 벗어나지 않는다고 보지 않고, 역시 무상·무원해탈문이 항상하거나 만약 무상하거나, 만약 즐겁거나 만약 괴롭거나, 만약 나이거나 만약 무아이거나, 만약 청정하거나 만약 부정하거나, 만약 적정하거나 만약 적정하지 않거나, 만약 멀리 벗어났거나 만약 멀리 벗어나지 않는다고 보지 않느니라.

만약 보살마하살이 깊은 반야바라밀다를 수행하는 때라면, 이때 보살마하살은 5안이 항상하거나 만약 무상하거나, 만약 즐겁거나 만약 괴롭거나, 만약 나이거나 만약 무아이거나, 만약 청정하거나 만약 부정하거나, 만약 적정하거나 만약 적정하지 않거나, 만약 멀리 벗어났거나 만약 멀리 벗어나지 않는다고 보지 않고, 역시 6신통이 항상하거나 만약 무상하거나, 만약 즐겁거나 만약 괴롭거나, 만약 나이거나 만약 무아이거나, 만약 청정하거나 만약 부정하거나, 만약 적정하거나 만약 적정하지 않거나, 만약 멀리 벗어났거나 만약 멀리 벗어나지 않는다고 보지 않느니라.

만약 보살마하살이 깊은 반야바라밀다를 수행하는 때라면, 이때 보살마하살은 여래의 10력이 항상하거나 만약 무상하거나, 만약 즐겁거나 만약 괴롭거나, 만약 나이거나 만약 무아이거나, 만약 청정하거나 만약 부정하거나, 만약 적정하거나 만약 적정하지 않거나, 만약 멀리 벗어났거나 만약 멀리 벗어나지 않는다고 보지 않고, 역시 4무소외·4무애해·대자·대비·대희·대사·18불불공법이 항상하거나 만약 무상하거나, 만약 즐겁거나 만약 괴롭거나, 만약 나이거나 만약 무아이거나, 만약 청정하거나 만약 부정하거나, 만약 적정하거나 만약 적정하지 않거나, 만약 멀리 벗어났거나 만약 멀리 벗어나지 않는다고 보지 않느니라.

만약 보살마하살이 깊은 반야바라밀다를 수행하는 때라면, 이때 보살마하살은 무망실법이 항상하거나 만약 무상하거나, 만약 즐겁거나 만약 괴롭거나, 만약 나이거나 만약 무아이거나, 만약 청정하거나 만약 부정하거나, 만약 적정하거나 만약 적정하지 않거나, 만약 멀리 벗어났거나 만약 멀리 벗어나지 않는다고 보지 않고, 역시 항주사성이 항상하거나 만약 무상하거나, 만약 즐겁거나 만약 괴롭거나, 만약 나이거나 만약 무아이거나, 만약 청정하거나 만약 부정하거나, 만약 적정하거나 만약 적정하지 않거나, 만약 멀리 벗어났거나 만약 멀리 벗어나지 않는다고 보지 않느니라.

만약 보살마하살이 깊은 반야바라밀다를 수행하는 때라면, 이때 보살마하살은 일체지가 항상하거나 만약 무상하거나, 만약 즐겁거나 만약 괴롭거나, 만약 나이거나 만약 무아이거나, 만약 청정하거나 만약 부정하거나, 만약 적정하거나 만약 적정하지 않거나, 만약 멀리 벗어났거나 만약 멀리 벗어나지 않는다고 보지 않고, 역시 도상지·일체상지가 항상하거나 만약 무상하거나, 만약 즐겁거나 만약 괴롭거나, 만약 나이거나 만약 무아이거나, 만약 청정하거나 만약 부정하거나, 만약 적정하거나 만약 적정하지 않거나, 만약 멀리 벗어났거나 만약 멀리 벗어나지 않는다고 보지 않느니라.

만약 보살마하살이 깊은 반야바라밀다를 수행하는 때라면, 이때 보살마하살은 일체의 다라니문이 항상하거나 만약 무상하거나, 만약 즐겁거나 만약 괴롭거나, 만약 나이거나 만약 무아이거나, 만약 청정하거나 만약 부정하거나, 만약 적정하거나 만약 적정하지 않거나, 만약 멀리 벗어났거나 만약 멀리 벗어나지 않는다고 보지 않고, 역시 일체의 삼마지문이 항상하거나 만약 무상하거나, 만약 즐겁거나 만약 괴롭거나, 만약 나이거나 만약 무아이거나, 만약 청정하거나 만약 부정하거나, 만약 적정하거나 만약 적정하지 않거나, 만약 멀리 벗어났거나 만약 멀리 벗어나지 않는다고 보지 않느니라.

만약 보살마하살이 깊은 반야바라밀다를 수행하는 때라면, 이때 보살마하살은 예류과가 항상하거나 만약 무상하거나, 만약 즐겁거나 만약 괴롭거나, 만약 나이거나 만약 무아이거나, 만약 청정하거나 만약 부정하거나, 만약 적정하거나 만약 적정하지 않거나, 만약 멀리 벗어났거나 만약 멀리 벗어나지 않는다고 보지 않고, 역시 일래·불환·아라한과가 항상하거나 만약 무상하거나, 만약 즐겁거나 만약 괴롭거나, 만약 나이거나 만약 무아이거나, 만약 청정하거나 만약 부정하거나, 만약 적정하거나 만약 적정하지 않거나, 만약 멀리 벗어났거나 만약 멀리 벗어나지 않는다고 보지 않느니라.

만약 보살마하살이 깊은 반야바라밀다를 수행하는 때라면, 이때 보살마하살은 독각의 보리가 항상하거나 만약 무상하거나, 만약 즐겁거나 만약 괴롭거나, 만약 나이거나 만약 무아이거나, 만약 청정하거나 만약 부정하거나, 만약 적정하거나 만약 적정하지 않거나, 만약 멀리 벗어났거나 만약 멀리 벗어나지 않는다고 보지 않느니라. 만약 보살마하살이 깊은 반야바라밀다를 수행하는 때라면, 이때 보살마하살은 일체의 보살마하살의 행이 항상하거나 만약 무상하거나, 만약 즐겁거나 만약 괴롭거나, 만약 나이거나 만약 무아이거나, 만약 청정하거나 만약 부정하거나, 만약 적정하거나 만약 적정하지 않거나, 만약 멀리 벗어났거나 만약 멀리 벗어나지 않는다고 보지 않느니라.

만약 보살마하살이 깊은 반야바라밀다를 수행하는 때라면, 이때 보살마하살은 제불의 무상정등보리가 항상하거나 만약 무상하거나, 만약 즐겁거나 만약 괴롭거나, 만약 나이거나 만약 무아이거나, 만약 청정하거나 만약 부정하거나, 만약 적정하거나 만약 적정하지 않거나, 만약 멀리 벗어났거나 만약 멀리 벗어나지 않는다고 보지 않느니라.

다시 다음으로 선현이여. 만약 보살마하살이 깊은 반야바라밀다를 수행하는 때라면, 이때 보살마하살은 비록 반야바라밀다를 수행하였더라도 반야바라밀다를 수행한 것이 있다고 보지 않고, 역시 다시 법이 있더라도 능히 반야바라밀다를 수행하였던 것을 볼 수 있다고 보지 않느니라. 만약 보살마하살이 깊은 반야바라밀다를 수행하는 때라면, 이때 보살마하살은 비록 정려·정진·안인·정계·보시바라밀다를 수행하였더라도 정려, 나아가 보시바라밀다를 수행한 것이 있다고 보지 않고, 역시 다시 법이 있더라도 능히 정려, 나아가 보시바라밀다를 수행하였던 것을 볼 수 있다고 보지 않느니라.

만약 보살마하살이 깊은 반야바라밀다를 수행하는 때라면, 이때 보살마하살은 비록 내공에 안주하였더라도 내공에 안주하였던 것이 있다고 보지 않고, 역시 다시 법이 있더라도 능히 내공에 안주하였던 것을 볼 수 있다고 보지 않느니라. 만약 보살마하살이 깊은 반야바라밀다를 수행하는 때라면, 이때 보살마하살은 비록 외공·내외공·공공·대공·승의공·유위공·무위공·필경공·무제공·산공·무변이공·본성공·자상공·공상공·일체법공·불가득공·무성공·자성공·무성자성공에 안주하였더라도 외공, 나아가 무성자성공에 안주하였던 것이 있다고 보지 않고, 역시 다시 법이 있더라도 능히 외공, 나아가 무성자성공에 안주하였던 것을 볼 수 있다고 보지 않느니라.

만약 보살마하살이 깊은 반야바라밀다를 수행하는 때라면, 이때 보살마하살은 비록 진여에 안주하였더라도 진여에 안주하였던 것이 있다고 보지 않고, 역시 다시 법이 있더라도 능히 진여에 안주하였던 것을 볼 수 있다고 보지 않느니라. 만약 보살마하살이 깊은 반야바라밀다를 수행하는 때라면, 이때 보살마하살은 비록 법계·법성·불허망성·불변이성·평등성·이생성·법정·법주·실제·허공계·부사의계에 안주하였더라도 법계, 나아가 부사의계에 안주하였던 것이 있다고 보지 않고, 역시 다시 법이 있더라도 능히 법계, 나아가 부사의계에 안주하였던 것을 볼 수 있다고 보지 않느니라.

만약 보살마하살이 깊은 반야바라밀다를 수행하는 때라면, 이때 보살마하살은 비록 고성제에 안주하였더라도 고성제에 안주하였던 것이 있다고 보지 않고, 역시 다시 법이 있더라도 능히 고성제에 안주하였던 것을 볼 수 있다고 보지 않느니라. 만약 보살마하살이 깊은 반야바라밀다를 수행하는 때라면, 이때 보살마하살은 비록 집·멸·도성제에 안주하였더라도 집·멸·도성제에 안주하였던 것이 있다고 보지 않고, 역시 다시 법이 있더라도 능히 집·멸·도성제에 안주하였던 것을 볼 수 있다고 보지 않느니라.

만약 보살마하살이 깊은 반야바라밀다를 수행하는 때라면, 이때 보살마하살은 비록 4정려를 수행하였더라도 4정려를 수행한 것이 있다고 보지 않고, 역시 다시 법이 있더라도 능히 4정려를 수행하였던 것을 볼 수 있다고 보지 않느니라. 만약 보살마하살이 깊은 반야바라밀다를 수행하는 때라면, 이때 보살마하살은 비록 4무량·4무색정을 수행하였더라도 4무량·4무색정을 수행한 것이 있다고 보지 않고, 역시 다시 법이 있더라도 능히 4무량·4무색정을 수행하였던 것을 볼 수 있다고 보지 않느니라.

만약 보살마하살이 깊은 반야바라밀다를 수행하는 때라면, 이때 보살마하살은 비록 8해탈을 수행하였더라도 8해탈을 수행한 것이 있다고 보지 않고, 역시 다시 법이 있더라도 능히 8해탈을 수행하였던 것을 볼 수 있다고 보지 않느니라. 만약 보살마하살이 깊은 반야바라밀다를 수행하는 때라면, 이때 보살마하살은 비록 8승처·9차제정·10변처를 수행하였더라도 8승처·9차제정·10변처를 수행한 것이 있다고 보지 않고, 역시 다시 법이 있더라도 능히 8승처·9차제정·10변처를 수행하였던 것을 볼 수 있다고 보지 않느니라.

만약 보살마하살이 깊은 반야바라밀다를 수행하는 때라면, 이때 보살마하살은 비록 4념주를 수행하였더라도 4념주를 수행한 것이 있다고 보지 않고, 역시 다시 법이 있더라도 능히 4념주를 수행하였던 것을 볼 수 있다고 보지 않느니라. 만약 보살마하살이 깊은 반야바라밀다를 수행하는 때라면, 이때 보살마하살은 비록 4정단·4신족·5근·5력·7등각지·8성도지를 수행하였더라도 4정단·4신족·5근·5력·7등각지·8성도지를 수행한 것이 있다고 보지 않고, 역시 다시 법이 있더라도 능히 4정단·4신족·5근·5력·7등각지·8성도지를 수행하였던 것을 볼 수 있다고 보지 않느니라.

만약 보살마하살이 깊은 반야바라밀다를 수행하는 때라면, 이때 보살마하살은 비록 공해탈문을 수행하였더라도 공해탈문을 수행한 것이 있다고 보지 않고, 역시 다시 법이 있더라도 능히 공해탈문을 수행하였던 것을 볼 수 있다고 보지 않느니라. 만약 보살마하살이 깊은 반야바라밀다를 수행하는 때라면, 이때 보살마하살은 비록 무상·무원해탈문을 수행하였더라도 무상·무원해탈문을 수행한 것이 있다고 보지 않고, 역시 다시 법이 있더라도 능히 무상·무원해탈문을 수행하였던 것을 볼 수 있다고 보지 않느니라.

만약 보살마하살이 깊은 반야바라밀다를 수행하는 때라면, 이때 보살마하살은 비록 5안을 수행하였더라도 5안을 수행한 것이 있다고 보지 않고, 역시 다시 법이 있더라도 능히 5안을 수행하였던 것을 볼 수 있다고 보지 않느니라. 만약 보살마하살이 깊은 반야바라밀다를 수행하는 때라면, 이때 보살마하살은 비록 6신통을 수행하였더라도 6신통을 수행한 것이 있다고 보지 않고, 역시 다시 법이 있더라도 능히 6신통을 수행하였던 것을 볼 수 있다고 보지 않느니라.

만약 보살마하살이 깊은 반야바라밀다를 수행하는 때라면, 이때 보살마하살은 비록 여래의 10력을 수행하였더라도 여래의 10력을 수행한 것이 있다고 보지 않고, 역시 다시 법이 있더라도 능히 여래의 10력을 수행하였던 것을 볼 수 있다고 보지 않느니라. 만약 보살마하살이 깊은 반야바라밀다를 수행하는 때라면, 이때 보살마하살은 비록 4무소외·4무애해·대자·대비·대희·대사·18불불공법을 수행하였더라도 4무소외, 나아가 18불불공법을 수행한 것이 있다고 보지 않고, 역시 다시 법이 있더라도 능히 4무소외, 나아가 18불불공법을 수행하였던 것을 볼 수 있다고 보지 않느니라.

만약 보살마하살이 깊은 반야바라밀다를 수행하는 때라면, 이때 보살마하살은 비록 무망실법을 수행하였더라도 무망실법을 수행한 것이 있다고 보지 않고, 역시 다시 법이 있더라도 능히 무망실법을 수행하였던 것을 볼 수 있다고 보지 않느니라. 만약 보살마하살이 깊은 반야바라밀다를 수행하는 때라면, 이때 보살마하살은 비록 항주사성을 수행하였더라도 항주사성을 수행한 것이 있다고 보지 않고, 역시 다시 법이 있더라도 능히 항주사성을 수행하였던 것을 볼 수 있다고 보지 않느니라.

만약 보살마하살이 깊은 반야바라밀다를 수행하는 때라면, 이때 보살마하살은 비록 일체지를 수행하였더라도 일체지를 수행한 것이 있다고 보지 않고, 역시 다시 법이 있더라도 능히 일체지를 수행하였던 것을 볼 수 있다고 보지 않느니라. 만약 보살마하살이 깊은 반야바라밀다를 수행하는 때라면, 이때 보살마하살은 비록 도상지·일체상지를 수행하였더라도 도상지·일체상지를 수행한 것이 있다고 보지 않고, 역시 다시 법이 있더라도 능히 도상지·일체상지를 수행하였던 것을 볼 수 있다고 보지 않느니라.

만약 보살마하살이 깊은 반야바라밀다를 수행하는 때라면, 이때 보살마하살은 비록 일체의 다라니문을 수행하였더라도 일체의 다라니문을 수행한 것이 있다고 보지 않고, 역시 다시 법이 있더라도 능히 일체의 다라니문을 수행하였던 것을 볼 수 있다고 보지 않느니라. 만약 보살마하살이 깊은 반야바라밀다를 수행하는 때라면, 이때 보살마하살은 비록 일체의 삼마지문을 수행하였더라도 일체의 삼마지문을 수행한 것이 있다고 보지 않고, 역시 다시 법이 있더라도 능히 일체의 삼마지문을 수행하였던 것을 볼 수 있다고 보지 않느니라.

만약 보살마하살이 깊은 반야바라밀다를 수행하는 때라면, 이때 보살마하살은 비록 일체의 보살마하살의 행을 수행하였더라도 일체의 보살마하살의 행을 수행한 것이 있다고 보지 않고, 역시 다시 법이 있더라도 능히 일체의 보살마하살의 행을 수행하였던 것을 볼 수 있다고 보지 않느니라. 만약 보살마하살이 깊은 반야바라밀다를 수행하는 때라면, 이때 보살마하살은 비록 제불의 무상정등보리를 수행하였더라도 제불의 무상정등보리를 수행한 것이 있다고 보지 않고, 역시 다시 법이 있더라도 능히 제불의 무상정등보리를 수행하였던 것을 볼 수 있다고 보지 않느니라.

선현이여. 마땅히 알아야 하느니라. 제보살마하살은 일체법에서 모두 얻을 수 없는 것으로써 방편으로 삼고서 상응하여 이와 같은 매우 깊은 반야바라밀다를 수행해야 하느니라. 선현이여. 마땅히 알아야 하느니라. 제보살마하살은 일체법에서 모두 얻을 수 없는 것으로써 방편으로 삼고서 이와 같은 매우 깊은 반야바라밀다를 수행한다면, 이때 악마는 독화살의 가운데서와 같이 매우 근심하고 번뇌하나니, 비유한다면 사람이 있어서 새롭게 부모의 상(喪)을 당하여 깊은 통절(痛切)[2]이 생겨나는 것과 같이, 악마가 그때에 제보살마하살이 일체법에서 모두 얻을 수 없는 것으로써 방편으로 삼고서 이와 같은 매우 깊은 반야바라밀다를 수행하는 것을 보고 독화살의 가운데서와 같이 큰 근심과 번뇌가 생겨나는 것도 역시 다시 그와 같으니라."

그때 구수 선현이 세존께 아뢰어 말하였다.

"세존이시여. 하나의 악마가 제보살마하살이 일체법에서 모두 얻을 수 없는 것으로써 방편으로 삼고서 이와 같은 매우 깊은 반야바라밀다를 수행하는 것을 보고 독화살의 가운데서와 같이 큰 근심과 번뇌가 생겨납니까? 삼천대천세계를 두루 채웠던 일체의 악마가 제보살마하살이 일체법에서 모두 얻을 수 없는 것으로써 방편으로 삼고서 이와 같은 매우 깊은

2) '뼈에 사무치게 절실(切實)하다.'는 뜻이다..

반야바라밀다를 수행하는 것을 보고 독화살의 가운데서와 같이 큰 근심과 번뇌가 생겨납니까?"

세존께서 말씀하셨다.

"선현이여. 삼천대천세계를 두루 채웠던 일체의 악마가 제보살마하살이 일체법에서 모두 얻을 수 없는 것으로써 방편으로 삼고서 이와 같은 매우 깊은 반야바라밀다를 수행하는 것을 보고 독화살의 가운데서와 같이 큰 근심과 번뇌가 생겨나서 각각 그들의 자리에서 능히 스스로가 평안하지 않으니라.

선현이여. 마땅히 알아야 하느니라. 제보살마하살은 매우 깊은 반야바라밀다의 최고로 수승한 행의 머무름(住)에 상응하여 항상 안주(安住)해야 하느니라. 만약 보살마하살이 항상 능히 매우 깊은 반야바라밀다의 최고로 수승한 행의 머무름에 상응하여 항상 안주한다면, 세간의 천인·인간·아소락 등이 그의 단점을 엿보면서 구할지라도 틈새(便)를 얻지 못하고, 역시 능히 근심과 번뇌를 생겨나게 할 수 없느니라. 이러한 까닭으로 선현이여. 만약 보살마하살이 무상정등보리를 증득하고자 하였다면 마땅히 정근하면서 매우 깊은 반야바라밀다의 최고로 수승한 행의 머무름에 안주해야 하느니라.

다시 다음으로 선현이여. 만약 보살마하살이 매우 깊은 반야바라밀다의 최고로 수승한 행의 머무름에 바르게 안주한다면, 곧 능히 보시·정계·안인·정진·정려·반야바라밀다를 수행하는 것이고, 만약 보살마하살이 매우 깊은 반야바라밀다를 바르게 수행한다면, 곧 능히 일체의 바라밀다를 구족하고 수행하여 원만하게 하는 것이니라."

그때 구수 선현이 세존께 아뢰어 말하였다.

"세존이시여. 어찌하여 보살마하살이 매우 깊은 반야바라밀다를 바르게 수행한다면, 보시·정계·안인·정진·정려·반야바라밀다를 구족하고 수행을 원만하게 하는 것입니까?"

세존께서 선현에게 알리셨다.

"만약 보살마하살이 매우 깊은 반야바라밀다를 전도(顚倒)가 없이 매우 깊은 바라밀다를 수행하는 때에, 일체지지(一切智智)의 마음으로써 보시를 수행하고, 다시 이와 같은 보시의 공덕을 지니고서 일체의 유정들과 함께 평등하게 공유(共有)하고 무상정등보리에 회향한다면 선현이여. 이것이 보살마하살이 매우 깊은 반야바라밀다를 바르게 수행하는 것이고, 곧 능히 보시바라밀다를 구족하고 수행을 원만하게 하는 것이니라.

만약 보살마하살이 매우 깊은 반야바라밀다를 전도가 없이 매우 깊은 바라밀다를 수행하는 때에, 일체지지의 마음으로써 정계를 수행하고, 다시 이와 같은 정계의 공덕을 지니고서 일체의 유정들과 함께 평등하게 공유하고 무상정등보리에 회향한다면 선현이여. 이것이 보살마하살이 매우 깊은 반야바라밀다를 바르게 수행하는 것이고, 곧 능히 정계바라밀다를 구족하고 수행을 원만하게 하는 것이니라.

만약 보살마하살이 매우 깊은 반야바라밀다를 전도가 없이 매우 깊은 바라밀다를 수행하는 때에, 일체지지의 마음으로써 안인을 수행하고, 다시 이와 같은 안인의 공덕을 지니고서 일체의 유정들과 함께 평등하게 공유하고 무상정등보리에 회향한다면 선현이여. 이것이 보살마하살이 매우 깊은 반야바라밀다를 바르게 수행하는 것이고, 곧 능히 안인바라밀다를 구족하고 수행을 원만하게 하는 것이니라.

만약 보살마하살이 매우 깊은 반야바라밀다를 전도가 없이 매우 깊은 바라밀다를 수행하는 때에, 일체지지의 마음으로써 정진을 수행하고, 다시 이와 같은 정진의 공덕을 지니고서 일체의 유정들과 함께 평등하게 공유하고 무상정등보리에 회향한다면 선현이여. 이것이 보살마하살이 매우 깊은 반야바라밀다를 바르게 수행하는 것이고, 곧 능히 정진바라밀다를 구족하고 수행을 원만하게 하는 것이니라.

만약 보살마하살이 매우 깊은 반야바라밀다를 전도가 없이 매우 깊은 바라밀다를 수행하는 때에, 일체지지의 마음으로써 정려를 수행하고, 다시 이와 같은 정려의 공덕을 지니고서 일체의 유정들과 함께 평등하게 공유하고 무상정등보리에 회향한다면 선현이여. 이것이 보살마하살이 매우 깊은 반야바라밀다를 바르게 수행하는 것이고, 곧 능히 정려바라밀다를 구족하고 수행을 원만하게 하는 것이니라.

만약 보살마하살이 매우 깊은 반야바라밀다를 전도가 없이 매우 깊은 바라밀다를 수행하는 때에, 일체지지의 마음으로써 반야를 수행하고, 다시 이와 같은 반야의 공덕을 지니고서 일체의 유정들과 함께 평등하게 공유하고 무상정등보리에 회향한다면 선현이여. 이것이 보살마하살이 매우 깊은 반야바라밀다를 바르게 수행하는 것이고, 곧 능히 반야바라밀다를 구족하고 수행을 원만하게 하는 것이니라.

이와 같이 보살마하살이 매우 깊은 반야바라밀다를 바르게 수행한다면, 곧 능히 보시·정계·안인·정진·정려·반야바라밀다를 구족하고 수행하여 원만하게 하는 것이니라.”

마하반야바라밀다경 제349권

60. 상인섭품(相引攝品)(1)

그때 구수 선현이 세존께 아뢰어 말하였다.

“세존이시여. 무엇을 보살마하살이 보시바라밀다에 안주(安住)하면서 정계바라밀다를 이끌어서 섭수(引攝)한다고 말합니까?”

세존께서 말씀하셨다.

“선현이여. 만약 보살마하살이 섭수가 없음으로써, 간린(慳悋)[1]이 없는 마음으로써, 보시를 수행하는 때에 이러한 보시를 지니고 제유정들과 함께 평등하게 무상정등보리에 회향(迴向)하면서, 제유정에게 자비한 신업(身業)에 머무르고 자비한 어업(語業)에 머무르며 자비한 의업(意業)에 머무른다면, 선현이여. 이것이 보살마하살이 보시바라밀다에 안주하면서 정계바라밀다를 이끌어서 섭수하는 것이니라.”

구수 선현이 다시 세존께 아뢰어 말하였다.

“세존이시여. 무엇을 보살마하살이 보시바라밀다에 안주하면서 안인바라밀다를 이끌어서 섭수한다고 말합니까?”

세존께서 말씀하셨다.

“선현이여. 만약 섭수가 없음으로써, 간린이 없는 마음으로써, 보시를 수행하는 때에 이러한 보시를 지니고 제유정들과 함께 평등하게 무상정등보리에 회향하면서, 설사 섭수하는 자가 이치가 아니게 훼자하고 욕설하

---

1) 아까워하고 인색한 마음을 뜻한다.

며 가해(加害)하고 능욕(凌辱)하더라도 보살은 그에게 변이(變異)하고 성내며 해치려는 마음을 일으키지 않고서 오직 영민(怜愍)[2]하고 자비로운 마음이 생겨났다면, 선현이여. 이것이 보살마하살이 보시바라밀다에 안주하면서 안인바라밀다를 이끌어서 섭수하는 것이니라."

구수 선현이 다시 세존께 아뢰어 말하였다.

"세존이시여. 무엇을 보살마하살이 보시바라밀다에 안주하면서 정진바라밀다를 이끌어서 섭수한다고 말합니까?"

세존께서 말씀하셨다.

"선현이여. 만약 섭수가 없음으로써, 간린이 없는 마음으로써, 보시를 수행하는 때에 이러한 보시를 지니고 제유정들과 함께 평등하게 무상정등보리에 회향하면서, 설사 섭수하는 자가 이치가 아니게 훼자하고 욕설하며 가해하고 능욕하더라도, 그때에 보살이 '제 유정들이 이와 같은 부류의 업을 짓는다면 도리어 스스로가 이와 같은 부류의 과보를 감응하여 받을 것이니, 나는 지금 그들이 지었던 것을 상응하여 헤아리지 않고, 스스로가 수행하는 업을 그만두지 않겠다.'라고 곧 이렇게 생각을 지었고, 다시 '나는 그들과 나머지의 다른 유정들에게 기부(捨)하는 마음과 보시하는 마음을 두 배로 다시 증장시키고 돌이켜서 아끼는 것이 없게 하겠다.'라고 이렇게 생각을 지었으며, 이렇게 생각을 짓고서 몸과 마음의 정진을 일으키고 증상(增上)하면서 은혜로운 보시를 멈추지 않는다면, 선현이여. 이것이 보살마하살이 보시바라밀다에 안주하면서 정진바라밀다를 이끌어서 섭수하는 것이니라."

구수 선현이 다시 세존께 아뢰어 말하였다.

"세존이시여. 무엇을 보살마하살이 보시바라밀다에 안주하면서 정려바라밀다를 이끌어서 섭수한다고 말합니까?"

세존께서 말씀하셨다.

"선현이여. 만약 섭수가 없음으로써, 간린이 없는 마음으로써, 보시를

---

2) 가엾고 불쌍하게 생각한다는 뜻이다.

수행하는 때에 이러한 보시를 지니고 제유정들과 함께 평등하게 무상정등보리에 회향하면서, 보살이 그때에 마음에 산란함이 없어서 결국 여러 미묘한 욕망의 경계를 돌이켜서 구하지 않고, 역시 욕계(欲有)·색계(色有)·무색계(無色有)도 돌이켜서 구하지 않으며, 성문과 독각이 머무르는 지위도 구하지 않고, 다만 유정들과 함께 평등하게 공유하고 무상정등보리를 돌이켜서 구하는 이와 같은 마음이 흐르거나 흩어지지 않는다면, 선현이여. 이것이 보살마하살이 보시바라밀다에 안주하면서 정려바라밀다를 이끌어서 섭수하는 것이니라."

구수 선현이 다시 세존께 아뢰어 말하였다.

"세존이시여. 무엇을 보살마하살이 보시바라밀다에 안주하면서 반야바라밀다를 이끌어서 섭수한다고 말합니까?"

세존께서 말씀하셨다.

"선현이여. 만약 섭수가 없음으로써, 간린이 없는 마음으로써, 보시를 수행하는 때에 이러한 보시를 지니고 제유정들과 함께 평등하게 무상정등보리에 회향하면서, 보살이 그때에 여러 보시받는 자이거나 보시하는 자이거나 보시하는 물건이 모두 환영의 일과 같다고 관찰하고 이러한 보시가 승의공(勝義空)인 까닭으로 제유정들에게는 이익이 있고 손해가 있다고 보지 않는다면, 선현이여. 이것이 보살마하살이 보시바라밀다에 안주하면서 반야바라밀다를 이끌어서 섭수하는 것이니라."

그때 구수 선현이 세존께 아뢰어 말하였다.

"세존이시여. 무엇을 보살마하살이 정계바라밀다에 안주하면서 보시바라밀다를 이끌어서 섭수한다고 말합니까?"

세존께서 말씀하셨다.

"선현이여. 보살마하살이 정계바라밀다에 안주하면서 몸의 율의(律儀)를 구족하고 말의 율의를 구족하며 뜻의 율의를 구족하고서 여러 복업을 지었으며, 오히려 생명을 죽이는 것을 벗어나고, 주지 않았으나 취하는 것을 벗어나며, 욕망의 삿된 행을 벗어나고, 헛되고 거짓말하는 말을 벗어나며, 추악한 말을 벗어나고, 이간하는 말을 벗어나며, 잡스럽고 지저분한 말을 벗어나고 탐욕을 벗어나며, 진에를 벗어나고 삿된 견해를 벗어나며, 보살이 이와 같은 정계바라밀다에 안주하면서 성문지·독각지를 구하지 않고 오직 무상정등보리를 구하느니라.

이와 같이 보살은 정계바라밀다에 안주하면서 널리 은혜로운 보시를 행하는데, 제유정들을 따라서 음식이 필요하다면 음식을 주겠고, 마실 것이 필요하다면 마실 것을 주겠으며, 수레가 필요하다면 수레를 주겠고, 의복이 필요하다면 의복을 주겠으며, 향(香)이 필요하다면 향을 주겠고, 꽃다발이 필요하다면 꽃다발을 주겠으며, 영락(瓔珞)이 필요하다면 영락을 주겠고, 바르는 향이 필요하다면 바르는 향을 주겠으며, 와구(臥具)가 필요하다면 와구를 주겠고, 방사(房舍)가 필요하다면 방사를 주겠으며, 등불(燈燭)이 필요하다면 등불을 주겠고, 진귀한 재물이 필요하다면 진귀한 재물을 주겠으며, 자구(資具)가 필요하다면 자구를 주면서, 제유정들이 필요한 것을 따라서 모두 베풀어주느니라.

다시 이와 같은 보시의 선근을 지니고 제유정들과 함께 평등하게 공유하면서 무상정등보리에 회향하면서 성문지·독각지를 구하지 않는다면, 선현이여. 이것이 보살마하살이 정계바라밀다에 안주하면서 보시바라밀다를 이끌어서 섭수하는 것이니라."

구수 선현이 다시 세존께 아뢰어 말하였다.

"세존이시여. 무엇을 보살마하살이 정계바라밀다에 안주하면서 안인바라밀다를 이끌어서 섭수한다고 말합니까?"

세존께서 말씀하셨다.

"선현이여. 보살마하살이 정계바라밀다에 안주하면서 설사 제유정들이 다투어 왔고 보살의 지절(支節)을 분해(分解)하여 각자 취하여 떠나갔더라도 보살은 그들에게 한 생각도 성내고 원망하는 마음이 생겨나지 않고, 다만 '나는 지금 광대(廣大)하고 선(善)한 이익을 얻었나니 이를테면, 제유정들이 나의 지절들을 잘라서 뜻을 따라서 가지고 떠났구나! 나는 그들을 인연하였던 까닭으로 안인바라밀다를 구족하였다. 지금 나의 이 몸은 부정(不淨)하고 위태로우며 연약한데, 오히려 이것을 버린 까닭으로 여래의 청정하고 견고한 금강신(金剛身)을 획득하였다.'라고 이렇게 생각을 지었다면, 선현이여. 이것이 보살마하살이 정계바라밀다에 안주하면서 안인바라밀다를 이끌어서 섭수하는 것이니라."

구수 선현이 다시 세존께 아뢰어 말하였다.

"세존이시여. 무엇을 보살마하살이 정계바라밀다에 안주하면서 정진바라밀다를 이끌어서 섭수한다고 말합니까?"

세존께서 말씀하셨다.

"선현이여. 보살마하살이 정계바라밀다에 안주하면서 몸과 마음으로 정진하면서 항상 게으름과 휴식이 없게 하고, 대비의 갑옷을 입고서 '일체의 유정들은 두렵고 포악한 고난에 빠져 있으며, 생사의 큰 바다에서 벗어나기 어렵다. 나는 마땅히 건져내어서 감로(甘露)의 열반계(涅槃界) 가운데에 안은(安隱)하게 내려놓겠다.'라고 이렇게 생각을 지으면서 말하였다면, 선현이여. 이것이 보살마하살이 정계바라밀다에 안주하면서 정진바라밀다를 이끌어서 섭수하는 것이니라."

구수 선현이 다시 세존께 아뢰어 말하였다.

"세존이시여. 무엇을 보살마하살이 정계바라밀다에 안주하면서 정려바라밀다를 이끌어서 섭수한다고 말합니까?"

세존께서 말씀하셨다.

"선현이여. 보살마하살이 정계바라밀다에 안주하면서 비록 초정려(初精慮)에 들어갔거나, 혹은 제2·제3·제4정려에 들어갔거나, 혹은 공무변처(空無邊處)에 들어갔거나, 혹은 식무변처(識無邊處)·무소유처(無所有處)·비상비비상처(非想非非想處)에 들어갔거나, 혹은 멸정(滅定)에 들어갔더라도 성문과 독각 등의 지위에 떨어지지 않고, 역시 실제(實際)를 증득하지 않으며, 오히려 본원력(本願力)이라는 것을 유지(任持)하면서 '제유정의 부류들은 두렵고 포악한 고난에 빠져 있으며, 생사의 큰 바다에서 벗어나기 어렵다. 나는 지금 청정한 정려바라밀다에 유행(遊履)하면서 방편으로 구제하여 항상 안락한 열반계의 가운데에 안은하게 내려놓겠다.'라고 이렇게 생각을 지으면서 말하였다면, 선현이여. 이것이 보살마하살이 정계바라밀다에 안주하면서 정려바라밀다를 이끌어서 섭수하는 것이니라."

구수 선현이 다시 세존께 아뢰어 말하였다.

"세존이시여. 무엇을 보살마하살이 정계바라밀다에 안주하면서 반야바라밀다를 이끌어서 섭수한다고 말합니까?"

세존께서 말씀하셨다.

"선현이여. 보살마하살이 정계바라밀다에 안주하면서 있는 법(有法)이 만약 선(善)하거나, 만약 선하지 않거나, 만약 무기(無記)라고 보지 않고, 있는 법이 만약 유루(有漏)이거나, 만약 무루(無漏)라고 보지 않으며, 있는 법이 만약 세간에 퇴실하여 떨어지거나(退墮), 만약 세간을 출리한다고 보지 않고, 있는 법이 만약 유위(有爲)이거나, 만약 무위(無爲)라고 보지 않으며, 있는 법이 만약 유수(有數)이거나, 만약 무수(無數)라고 보지 않으며, 있는 법이 만약 타유상(墮有相)이거나, 만약 타무상(墮無相)이라고 보지 않으며, 역시 있는 법이 만약 있거나, 만약 없다고 보지 않으며, 오직 제법은 진여와 법계를 벗어나지 않으면서 전전(展轉)한다고 관찰하고, 오히려 이 반야바라밀다의 방편선교로 성문과 독각 등의 지위에 퇴실하여 떨어지지 않고 오로지 무상정등보리를 구하였다면, 선현이여. 이것이 보살마하살이 정계바라밀다에 안주하면서 반야바라밀다를 이끌어서 섭수하는 것이니라."

그때 구수 선현이 세존께 아뢰어 말하였다.

"세존이시여. 무엇을 보살마하살이 안인바라밀다에 안주하면서 보시바라밀다를 이끌어서 섭수한다고 말합니까?"

세존께서 말씀하셨다.

"선현이여. 보살마하살이 안인바라밀다에 안주하면서 초발심부터 나아가 미묘한 보리좌(菩提座)에 안좌(安座)하기까지 그 중간에서 설사 여러 종류인 유정의 부류들이 이치가 아니게 훼자하고 욕설하며 경멸하고 능욕하며 나아가 지절을 조각조각으로 분해하더라도 보살은 그때에 모두 성냄과 분노가 없으며 '이 제유정들은 매우 가련(可憐)하고 애민하며 번뇌의 독이 몸과 마음을 요란시켜서 자재(自在)함을 얻지 못하고 의지가 없고 수호도 없어서 가난의 고통에 핍박받는 것이므로, 나는 마땅히 그들의 뜻을 따라서 필요한 것을 보시하겠고 상응하여 중간에서 아끼고 애석한 것이 있지 않게 않겠다.'라고 다만 이렇게 생각을 지으며, '일체의 유정들이 음식이 필요하다면 음식을 보시하겠고, 마실 것이 필요하다면 마실 것을 보시하겠으며, 수레가 필요하다면 수레를 보시하겠고, 의복이 필요하다면 의복을 보시하겠으며, 향(香)과 꽃(花)이 필요하다면 향과 꽃을 보시하겠고, 와구가 필요하다면 와구를 보시하겠으며, 방사가 필요하다면 방사를 보시하겠고, 등불이 필요하다면 등불을 보시하겠으며, 금을 구하면 금을 보시하겠고, 은을 구하면 은을 보시하겠으며, 마니(末尼)가 필요하다면 마니를 보시하겠고, 진주(眞珠)가 필요하다면 진주를 보시하겠으며, 폐유리(吠瑠璃)가 필요하다면 폐유리를 보시하겠고, 말라갈다(末羅羯多)[3]가 필요하다면 말라갈다를 보시하겠으며, 나패(螺貝)[4]가 필요하다면 나패를 보시하겠고, 벽옥(壁玉)[5]이 필요하다면 벽옥을 보시하겠으며, 산호(珊瑚)가 필요하다면 산호를 보시하겠고, 석장(石藏)이 필요하다면 석장을 보시하겠으며, 금강(金剛)이 필요하다면 금강을 보시하겠고, 제청(帝靑)[6]이 필요하다면 제청을 보시하겠으며, 나머지의 보배가 필요하다면 나머지의 보배를 보시하겠고, 의약품이 필요하다면 의약을 보시하겠으며, 재물과 곡식이 필요하다면 재물과 곡식을 보시하겠고, 자구가 필요하다면 자구를 보시하겠나니, 그들이 필요한 것을 따라서 모두 보시하여 주겠다.'라고 항상 이렇게 생각을 짓느니라.

다시 이와 같은 보시의 선근을 지니고 제유정들과 함께 평등하게

---

3) 산스크리트어 Mārakata의 음사이고, 금시조(金翅鳥)의 입의 주변에서 생겨나는 여러 독을 다스리는 물질을 가리킨다.

4) 소라의 한 종류인 나패소라를 가리킨다.

5) 산스크리트어 vaiḍūrya의 음사이고, 푸른색의 보석이다. 다른 색상으로 빨강·초록·남색·보라색 등도 있다.

6) 산스크리트어 Indranilamuktā의 번역이고, 푸른 색깔의 구슬을 가리킨다.

공유하면서 무상정등보리에 회향하면서 얻을 수 없는 것으로써 방편으로 삼아서 이와 같이 대보리에 회향하는 때에 세 가지의 마음을 벗어나는데 이를테면, '누가 회향하는가? 무엇을 사용하여 회향하는가? 어느 처소에 회향하는가?'라는 이와 같은 세 가지의 마음을 모두 영원히 일으키지 않는다면, 선현이여. 이것이 보살마하살이 안인바라밀다에 안주하면서 보시바라밀다를 이끌어서 섭수하는 것이니라."

구수 선현이 다시 세존께 아뢰어 말하였다.

"세존이시여. 무엇을 보살마하살이 안인바라밀다에 안주하면서 정계바라밀다를 이끌어서 섭수한다고 말합니까?"

세존께서 말씀하셨다.

"선현이여. 보살마하살이 안인바라밀다에 안주하면서 초발심부터 나아가 미묘한 보리좌에 안좌하기까지 그 중간에서 나아가 스스로의 목숨을 구제하기 위한 인연으로 제유정에게 결국 목숨을 끊거나 지절을 손해(損害)시키지 않고, 역시 항상 그들에게서 주지 않았으나 취하는 것을 벗어나며, 욕망의 삿된 행을 벗어나고, 헛되고 거짓된 말을 벗어나며, 추악한 말을 벗어나고, 이간하는 말을 벗어나며, 잡스럽고 지저분한 말을 벗어나고 탐욕을 벗어나며, 진에를 벗어나고 삿된 견해를 벗어나느니라.

보살이 이와 같이 정계를 수행하는 때에 성문이나 독각 등의 지위를 구하지 않으면서 이 선근을 지니고 제유정들과 함께 평등하게 공유하면서 무상정등보리에 회향하며, 얻을 수 없는 것으로써 방편으로 삼아서 이와 같이 대보리에 회향하는 때에 세 가지의 마음을 벗어나는데 이를테면, '누가 회향하는가? 무엇을 사용하여 회향하는가? 어느 처소에 회향하는가?'라는 이와 같은 세 가지의 마음을 모두 영원히 일으키지 않는다면, 선현이여. 이것이 보살마하살이 안인바라밀다에 안주하면서 정계바라밀다를 이끌어서 섭수하는 것이니라."

구수 선현이 다시 세존께 아뢰어 말하였다.

"세존이시여. 무엇을 보살마하살이 안인바라밀다에 안주하면서 정진바라밀다를 이끌어서 섭수한다고 말합니까?"

세존께서 말씀하셨다.

"선현이여. 보살마하살이 안인바라밀다에 안주하면서 용맹하고 증상(增上)하는 정진을 일으켜서 '만약 한 유정이 1유선나(踰繕那)의 밖에 있거나, 혹은 십 유선나의 밖에 있거나, 혹은 백 유선나의 밖에 있거나, 혹은 천 유선나의 밖에 있거나, 혹은 백천 유선나의 밖에 있거나, 혹은 1구지(俱胝)의 유선나의 밖에 있거나, 혹은 십 구지의 유선나의 밖에 있거나, 혹은 백천 구지의 유선나의 밖에 있거나, 혹은 1나유타(那庾多)의 유선나의 밖에 있거나, 혹은 십 나유타의 유선나의 밖에 있거나, 혹은 백 나유타의 유선나의 밖에 있거나, 혹은 천 나유타의 유선나의 밖에 있거나, 혹은 백천 구지·나유타의 유선나의 밖에 있거나, 혹은 1세계(世界)의 밖에 있거나, 혹은 십 세계의 밖에 있거나, 혹은 백 세계의 밖에 있거나, 혹은 백천 세계의 밖에 있거나, 혹은 1구지 세계의 밖에 있거나, 혹은 십 구지 세계의 밖에 있거나, 혹은 백 구지 세계의 밖에 있거나, 혹은 천 구지 세계의 밖에 있거나, 혹은 백천 구지 세계의 밖에 있거나, 혹은 1나유타 세계의 밖에 있거나, 혹은 십 나유타 세계의 밖에 있거나, 혹은 백 나유타 세계의 밖에 있거나, 혹은 천 나유타 세계의 밖에 있거나, 혹은 백천 나유타 세계의 밖에 있거나, 혹은 백천 구지·나유타 세계의 밖에 있었더라도, 상응하여 제도할 자(者)라면, 나는 반드시 마땅하게 가서 방편으로 교화하여 그에게 하나의 학처(學處)이거나, 혹은 둘·셋, 나아가 구족계(具戒)를 수지(受持)하게 해야 하는데, 하물며 그를 교수하여 혹은 예류이거나, 혹은 일래과이거나, 혹은 불환과이거나, 혹은 아라한과이거나, 혹은 독각의 보리를 수지하게 하는 것이겠는가! 혹은 제불의 무상정등보리에 안주하게 하는 것도 오히려 게으름과 나태함이 없어야 하는데, 하물며 무량하고 무변한 유정들을 교화하여 모두가 세간과 출세간의 이익과 안락을 획득하게 하는 것이겠는가!'라고 항상 이렇게 생각을 짓느니라.

다시 이와 같은 정진의 선근을 지니고 제유정들과 함께 평등하게 공유하면서 무상정등보리에 회향하며, 얻을 수 없는 것으로써 방편으로 삼아서 이와 같이 대보리에 회향하는 때에 세 가지의 마음을 벗어나는데 이를테면, '누가 회향하는가? 무엇을 사용하여 회향하는가? 어느 처소에 회향하는가?'라는 이와 같은 세 가지의 마음을 모두 영원히 일으키지 않는다면, 선현이여. 이것이 보살마하살이 안인바라밀다에 안주하면서 정진바라밀다를 이끌어서 섭수하는 것이니라."

구수 선현이 다시 세존께 아뢰어 말하였다.

"세존이시여. 무엇을 보살마하살이 안인바라밀다에 안주하면서 정려바라밀다를 이끌어서 섭수한다고 말합니까?"

세존께서 말씀하셨다.

"선현이여. 보살마하살이 안인바라밀다에 안주하면서 마음을 섭수하여 산란함이 없고, 욕망의 악한 불선법(不善法)을 벗어났으며, 유심유사(有尋有伺)의 이생희락(離生喜樂)이었으므로 초정려(初靜慮)에 들어가서 구족하고 머무르거나, 이와 같아서 혹은 제2·제3·제4정려에 들어가서 구족하여 머무르거나, 혹은 공무변처정(空無邊處定)에 들어가서 구족하고 머무르거나, 혹은 식무변처정(識無邊處定)과 무소유처정(無所有處定)과 비상비비상처정(非想非非想處)에 들어가서 구족하고 머무르거나, 혹은 멸정(滅定)에 들어가서 구족하고 머무르기도 하느니라.

이러한 여러 정려의 가운데에서 생겨나서 일어나는 심법(心法)·심소법(心所法)과 이끌었던 선법(善法)을 모두 합쳐서 제유정들과 함께 평등하게 공유하면서 무상정등보리에 회향하며, 얻을 수 없는 것으로써 방편으로 삼아서 이와 같이 대보리에 회향하는 때에 세 가지의 마음을 벗어나는데 이를테면, '누가 회향하는가? 무엇을 사용하여 회향하는가? 어느 처소에 회향하는가?'라는 이와 같은 세 가지의 마음을 모두 영원히 일으키지 않는다면, 선현이여. 이것이 보살마하살이 안인바라밀다에 안주하면서 정려바라밀다를 이끌어서 섭수하는 것이니라."

구수 선현이 다시 세존께 아뢰어 말하였다.

"세존이시여. 무엇을 보살마하살이 안인바라밀다에 안주하면서 반야바라밀다를 이끌어서 섭수한다고 말합니까?"

세존께서 말씀하셨다.

“선현이여. 보살마하살이 안인바라밀다에 안주하면서 반야바라밀다를 수행한다면 보살은 그때에 비록 멀리 벗어나는 행상(行相)으로써, 혹은 적정한 행상으로써, 혹은 무진(無盡)의 행상으로써, 혹은 영원히 소멸(永滅)하는 행상으로써, 일체법에서 관찰하였으나, 법성을 증득하고자 짓지 않으며, 나아가 능히 미묘한 보리좌에 안좌하여 무상정등보리를 증득하다면 이 자리에서 일어나서 정법(正法)의 법륜(法輪)을 굴리면서 제유정의 부류들을 이익되고 안락하게 하느니라.

다시 이와 같은 미묘한 지혜와 선근을 지니고 제유정들과 함께 평등하게 공유하면서 무상정등보리에 회향하며, 얻을 수 없는 것으로써 방편으로 삼아서 이와 같이 대보리에 회향하는 때에 세 가지의 마음을 벗어나는데 이를테면, ‘누가 회향하는가? 무엇을 사용하여 회향하는가? 어느 처소에 회향하는가?’라는 이와 같은 세 가지의 마음을 모두 영원히 일으키지 않는다면, 선현이여. 이것이 보살마하살이 안인바라밀다에 안주하면서 반야바라밀다를 이끌어서 섭수하는 것이고, 이와 같이 이끌어서 섭수하면서 취하지도 않고 버리지도 않느니라.”

그때 구수 선현이 세존께 아뢰어 말하였다.

“세존이시여. 무엇을 보살마하살이 정진바라밀다에 안주하면서 보시바라밀다를 이끌어서 섭수한다고 말합니까?”

세존께서 말씀하셨다.

“선현이여. 보살마하살이 정진바라밀다에 안주하면서 몸과 마음으로 정진한다면 항상 게으름과 나태함이 없고 여러 선법을 구하면서 일찍이 싫증이 없었으며 ‘나는 반드시 상응하여 구하였던 것인 무상정등보리를 증득해야 하고, 상응하지 않는다면 증득하지 않겠다.’라고 항상 이렇게 생각을 짓느니라.

이 보살마하살은 항상 일체의 유정들을 이익되고 안락하게 하기 위하여 ‘만약 한 유정이 1유선나의 밖에 있거나, 혹은 십 유선나의 밖에 있거나, 혹은 백 유선나의 밖에 있거나, 혹은 천 유선나의 밖에 있거나, 혹은 백천 유선나의 밖에 있거나, 혹은 1구지의 유선나의 밖에 있거나, 혹은 십 구지의 유선나의 밖에 있거나, 혹은 백천 구지의 유선나의 밖에 있거나, 혹은 1나유타의 유선나의 밖에 있거나, 혹은 십 나유타의 유선나의 밖에 있거나, 혹은 백 나유타의 유선나의 밖에 있거나, 혹은 천 나유타의 유선나의 밖에 있거나, 혹은 백천 구지·나유타의 유선나의 밖에 있거나, 혹은 1세계의 밖에 있거나, 혹은 십 세계의 밖에 있거나, 혹은 백 세계의 밖에 있거나, 혹은 백천 세계의 밖에 있거나, 혹은 1구지 세계의 밖에 있거나, 혹은 십 구지 세계의 밖에 있거나, 혹은 백 구지 세계의 밖에 있거나, 혹은 천 구지 세계의 밖에 있거나, 혹은 백천 구지 세계의 밖에 있거나, 혹은 1나유타 세계의 밖에 있거나, 혹은 십 나유타 세계의 밖에 있거나, 혹은 백 나유타 세계의 밖에 있거나, 혹은 천 나유타 세계의 밖에 있거나, 혹은 백천 나유타 세계의 밖에 있거나, 혹은 백천 구지·나유타 세계의 밖에 있었더라도, 상응하여 제도할 자라면, 나는 반드시 마땅하게 가서 방편으로 교화하겠으며, 만약 보살승의 보특가라라면 무상정등보리에 안주하게 하겠고, 만약 성문승의 보특가라라면 예류과·일래과·불환과·아라한과에 안주하게 하겠으며, 만약 독각승의 보특가라라면 독각의 보리에 안주하게 하겠고, 만약 나머지의 유정들이라면 십선업도(十善業道)에 안주하게 하겠다. 이와 같이 모두를 법시(法施)와 재시(財施)로써 충족시키는 방편으로 이끌어 섭수하겠다.'라고 항상 이렇게 생각을 짓느니라.

다시 이와 같은 보시의 선근을 지니고 성문이나 독각 등의 지위를 구하지 않고 오직 일체의 유정들과 함께 평등하게 공유하면서 무상정등보리에 회향하며, 얻을 수 없는 것으로써 방편으로 삼아서 이와 같이 대보리에 회향하는 때에 세 가지의 마음을 벗어나는데 이를테면, '누가 회향하는가? 무엇을 사용하여 회향하는가? 어느 처소에 회향하는가?'라는 이와 같은 세 가지의 마음을 모두 영원히 일으키지 않는다면, 선현이여. 이것이 보살마하살이 정진바라밀다에 안주하면서 보시바라밀다를 이끌어서 섭수하는 것이니라."

구수 선현이 다시 세존께 아뢰어 말하였다.

"세존이시여. 무엇을 보살마하살이 정진바라밀다에 안주하면서 정계바라밀다를 이끌어서 섭수한다고 말합니까?"

세존께서 말씀하셨다.

"선현이여. 보살마하살이 정진바라밀다에 안주하면서 초발심부터 나아가 미묘한 보리좌에 안좌하기까지 스스로가 생명을 해치는 것을 벗어나고 역시 다른 사람에게 권유하여 생명을 해치는 것을 벗어나게 하며, 생명을 해치는 것을 벗어나는 법을 전도(顚倒)가 없이 칭찬(稱揚)하며 생명을 해치는 것을 벗어나는 자를 환희하면서 찬탄하느니라. 스스로가 주지 않았으나 취하는 것을 벗어나고 역시 다른 사람에게 권유하여 주지 않았으나 취하는 것을 벗어나게 하며 주지 않았으나 취하는 것을 벗어나는 법을 전도가 없이 칭찬하며 주지 않았으나 취하는 것을 벗어나는 자를 환희하면서 찬탄하느니라.

스스로가 음욕의 삿된 행을 벗어나고 역시 다른 사람에게 권유하여 음욕의 삿된 행을 벗어나게 하며, 음욕의 삿된 행을 벗어나는 법을 전도가 없이 칭찬하며 음욕의 삿된 행을 벗어나는 자를 환희하면서 찬탄하느니라. 스스로가 헛되고 거짓된 말을 벗어나고 역시 다른 사람에게 권유하여 헛되고 거짓된 말을 벗어나게 하며 헛되고 거짓된 말을 벗어나는 법을 전도가 없이 칭찬하며 헛되고 거짓된 말을 벗어나는 자를 환희하면서 찬탄하느니라.

스스로가 추악한 말을 벗어나고 역시 다른 사람에게 권유하여 추악한 말을 벗어나게 하며, 추악한 말을 벗어나는 법을 전도가 없이 칭찬하며 추악한 말을 벗어나는 자를 환희하면서 찬탄하느니라. 스스로가 이간질하는 말을 벗어나고 역시 다른 사람에게 권유하여 이간질하는 말을 벗어나게 하며 이간질하는 말을 벗어나는 법을 전도가 없이 칭찬하며 이간질하는 말을 벗어나는 자를 환희하면서 찬탄하느니라.

스스로가 삿되고 지저분한 말을 벗어나고 역시 다른 사람에게 권유하여 삿되고 지저분한 말을 벗어나게 하며, 삿되고 지저분한 말을 벗어나는 법을 전도가 없이 칭찬하며 삿되고 지저분한 말을 벗어나는 자를 환희하면서 찬탄하느니라. 스스로가 탐욕을 벗어나고 역시 다른 사람에게 권유하여 탐욕을 벗어나게 하며 탐욕을 벗어나는 법을 전도가 없이 칭찬하며 탐욕을 벗어나는 자를 환희하면서 찬탄하느니라.

스스로가 삿되고 진에를 벗어나고 역시 다른 사람에게 권유하여 진에를 벗어나게 하며, 진에를 벗어나는 법을 전도가 없이 칭찬하며 진에를 벗어나는 자를 환희하면서 찬탄하느니라. 스스로가 삿된 견해를 벗어나고 역시 다른 사람에게 권유하여 삿된 견해를 벗어나게 하며 삿된 견해를 벗어나는 법을 전도가 없이 칭찬하며 삿된 견해를 벗어나는 자를 환희하면서 찬탄하느니라.

이 보살마하살은 이 정계바라밀다를 지니고서 욕계를 구하지 않고 색계를 구하지 않으며 무색계를 구하지 않고 성문지를 구하지 않으며 독각을 구하지 않고, 다만 이와 같은 정계의 선근을 지니고서 유정들과 함께 평등하게 공유하고 무상정등보리에 회향하며, 얻을 수 없는 것으로써 방편으로 삼아서 이와 같이 대보리에 회향하는 때에 세 가지의 마음을 벗어나는데 이를테면, '누가 회향하는가? 무엇을 사용하여 회향하는가? 어느 처소에 회향하는가?'라는 이와 같은 세 가지의 마음을 모두 영원히 일으키지 않는다면, 선현이여. 이것이 보살마하살이 정진바라밀다에 안주하면서 정계바라밀다를 이끌어서 섭수하는 것이니라."

구수 선현이 다시 세존께 아뢰어 말하였다.

"세존이시여. 무엇을 보살마하살이 정진바라밀다에 안주하면서 안인바라밀다를 이끌어서 섭수한다고 말합니까?"

세존께서 말씀하셨다.

"선현이여. 보살마하살이 정진바라밀다에 안주하면서 초발심부터 나아가 미묘한 보리좌에 안좌하기까지 그 중간에 인비인(人非人) 등이 다투어 와서 점촉하면서 괴롭히거나, 혹은 다시 지절을 쪼개고 자르며 끊고서 뜻을 따라서 가지고 떠나가더라도 보살은 그때에 '누가 나를 쪼개고 잘랐는가? 누가 나를 끊고 베었는가? 누가 다시 가지고 떠나갔는가?'라고 이렇게 생각을 짓지 않고, '나는 지금 광대한 이익을 얻었구나. 그 제유정들은 나를 요익하게 하기 위한 까닭으로 와서 나의 몸의 부분인 지절을 자르고 베는구나. 그렇지만 나는 본래 제유정들을 위한 까닭으로 이 몸을 받았는데, 그들은 와서 자기들이 소유한 것을 취하면서 나를 성취시켜 주고 있다.'라고 다만 이렇게 생각을 짓느니라.

보살은 이와 같이 제법의 실상(實相)을 자세하게 살피고 사유하면서 안인을 수행하며, 이러한 인욕의 수승한 선근을 지니고서 성문지를 구하지 않고 독각지를 구하지 않으며, 다만 이와 같은 안인의 선근을 지니고서 유정들과 함께 평등하게 공유하고 무상정등보리에 회향하며, 얻을 수 없는 것으로써 방편으로 삼아서 이와 같이 대보리에 회향하는 때에 세 가지의 마음을 벗어나는데 이를테면, '누가 회향하는가? 무엇을 사용하여 회향하는가? 어느 처소에 회향하는가?'라는 이와 같은 세 가지의 마음을 모두 영원히 일으키지 않는다면, 선현이여. 이것이 보살마하살이 정진바라밀다에 안주하면서 안인바라밀다를 이끌어서 섭수하는 것이니라."

구수 선현이 다시 세존께 아뢰어 말하였다.

"세존이시여. 무엇을 보살마하살이 정진바라밀다에 안주하면서 정려바라밀다를 이끌어서 섭수한다고 말합니까?"

세존께서 말씀하셨다.

"선현이여. 보살마하살이 정진바라밀다에 안주하면서 여러 정려를 수습하였고, 이 보살마하살이 욕망의 악한 불선법을 벗어났으며, 유심유사의 이생희락이었으므로 초정려에 들어가서 구족하고 머물렀다면, 심사(尋伺)가 적정하고 내신(內身) 등이 청정함에 머무르며 마음이 하나의 자성으로 무심무사(無尋無伺)의 정생희락(定生喜樂)에 나아가므로 제2정려에 들어가서 구족하고 머무르느니라.

환희를 벗어나고 평정(捨)에 머무르며 염정지(念正知)[7]를 구족하고

---

7) 념(念)은 산스크리트어 smṛti의 번역이고 팔리어 sati의 번역으로 정념(正念)이라고 번역한다. 경계에 깊이 들어가고 경계를 명확하게 인식하는 심소법(心所法)을 가리킨다.

몸에게 즐거움을 받게 할지라도 성자(聖者)는 그 가운데에서 능히 말할 수도 있고 능히 평안할 수 있느니라. 염(念)을 갖추고 즐겁게 머무른다면 제3정려에 들어가서 구족하고 머무르며, 즐거움도 끊어지고 괴로움도 끊어지며 이전의 기쁨과 근심이 사라지므로 괴롭지도 않고 즐겁지도 않은 사념청정(捨念清淨)[8]이라면 제4정려에 들어가서 구족하고 머무르느니라.

이 보살마하살은 제유정들에게 즐거움을 주겠다는 생각의 작의(作意)를 일으켜서 자무량(慈無量)에 들어가서 구족하고 머무르며, 제유정들의 괴로움을 구제하겠다는 생각의 작의를 일으켜서 비무량(悲無量)에 들어가서 구족하고 머무르며, 제유정들을 경희(慶喜)[9]하게 하겠다는 생각의 작의를 일으켜서 희무량(喜無量)에 들어가서 구족하여 머무르고, 제유정들에게 괴로움과 즐거움을 벗어나게 하고 평등하게 하겠다는 생각의 작의를 일으켜서 사무량(捨無量)에 들어가서 구족하고 머무르느니라.

이 보살마하살은 여러 색(色)의 가운데에서 싫어하고 거칠(麤)게 생각하는 작의를 일으켜서 공무변처정(空無邊處定)에 들어가서 구족하고 머무르고, 여러 식(識)의 가운데에서 적정한 생각의 작의를 일으켜서 식무변처정(識無邊處定)에 들어가서 구족하고 머무르며, 무소유의 가운데에서 고요한 생각의 작의를 일으켜서 무소유처정(無所有處定)에 들어가서 구족하고 머무르고, 비유상비무상(非有想非無想)의 가운데에서 적정한 생각의 작의를 일으켜서 비상비비상처정(非想非非想處定)에 들어가서 구족하고 머무르며, 멸상수정(滅想受定)에서 멈추어 휴식하려는 생각의 작의를 일으켜서 멸상수정(滅想受定)에 들어가서 구족하고 머무르느니라.

이 보살마하살은 비록 이와 같이 4정려·4무량·4무색정·멸상수정을 수행하더라도 그러한 이숙과(異熟果)를 섭수하여 취하지 않고 다만 유정을 따라서 상응하여 받아들여서 교화하며, 이익되고 즐거운 처소를 짓고 그 가운데에서 태어나며, 이미 태어났다면 사섭사(四攝事)를 수용하여

8) 마음이 평안하여 생각이 청정한 것을 가리킨다.
9) 경사스러워서 기뻐한다는 뜻이다.

그들을 섭수하여 취하면서 방편으로 안립(安立)시키고, 보시·정계·안인·정진·정려·반야바라밀다를 정근하면서 수학하게 하느니라. 이 보살마하살은 여러 정려에 의지하여 수긍한 신통을 일으키고 한 불국토에서 한 불국토에 이르면서 제불·세존들께 친근하고 공양하며 매우 깊은 제법의 성상(性相)을 청하여 물으면서 수승한 선근을 정근하여 이끌면서 일으키느니라.

이 보살마하살은 이와 같은 여러 종류의 선근을 합하고 모아서 제유정들과 함께 평등하게 공유하면서 무상정등보리에 회향하며, 얻을 수 없는 것으로써 방편으로 삼아서 이와 같이 대보리에 회향하는 때에 세 가지의 마음을 벗어나는데 이를테면, '누가 회향하는가? 무엇을 사용하여 회향하는가? 어느 처소에 회향하는가?'라는 이와 같은 세 가지의 마음을 모두 영원히 일으키지 않는다면, 선현이여. 이것이 보살마하살이 정진바라밀다에 안주하면서 정려바라밀다를 이끌어서 섭수하는 것이니라."

구수 선현이 다시 세존께 아뢰어 말하였다.

"세존이시여. 무엇을 보살마하살이 정진바라밀다에 안주하면서 반야바라밀다를 이끌어서 섭수한다고 말합니까?"

세존께서 말씀하셨다.

"선현이여. 만약 보살마하살이 정진바라밀다에 안주한다면 이 보살마하살은 능히 보시바라밀다에서 명자(名)를 보지 않고 일(事)도 보지 않으며 자성(性)을 보지 않고 상(相)도 보지 않으며, 능히 정계·안인·정진·정려·반야바라밀다에서 명자를 보지 않고 일도 보지 않으며 자성을 보지 않고 상도 보지 않느니라. 만약 보살마하살이 정진바라밀다에 안주한다면 이 보살마하살은 능히 4념주에서 명자를 보지 않고 일도 보지 않으며 자성을 보지 않고 상도 보지 않으며, 능히 4정단·4신족·5근·5력·7등각지·8성도지에서 명자를 보지 않고 일도 보지 않으며 자성을 보지 않고 상도 보지 않느니라.

만약 보살마하살이 정진바라밀다에 안주한다면 이 보살마하살은 능히 내공에서 명자를 보지 않고 일도 보지 않으며 자성을 보지 않고 상도 보지 않으며, 능히 외공·내외공·공공·대공·승의공·유위공·무위공·필경공·무제공·산공·무변이공·본성공·자상공·공상공·일체법공·불가득공·무성공·자성공·무성자성공에서 명자를 보지 않고 일도 보지 않으며 자성을 보지 않고 상도 보지 않느니라.

만약 보살마하살이 정진바라밀다에 안주한다면 이 보살마하살은 능히 진여에서 명자를 보지 않고 일도 보지 않으며 자성을 보지 않고 상도 보지 않으며, 능히 법계·법성·불허망성·불변이성·평등성·이생성·법정·법주·실제·허공계·부사의계에서 명자를 보지 않고 일도 보지 않으며 자성을 보지 않고 상도 보지 않느니라. 만약 보살마하살이 정진바라밀다에 안주한다면 이 보살마하살은 능히 고성제에서 명자를 보지 않고 일도 보지 않으며 자성을 보지 않고 상도 보지 않으며, 능히 집·멸·도성제에서 명자를 보지 않고 일도 보지 않으며 자성을 보지 않고 상도 보지 않느니라.

만약 보살마하살이 정진바라밀다에 안주한다면 이 보살마하살은 능히 4정려에서 명자를 보지 않고 일도 보지 않으며 자성을 보지 않고 상도 보지 않으며, 능히 4무량·4무색정에서 명자를 보지 않고 일도 보지 않으며 자성을 보지 않고 상도 보지 않느니라. 만약 보살마하살이 정진바라밀다에 안주한다면 이 보살마하살은 능히 8해탈에서 명자를 보지 않고 일도 보지 않으며 자성을 보지 않고 상도 보지 않으며, 능히 8승처·9차제정·10변처에서 명자를 보지 않고 일도 보지 않으며 자성을 보지 않고 상도 보지 않느니라.

만약 보살마하살이 정진바라밀다에 안주한다면 이 보살마하살은 능히 공해탈문에서 명자를 보지 않고 일도 보지 않으며 자성을 보지 않고 상도 보지 않으며, 능히 무상·무원해탈문에서 명자를 보지 않고 일도 보지 않으며 자성을 보지 않고 상도 보지 않느니라. 만약 보살마하살이 정진바라밀다에 안주한다면 이 보살마하살은 능히 5안에서 명자를 보지 않고 일도 보지 않으며 자성을 보지 않고 상도 보지 않으며, 능히 6신통에서 명자를 보지 않고 일도 보지 않으며 자성을 보지 않고 상도 보지 않느니라.

만약 보살마하살이 정진바라밀다에 안주한다면 이 보살마하살은 능히 여래의 10력에서 명자를 보지 않고 일도 보지 않으며 자성을 보지 않고 상도 보지 않으며, 능히 4무소외·4무애해·대자·대비·대희·대사·18불불공법에서 명자를 보지 않고 일도 보지 않으며 자성을 보지 않고 상도 보지 않느니라. 만약 보살마하살이 정진바라밀다에 안주한다면 이 보살마하살은 능히 무망실법에서 명자를 보지 않고 일도 보지 않으며 자성을 보지 않고 상도 보지 않으며, 능히 항주사성에서 명자를 보지 않고 일도 보지 않으며 자성을 보지 않고 상도 보지 않느니라.

만약 보살마하살이 정진바라밀다에 안주한다면 이 보살마하살은 능히 일체지에서 명자를 보지 않고 일도 보지 않으며 자성을 보지 않고 상도 보지 않으며, 능히 도상지·일체상지에서 명자를 보지 않고 일도 보지 않으며 자성을 보지 않고 상도 보지 않느니라. 만약 보살마하살이 정진바라밀다에 안주한다면 이 보살마하살은 능히 일체의 다라니문에서 명자를 보지 않고 일도 보지 않으며 자성을 보지 않고 상도 보지 않느니라.

만약 보살마하살이 정진바라밀다에 안주한다면 이 보살마하살은 능히 일체의 보살마하살의 행에서 명자를 보지 않고 일도 보지 않으며 자성을 보지 않고 상도 보지 않으며, 능히 제불의 무상정등보리에서 명자를 보지 않고 일도 보지 않으며 자성을 보지 않고 상도 보지 않느니라. 만약 보살마하살이 정진바라밀다에 안주한다면 이 보살마하살은 능히 예류과에서 명자를 보지 않고 일도 보지 않으며 자성을 보지 않고 상도 보지 않으며, 능히 일래·불환·아라한과와 독각의 보리에서 명자를 보지 않고 일도 보지 않으며 자성을 보지 않고 상도 보지 않느니라.

만약 보살마하살이 정진바라밀다에 안주한다면 이 보살마하살은 능히 색에서 명자를 보지 않고 일도 보지 않으며 자성을 보지 않고 상도 보지 않으며, 능히 수·상·행·식에서 명자를 보지 않고 일도 보지 않으며 자성을 보지 않고 상도 보지 않느니라. 만약 보살마하살이 정진바라밀다에 안주한다면 이 보살마하살은 능히 안처에서 명자를 보지 않고 일도 보지 않으며 자성을 보지 않고 상도 보지 않으며, 역시 이·비·설·신·의처에서 명자를 보지 않고 일도 보지 않으며 자성을 보지 않고 상도 보지 않느니라.

만약 보살마하살이 정진바라밀다에 안주한다면 이 보살마하살은 능히 색처에서 명자를 보지 않고 일도 보지 않으며 자성을 보지 않고 상도 보지 않으며, 능히 성·향·미·촉·법처에서 명자를 보지 않고 일도 보지 않으며 자성을 보지 않고 상도 보지 않느니라. 만약 보살마하살이 정진바라밀다에 안주한다면 이 보살마하살은 능히 안계에서 명자를 보지 않고 일도 보지 않으며 자성을 보지 않고 상도 보지 않으며, 능히 이·비·설·신·의계에서 명자를 보지 않고 일도 보지 않으며 자성을 보지 않고 상도 보지 않느니라.

만약 보살마하살이 정진바라밀다에 안주한다면 이 보살마하살은 능히 색계에서 명자를 보지 않고 일도 보지 않으며 자성을 보지 않고 상도 보지 않으며, 능히 성·향·미·촉·법계에서 명자를 보지 않고 일도 보지 않으며 자성을 보지 않고 상도 보지 않느니라. 만약 보살마하살이 정진바라밀다에 안주한다면 이 보살마하살은 능히 안식계에서 명자를 보지 않고 일도 보지 않으며 자성을 보지 않고 상도 보지 않으며, 능히 이·비·설·신·의식계에서 명자를 보지 않고 일도 보지 않으며 자성을 보지 않고 상도 보지 않느니라.

만약 보살마하살이 정진바라밀다에 안주한다면 이 보살마하살은 능히 안촉에서 명자를 보지 않고 일도 보지 않으며 자성을 보지 않고 상도 보지 않으며, 능히 이·비·설·신·의촉에서 명자를 보지 않고 일도 보지 않으며 자성을 보지 않고 상도 보지 않느니라. 만약 보살마하살이 정진바라밀다에 안주한다면 이 보살마하살은 능히 안촉을 인연으로 생겨난 여러 수에서 명자를 보지 않고 일도 보지 않으며 자성을 보지 않고 상도 보지 않으며, 능히 이·비·설·신·의촉을 인연으로 생겨난 여러 수에서 명자를 보지 않고 일도 보지 않으며 자성을 보지 않고 상도 보지 않느니라.

만약 보살마하살이 정진바라밀다에 안주한다면 이 보살마하살은 능히 지계에서 명자를 보지 않고 일도 보지 않으며 자성을 보지 않고 상도 보지 않으며, 능히 수·화·풍·공·식계에서 명자를 보지 않고 일도 보지 않으며 자성을 보지 않고 상도 보지 않느니라. 만약 보살마하살이 정진바라밀다에 안주한다면 이 보살마하살은 능히 무명에서 명자를 보지 않고 일도 보지 않으며 자성을 보지 않고 상도 보지 않으며, 능히 행·식·명색·육처·촉·수·애·취·유·생·노사의 수탄고우뇌에서 명자를 보지 않고 일도 보지 않으며 자성을 보지 않고 상도 보지 않느니라.

만약 보살마하살이 정진바라밀다에 안주한다면 이 보살마하살은 능히 유색법(有色法)·무색법(無色法)에서 명자를 보지 않고 일도 보지 않으며 자성을 보지 않고 상도 보지 않으며, 능히 유대법(有對法)·무대법(無對法)에서 명자를 보지 않고 일도 보지 않으며 자성을 보지 않고 상도 보지 않느니라.

이와 같은 보살마하살은 일체법에서 만약 명자이거나, 만약 일이거나, 만약 자성이거나, 만약 상이거나, 모두 보는 것이 없고, 제법에서 상념(想念)을 일으키지 않으며 집착(執著)하는 것이 없어서 설하신 것과 같이 짓고, 다시 이와 같은 미묘한 지혜와 선근으로써 제유정들과 함께 평등하게 공유하면서 무상정등보리에 회향하며, 얻을 수 없는 것으로써 방편으로 삼아서 이와 같이 대보리에 회향하는 때에 세 가지의 마음을 벗어나는데 이를테면, '누가 회향하는가? 무엇을 사용하여 회향하는가? 어느 처소에 회향하는가?'라는 이와 같은 세 가지의 마음을 모두 영원히 일으키지 않는다면, 선현이여. 이것이 보살마하살이 정진바라밀다에 안주하면서 반야바라밀다를 이끌어서 섭수하는 것이니라."

그때 구수 선현이 세존께 아뢰어 말하였다.

"세존이시여. 무엇을 보살마하살이 정려바라밀다에 안주하면서 보시바라밀다를 이끌어서 섭수한다고 말합니까?"

세존께서 말씀하셨다.

"선현이여. 만약 보살마하살이 정려바라밀다에 안주한다면 재시와 법시를 행하면서 이 보살마하살은 욕망의 악한 불선법을 벗어났으며, 유심유사의 이생희락이었으므로 초정려에 들어가서 구족하면서 머물렀다면, 심사가 적정하고 내신 등이 청정함에 머무르며 마음이 하나의 자성으로 무심무사의 정생희락에 나아가므로 제2정려에 들어가서 구족하고 머무르느니라.

환희를 벗어나고 평정에 머무르며 염정지를 구족하고 몸에게 즐거움을 받게 할지라도 성자는 그 가운데에서 능히 말할 수도 있고 능히 평안할 수 있느니라. 염정지를 갖추고 즐겁게 머무른다면 제3정려에 들어가서 구족하고 머무르며, 즐거움도 끊어지고 괴로움도 끊어지며 이전의 기쁨과 근심이 사라지므로 괴롭지도 않고 즐겁지도 않은 사념청정이라면 제4정려에 들어가서 구족하고 머무르느니라.

이 보살마하살은 제유정들에게 즐거움을 주겠다는 생각의 작의를 일으켜서 자무량에 들어가서 구족하고 머무르고, 제유정들의 괴로움을 구제하겠다는 생각의 작의를 일으켜서 비무량에 들어가서 구족하고 머무르며, 제유정들을 경희하게 하겠다는 생각의 작의를 일으켜서 희무량에 들어가서 구족하고 머무르고, 제유정들에게 괴로움과 즐거움을 벗어나게 하고 평등하게 하겠다는 생각의 작의를 일으켜서 사무량에 들어가서 구족하고 머무르느니라.

이 보살마하살은 여러 색의 가운데에서 싫어하고 거칠게 생각하는 작의를 일으켜서 공무변처정에 들어가서 구족하고 머무르며, 여러 식의 가운데에서 적정한 생각의 작의를 일으켜서 식무변처정에 들어가서 구족하고 머무르며, 무소유의 가운데에서 고요한 생각의 작의를 일으켜서 무소유처정에 들어가서 구족하고 머무르며, 비유상비무상의 가운데에서 적정한 생각의 작의를 일으켜서 비상비비상처정에 들어가서 구족하고 머무르며, 멸상수정에서 멈추어 휴식하려는 생각의 작의를 일으켜서 멸상수정에 들어가서 구족하고 머무르느니라.

이 보살마하살은 이와 같이 설하였던 것의 정려바라밀다에 안주하여 산란한 마음이 없음으로써 제유정들에게 재시와 법시를 행하고, 항상 스스로가 재시와 법시를 행하면서 항상 다른 사람에게 권유하여 재시와 법시를 행하게 하며 항상 재시와 법시를 행하는 법을 전도가 없이 재시와 법시를 행하는 것을 환희하면서 칭찬하느니라.

이 보살마하살은 이러한 선근을 지니고 성문이나 독각 등의 지위를 구하지 않고 다만 이와 같은 보시의 선근을 지니고서 제유정들과 함께 평등하게 공유하면서 무상정등보리에 회향하며, 얻을 수 없는 것으로써 방편으로 삼아서 이와 같이 대보리에 회향하는 때에 세 가지의 마음을 벗어나는데 이를테면, '누가 회향하는가? 무엇을 사용하여 회향하는가? 어느 처소에 회향하는가?'라는 이와 같은 세 가지의 마음을 모두 영원히 일으키지 않는다면, 선현이여. 이것이 보살마하살이 정려바라밀다에 안주하면서 보시바라밀다를 이끌어서 섭수하는 것이니라."

구수 선현이 다시 세존께 아뢰어 말하였다.

"세존이시여. 무엇을 보살마하살이 정려바라밀다에 안주하면서 정계바라밀다를 이끌어서 섭수한다고 말합니까?"

세존께서 말씀하셨다.

"선현이여. 만약 보살마하살이 정려바라밀다에 안주한다면 정계를 수지하고서 항상 탐욕과 함께 행하는 마음을 일으키지 않고 진에와 함께 행하는 마음을 일으키지 않으며 우치와 함께 행하는 마음을 일으키지 않고, 항상 상해(傷害)와 함께 행하는 마음을 일으키지 않으며, 간탐(慳貪)과 함께 행하는 마음을 일으키지 않고, 질투와 함께 행하는 마음을 일으키지 않으며, 즐겁게 정계를 훼손하면서 함께 행하는 마음을 일으키지 않고, 다만 항상 일체지지(一切智智)와 상응하는 작의를 일으키느니라.

다시 이와 같은 공덕과 선근으로써 성문지를 구하지 않고 독각지를 구하지 않으며, 제유정들과 함께 평등하게 공유하고 무상정등보리에 회향하며, 얻을 수 없는 것으로써 방편으로 삼아서 이와 같이 대보리에 회향하는 때에 세 가지의 마음을 벗어나는데 이를테면, '누가 회향하는가? 무엇을 사용하여 회향하는가? 어느 처소에 회향하는가?'라는 이와 같은 세 가지의 마음을 모두 영원히 일으키지 않는다면, 선현이여. 이것이 보살마하살이 정려바라밀다에 안주하면서 정계바라밀다를 이끌어서 섭수하는 것이니라."

마하반야바라밀다경 제350권

60. 상인섭품(相引攝品)(2)

구수 선현이 다시 세존께 아뢰어 말하였다.

“세존이시여. 무엇을 보살마하살이 정려바라밀다에 안주하면서 정계바라밀다를 이끌어서 섭수한다고 말합니까?”

세존께서 말씀하셨다.

“선현이여. 만약 보살마하살이 정려바라밀다에 안주한다면 안인을 수학하면서, 색은 물거품의 덩어리(聚沫)와 같다고 관찰하고, 수는 떠있는 물거품과 같다고 관찰하며, 상은 아지랑이와 같다고 관찰하고, 행은 파초(芭蕉)와 같다고 관찰하며, 식은 환여의 일과 같다고 관찰하나니, 이와 같이 관찰하는 때에 오취온(五取蘊)에서 견고하지 않은 생각이 항상 눈앞에서 나타나느니라.

다시 ‘제법은 모두가 공하여 아(我)·아소(我所)가 없는데, 색은 이것이 누구의 색이고, 수는 이것이 누구의 수이며, 상은 이것이 누구의 상이고, 행은 이것이 누구의 행이며, 식은 이것이 누구의 식인가?’라고 이렇게 생각을 짓고, 다시 ‘제법은 모두가 공하여 아(我)·아소(我所)를 벗어났는데, 누가 능히 베고 자르며, 누가 베어지고 잘라짐을 받으며, 누가 훼자하고 욕설하며, 누가 훼자되고 욕설을 받는가? 누가 다시 그 가운데에서 성내고 원한을 일으키는가?’라고 이렇게 생각을 짓느니라.

보살은 이와 같이 정려에 의지하여 자세하게 살피고 관찰하면서 능히 안인을 구족하며, 다시 이와 같은 안인의 선근을 제유정들과 함께 평등하게 공유하고 무상정등보리에 회향하며, 얻을 수 없는 것으로써 방편으로 삼아서 이와 같이 대보리에 회향하는 때에 세 가지의 마음을 벗어나는데 이를테면, '누가 회향하는가? 무엇을 사용하여 회향하는가? 어느 처소에 회향하는가?'라는 이와 같은 세 가지의 마음을 모두 영원히 일으키지 않는다면, 선현이여. 이것이 보살마하살이 정려바라밀다에 안주하면서 정계바라밀다를 이끌어서 섭수하는 것이니라."

구수 선현이 다시 세존께 아뢰어 말하였다.

"세존이시여. 무엇을 보살마하살이 정려바라밀다에 안주하면서 정진바라밀다를 이끌어서 섭수한다고 말합니까?"

세존께서 말씀하셨다.

"선현이여. 만약 보살마하살이 정려바라밀다에 안주한다면 여러 종류의 용맹(勇猛)스러운 정진을 일으키는데 이를테면, 보살마하살은 욕망의 악한 불선법을 벗어났으며, 유심유사의 이생희락이었으므로 초정려에 들어가서 구족하고 머물렀다면, 심사가 적정하고 내신 등이 청정함에 머무르며 마음이 하나의 자성으로 무심무사의 정생희락에 나아가므로 제2정려에 들어가서 구족하고 머무르느니라.

환희를 벗어나고 평정에 머무르며 염정지를 구족하고 몸에게 즐거움을 받게 할지라도 성자는 그 가운데에서 능히 말할 수도 있고 능히 평안할 수 있느니라. 염정지를 구족하고 즐겁게 머무른다면 제3정려에 들어가서 구족하고 머무르며, 즐거움도 끊어지고 괴로움도 끊어지며 이전의 기쁨과 근심이 사라지므로 괴롭지도 않고 즐겁지도 않은 사념청정이라면 제4정려에 들어가서 구족하고 머무르느니라.

보살이 이와 같이 정려를 수행하는 때에 여러 정려와 정려의 각지(覺支)에서 모두 상(相)을 취하지 않고, 수승한 신경지통(神境智通)을 일으켜서 능히 무변한 대신변(大神變)의 일을 짓는데 이를테면, 시방세계를 진동(震動)시키면서 하나를 많게 변화시키고 많은 것을 하나로 변화시키며, 혹은 숨어버리고 혹은 나타나며, 신속하고 장애가 없이 산·낭떠러지·담장·벽체를 곧바로 지나가면서 허공과 같고, 산꼭대기와 왕래하면서 날아다니는

새와 같으며, 땅속에서 들어가고 나오는 것이 물에 들어가고 나오는 것과 같고, 물 위를 걸어다니면서 땅 위와 같이 걸어다니며, 몸에서 연기와 불꽃이 솟아나는 것이 고원(高原)[1]을 태우는 것과 같고, 몸에서 쏟아지는 여러 물줄기는 산봉우리의 눈이 녹아서 내리는 것과 같으며, 해와 달의 신령한 덕과 위세도 감당하기 어려운데 손으로써 광명을 움켜잡아서 은폐(隱蔽)시키고, 나아가 정거천(淨居天)까지 몸을 자재하게 전전하는 등의 이와 같은 신통한 변화는 그 수가 무변하느니라.

수승한 천이지통(天耳智通)을 일으킨다면 인간과 천인들의 귀를 초월하여 명료(明了)하고 청정(淸淨)하므로 시방세계의 유정(有情)과 무정(無情)인 부류들의 여러 종류의 음성을 능히 여실하게 듣는데 이를테면, 여러 지옥의 소리·방생의 소리·귀계의 소리·인간의 소리·천상의 소리·성문의 소리·독각의 소리·보살의 소리·제불의 소리·생사(生死)를 꾸짖는 소리·열반을 찬탄하는 소리·유위(有爲)를 버리고 배반하는 소리·보리를 향하여 나아가는 소리·유루(有漏)를 싫어하는 소리·무루(無漏)를 기뻐하고 즐거워하는 소리·삼보(三寶)를 칭찬(稱揚)하는 소리·삿된 도(邪道)를 제어하고 조복하는 소리·논의(論議)와 결택(決擇)하는 소리·경전과 풍송(諷頌)[2]의 소리· 악법을 끊도록 권유하는 소리·선법을 수행하게 하는 소리·고난을 발제(拔濟)하는 소리 등을 두루 듣나니, 이와 같은 등의 만약 크거나 만약 작더라도 모두는 들으면서 장애가 없느니라.

수승한 타심지통(他心智通)을 일으켜서 능히 시방세계의 다른 유정들의 심법(心法)·심소법(心所法)을 여실하게 아는데 이를테면, 다른 유정의 부류들이 만약 탐욕의 마음이 있거나, 만약 탐욕을 벗어난 마음이거나, 만약 진에의 마음이 있거나, 만약 진에를 벗어난 마음이 있거나, 만약 우치의 마음이 있거나, 만약 우치를 벗어난 마음이 있거나, 만약 애욕의

---

1) 해발(海拔) 고도(高度)가 600m 이상에 있는 넓은 벌판을 가리킨다.

2) 산스크리트어 Gadha의 번역이고, 일반적으로 게송(偈頌)으로 알려져 있다. 경전을 서술하는 형식이 운문체로서 4언구(言句), 5언구, 7언구 등으로 구성되어 있다.

마음이 있거나, 만약 애욕을 벗어난 마음이 있거나, 만약 취(取)하는 마음이 있거나, 만약 취함을 벗어난 마음이 있거나, 만약 모였던 마음이 있거나, 만약 흩어진 마음이 있거나, 만약 작은 마음이 있거나, 만약 큰 마음이 있거나, 만약 거만한 마음이 있거나, 만약 하심(下心)이 있거나, 만약 적정한 마음과 적정하지 않은 마음이 있거나, 만약 도거(掉擧)의 마음이 있거나, 만약 도거가 아닌 마음이 있거나, 만약 안정(安定)된 마음이 있거나, 만약 안정되지 않은 마음이 있거나, 만약 해탈(解脫)한 마음이 있거나, 만약 해탈하지 않은 마음이 있거나, 만약 유루(有漏)의 마음이 있거나, 만약 무루(無漏)의 마음이 있거나, 만약 수행하는 마음이 있거나, 만약 수행하지 않은 마음이 있거나, 만약 유상(有上)의 마음이 있거나, 만약 무상(無上)의 마음 등을 두루 아나니, 이와 같은 등의 마음들을 모두 여실하게 아느니라.

수승한 숙주지통(宿住智通)을 일으켜서 시방세계의 무량한 유정들의 여러 숙주(宿住)[3]의 일을 여실하게 생각하여 아는데 이를테면, 수념(隨念)[4]하는 만약 스스로이거나, 만약 다른 사람의 한 마음·열 마음·백 마음·천 마음·많은 백천 마음의 잠깐 사이에서 여러 전생의 일이거나, 혹은 다시 수념하는 1일(一日)·십 일·백 일·천 일·여러 백천 일의 잠깐 사이에서 여러 전생의 일이거나, 혹은 다시 수념하는 한 달·열 달·백 달·천 달·여러 백천 달의 잠깐 사이에서 여러 전생의 일이거나, 혹은 다시 수념하는 일 겁(一劫)·백 겁·천 겁·여러 백천 겁, 나아가 무량하고 무수이며 백천 구지·나유타 겁의 잠깐 사이에서 여러 전생의 일이거나, 혹은 다시 수념하는 과거에 있었던 여러 전생의 일이고, 이와 같은 처소이며, 이와 같은 때이고, 이와 같은 명자이며, 이와 같은 족성이고, 이와 같은 종류이며, 이와 같은 음식이고, 이와 같이 오래 머물렀으며, 이와 같은 수명(壽限)이고, 이와 같이 장수(長壽)하였으며, 이와 같은 즐거움을

---

3) 전생의 다른 말이고, 이 세상(世上)에 태어나기 이전(以前)의 생애(生涯)를 뜻한다.
4) 산스크리트어 Anusmṛti의 번역이고, 수행자가 사유를 대상에 고정하고 방황하지 않는 마음의 상태를 유지하는 것이다. 즉 정적이고 견고한 마음의 상태를 가리킨다.

받았고, 이와 같은 괴로움을 받았으며, 그곳에서 죽어서 이곳으로 와서 태어났고 이곳에서 죽어서 그곳으로 가서 태어났으며, 이와 같은 형상과 용모이었고, 이와 같이 말하였던 것 등을 만약 간략하거나, 만약 자세하거나, 만약 스스로이거나, 만약 다른 사람의 여러 전생의 일을 모두 수념하여 아느니라.

수승한 천안지통(天眼智通)을 일으킨다면 인간과 천인들의 눈을 초월하여 명료하고 청정하므로 시방세계의 유정과 무정인 부류들의 여러 종류의 색깔 형상을 능히 여실하게 보는데 이를테면, 제유정들의 죽는 때와 태어나는 때·미묘한 색깔과 추루한 색깔·선취(善趣)와 악취(惡趣)를 두루 보며, 만약 수승하거나, 만약 하열한 등의 여러 이와 같은 갖가지 색깔과 형상을 두루 다 보느니라.

이러한 인연으로 다시 제유정의 부류들의 업력(業力)의 작용에 따라서 생(生)을 받는 차별·이와 같은 유정들이 성취하였던 몸의 악행(惡行)·성취하였던 말의 악행·성취하였던 뜻의 악행·성현을 훼방(毁謗)하고 삿된 견해를 인연으로 몸이 무너지고 목숨을 마친다면 마땅히 악취에 떨어지는데, 혹은 지옥에 태어나거나, 혹은 방생에 태어나거나, 혹은 귀계에 태어나거나, 혹은 변방(邊地)·하천(下賤)하고 패악(悖惡)한 유정의 가운데에 태어나서 여러 고통을 받는 것 등을 두루 보며, 이와 같은 유정들이 성취하였던 몸의 미묘한 행(妙行)·성취하였던 말의 미묘한 행·성취하였던 뜻의 미묘한 행(妙行)·성현을 칭찬하였던 바른 견해를 인연으로 몸이 무너지고 목숨을 마친다면 마땅히 선취에 오르는데, 혹은 천상(天上)에 태어나거나, 혹은 인간의 가운데에 태어나서 여러 쾌락을 받는 것을 두루 보나니, 그와 같은 유정들의 여러 종류인 업의 부류로 과보를 받는 차별을 모두 여실하게 아느니라.

보살은 이러한 다섯 가지의 미묘한 신통에 머무르면서 한 불국토에서 한 불국토로 가서 제불·세존께 친근하고 공양하며 제불의 매우 깊은 법의 의취를 청하여 묻고 무량하고 미묘한 선근을 심으며 유정을 성숙시키고 불국토를 청정하게 장엄하며 여러 종류의 제보살의 행을 정근하면서 수행하느니라.

이러한 선근을 지니고서 성문이나 독각 등의 지위를 구하지 않으며, 제유정들과 함께 평등하게 공유하고 무상정등보리에 회향하며, 얻을 수 없는 것으로써 방편으로 삼아서 이와 같이 대보리에 회향하는 때에 세 가지의 마음을 벗어나는데 이를테면, '누가 회향하는가? 무엇을 사용하여 회향하는가? 어느 처소에 회향하는가?'라는 이와 같은 세 가지의 마음을 모두 영원히 일으키지 않는다면, 선현이여. 이것이 보살마하살이 정려바라밀다에 안주하면서 정진바라밀다를 이끌어서 섭수하는 것이니라."

구수 선현이 다시 세존께 아뢰어 말하였다.

"세존이시여. 무엇을 보살마하살이 정려바라밀다에 안주하면서 반야바라밀다를 이끌어서 섭수한다고 말합니까?"

세존께서 말씀하셨다.

"선현이여. 만약 보살마하살이 정려바라밀다에 안주한다면, 색은 얻을 수 없다고 관찰하고 수·상·행·식도 얻을 수 없다고 관찰하며, 안처는 얻을 수 없다고 관찰하고 이·비·설·신·의처도 얻을 수 없다고 관찰하며, 색처는 얻을 수 없다고 관찰하고 성·향·미·촉·법처도 얻을 수 없다고 관찰하며, 안계는 얻을 수 없다고 관찰하고 귀·코·혀·몸·뜻의 경계도 얻을 수 없다고 관찰하고 이·비·설·신·의계도 얻을 수 없다고 관찰하느니라.

안식계는 얻을 수 없다고 관찰하고 이·비·설·신·의식계도 얻을 수 없다고 관찰하며, 안촉은 얻을 수 없다고 관찰하고 이·비·설·신·의촉도 얻을 수 없다고 관찰하며, 안촉을 인연으로 생겨난 여러 수는 얻을 수 없다고 관찰하고 이·비·설·신·의촉이 연이 되어 안촉을 인연으로 생겨난 여러 수도 얻을 수 없다고 관찰하느니라.

지계는 얻을 수 없다고 관찰하고 수·화·풍·공·식계도 얻을 수 없다고 관찰하며, 무명은 얻을 수 없다고 관찰하고 행·식·명색·육처·촉·수·애·취·유·생·노사의 수탄고우뇌도 얻을 수 없다고 관찰하며, 보시바라밀다는 얻을 수 없다고 관찰하고 정계·안인·정진·정려·반야바라밀다도 얻을 수 없다고 관찰하며, 내공은 얻을 수 없다고 관찰하고 외공·내외공·공공·

대공·승의공·유위공·무위공·필경공·무제공·산공·무변이공·본성공·자상공·공상공·일체법공·불가득공·무성공·자성공·무성자성공도 얻을 수 없다고 관찰하느니라.

진여는 얻을 수 없다고 관찰하고 법계·법성·불허망성·불변이성·평등성·이생성·법정·법주·실제·허공계·부사의계도 얻을 수 없다고 관찰하며, 고성제는 얻을 수 없다고 관찰하고 집·멸·도성제도 얻을 수 없다고 관찰하며, 4정려는 얻을 수 없다고 관찰하고 4무량·4무색정도 얻을 수 없다고 관찰하며, 8해탈은 얻을 수 없다고 관찰하고 8승처·9차제정·10변처도 얻을 수 없다고 관찰하며, 4념주는 얻을 수 없다고 관찰하고 4정단·4신족·5근·5력·7등각지·8성도지도 얻을 수 없다고 관찰하느니라.

공해탈문은 얻을 수 없다고 관찰하고 무상·무원해탈문도 얻을 수 없다고 관찰하며, 5안은 얻을 수 없다고 6신통도 얻을 수 없다고 관찰하며, 여래의 10력은 얻을 수 없다고 관찰하고 4무소외·4무애해·대자·대비·대희·대사·18불불공법도 얻을 수 없다고 관찰하며, 무망실법은 얻을 수 없다고 관찰하고 항주사성도 얻을 수 없다고 관찰하며, 일체지는 얻을 수 없다고 관찰하고 도상지·일체상지도 얻을 수 없다고 관찰하며, 일체의 다라니문은 얻을 수 없다고 관찰하고 일체의 삼마지문도 얻을 수 없다고 관찰하느니라.

예류과는 얻을 수 없다고 관찰하고 일래·불환·아라한과도 얻을 수 없다고 관찰하며, 독각의 보리는 얻을 수 없다고 관찰하고 일체의 보살마하살의 행도 얻을 수 없다고 관찰하고 제불의 무상정등보리도 얻을 수 없다고 관찰하며, 유위계(有爲界)는 얻을 수 없다고 관찰하고 무위계(無爲界)도 얻을 수 없다고 관찰하느니라.

이와 같이 보살은 일체법은 얻을 수 없다고 관찰하기 때문에 짓는 것이 없고, 짓는 것이 없는 까닭으로 생겨남이 없고, 생겨남이 없는 까닭으로 소멸함이 없고, 소멸함이 없는 까닭으로 반드시 결국에는 청정하여 항상 머무르며 변역(變易)이 없느니라. 그 까닭은 무엇인가? 일체법은 여래가 세상에 출현하시거나, 출현하시지 않더라도, 법성(法性)에 안주(安住)하고 법계(法界)에 안주하며 법주(法住)에 안주하고 법정(法定)에 안주하며 생겨남이 없고 소멸함도 없으면서 항상 변역이 없느니라.

이 보살마하살은 마음에 항상 산란함이 없고 항상의 때에 일체지지와 상응하는 작의에 안주하고, 일체의 법성은 모두 무소유라고 여실하게 관찰하며, 다시 이와 같은 미묘한 지혜의 선근을 지니고서 제유정들과 함께 평등하게 공유하고 무상정등보리에 회향하며, 얻을 수 없는 것으로써 방편으로 삼아서 이와 같이 대보리에 회향하는 때에 세 가지의 마음을 벗어나는데 이를테면, '누가 회향하는가? 무엇을 사용하여 회향하는가? 어느 처소에 회향하는가?'라는 이와 같은 세 가지의 마음을 모두 영원히 일으키지 않는다면, 선현이여. 이것이 보살마하살이 정려바라밀다에 안주하면서 반야바라밀다를 이끌어서 섭수하는 것이니라."

구수 선현이 다시 세존께 아뢰어 말하였다.

"세존이시여. 무엇을 보살마하살이 반야바라밀다에 안주하면서 보시바라밀다를 이끌어서 섭수한다고 말합니까?"

세존께서 말씀하셨다.

"선현이여. 만약 보살마하살이 반야바라밀다에 안주하면서 일체법은 공하고 무소유라고 관찰하는 것이니라."

구수 선현이 곧 세존께 아뢰어 말하였다.

"어찌하여 보살마하살이 일체법은 공(空)하며 무소유라고 관찰합니까?"

세존께서 말씀하셨다.

"선현이여. 이 보살마하살은 반야바라밀다에 안주하면서, 내공의 자성은 내공의 자성을 얻을 수 없다고 관찰하고 외공의 자성은 외공의 자성을 얻을 수 없다고 관찰하며, 내외공의 자성은 내외공의 자성을 얻을 수 없다고 관찰하고 공공의 자성은 공공의 자성을 얻을 수 없다고 관찰하며, 대공의 자성은 대공의 자성을 얻을 수 없다고 관찰하고 승의공의 자성은 승의공의 자성을 얻을 수 없다고 관찰하고 유위공의 자성은 유위공의 자성을 얻을 수 없다고 관찰하고 무위공의 자성은 무위공의 자성을 얻을 수 없다고 관찰하며, 필경공의 자성은 필경공의 자성을 얻을 수 없다고 관찰하고 무제공의 자성은 무제공의 자성을 얻을 수 없다고 관찰하며, 산공의 자성은 산공의 자성을 얻을 수 없다고 관찰하고 무변이공의 자성은 무변이공의 자성을 얻을 수 없다고 관찰하며, 본성공의 자성은 본성공의 자성을 얻을 수 없다고 관찰하고 자상공의 자성은 자상공의 자성을 얻을 수 없다고 관찰하며, 공상공의 자성은 공상공의 자성을 얻을 수 없다고 관찰하고 일체법공의 자성은 일체법공의 자성을 얻을 수 없다고 관찰하며, 불가득공의 자성은 불가득공의 자성을 얻을 수 없다고 관찰하고 무성공의 자성은 무성공의 자성을 얻을 수 없다고 관찰하며, 자성공의 자성은 자성공의 자성을 얻을 수 없다고 관찰하고 무성자성공의 자성은 무성자성공의 자성을 얻을 수 없다고 관찰하느니라.

이 보살마하살이 이와 같이 여러 공을 관찰하는 가운데에 안주한다면, 색이 만약 공하거나 만약 공하지 않더라도 얻을 수 없고 수·상·행·식이 만약 공하거나 만약 공하지 않더라도 얻을 수 없으며, 안처가 만약 공하거나 만약 공하지 않더라도 얻을 수 없고 이·비·설·신·의처가 만약 공하거나 만약 공하지 않더라도 얻을 수 없으며, 색처가 만약 공하거나 만약 공하지 않더라도 얻을 수 없고 성·향·미·촉·법처가 만약 공하거나 만약 공하지 않더라도 얻을 수 없느니라.

안계가 만약 공하거나 만약 공하지 않더라도 얻을 수 없고, 이·비·설·신·의계가 만약 공하거나 만약 공하지 않더라도 얻을 수 없으며, 색계가 만약 공하거나 만약 공하지 않더라도 얻을 수 없고 성·향·미·촉·법계가 만약 공하거나 만약 공하지 않더라도 얻을 수 없으며, 안식계가 만약 공하거나 만약 공하지 않더라도 얻을 수 없고 이·비·설·신·의식계가 만약 공하거나 만약 공하지 않더라도 얻을 수 없느니라.

안촉이 만약 공하거나 만약 공하지 않더라도 얻을 수 없고 이·비·설·신·의촉이 만약 공하거나 만약 공하지 않더라도 얻을 수 없으며, 안촉을 인연으로 생겨난 여러 수가 만약 공하거나 만약 공하지 않더라도 얻을 수 없고 이·비·설·신·의촉을 인연으로 생겨난 여러 수가 만약 공하거나 만약 공하지 않더라도 얻을 수 없느니라.

지계가 만약 공하거나 만약 공하지 않더라도 얻을 수 없고 수·화·풍·공·식계가 만약 공하거나 만약 공하지 않더라도 얻을 수 없으며, 무명이 만약 공하거나 만약 공하지 않더라도 얻을 수 없고 행·식·명색·육처·촉·수·애·취·유·생·노사의 수탄고우뇌가 만약 공하거나 만약 공하지 않더라도 얻을 수 없으며, 보시바라밀다가 만약 공하거나 만약 공하지 않더라도 얻을 수 없고 정계·안인·정진·정려·반야바라밀다가 만약 공하거나 만약 공하지 않더라도 얻을 수 없느니라.

내공이 만약 공하거나 만약 공하지 않더라도 얻을 수 없고 외공·내외공·공공·대공·승의공·유위공·무위공·필경공·무제공·산공·무변이공·본성공·자상공·공상공·일체법공·불가득공·무성공·자성공·무성자성공의 만약 공하거나 만약 공하지 않더라도 얻을 수 없으며, 진여가 만약 공하거나 만약 공하지 않더라도 얻을 수 없고 법계·법성·불허망성·불변이성·평등성·이생성·법정·법주·실제·허공계·부사의계가 만약 공하거나 만약 공하지 않더라도 얻을 수 없느니라.

고성제가 만약 공하거나 만약 공하지 않더라도 얻을 수 없고 집·멸·도성제가 만약 공하거나 만약 공하지 않더라도 얻을 수 없으며, 4정려가 만약 공하거나 만약 공하지 않더라도 얻을 수 없고 4무량과 4무색정이 만약 공하거나 만약 공하지 않더라도 얻을 수 없으며, 8해탈이 만약 공하거나 만약 공하지 않더라도 얻을 수 없고 8승처·9차제정·10변처가 만약 공하거나 만약 공하지 않더라도 얻을 수 없으며, 4념주가 만약 공하거나 만약 공하지 않더라도 얻을 수 없고 4정단·4신족·5근·5력·7등각지·8성도지가 만약 공하거나 만약 공하지 않더라도 얻을 수 없느니라.

공해탈문이 만약 공하거나 만약 공하지 않더라도 얻을 수 없고 무상·무원해탈문이 만약 공하거나 만약 공하지 않더라도 얻을 수 없으며, 5안이 만약 공하거나 만약 공하지 않더라도 얻을 수 없고 6신통이 만약 공하거나 만약 공하지 않더라도 얻을 수 없으며, 여래의 10력이 만약 공하거나 만약 공하지 않더라도 얻을 수 없고 4무소외·4무애해·대자·대비·대희·대사·18불불공법이 만약 공하거나 만약 공하지 않더라도 얻을 수 없느니라.

무망실법이 만약 공하거나 만약 공하지 않더라도 얻을 수 없고 항주사성이 만약 공하거나 만약 공하지 않더라도 얻을 수 없으며, 일체지가 만약 공하거나 만약 공하지 않더라도 얻을 수 없고 도상지와 일체상지가 만약 공하거나 만약 공하지 않더라도 얻을 수 없으며, 일체의 다라니문이 만약 공하거나 만약 공하지 않더라도 얻을 수 없고 일체의 삼마지문이 만약 공하거나 만약 공하지 않더라도 얻을 수 없으며, 예류과가 만약 공하거나 만약 공하지 않더라도 얻을 수 없고 일래과·불환과·아라한과가 만약 공하거나 만약 공하지 않더라도 얻을 수 없느니라.

독각의 보리가 만약 공하거나 만약 공하지 않더라도 얻을 수 없고 일체의 보살마하살의 행이 만약 공하거나 만약 공하지 않더라도 얻을 수 없으며, 제불의 무상정등보리가 만약 공하거나 만약 공하지 않더라도 얻을 수 없으며, 유위계가 만약 공하거나 만약 공하지 않더라도 얻을 수 없고, 무위계가 만약 공하거나 만약 공하지 않더라도 얻을 수 없느니라.

이 보살마하살은 매우 깊은 반야바라밀다에 이와 같이 안주하면서 제유정들이 소유하면서 보시하였던 만약 음식이거나, 만약 마실 것이거나, 만약 탈 것이거나, 만약 의복이거나, 만약 여러 향·꽃·와구·방사·등불·평상과 의자이거나, 만약 여러 금·은·마니·진주·말라갈다(末羅羯多)·나패(螺貝)·벽옥·산호·석장(石藏)·제청(帝靑)·금강·폐유리 등의 여러 종류의 잔귀한 보배이거나, 만약 여러 의약품·바르는 향·가루 향·재산(財産)·자구(資具) 등의 이와 같은 여러 물건이 모두 공하다고 관찰하고, 만약 능히 보시하였거나, 만약 보시받았던 것이거나, 만약 보시하는 복 등의 이와 같은 일체도 역시 공하다고 관찰하느니라.

이때 보살은 간탐하는 마음과 집착하는 마음이 반드시 결국에는 일어나지 않느니라. 그 까닭은 무엇인가? 이 보살마하살은 깊은 반야바라밀다를 수행하여 초발심부터 미묘한 보리좌에 안좌하기까지 이와 같은 분별의 일체를 일으키지 않는데, 제여래·응공·정등각께서 일찍이 잠시도 간탐하는 마음과 집착하는 마음을 일으키지 않는 것과 같이, 이 보살마하살도 역시 다시 그와 같아서 깊은 반야바라밀다를 수행하였으므로 간탐하는 마음과 집착하는 마음을 모두 영원히 일으키지 않느니라.

선현이여. 마땅히 알아야 하느니라. 매우 깊은 반야바라밀다는 이 보살마하살의 스승이므로, 능히 보살마하살의 대중들에게 일체의 망상과 분별을 일으키지 않게 하고, 제보살마하살이 이와 같은 매우 깊은 반야바라밀다에 안주하게 하므로, 행하였던 보시라는 것은 모두 염오와 집착이 없느니라.

다시 이와 같은 보시의 선근을 지니고서 제유정들과 함께 평등하게 공유하고 무상정등보리에 회향하며, 얻을 수 없는 것으로써 방편으로 삼아서 이와 같이 대보리에 회향하는 때에 세 가지의 마음을 벗어나는데 이를테면, '누가 회향하는가? 무엇을 사용하여 회향하는가? 어느 처소에 회향하는가?'라는 이와 같은 세 가지의 마음을 모두 영원히 일으키지 않는다면, 선현이여. 이것이 보살마하살이 반야바라밀다에 안주하면서 보시바라밀다를 이끌어서 섭수하는 것이니라."

구수 선현이 다시 세존께 아뢰어 말하였다.

"세존이시여. 무엇을 보살마하살이 반야바라밀다에 안주하면서 정계바라밀다를 이끌어서 섭수한다고 말합니까?"

세존께서 말씀하셨다.

"선현이여. 만약 보살마하살이 반야바라밀다에 안주한다면, 성문이나 독각 등의 마음을 일으키지 않느니라. 왜 그러한가? 이 보살마하살은 여러 성문이나 독각 등의 지위는 모두 얻을 수 없고, 성문이나 독각 등의 회향하는 마음과 그들의 몸과 말도 얻을 수 없다고 관찰하느니라.

이 보살마하살은 반야바라밀다에 안주하면서 초발심부터 미묘한 보리좌에 안주하기까지 그 중간에서 스스로가 생명을 끊는 것을 벗어나고 역시 다른 사람에게 권유하여 생명을 끊는 것을 벗어나게 하며, 생명을 끊는 것을 벗어나는 법을 전도가 없이 찬탄하며 생명을 끊는 것을 벗어나는 자를 환희하면서 찬탄하느니라. 스스로가 주지 않았으나 취하는 것을 벗어나고 역시 다른 사람에게 권유하여 주지 않았으나 취하는 것을 벗어나게 하며 주지 않았으나 취하는 것을 벗어나는 법을 전도가 없이 칭찬하며 주지 않았으나 취하는 것을 벗어나는 자를 환희하면서 찬탄하느니라.

스스로가 음욕의 삿된 행을 벗어나고 역시 다른 사람에게 권유하여 음욕의 삿된 행을 벗어나게 하며, 음욕의 삿된 행을 벗어나는 법을 전도가 없이 칭찬하며 음욕의 삿된 행을 벗어나는 자를 환희하면서 찬탄하느니라. 스스로가 헛되고 거짓된 말을 벗어나고 역시 다른 사람에게 권유하여 헛되고 거짓된 말을 벗어나게 하며, 헛되고 거짓된 말을 벗어나는 법을 전도가 없이 칭찬하며 헛되고 거짓된 말을 벗어나는 자를 환희하면서 찬탄하느니라.

스스로가 추악한 말을 벗어나고 역시 다른 사람에게 권유하여 추악한 말을 벗어나게 하며, 추악한 말을 벗어나는 법을 전도가 없이 칭찬하며 추악한 말을 벗어나는 자를 환희하면서 찬탄하느니라. 스스로가 이간질하는 말을 벗어나고 역시 다른 사람에게 권유하여 이간질하는 말을 벗어나게 하며, 이간질하는 말을 벗어나는 법을 전도가 없이 칭찬하며 이간질하는 말을 벗어나는 자를 환희하면서 찬탄하느니라.

이 보살마하살은 이 정계바라밀다를 지니고 욕계를 구하지 않고 색계를 구하지 않으며 무색계를 구하지 않고 성문지를 구하지 않으며 독각을 구하지 않고, 다만 이와 같은 정계의 선근을 지니고서 제유정들과 함께 평등하게 공유하고 무상정등보리에 회향하며, 얻을 수 없는 것으로써 방편으로 삼아서 이와 같이 대보리에 회향하는 때에 세 가지의 마음을 벗어나는데 이를테면, '누가 회향하는가? 무엇을 사용하여 회향하는가? 어느 처소에 회향하는가?'라는 이와 같은 세 가지의 마음을 모두 영원히 일으키지 않는다면, 선현이여. 이것이 보살마하살이 반야바라밀다에 안주하면서 정계바라밀다를 이끌어서 섭수하는 것이니라."

구수 선현이 다시 세존께 아뢰어 말하였다.

"세존이시여. 무엇을 보살마하살이 반야바라밀다에 안주하면서 안인바라밀다를 이끌어서 섭수한다고 말합니까?"

세존께서 말씀하셨다.

"선현이여. 만약 보살마하살이 반야바라밀다에 안주한다면, 수순하는 안인을 일으키고 이러한 안인을 이미 얻었다면 '일체법의 가운데는 하나의 법도 만약 일어나거나, 만약 끝마치거나, 만약 생겨나거나, 만약 소멸하거나 거나, 만약 늙거나, 만약 병들거나, 만약 능히 모욕하는 자이거나, 만약 모욕당하는 자이거나, 만약 능히 비방하는 자이거나, 만약 비방을 당하는 자이거나, 만약 능히 자르는 자이거나, 만약 잘리는 자이거나, 만약 능히 끊는 자이거나, 만약 끊기는 자이거나, 만약 능히 찌르는 자이거나, 만약 찔리는 자이거나, 만약 파괴하는 자이거나, 만약 파괴되는 자이거나, 만약 속박하는 자이거나, 만약 속박당하는 자이거나, 만약 능히 때리는 자이거나, 만약 얻어맞는 자이거나, 만약 능히 괴롭히는 자이거나, 만약 괴롭힘을 당하는 자이거나, 만약 능히 살해하는 자이거나, 만약 살해당하는 자 등이 없고, 이와 같은 일체의 성상(性相)이 모두가 공하므로 그 가운데서 상응하여 망상으로 분별하지 않아야 한다.'라고 항상 이렇게 생각을 짓느니라.

이 보살마하살은 초발심부터 미묘한 보리좌에 안좌하기까지 그 중간에서 가사 일체 유정들의 부류가 모두 왔고 훼방(毁謗)하고 가책(訶責)[5]하며 능멸(凌蔑)하면서, 여러 칼·막대기·기왓장·돌·흙덩이 등으로 가해(加害)하면서 때리고 자르며 끊고 쪼개며 찌르고, 나아가 몸의 여러 지절을 분해하더라도, 보살은 그때 마음에 변이(變異)가 없고, '매우 괴이(怪異)하구나! 여러 법성의 가운데에는 모두 훼방하고 가책하며 능멸하고 가해하는 것이 없는데, 제 유정들이 망상으로 분별하면서 진실로 있다고 생각하여 여러 종류의 번뇌와 악업을 일으켜서 현재와 오는 세상에서 여러 고통을 받는구나!'라고 다만 이렇게 생각을 짓느니라.

이 보살마하살은 다시 이와 같은 안인의 선근을 지니고서 제유정들과 함께 평등하게 공유하고 무상정등보리에 회향하며, 얻을 수 없는 것으로써 방편으로 삼아서 이와 같이 대보리에 회향하는 때에 세 가지의 마음을

---

5) 산스크리트어 Avasadana의 번역이고, 허물을 꾸짖거나 비난하는 것을 가리킨다.

벗어나는데 이를테면, '누가 회향하는가? 무엇을 사용하여 회향하는가? 어느 처소에 회향하는가?'라는 이와 같은 세 가지의 마음을 모두 영원히 일으키지 않는다면, 선현이여. 이것이 보살마하살이 반야바라밀다에 안주하면서 안인바라밀다를 이끌어서 섭수하는 것이니라."

구수 선현이 다시 세존께 아뢰어 말하였다.

"세존이시여. 무엇을 보살마하살이 반야바라밀다에 안주하면서 정진바라밀다를 이끌어서 섭수한다고 말합니까?"

세존께서 말씀하셨다.

"선현이여. 만약 보살마하살이 반야바라밀다에 안주한다면, 용맹스럽게 정진하면서 제유정들을 위하여 정법을 선설하면서 몸과 마음에 게으름이 없고, 이 보살마하살은 4신족(四神足)의 방편선교에 안주하여 몸과 마음으로 정진하며 항상 게으름과 휴식이 없나니, 능히 한 세계를 갔거나, 혹은 십 세계이거나, 혹은 백 세계이거나, 혹은 천 세계이거나, 혹은 백천 세계이거나, 혹은 백천 구지·나유타 세계인 유정들의 처소에 능히 갔다면, 정법을 선설하고 방편으로 교화하고 인도하여 보시바라밀다에 안주하게 하고, 방편으로 교화하고 인도하여 정계·안인·정진·정려·반야바라밀다에 안주하게 하느니라.

방편으로 교화하고 인도하여 내공에 안주하게 하고, 방편으로 교화하고 인도하여 외공·내외공·공공·대공·승의공·유위공·무위공·필경공·무제공·산공·무변이공·본성공·자상공·공상공·일체법공·불가득공·무성공·자성공·무성자성공에 안주하게 하며, 방편으로 교화하고 인도하여 진여에 안주하게 하고, 방편으로 교화하고 인도하여 법계·법성·불허망성·불변이성·평등성·이생성·법정·법주·실제·허공계·부사의계에 안주하게 하며, 방편으로 교화하고 인도하여 고성제에 안주하게 하고, 방편으로 교화하고 인도하여 집·멸·도성제에 안주하게 하느니라.

방편으로 교화하고 인도하여 4정려에 안주하게 하고, 방편으로 교화하고 인도하여 4무량·4무색정에 안주하게 하며, 방편으로 교화하고 인도하여 8해탈에 안주하게 하고 방편으로 교화하고 인도하여 8승처·9차제정·

10변처에 안주하게 하며, 방편으로 교화하고 인도하여 4념주에 안주하게 하고, 방편으로 교화하고 인도하여 4정단·4신족·5근·5력·7등각지·8성도지에 안주하게 하며, 방편으로 교화하고 인도하여 공해탈문에 안주하게 하고 방편으로 교화하고 인도하여 무상·무원해탈문에 안주하게 하느니라.

방편으로 교화하고 인도하여 5안에 안주하게 하고 방편으로 교화하고 인도하여 6신통에 안주하게 하며, 방편으로 교화하고 인도하여 여래의 10력에 안주하게 하고, 방편으로 교화하고 인도하여 4무소외·4무애해·대자·대비·대희·대사·18불불공법에 안주하게 하며, 방편으로 교화하고 인도하여 무망실법에 안주하게 하고, 방편으로 교화하고 인도하여 항주사성에 안주하게 하며, 방편으로 교화하고 인도하여 일체지에 안주하게 하며, 방편으로 교화하고 인도하여 도상지·일체상지에 안주하게 하느니라.

방편으로 교화하고 인도하여 일체의 다라니문에 안주하게 하고, 방편으로 교화하고 인도하여 일체의 삼마지문에 안주하게 하며, 방편으로 교화하고 인도하여 예류과에 안주하게 하고, 방편으로 교화하고 인도하여 일래·불환·아라한과에 안주하게 하며, 방편으로 교화하고 인도하여 독각의 보리에 안주하게 하며, 방편으로 교화하고 인도하여 일체의 보살마하살의 행에 안주하게 하며, 방편으로 교화하고 인도하여 제불의 무상정등보리에 안주하게 하느니라. 비록 앞에서 말한 것과 같이 여러 종류의 공덕을 설한 것에 안주하게 하더라도, 그에게 유위계와 무위계에 집착하지 않게 하느니라.

보살마하살은 다시 이와 같은 정진의 선근을 지니고서 제유정들과 함께 평등하게 공유하고 무상정등보리에 회향하며, 얻을 수 없는 것으로써 방편으로 삼아서 이와 같이 대보리에 회향하는 때에 세 가지의 마음을 벗어나는데 이를테면, '누가 회향하는가? 무엇을 사용하여 회향하는가? 어느 처소에 회향하는가?'라는 이와 같은 세 가지의 마음을 모두 영원히 일으키지 않는다면, 선현이여. 이것이 보살마하살이 반야바라밀다에 안주하면서 정진바라밀다를 이끌어서 섭수하는 것이니라."

구수 선현이 다시 세존께 아뢰어 말하였다.

"세존이시여. 무엇을 보살마하살이 반야바라밀다에 안주하면서 정려바라밀다를 이끌어서 섭수한다고 말합니까?"

세존께서 말씀하셨다.

"선현이여. 만약 보살마하살이 반야바라밀다에 안주한다면, 여래(佛)의 삼마지(三摩地)를 제외하고서 나머지가 소유한 여러 삼마지인 만약 성문의 삼마지이거나, 만약 독각의 삼마지이거나, 만약 보살의 삼마지를 모두 능히 뜻을 따라서 자재(自在)하게 입출(入出)하느니라.

이 보살마하살은 자재하게 삼마지의 가운데에 안주하고 8해탈(八解脫)에서도 모두 자재하게 수순(手順)하거나 역순(逆順)하면서 입출하느니라. 무엇이 여덟 가지인가? 이를테면, 색(色)이 있다면 여러 색을 관찰하는 이것이 초해탈(初解脫)이고, 내신(內身)에 색이라는 생각(色想)이 없다면 외신(外身)의 여러 색을 관찰하는 이것이 제2해탈(第二解脫)이며, 청정하게 해탈한 몸으로 증득하는 이것이 제3해탈(第三解脫)이고, 일체의 색이라는 생각을 초월하여 마주하고 있다는 생각을 소멸시키고 여러 종류의 생각을 사유하지 않으며 무변한 공에 들어가는 공무변처정(空無邊處定)을 구족하고 안주하는 이것이 제4해탈(第四解脫)이니라.

일체의 공무변처정을 초월하여 무변한 식(識)에 들어가는 식무변처정(識無邊處定)을 구족하고 안주하는 이것이 제5해탈(第五解脫)이고, 일체의 식무변처정을 초월하여 무소소유(無少所有)에 들어가는 무소유처정(無所有處定)을 구족하고 안주하는 이것이 제6해탈(第六解脫)이며, 일체의 무소유처정을 초월하여 비상비비상처정(非想非非想處定)에 들어가서 구족하고 안주하는 이것이 제7해탈(第七解脫)이며, 일체의 비상비비상처정을 초월하여 멸상수정(滅想受定)에 들어가서 구족하고 안주하는 이것이 제8해탈(第八解脫)이니라. 이 보살마하살은 이러한 8해탈의 만약 수순하거나, 만약 역순하면서 자재하게 입출하느니라.

다시 능히 구차제정(九次第定)에서도 뜻을 따라서 수순하거나, 역순하면서 자재하게 입출하느니라. 무엇이 아홉 가지인가? 이를테면, 욕계의 악한 불선법(不善法)을 벗어났으나 유심유사(有尋有伺)의 이생희락(離生

喜樂)이므로, 초정려에 들어가서 구족하고 안주하는 이것이 초차제정(初次第定)이고, 심사(尋伺)가 적정하여 내신이 평등하고 청정함에 안주하고 마음이 하나의 자성으로 나아가므로 무심무사(無尋無伺)의 정생희락(定生喜樂)이므로, 제2정려에 들어가서 구족하고 안주하는 이것이 제2차제정(第二次第定)이니라.

기쁨을 떠나고 평정에 머무르며 념(念)과 정지(正知)를 갖추고 몸을 다스려 즐거움을 받더라도 성자는 그 가운데에서 능히 설할 수 있고 능히 버릴 수 있으며, 정념을 갖추고 즐거움에 안주하는 제3정려에 들어가서 구족하고 안주하는 이것이 제3차제정(第三次第定)이고, 즐거움도 단절하고 괴로움도 단절하여 이전의 기쁨과 근심이 없어져서 괴롭지도 않고 즐겁지도 않으므로 버리려는 생각이 청정하여 제4정려에 들어가서 구족하고 안주하는 이것이 제4차제정(第四次第定)이니라.

일체의 색(色)과 생각(想)을 초월하여 상대가 있다는 생각을 소멸시키고 여러 종류의 생각을 사유하지 않고 무변공(無邊空)에 들어가서 공무변처정에 들어가서 구족하고 안주하는 이것이 재5차제정(第五次第定)이고, 일체의 공무변처정을 초월하여 무변한 식에 들어가서 식무변처정에서 들어가서 구족하고 안주하는 이것이 제6차제정(第六次第定)이며, 일체의 식무변처정을 초월하여 무소소유(無少所有)에 들어가서 무소유처정에서 구족하고 안주하는 이것이 제7차제정(第七次第定)이니라.

일체의 무소유처정을 초월하여 비상비비상처정에 들어가서 구족하고 안주하는 이것이 제8차제정(第八次第定)이고, 일체의 비상비비상처정을 초월하여 멸상수정에 들어가서 구족하고 안주하는 이것이 제9차제정(第九次第定)이니라. 이 보살마하살은 능히 이와 같은 구차제정에서 만약 수순하거나, 만약 역순하면서 입출이 자재하느니라.

선현이여. 마땅히 알아야 하느니라. 이 보살마하살은 8해탈과 9차제정을 잘 성숙시켰다면 다시 능히 보살마하살의 사자빈신(師子頻申) 삼마지에 들어갈 수 있느니라. 무엇을 보살마하살의 사자빈신 삼마지라고 말하는가? 선현이여. 만약 보살마하살이 욕계의 불선법을 벗어났으나 유심유사의 이생희락이므로 초정려에 들어가서 구족하고 안주하였으며, 심사가 적정해져서 내신 등이 청정함에 안주하고 마음이 하나의 자성으로 나아간다면 무심무사 정생희락이므로 제2정려에 들어가서 구족하고 안주하느니라.

환희를 벗어나고 평정에 머무르며 념(念)과 정지(正知)를 구족하고 몸을 다스려서 즐거움을 받더라도 성자(聖者)는 그 가운데에서 능히 설하거나, 능히 버리거나, 념을 구족하고 즐거움에 안주한다면 제3정려에 들어가서 구족하고 안주하며, 즐거움도 끊어지고 괴로움도 끊어지며, 이전의 환희와 근심도 사라지므로, 괴롭지도 않고 즐겁지도 않으며 사념(捨念)이 청정해져서 제4정려에 들어가서 구족하고 안주하느니라.

일체의 색과 생각을 초월하여 대상이 있다는 생각을 소멸시키고 여러 종류의 생각을 사유하지 않으며 무변한 공(空)에 들어가서 공무변처정에 구족하고 안주하며, 일체의 공무변처정을 초월하여 무변한 식(識)에 들어가서 식무변처정에 구족하고 안주하며, 일체의 식무변처정을 초월하여 무소소유에 들어가서 무소유처정에 구족하고 안주하며, 일체의 무소유처정을 초월하여 비상비비상처정에 들어가서 구족하고 안주하며, 일체의 비상비비상처정을 초월하여 멸상수정에 들어가서 구족하고 안주하느니라.

다시 멸상수정에서 일어나서 비상비비상처정으로 들어가고, 비상비비상처정에서 일어나서 무소유처정으로 들어가며, 무소유처정에서 일어나서 식무변처정으로 들어가고, 식무변처정에서 일어나서 공무변처정으로 들어가며, 공무변처정에서 일어나서 제4정려에 들어가고, 제4정려에서 일어나서 제3정려에 들어가며, 제3정려에서 일어나서 제2정려에 들어가고, 제2정려에서 일어나서 초정려에 들어가느니라. 선현이여. 이것이 보살마하살의 사자빈신삼마지이니라.

선현이여. 마땅히 알아야 하느니라. 이 보살마하살은 사자빈신삼마지를 잘 성숙시키고서 다시 보살마하살의 집산(集散) 삼마지에 들어가느니라. 무엇을 보살마하살의 집산 삼마지라고 말하는가? 선현이여. 만약 보살마하살이 욕망의 불선법을 벗어났으나 유심유사의 이생희락이므로 초정려에 들어가서 구족하고 안주하며, 초정려에서 일어나서 제2정려에 들어가서 구족하고 안주하며, 제2정려에서 일어나서 제3정려에 들어가서 구족하고 안주하며, 제3정려에서 일어나서 제4정려에 들어가서 구족하고 안주하며, 제4정려에서 일어나서 공무변처정에 들어가서 구족하고 안주하며, 공무변처정에서 일어나서 식무변처정으로 들어가서 구족하고 안주하며, 식무변처정에서 일어나서 무소유처정으로 들어가서 구족하고 안주하며, 무소유처정에서 일어나서 비상비비상처정에 들어가서 구족하거 안주하며, 비상비비상처정에서 일어나서 멸상수정에 들어가 구족하고 머무르느니라.

멸상수정에서 일어나서 초정려에 들어가고, 초정려에서 일어나서 멸상수정에 들어가며, 멸상수정에서 일어나서 제2정려에 들어가고, 제2정려에서 일어나서 멸상수정에 들어가며, 멸상수정에서 일어나서 제3정려에 들어가고, 제3정려에서 일어나서 멸상수정에 들어가며, 멸상수정에서 일어나서 제4정려에 들어가고, 제4정려에서 일어나서 멸상수정으로 들어가느니라.

멸상수정에서 일어나서 공무변처정으로 들어가고, 공무변처정에서 일어나서 멸상수정에 들어가며, 멸상수정에서 일어나서 식무변처정에 들어가고, 식무변처정에서 일어나서 멸상수정에 들어가며, 멸상수정에서 일어나서 무소유처정으로 들어가고, 무소유처정에서 일어나서 멸상수정으로 들어가며, 멸상수정에서 일어나서 비상비비상처정으로 들어가고, 비상비비상처정에서 일어나 멸상수정에 들어가느니라.

멸상수정에서 일어나서 공무변처의 부정심(不定心)에 안주하고, 부정심에서 멸상수정으로 들어가며, 멸상수정에서 일어나서 부정심에서 비상비비상처정에 들어가며, 비상비비상처정에서 일어나서 부정심에 안주하고, 부정심에서 무소유처정으로 들어가며, 무소유처정에서 일어나서 부정심에 안주하고, 부정심에서 식무변처정으로 들어가며, 식무변처정에서 일어나서 부정심에 안주하고, 부정심에서 공무변처정으로 들어가며, 공무변처정에서 일어나서 부정심에 안주하고, 부정심에서 제4정려에 들어가느니라.

제4정려에서 일어나서 부정심에 안주하고, 부정심에서 제3정려에 들어가며, 제3정려에서 일어나서 부정심에 안주하고, 부정심에서 제2정려에 들어가며, 제2정려에서 일어나서 부정심에 안주하고, 부정심에서 초정려에 들어가며, 초정려에서 일어나서 부정심에 머무르느니라. 선현이여. 이것이 보살마하살의 집산 삼마지이고, 만약 보살마하살이 집산 삼마지의 가운데에 안주한다면 일체법의 평등하고 진실한 자성을 얻게 되느니라.

이 보살마하살은 다시 이와 같은 정려의 선근을 지니고서 제유정들과 함께 평등하게 공유하고 무상정등보리에 회향하며, 얻을 수 없는 것으로써 방편으로 삼아서 이와 같이 대보리에 회향하는 때에 세 가지의 마음을 벗어나는데 이를테면, '누가 회향하는가? 무엇을 사용하여 회향하는가? 어느 처소에 회향하는가?'라는 이와 같은 세 가지의 마음을 모두 영원히 일으키지 않는다면, 선현이여. 이것이 보살마하살이 반야바라밀다에 안주하면서 정려바라밀다를 이끌어서 섭수하는 것이니라."

마하반야바라밀다경 제351권

61. 다문불이품(多聞不二品)(1)

그때 구수 선현이 세존께 아뢰어 말하였다.

"세존이시여. 만약 보살마하살이 이와 같은 방편선교(方便善巧)를 성취하였다면, 발심(發心)하고서 이후(以來)에 얼마의 시간을 지내게 됩니까?"

세존께서 말씀하셨다.

"선현이여. 이 보살마하살은 발심한 이후에 무수한 백천 구지·나유타의 겁을 지냈느니라."

구수 선현이 다시 세존께 아뢰어 말하였다.

"세존이시여. 만약 보살마하살이 이와 같은 방편선교를 성취한 자는 일찍이 얼마의 여래를 친근하고 공양하였습니까?"

세존께서 말씀하셨다.

"이 보살마하살은 일찍이 긍가사 등과 같은 제불께 친근하고 공양하였느니라."

구수 선현이 다시 세존께 아뢰어 말하였다.

"세존이시여. 만약 보살마하살이 이와 같은 방편선교를 성취한 자라면 일찍이 얼마의 선근을 심었습니까?"

세존께서 말씀하셨다.

"선현이여. 이 보살마하살은 발심한 이후에 보시바라밀다를 정근하면서 수행하였는데 원만하지 않았던 것이 없었고, 정계바라밀다를 정근하면서 수행하였는데 원만하지 않았던 것이 없었으며, 안인바라밀다를 정근하면서 수행하였는데 원만하지 않았던 것이 없었고, 정진바라밀다를 정근하면서 수행하였는데 원만하지 않았던 것이 없었으며, 정려바라밀다를 정근하면서 수행하였는데 원만하지 않았던 것이 없었고, 반야바라밀다를 정근하면서 수행하였는데 원만하지 않았던 것이 없었느니라.

이 보살마하살은 발심한 이후에 내공에 정근하면서 안주하였는데 원만하지 않았던 것이 없었고, 외공·내외공·공공·대공·승의공·유위공·무위공·필경공·무제공·산공·무변이공·본성공·자상공·공상공·일체법공·불가득공·무성공·자성공·무성자성공에 정근하면서 안주하였는데 원만하지 않았던 것이 없었느니라. 이 보살마하살은 발심한 이후에 진여에 정근하면서 안주하였는데 원만하지 않았던 것이 없었고, 법계·법성·불허망성·불변이성·평등성·이생성·법정·법주·실제·허공계·부사의계에 정근하면서 안주하였는데 원만하지 않았던 것이 없었느니라. 이 보살마하살은 발심한 이후에 고성제에 정근하면서 안주하였는데 원만하지 않았던 것이 없었고, 집·멸·도성제에 정근하면서 안주하였는데 원만하지 않았던 것이 없었느니라.

이 보살마하살은 발심한 이후에 4정려를 정근하면서 수행하였는데 원만하지 않았던 것이 없었고, 4무량·4무색정을 정근하면서 수행하였는데 원만하지 않았던 것이 없었느니라. 이 보살마하살은 발심한 이후에 8해탈을 정근하면서 수행하였는데 원만하지 않았던 것이 없었고, 8승처·9차제정·10변처를 정근하면서 수행하였는데 원만하지 않았던 것이 없었느니라. 이 보살마하살은 발심한 이후에 4념주를 정근하면서 수행하였는데 원만하지 않았던 것이 없었고, 4정단·4신족·5근·5력·7등각지·8성도지를 정근하면서 수행하였는데 원만하지 않았던 것이 없었느니라.

이 보살마하살은 발심한 이후에 정근하면서 수행하였는데 원만하지 않았던 것이 없었고, 무상·무원해탈문을 정근하면서 수행하였는데 원만하지 않았던 것이 없었느니라. 이 보살마하살은 발심한 이후에 5안을 정근하면서 수행하였는데 원만하지 않았던 것이 없었고, 6신통을 정근하면서 수행하였는데 원만하지 않았던 것이 없었느니라. 이 보살마하살은 발심한 이후에 여래의 10력을 정근하면서 수행하였는데 원만하지 않았던 것이 없었고, 4무소외·4무애해·대자·대비·대희·대사·18불불공법을 정근하면서 수행하였고 원만하지 않았던 것이 없었느니라.

이 보살마하살은 발심한 이후에 무망실법을 정근하면서 수행하였는데 원만하지 않았던 것이 없었고, 항주사성을 정근하면서 수행하였는데 원만하지 않았던 것이 없었느니라. 이 보살마하살은 발심한 이후에 일체지를 정근하면서 수행하였는데 원만하지 않았던 것이 없었고, 도상지·일체상지를 정근하면서 수행하였는데 원만하지 않았던 것이 없었느니라. 이 보살마하살은 발심한 이후에 다라니문을 정근하면서 수행하였는데 원만하지 않았던 것이 없었고, 삼마지문을 정근하면서 수행하였는데 원만하지 않았던 것이 없었느니라.

이 보살마하살은 발심한 이후에 보살마하살의 행을 정근하면서 수행하였는데 원만하지 않았던 것이 없었고, 무상정등보리를 정근하면서 수행하였는데 원만하지 않았던 것이 없었느니라. 이 보살마하살은 발심한 이후에 앞에서와 같은 원만한 선근을 심었는데, 오히려 이러한 인연으로 이와 같은 방편선교를 성취하였느니라."

구수 선현이 다시 세존께 아뢰어 말하였다.

"세존이시여. 보살마하살이 이와 같은 방편선교를 성취한다면 매우 희유(希有)합니다."

세존께서 말씀하셨다.

"선현이여. 그와 같으니라. 그와 같으니라. 그대가 말한 것과 같이 이 보살마하살은 이와 같은 방편선교를 성취한다면 매우 희유하느니라. 선현이여. 마땅히 알아야 하느니라. 해와 달이 주위를 돌면서 사대주(四大洲)를 비추면서 큰 사업(事業)을 짓는 것과 같이, 그 가운데에서 소유한 유정(有情)이거나 무정(無情)들이 그 광명의 세력을 따라서 움직이면서 각자의 일을 성취하는 것과 같이, 이와 같은 반야바라밀다도 나머지의 다섯 가지의 바라밀다를 비추면서 큰 사업을 짓는데, 보시 등의 다섯 가지 바라밀다가 반야바라밀다의 세력을 수순하고 움직이면서 각자의 일을 성취하느니라.

선현이여. 마땅히 알아야 하느니라. 보시 등의 다섯 가지의 바라밀다는 모두 반야바라밀다에 섭수(攝受)되는 까닭으로 비로소 바라밀다라는 이름을 얻나니, 만약 반야바라밀다를 벗어난다면 보시 등의 다섯 가지는 바라밀다라는 이름을 얻지 못하느니라. 선현이여. 마땅히 알아야 하느니라. 전륜성왕(轉輪聖王)이 만약 칠보(七寶)가 없다면 전륜성왕이라는 이름을 얻지 못하고, 반드시 칠보를 갖추어야 전륜성왕이라고 이름할 수 있는 것과 같이, 보시 등의 다섯 가지의 바라밀다도 역시 그와 같아서 만약 반야바라밀다에 섭수되지 못하였다면, 바라밀다라고 이름하지 못하고, 반드시 반야바라밀다에 섭수되었다면 비로소 바라밀다라고 이름할 수 있느니라.

선현이여. 마땅히 알아야 하느니라. 여인이 있어서 단정(端正)하고 크게 부유하였는데, 만약 강건한 남편의 수호(守護)가 없는 자라면 쉽게 악인(惡人)에게 침범과 능멸을 당하는 것과 같이, 보시 등의 다섯 가지의 바라밀다도 역시 그와 같아서 만약 반야바라밀다의 힘에 섭수되는 수호가 없다면 쉽게 천마(天魔)와 그의 권속들에게 파괴를 당하느니라. 선현이여. 마땅히 알아야 하느니라. 여인이 있어서 단정하고 크게 부유하였는데, 만약 강건한 남편의 수호가 있는 자라면 쉽게 악인에게 침범과 능멸을 당하지 않는 것과 같이, 보시 등의 다섯 가지의 바라밀다도 역시 그와 같아서 만약 반야바라밀다의 힘에 섭수되는 수호가 있다면 쉽게 천마와 그의 권속들에게 파괴를 당하지 않느니라.

선현이여. 마땅히 알아야 하느니라. 장군(軍將)이 전쟁의 진영(陣營)을 마주하고서 여러 종류의 갑옷과 무기를 잘 준비하였다면, 이웃 국가의 원적(怨敵)이 능히 침범하지 못하는 것과 같이, 보시 등의 다섯 가지의 바라밀다도 역시 다시 그와 같아서 만약 매우 깊은 반야바라밀다를 멀리 벗어나지 않는다면 천마의 권속이나 증상만인(增上慢人), 나아가 보살이거나, 전다라(旃荼羅) 등이 모두 능히 무너뜨리지 못하느니라.

선현이여. 마땅히 알아야 하느니라. 섬부주(贍部洲)의 여러 소왕(小王)들이 따르는 때라면, 전륜성왕을 조회하고 모시면서 전륜성왕을 인연으로 수승한 처소를 유행하는 것과 같이, 보시 등의 다섯 가지의 바라밀다도 역시 다시 그와 같아서 반야바라밀다를 수순하고 오히려 그러한 세력에 인도(引導)되는 까닭으로 빠르게 무상정등보리에 나아가느니라. 선현이여. 마땅히 알아야 하느니라. 섬부주에서 동방(東方)의 여러 물(水)들은 모두 긍가(殑伽)의 큰 강에 나아가지 않는 것이 없으며 긍가의 강물과 함께 큰 바다로 들어가는 것과 같이, 보시 등의 다섯 가지의 바라밀다도 역시 다시 그와 같아서 모두가 매우 깊은 반야바라밀다에 이끌려서 포섭되지 않는 것이 없는 까닭으로 능히 무상정등보리에 이르는 것이니라.

선현이여. 마땅히 알아야 하느니라. 사람이 오른손이라면 능히 여러 일을 지을 수 있는 것과 같이, 매우 깊은 반야바라밀다도 역시 다시 그와 같아서 능히 일체의 수승한 선법(善法)으로 이끌어주느니라. 선현이여. 마땅히 알아야 하느니라. 사람이 왼손이라면 짓는 것이 불편한 것과 같이, 보시 등의 다섯 가지의 바라밀다도 역시 다시 그와 같아서 수승한 선법을 이끌어줄 수 없느니라. 선현이여. 마땅히 알아야 하느니라. 비유한다면 물의 여러 흐름이 만약 크거나, 만약 작더라도 모두가 바다에 들어가서 함께 하나의 짠맛이 되는 것과 같이, 보시 등의 다섯 가지의 바라밀다도 역시 다시 그와 같아서 모두가 반야바라밀다에 섭수되는 까닭으로 같이 무상정등보리에 이르고, 오히려 이것으로 모두 능히 피안(彼岸)에 이른다고 이름하느니라.

선현이여. 마땅히 알아야 하느니라. 전륜성왕이 어느 곳으로 나아가고자 하였다면 4군(四軍)이 인도(引導)하고 따르면서 윤보(輪寶)가 앞에 있고, 왕과 4군들이 음식을 먹고자 하였다면 윤보는 곧 머무르며, 음식을 이미 먹고서 왕이 떠나고자 하였다면 윤보는 곧 앞에서 떠나가면서, 그 윤보가 떠나가고 머무름은 왕의 뜻을 따르는데, 나아갈 방위에 이르렀다면 다시 앞으로 떠나가지 않는 것과 같이, 보시 등의 다섯 가지의 바라밀다도 역시 다시 그와 같아서 여러 선법과 무상정등보리에 나아가고자 하였다면, 반드시 반야바라밀다의 인연이 앞에서 인도하는 것으로써 나아가고 멈추며, 함께 따르면서 서로를 버리지 않고 벗어나지 않으며, 만약 여래의 과위에 이르렀다면 다시는 앞으로 나아가지 않느니라.

선현이여. 마땅히 알아야 하느니라. 전륜성왕(轉輪聖王)은 칠보(七寶)를 구족하였는데 이를테면, 윤보(輪寶)·상보(象寶)·마보(馬寶)·주장신보(主藏臣寶)·여보(女寶)·장보(將寶)·여의주보(如意珠寶) 등이고, 그 전륜성왕이 가려고 하였던 어느 처소에 이르렀다면, 4군(四軍)[1]과 7보(七寶)가 앞뒤에서 인도하고 따르면서, 그때 윤보가 비록 가장 앞에 있더라도 앞뒤의 모습을 분별하지 않는데, 보시 등의 다섯 가지의 바라밀다도 역시 다시 그와 같아서 여러 선법과 함께 무상정등보리에 나아가고자 하였다면, 반드시 반야바라밀다로써 그것을 인도하는 것으로 삼아야 하느니라. 그렇지만 이러한 반야바라밀다는 '나는 보시·정계·안인·정진·정려바라밀다에서 가장 앞에서 인도하는 것이 되었고, 그것들은 나를 따르고 있다.'라고 생각하지 않으며, 보시 등의 다섯 가지의 바라밀다도 '매우 깊은 반야바라밀다는 우리들의 앞에 있고 우리들은 그것을 따르고 있다.'라고 이렇게 생각을 짓지 않느니라.

왜 그러한가? 선현이여. 바라밀다와 일체법은 자성(自性)이 모두가 둔(鈍)하여 능히 하였던 것이 없으며 허망하고 진실하지 않으며 공(空)하고 무소유(無所有)이며 자재(自在)한 상(相)이 아닌데, 비유한다면 아지랑이·그림자·물속의 달·거울 속의 형상 등과 같아서 그 가운데에서 모두 분별(分別)하고 작용(作用)하는 진실한 자체(自體)가 없느니라."

그때 구수 선현이 세존께 아뢰어 말하였다.

"세존이시여. 만약 일체법의 자성이 모두가 공하다면, 어찌 보살마하살이 보시·정계·안인·정진·정려·반야바라밀다를 정근하면서 수학하여 마땅히 무상정등보리를 증득한다고 말합니까?"

---

1) 전륜왕을 따라다니는 네 종류의 군대이고, 상병(象兵)·마병(馬兵)·거병(車兵)·보병(步兵) 등이 있다.

세존께서 말씀하셨다.

“선현이여. 제보살마하살이 이러한 6바라밀다에서 정근하면서 수학하는 때에 ‘세간의 유정들은 마음이 모두 전도(顚倒)되어 생사의 괴로움에 은몰되어서 능히 스스로가 벗어나지 못한다. 내가 만약 선교방편을 수학하지 않는다면 능히 그들의 생사의 고통을 해탈시키지 못한다. 나는 마땅히 그 유정들을 위하여 보시·정계·안인·정진·정려·반야바라밀다의 선교방편을 전근하면서 수학하겠다.’라고 항상 이렇게 생각을 짓느니라.

선현이여. 이 보살마하살이 이렇게 생각을 짓고서 제유정들에게 내부와 외부의 물건들을 베풀어 주고서, ‘나는 이 물건을 모두 베풀어 주었던 것이 없다. 왜 그러한가? 이 내부와 외부의 물건들은 자성의 모두가 공하므로 나와 관련된 것이 아니고 베풀어 줄 수 없는 까닭이다.’라고 다시 이와 같이 사유를 짓느니라. 선현이여. 이 보살마하살은 오히려 이러한 관찰로 보시바라밀다를 수행한다면 빠르게 원만함을 얻고 빠르게 무상정등보리를 증득하느니라.

선현이여. 이 보살마하살은 제유정들을 위하여 결국 계율을 범하지 않느니라. 그 까닭은 무엇인가? 이 보살마하살은 ‘나는 유정들을 위하여 무상정등보리를 구하면서 나아가는데, 만약 생명을 끊거나, 주지 않았는데 취하거나, 음욕의 삿된 행을 행한다면 이것은 상응하는 것이 아니고, 나는 유정들을 위하여 무상정등보리를 구하면서 나아가는데, 허망하게 속이면서 말하거나 이간질하여 말하거나, 추악하게 말하거나, 잡스럽고 지저분하게 말한다면 이것은 상응하는 것이 아니며, 나는 유정들을 위하여 무상정등보리를 구하면서 나아가는데, 탐욕을 일으키거나, 진에를 일으키거나, 삿된 견해를 일으킨다면 이것은 상응하는 것이 아니고, 나는 유정들을 위하여 무상정등보리를 구하면서 나아가는데, 미묘한 욕망의 경계를 구하거나, 천상의 부귀와 즐거움을 구하거나 제석·악마·범왕 등이 짓고자 구한다면 이것은 상응하는 것이 아니며, 나는 유정들을 위하여 무상정등보리를 구하면서 나아가는데, 성문이나 독각의 지위에 안주하려고 한다면 이것은 상응하는 것이 아니다.’라고 항상 이렇게 생각을 짓느니라. 선현이여. 이 보살마하살은 오히려 이렇게 관찰하면서 정계바라밀다를 수행한다면 빠르고 원만하게 무상정등보리를 증득하느니라.

선현이여. 이 보살마하살은 제유정들을 위하여 성내면서 원한을 일으키지 않는데, 가사 항상 훼자·비방·능욕을 당하고, 매섭고 쓰라린 고통과 욕설이 마음과 골수에 사무치더라도 결국 일념(一念)의 성내면서 원한을 일으키지 않고, 설사 다시 항상 칼·막대기·기왓장·돌·흙덩이 등으로 그의 몸을 때리고 베고 자르며 쪼개고 찌르며 지절·지절을 분해할지라도 역시 일념(一念)의 성내면서 원한을 일으키지 않느니라. 그 까닭은 무엇인가? 이 보살마하살은 '일체의 소리는 계곡의 메아리와 같고 색은 거품의 덩어리와 같다. 나는 일체의 유정들의 요익을 위하였으므로 이 가운데에서 망령되게 성내면서 원한을 일으키지 않아야 한다.'라고 일체를 관찰하느니라. 선현이여. 이 보살마하살은 오히려 이렇게 관찰하면서 안인바라밀다를 수행한다면 빠르게 원만함을 얻고 빠르게 무상정등보리를 증득하느니라.

선현이여. 이 보살마하살은 제유정들을 위하여 선법, 나아가 무상정등보리를 정근하면서 구하더라도 그 중간에서 항상 해태(懈怠)가 없느니라. 왜 그러한가? 이 보살마하살은 '내가 만약 해태한다면 제유정들의 생(生)·노(老)·병(病)·사(死)를 능히 발제할 수 없고, 역시 구하는 것인 무상정등보리도 증득할 수 없다.'라고 항상 이렇게 생각을 짓느니라. 선현이여. 선현이여. 이 보살마하살은 오히려 이렇게 관찰하면서 정진바라밀다를 수행한다면 빠르게 원만함을 얻고 빠르게 무상정등보리를 증득하느니라.

선현이여. 이 보살마하살은 제유정들을 위하여 여러 수승한 선정, 나아가 무상정등보리를 수행하면서 결국 탐(貪)·진(瞋)·치(癡) 등의 산란한 마음을 일으키지 않느니라. 그 까닭은 무엇인가? 이 보살마하살은 '만약 내가 탐욕과 함께 행하는 마음이거나, 진에와 함께 행하는 마음이거나, 우치와 함께 행하는 마음이거나, 더불어 나머지의 일에서 산란한 마음을 일으킨다면 곧 능히 다른 일을 요익하게 성취하지 못하고, 역시 구하는 것인 무상정등보리도 증득할 수 없다.'라고 항상 이렇게 생각을 짓느니라. 선현이여. 선현이여. 이 보살마하살은 오히려 이렇게 관찰하면서 정려바라밀다를 수행한다면 빠르게 원만함을 얻고 빠르게 무상정등보리를 증득하느니라.

선현이여. 이 보살마하살은 제유정들을 위하여 항상 매우 깊은 반야바라밀다, 나아가 무상정등보리를 멀리 벗어나지 않고 항상 세간과 출세간의 미묘하고 수승한 지혜를 정근하면서 수락하느니라. 그 까닭이 무엇인가? 이 보살마하살은 '만약 바라밀다와 다르다면 결국 다른 일을 능히 이익되고 즐겁게 성취하지 못하고, 역시 구하는 것인 무상정등보리도 증득할 수 없다.'라고 항상 이렇게 생각을 짓느니라. 선현이여. 선현이여. 이 보살마하살은 오히려 이렇게 관찰하면서 반야바라밀다를 수행한다면 빠르게 원만함을 얻고 빠르게 무상정등보리를 증득하느니라."

그때 구수 선현이 세존께 아뢰어 말하였다.

"세존이시여. 만약 6바라밀다에 차별되는 상(相)이 없다면 모두 이것은 반야바라밀다에 섭수되는 까닭이고, 모두가 오히려 반야바라밀다의 수행으로 원만하게 성취되는 까닭으로, 상응하여 하나의 바라밀다로 합쳐져서 성취되나니 이를테면 반야바라밀다입니다. 어찌 매우 깊은 반야바라밀다는 보시 등의 바라밀다보다 최고(最)가 되고 수승(勝)하게 되며 크(大)게 되고 존귀(尊)하게 되며 묘(妙)하게 되고 미묘(微妙)하게 되며 위(上)가 되고 무상(無上)이 된다고 말하십니까?"

세존께서 말씀하셨다.

"선현이여. 그와 같으니라. 그와 같으니라. 그대가 말한 것과 같이 보시 등의 6바라밀다는 차별된 상이 없으나, 만약 반야바라밀다가 없다면 보시 등의 다섯 바라밀다라는 이름을 얻지 못하고 반드시 반야바라밀다를 인연하여 보시 등의 다섯 바라밀다라고 이름할 수 있느니라. 오히려 이러한 앞의 다섯 바라밀다는 반야바라밀다에 섭수되어 있으므로, 다만 하나의 바라밀다가 있는데 이를테면, 반야바라밀다이니라. 이러한 까닭으로 일체의 바라밀다는 차별된 상이 없느니라.

선현이여. 마땅히 알아야 하느니라. 제유정들이 비록 여러 종류로 몸의 모습에 차별이 있으나, 만약 묘고산왕(妙高山王)과 가깝다면 함께 같은 한 색깔이 되는데, 보시 등의 다섯 가지의 바라밀다도 역시 다시 그와 같아서 비록 여러 종류의 품류(品類)에 차별이 있더라도 반야바라밀다에 섭수되는 까닭으로, 모두가 오히려 반야바라밀다를 수행한다면 원만하게 성취되는 까닭으로, 반야바라밀다를 의지한다면 비로소 능히 나아가서 일체지지(一切智智)에 들어가고, 곧 피안에 이르게 된다는 이름을 얻는 까닭으로, 모두가 동일(同一)한 맛이고 상에 차별이 없으므로, '이것이 보시바라밀다이다. 이것이 정계·안인·정진·정려·반야바라밀다이다.'라고 시설(施設)할 수 없느니라. 왜 그러한가? 선현이여. 이와 같은 6바라밀다는 동일하게 능히 나아가서 일체지지에 들어가고, 능히 피안에 이르면서 상에 차별이 없느니라. 오히려 이러한 인연으로 보시 등의 6바라밀다에는 차별되는 상이 없느니라."

구수 선현이 다시 세존께 아뢰어 말하였다.

"바라밀다와 일체법이 만약 진실한 의취(義趣)를 따른다면 모두가 이것과 저것은 수승하거나 열등하다는 차별이 없는데, 무슨 인연을 까닭으로 매우 깊은 반야바라밀다는 보시 등의 바라밀다보다 최고가 되고 수승하게 되며 크게 되고 존귀하게 되며 묘하게 되고 미묘하게 되며 위가 되고 무상이 된다고 설하십니까?"

세존께서 말씀하셨다.

"선현이여. 그와 같으니라. 그와 같으니라. 그대가 말한 것과 같이, 만약 진실한 의취를 따른다면 바라밀다와 일체법은 모두가 이것과 저것은 수승하고 열등하다는 차별이 없으나, 다만 세속의 언설(言說)과 작용(作用)에 의지하여 이것과 저것은 수승하고 열등하다는 차별이 있다고 말하는데, 보시바라밀다를 시설하고 정계·안인·정진·정려·반야바라밀다를 시설하는 것은 제유정의 부류들의 세속적인 작용인 생·노·병·사를 헤아려서 해탈시키려고 하는 것이니라. 그렇지만 제유정들의 생·노·병·사는 모두가 진실로 있지 않고 다만 가립(假立)하여 시설하였느니라.

그 까닭은 무엇인가? 유정이 없는 까닭으로 제법도 역시 무소유이고, 매우 깊은 반야바라밀다도 일체가 모두 무소유라고 명료하게 통달하여야 능히 유정들의 세속적인 작용인 생·노·병·사를 능히 발제할 수 있다고 마땅히 알아야 하느니라. 오히려 이러한 까닭으로 매우 깊은 반야바라밀다는 보시 등의 바라밀다보다 최고가 되고 수승하게 되며 크게 되고 존귀하게 되며 묘하게 되고 미묘하게 되며 위가 되고 무상이 되느니라.

선현이여. 마땅히 알아야 하느니라. 전륜성왕이 소유한 여보(女寶)는 인간의 가운데에서 최고가 되고 수승하게 되며 크게 되고 존귀하게 되며 묘하게 되고 미묘하게 되며 위가 되고 무상의 여인인 것과 같이, 이와 같은 반야바라밀다도 보시 등의 바라밀다보다 최고가 되고 수승하게 되며 크게 되고 존귀하게 되며 묘하게 되고 미묘하게 되며 위가 되고 무상이 되느니라."

구수 선현이 다시 세존께 아뢰어 말하였다.

"세존께서는 무슨 뜻으로써 다만 반야바라밀다가 보시 등의 바라밀다보다 최고가 되고 수승하게 되며 크게 되고 존귀하게 되며 묘하게 되고 미묘하게 되며 위가 되고 무상이 된다고 설하십니까?"

세존께서 말씀하셨다.

"선현이여. 오히려 이 반야바라밀다는 일체 선법(善法)을 능히 잘 섭수하면서 취하고 화합하여 나아가면서 일체지지에 들어가며, 부동(不動)에 안주하면서 안주가 없는 것으로써 방편을 삼느니라."

구수 선현이 다시 세존께 아뢰어 말하였다.

"이와 같은 반야바라밀다는 여러 선법에서 취(取)하거나 버리(捨)는 것이 있습니까?"

세존께서 말씀하셨다.

"아니니라. 매우 깊은 반야바라밀다는 일체법에서 취하거나 버리는 것이 없느니라. 왜 그러한가? 선현이여. 일체법으로써 모두 취할 수 없고 버릴 수 없는 까닭이니라."

구수 선현이 다시 세존께 아뢰어 말하였다.

“세존이시여. 매우 깊은 반야바라밀다는 무엇 등의 법에서 취하는 것이 없고 버리는 것도 없습니까?”

세존께서 말씀하셨다.

“선현이여. 매우 깊은 반야바라밀다는 색(色)에서 취하는 것이 없고 버리는 것도 없으며, 수(受)·상(想)·행(行)·식(識)에서 취하는 것이 없고 버리는 것도 없느니라. 매우 깊은 반야바라밀다는 안처(眼處)에서 취하는 것이 없고 버리는 것도 없으며, 이(耳)·비(鼻)·설(舌)·신(身)·의처(意處)에서 취하는 것이 없고 버리는 것도 없느니라. 매우 깊은 반야바라밀다는 색처(色處)에서 취하는 것이 없고 버리는 것도 없으며, 성(聲)·향(香)·미(味)·촉(觸)·법처(法處)에서 취하는 것이 없고 버리는 것도 없느니라.

매우 깊은 반야바라밀다는 안계(眼界)에서 취하는 것이 없고 버리는 것도 없으며, 이(耳)·비(鼻)·설(舌)·신(身)·의계(意界)에서 취하는 것이 없고 버리는 것도 없느니라. 매우 깊은 반야바라밀다는 색계(色界)에서 취하는 것이 없고 버리는 것도 없으며, 성(聲)·향(香)·미(味)·촉(觸)·법계(法界)에서 취하는 것이 없고 버리는 것도 없느니라. 매우 깊은 반야바라밀다는 안식계(眼識界)에서 취하는 것이 없고 버리는 것도 없으며, 이(耳)·비(鼻)·설(舌)·신(身)·의식계(意識界)에서 취함도 없고 버리는 것도 없느니라.

매우 깊은 반야바라밀다는 안촉(眼觸)에서 취하는 것이 없고 버리는 것도 없으며, 이(耳)·비(鼻)·설(舌)·신(身)·의촉(意觸)에서 취하는 것이 없고 버리는 것도 없느니라. 매우 깊은 반야바라밀다는 안촉(眼觸)을 인연으로 생겨난 여러 수(受)에서 취하는 것이 없고 버리는 것도 없으며, 이(耳)·비(鼻)·설(舌)·신(身)·의촉(意觸)을 인연으로 생겨난 여러 수에서 취하는 것이 없고 버리는 것도 없느니라. 매우 깊은 반야바라밀다는 지계(地界)에서 취하는 것이 없고 버리는 것도 없으며, 수(水)·화(火)·풍(風)·공(空)·식계(識界)에서 취하는 것이 없고 버리는 것도 없느니라.

매우 깊은 반야바라밀다는 무명(無明)에서 취하는 것이 없고 버리는 것도 없으며, 행(行)·식(識)·명색(名色)·육처(六處)·촉(觸)·수(受)·애(愛)·

취(取)·유(有)·생(生)·노사(老死)의 수탄고우뇌(愁歎苦憂惱)에서 취하는 것이 없고 버리는 것도 없느니라. 매우 깊은 반야바라밀다는 보시바라밀다(布施波羅蜜多)에서 취하는 것이 없고 버리는 것도 없으며, 정계(淨戒)·안인(安忍)·정진(精進)·정려(靜慮)·반야바라밀다(般若波羅蜜多)에서 취하는 것이 없고 버리는 것도 없느니라.

매우 깊은 반야바라밀다는 내공(內空)에서 취하는 것이 없고 버리는 것도 없으며, 외공(外空)·내외공(內外空)·공공(空空)·대공(大空)·승의공(勝義空)·유위공(有爲空)·무위공(無爲空)·필경공(畢竟空)·무제공(無際空)·산공(散空)·무변이공(無變異空)·본성공(本性空)·자상공(自相空)·공상공(共相空)·일체법공(一切法空)·불가득공(不可得空)·무성공(無性空)·자성공(自性空)·무성자성공(無性自性空)에서 취하는 것이 없고 버리는 것도 없느니라.

매우 깊은 반야바라밀다는 진여(眞如)에서 취하는 것이 없고 버리는 것도 없으며, 법계(法界)·법성(法性)·불허망성(不虛妄性)·불변이성(不變異性)·평등성(平等性)·이생성(離生性)·법정(法定)·법주(法住)·실제(實際)·허공계(虛空界)·부사의계(不思議界)에서 취하는 것이 없고 버리는 것도 없느니라. 매우 깊은 반야바라밀다는 고성제(苦聖諦)에서 취하는 것이 없고 버리는 것도 없으며, 집(集)·멸(滅)·도성제(道聖諦)에서 취하는 것이 없고 버리는 것도 없느니라. 매우 깊은 반야바라밀다는 4정려(四靜慮)에서 취하는 것이 없고 버리는 것도 없으며, 4무량(四無量)·4무색정(四無色定)에서 취하는 것이 없고 버리는 것도 없느니라.

매우 깊은 반야바라밀다는 8해탈(八解脫)에서 취하는 것이 없고 버리는 것도 없으며, 8승처(八勝處)·9차제정(九次第定)·10변처(十遍處)에서 취하는 것이 없고 버리는 것도 없느니라. 매우 깊은 반야바라밀다는 4념주(四念住)에서 취하는 것이 없고 버리는 것도 없으며, 4정단(四正斷)·4신족(四神足)·5근(五根)·5력(五力)·7등각지(七等覺支)·8성도지(八聖道支)에서 취하는 것이 없고 버리는 것도 없느니라. 매우 깊은 반야바라밀다는 공해탈문(空解脫門)에서 취하는 것이 없고 버리는 것도 없으며, 무상(無相)·무원해탈문(無願解脫門)에서 취하는 것이 없고 버리는 것도 없느니라.

매우 깊은 반야바라밀다는 5안(五眼)에서 취하는 것이 없고 버리는 것도 없으며, 6신통(六神通)에서 취하는 것이 없고 버리는 것도 없느니라. 매우 깊은 반야바라밀다는 여래(佛)의 10력(十力)에서 취하는 것이 없고 버리는 것도 없으며, 4무소외(四無所畏)·4무애해(四無礙解)·대자(大慈)·대비(大悲)·대희(大喜)·대사(大捨)·18불불공법(十八佛不共法)에서 취하는 것이 없고 버리는 것도 없느니라. 매우 깊은 반야바라밀다는 무망실법(無忘失法)에서 취하는 것이 없고 버리는 것도 없으며, 항주사성(恒住捨性)에서 취하는 것이 없고 버리는 것도 없느니라.

매우 깊은 반야바라밀다는 일체지(一切智)에서 취하는 것이 없고 버리는 것도 없으며, 도상지(道相智)·일체상지(一切相智)에서 취하는 것이 없고 버리는 것도 없느니라. 매우 깊은 반야바라밀다는 일체(一切)의 다라니문(陀羅尼門)에서 취하는 것이 없고 버리는 것도 없으며, 일체의 삼마지문(三摩地門)에서 취하는 것이 없고 버리는 것도 없느니라. 매우 깊은 반야바라밀다는 예류과(預流果)에서 취하는 것이 없고 버리는 것도 없으며, 일래(一來)·불환(不還)·아라한과(阿羅漢果)에서 취하는 것이 없고 버리는 것도 없느니라.

매우 깊은 반야바라밀다는 독각(獨覺)의 보리(菩提)에서 취하는 것이 없고 버리는 것도 없느니라. 매우 깊은 반야바라밀다는 일체의 보살마하살(菩薩摩訶薩)의 행(行)에서 취하는 것이 없고 버리는 것도 없느니라. 매우 깊은 반야바라밀다는 제불(諸佛)의 무상정등보리(無上正等菩提)에서 취하는 것이 없고 버리는 것도 없느니라."

구수 선현이 다시 세존께 아뢰어 말하였다.

"세존이시여. 매우 깊은 반야바라밀다는 어찌하여 색에서 취하는 것이 없고 버리는 것도 없으며, 어찌하여 수·상·행·식에서 취하는 것이 없고 버리는 것도 없습니까? 매우 깊은 반야바라밀다는 어찌하여 안처에서 취하는 것이 없고 버리는 것도 없으며, 어찌하여 이·비·설·신·의처에서 취하는 것이 없고 버리는 것도 없습니까? 매우 깊은 반야바라밀다는 어찌하여 색처에서 취하는 것이 없고 버리는 것도 없으며, 어찌하여 성·향·미·촉·법처에서 취하는 것이 없고 버리는 것도 없습니까?

매우 깊은 반야바라밀다는 어찌하여 안계에서 취하는 것이 없고 버리는 것도 없으며, 어찌하여 이·비·설·신·의계에서 취하는 것이 없고 버리는 것도 없습니까? 매우 깊은 반야바라밀다는 어찌하여 색계에서 취하는 것이 없고 버리는 것도 없으며, 어찌하여 성·향·미·촉·법계에서 취하는 것이 없고 버리는 것도 없습니까? 매우 깊은 반야바라밀다는 어찌하여 안식계에서 취하는 것이 없고 버리는 것도 없으며, 어찌하여 이·비·설·신·의식계에서 취하는 것이 없고 버리는 것도 없습니까?

매우 깊은 반야바라밀다는 어찌하여 안촉에서 취하는 것이 없고 버리는 것도 없으며, 어찌하여 이·비·설·신·의촉에서 취하는 것이 없고 버리는 것도 없습니까? 매우 깊은 반야바라밀다는 어찌하여 안촉을 인연으로 생겨난 여러 수에서 취하는 것이 없고 버리는 것도 없으며, 어찌하여 이·비·설·신·의촉을 인연으로 생겨난 여러 수에서 취하는 것이 없고 버리는 것도 없습니까? 매우 깊은 반야바라밀다는 어찌하여 지계에서 취하는 것이 없고 버리는 것도 없으며, 어찌하여 수·화·풍·공·식계에서 취하는 것이 없고 버리는 것도 없습니까?

매우 깊은 반야바라밀다는 어찌하여 무명에서 취하는 것이 없고 버리는 것도 없으며, 어찌하여 행·식·명색·육처·촉·수·애·취·유·생·노사의 수탄고우뇌에서 취하는 것이 없고 버리는 것도 없습니까? 매우 깊은 반야바라밀다는 어찌하여 보시바라밀다에서 취하는 것이 없고 버리는 것도 없으며, 어찌하여 정계·안인·정진·정려·반야바라밀다에서 취하는 것이 없고 버리는 것도 없습니까?

매우 깊은 반야바라밀다는 어찌하여 내공에서 취하는 것이 없고 버리는 것도 없으며, 어찌하여 외공·내외공·공공·대공·승의공·유위공·무위공·필경공·무제공·산공·무변이공·본성공·자상공·공상공·일체법공·불가득공·무성공·자성공·무성자성공에서 취함도 없고 버리는 것도 없습니까? 매우 깊은 반야바라밀다는 어찌하여 진여에서 취하는 것이 없고 버리는 것도 없으며, 어찌하여 법계·법성·불허망성·불변이성·평등성·이생성·법정·법주·실제·허공계·부사의계에서 취하는 것이 없고 버리는 것도 없습니까?

매우 깊은 반야바라밀다는 어찌하여 고성제에서 취하는 것이 없고 버리는 것도 없으며, 어찌하여 집·멸·도성제에서 취하는 것이 없고 버리는 것도 없습니까? 매우 깊은 반야바라밀다는 어찌하여 4정려에서 취하는 것이 없고 버리는 것도 없으며, 어찌하여 4무량·4무색정에서 취하는 것이 없고 버리는 것도 없습니까? 매우 깊은 반야바라밀다는 어찌하여 8해탈에서 취하는 것이 없고 버리는 것도 없으며, 어찌하여 8승처·9차제정·10변처에서 취하는 것이 없고 버리는 것도 없습니까?

매우 깊은 반야바라밀다는 어찌하여 4념주에서 취하는 것이 없고 버리는 것도 없으며, 어찌하여 4정단·4신족·5근·5력·7등각지·8성도지에서 취하는 것이 없고 버리는 것도 없습니까? 매우 깊은 반야바라밀다는 어찌하여 공해탈문에서 취하는 것이 없고 버리는 것도 없으며, 어찌하여 무상·무원해탈문에서 취하는 것이 없고 버리는 것도 없습니까? 매우 깊은 반야바라밀다는 어찌하여 5안에서 취하는 것이 없고 버리는 것도 없으며, 어찌하여 6신통에서 취하는 것이 없고 버리는 것도 없습니까?

매우 깊은 반야바라밀다는 어찌하여 여래의 10력에서 취하는 것이 없고 버리는 것도 없으며, 어찌하여 4무소외·4무애해·대자·대비·대희·대사·18불불공법에서 취하는 것이 없고 버리는 것도 없습니까? 매우 깊은 반야바라밀다는 어찌하여 무망실법에서 취하는 것이 없고 버리는 것도 없으며, 어찌하여 항주사성에서 취하는 것이 없고 버리는 것도 없습니까? 매우 깊은 반야바라밀다는 어찌하여 일체지에서 취하는 것이 없고 버리는 것도 없으며, 어찌하여 도상지·일체상지에서 취하는 것이 없고 버리는 것도 없습니까?

매우 깊은 반야바라밀다는 어찌하여 일체의 다라니문에서 취하는 것이 없고 버리는 것도 없으며, 어찌하여 일체의 삼마지문에서 취하는 것이 없고 버리는 것도 없습니까? 매우 깊은 반야바라밀다는 어찌하여 예류과에서 취하는 것이 없고 버리는 것도 없으며, 어찌하여 일래·불환·아라한과에서 취하는 것이 없고 버리는 것도 없습니까?

매우 깊은 반야바라밀다는 어찌하여 독각의 보리에서 취하는 것이 없고 버리는 것도 없습니까? 매우 깊은 반야바라밀다는 어찌하여 일체의 보살마하살의 행에서 취하는 것이 없고 버리는 것도 없습니까? 매우 깊은 반야바라밀다는 어찌하여 제불의 무상정등보리에서 취하는 것이 없고 버리는 것도 없습니까?"

세존께서 말씀하셨다.

"선현이여. 매우 깊은 반야바라밀다는 색에서 사유(思惟)하지 않나니 이와 같아서 색에서 취하는 것이 없고 버리는 것도 없으며, 수·상·행·식에서 사유하지 않나니 이와 같아서 수·상·행·식에서 취하는 것이 없고 버리는 것도 없으며, 매우 깊은 반야바라밀다는 안처에서 사유하지 않나니 이와 같아서 안처에서 취하는 것이 없고 버리는 것도 없으며, 이·비·설·신·의처에서 사유하지 않나니 이와 같아서 이·비·설·신·의처에서 취하는 것이 없고 버리는 것도 없느니라.

매우 깊은 반야바라밀다는 색처에서 사유하지 않나니 이와 같아서 색처에서 취하는 것이 없고 버리는 것도 없으며, 성·향·미·촉·법처에서 사유하지 않나니 이와 같아서 성·향·미·촉·법처에서 취하는 것이 없고 버리는 것도 없느니라. 매우 깊은 반야바라밀다는 안계에서 사유하지 않나니 이와 같아서 안계에서 취하는 것이 없고 버리는 것도 없으며, 이·비·설·신·의계에서 사유하지 않나니 이와 같아서 이·비·설·신·의계에서 취하는 것이 없고 버리는 것도 없느니라.

매우 깊은 반야바라밀다는 색계에서 사유하지 않나니 이와 같아서 색계에서 취하는 것이 없고 버리는 것도 없느니라. 성·향·미·촉·법계에서 사유하지 않나니 이와 같아서 성·향·미·촉·법계에서 취하는 것이 없고 버리는 것도 없느니라. 매우 깊은 반야바라밀다는 안식계에서 사유하지 않나니 이와 같아서 안식계에서 취하는 것이 없고 버리는 것도 없느니라.

이·비·설·신·의식계에서 사유하지 않나니 이와 같아서 이·비·설·신·의식계에서 취하는 것이 없고 버리는 것도 없느니라.

매우 깊은 반야바라밀다는 안촉에서 사유하지 않나니 이와 같아서 안촉에서 취하는 것이 없고 버리는 것도 없으며, 매우 깊은 반야바라밀다는 이·비·설·신·의촉에서 사유하지 않나니 이와 같아서 이·비·설·신·의촉에서 취하는 것이 없고 버리는 것도 없느니라. 매우 깊은 반야바라밀다는 안촉을 인연으로 생겨난 여러 수에서 사유하지 않나니 이와 같아서 안촉을 인연으로 생겨난 여러 수에서 취하는 것이 없고 버리는 것도 없으며, 매우 깊은 반야바라밀다는 이·비·설·신·의촉을 인연으로 생겨나는 여러 수에서 사유하지 않나니 이와 같아서 이·비·설·신·의촉을 인연으로 생겨나는 여러 수에서 취하는 것이 없고 버리는 것도 없느니라.

매우 깊은 반야바라밀다는 지계에서 사유하지 않나니 이와 같아서 지계에서 취하는 것이 없고 버리는 것도 없으며, 수·화·풍·공·식계에서 사유하지 않나니 이와 같아서 수·화·풍·공·식계에서 취하는 것이 없고 버리는 것도 없느니라. 매우 깊은 반야바라밀다는 보시바라밀다에서 사유하지 않나니 이와 같아서 보시바라밀다에서 취하는 것이 없고 버리는 것도 없으며, 정계·안인·정진·정려·반야바라밀다에서 사유하지 않나니 이와 같아서 정계, 나아가 반야바라밀다에서 취하는 것이 없고 버리는 것도 없느니라.

매우 깊은 반야바라밀다는 내공에서 사유하지 않나니 이와 같아서 내공에서 취하는 것이 없고 버리는 것도 없으며, 외공·내외공·공공·대공·승의공·유위공·무위공·필경공·무제공·산공·무변이공·본성공·자상공·공상공·일체법공·불가득공·무성공·자성공·무성자성공에서 사유하지 않나니 이와 같아서 외공, 나아가 무성자성공에서 취하는 것이 없고 버리는 것도 없느니라. 매우 깊은 반야바라밀다는 진여에서 사유하지 않나니 이와 같아서 진여에서 취하는 것이 없고 버리는 것도 없으며, 법계·법성·불허망성·불변이성·평등성·이생성·법정·법주·실제·허공계·부사의계에서 사유하지 않나니 이와 같아서 법계, 나아가 부사의계에서 취하는 것이 없고 버리는 것도 없느니라.

매우 깊은 반야바라밀다는 고성제에서 사유하지 않나니 이와 같아서 고성제에서 취하는 것이 없고 버리는 것도 없으며, 집·멸·도성제에서 사유하지 않나니 이와 같아서 집·멸·도성제에서 취하는 것이 없고 버리는 것도 없느니라. 매우 깊은 반야바라밀다는 4정려에서 사유하지 않나니 이와 같아서 4정려에서 취하는 것이 없고 버리는 것도 없으며, 4무량·4무색정에서 사유하지 않나니 이와 같아서 4무량·4무색정에서 취하는 것이 없고 버리는 것도 없느니라.

매우 깊은 반야바라밀다는 8해탈에서 사유하지 않나니 이와 같아서 8해탈에서 취하는 것이 없고 버리는 것도 없으며, 8승처·9차제정·10변처에서 사유하지 않나니 이와 같아서 8승처·9차제정·10변처에서 취하는 것이 없고 버리는 것도 없느니라. 매우 깊은 반야바라밀다는 4념주에서 사유하지 않나니 이와 같아서 4념주에서 취하는 것이 없고 버리는 것도 없으며, 4정단·4신족·5근·5력·7등각지·8성도지에서 사유하지 않나니 이와 같아서 4정단, 나아가 8성도지에서 취하는 것이 없고 버리는 것도 없느니라.

매우 깊은 반야바라밀다는 공해탈문에서 사유하지 않나니 이와 같아서 공해탈문에서 취하는 것이 없고 버리는 것도 없으며, 무상·무원해탈문에서 사유하지 않나니 이와 같아서 무상·무원해탈문에서 취하는 것이 없고 버리는 것도 없느니라. 매우 깊은 반야바라밀다는 5안에서 사유하지 않나니 이와 같아서 5안에서 취하는 것이 없고 버리는 것도 없으며, 6신통에서 사유하지 않나니 이와 같아서 6신통에서 취하는 것이 없고 버리는 것도 없느니라.

매우 깊은 반야바라밀다는 여래의 10력에서 사유하지 않나니 이와 같아서 여래의 10력에서 취하는 것이 없고 버리는 것도 없으며, 4무소외·4무애해·대자·대비·대희·대사·18불불공법에서 사유하지 않나니 이와 같아서 4무소외, 나아가 18불불공법에서 취하는 것이 없고 버리는 것도 없느니라. 매우 깊은 반야바라밀다는 무망실법에서 사유하지 않나니 이와 같아서 무망실법에서 취하는 것이 없고 버리는 것도 없으며, 항주사성에서 사유하지 않나니 이와 같아서 항주사성에서 취하는 것이 없고 버리는 것도 없느니라.

매우 깊은 반야바라밀다는 일체지에서 사유하지 않나니 이와 같아서 일체지에서 취하는 것이 없고 버리는 것도 없으며, 도상지·일체상지에서 사유하지 않나니 이와 같아서 도상지·일체상지에서 취하는 것이 없고 버리는 것도 없느니라. 매우 깊은 반야바라밀다는 일체의 다라니문에서 사유하지 않나니 이와 같아서 일체의 다라니문에서 취하는 것이 없고 버리는 것도 없으며, 일체의 삼마지문에서 사유하지 않나니 이와 같아서 일체의 삼마지문에서 취하는 것이 없고 버리는 것도 없느니라.

매우 깊은 반야바라밀다는 예류과에서 사유하지 않나니 이와 같아서 예류과에서 취하는 것이 없고 버리는 것도 없으며, 일래·불환·아라한과에서 사유하지 않나니 이와 같아서 일래·불환·아라한과에서 취하는 것이 없고 버리는 것도 없느니라. 매우 깊은 반야바라밀다는 독각의 보리에서 사유하지 않나니 이와 같아서 독각의 보리에서 취하는 것이 없고 버리는 것도 없느니라.

매우 깊은 반야바라밀다는 일체의 보살마하살의 행에서 사유하지 않나니 이와 같아서 일체의 보살마하살의 행에서 취하는 것이 없고 버리는 것도 없느니라. 매우 깊은 반야바라밀다는 제불의 무상정등보리에서 사유하지 않나니 이와 같아서 제불의 무상정등보리에서 취하는 것이 없고 버리는 것도 없느니라.”

구수 선현이 다시 세존께 아뢰어 말하였다.

“선현이여. 매우 깊은 반야바라밀다는 어찌하여 색에서 사유하지 않습니까? 매우 깊은 반야바라밀다는 어찌하여 수·상·행·식에서 사유하지 않습니까? 매우 깊은 반야바라밀다는 어찌하여 안처에서 사유하지 않습니까? 매우 깊은 반야바라밀다는 어찌하여 이·비·설·신·의처에서 사유하지 않습니까? 매우 깊은 반야바라밀다는 어찌하여 색처에서 사유하지 않습니까? 매우 깊은 반야바라밀다는 어찌하여 성·향·미·촉·법처에서 사유하지 않습니까?

매우 깊은 반야바라밀다는 어찌하여 안계에서 사유하지 않습니까? 매우 깊은 반야바라밀다는 어찌하여 이·비·설·신·의계에서 사유하지 않습니까? 매우 깊은 반야바라밀다는 어찌하여 색계에서 사유하지 않습니까? 매우 깊은 반야바라밀다는 어찌하여 성·향·미·촉·법계에서 사유하지 않습니까? 매우 깊은 반야바라밀다는 어찌하여 안식계에서 사유하지 않습니까? 매우 깊은 반야바라밀다는 어찌하여 이·비·설·신·의식계에서 사유하지 않습니까?

매우 깊은 반야바라밀다는 어찌하여 안촉에서 사유하지 않습니까? 매우 깊은 반야바라밀다는 어찌하여 이·비·설·신·의촉에서 사유하지 않습니까? 매우 깊은 반야바라밀다는 어찌하여 안촉을 인연으로 생겨나는 여러 수에서 사유하지 않습니까? 매우 깊은 반야바라밀다는 어찌하여 이·비·설·신·의촉을 인연으로 생겨나는 여러 수에서 사유하지 않습니까? 매우 깊은 반야바라밀다는 어찌하여 지계에서 사유하지 않습니까? 매우 깊은 반야바라밀다는 어찌하여 수·화·풍·공·식계에서 사유하지 않습니까?

매우 깊은 반야바라밀다는 어찌하여 보시바라밀다에서 사유하지 않습니까? 매우 깊은 반야바라밀다는 어찌하여 정계·안인·정진·정려·반야바라밀다에서 사유하지 않습니까? 매우 깊은 반야바라밀다는 어찌하여 내공에서 사유하지 않습니까? 매우 깊은 반야바라밀다는 어찌하여 외공·내외공·공공·대공·승의공·유위공·무위공·필경공·무제공·산공·무변이공·본성공·자상공·공상공·일체법공·불가득공·무성공·자성공·무성자성공에서 사유하지 않습니까?

매우 깊은 반야바라밀다는 어찌하여 진여에서 사유하지 않습니까? 매우 깊은 반야바라밀다는 어찌하여 법계·법성·불허망성·불변이성·평등성·이생성·법정·법주·실제·허공계·부사의계에서 사유하지 않습니까? 매우 깊은 반야바라밀다는 어찌하여 고성제에서 사유하지 않습니까? 매우 깊은 반야바라밀다는 어찌하여 집·멸·도성제에서 사유하지 않습니까?

매우 깊은 반야바라밀다는 어찌하여 4정려에서 사유하지 않습니까? 매우 깊은 반야바라밀다는 어찌하여 4무량·4무색정에서 사유하지 않습니까?

매우 깊은 반야바라밀다는 어찌하여 8해탈에서 사유하지 않습니까? 매우 깊은 반야바라밀다는 어찌하여 8승처·9차제정·10변처에서 사유하지 않습니까? 매우 깊은 반야바라밀다는 어찌하여 4념주에서 사유하지 않습니까? 매우 깊은 반야바라밀다는 어찌하여 4정단·4신족·5근·5력·7등각지·8성도지에서 사유하지 않습니까? 매우 깊은 반야바라밀다는 어찌하여 공해탈문에서 사유하지 않습니까? 매우 깊은 반야바라밀다는 어찌하여 무상·무원해탈문에서 사유하지 않습니까?

매우 깊은 반야바라밀다는 어찌하여 5안에서 사유하지 않습니까? 매우 깊은 반야바라밀다는 어찌하여 6신통에서 사유하지 않습니까? 매우 깊은 반야바라밀다는 여래의 10력에서 사유하지 않습니까? 매우 깊은 반야바라밀다는 어찌하여 4무소외·4무애해·대자·대비·대희·대사·18불불공법에서 사유하지 않습니까? 매우 깊은 반야바라밀다는 무망실법에서 사유하지 않습니까? 매우 깊은 반야바라밀다는 어찌하여 항주사성에서 사유하지 않습니까? 매우 깊은 반야바라밀다는 어찌하여 일체지에서 사유하지 않습니까? 매우 깊은 반야바라밀다는 어찌하여 도상지·일체상지에서 사유하지 않습니까?

매우 깊은 반야바라밀다는 어찌하여 일체의 다라니문에서 사유하지 않습니까? 매우 깊은 반야바라밀다는 어찌하여 일체의 삼마지문에서 사유하지 않습니까? 매우 깊은 반야바라밀다는 어찌하여 예류과에서 사유하지 않습니까? 매우 깊은 반야바라밀다는 어찌하여 일래·불환·아라한과에서 사유하지 않습니까? 매우 깊은 반야바라밀다는 어찌하여 독각의 보리에서 사유하지 않습니까? 매우 깊은 반야바라밀다는 어찌하여 일체의 보살마하살의 행에서 사유하지 않습니까? 매우 깊은 반야바라밀다는 어찌하여 제불의 무상정등보리에서 사유하지 않습니까?”

마하반야바라밀다경 제352권

61. 다문불이품(多聞不二品)(2)

세존께서 말씀하셨다.

"선현이여. 매우 깊은 반야바라밀다는 색에서 일체의 상(相)을 사유하지 않고 역시 일체의 소연(所緣)[1]도 사유하지 않나니 이와 같아서 색을 사유하지 않고, 수·상·행·식에서 일체의 상을 사유하지 않고 역시 일체의 소연도 사유하지 않나니 이와 같아서 수·상·행·식을 사유하지 않느니라. 매우 깊은 반야바라밀다는 안처에서 일체의 상을 사유하지 않고 역시 일체의 소연도 사유하지 않나니 이와 같아서 안처를 사유하지 않고, 이·비·설·신·의처에서 일체의 상을 사유하지 않고 역시 일체의 소연도 사유하지 않나니 이와 같아서 이·비·설·신·의처를 사유하지 않느니라.

매우 깊은 반야바라밀다는 색처에서 일체의 상을 사유하지 않고 역시 일체의 소연도 사유하지 않나니 이와 같아서 색처를 사유하지 않고, 성·향·미·촉·법처에서 일체의 상을 사유하지 않고 역시 일체의 소연도 사유하지 않나니 이와 같아서 성·향·미·촉·법처를 사유하지 않느니라. 매우 깊은 반야바라밀다는 안계에서 일체의 상을 사유하지 않고 역시 일체의 소연도 사유하지 않나니 이와 같아서 안계를 사유하지 않고, 이·비·설·신·의계에서 일체의 상을 사유하지 않고 역시 일체의 소연도 사유하지 않나니 이와 같아서 이·비·설·신·의계를 사유하지 않느니라.

---

1) 산스크리트어 ālambana의 번역이고, 육식(六識)의 대상이 되는 육경(六境)을 가리킨다.

매우 깊은 반야바라밀다는 색계에서 일체의 상을 사유하지 않고 역시 일체의 소연도 사유하지 않나니 이와 같아서 색계를 사유하지 않고, 성·향·미·촉·법계에서 일체의 상을 사유하지 않고 역시 일체의 소연도 사유하지 않나니 이와 같아서 성·향·미·촉·법계를 사유하지 않느니라. 매우 깊은 반야바라밀다는 안식계에서 일체의 상을 사유하지 않고 역시 일체의 소연도 사유하지 않나니 이와 같아서 안식계를 사유하지 않고, 이·비·설·신·의식계에서 일체의 상을 사유하지 않고 역시 일체의 소연도 사유하지 않나니 이와 같아서 이·비·설·신·의식계를 사유하지 않느니라.

매우 깊은 반야바라밀다는 안촉에서 일체의 상을 사유하지 않고 역시 일체의 소연도 사유하지 않나니 이와 같아서 안촉을 사유하지 않고, 이·비·설·신·의촉에서 일체의 상을 사유하지 않고 역시 일체의 소연도 사유하지 않나니 이와 같아서 이·비·설·신·의촉을 사유하지 않느니라. 매우 깊은 반야바라밀다는 안촉을 인연으로 생겨난 여러 수에서 일체의 상을 사유하지 않고 역시 일체의 소연도 사유하지 않나니 이와 같아서 안촉을 인연으로 생겨난 여러 수를 사유하지 않고, 이·비·설·신·의촉을 인연으로 생겨난 여러 수에서 일체의 상을 사유하지 않고 역시 일체의 소연도 사유하지 않나니 이와 같아서 이·비·설·신·의촉을 인연으로 생겨난 여러 수를 사유하지 않느니라.

매우 깊은 반야바라밀다는 지계에서 일체의 상을 사유하지 않고 역시 일체의 소연도 사유하지 않나니 이와 같아서 지계를 사유하지 않고, 수·화·풍·공·식계에서 일체의 상을 사유하지 않고 역시 일체의 소연도 사유하지 않나니 이와 같아서 수·화·풍·공·식계를 사유하지 않느니라. 매우 깊은 반야바라밀다는 무명에서 일체의 상을 사유하지 않고 역시 일체의 소연도 사유하지 않나니 이와 같아서 무명을 사유하지 않고, 행·식·명색·육처·촉·수·애·취·유·생·노사의 수탄고우뇌에서 일체의 상을 사유하지 않고 역시 일체의 소연도 사유하지 않나니 이와 같아서 행, 나아가 노사의 수탄고우뇌를 사유하지 않느니라.

매우 깊은 반야바라밀다는 보시바라밀다에서 일체의 상을 사유하지 않고 역시 일체의 소연도 사유하지 않나니 이와 같아서 보시바라밀다를 사유하지 않고, 정계·안인·정진·정려·반야바라밀다에서 일체의 상을 사유하지 않고 역시 일체의 소연도 사유하지 않나니 이와 같아서 정계, 나아가 반야바라밀다를 사유하지 않느니라. 매우 깊은 반야바라밀다는 내공에서 일체의 상을 사유하지 않고 역시 일체의 소연도 사유하지 않나니 이와 같아서 내공을 사유하지 않고, 외공·내외공·공공·대공·승의공·유위공·무위공·필경공·무제공·산공·무변이공·본성공·자상공·공상공·일체법공·불가득공·무성공·자성공·무성자성공에서 일체의 상을 사유하지 않고 역시 일체의 소연도 사유하지 않나니 이와 같아서 외공, 나아가 무성자성공을 사유하지 않느니라.

매우 깊은 반야바라밀다는 진여에서 일체의 상을 사유하지 않고 역시 일체의 소연도 사유하지 않나니 이와 같아서 진여를 사유하지 않고, 법계·법성·불허망성·불변이성·평등성·이생성·법정·법주·실제·허공계·부사의계에서 일체의 상을 사유하지 않고 역시 일체의 소연도 사유하지 않나니 이와 같아서 법계, 나아가 부사의계를 사유하지 않느니라. 매우 깊은 반야바라밀다는 고성제에서 일체의 상을 사유하지 않고 역시 일체의 소연도 사유하지 않나니 이와 같아서 고성제를 사유하지 않고, 집·멸·도성제에서 일체의 상을 사유하지 않고 역시 일체의 소연도 사유하지 않나니 이와 같아서 집·멸·도성제를 사유하지 않느니라.

매우 깊은 반야바라밀다는 4정려에서 일체의 상을 사유하지 않고 역시 일체의 소연도 사유하지 않나니 이와 같아서 4정려를 사유하지 않고, 4무량·4무색정에서 일체의 상을 사유하지 않고 역시 일체의 소연도 사유하지 않나니 이와 같아서 4무량·4무색정을 사유하지 않느니라. 매우 깊은 반야바라밀다는 8해탈에서 일체의 상을 사유하지 않고 역시 일체의 소연도 사유하지 않나니 이와 같아서 8해탈을 사유하지 않고, 8승처·9차제정·10변처에서 일체의 상을 사유하지 않고 역시 일체의 소연도 사유하지 않나니 이와 같아서 8승처·9차제정·10변처를 사유하지 않느니라.

매우 깊은 반야바라밀다는 4념주에서 일체의 상을 사유하지 않고 역시 일체의 소연도 사유하지 않나니 이와 같아서 4념주를 사유하지 않고, 4정단·4신족·5근·5력·7등각지·8성도지에서 일체의 상을 사유하지 않고 역시 일체의 소연도 사유하지 않나니 이와 같아서 4정단, 나아가 8성도지를 사유하지 않느니라. 매우 깊은 반야바라밀다는 공해탈문에서 일체의 상을 사유하지 않고 역시 일체의 소연도 사유하지 않나니 이와 같아서 공해탈문을 사유하지 않고, 무상·무원해탈문에서 일체의 상을 사유하지 않고 역시 일체의 소연도 사유하지 않나니 이와 같아서 무상·무원해탈문을 사유하지 않느니라.

매우 깊은 반야바라밀다는 5안에서 일체의 상을 사유하지 않고 역시 일체의 소연도 사유하지 않나니 이와 같아서 5안을 사유하지 않고, 6신통에서 일체의 상을 사유하지 않고 역시 일체의 소연도 사유하지 않나니 이와 같아서 6신통을 사유하지 않느니라. 매우 깊은 반야바라밀다는 여래의 10력에서 일체의 상을 사유하지 않고 역시 일체의 소연도 사유하지 않나니 이와 같아서 여래의 10력을 사유하지 않고, 4무소외·4무애해·대자·대비·대희·대사·18불불공법에서 일체의 상을 사유하지 않고 역시 일체의 소연도 사유하지 않나니 이와 같아서 4무소외, 나아가 18불불공법을 사유하지 않느니라.

매우 깊은 반야바라밀다는 무망실법에서 일체의 상을 사유하지 않고 역시 일체의 소연도 사유하지 않나니 이와 같아서 무망실법을 사유하지 않고, 항주사성에서 일체의 상을 사유하지 않고 역시 일체의 소연도 사유하지 않나니 이와 같아서 항주사성을 사유하지 않느니라. 매우 깊은 반야바라밀다는 일체지에서 일체의 상을 사유하지 않고 역시 일체의 소연도 사유하지 않나니 이와 같아서 일체지를 사유하지 않고, 도상지·일체상지에서 일체의 상을 사유하지 않고 역시 일체의 소연도 사유하지 않나니 이와 같아서 도상지·일체상지를 사유하지 않느니라.

매우 깊은 반야바라밀다는 일체의 다라니문에서 일체의 상을 사유하지 않고 역시 일체의 소연도 사유하지 않나니 이와 같아서 일체의 다라니문을 사유하지 않고, 일체의 삼마지문에서 일체의 상을 사유하지 않고 역시 일체의 소연도 사유하지 않나니 이와 같아서 일체의 삼마지문을 사유하지 않느니라. 매우 깊은 반야바라밀다는 예류과에서 일체의 상을 사유하지 않고 역시 일체의 소연도 사유하지 않나니 이와 같아서 예류과를 사유하지 않고, 일래·불환·아라한과에서 일체의 상을 사유하지 않고 역시 일체의 소연도 사유하지 않나니 이와 같아서 일래·불환·아라한과를 사유하지 않느니라.

매우 깊은 반야바라밀다는 독각의 보리에서 일체의 상을 사유하지 않고 역시 일체의 소연도 사유하지 않나니 이와 같아서 독각의 보리를 사유하지 않느니라. 매우 깊은 반야바라밀다는 일체의 보살마하살의 행에서 일체의 상을 사유하지 않고 역시 일체의 소연도 사유하지 않나니 이와 같아서 일체의 보살마하살의 행을 사유하지 않느니라. 매우 깊은 반야바라밀다는 제불의 무상정등보리에서 일체의 상을 사유하지 않고 역시 일체의 소연도 사유하지 않나니 이와 같아서 제불의 무상정등보리를 사유하지 않느니라."

구수 선현이 다시 세존께 아뢰어 말하였다.

"세존이시여. 만약 보살마하살이 색을 사유(思惟)하지 않고 수·상·행·식도 사유하지 않는다면, 어떻게 심었던 선근(善根)이라는 것을 증장시키겠습니까? 만약 심었던 선근이라는 것을 증장시키지 않는다면 어떻게 바라밀다를 원만하게 하겠습니까? 만약 바라밀다가 원만하지 않는다면 어떻게 능히 일체지지를 증득하겠습니까?

세존이시여. 만약 보살마하살이 안처를 사유하지 않고 이·비·설·신·의처도 사유하지 않는다면, 어떻게 심었던 선근이라는 것을 증장시키겠습니까? 만약 심었던 선근이라는 것을 증장시키지 않는다면 어떻게 바라밀다를 원만하게 하겠습니까? 만약 바라밀다가 원만하지 않는다면 어떻게 능히 일체지지를 증득하겠습니까?

세존이시여. 만약 보살마하살이 색처를 사유하지 않고 성·향·미·촉·법처도 사유하지 않는다면, 어떻게 심었던 선근이라는 것을 증장시키겠습니까? 만약 심었던 선근이라는 것을 증장시키지 않는다면 어떻게 바라밀다를 원만하게 하겠습니까? 만약 바라밀다가 원만하지 않는다면 어떻게 능히 일체지지를 증득하겠습니까?

세존이시여. 만약 보살마하살이 안계를 사유하지 않고 이·비·설·신·의계도 사유하지 않는다면, 어떻게 심었던 선근이라는 것을 증장시키겠습니까? 만약 심었던 선근이라는 것을 증장시키지 않는다면 어떻게 바라밀다를 원만하게 하겠습니까? 만약 바라밀다가 원만하지 않는다면 어떻게 능히 일체지지를 증득하겠습니까?

세존이시여. 만약 보살마하살이 색계를 사유하지 않고 성·향·미·촉·법계도 사유하지 않는다면, 어떻게 심었던 선근이라는 것을 증장시키겠습니까? 만약 심었던 선근이라는 것을 증장시키지 않는다면 어떻게 바라밀다를 원만하게 하겠습니까? 만약 바라밀다가 원만하지 않는다면 어떻게 능히 일체지지를 증득하겠습니까?

세존이시여. 만약 보살마하살이 안식계를 사유하지 않고 이·비·설·신·의식계도 사유하지 않는다면, 어떻게 심었던 선근이라는 것을 증장시키겠습니까? 만약 심었던 선근이라는 것을 증장시키지 않는다면 어떻게 바라밀다를 원만하게 하겠습니까? 만약 바라밀다가 원만하지 않는다면 어떻게 능히 일체지지를 증득하겠습니까?

세존이시여. 만약 보살마하살이 안촉을 사유하지 않고 이·비·설·신·의촉도 사유하지 않는다면, 어떻게 심었던 선근이라는 것을 증장시키겠습니까? 만약 심었던 선근이라는 것을 증장시키지 않는다면 어떻게 바라밀다를 원만하게 하겠습니까? 만약 바라밀다가 원만하지 않는다면 어떻게 능히 일체지지를 증득하겠습니까?

세존이시여. 만약 보살마하살이 안촉을 인연으로 생겨난 여러 수를 사유하지 않고 이·비·설·신·의촉을 인연으로 생겨난 여러 수도 사유하지 않는다면, 어떻게 심었던 선근이라는 것을 증장시키겠습니까? 만약 심었던 선근이라는 것을 증장시키지 않는다면 어떻게 바라밀다를 원만하게 하겠습니까? 만약 바라밀다가 원만하지 않는다면 어떻게 능히 일체지지를 증득하겠습니까?

세존이시여. 만약 보살마하살이 지계를 사유하지 않고 수·화·풍·공·식계도 사유하지 않는다면, 어떻게 심었던 선근이라는 것을 증장시키겠습니까? 만약 심었던 선근이라는 것을 증장시키지 않는다면 어떻게 바라밀다를 원만하게 하겠습니까? 만약 바라밀다가 원만하지 않는다면 어떻게 능히 일체지지를 증득하겠습니까?

세존이시여. 만약 보살마하살이 무명을 사유하지 않고 행·식·명색·육처·촉·수·애·취·유·생·노사의 수탄고우뇌도 사유하지 않는다면, 어떻게 심었던 선근이라는 것을 증장시키겠습니까? 만약 심었던 선근이라는 것을 증장시키지 않는다면 어떻게 바라밀다를 원만하게 하겠습니까? 만약 바라밀다가 원만하지 않는다면 어떻게 능히 일체지지를 증득하겠습니까?

세존이시여. 만약 보살마하살이 보시바라밀다를 사유하지 않고 정계·안인·정진·정려·반야바라밀다도 사유하지 않는다면, 어떻게 심었던 선근이라는 것을 증장시키겠습니까? 만약 심었던 선근이라는 것을 증장시키지 않는다면 어떻게 바라밀다를 원만하게 하겠습니까? 만약 바라밀다가 원만하지 않는다면 어떻게 능히 일체지지를 증득하겠습니까?

세존이시여. 만약 보살마하살이 내공을 사유하지 않고 외공·내외공·공공·대공·승의공·유위공·무위공·필경공·무제공·산공·무변이공·본성공·자상공·공상공·일체법공·불가득공·무성공·자성공·무성자성공도 사유하지 않는다면, 어떻게 심었던 선근이라는 것을 증장시키겠습니까? 만약 심었던 선근이라는 것을 증장시키지 않는다면 어떻게 바라밀다를 원만하게 하겠습니까? 만약 바라밀다가 원만하지 않는다면 어떻게 능히 일체지지를 증득하겠습니까?

세존이시여. 만약 보살마하살이 진여를 사유하지 않고 법계·법성·불허망성·불변이성·평등성·이생성·법정·법주·실제·허공계·부사의계도 사유하지 않는다면, 어떻게 심었던 선근이라는 것을 증장시키겠습니까? 만약 심었던 선근이라는 것을 증장시키지 않는다면 어떻게 바라밀다를 원만하게 하겠습니까? 만약 바라밀다가 원만하지 않는다면 어떻게 능히 일체지지를 증득하겠습니까?

세존이시여. 만약 보살마하살이 고성제를 사유하지 않고 집·멸·도성제도 사유하지 않는다면, 어떻게 심었던 선근이라는 것을 증장시키겠습니까? 만약 심었던 선근이라는 것을 증장시키지 않는다면 어떻게 바라밀다를 원만하게 하겠습니까? 만약 바라밀다가 원만하지 않는다면 어떻게 능히 일체지지를 증득하겠습니까?

세존이시여. 만약 보살마하살이 4정려를 사유하지 않고 4무량·4무색정도 사유하지 않는다면, 어떻게 심었던 선근이라는 것을 증장시키겠습니까? 만약 심었던 선근이라는 것을 증장시키지 않는다면 어떻게 바라밀다를 원만하게 하겠습니까? 만약 바라밀다가 원만하지 않는다면 어떻게 능히 일체지지를 증득하겠습니까?

세존이시여. 만약 보살마하살이 8해탈을 사유하지 않고 8승처·9차제정·10변처도 사유하지 않는다면, 어떻게 심었던 선근이라는 것을 증장시키겠습니까? 만약 심었던 선근이라는 것을 증장시키지 않는다면 어떻게 바라밀다를 원만하게 하겠습니까? 만약 바라밀다가 원만하지 않는다면 어떻게 능히 일체지지를 증득하겠습니까?

세존이시여. 만약 보살마하살이 4념주를 사유하지 않고 4정단·4신족·5근·5력·7등각지·8성도지도 사유하지 않는다면, 어떻게 심었던 선근이라는 것을 증장시키겠습니까? 만약 심었던 선근이라는 것을 증장시키지 않는다면 어떻게 바라밀다를 원만하게 하겠습니까? 만약 바라밀다가 원만하지 않는다면 어떻게 능히 일체지지를 증득하겠습니까?

세존이시여. 만약 보살마하살이 공해탈문을 사유하지 않고 무상·무원해탈문도 사유하지 않는다면, 어떻게 심었던 선근이라는 것을 증장시키겠습니까? 만약 심었던 선근이라는 것을 증장시키지 않는다면 어떻게 바라밀다를 원만하게 하겠습니까? 만약 바라밀다가 원만하지 않는다면 어떻게 능히 일체지지를 증득하겠습니까?

세존이시여. 만약 보살마하살이 5안을 사유하지 않고 6신통도 사유하지 않는다면, 어떻게 심었던 선근이라는 것을 증장시키겠습니까? 만약 심었던 선근이라는 것을 증장시키지 않는다면 어떻게 바라밀다를 원만하게 하겠습니까? 만약 바라밀다가 원만하지 않는다면 어떻게 능히 일체지지를 증득하겠습니까?

세존이시여. 만약 보살마하살이 여래의 10력을 사유하지 않고 4무소외·4무애해·대자·대비·대희·대사·18불불공법도 사유하지 않는다면, 어떻게 심었던 선근이라는 것을 증장시키겠습니까? 만약 심었던 선근이라는 것을 증장시키지 않는다면 어떻게 바라밀다를 원만하게 하겠습니까? 만약 바라밀다가 원만하지 않는다면 어떻게 능히 일체지지를 증득하겠습니까?

세존이시여. 만약 보살마하살이 무망실법을 사유하지 않고 항주사성도 사유하지 않는다면, 어떻게 심었던 선근이라는 것을 증장시키겠습니까? 만약 심었던 선근이라는 것을 증장시키지 않는다면 어떻게 바라밀다를 원만하게 하겠습니까? 만약 바라밀다가 원만하지 않는다면 어떻게 능히 일체지지를 증득하겠습니까?

세존이시여. 만약 보살마하살이 일체지를 사유하지 않고 도상지·일체상지도 사유하지 않는다면, 어떻게 심었던 선근이라는 것을 증장시키겠습니까? 만약 심었던 선근이라는 것을 증장시키지 않는다면 어떻게 바라밀다를 원만하게 하겠습니까? 만약 바라밀다가 원만하지 않는다면 어떻게 능히 일체지지를 증득하겠습니까?

세존이시여. 만약 보살마하살이 일체의 다라니문을 사유하지 않고 일체의 삼마지문도 사유하지 않는다면, 어떻게 심었던 선근이라는 것을 증장시키겠습니까? 만약 심었던 선근이라는 것을 증장시키지 않는다면 어떻게 바라밀다를 원만하게 하겠습니까? 만약 바라밀다가 원만하지 않는다면 어떻게 능히 일체지지를 증득하겠습니까?

세존이시여. 만약 보살마하살이 예류과를 사유하지 않고 일래·불환·아라한과도 사유하지 않는다면, 어떻게 심었던 선근이라는 것을 증장시키겠습니까? 만약 심었던 선근이라는 것을 증장시키지 않는다면 어떻게 바라밀다를 원만하게 하겠습니까? 만약 바라밀다가 원만하지 않는다면 어떻게 능히 일체지지를 증득하겠습니까?

세존이시여. 만약 보살마하살이 독각의 보리를 사유하지 않는다면, 어떻게 심었던 선근이라는 것을 증장시키겠습니까? 만약 심었던 선근이라는 것을 증장시키지 않는다면 어떻게 바라밀다를 원만하게 하겠습니까? 만약 바라밀다가 원만하지 않는다면 어떻게 능히 일체지지를 증득하겠습니까?

세존이시여. 만약 보살마하살이 일체의 보살마하살의 행을 사유하지 않는다면, 어떻게 심었던 선근이라는 것을 증장시키겠습니까? 만약 심었던 선근이라는 것을 증장시키지 않는다면 어떻게 바라밀다를 원만하게 하겠습니까? 만약 바라밀다가 원만하지 않는다면 어떻게 능히 일체지지를 증득하겠습니까?

세존이시여. 만약 보살마하살이 제불의 무상정등보리를 사유하지 않는다면, 어떻게 심었던 선근이라는 것을 증장시키겠습니까? 만약 심었던 선근이라는 것을 증장시키지 않는다면 어떻게 바라밀다를 원만하게 하겠습니까? 만약 바라밀다가 원만하지 않는다면 어떻게 능히 일체지지를 증득하겠습니까?"

세존께서 말씀하셨다.

"선현이여. 만약 이때 보살마하살이 색을 사유(思惟)하지 않고 역시 수·상·행·식도 사유하지 않는다면, 이때 보살마하살은 심었던 선근이라는 것이 곧 능히 증장할 것이고, 선근이라는 것이 증장함을 얻은 까닭으로 곧 능히 바라밀다가 원만해질 것이며, 바라밀다가 원만함을 얻는 까닭으로 곧 능히 일체지지를 증득할 수 있느니라.

선현이여. 만약 이때 보살마하살이 안처를 사유하지 않고 역시 이·비·설·신·의처도 사유하지 않는다면, 이때 보살마하살은 심었던 선근이라는 것이 곧 능히 증장할 것이고, 선근이라는 것이 증장함을 얻은 까닭으로 곧 능히 바라밀다가 원만해질 것이며, 바라밀다가 원만함을 얻는 까닭으로 곧 능히 일체지지를 증득할 수 있느니라.

선현이여. 만약 이때 보살마하살이 색처를 사유하지 않고 역시 성·향·미·촉·법처도 사유하지 않는다면, 이때 보살마하살은 심었던 선근이라는 것이 곧 능히 증장할 것이고, 선근이라는 것이 증장함을 얻은 까닭으로 곧 능히 바라밀다가 원만해질 것이며, 바라밀다가 원만함을 얻는 까닭으로 곧 능히 일체지지를 증득할 수 있느니라.

선현이여. 만약 이때 보살마하살이 안계를 사유하지 않고 역시 이·비·설·신·의계도 사유하지 않는다면, 이때 보살마하살은 심었던 선근이라는 것이 곧 능히 증장할 것이고, 선근이라는 것이 증장함을 얻은 까닭으로 곧 능히 바라밀다가 원만해질 것이며, 바라밀다가 원만함을 얻는 까닭으로 곧 능히 일체지지를 증득할 수 있느니라.

선현이여. 만약 이때 보살마하살이 색계를 사유하지 않고 역시 성·향·미·촉·법계도 사유하지 않는다면, 이때 보살마하살은 심었던 선근이라는 것이 곧 능히 증장할 것이고, 선근이라는 것이 증장함을 얻은 까닭으로 곧 능히 바라밀다가 원만해질 것이며, 바라밀다가 원만함을 얻는 까닭으로 곧 능히 일체지지를 증득할 수 있느니라.

선현이여. 만약 이때 보살마하살이 안식계를 사유하지 않고 역시 이·비·설·신·의식계도 사유하지 않는다면, 이때 보살마하살은 심었던 선근이라는 것이 곧 능히 증장할 것이고, 선근이라는 것이 증장함을 얻은 까닭으로 곧 능히 바라밀다가 원만해질 것이며, 바라밀다가 원만함을 얻는 까닭으로 곧 능히 일체지지를 증득할 수 있느니라.

선현이여. 만약 이때 보살마하살이 안촉을 사유하지 않고 역시 이·비·설·신·의촉도 사유하지 않는다면, 이때 보살마하살은 심었던 선근이라는 것이 곧 능히 증장할 것이고, 선근이라는 것이 증장함을 얻은 까닭으로 곧 능히 바라밀다가 원만해질 것이며, 바라밀다가 원만함을 얻는 까닭으로 곧 능히 일체지지를 증득할 수 있느니라.

선현이여. 만약 이때 보살마하살이 안촉을 인연으로 생겨난 여러 수를 사유하지 않고 역시 이·비·설·신·의촉을 인연으로 생겨난 여러 수도 사유하지 않는다면, 이때 보살마하살은 심었던 선근이라는 것이 곧 능히 증장할 것이고, 선근이라는 것이 증장함을 얻은 까닭으로 곧 능히 바라밀다가 원만해질 것이며, 바라밀다가 원만함을 얻는 까닭으로 곧 능히 일체지지를 증득할 수 있느니라.

선현이여. 만약 이때 보살마하살이 지계를 사유하지 않고 역시 수·화·풍·공·식계도 사유하지 않는다면, 이때 보살마하살은 심었던 선근이라는 것이 곧 능히 증장할 것이고, 선근이라는 것이 증장함을 얻은 까닭으로 곧 능히 바라밀다가 원만해질 것이며, 바라밀다가 원만함을 얻는 까닭으로 곧 능히 일체지지를 증득할 수 있느니라.

선현이여. 만약 이때 보살마하살이 무명을 사유하지 않고 역시 행·식·명색·육처·촉·수·애·취·유·생·노사의 수탄고우뇌도 사유하지 않는다면, 이때 보살마하살은 심었던 선근이라는 것이 곧 능히 증장할 것이고, 선근이라는 것이 증장함을 얻은 까닭으로 곧 능히 바라밀다가 원만해질 것이며, 바라밀다가 원만함을 얻는 까닭으로 곧 능히 일체지지를 증득할 수 있느니라.

선현이여. 만약 이때 보살마하살이 보시바라밀다를 사유하지 않고 역시 정계·안인·정진·정려·반야바라밀다도 사유하지 않는다면, 이때 보살마하살은 심었던 선근이라는 것이 곧 능히 증장할 것이고, 선근이라는 것이 증장함을 얻은 까닭으로 곧 능히 바라밀다가 원만해질 것이며, 바라밀다가 원만함을 얻는 까닭으로 곧 능히 일체지지를 증득할 수 있느니라.

선현이여. 만약 이때 보살마하살이 내공을 사유하지 않고 역시 외공·내외공·공공·대공·승의공·유위공·무위공·필경공·무제공·산공·무변이공·본성공·자상공·공상공·일체법공·불가득공·무성공·자성공·무성자성공도 사유하지 않는다면, 이때 보살마하살은 심었던 선근이라는 것이 곧 능히 증장할 것이고, 선근이라는 것이 증장함을 얻은 까닭으로 곧 능히 바라밀다가 원만해질 것이며, 바라밀다가 원만함을 얻는 까닭으로 곧 능히 일체지지를 증득할 수 있느니라.

선현이여. 만약 이때 보살마하살이 진여를 사유하지 않고 역시 법계·법성·불허망성·불변이성·평등성·이생성·법정·법주·실제·허공계·부사의계도 사유하지 않는다면, 이때 보살마하살은 심었던 선근이라는 것이 곧 능히 증장할 것이고, 선근이라는 것이 증장함을 얻은 까닭으로 곧 능히 바라밀다가 원만해질 것이며, 바라밀다가 원만함을 얻는 까닭으로 곧 능히 일체지지를 증득할 수 있느니라.

선현이여. 만약 이때 보살마하살이 고성제를 사유하지 않고 역시 집·멸·도성제도 사유하지 않는다면, 이때 보살마하살은 심었던 선근이라는 것이 곧 능히 증장할 것이고, 선근이라는 것이 증장함을 얻은 까닭으로 곧 능히 바라밀다가 원만해질 것이며, 바라밀다가 원만함을 얻는 까닭으로 곧 능히 일체지지를 증득할 수 있느니라.

선현이여. 만약 이때 보살마하살이 4정려를 사유하지 않고 역시 4무량·4무색정도 사유하지 않는다면, 이때 보살마하살은 심었던 선근이라는 것이 곧 능히 증장할 것이고, 선근이라는 것이 증장함을 얻은 까닭으로 곧 능히 바라밀다가 원만해질 것이며, 바라밀다가 원만함을 얻는 까닭으로 곧 능히 일체지지를 증득할 수 있느니라.

선현이여. 만약 이때 보살마하살이 8해탈을 사유하지 않고 역시 8승처·9차제정·10변처도 사유하지 않는다면, 이때 보살마하살은 심었던 선근이라는 것이 곧 능히 증장할 것이고, 선근이라는 것이 증장함을 얻은 까닭으로 곧 능히 바라밀다가 원만해질 것이며, 바라밀다가 원만함을 얻는 까닭으로 곧 능히 일체지지를 증득할 수 있느니라.

선현이여. 만약 이때 보살마하살이 4념주를 사유하지 않고 역시 4정단·4신족·5근·5력·7등각지·8성도지도 사유하지 않는다면, 이때 보살마하살은 심었던 선근이라는 것이 곧 능히 증장할 것이고, 선근이라는 것이 증장함을 얻은 까닭으로 곧 능히 바라밀다가 원만해질 것이며, 바라밀다가 원만함을 얻는 까닭으로 곧 능히 일체지지를 증득할 수 있느니라.

선현이여. 만약 이때 보살마하살이 공해탈문을 사유하지 않고 역시 무상·무원해탈문도 사유하지 않는다면, 이때 보살마하살은 심었던 선근이라는 것이 곧 능히 증장할 것이고, 선근이라는 것이 증장함을 얻은 까닭으로 곧 능히 바라밀다가 원만해질 것이며, 바라밀다가 원만함을 얻는 까닭으로 곧 능히 일체지지를 증득할 수 있느니라.

선현이여. 만약 이때 보살마하살이 8해탈을 사유하지 않고 역시 8승처·9차제정·10변처도 사유하지 않는다면, 이때 보살마하살은 심었던 선근이라는 것이 곧 능히 증장할 것이고, 선근이라는 것이 증장함을 얻은 까닭으로 곧 능히 바라밀다가 원만해질 것이며, 바라밀다가 원만함을 얻는 까닭으로 곧 능히 일체지지를 증득할 수 있느니라.

선현이여. 만약 이때 보살마하살이 5안을 사유하지 않고 역시 6신통도 사유하지 않는다면, 이때 보살마하살은 심었던 선근이라는 것이 곧 능히 증장할 것이고, 선근이라는 것이 증장함을 얻은 까닭으로 곧 능히 바라밀다가 원만해질 것이며, 바라밀다가 원만함을 얻는 까닭으로 곧 능히 일체지지를 증득할 수 있느니라.

선현이여. 만약 이때 보살마하살이 여래의 10력을 사유하지 않고 역시 4무소외·4무애해·대자·대비·대희·대사·18불불공법도 사유하지 않는다면, 이때 보살마하살은 심었던 선근이라는 것이 곧 능히 증장할 것이고, 선근이라는 것이 증장함을 얻은 까닭으로 곧 능히 바라밀다가 원만해질 것이며, 바라밀다가 원만함을 얻는 까닭으로 곧 능히 일체지지를 증득할 수 있느니라.

선현이여. 만약 이때 보살마하살이 무망실법을 사유하지 않고 역시 항주사성도 사유하지 않는다면, 이때 보살마하살은 심었던 선근이라는 것이 곧 능히 증장할 것이고, 선근이라는 것이 증장함을 얻은 까닭으로 곧 능히 바라밀다가 원만해질 것이며, 바라밀다가 원만함을 얻는 까닭으로 곧 능히 일체지지를 증득할 수 있느니라.

선현이여. 만약 이때 보살마하살이 일체지를 사유하지 않고 역시 도상지·일체상지도 사유하지 않는다면, 이때 보살마하살은 심었던 선근이라는 것이 곧 능히 증장할 것이고, 선근이라는 것이 증장함을 얻은 까닭으로 곧 능히 바라밀다가 원만해질 것이며, 바라밀다가 원만함을 얻는 까닭으로 곧 능히 일체지지를 증득할 수 있느니라.

선현이여. 만약 이때 보살마하살이 일체의 다라니문을 사유하지 않고 역시 일체의 삼마지문도 사유하지 않는다면, 이때 보살마하살은 심었던 선근이라는 것이 곧 능히 증장할 것이고, 선근이라는 것이 증장함을 얻은 까닭으로 곧 능히 바라밀다가 원만해질 것이며, 바라밀다가 원만함을 얻는 까닭으로 곧 능히 일체지지를 증득할 수 있느니라.

선현이여. 만약 이때 보살마하살이 예류과를 사유하지 않고 역시 일래·불환·아라한과도 사유하지 않는다면, 이때 보살마하살은 심었던 선근이라는 것이 곧 능히 증장할 것이고, 선근이라는 것이 증장함을 얻은 까닭으로 곧 능히 바라밀다가 원만해질 것이며, 바라밀다가 원만함을 얻는 까닭으로 곧 능히 일체지지를 증득할 수 있느니라.

선현이여. 만약 이때 보살마하살이 독각의 보리를 사유하지 않는다면, 이때 보살마하살은 심었던 선근이라는 것이 곧 능히 증장할 것이고, 선근이라는 것이 증장함을 얻은 까닭으로 곧 능히 바라밀다가 원만해질 것이며, 바라밀다가 원만함을 얻는 까닭으로 곧 능히 일체지지를 증득할 수 있느니라.

선현이여. 만약 이때 보살마하살이 일체의 보살마하살의 행을 사유하지 않는다면, 이때 보살마하살은 심었던 선근이라는 것이 곧 능히 증장할 것이고, 선근이라는 것이 증장함을 얻은 까닭으로 곧 능히 바라밀다가 원만해질 것이며, 바라밀다가 원만함을 얻는 까닭으로 곧 능히 일체지지를 증득할 수 있느니라.

선현이여. 만약 이때 보살마하살이 제불의 무상정등보리를 사유하지 않는다면, 이때 보살마하살은 심었던 선근이라는 것이 곧 능히 증장할 것이고, 선근이라는 것이 증장함을 얻은 까닭으로 곧 능히 바라밀다가 원만해질 것이며, 바라밀다가 원만함을 얻는 까닭으로 곧 능히 일체지지를 증득할 수 있느니라.

그 까닭은 무엇인가? 선현이여. 제보살마하살이 반드시 색을 사유하지 않고 역시 수·상·행·식도 사유하지 않는다면 비로소 능히 보살마하살의 행을 구족하고서 수행하여 무상정등보리를 증득하느니라. 선현이여. 제보살마하살이 반드시 안처를 사유하지 않고 역시 이·비·설·신·의처도 사유하지 않는다면 비로소 능히 보살마하살의 행을 구족하고서 수행하여 무상정등보리를 증득하느니라.

선현이여. 제보살마하살이 반드시 색처를 사유하지 않고 역시 성·향·미·촉·법처도 사유하지 않는다면 비로소 능히 보살마하살의 행을 구족하고서 수행하여 무상정등보리를 증득하느니라. 선현이여. 제보살마하살이 반드시 안계를 사유하지 않고 역시 이·비·설·신·의계도 사유하지 않는다면 비로소 능히 보살마하살의 행을 구족하고서 수행하여 무상정등보리를 증득하느니라.

선현이여. 제보살마하살이 반드시 색계를 사유하지 않고 역시 성·향·미·촉·법계도 사유하지 않는다면 비로소 능히 보살마하살의 행을 구족하고서 수행하여 무상정등보리를 증득하느니라. 선현이여. 제보살마하살이 반드시 안식계를 사유하지 않고 역시 이·비·설·신·의식계도 사유하지 않는다면 비로소 능히 보살마하살의 행을 구족하고서 수행하여 무상정등보리를 증득하느니라.

선현이여. 제보살마하살이 반드시 안촉을 사유하지 않고 역시 이·비·설·신·의촉도 사유하지 않는다면 비로소 능히 보살마하살의 행을 구족하고서 수행하여 무상정등보리를 증득하느니라. 선현이여. 제보살마하살이 반드시 안촉을 인연으로 생겨난 여러 수를 사유하지 않고 역시 이·비·설·신·의촉을 인연으로 생겨난 여러 수도 사유하지 않는다면 비로소 능히 보살마하살의 행을 구족하고서 수행하여 무상정등보리를 증득하느니라.

선현이여. 제보살마하살이 반드시 지계를 사유하지 않고 역시 수·화·풍·공·식계도 사유하지 않는다면 비로소 능히 보살마하살의 행을 구족하고서 수행하여 무상정등보리를 증득하느니라. 선현이여. 제보살마하살이 반드시 무명을 사유하지 않고 역시 행·식·명색·육처·촉·수·애·취·유·생·노사의 수탄고우뇌도 사유하지 않는다면 비로소 능히 보살마하살의 행을 구족하고서 수행하여 무상정등보리를 증득하느니라.

선현이여. 제보살마하살이 반드시 보시바라밀다를 사유하지 않고 역시 정계·안인·정진·정려·반야바라밀다도 사유하지 않는다면 비로소 능히 보살마하살의 행을 구족하고서 수행하여 무상정등보리를 증득하느니라. 선현이여. 제보살마하살이 반드시 내공을 사유하지 않고 역시 외공·내외공·공공·대공·승의공·유위공·무위공·필경공·무제공·산공·무변이공·본성공·자상공·공상공·일체법공·불가득공·무성공·자성공·무성자성공도 사유하지 않는다면 비로소 능히 보살마하살의 행을 구족하고서 수행하여 무상정등보리를 증득하느니라.

선현이여. 제보살마하살이 반드시 진여를 사유하지 않고 역시 법계·법성·불허망성·불변이성·평등성·이생성·법정·법주·실제·허공계·부사의계도 사유하지 않는다면 비로소 능히 보살마하살의 행을 구족하고서 수행하여 무상정등보리를 증득하느니라. 선현이여. 제보살마하살이 반드시 고성제를 사유하지 않고 역시 집·멸·도성제도 사유하지 않는다면 비로소 능히 보살마하살의 행을 구족하고서 수행하여 무상정등보리를 증득하느니라.

선현이여. 제보살마하살이 반드시 4정려를 사유하지 않고 역시 4무량·4무색정도 사유하지 않는다면 비로소 능히 보살마하살의 행을 구족하고서 수행하여 무상정등보리를 증득하느니라. 선현이여. 제보살마하살이 반드시 8해탈을 사유하지 않고 역시 8승처·9차제정·10변처도 사유하지 않는다면 비로소 능히 보살마하살의 행을 구족하고서 수행하여 무상정등보리를 증득하느니라.

선현이여. 제보살마하살이 반드시 4념주를 사유하지 않고 역시 4정단·4신족·5근·5력·7등각지·8성도지도 사유하지 않는다면 비로소 능히 보살마하살의 행을 구족하고서 수행하여 무상정등보리를 증득하느니라. 선현이여. 제보살마하살이 반드시 공해탈문을 사유하지 않고 역시 무상·무원해탈문도 사유하지 않는다면 비로소 능히 보살마하살의 행을 구족하고서 수행하여 무상정등보리를 증득하느니라.

선현이여. 제보살마하살이 반드시 5안을 사유하지 않고 역시 6신통도 사유하지 않는다면 비로소 능히 보살마하살의 행을 구족하고서 수행하여 무상정등보리를 증득하느니라. 선현이여. 제보살마하살이 반드시 여래의 10력을 사유하지 않고 역시 4무소외·4무애해·대자·대비·대희·대사·18불불공법도 사유하지 않는다면 비로소 능히 보살마하살의 행을 구족하고서 수행하여 무상정등보리를 증득하느니라.

선현이여. 제보살마하살이 반드시 무망실법을 사유하지 않고 역시 항주사성도 사유하지 않는다면 비로소 능히 보살마하살의 행을 구족하고서 수행하여 무상정등보리를 증득하느니라. 선현이여. 제보살마하살이 반드시 일체지를 사유하지 않고 역시 도상지·일체상지도 사유하지 않는다면 비로소 능히 보살마하살의 행을 구족하고서 수행하여 무상정등보리를 증득하느니라.

선현이여. 제보살마하살이 반드시 일체의 다라니문을 사유하지 않고 역시 일체의 삼마지문도 사유하지 않는다면 비로소 능히 보살마하살의 행을 구족하고서 수행하여 무상정등보리를 증득하느니라. 선현이여. 제보살마하살이 반드시 예류과를 사유하지 않고 역시 일래·불환·아라한과도 사유하지 않는다면 비로소 능히 보살마하살의 행을 구족하고서 수행하여 무상정등보리를 증득하느니라.

선현이여. 제보살마하살이 반드시 독각의 보리를 사유하지 않는다면 비로소 능히 보살마하살의 행을 구족하고서 수행하여 무상정등보리를 증득하느니라. 선현이여. 제보살마하살이 반드시 일체의 보살마하살의 행을 사유하지 않는다면 비로소 능히 보살마하살의 행을 구족하고서 수행하여 무상정등보리를 증득하느니라. 선현이여. 제보살마하살이 반드시 일체의 보살마하살의 행을 사유하지 않는다면 비로소 능히 제불의 무상정등보리를 구족하고서 수행하여 무상정등보리를 증득하느니라."

구수 선현이 다시 세존께 아뢰어 말하였다.

"세존이시여. 무슨 인연으로 제보살마하살은 반드시 색을 사유하지 않고 수·상·행·식도 사유하지 않는다면, 비로소 능히 제보살마하살의 행을 구족하게 되고 수행하여 무상정등보리를 증득합니까? 세존이시여. 무슨 인연으로 제보살마하살은 반드시 안처를 사유하지 않고 이·비·설·

신·의처도 사유하지 않는다면, 비로소 능히 제보살마하살의 행을 구족하게 되고 수행하여 무상정등보리를 증득합니까?

세존이시여. 무슨 인연으로 제보살마하살은 반드시 색처를 사유하지 않고 성·향·미·촉·법처도 사유하지 않는다면, 비로소 능히 제보살마하살의 행을 구족하게 되고 수행하여 무상정등보리를 증득합니까? 세존이시여. 무슨 인연으로 제보살마하살은 반드시 안계를 사유하지 않고 이·비·설·신·의계도 사유하지 않는다면, 비로소 능히 제보살마하살의 행을 구족하게 되고 수행하여 무상정등보리를 증득합니까?

세존이시여. 무슨 인연으로 제보살마하살은 반드시 색계를 사유하지 않고 성·향·미·촉·법계도 사유하지 않는다면, 비로소 능히 제보살마하살의 행을 구족하게 되고 수행하여 무상정등보리를 증득합니까? 세존이시여. 무슨 인연으로 제보살마하살은 반드시 안식계를 사유하지 않고 이·비·설·신·의식계도 사유하지 않는다면, 비로소 능히 제보살마하살의 행을 구족하게 되고 수행하여 무상정등보리를 증득합니까?

세존이시여. 무슨 인연으로 제보살마하살은 반드시 안촉을 사유하지 않고 이·비·설·신·의촉도 사유하지 않는다면, 비로소 능히 제보살마하살의 행을 구족하게 되고 수행하여 무상정등보리를 증득합니까? 세존이시여. 무슨 인연으로 제보살마하살은 반드시 안촉을 인연으로 생겨난 여러 수를 사유하지 않고 이·비·설·신·의촉을 인연으로 생겨난 여러 수도 사유하지 않는다면, 비로소 능히 제보살마하살의 행을 구족하게 되고 수행하여 무상정등보리를 증득합니까?

세존이시여. 무슨 인연으로 제보살마하살은 반드시 지계를 사유하지 않고 수·화·풍·공·식계도 사유하지 않는다면, 비로소 능히 제보살마하살의 행을 구족하게 되고 수행하여 무상정등보리를 증득합니까? 세존이시여. 무슨 인연으로 제보살마하살은 반드시 무명을 사유하지 않고 행·식·명색·육처·촉·수·애·취·유·생·노사의 수탄고우뇌도 사유하지 않는다면, 비로소 능히 제보살마하살의 행을 구족하게 되고 수행하여 무상정등보리를 증득합니까?

세존이시여. 무슨 인연으로 제보살마하살은 반드시 보시바라밀다를 사유하지 않고 정계·안인·정진·정려·반야바라밀다도 사유하지 않는다면, 비로소 능히 제보살마하살의 행을 구족하게 되고 수행하여 무상정등보리를 증득합니까? 세존이시여. 무슨 인연으로 제보살마하살은 반드시 내공을 사유하지 않고 외공·내외공·공공·대공·승의공·유위공·무위공·필경공·무제공·산공·무변이공·본성공·자상공·공상공·일체법공·불가득공·무성공·자성공·무성자성공도 사유하지 않는다면, 비로소 능히 제보살마하살의 행을 구족하게 되고 수행하여 무상정등보리를 증득합니까?

세존이시여. 무슨 인연으로 제보살마하살은 반드시 진여를 사유하지 않고 법계·법성·불허망성·불변이성·평등성·이생성·법정·법주·실제·허공계·부사의계도 사유하지 않는다면, 비로소 능히 제보살마하살의 행을 구족하게 되고 수행하여 무상정등보리를 증득합니까? 세존이시여. 무슨 인연으로 제보살마하살은 반드시 고성제를 사유하지 않고 집·멸·도성제도 사유하지 않는다면, 비로소 능히 제보살마하살의 행을 구족하게 되고 수행하여 무상정등보리를 증득합니까?

세존이시여. 무슨 인연으로 제보살마하살은 반드시 4정려를 사유하지 않고 4무량·4무색정도 사유하지 않는다면, 비로소 능히 제보살마하살의 행을 구족하게 되고 수행하여 무상정등보리를 증득합니까? 세존이시여. 무슨 인연으로 제보살마하살은 반드시 8해탈을 사유하지 않고 8승처·9차제정·10변처도 사유하지 않는다면, 비로소 능히 제보살마하살의 행을 구족하게 되고 수행하여 무상정등보리를 증득합니까?

세존이시여. 무슨 인연으로 제보살마하살은 반드시 4념주를 사유하지 않고 4정단·4신족·5근·5력·7등각지·8성도지도 사유하지 않는다면, 비로소 능히 제보살마하살의 행을 구족하게 되고 수행하여 무상정등보리를 증득합니까? 세존이시여. 무슨 인연으로 제보살마하살은 반드시 공해탈문을 사유하지 않고 무상·무원해탈문도 사유하지 않는다면, 비로소 능히 제보살마하살의 행을 구족하게 되고 수행하여 무상정등보리를 증득합니까?

세존이시여. 무슨 인연으로 제보살마하살은 반드시 5안을 사유하지 않고 6신통도 사유하지 않는다면, 비로소 능히 제보살마하살의 행을 구족하게 되고 수행하여 무상정등보리를 증득합니까? 세존이시여. 무슨 인연으로 제보살마하살은 반드시 여래의 10력을 사유하지 않고 4무소외·4무애해·대자·대비·대희·대사·18불불공법도 사유하지 않는다면, 비로소 능히 제보살마하살의 행을 구족하게 되고 수행하여 무상정등보리를 증득합니까?

세존이시여. 무슨 인연으로 제보살마하살은 반드시 무망실법을 사유하지 않고 항주사성도 사유하지 않는다면, 비로소 능히 제보살마하살의 행을 구족하게 되고 수행하여 무상정등보리를 증득합니까? 세존이시여. 무슨 인연으로 제보살마하살은 반드시 일체지를 사유하지 않고 도상지·일체상지도 사유하지 않는다면, 비로소 능히 제보살마하살의 행을 구족하게 되고 수행하여 무상정등보리를 증득합니까?

세존이시여. 무슨 인연으로 제보살마하살은 반드시 일체의 다라니문을 사유하지 않고 일체의 삼마지문도 사유하지 않는다면, 비로소 능히 제보살마하살의 행을 구족하게 되고 수행하여 무상정등보리를 증득합니까? 세존이시여. 무슨 인연으로 제보살마하살은 반드시 예류과를 사유하지 않고 일래·불환·아라한과도 사유하지 않는다면, 비로소 능히 제보살마하살의 행을 구족하게 되고 수행하여 무상정등보리를 증득합니까?

세존이시여. 무슨 인연으로 제보살마하살은 반드시 독각의 보리를 사유하지 않는다면, 비로소 능히 제보살마하살의 행을 구족하게 되고 수행하여 무상정등보리를 증득합니까? 세존이시여. 무슨 인연으로 제보살마하살은 반드시 일체의 보살마하살의 행을 사유하지 않는다면, 비로소 능히 제보살마하살의 행을 구족하게 되고 수행하여 무상정등보리를 증득합니까?

세존이시여. 무슨 인연으로 제보살마하살은 반드시 제불의 무상정등보리를 사유하지 않는다면, 비로소 능히 제보살마하살의 행을 구족하게 되고 수행하여 무상정등보리를 증득합니까?”

마하반야바라밀다경 제353권

61. 다문불이품(多聞不二品)(3)

세존께서 말씀하셨다.

“선현이여. 만약 보살마하살이 색을 사유하고 수·상·행·식을 사유한다면, 곧 욕계(欲界)·색계(色界)·무색계(無色界)에 염오되어 집착(染着)하는 것이니, 만약 욕계·색계·무색계에 염오되어 집착한다면, 능히 제보살마하살의 행을 구족하게 되고 수행하였더라도 무상정등보리를 증득하지 못하느니라. 만약 보살마하살이 색을 사유하지 않고 수·상·행·식을 사유하지 않는다면, 곧 욕계·색계·무색계에 염오되어 집착하지 않는 것이니, 만약 욕계·색계·무색계에 염오되어 집착하지 않는다면, 곧 능히 제보살마하살의 행을 구족하게 되고 수행하여서 무상정등보리를 증득하느니라.

이러한 까닭으로 선현이여. 만약 보살마하살이 보살마하살의 행을 수행하고자 하였거나, 무상정등보리를 증득하고자 하였다면 마땅히 매우 깊은 반야바라밀다를 정근하면서 수학할 것이고, 염오되어 집착하는 제법을 상응(相應)하여 사유하지 않아야 하느니라.

선현이여. 만약 보살마하살이 안처를 사유하고 이·비·설·신·의처를 사유한다면, 곧 욕계·색계·무색계에 염오되어 집착하는 것이니, 만약 욕계·색계·무색계에 염오되어 집착한다면, 능히 제보살마하살의 행을 구족하게 되고 수행하였더라도 무상정등보리를 증득하지 못하느니라. 만약 보살마하살이 안처를 사유하지 않고 이·비·설·신·의처를 사유하지 않는다면, 곧 욕계·색계·무색계에 염오되어 집착하지 않는 것이니, 만약 욕계·색계·무색계에 염오되어 집착하지 않는다면, 곧 능히 제보살마하살의 행을 구족하게 되고 수행하여서 무상정등보리를 증득하느니라.

이러한 까닭으로 선현이여. 만약 보살마하살이 보살마하살의 행을 수행하고자 하였거나, 무상정등보리를 증득하고자 하였다면 마땅히 매우 깊은 반야바라밀다를 정근하면서 수학할 것이고, 염오되어 집착하는 제법을 상응하여 사유하지 않아야 하느니라.

선현이여. 만약 보살마하살이 색처를 사유하고 성·향·미·촉·법처를 사유한다면, 곧 욕계·색계·무색계에 염오되어 집착하는 것이니, 만약 욕계·색계·무색계에 염오되어 집착한다면, 능히 제보살마하살의 행을 구족하게 되고 수행하였더라도 무상정등보리를 증득하지 못하느니라. 만약 보살마하살이 색처를 사유하지 않고 성·향·미·촉·법처를 사유하지 않는다면, 곧 욕계·색계·무색계에 염오되어 집착하지 않는 것이니, 만약 욕계·색계·무색계에 염오되어 집착하지 않는다면, 곧 능히 제보살마하살의 행을 구족하게 되고 수행하여서 무상정등보리를 증득하느니라.

이러한 까닭으로 선현이여. 만약 보살마하살이 보살마하살의 행을 수행하고자 하였거나, 무상정등보리를 증득하고자 하였다면 마땅히 매우 깊은 반야바라밀다를 정근하면서 수학할 것이고, 염오되어 집착하는 제법을 상응하여 사유하지 않아야 하느니라.

선현이여. 만약 보살마하살이 안계를 사유하고 이·비·설·신·의계를 사유한다면, 곧 욕계·색계·무색계에 염오되어 집착하는 것이니, 만약 욕계·색계·무색계에 염오되어 집착한다면, 능히 제보살마하살의 행을 구족하게 되고 수행하였더라도 무상정등보리를 증득하지 못하느니라. 만약 보살마하살이 안계를 사유하지 않고 이·비·설·신·의계를 사유하지 않는다면, 곧 욕계·색계·무색계에 염오되어 집착하지 않는 것이니, 만약 욕계·색계·무색계에 염오되어 집착하지 않는다면, 곧 능히 제보살마하살의 행을 구족하게 되고 수행하여서 무상정등보리를 증득하느니라.

이러한 까닭으로 선현이여. 만약 보살마하살이 보살마하살의 행을 수행하고자 하였거나, 무상정등보리를 증득하고자 하였다면 마땅히 매우 깊은 반야바라밀다를 정근하면서 수학할 것이고, 염오되어 집착하는 제법을 상응하여 사유하지 않아야 하느니라.

선현이여. 만약 보살마하살이 색계를 사유하고 성·향·미·촉·법계를 사유한다면, 곧 욕계·색계·무색계에 염오되어 집착하는 것이니, 만약 욕계·색계·무색계에 염오되어 집착한다면, 능히 제보살마하살의 행을 구족하게 되고 수행하였더라도 무상정등보리를 증득하지 못하느니라. 만약 보살마하살이 색계를 사유하지 않고 성·향·미·촉·법계를 사유하지 않는다면, 곧 욕계·색계·무색계에 염오되어 집착하지 않는 것이니, 만약 욕계·색계·무색계에 염오되어 집착하지 않는다면, 곧 능히 제보살마하살의 행을 구족하게 되고 수행하여서 무상정등보리를 증득하느니라.

이러한 까닭으로 선현이여. 만약 보살마하살이 보살마하살의 행을 수행하고자 하였거나, 무상정등보리를 증득하고자 하였다면 마땅히 매우 깊은 반야바라밀다를 정근하면서 수학할 것이고, 염오되어 집착하는 제법을 상응하여 사유하지 않아야 하느니라.

선현이여. 만약 보살마하살이 안식계를 사유하고 이·비·설·신·의식계를 사유한다면, 곧 욕계·색계·무색계에 염오되어 집착하는 것이니, 만약 욕계·색계·무색계에 염오되어 집착한다면, 능히 제보살마하살의 행을 구족하게 되고 수행하였더라도 무상정등보리를 증득하지 못하느니라. 만약 보살마하살이 안식계를 사유하지 않고 이·비·설·신·의식계를 사유하지 않는다면, 곧 욕계·색계·무색계에 염오되어 집착하지 않는 것이니, 만약 욕계·색계·무색계에 염오되어 집착하지 않는다면, 곧 능히 제보살마하살의 행을 구족하게 되고 수행하여서 무상정등보리를 증득하느니라.

이러한 까닭으로 선현이여. 만약 보살마하살이 보살마하살의 행을 수행하고자 하였거나, 무상정등보리를 증득하고자 하였다면 마땅히 매우 깊은 반야바라밀다를 정근하면서 수학할 것이고, 염오되어 집착하는 제법을 상응하여 사유하지 않아야 하느니라.

선현이여. 만약 보살마하살이 안촉을 사유하고 이·비·설·신·의촉을 사유한다면, 곧 욕계·색계·무색계에 염오되어 집착하는 것이니, 만약 욕계·색계·무색계에 염오되어 집착한다면, 능히 제보살마하살의 행을 구족하게 되고 수행하였더라도 무상정등보리를 증득하지 못하느니라. 만약 보살마하살이 안촉을 사유하지 않고 이·비·설·신·의촉을 사유하지 않는다면, 곧 욕계·색계·무색계에 염오되어 집착하지 않는 것이니, 만약 욕계·색계·무색계에 염오되어 집착하지 않는다면, 곧 능히 제보살마하살의 행을 구족하게 되고 수행하여서 무상정등보리를 증득하느니라.

이러한 까닭으로 선현이여. 만약 보살마하살이 보살마하살의 행을 수행하고자 하였거나, 무상정등보리를 증득하고자 하였다면 마땅히 매우 깊은 반야바라밀다를 정근하면서 수학할 것이고, 염오되어 집착하는 제법을 상응하여 사유하지 않아야 하느니라.

선현이여. 만약 보살마하살이 안촉을 인연으로 생겨난 여러 수를 사유하고 이·비·설·신·의촉을 인연으로 생겨난 여러 수를 사유한다면, 곧 욕계·색계·무색계에 염오되어 집착하는 것이니, 만약 욕계·색계·무색계에 염오되어 집착한다면, 능히 제보살마하살의 행을 구족하게 되고 수행하였더라도 무상정등보리를 증득하지 못하느니라. 만약 보살마하살이 안촉을 인연으로 생겨난 여러 수를 사유하지 않고 이·비·설·신·의촉을 인연으로 생겨난 여러 수를 사유하지 않는다면, 곧 욕계·색계·무색계에 염오되어 집착하지 않는 것이니, 만약 욕계·색계·무색계에 염오되어 집착하지 않는다면, 곧 능히 제보살마하살의 행을 구족하게 되고 수행하여서 무상정등보리를 증득하느니라.

이러한 까닭으로 선현이여. 만약 보살마하살이 보살마하살의 행을 수행하고자 하였거나, 무상정등보리를 증득하고자 하였다면 마땅히 매우 깊은 반야바라밀다를 정근하면서 수학할 것이고, 염오되어 집착하는 제법을 상응하여 사유하지 않아야 하느니라.

선현이여. 만약 보살마하살이 지계를 사유하고 수·화·풍·공·식계를 사유한다면, 곧 욕계·색계·무색계에 염오되어 집착하는 것이니, 만약 욕계·색계·무색계에 염오되어 집착한다면, 능히 제보살마하살의 행을 구족하게 되고 수행하였더라도 무상정등보리를 증득하지 못하느니라.

만약 보살마하살이 지계를 사유하지 않고 수·화·풍·공·식계를 사유하지 않는다면, 곧 욕계·색계·무색계에 염오되어 집착하지 않는 것이니, 만약 욕계·색계·무색계에 염오되어 집착하지 않는다면, 곧 능히 제보살마하살의 행을 구족하게 되고 수행하여서 무상정등보리를 증득하느니라.

이러한 까닭으로 선현이여. 만약 보살마하살이 보살마하살의 행을 수행하고자 하였거나, 무상정등보리를 증득하고자 하였다면 마땅히 매우 깊은 반야바라밀다를 정근하면서 수학할 것이고, 염오되어 집착하는 제법을 상응하여 사유하지 않아야 하느니라.

선현이여. 만약 보살마하살이 무명을 사유하고 행·식·명색·육처·촉·수·애·취·유·생·노사의 수탄고우뇌를 사유한다면, 곧 욕계·색계·무색계에 염오되어 집착하는 것이니, 만약 욕계·색계·무색계에 염오되어 집착한다면, 능히 제보살마하살의 행을 구족하게 되고 수행하였더라도 무상정등보리를 증득하지 못하느니라. 만약 보살마하살이 무명을 사유하지 않고 행·식·명색·육처·촉·수·애·취·유·생·노사의 수탄고우뇌를 사유하지 않는다면, 곧 욕계·색계·무색계에 염오되어 집착하지 않는 것이니, 만약 욕계·색계·무색계에 염오되어 집착하지 않는다면, 곧 능히 제보살마하살의 행을 구족하게 되고 수행하여서 무상정등보리를 증득하느니라.

이러한 까닭으로 선현이여. 만약 보살마하살이 보살마하살의 행을 수행하고자 하였거나, 무상정등보리를 증득하고자 하였다면 마땅히 매우 깊은 반야바라밀다를 정근하면서 수학할 것이고, 염오되어 집착하는 제법을 상응하여 사유하지 않아야 하느니라.

선현이여. 만약 보살마하살이 보시바라밀다를 사유하고 정계·안인·정진·정려·반야바라밀다를 사유한다면, 곧 욕계·색계·무색계에 염오되어 집착하는 것이니, 만약 욕계·색계·무색계에 염오되어 집착한다면, 능히 제보살마하살의 행을 구족하게 되고 수행하였더라도 무상정등보리를 증득하지 못하느니라. 만약 보살마하살이 보시바라밀다를 사유하지 않고 정계, 나아가 반야바라밀다를 사유하지 않는다면, 곧 욕계·색계·무색계에 염오되어 집착하지 않는 것이니, 만약 욕계·색계·무색계에 염오되어 집착하지 않는다면, 곧 능히 제보살마하살의 행을 구족하게 되고 수행하여서 무상정등보리를 증득하느니라.

이러한 까닭으로 선현이여. 만약 보살마하살이 보살마하살의 행을 수행하고자 하였거나, 무상정등보리를 증득하고자 하였다면 마땅히 매우 깊은 반야바라밀다를 정근하면서 수학할 것이고, 염오되어 집착하는 제법을 상응하여 사유하지 않아야 하느니라.

선현이여. 만약 보살마하살이 내공을 사유하고 외공·내외공·공공·대공·승의공·유위공·무위공·필경공·무제공·산공·무변이공·본성공·자상공·공상공·일체법공·불가득공·무성공·자성공·무성자성공을 사유한다면, 곧 욕계·색계·무색계에 염오되어 집착하는 것이니, 만약 욕계·색계·무색계에 염오되어 집착한다면, 능히 제보살마하살의 행을 구족하게 되고 수행하였더라도 무상정등보리를 증득하지 못하느니라. 만약 보살마하살이 내공을 사유하지 않고 외공, 나아가 무성자성공을 사유하지 않는다면, 곧 욕계·색계·무색계에 염오되어 집착하지 않는 것이니, 만약 욕계·색계·무색계에 염오되어 집착하지 않는다면, 곧 능히 제보살마하살의 행을 구족하게 되고 수행하여서 무상정등보리를 증득하느니라.

이러한 까닭으로 선현이여. 만약 보살마하살이 보살마하살의 행을 수행하고자 하였거나, 무상정등보리를 증득하고자 하였다면 마땅히 매우 깊은 반야바라밀다를 정근하면서 수학할 것이고, 염오되어 집착하는 제법을 상응하여 사유하지 않아야 하느니라.

선현이여. 만약 보살마하살이 진여를 사유하고 법계·법성·불허망성·불변이성·평등성·이생성·법정·법주·실제·허공계·부사의계를 사유한다면, 곧 욕계·색계·무색계에 염오되어 집착하는 것이니, 만약 욕계·색계·무색계에 염오되어 집착한다면, 능히 제보살마하살의 행을 구족하게 되고 수행하였더라도 무상정등보리를 증득하지 못하느니라. 만약 보살마하살이 진여를 사유하지 않고 법계, 나아가 부사의계를 사유하지 않는다면, 곧 욕계·색계·무색계에 염오되어 집착하지 않는 것이니, 만약 욕계·색계·무색계에 염오되어 집착하지 않는다면, 곧 능히 제보살마하살의 행을 구족하게 되고 수행하여서 무상정등보리를 증득하느니라.

이러한 까닭으로 선현이여. 만약 보살마하살이 보살마하살의 행을 수행하고자 하였거나, 무상정등보리를 증득하고자 하였다면 마땅히 매우 깊은 반야바라밀다를 정근하면서 수학할 것이고, 염오되어 집착하는 제법을 상응하여 사유하지 않아야 하느니라.

선현이여. 만약 보살마하살이 고성제를 사유하고 집·멸·도성제를 사유한다면, 곧 욕계·색계·무색계에 염오되어 집착하는 것이니, 만약 욕계·색계·무색계에 염오되어 집착한다면, 능히 제보살마하살의 행을 구족하게 되고 수행하였더라도 무상정등보리를 증득하지 못하느니라. 만약 보살마하살이 고성제를 사유하지 않고 집·멸·도성제를 사유하지 않는다면, 곧 욕계·색계·무색계에 염오되어 집착하지 않는 것이니, 만약 욕계·색계·무색계에 염오되어 집착하지 않는다면, 곧 능히 제보살마하살의 행을 구족하게 되고 수행하여서 무상정등보리를 증득하느니라.

이러한 까닭으로 선현이여. 만약 보살마하살이 보살마하살의 행을 수행하고자 하였거나, 무상정등보리를 증득하고자 하였다면 마땅히 매우 깊은 반야바라밀다를 정근하면서 수학할 것이고, 염오되어 집착하는 제법을 상응하여 사유하지 않아야 하느니라.

선현이여. 만약 보살마하살이 4정려를 사유하고 4무량·4무색정을 사유한다면, 곧 욕계·색계·무색계에 염오되어 집착하는 것이니, 만약 욕계·색계·무색계에 염오되어 집착한다면, 능히 제보살마하살의 행을 구족하게 되고 수행하였더라도 무상정등보리를 증득하지 못하느니라. 만약 보살마하살이 4정려를 사유하지 않고 4무량·4무색정을 사유하지 않는다면, 곧 욕계·색계·무색계에 염오되어 집착하지 않는 것이니, 만약 욕계·색계·무색계에 염오되어 집착하지 않는다면, 곧 능히 제보살마하살의 행을 구족하게 되고 수행하여서 무상정등보리를 증득하느니라.

이러한 까닭으로 선현이여. 만약 보살마하살이 보살마하살의 행을 수행하고자 하였거나, 무상정등보리를 증득하고자 하였다면 마땅히 매우 깊은 반야바라밀다를 정근하면서 수학할 것이고, 염오되어 집착하는 제법을 상응하여 사유하지 않아야 하느니라.

선현이여. 만약 보살마하살이 8해탈을 사유하고 8승처·9차제정·10변처를 사유한다면, 곧 욕계·색계·무색계에 염오되어 집착하는 것이니, 만약 욕계·색계·무색계에 염오되어 집착한다면, 능히 제보살마하살의 행을 구족하게 되고 수행하였더라도 무상정등보리를 증득하지 못하느니라. 만약 보살마하살이 8해탈을 사유하지 않고 8승처·9차제정·10변처를 사유하지 않는다면, 곧 욕계·색계·무색계에 염오되어 집착하지 않는 것이니, 만약 욕계·색계·무색계에 염오되어 집착하지 않는다면, 곧 능히 제보살마하살의 행을 구족하게 되고 수행하여서 무상정등보리를 증득하느니라.

이러한 까닭으로 선현이여. 만약 보살마하살이 보살마하살의 행을 수행하고자 하였거나, 무상정등보리를 증득하고자 하였다면 마땅히 매우 깊은 반야바라밀다를 정근하면서 수학할 것이고, 염오되어 집착하는 제법을 상응하여 사유하지 않아야 하느니라.

선현이여. 만약 보살마하살이 4념주를 사유하고 4정단·4신족·5근·5력·7등각지·8성도지를 사유한다면, 곧 욕계·색계·무색계에 염오되어 집착하는 것이니, 만약 욕계·색계·무색계에 염오되어 집착한다면, 능히 제보살마하살의 행을 구족하게 되고 수행하였더라도 무상정등보리를 증득하지 못하느니라. 만약 보살마하살이 4념주를 사유하지 않고 4정단, 나아가 8성도지를 사유하지 않는다면, 곧 욕계·색계·무색계에 염오되어 집착하지 않는 것이니, 만약 욕계·색계·무색계에 염오되어 집착하지 않는다면, 곧 능히 제보살마하살의 행을 구족하게 되고 수행하여서 무상정등보리를 증득하느니라.

이러한 까닭으로 선현이여. 만약 보살마하살이 보살마하살의 행을 수행하고자 하였거나, 무상정등보리를 증득하고자 하였다면 마땅히 매우 깊은 반야바라밀다를 정근하면서 수학할 것이고, 염오되어 집착하는 제법을 상응하여 사유하지 않아야 하느니라.

선현이여. 만약 보살마하살이 공해탈문을 사유하고 무상·무원해탈문을 사유한다면, 곧 욕계·색계·무색계에 염오되어 집착하는 것이니, 만약 욕계·색계·무색계에 염오되어 집착한다면, 능히 제보살마하살의 행을 구족하게 되고 수행하였더라도 무상정등보리를 증득하지 못하느니라. 만약 보살마하살이 공해탈문을 사유하지 않고 무상·무원해탈문을 사유하지 않는다면, 곧 욕계·색계·무색계에 염오되어 집착하지 않는 것이니, 만약 욕계·색계·무색계에 염오되어 집착하지 않는다면, 곧 능히 제보살마하살의 행을 구족하게 되고 수행하여서 무상정등보리를 증득하느니라.

이러한 까닭으로 선현이여. 만약 보살마하살이 보살마하살의 행을 수행하고자 하였거나, 무상정등보리를 증득하고자 하였다면 마땅히 매우 깊은 반야바라밀다를 정근하면서 수학할 것이고, 염오되어 집착하는 제법을 상응하여 사유하지 않아야 하느니라.

선현이여. 만약 보살마하살이 5안을 사유하고 6신통을 사유한다면, 곧 욕계·색계·무색계에 염오되어 집착하는 것이니, 만약 욕계·색계·무색계에 염오되어 집착한다면, 능히 제보살마하살의 행을 구족하게 되고 수행하였더라도 무상정등보리를 증득하지 못하느니라. 만약 보살마하살이 5안을 사유하지 않고 6신통을 사유하지 않는다면, 곧 욕계·색계·무색계에 염오되어 집착하지 않는 것이니, 만약 욕계·색계·무색계에 염오되어 집착하지 않는다면, 곧 능히 제보살마하살의 행을 구족하게 되고 수행하여서 무상정등보리를 증득하느니라.

이러한 까닭으로 선현이여. 만약 보살마하살이 보살마하살의 행을 수행하고자 하였거나, 무상정등보리를 증득하고자 하였다면 마땅히 매우 깊은 반야바라밀다를 정근하면서 수학할 것이고, 염오되어 집착하는 제법을 상응하여 사유하지 않아야 하느니라.

선현이여. 만약 보살마하살이 여래의 10력을 사유하고 4무소외·4무애해·대자·대비·대희·대사·18불불공법을 사유한다면, 곧 욕계·색계·무색계에 염오되어 집착하는 것이니, 만약 욕계·색계·무색계에 염오되어 집착한다면, 능히 제보살마하살의 행을 구족하게 되고 수행하였더라도 무상정등보리를 증득하지 못하느니라. 만약 보살마하살이 여래의 10력을 사유하지 않고 4무소외, 나아가 18불불공법을 사유하지 않는다면, 곧 욕계·색계·무색계에 염오되어 집착하지 않는 것이니, 만약 욕계·색계·무색계에 염오되어 집착하지 않는다면, 곧 능히 제보살마하살의 행을 구족하게 되고 수행하여서 무상정등보리를 증득하느니라.

이러한 까닭으로 선현이여. 만약 보살마하살이 보살마하살의 행을 수행하고자 하였거나, 무상정등보리를 증득하고자 하였다면 마땅히 매우 깊은 반야바라밀다를 정근하면서 수학할 것이고, 염오되어 집착하는 제법을 상응하여 사유하지 않아야 하느니라.

선현이여. 만약 보살마하살이 무망실법을 사유하고 항주사성을 사유한다면, 곧 욕계·색계·무색계에 염오되어 집착하는 것이니, 만약 욕계·색계·무색계에 염오되어 집착한다면, 능히 제보살마하살의 행을 구족하게 되고 수행하였더라도 무상정등보리를 증득하지 못하느니라. 만약 보살마하살이 무망실법을 사유하지 않고 항주사성을 사유하지 않는다면, 곧 욕계·색계·무색계에 염오되어 집착하지 않는 것이니, 만약 욕계·색계·무색계에 염오되어 집착하지 않는다면, 곧 능히 제보살마하살의 행을 구족하게 되고 수행하여서 무상정등보리를 증득하느니라.

이러한 까닭으로 선현이여. 만약 보살마하살이 보살마하살의 행을 수행하고자 하였거나, 무상정등보리를 증득하고자 하였다면 마땅히 매우 깊은 반야바라밀다를 정근하면서 수학할 것이고, 염오되어 집착하는 제법을 상응하여 사유하지 않아야 하느니라.

선현이여. 만약 보살마하살이 일체지를 사유하고 도상지·일체상지를 사유한다면, 곧 욕계·색계·무색계에 염오되어 집착하는 것이니, 만약 욕계·색계·무색계에 염오되어 집착한다면, 능히 제보살마하살의 행을 구족하게 되고 수행하였더라도 무상정등보리를 증득하지 못하느니라. 만약 보살마하살이 일체지를 사유하지 않고 도상지·일체상지를 사유하지 않는다면, 곧 욕계·색계·무색계에 염오되어 집착하지 않는 것이니, 만약 욕계·색계·무색계에 염오되어 집착하지 않는다면, 곧 능히 제보살마하살의 행을 구족하게 되고 수행하여서 무상정등보리를 증득하느니라.

이러한 까닭으로 선현이여. 만약 보살마하살이 보살마하살의 행을 수행하고자 하였거나, 무상정등보리를 증득하고자 하였다면 마땅히 매우 깊은 반야바라밀다를 정근하면서 수학할 것이고, 염오되어 집착하는 제법을 상응하여 사유하지 않아야 하느니라.

선현이여. 만약 보살마하살이 일체의 다라니문을 사유하고 일체의 삼마지문을 사유한다면, 곧 욕계·색계·무색계에 염오되어 집착하는 것이니, 만약 욕계·색계·무색계에 염오되어 집착한다면, 능히 제보살마하살의 행을 구족하게 되고 수행하였더라도 무상정등보리를 증득하지 못하느니라. 만약 보살마하살이 일체의 다라니문을 사유하지 않고 일체의 삼마지문을 사유하지 않는다면, 곧 욕계·색계·무색계에 염오되어 집착하지 않는 것이니, 만약 욕계·색계·무색계에 염오되어 집착하지 않는다면, 곧 능히 제보살마하살의 행을 구족하게 되고 수행하여서 무상정등보리를 증득하느니라.

이러한 까닭으로 선현이여. 만약 보살마하살이 보살마하살의 행을 수행하고자 하였거나, 무상정등보리를 증득하고자 하였다면 마땅히 매우 깊은 반야바라밀다를 정근하면서 수학할 것이고, 염오되어 집착하는 제법을 상응하여 사유하지 않아야 하느니라.

선현이여. 만약 보살마하살이 예류과를 사유하고 일래·불환·아라한과를 사유한다면, 곧 욕계·색계·무색계에 염오되어 집착하는 것이니, 만약 욕계·색계·무색계에 염오되어 집착한다면, 능히 제보살마하살의 행을 구족하게 되고 수행하였더라도 무상정등보리를 증득하지 못하느니라. 만약 보살마하살이 예류과를 사유하지 않고 일래·불환·아라한과를 사유하지 않는다면, 곧 욕계·색계·무색계에 염오되어 집착하지 않는 것이니, 만약 욕계·색계·무색계에 염오되어 집착하지 않는다면, 곧 능히 제보살마하살의 행을 구족하게 되고 수행하여서 무상정등보리를 증득하느니라.

이러한 까닭으로 선현이여. 만약 보살마하살이 보살마하살의 행을 수행하고자 하였거나, 무상정등보리를 증득하고자 하였다면 마땅히 매우 깊은 반야바라밀다를 정근하면서 수학할 것이고, 염오되어 집착하는 제법을 상응하여 사유하지 않아야 하느니라.

선현이여. 만약 보살마하살이 독각의 보리를 사유한다면, 곧 욕계·색계·무색계에 염오되어 집착하는 것이니, 만약 욕계·색계·무색계에 염오되어 집착한다면, 능히 제보살마하살의 행을 구족하게 되고 수행하였더라도 무상정등보리를 증득하지 못하느니라. 만약 보살마하살이 독각의 보리를 사유하지 않는다면, 곧 욕계·색계·무색계에 염오되어 집착하지 않는 것이니, 만약 욕계·색계·무색계에 염오되어 집착하지 않는다면, 곧 능히 제보살마하살의 행을 구족하게 되고 수행하여서 무상정등보리를 증득하느니라.

이러한 까닭으로 선현이여. 만약 보살마하살이 보살마하살의 행을 수행하고자 하였거나, 무상정등보리를 증득하고자 하였다면 마땅히 매우 깊은 반야바라밀다를 정근하면서 수학할 것이고, 염오되어 집착하는 제법을 상응하여 사유하지 않아야 하느니라.

선현이여. 만약 보살마하살이 일체의 보살마하살의 행을 사유한다면, 곧 욕계·색계·무색계에 염오되어 집착하는 것이니, 만약 욕계·색계·무색계에 염오되어 집착한다면, 능히 제보살마하살의 행을 구족하게 되고 수행하였더라도 무상정등보리를 증득하지 못하느니라. 만약 보살마하살이 일체의 보살마하살의 행을 사유하지 않는다면, 곧 욕계·색계·무색계에 염오되어 집착하지 않는 것이니, 만약 욕계·색계·무색계에 염오되어 집착하지 않는다면, 곧 능히 제보살마하살의 행을 구족하게 되고 수행하여서 무상정등보리를 증득하느니라.

이러한 까닭으로 선현이여. 만약 보살마하살이 보살마하살의 행을 수행하고자 하였거나, 무상정등보리를 증득하고자 하였다면 마땅히 매우 깊은 반야바라밀다를 정근하면서 수학할 것이고, 염오되어 집착하는 제법을 상응하여 사유하지 않아야 하느니라.

선현이여. 만약 보살마하살이 제불의 무상정등보리를 사유한다면, 곧 욕계·색계·무색계에 염오되어 집착하는 것이니, 만약 욕계·색계·무색계에 염오되어 집착한다면, 능히 제보살마하살의 행을 구족하게 되고 수행하였더라도 무상정등보리를 증득하지 못하느니라. 만약 보살마하살이 제불의 무상정등보리를 사유하지 않는다면, 곧 욕계·색계·무색계에 염오되어 집착하지 않는 것이니, 만약 욕계·색계·무색계에 염오되어 집착하지 않는다면, 곧 능히 제보살마하살의 행을 구족하게 되고 수행하여서 무상정등보리를 증득하느니라.

이러한 까닭으로 선현이여. 만약 보살마하살이 보살마하살의 행을 수행하고자 하였거나, 무상정등보리를 증득하고자 하였다면 마땅히 매우 깊은 반야바라밀다를 정근하면서 수학할 것이고, 염오되어 집착하는 제법을 상응하여 사유하지 않아야 하느니라."

구수 선현이 다시 세존께 아뢰어 말하였다.

"세존이시여. 만일 보살마하살이 매우 깊은 반야바라밀다를 정근(精勤)하면서 수학(修學)한다면 마땅히 무엇에 안주해야 합니까?"

세존께서 말씀하셨다.

"선현이여. 만약 보살마하살이 매우 깊은 반야바라밀다를 정근하면서 수학한다면, 상응하여 색에 안주하지 않아야 하고 역시 상응하여 수·상·행·식에도 안주하지 않아야 하느니라. 선현이여. 만약 보살마하살이 매우 깊은 반야바라밀다를 정근하면서 수학한다면, 상응하여 안처에 안주하지 않아야 하고 역시 상응하여 이·비·설·신·의처에도 안주하지 않아야 하느니라.

선현이여. 만약 보살마하살이 매우 깊은 반야바라밀다를 정근하면서 수학한다면, 상응하여 색처에 안주하지 않아야 하고 역시 상응하여 성·향·미·촉·법처에도 안주하지 않아야 하느니라. 선현이여. 만약 보살마하살이 매우 깊은 반야바라밀다를 정근하면서 수학한다면, 상응하여 안계에 안주하지 않아야 하고 역시 상응하여 이·비·설·신·의계에도 안주하지 않아야 하느니라.

선현이여. 만약 보살마하살이 매우 깊은 반야바라밀다를 정근하면서 수학한다면, 상응하여 색계에 안주하지 않아야 하고 역시 상응하여 성·향·

미·촉·법계에도 안주하지 않아야 하느니라. 선현이여. 만약 보살마하살이 매우 깊은 반야바라밀다를 정근하면서 수학한다면, 상응하여 안식계에 안주하지 않아야 하고 역시 상응하여 이·비·설·신·의식계에도 안주하지 않아야 하느니라.

선현이여. 만약 보살마하살이 매우 깊은 반야바라밀다를 정근하면서 수학한다면, 상응하여 안촉에 안주하지 않아야 하고 역시 상응하여 이·비·설·신·의촉에도 안주하지 않아야 하느니라. 선현이여. 만약 보살마하살이 매우 깊은 반야바라밀다를 정근하면서 수학한다면, 상응하여 안촉을 인연으로 생겨난 여러 수에 안주하지 않아야 하고 역시 상응하여 이·비·설·신·의촉을 인연으로 생겨난 여러 수에도 안주하지 않아야 하느니라.

선현이여. 만약 보살마하살이 매우 깊은 반야바라밀다를 정근하면서 수학한다면, 상응하여 지계에 안주하지 않아야 하고 역시 상응하여 수·화·풍·공·식계에도 안주하지 않아야 하느니라. 선현이여. 만약 보살마하살이 매우 깊은 반야바라밀다를 정근하면서 수학한다면, 상응하여 무명에 안주하지 않아야 하고 역시 상응하여 행·식·명색·육처·촉·수·애·취·유·생·노사의 수탄고우뇌에도 안주하지 않아야 하느니라.

선현이여. 만약 보살마하살이 매우 깊은 반야바라밀다를 정근하면서 수학한다면, 상응하여 보시바라밀다에 안주하지 않아야 하고 역시 상응하여 정계·안인·정진·정려·반야바라밀다에도 안주하지 않아야 하느니라. 선현이여. 만약 보살마하살이 매우 깊은 반야바라밀다를 정근하면서 수학한다면, 상응하여 내공에 안주하지 않아야 하고 역시 상응하여 외공·내외공·공공·대공·승의공·유위공·무위공·필경공·무제공·산공·무변이공·본성공·자상공·공상공·일체법공·불가득공·무성공·자성공·무성자성공에도 안주하지 않아야 하느니라.

선현이여. 만약 보살마하살이 매우 깊은 반야바라밀다를 정근하면서 수학한다면, 상응하여 진여에 안주하지 않아야 하고 역시 상응하여 법계·법성·불허망성·불변이성·평등성·이생성·법정·법주·실제·허공계·부사의계에도 안주하지 않아야 하느니라. 선현이여. 만약 보살마하살이 매우 깊은 반야바라밀다를 정근하면서 수학한다면, 상응하여 고성제에 안주하지 않아야 하고 역시 상응하여 집·멸·도성제에도 안주하지 않아야 하느니라.

선현이여. 만약 보살마하살이 매우 깊은 반야바라밀다를 정근하면서 수학한다면, 상응하여 4정려에 안주하지 않아야 하고 역시 상응하여 4무량·4무색정에도 안주하지 않아야 하느니라. 선현이여. 만약 보살마하살이 매우 깊은 반야바라밀다를 정근하면서 수학한다면, 상응하여 8해탈에 안주하지 않아야 하고 역시 상응하여 8승처·9차제정·10변처에도 안주하지 않아야 하느니라.

선현이여. 만약 보살마하살이 매우 깊은 반야바라밀다를 정근하면서 수학한다면, 상응하여 4념주에 안주하지 않아야 하고 역시 상응하여 4정단·4신족·5근·5력·7등각지·8성도지에도 안주하지 않아야 하느니라. 선현이여. 만약 보살마하살이 매우 깊은 반야바라밀다를 정근하면서 수학한다면, 상응하여 공해탈문에 안주하지 않아야 하고 역시 상응하여 무상·무원해탈문에도 안주하지 않아야 하느니라.

선현이여. 만약 보살마하살이 매우 깊은 반야바라밀다를 정근하면서 수학한다면, 상응하여 5안에 안주하지 않아야 하고 역시 상응하여 6신통에도 안주하지 않아야 하느니라. 선현이여. 만약 보살마하살이 매우 깊은 반야바라밀다를 정근하면서 수학한다면, 상응하여 여래의 10력에 안주하지 않아야 하고 역시 상응하여 4무소외·4무애해·대자·대비·대희·대사·18불불공법에도 안주하지 않아야 하느니라.

선현이여. 만약 보살마하살이 매우 깊은 반야바라밀다를 정근하면서 수학한다면, 상응하여 무망실법에 안주하지 않아야 하고 역시 상응하여 항주사성에도 안주하지 않아야 하느니라. 선현이여. 만약 보살마하살이 매우 깊은 반야바라밀다를 정근하면서 수학한다면, 상응하여 일체지에 안주하지 않아야 하고 역시 상응하여 도상지·일체상지에도 안주하지 않아야 하느니라.

선현이여. 만약 보살마하살이 매우 깊은 반야바라밀다를 정근하면서 수학한다면, 상응하여 일체의 다라니문에 안주하지 않아야 하고 역시 상응하여 일체의 삼마지문에도 안주하지 않아야 하느니라. 선현이여. 만약 보살마하살이 매우 깊은 반야바라밀다를 정근하면서 수학한다면, 상응하여 예류과에 안주하지 않아야 하고 역시 상응하여 일래·불환·아라한과에도 안주하지 않아야 하느니라.

선현이여. 만약 보살마하살이 매우 깊은 반야바라밀다를 정근하면서 수학한다면, 상응하여 독각의 보리에 안주하지 않아야 하느니라. 선현이여. 만약 보살마하살이 매우 깊은 반야바라밀다를 정근하면서 수학한다면, 상응하여 일체의 보살마하살의 행에 안주하지 않아야 하느니라. 선현이여. 만약 보살마하살이 매우 깊은 반야바라밀다를 정근하면서 수학한다면, 상응하여 제불의 무상정등보리에 안주하지 않아야 하느니라."

구수 선현이 다시 세존께 아뢰어 말하였다.

"세존이시여. 무슨 인연으로 보살마하살이 매우 깊은 반야바라밀다를 정근하면서 수학한다면 상응하여 색에 안주하지 않아야 하고, 역시 상응하여 수·상·행·식에도 안주하지 않아야 합니까? 세존이시여. 무슨 인연으로 보살마하살이 매우 깊은 반야바라밀다를 정근하면서 수학한다면 상응하여 안처에 안주하지 않아야 하고, 역시 상응하여 이·비·설·신·의처에도 안주하지 않아야 합니까?

세존이시여. 무슨 인연으로 보살마하살이 매우 깊은 반야바라밀다를 정근하면서 수학한다면 상응하여 색처에 안주하지 않아야 하고, 역시 상응하여 성·향·미·촉·법처에도 안주하지 않아야 합니까? 세존이시여. 무슨 인연으로 보살마하살이 매우 깊은 반야바라밀다를 정근하면서 수학한다면 상응하여 안계에 안주하지 않아야 하고, 역시 상응하여 이·비·설·신·의계에도 안주하지 않아야 합니까?

세존이시여. 무슨 인연으로 보살마하살이 매우 깊은 반야바라밀다를 정근하면서 수학한다면 상응하여 색계에 안주하지 않아야 하고, 역시 상응하여 성·향·미·촉·법계에도 안주하지 않아야 합니까? 세존이시여.

무슨 인연으로 보살마하살이 매우 깊은 반야바라밀다를 정근하면서 수학한다면 상응하여 안식계에 안주하지 않아야 하고, 역시 상응하여 이·비·설·신·의식계에도 안주하지 않아야 합니까?

세존이시여. 무슨 인연으로 보살마하살이 매우 깊은 반야바라밀다를 정근하면서 수학한다면 상응하여 안촉에 안주하지 않아야 하고, 역시 상응하여 이·비·설·신·의촉에도 안주하지 않아야 합니까? 세존이시여. 무슨 인연으로 보살마하살이 매우 깊은 반야바라밀다를 정근하면서 수학한다면 상응하여 안촉을 인연으로 생겨난 여러 수에 안주하지 않아야 하고, 역시 상응하여 이·비·설·신·의촉을 인연으로 생겨난 여러 수에도 안주하지 않아야 합니까?

세존이시여. 무슨 인연으로 보살마하살이 매우 깊은 반야바라밀다를 정근하면서 수학한다면 상응하여 지계에 안주하지 않아야 하고, 역시 상응하여 수·화·풍·공·식계에도 안주하지 않아야 합니까? 세존이시여. 무슨 인연으로 보살마하살이 매우 깊은 반야바라밀다를 정근하면서 수학한다면 상응하여 무명에 안주하지 않아야 하고, 역시 상응하여 행·식·명색·육처·촉·수·애·취·유·생·노사의 수탄고우뇌에도 안주하지 않아야 합니까?

세존이시여. 무슨 인연으로 보살마하살이 매우 깊은 반야바라밀다를 정근하면서 수학한다면 상응하여 보시바라밀다에 안주하지 않아야 하고, 역시 상응하여 정계·안인·정진·정려·반야바라밀다에도 안주하지 않아야 합니까? 세존이시여. 무슨 인연으로 보살마하살이 매우 깊은 반야바라밀다를 정근하면서 수학한다면 상응하여 내공에 안주하지 않아야 하고, 역시 상응하여 외공·내외공·공공·대공·승의공·유위공·무위공·필경공·무제공·산공·무변이공·본성공·자상공·공상공·일체법공·불가득공·무성공·자성공·무성자성공에도 안주하지 않아야 합니까?

세존이시여. 무슨 인연으로 보살마하살이 매우 깊은 반야바라밀다를 정근하면서 수학한다면 상응하여 진여에 안주하지 않아야 하고, 역시 상응하여 법계·법성·불허망성·불변이성·평등성·이생성·법정·법주·실제·허공계·부사의계에도 안주하지 않아야 합니까? 세존이시여. 무슨 인연으로 보살마하살이 매우 깊은 반야바라밀다를 정근하면서 수학한다면 상응하여 고성제에 안주하지 않아야 하고, 역시 상응하여 집·멸·도성제에도 안주하지 않아야 합니까?

세존이시여. 무슨 인연으로 보살마하살이 매우 깊은 반야바라밀다를 정근하면서 수학한다면 상응하여 4정려에 안주하지 않아야 하고, 역시 상응하여 4무량·4무색정에도 안주하지 않아야 합니까? 세존이시여. 무슨 인연으로 보살마하살이 매우 깊은 반야바라밀다를 정근하면서 수학한다면 상응하여 8해탈에 안주하지 않아야 하고, 역시 상응하여 8승처·9차제정·10변처에도 안주하지 않아야 합니까?

세존이시여. 무슨 인연으로 보살마하살이 매우 깊은 반야바라밀다를 정근하면서 수학한다면 상응하여 4념주에 안주하지 않아야 하고, 역시 상응하여 4정단·4신족·5근·5력·7등각지·8성도지에도 안주하지 않아야 합니까? 세존이시여. 무슨 인연으로 보살마하살이 매우 깊은 반야바라밀다를 정근하면서 수학한다면 상응하여 공해탈문에 안주하지 않아야 하고, 역시 상응하여 무상·무원해탈문에도 안주하지 않아야 합니까?

세존이시여. 무슨 인연으로 보살마하살이 매우 깊은 반야바라밀다를 정근하면서 수학한다면 상응하여 5안에 안주하지 않아야 하고, 역시 상응하여 6신통에도 안주하지 않아야 합니까? 세존이시여. 무슨 인연으로 보살마하살이 매우 깊은 반야바라밀다를 정근하면서 수학한다면 상응하여 여래의 10력에 안주하지 않아야 하고, 역시 상응하여 4무소외·4무애해·대자·대비·대희·대사·18불불공법에도 안주하지 않아야 합니까?

세존이시여. 무슨 인연으로 보살마하살이 매우 깊은 반야바라밀다를 정근하면서 수학한다면 상응하여 무망실법에 안주하지 않아야 하고, 역시 상응하여 항주사성에도 안주하지 않아야 합니까? 세존이시여. 무슨 인연으로 보살마하살이 매우 깊은 반야바라밀다를 정근하면서 수학한다면 상응하여 일체지에 안주하지 않아야 하고, 역시 상응하여 도상지·일체상지에도 안주하지 않아야 합니까?

세존이시여. 무슨 인연으로 보살마하살이 매우 깊은 반야바라밀다를 정근하면서 수학한다면 상응하여 일체의 다라니문에 안주하지 않아야 하고, 역시 상응하여 일체의 삼마지문에도 안주하지 않아야 합니까? 세존이시여. 무슨 인연으로 보살마하살이 매우 깊은 반야바라밀다를 정근하면서 수학한다면 상응하여 예류과에 안주하지 않아야 하고, 역시 상응하여 일래·불환·아라한에도 안주하지 않아야 합니까?

세존이시여. 무슨 인연으로 보살마하살이 매우 깊은 반야바라밀다를 정근하면서 수학한다면 상응하여 독각의 보리에 안주하지 않아야 합니까? 세존이시여. 무슨 인연으로 보살마하살이 매우 깊은 반야바라밀다를 정근하면서 수학한다면 상응하여 일체의 보살마하살의 행에 안주하지 않아야 합니까? 세존이시여. 무슨 인연으로 보살마하살이 매우 깊은 반야바라밀다를 정근하면서 수학한다면 상응하여 제불의 무상정등보리에 안주하지 않아야 합니까?"

세존께서 말씀하셨다.

"선현이여. 만약 보살마하살이 매우 깊은 반야바라밀다를 정근하면서 수학한다면 일체법에서 집착(執着)이 없는 까닭으로 색에 상응하여 안주하지 않아야 하고 역시 수·상·행·식에도 상응하여 안주하지 않아야 하며, 안처에 상응하여 안주하지 않아야 하고 역시 이·비·설·신·의처에도 상응하여 안주하지 않아야 하며, 색처에 상응하여 안주하지 않아야 하고 역시 성·향·미·촉·법처에도 상응하여 안주하지 않아야 하며, 안계에 상응하여 안주하지 않아야 하고 역시 이·비·설·신·의계에도 상응하여 안주하지 않아야 하며, 색계에 상응하여 안주하지 않아야 하고 역시 성·향·미·촉·법계에도 상응하여 안주하지 않아야 하며, 안식계에 상응하여 안주하지 않아야 하고 역시 이·비·설·신·의식계에도 상응하여 안주하지 않아야 하느니라.

안촉에 상응하여 안주하지 않아야 하고 역시 이·비·설·신·의촉에도 상응하여 안주하지 않아야 하며, 안촉을 인연으로 생겨난 여러 수에 상응하여 안주하지 않아야 하고 역시 이·비·설·신·의촉을 인연으로 생겨난 여러 수에도 상응하여 안주하지 않아야 하며, 지계에 상응하여 안주하지 않아야 하고 역시 수·화·풍·공·식계에도 상응하여 안주하지 않아야 하며, 상응하여 무명에 안주하지 않아야 하고 역시 행·식·명색·육처·촉·수·애·취·유·생·노사의 수탄고우뇌에도 상응하여 안주하지 않아야 하며, 보시바라밀다에 상응하여 안주하지 않아야 하고 역시 정계·안인·정진·정려·반야바라밀다에도 상응하여 안주하지 않아야 하느니라.

내공에 상응하여 안주하지 않아야 하고 역시 외공·내외공·공공·대공·승의공·유위공·무위공·필경공·무제공·산공·무변이공·본성공·자상공·공상공·일체법공·불가득공·무성공·자성공·무성자성공에도 상응하여 안주하지 않아야 하며, 진여에 안주하지 않아야 하고 역시 법계·법성·불허망성·불변이성·평등성·이생성·법정·법주·실제·허공계·부사의계에도 상응하여 안주하지 않아야 하며, 고성제에 상응하여 안주하지 않아야 하고 역시 집·멸·도성제에도 상응하여 안주하지 않아야 하며, 4정려에 상응하여 안주하지 않아야 하고 역시 4무량·4무색정에도 상응하여 안주하지 않아야 하며, 8해탈에 상응하여 안주하지 않아야 하고 역시 8승처·9차제정·10변처에도 상응하여 안주하지 않아야 하며, 4념주에 상응하여 안주하지 않아야 하고 역시 4정단·4신족·5근·5력·7등각지·8성도지에도 상응하여 안주하지 않아야 하느니라.

공해탈문에 상응하여 안주하지 않아야 하고 역시 무상·무원해탈문에도 상응하여 안주하지 않아야 하며, 5안에 상응하여 안주하지 않아야 하고 역시 6신통에도 상응하여 안주하지 않아야 하며, 여래의 10력에 상응하여 안주하지 않아야 하고 역시 4무소외·4무애해·대자·대비·대희·대사·18불불공법에도 상응하여 안주하지 않아야 하며, 무망실법에 상응하여 안주하지 않아야 하고 역시 항주사성에도 상응하여 안주하지 않아야 하며, 일체지에 상응하여 안주하지 않아야 하고 역시 도상지·일체상지에도 상응하여 안주하지 않아야 하며, 일체의 다라니문에 상응하여 안주하지 않아야 하고 역시 일체의 삼마지문에도 상응하여 안주하지 않아야 하느니라.

예류과에 상응하여 안주하지 않아야 하고 역시 일래·불환·아라한에도 상응하여 안주하지 않아야 하며, 독각의 보리에 상응하여 안주하지 않아야 하고, 일체의 보살마하살의 행에도 상응하여 안주하지 않아야 하며, 제불의 무상정등보리에 상응하여 안주하지 않아야 하느니라.

왜 그러한가? 선현이여. 이 보살마하살은 그 가운데에서 집착을 일으키거나, 안주할 법이 있다고 보지 않는 까닭이니라. 선현이여. 이와 같이 보살마하살은 집착함이 없는 것과 안주가 없는 것으로써 방편을 삼아서 깊은 반야바라밀다를 행하느니라.

다시 다음으로 선현이여. 만약 보살마하살이 '만약 이와 같이 집착함이 없는 것과 안주가 없는 것으로써 깊은 반야바라밀다를 행한다면 이것이 반야바라밀다를 수행하는 것이고, 만약 이와 같이 집착함이 없는 것과 안주가 없는 것으로써 깊은 반야바라밀다를 수행한다면 이것이 반야바라밀다를 수행하는 것이다. 나는 상응하여 이와 같은 깊은 반야바라밀다를 행하여야 하고 나는 상응하여 이와 같은 깊은 반야바라밀다를 수행해야 한다.'라고 이와 같이 생각을 지었다면, 선현이여. 이 보살마하살은 오히려 이와 같은 생각으로 상을 취하고 집착하므로 반야바라밀다를 멀리 벗어나나니, 만약 반야바라밀다를 멀리 벗어났다면 정려·정진·안인·정계·보시바라밀다를 멀리 벗어나는 것이니라.

역시 내공·외공·내외공·공공·대공·승의공·유위공·무위공·필경공·무제공·산공·무변이공·본성공·자상공·공상공·일체법공·불가득공·무성공·자성공·무성자성공을 멀리 벗어나는 것이고, 역시 진여·법계·법성·불허망성·불변이성·평등성·이생성·법정·법주·실제·허공계·부사의계를 멀리 벗어나는 것이며, 역시 고·집·멸·도성제를 멀리 벗어나는 것이고, 역시 4정려·4무량·4무색정을 멀리 벗어나는 것이며, 역시 8해탈·8승처·9차제정·10변처를 멀리 벗어나는 것이고, 역시 4념주·4정단·4신족·5근·5력·7등각지·8성도지를 멀리 벗어나는 것이며, 역시 공·무상·무원의 해탈문을 멀리 벗어나는 것이니라.

역시 5안·6신통을 멀리 벗어나는 것이고, 역시 여래의 10력·4무소외·4

무애해·대자·대비·대희·대사·18불불공법을 멀리 벗어나는 것이며, 역시 무망실법·항주사성을 멀리 벗어나는 것이고, 역시 일체지·도상지·일체상지를 멀리 벗어나는 것이며, 역시 일체의 다라니문·일체의 삼마지문을 멀리 벗어나는 것이고, 역시 일체의 보살마하살의 행을 멀리 벗어나는 것이며, 역시 제불의 무상정등보리를 멀리 벗어나는 것이니라. 왜 그러한가? 선현이여. 매우 깊은 반야바라밀다는 일체법에서 집착이라는 것이 없으므로, 깊은 반야바라밀다는 집착하는 자성이 있지 않으니라.

그 까닭은 무엇인가? 선현이여. 매우 깊은 반야바라밀다는 제법에서 집착할 것이 있다는 자성이 모두 없느니라. 이러한 까닭으로 선현이여. 제보살마하살이 반야바라밀다를 수행하면서 일체법과 더불어 깊은 반야바라밀다에서 집착이 없느니라.

다시 다음으로 선현이여. 만약 보살마하살이 반야바라밀다를 수행하는 때에 '이것이 반야바라밀다이다. 내가 반야바라밀다를 행한다면 곧 이것이 제법의 실상(實相)을 널리 행하는 것이다.'라고 이와 같은 생각을 일으켰다면, 선현이여. 이 보살마하살은 오히려 이러한 생각을 일으켰으므로 곧 반야바라밀다에서 퇴실(退失)하는 것이고, 만약 반야바라밀다에서 퇴실한다면 곧 정려·정진·안인·정계·보시바라밀다에서 퇴실하는 것이니라.

역시 내공·외공·내외공·공공·대공·승의공·유위공·무위공·필경공·무제공·산공·무변이공·본성공·자상공·공상공·일체법공·불가득공·무성공·자성공·무성자성공을 퇴실하는 것이고, 역시 진여·법계·법성·불허망성·불변이성·평등성·이생성·법정·법주·실제·허공계·부사의계를 퇴실하는 것이며, 역시 고·집·멸·도성제를 퇴실하는 것이고, 역시 4정려·4무량·4무색정을 퇴실하는 것이며, 역시 8해탈·8승처·9차제정·10변처를 퇴실하는 것이고, 역시 4념주·4정단·4신족·5근·5력·7등각지·8성도지를 퇴실하는 것이며, 역시 공·무상·무원해탈문을 퇴실하는 것이니라.

역시 5안·6신통을 퇴실하는 것이고, 역시 여래의 10력·4무소외·4무애해·대자·대비·대희·대사·18불불공법을 퇴실하는 것이며, 역시 무망실법·항주사성을 퇴실하는 것이고, 역시 일체지·도상지·일체상지를 퇴실하는 것이며, 역시 일체의 다라니문·일체의 삼마지문을 퇴실하는 것이고, 역시 일체의 보살마하살의 행을 퇴실하는 것이며, 역시 제불의 무상정등보리를 퇴실하는 것이니라. 왜 그러한가? 선현이여. 매우 깊은 반야바라밀다는 이것이 일체 종류의 백법(白法)[1]에서 근본이므로, 만약 반야바라밀다에서 퇴실한다면 곧 일체의 백법에서 퇴실하느니라."

1) 산스크리트어 Śukla-dharma의 번역이고, '청정한 선법(善法)'이라는 뜻이고, 반대는 흑법(黑法)이 있다.

마하반야바라밀다경 제354권

61. 다문불이품(多聞不二品)(4)

"다시 다음으로 선현이여. 만약 보살마하살이 '매우 깊은 반야바라밀다는 보시·정계·안인·정진·정려·반야바라밀다를 널리 능히 섭수하고, 역시 내공·외공·내외공·공공·대공·승의공·유위공·무위공·필경공·무제공·산공·무변이공·본성공·자상공·공상공·일체법공·불가득공·무성공·자성공·무성자성공을 널리 능히 섭수하며, 역시 진여·법계·법성·불허망성·불변이성·평등성·이생성·법정·법주·실제·허공계·부사의계를 널리 능히 섭수하고, 고·집·멸·도성제를 널리 능히 섭수하며,

역시 4정려·4무량·4무색정을 널리 능히 섭수하고, 역시 8해탈·8승처·9차제정·10변처를 널리 능히 섭수하고, 역시 4념주·4정단·4신족·5근·5력·7등각지·8성도지를 널리 능히 섭수하며, 역시 공해탈문·무상·무원해탈문을 널리 능히 섭수하고, 역시 5안·6신통을 널리 능히 섭수하며, 역시 여래의 10력·4무소외·4무애해·대자·대비·대희·대사·18불불공법을 널리 능히 섭수하고, 무망실법·항주사성을 널리 능히 섭수하며,

역시 일체지·도상지·일체상지를 널리 능히 섭수하고, 역시 일체의 다라니문·일체의 삼마지문을 널리 능히 섭수하고, 역시 일체의 보살마하살의 행을 널리 능히 섭수하며, 역시 제불의 무상정등보리를 널리 능히 섭수한다.'라고 이와 같이 생각을 지었다면, 선현이여. 이 보살마하살이 만약 이렇게 생각을 지었다면 곧 반야바라밀다에서 퇴실하는 것이고, 만약 반야바라밀다에서 퇴실한다면 곧 보시·정계·안인·정진·정려·반야

바라밀다를 능히 섭수할 수 없느니라.

역시 내공·외공·내외공·공공·대공·승의공·유위공·무위공·필경공·무제공·산공·무변이공·본성공·자상공·공상공·일체법공·불가득공·무성공·자성공·무성자성공을 능히 섭수할 수 없고, 진여·법계·법성·불허망성·불변이성·평등성·이생성·법정·법주·실제·허공계·부사의계를 능히 섭수할 수 없으며, 역시 고·집·멸·도성제를 능히 섭수할 수 없고, 역시 4정려·4무량·4무색정을 능히 섭수할 수 없으며,

역시 8해탈·8승처·9차제정·10변처를 능히 섭수할 수 없고, 역시 4념주·4정단·4신족·5근·5력·7등각지·8성도지를 능히 섭수할 수 없으며, 역시 공·무상·무원해탈문을 능히 섭수할 수 없고, 역시 5안·6신통을 능히 섭수할 수 없으며, 역시 여래의 10력·4무소외·4무애해·대자·대비·대희·대사·18불불공법을 능히 섭수할 수 없고, 역시 무망실법·항주사성을 능히 섭수할 수 없으며,

역시 일체지·도상지·일체상지를 능히 섭수할 수 없고, 역시 일체의 다라니문·일체의 삼마지문을 능히 섭수할 수 없으며, 역시 일체의 보살마하살의 행을 능히 섭수할 수 없고, 역시 제불의 무상정등보리를 능히 섭수할 수 없느니라. 왜 그러한가? 선현이여. 반야바라밀다를 벗어나서 능히 수승한 선법을 널리 섭수하거나 무상정등보리를 증득할 수 없느니라.

다시 다음으로 선현이여. 만약 보살마하살이 '반야바라밀다에 안주한다면 곧 무상정등보리에서 결정적으로 수기(受記)를 얻는다.'라고 이와 같이 생각을 지었다면, 선현이여. 이 보살마하살이 만약 이렇게 생각을 지었다면 곧 반야바라밀다에서 퇴실하는 것이고, 만약 반야바라밀다에서 퇴실한다면 곧 무상정등보리에서 수기를 얻지 못하느니라. 왜 그러한가? 선현이여. 반야바라밀다를 벗어나서 능히 수승한 선법을 널리 섭수하거나 무상정등보리를 증득할 수 없느니라.

다시 다음으로 선현이여. 만약 보살마하살이 '반야바라밀다에 안주한다면 곧 보시·정계·안인·정진·정려·반야바라밀다를 널리 이끌어서 일으

키는 것이고, 역시 내공·외공·내외공·공공·대공·승의공·유위공·무위공·필경공·무제공·산공·무변이공·본성공·자상공·공상공·일체법공·불가득공·무성공·자성공·무성자성공을 널리 이끌어서 일으키는 것이며, 역시 진여·법계·법성·불허망성·불변이성·평등성·이생성·법정·법주·실제·허공계·부사의계를 널리 이끌어서 일으키는 것이고,

역시 고·집·멸·도성제를 널리 이끌어서 일으키는 것이며, 4정려·4무량·4무색정을 널리 이끌어서 일으키는 것이고, 역시 8해탈·8승처·9차제정·10변처를 널리 이끌어서 일으키는 것이며, 역시 4념주·4정단·4신족·5근·5력·7등각지·8성도지를 널리 이끌어서 일으키는 것이고, 공·무상·무원해탈문을 널리 이끌어서 일으키는 것이며, 역시 5안·6신통을 널리 이끌어서 일으키는 것이고, 역시 여래의 10력·4무소외·4무애해·대자·대비·대희·대사·18불불공법을 널리 이끌어서 일으키는 것이며,

역시 무망실법·항주사성을 널리 이끌어서 일으키는 것이고, 역시 일체의 다라니문·일체의 삼마지문을 널리 이끌어서 일으키는 것이며, 일체지·도상지·일체상지를 널리 이끌어서 일으키는 것이고, 역시 대자·대비·대희·대사·18불불공법도 널리 이끌어서 일으키는 것이다.'라고 이와 같이 생각을 지었다면, 선현이여. 이 보살마하살이 만약 이렇게 생각을 지었다면 곧 반야바라밀다에서 퇴실하는 것이고, 만약 반야바라밀다에서 퇴실한다면 곧 보시·정계·안인·정진·정려·반야바라밀다를 널리 이끌어서 일으킬 수 없느니라.

역시 내공·외공·내외공·공공·대공·승의공·유위공·무위공·필경공·무제공·산공·무변이공·본성공·자상공·공상공·일체법공·불가득공·무성공·자성공·무성자성공을 능히 이끌어서 일으킬 수 없고, 역시 진여·법계·법성·불허망성·불변이성·평등성·이생성·법정·법주·실제·허공계·부사의계를 능히 이끌어서 일으킬 수 없으며, 역시 고·집·멸·도성제를 능히 이끌어서 일으킬 수 없고, 4정려·4무량·4무색정을 능히 이끌어서 일으킬 수 없으며,

역시 8해탈·8승처·9차제정·10변처를 능히 이끌어서 일으킬 수 없고,

역시 4념주·4정단·4신족·5근·5력·7등각지·8성도지를 능히 이끌어서 일으킬 수 없으며, 공·무상·무원해탈문을 능히 이끌어서 일으킬 수 없고, 역시 5안·6신통을 능히 이끌어서 일으킬 수 없으며, 역시 여래의 10력·4무소외·4무애해·대자·대비·대희·대사·18불불공법을 능히 이끌어서 일으킬 수 없고, 역시 무망실법·항주사성을 능히 이끌어서 일으킬 수 없으며,

역시 일체의 다라니문·일체의 삼마지문을 능히 이끌어서 일으킬 수 없고, 일체지·도상지·일체상지를 능히 이끌어서 일으킬 수 없으며, 역시 대자·대비·대희·대사·18불불공법을 능히 이끌어서 일으킬 수 없느니라. 왜 그러한가? 선현이여. 반야바라밀다를 벗어나서 능히 선법을 이끌어서 일으키거나 안주할 수 없느니라.

다시 다음으로 선현이여. 만약 보살마하살이 '세존께서는 제법이 섭수하는 상이 없다고 아시고서 스스로가 무상정등보리를 증득하셨으며, 무상정등보리를 증득하셨으므로 제유정을 위하여 제법의 실상(實相)을 선설하셨고 열어서 보여주셨다.'라고 이와 같이 생각을 지었다면, 선현이여. 이 보살마하살이 만약 이렇게 생각을 지었다면 곧 반야바라밀다에서 퇴실하는 것이니라.

왜 그러한가? 선현이여. 여래께서는 법에서 알지 못하시고, 깨달음이 없으시며 선설이 없으시고 보여주시는 것도 없느니라. 그 까닭은 무엇인가? 제법의 진실한 모양은 알고 깨달을 수 없고 시설할 수도 없는데, 어찌 알고 깨달았으며 말하고 보여주었던 일체법이라는 것이 있겠는가? 만약 진실로 알고 깨달았으며 말하고 보여주었던 일체법이라는 것이 있다고 말하였더라도 이러한 처소는 있지 않느니라."

그때 구수 선현이 세존께 아뢰어 말하였다.

"세존이시여. 어찌하여 보살마하살이 반야바라밀다를 수행한다면 이와 같은 여러 종류의 과실(過失)을 멀리 벗어날 수 있습니까?"

세존께서 말씀하셨다.

"선현이여. 만약 보살마하살이 반야바라밀다를 수행하면서 '제법은

무소유이므로 취할 수 없나니, 만약 제법은 무소유이므로 취할 수 없다면 곧 등각(等覺)을 능히 나타내는 자도 없을 것이고, 역시 능히 선설하거나 열어서 보여주는 자도 없을 것이다.'라고, 만약 이와 같이 행한다면 이것이 반야바라밀다를 행하면서 여러 허물을 벗어나는 것이고, 만약 보살마하살이 무소유이므로 취할 수 없는 법에 집착한다면 곧 반야바라밀다를 벗어나는 것이니라.

왜 그러한가? 선현이여. 매우 깊은 반야바라밀다는 일체법에서 집착이라는 것이 없고 섭수하는 것도 없나니, 만약 제법에서 집착하는 것이 있고 섭수하는 것이 있다면 곧 반야바라밀다를 벗어나느니라."

그때 선현이 세존께 아뢰어 말하였다.

"세존이시여. 반야바라밀다는 반야바라밀다에서 멀리 벗어납니까? 멀리 벗어나지 않습니까? 정려·정진·안인·정계·보시바라밀다는 정려, 나아가 보시바라밀다에서 멀리 벗어납니까? 멀리 벗어나지 않습니까? 세존이시여. 내공은 내공에서 멀리 벗어납니까? 멀리 벗어나지 않습니까? 외공·내외공·공공·대공·승의공·유위공·무위공·필경공·무제공·산공·무변이공·본성공·자상공·공상공·일체법공·불가득공·무성공·자성공·무성자성공은 외공, 나아가 무성자성공에서 멀리 벗어납니까? 멀리 벗어나지 않습니까?

세존이시여. 진여는 진여에서 멀리 벗어납니까? 멀리 벗어나지 않습니까? 법계·법성·불허망성·불변이성·평등성·이생성·법정·법주·실제·허공계·부사의계는 법계, 나아가 부사의계에서 멀리 벗어납니까? 멀리 벗어나지 않습니까? 세존이시여. 고성제는 고성제에서 멀리 벗어납니까? 멀리 벗어나지 않습니까? 집·멸·도성제는 집·멸·도성제에서 멀리 벗어납니까? 멀리 벗어나지 않습니까?

세존이시여. 4정려는 4정려에서 멀리 벗어납니까? 멀리 벗어나지 않습니까? 4무량·4무색정은 4무량·4무색정에서 멀리 벗어납니까? 멀리 벗어나지 않습니까? 세존이시여. 8해탈은 8해탈에서 멀리 벗어납니까? 멀리 벗어나지 않습니까? 8승처·9차제정·10변처는 8승처·9차제정·10변처에서 멀리 벗어납니까? 멀리 벗어나지 않습니까?

세존이시여. 4념주는 4념주에서 멀리 벗어납니까? 멀리 벗어나지 않습니까? 4정단·4신족·5근·5력·7등각지·8성도지는 4정단, 나아가 8성도지에서 멀리 벗어납니까? 멀리 벗어나지 않습니까? 세존이시여. 공해탈문은 공해탈문에서 멀리 벗어납니까? 멀리 벗어나지 않습니까? 무상·무원해탈문은 무상·무원해탈문에서 멀리 벗어납니까? 멀리 벗어나지 않습니까?

세존이시여. 5안은 5안에서 멀리 벗어납니까? 멀리 벗어나지 않습니까? 6신통은 6신통에서 멀리 벗어납니까? 멀리 벗어나지 않습니까? 세존이시여. 여래의 10력은 여래의 10력에서 멀리 벗어납니까? 멀리 벗어나지 않습니까? 4무소외·4무애해·대자·대비·대희·대사·18불불공법은 4무소외, 나아가 18불불공법에서 멀리 벗어납니까? 멀리 벗어나지 않습니까?

세존이시여. 무망실법은 무망실법에서 멀리 벗어납니까? 멀리 벗어나지 않습니까? 항주사성은 항주사성에서 멀리 벗어납니까? 멀리 벗어나지 않습니까? 세존이시여. 일체의 다라니문은 일체의 다라니문에서 멀리 벗어납니까? 멀리 벗어나지 않습니까? 일체의 삼마지문은 일체의 삼마지문에서 멀리 벗어납니까? 멀리 벗어나지 않습니까? 세존이시여. 일체지는 일체지에서 멀리 벗어납니까? 멀리 벗어나지 않습니까? 도상지·일체상지는 도상지·일체상지에서 멀리 벗어납니까? 멀리 벗어나지 않습니까?

세존이시여. 만약 반야바라밀다가 반야바라밀다에서 멀리 벗어나는 것을 시설하였거나, 멀리 벗어나지 않는 것을 시설하였다면, 어떻게 보살마하살이 능히 집착이 없이 반야바라밀다를 이끌어서 일으킬 수 있겠습니까? 세존이시여. 만약 정려·정진·안인·정계·보시바라밀다가 정려, 나아가 보시바라밀다에서 멀리 벗어나는 것을 시설하였거나, 멀리 벗어나지 않는 것을 시설하였다면, 어떻게 보살마하살이 능히 집착이 없이 정려, 나아가 보시바라밀다를 이끌어서 일으킬 수 있겠습니까?

세존이시여. 만약 내공이 내공에서 멀리 벗어나는 것을 시설하였거나, 멀리 벗어나지 않는 것을 시설하였다면, 어떻게 보살마하살이 능히 집착이 없이 내공에 안주할 수 있겠습니까? 세존이시여. 만약 외공·내외공·공공·대공·승의공·유위공·무위공·필경공·무제공·산공·무변이공·본성공·자상공·공상공·일체법공·불가득공·무성공·자성공·무성자성공이 외공, 나아가 무성자성공에서 멀리 벗어나는 것을 시설하였거나, 멀리 벗어나지 않는 것을 시설하였다면, 어떻게 보살마하살이 능히 집착이 없이 외공, 나아가 무성자성공에 안주할 수 있겠습니까?

세존이시여. 만약 진여가 진여에서 멀리 벗어나는 것을 시설하였거나, 멀리 벗어나지 않는 것을 시설하였다면, 어떻게 보살마하살이 능히 집착이 없이 진여에 안주할 수 있겠습니까? 세존이시여. 만약 법계·법성·불허망성·불변이성·평등성·이생성·법정·법주·실제·허공계·부사의계가 법계, 나아가 부사의계에서 멀리 벗어나는 것을 시설하였거나, 멀리 벗어나지 않는 것을 시설하였다면, 어떻게 보살마하살이 능히 집착이 없이 법계, 나아가 부사의계에 안주할 수 있겠습니까?

세존이시여. 만약 고성제가 고성제에서 멀리 벗어나는 것을 시설하였거나, 멀리 벗어나지 않는 것을 시설하였다면, 어떻게 보살마하살이 능히 집착이 없이 고성제에 안주할 수 있겠습니까? 세존이시여. 만약 집·멸·도성제가 집·멸·도성제에서 멀리 벗어나는 것을 시설하였거나, 멀리 벗어나지 않는 것을 시설하였다면, 어떻게 보살마하살이 능히 집착이 없이 집·멸·도성제에 안주할 수 있겠습니까?

세존이시여. 만약 4정려가 4정려에서 멀리 벗어나는 것을 시설하였거나, 멀리 벗어나지 않는 것을 시설하였다면, 어떻게 보살마하살이 능히 집착이 없이 4정려를 이끌어서 일으킬 수 있겠습니까? 세존이시여. 만약 4무량·4무색정이 4무량·4무색정에서 멀리 벗어나는 것을 시설하였거나, 멀리 벗어나지 않는 것을 시설하였다면, 어떻게 보살마하살이 능히 집착이 없이 4무량·4무색정을 이끌어서 일으킬 수 있겠습니까?

세존이시여. 만약 8해탈이 8해탈에서 멀리 벗어나는 것을 시설하였거나, 멀리 벗어나지 않는 것을 시설하였다면, 어떻게 보살마하살이 능히 집착이 없이 8해탈을 이끌어서 일으킬 수 있겠습니까? 세존이시여. 만약

8승처·9차제정·10변처가 8승처·9차제정·10변처에서 멀리 벗어나는 것을 시설하였거나, 멀리 벗어나지 않는 것을 시설하였다면, 어떻게 보살마하살이 능히 집착이 없이 8승처·9차제정·10변처를 이끌어서 일으킬 수 있겠습니까?

세존이시여. 만약 4념주가 4념주에서 멀리 벗어나는 것을 시설하였거나, 멀리 벗어나지 않는 것을 시설하였다면, 어떻게 보살마하살이 능히 집착이 없이 4념주를 이끌어서 일으킬 수 있겠습니까? 세존이시여. 만약 4정단·4신족·5근·5력·7등각지·8성도지가 4정단, 나아가 8성도지에서 멀리 벗어나는 것을 시설하였거나, 멀리 벗어나지 않는 것을 시설하였다면, 어떻게 보살마하살이 능히 집착이 없이 4정단, 나아가 8성도지를 이끌어서 일으킬 수 있겠습니까?

세존이시여. 만약 공해탈문이 공해탈문에서 멀리 벗어나는 것을 시설하였거나, 멀리 벗어나지 않는 것을 시설하였다면, 어떻게 보살마하살이 능히 집착이 없이 공해탈문을 이끌어서 일으킬 수 있겠습니까? 세존이시여. 만약 무상·무원해탈문이 무상·무원해탈문에서 멀리 벗어나는 것을 시설하였거나, 멀리 벗어나지 않는 것을 시설하였다면, 어떻게 보살마하살이 능히 집착이 없이 무상·무원해탈문을 이끌어서 일으킬 수 있겠습니까?

세존이시여. 만약 5안이 5안에서 멀리 벗어나는 것을 시설하였거나, 멀리 벗어나지 않는 것을 시설하였다면, 어떻게 보살마하살이 능히 집착이 없이 5안을 이끌어서 일으킬 수 있겠습니까? 세존이시여. 만약 6신통이 6신통에서 멀리 벗어나는 것을 시설하였거나, 멀리 벗어나지 않는 것을 시설하였다면, 어떻게 보살마하살이 능히 집착이 없이 6신통을 이끌어서 일으킬 수 있겠습니까?

세존이시여. 만약 여래의 10력이 여래의 10력에서 멀리 벗어나는 것을 시설하였거나, 멀리 벗어나지 않는 것을 시설하였다면, 어떻게 보살마하살이 능히 집착이 없이 여래의 10력을 이끌어서 일으킬 수 있겠습니까? 세존이시여. 만약 4무소외·4무애해·대자·대비·대희·대사·18불불공법이 4무소외, 나아가 18불불공법에서 멀리 벗어나는 것을 시설하였거나,

멀리 벗어나지 않는 것을 시설하였다면, 어떻게 보살마하살이 능히 집착이 없이 4무소외, 나아가 18불불공법을 이끌어서 일으킬 수 있겠습니까?

세존이시여. 만약 무망실법이 무망실법에서 멀리 벗어나는 것을 시설하였거나, 멀리 벗어나지 않는 것을 시설하였다면, 어떻게 보살마하살이 능히 집착이 없이 무망실법을 이끌어서 일으킬 수 있겠습니까? 세존이시여. 만약 항주사성이 항주사성에서 멀리 벗어나는 것을 시설하였거나, 멀리 벗어나지 않는 것을 시설하였다면, 어떻게 보살마하살이 능히 집착이 없이 항주사성을 이끌어서 일으킬 수 있겠습니까?

세존이시여. 만약 일체의 다라니문이 일체의 다라니문에서 멀리 벗어나는 것을 시설하였거나, 멀리 벗어나지 않는 것을 시설하였다면, 어떻게 보살마하살이 능히 집착이 없이 일체의 다라니문을 이끌어서 일으킬 수 있겠습니까? 세존이시여. 만약 일체의 삼마지문이 일체의 삼마지문에서 멀리 벗어나는 것을 시설하였거나, 멀리 벗어나지 않는 것을 시설하였다면, 어떻게 보살마하살이 능히 집착이 없이 일체의 삼마지문을 이끌어서 일으킬 수 있겠습니까?

세존이시여. 만약 일체지가 일체지에서 멀리 벗어나는 것을 시설하였거나, 멀리 벗어나지 않는 것을 시설하였다면, 어떻게 보살마하살이 능히 집착이 없이 일체지를 이끌어서 일으킬 수 있겠습니까? 세존이시여. 만약 도상지·일체상지가 도상지·일체상지에서 멀리 벗어나는 것을 시설하였거나, 멀리 벗어나지 않는 것을 시설하였다면, 어떻게 보살마하살이 능히 집착이 없이 도상지·일체상지를 이끌어서 일으킬 수 있겠습니까?"

세존께서 말씀하셨다.

"선현이여. 반야바라밀다는 반야바라밀다에서 멀리 벗어난 것도 아니고 멀리 벗어나지 않은 것도 아니니라. 이러한 까닭으로 보살마하살은 집착이 없이 반야바라밀다를 이끌어 일으킬 수 있느니라. 선현이여. 정려·정진·안인·정계·보시바라밀다는 정려, 나아가 보시바라밀다에서 멀리 벗어난 것도 아니고 멀리 벗어나지 않은 것도 아니니라. 이러한 까닭으로 보살마하살은 집착이 없이 정려, 나아가 보시바라밀다를 이끌어 일으킬 수 있느니라.

선현이여. 내공은 내공에서 멀리 벗어난 것도 아니고 멀리 벗어나지 않은 것도 아니니라. 이러한 까닭으로 보살마하살은 집착이 없이 내공에 안주할 수 있느니라. 선현이여. 외공·내외공·공공·대공·승의공·유위공·무위공·필경공·무제공·산공·무변이공·본성공·자상공·공상공·일체법공·불가득공·무성공·자성공·무성자성공은 외공, 나아가 무성자성공에서 멀리 벗어난 것도 아니고 멀리 벗어나지 않은 것도 아니니라. 이러한 까닭으로 보살마하살은 집착이 없이 외공, 나아가 무성자성공에 안주할 수 있느니라.

선현이여. 진여는 진여에서 멀리 벗어난 것도 아니고 멀리 벗어나지 않은 것도 아니니라. 이러한 까닭으로 보살마하살은 집착이 없이 진여에 안주할 수 있느니라. 선현이여. 법계·법성·불허망성·불변이성·평등성·이생성·법정·법주·실제·허공계·부사의계는 법계, 나아가 부사의계에서 멀리 벗어난 것도 아니고 멀리 벗어나지 않은 것도 아니니라. 이러한 까닭으로 보살마하살은 집착이 없이 법계, 나아가 부사의계에 안주할 수 있느니라.

선현이여. 고성제는 고성제에서 멀리 벗어난 것도 아니고 멀리 벗어나지 않은 것도 아니니라. 이러한 까닭으로 보살마하살은 집착이 없이 고성제에 안주할 수 있느니라. 선현이여. 집·멸·도성제는 집·멸·도성제에서 멀리 벗어난 것도 아니고 멀리 벗어나지 않은 것도 아니니라. 이러한 까닭으로 보살마하살은 집착이 없이 집·멸·도성제에 안주할 수 있느니라.

선현이여. 4정려는 4정려에서 멀리 벗어난 것도 아니고 멀리 벗어나지 않은 것도 아니니라. 이러한 까닭으로 보살마하살은 집착이 없이 4정려를 이끌어 일으킬 수 있느니라. 선현이여. 4무량·4무색정은 4무량·4무색정에서 멀리 벗어난 것도 아니고 멀리 벗어나지 않은 것도 아니니라. 이러한 까닭으로 보살마하살은 집착이 없이 4무량·4무색정을 이끌어 일으킬 수 있느니라.

선현이여. 8해탈은 8해탈에서 멀리 벗어난 것도 아니고 멀리 벗어나지 않은 것도 아니니라. 이러한 까닭으로 보살마하살은 집착이 없이 8해탈을 이끌어 일으킬 수 있느니라. 선현이여. 8승처·9차제정·10변처는 8승처·9차제정·10변처에서 멀리 벗어난 것도 아니고 멀리 벗어나지 않은 것도 아니니라. 이러한 까닭으로 보살마하살은 집착이 없이 8승처·9차제정·10변처를 이끌어 일으킬 수 있느니라.

선현이여. 4념주는 4념주에서 멀리 벗어난 것도 아니고 멀리 벗어나지 않은 것도 아니니라. 이러한 까닭으로 보살마하살은 집착이 없이 4념주를 이끌어 일으킬 수 있느니라. 선현이여. 4정단·4신족·5근·5력·7등각지·8성도지는 4정단, 나아가 8성도지에서 멀리 벗어난 것도 아니고 멀리 벗어나지 않은 것도 아니니라. 이러한 까닭으로 보살마하살은 집착이 없이 4정단, 나아가 8성도지를 이끌어 일으킬 수 있느니라.

선현이여. 공해탈문은 공해탈문에서 멀리 벗어난 것도 아니고 멀리 벗어나지 않은 것도 아니니라. 이러한 까닭으로 보살마하살은 집착이 없이 공해탈문을 이끌어 일으킬 수 있느니라. 선현이여. 무상·무원해탈문은 무상·무원해탈문에서 멀리 벗어난 것도 아니고 멀리 벗어나지 않은 것도 아니니라. 이러한 까닭으로 보살마하살은 집착이 없이 무상·무원해탈문을 이끌어 일으킬 수 있느니라.

선현이여. 5안은 5안에서 멀리 벗어난 것도 아니고 멀리 벗어나지 않은 것도 아니니라. 이러한 까닭으로 보살마하살은 집착이 없이 5안을 이끌어 일으킬 수 있느니라. 선현이여. 6신통은 6신통에서 멀리 벗어난 것도 아니고 멀리 벗어나지 않은 것도 아니니라. 이러한 까닭으로 보살마하살은 집착이 없이 6신통을 이끌어 일으킬 수 있느니라.

선현이여. 여래의 10력은 여래의 10력에서 멀리 벗어난 것도 아니고 멀리 벗어나지 않은 것도 아니니라. 이러한 까닭으로 보살마하살은 집착이 없이 여래의 10력을 이끌어 일으킬 수 있느니라. 선현이여. 4무소외·4무애해·대자·대비·대희·대사·18불불공법은 4무소외, 나아가 18불불공법에서 멀리 벗어난 것도 아니고 멀리 벗어나지 않은 것도 아니니라. 이러한 까닭으로 보살마하살은 집착이 없이 4무소외, 나아가 18불불공법을 이끌어 일으킬 수 있느니라.

선현이여. 무망실법은 무망실법에서 멀리 벗어난 것도 아니고 멀리 벗어나지 않은 것도 아니니라. 이러한 까닭으로 보살마하살은 집착이 없이 무망실법을 이끌어 일으킬 수 있느니라. 선현이여. 항주사성은 항주사성에서 멀리 벗어난 것도 아니고 멀리 벗어나지 않은 것도 아니니라. 이러한 까닭으로 보살마하살은 집착이 없이 항주사성을 이끌어 일으킬 수 있느니라.

선현이여. 일체의 다라니문은 일체의 다라니문에서 멀리 벗어난 것도 아니고 멀리 벗어나지 않은 것도 아니니라. 이러한 까닭으로 보살마하살은 집착이 없이 일체의 다라니문을 이끌어 일으킬 수 있느니라. 선현이여. 일체의 삼마지문은 일체의 삼마지문에서 멀리 벗어난 것도 아니고 멀리 벗어나지 않은 것도 아니니라. 이러한 까닭으로 보살마하살은 집착이 없이 일체의 삼마지문을 이끌어 일으킬 수 있느니라.

선현이여. 일체지는 일체지에서 멀리 벗어난 것도 아니고 멀리 벗어나지 않은 것도 아니니라. 이러한 까닭으로 보살마하살은 집착이 없이 일체지를 이끌어 일으킬 수 있느니라. 선현이여. 도상지·일체상지는 도상지·일체상지에서 멀리 벗어난 것도 아니고 멀리 벗어나지 않은 것도 아니니라. 이러한 까닭으로 보살마하살은 집착이 없이 도상지·일체상지를 이끌어 일으킬 수 있느니라. 왜 그러한가? 선현이여. 곧 자성(自性)이 아니고 자성을 벗어난 것도 아닐지라도, 그러므로 자성에 안주할 수 있고 자성을 이끌어 일으킬 수 있느니라.

다시 다음으로 선현이여. 보살마하살은 깊은 반야바라밀다를 수행하는 때에 색에 집착하면서 '이것은 색이고, 이것의 색은 저것에 속(屬)한다.'라고 말하지 않고, 역시 수·상·행·식에 집착하면서 '이것은 수·상·행·식이고, 이것의 수·상·행·식은 저것에 속한다.'라고 말하지 않느니라.

선현이여. 보살마하살은 깊은 반야바라밀다를 수행하는 때에 안처에 집착하면서 '이것은 안처이고, 이것의 안처는 저것에 속한다.'라고 말하지 않고, 역시 이·비·설·신·의처에 집착하면서 '이것은 이·비·설·신·의처이고, 이것의 이·비·설·신·의처는 저것에 속한다.'라고 말하지 않느니라.

선현이여. 보살마하살은 깊은 반야바라밀다를 수행하는 때에 색처에 집착하면서 '이것은 색처이고, 이것의 색처는 저것에 속한다.'라고 말하지 않고, 역시 성·향·미·촉·법처에 집착하면서 '이것은 성·향·미·촉·법처이고, 이것의 성·향·미·촉·법처는 저것에 속한다.'라고 말하지 않느니라.

선현이여. 보살마하살은 깊은 반야바라밀다를 수행하는 때에 안계에 집착하면서 '이것은 안계이고, 이 안계는 저것에 속한다.'라고 말하지 않고, 역시 이·비·설·신·의계에 집착하면서 '이것은 이·비·설·신·의계이고, 이것의 이·비·설·신·의계는 저것에 속한다.'라고 말하지 않느니라.

선현이여. 보살마하살은 깊은 반야바라밀다를 수행하는 때에 색계에 집착하면서 '이것은 색계이고, 이것의 색계는 저것에 속한다.'라고 말하지 않고, 역시 성·향·미·촉·법계에 집착하면서 '이것은 성·향·미·촉·법계이고, 이것의 성·향·미·촉·법계는 저것에 속한다.'라고 말하지 않느니라.

선현이여. 보살마하살은 깊은 반야바라밀다를 수행하는 때에 안식계에 집착하면서 '이것은 안식계이고, 이것의 안식계는 저것에 속한다.'라고 말하지 않고, 역시 이·비·설·신·의식계에 집착하면서 '이것은 이·비·설·신·의식계이고, 이것의 이·비·설·신·의식계는 저것에 속한다.'라고 말하지 않느니라.

선현이여. 보살마하살은 깊은 반야바라밀다를 수행하는 때에 안촉에 집착하면서 '이것은 안촉이고, 이것의 안촉은 저것에 속한다.'라고 말하지 않고, 역시 이·비·설·신·의촉에 집착하면서 '이것은 이·비·설·신·의촉이고, 이것의 이·비·설·신·의촉은 저것에 속한다.'라고 말하지 않느니라.

선현이여. 보살마하살은 깊은 반야바라밀다를 수행하는 때에 안촉을 인연으로 생겨난 여러 수에 집착하면서 '이것은 안촉을 인연으로 생겨난 여러 수이고, 이것의 안촉을 인연으로 생겨난 여러 수는 저것에 속한다.'라고 말하지 않고, 역시 이·비·설·신·의촉을 인연으로 생겨난 여러 수에 집착하면서 '이것은 이·비·설·신·의처를 인연으로 생겨난 여러 수이고,

이것의 이·비·설·신·의촉을 인연으로 생겨난 여러 수는 저것에 속한다.' 라고 말하지 않느니라.

선현이여. 보살마하살은 깊은 반야바라밀다를 수행하는 때에 지계에 집착하면서 '이것은 지계이고, 이것의 지계는 저것에 속한다.'라고 말하지 않고, 역시 수·화·풍·공·식계에 집착하면서 '이것은 수·화·풍·공·식계이고, 이것의 수·화·풍·공·식계는 저것에 속한다.'라고 말하지 않느니라.

선현이여. 보살마하살은 깊은 반야바라밀다를 수행하는 때에 무명에 집착하면서 '이것은 무명이고, 이 무명은 저것에 속한다.'라고 말하지 않고, 역시 행·식·명색·육처·촉·수·애·취·유·생·노사의 수탄고우뇌에 집착하면서 '이것은 행, 나아가 노사의 수탄고우뇌이고, 이것의 행, 나아가 노사의 수탄고우뇌는 저것에 속한다.'라고 말하지 않느니라.

선현이여. 보살마하살은 깊은 반야바라밀다를 수행하는 때에 보시바라밀다에 집착하면서 '이것은 보시바라밀다이고, 이것의 보시바라밀다는 저것에 속한다.'라고 말하지 않고, 역시 정계·안인·정진·정려·반야바라밀다에 집착하면서 '이것은 정계, 나아가 반야바라밀다이고, 이것의 정계, 나아가 반야바라밀다는 저것에 속한다.'라고 말하지 않느니라.

선현이여. 보살마하살은 깊은 반야바라밀다를 수행하는 때에 내공에 집착하면서 '이것은 내공이고, 이 내공은 저것에 속한다.'라고 말하지 않고, 역시 외공·내외공·공공·대공·승의공·유위공·무위공·필경공·무제공·산공·무변이공·본성공·자상공·공상공·일체법공·불가득공·무성공·자성공·무성자성공에 집착하면서 '이것은 외공, 나아가 무성자성공이고, 이것의 외공, 나아가 무성자성공은 저것에 속한다.'라고 말하지 않느니라.

선현이여. 보살마하살은 깊은 반야바라밀다를 수행하는 때에 진여에 집착하면서 '이것은 진여이고, 이것의 진여는 저것에 속한다.'라고 말하지 않고, 역시 법계·법성·불허망성·불변이성·평등성·이생성·법정·법주·실제·허공계·부사의계에 집착하면서 '이것은 법계, 나아가 부사의계이고, 이것의 법계, 나아가 부사의계는 저것에 속한다.'라고 말하지 않느니라.

선현이여. 보살마하살은 깊은 반야바라밀다를 수행하는 때에 고성제에 집착하면서 '이것은 고성제이고, 이것의 고성제는 저것에 속한다.'라고 말하지 않고, 역시 집·멸·도성제에 집착하면서 '이것은 집·멸·도성제이고, 이것의 집·멸·도성제는 저것에 속한다.'라고 말하지 않느니라.

선현이여. 보살마하살은 깊은 반야바라밀다를 수행하는 때에 4정려에 집착하면서 '이것은 4정려이고, 이것의 4정려는 저것에 속한다.'라고 말하지 않고, 역시 4무량·4무색정에 집착하면서 '이것은 4무량·4무색정이고, 이것의 4무량·4무색정은 저것에 속한다.'라고 말하지 않느니라.

선현이여. 보살마하살은 깊은 반야바라밀다를 수행하는 때에 8해탈에 집착하면서 '이것은 8해탈이고, 이것의 8해탈은 저것에 속한다.'라고 말하지 않고, 역시 8승처·9차제정·10변처에 집착하면서 '이것은 8승처·9차제정·10변처이고, 이것의 8승처·9차제정·10변처는 저것에 속한다.'라고 말하지 않느니라.

선현이여. 보살마하살은 깊은 반야바라밀다를 수행하는 때에 4념주에 집착하면서 '이것은 4념주이고, 이것의 4념주는 저것에 속한다.'라고 말하지 않고, 역시 4정단·4신족·5근·5력·7등각지·8성도지에 집착하면서 '이것은 4정단, 나아가 8성도지이고, 이것의 4정단, 나아가 8성도지는 저것에 속한다.'라고 말하지 않느니라.

선현이여. 보살마하살은 깊은 반야바라밀다를 수행하는 때에 공해탈문에 집착하면서 '이것은 공해탈문이고, 이것의 공해탈문은 저것에 속한다.'라고 말하지 않고, 역시 무상·무원해탈문에 집착하면서 '이것은 무상·무원해탈문이고, 이것의 무상·무원해탈문은 저것에 속한다.'라고 말하지 않느니라.

선현이여. 보살마하살은 깊은 반야바라밀다를 수행하는 때에 5안에 집착하면서 '이것은 5안이고, 이것의 5안은 저것에 속한다.'라고 말하지 않고, 역시 6신통에 집착하면서 '이것은 6신통이고, 이것의 6신통은 저것에 속한다.'라고 말하지 않느니라.

선현이여. 보살마하살은 깊은 반야바라밀다를 수행하는 때에 여래의 10력에 집착하면서 '이것은 여래의 10력이고, 이것의 여래의 10력은 저것에 속한다.'라고 말하지 않고, 역시 4무소외·4무애해·대자·대비·대희·대사·18불불공법에 집착하면서 '이것은 4무소외, 나아가 18불불공법이고, 이것의 4무소외, 나아가 18불불공법은 저것에 속한다.'라고 말하지 않느니라.

선현이여. 보살마하살은 깊은 반야바라밀다를 수행하는 때에 무망실법에 집착하면서 '이것은 무망실법이고, 이것의 무망실법은 저것에 속한다.'라고 말하지 않고, 역시 항주사성에 집착하면서 '이것은 항주사성이고, 이것의 항주사성은 저것에 속한다.'라고 말하지 않느니라.

선현이여. 보살마하살은 깊은 반야바라밀다를 수행하는 때에 일체지에 집착하면서 '이것은 일체지이고, 이것의 일체지는 저것에 속한다.'라고 말하지 않고, 역시 도상지·일체상지에 집착하면서 '이것은 도상지·일체상지이고, 이것의 도상지·일체상지는 저것에 속한다.'라고 말하지 않느니라.

선현이여. 보살마하살은 깊은 반야바라밀다를 수행하는 때에 일체의 다라니문에 집착하면서 '이것은 일체의 다라니문이고, 이것의 일체의 다라니문은 저것에 속한다.'라고 말하지 않고, 역시 일체의 삼마지문에 집착하면서 '이것은 일체의 삼마지문이고, 이것의 일체의 삼마지문은 저것에 속한다.'라고 말하지 않느니라.

선현이여. 보살마하살은 깊은 반야바라밀다를 수행하는 때에 예류과에 집착하면서 '이것은 예류과이고, 이것의 예류과는 저것에 속한다.'라고 말하지 않고, 역시 일래·불환·아라한과에 집착하면서 '이것은 일래·불환·아라한과이고, 이것의 일래·불환·아라한과는 저것에 속한다.'라고 말하지 않느니라.

선현이여. 보살마하살은 깊은 반야바라밀다를 수행하는 때에 독각의 보리에 집착하면서 '이것은 독각의 보리이고, 이것의 독각의 보리는 저것에 속한다.'라고 말하지 않느니라.

선현이여. 보살마하살은 깊은 반야바라밀다를 수행하는 때에 일체의 보살마하살의 행에 집착하면서 '이것은 일체의 보살마하살의 행이고, 이것의 일체의 보살마하살의 행은 저것에 속한다.'라고 말하지 않느니라.

선현이여. 보살마하살은 깊은 반야바라밀다를 수행하는 때에 제불의 무상정등보리에 집착하면서 '이것은 제불의 무상정등보리이고, 이것의 제불의 무상정등보리는 저것에 속한다.'라고 말하지 않느니라.

선현이여. 보살마하살은 이와 같이 일체법에서 집착이 없는 까닭으로 곧 능히 반야바라밀다를 이끌어 일으킬 수 있고, 역시 능히 정려·정진·안인·정계·보시바라밀다도 이끌어 일으킬 수 있느니라.

선현이여. 보살마하살은 이와 같이 일체법에서 집착이 없는 까닭으로 곧 능히 내공에 안주할 수 있고, 역시 능히 외공·내외공·공공·대공·승의공·유위공·무위공·필경공·무제공·산공·무변이공·본성공·자상공·공상공·일체법공·불가득공·무성공·자성공·무성자성공에도 안주할 수 있느니라.

선현이여. 보살마하살은 이와 같이 일체법에서 집착이 없는 까닭으로 곧 능히 진여에 안주할 수 있고, 역시 능히 법계·법성·불허망성·불변이성·평등성·이생성·법정·법주·실제·허공계·부사의계에도 안주할 수 있느니라.

선현이여. 보살마하살은 이와 같이 일체법에서 집착이 없는 까닭으로 곧 능히 고성제에 안주할 수 있고, 역시 능히 집·멸·도성제에도 안주할 수 있느니라. 선현이여. 보살마하살은 이와 같이 일체법에서 집착이 없는 까닭으로 곧 능히 4정려를 이끌어 일으킬 수 있고, 역시 능히 4무량·4무색정도 이끌어 일으킬 수 있느니라.

선현이여. 보살마하살은 이와 같이 일체법에서 집착이 없는 까닭으로 곧 능히 8해탈을 이끌어 일으킬 수 있고, 역시 능히 8승처·9차제정·10변처도 이끌어 일으킬 수 있느니라. 선현이여. 보살마하살은 이와 같이 일체법에서 집착이 없는 까닭으로 곧 능히 4념주를 이끌어 일으킬 수 있고, 역시 능히 4정단·4신족·5근·5력·7등각지·8성도지도 이끌어 일으킬 수 있느니라.

선현이여. 보살마하살은 이와 같이 일체법에서 집착이 없는 까닭으로 곧 능히 8해탈을 이끌어 일으킬 수 있고, 역시 능히 무상·무원해탈문도 이끌어 일으킬 수 있느니라. 선현이여. 보살마하살은 이와 같이 일체법에서 집착이 없는 까닭으로 곧 능히 5안을 이끌어 일으킬 수 있고, 역시 능히 6신통도 이끌어 일으킬 수 있느니라.

선현이여. 보살마하살은 이와 같이 일체법에서 집착이 없는 까닭으로 곧 능히 여래의 10력을 이끌어 일으킬 수 있고, 역시 능히 4무소외·4무애해·대자·대비·대희·대사·18불불공법도 이끌어 일으킬 수 있느니라. 선현이여. 보살마하살은 이와 같이 일체법에서 집착이 없는 까닭으로 곧 능히 무망실법을 이끌어 일으킬 수 있고, 역시 능히 항주사성도 이끌어 일으킬 수 있느니라.

선현이여. 보살마하살은 이와 같이 일체법에서 집착이 없는 까닭으로 곧 능히 일체의 다라니문을 이끌어 일으킬 수 있고, 역시 능히 일체의 삼마지문도 이끌어 일으킬 수 있느니라. 선현이여. 보살마하살은 이와 같이 일체법에서 집착이 없는 까닭으로 곧 능히 일체지를 이끌어 일으킬 수 있고, 역시 능히 도상지·일체상지도 이끌어 일으킬 수 있느니라.

왜 그러한가? 선현이여. 만약 보살마하살이 깊은 반야바라밀다를 수행하는 때에 제법의 가운데에서 '이것이 법이고, 이것의 법은 저것에 속한다.'라고 집착이 있으면서 말하였다면, 곧 능히 뜻을 따라서 수승한 공덕을 이끌어 일으킬 수도 없고 안주할 수도 없느니라.

다시 다음으로 선현이여. 보살마하살이 깊은 반야바라밀다를 수행하는 때에는 색이 만약 항상(常)하거나 만약 무상(無常)하거나, 만약 즐겁거나 만약 괴롭거나, 만약 나(我)이거나 만약 무아(無我)이거나, 만약 청정하거나 만약 부정(不淨)하거나, 만약 적정(寂靜)하거나 만약 적정하지 않거나, 만약 멀리 벗어났거나 만약 멀리 벗어나지 않았다고 관찰하지 않고, 역시 수·상·행·식이 만약 항상하거나 만약 무상하거나, 만약 즐겁거나 만약 괴롭거나, 만약 나이거나 만약 무아이거나, 만약 청정하거나 만약 부정하거나, 만약 적정하거나 만약 적정하지 않거나, 만약 멀리 벗어났거나 만약 멀리 벗어나지 않았다고 관찰하지 않느니라.

선현이여. 보살마하살이 깊은 반야바라밀다를 수행하는 때에는 안처가 만약 항상하거나 만약 무상하거나, 만약 즐겁거나 만약 괴롭거나, 만약 나이거나 만약 무아이거나, 만약 청정하거나 만약 부정하거나, 만약 적정하거나 만약 적정하지 않거나, 만약 멀리 벗어났거나 만약 멀리 벗어나지 않았다고 관찰하지 않고, 역시 이·비·설·신·의처가 만약 항상하거나 만약 무상하거나, 만약 즐겁거나 만약 괴롭거나, 만약 나이거나 만약 무아이거나, 만약 청정하거나 만약 부정하거나, 만약 적정하거나 만약 적정하지 않거나, 만약 멀리 벗어났거나 만약 멀리 벗어나지 않았다고 관찰하지 않느니라.

선현이여. 보살마하살이 깊은 반야바라밀다를 수행하는 때에는 색처가 만약 항상하거나 만약 무상하거나, 만약 즐겁거나 만약 괴롭거나, 만약 나이거나 만약 무아이거나, 만약 청정하거나 만약 부정하거나, 만약 적정하거나 만약 적정하지 않거나, 만약 멀리 벗어났거나 만약 멀리 벗어나지 않았다고 관찰하지 않고, 역시 성·향·미·촉·법처가 만약 항상하거나 만약 무상하거나, 만약 즐겁거나 만약 괴롭거나, 만약 나이거나 만약 무아이거나, 만약 청정하거나 만약 부정하거나, 만약 적정하거나 만약 적정하지 않거나, 만약 멀리 벗어났거나 만약 멀리 벗어나지 않았다고 관찰하지 않느니라.

선현이여. 보살마하살이 깊은 반야바라밀다를 수행하는 때에는 안계가 만약 항상하거나 만약 무상하거나, 만약 즐겁거나 만약 괴롭거나, 만약 나이거나 만약 무아이거나, 만약 청정하거나 만약 부정하거나, 만약 적정하거나 만약 적정하지 않거나, 만약 멀리 벗어났거나 만약 멀리 벗어나지 않았다고 관찰하지 않고, 역시 이·비·설·신·의계가 만약 항상하거나 만약 무상하거나, 만약 즐겁거나 만약 괴롭거나, 만약 나이거나 만약 무아이거나, 만약 청정하거나 만약 부정하거나, 만약 적정하거나 만약 적정하지 않거나, 만약 멀리 벗어났거나 만약 멀리 벗어나지 않았다고 관찰하지 않느니라.

선현이여. 보살마하살이 깊은 반야바라밀다를 수행하는 때에는 색계가 만약 항상하거나 만약 무상하거나, 만약 즐겁거나 만약 괴롭거나, 만약 나이거나 만약 무아이거나, 만약 청정하거나 만약 부정하거나, 만약 적정하거나 만약 적정하지 않거나, 만약 멀리 벗어났거나 만약 멀리 벗어나지 않았다고 관찰하지 않고, 역시 성·향·미·촉·법계가 만약 항상하거나 만약 무상하거나, 만약 즐겁거나 만약 괴롭거나, 만약 나이거나 만약 무아이거나, 만약 청정하거나 만약 부정하거나, 만약 적정하거나 만약 적정하지 않거나, 만약 멀리 벗어났거나 만약 멀리 벗어나지 않았다고 관찰하지 않느니라.

선현이여. 보살마하살이 깊은 반야바라밀다를 수행하는 때에는 안식계가 만약 항상하거나 만약 무상하거나, 만약 즐겁거나 만약 괴롭거나, 만약 나이거나 만약 무아이거나, 만약 청정하거나 만약 부정하거나, 만약 적정하거나 만약 적정하지 않거나, 만약 멀리 벗어났거나 만약 멀리 벗어나지 않았다고 관찰하지 않고, 역시 이·비·설·신·의식계가 만약 항상하거나 만약 무상하거나, 만약 즐겁거나 만약 괴롭거나, 만약 나이거나 만약 무아이거나, 만약 청정하거나 만약 부정하거나, 만약 적정하거나 만약 적정하지 않거나, 만약 멀리 벗어났거나 만약 멀리 벗어나지 않았다고 관찰하지 않느니라.

선현이여. 보살마하살이 깊은 반야바라밀다를 수행하는 때에는 안촉이 만약 항상하거나 만약 무상하거나, 만약 즐겁거나 만약 괴롭거나, 만약 나이거나 만약 무아이거나, 만약 청정하거나 만약 부정하거나, 만약 적정하거나 만약 적정하지 않거나, 만약 멀리 벗어났거나 만약 멀리 벗어나지 않았다고 관찰하지 않고, 역시 이·비·설·신·의촉이 만약 항상하거나 만약 무상하거나, 만약 즐겁거나 만약 괴롭거나, 만약 나이거나 만약 무아이거나, 만약 청정하거나 만약 부정하거나, 만약 적정하거나 만약 적정하지 않거나, 만약 멀리 벗어났거나 만약 멀리 벗어나지 않았다고 관찰하지 않느니라.

선현이여. 보살마하살이 깊은 반야바라밀다를 수행하는 때에는 안촉을 인연으로 생겨난 여러 수가 만약 항상하거나 만약 무상하거나, 만약 즐겁거나 만약 괴롭거나, 만약 나이거나 만약 무아이거나, 만약 청정하거나 만약 부정하거나, 만약 적정하거나 만약 적정하지 않거나, 만약 멀리 벗어났거나 만약 멀리 벗어나지 않았다고 관찰하지 않고, 역시 이·비·설·신·의촉을 인연으로 생겨난 여러 수가 만약 항상하거나 만약 무상하거나, 만약 즐겁거나 만약 괴롭거나, 만약 나이거나 만약 무아이거나, 만약 청정하거나 만약 부정하거나, 만약 적정하거나 만약 적정하지 않거나, 만약 멀리 벗어났거나 만약 멀리 벗어나지 않았다고 관찰하지 않느니라.

선현이여. 보살마하살이 깊은 반야바라밀다를 수행하는 때에는 지계가 만약 항상하거나 만약 무상하거나, 만약 즐겁거나 만약 괴롭거나, 만약 나이거나 만약 무아이거나, 만약 청정하거나 만약 부정하거나, 만약 적정하거나 만약 적정하지 않거나, 만약 멀리 벗어났거나 만약 멀리 벗어나지 않았다고 관찰하지 않고, 역시 수·화·풍·공·식계가 만약 항상하거나 만약 무상하거나, 만약 즐겁거나 만약 괴롭거나, 만약 나이거나 만약 무아이거나, 만약 청정하거나 만약 부정하거나, 만약 적정하거나 만약 적정하지 않거나, 만약 멀리 벗어났거나 만약 멀리 벗어나지 않았다고 관찰하지 않느니라.

선현이여. 보살마하살이 깊은 반야바라밀다를 수행하는 때에는 무명이 만약 항상하거나 만약 무상하거나, 만약 즐겁거나 만약 괴롭거나, 만약 나이거나 만약 무아이거나, 만약 청정하거나 만약 부정하거나, 만약 적정하거나 만약 적정하지 않거나, 만약 멀리 벗어났거나 만약 멀리 벗어나지 않았다고 관찰하지 않고, 역시 행·식·명색·육처·촉·수·애·취·유·생·노사의 수탄고우뇌가 만약 항상하거나 만약 무상하거나, 만약 즐겁거나 만약 괴롭거나, 만약 나이거나 만약 무아이거나, 만약 청정하거나 만약 부정하거나, 만약 적정하거나 만약 적정하지 않거나, 만약 멀리 벗어났거나 만약 멀리 벗어나지 않았다고 관찰하지 않느니라.”

마하반야바라밀다경 제355권

61. 다문불이품(多聞不二品)(5)

“선현이여. 보살마하살이 깊은 반야바라밀다를 수행하는 때에는 보시바라밀다가 만약 항상하거나 만약 무상하거나, 만약 즐겁거나 만약 괴롭거나, 만약 나이거나 만약 무아이거나, 만약 청정하거나 만약 부정하거나, 만약 적정하거나 만약 적정하지 않거나, 만약 멀리 벗어났거나 만약 멀리 벗어나지 않았다고 관찰하지 않고, 역시 정계·안인·정진·정려·반야바라밀다가 만약 항상하거나 만약 무상하거나, 만약 즐겁거나 만약 괴롭거나, 만약 나이거나 만약 무아이거나, 만약 청정하거나 만약 부정하거나, 만약 적정하거나 만약 적정하지 않거나, 만약 멀리 벗어났거나 만약 멀리 벗어나지 않았다고 관찰하지 않느니라.

선현이여. 보살마하살이 깊은 반야바라밀다를 수행하는 때에는 내공이 만약 항상하거나 만약 무상하거나, 만약 즐겁거나 만약 괴롭거나, 만약 나이거나 만약 무아이거나, 만약 청정하거나 만약 부정하거나, 만약 적정하거나 만약 적정하지 않거나, 만약 멀리 벗어났거나 만약 멀리 벗어나지 않았다고 관찰하지 않고, 역시 외공·내외공·공공·대공·승의공·유위공·무위공·필경공·무제공·산공·무변이공·본성공·자상공·공상공·일체법공·불가득공·무성공·자성공·무성자성공이 만약 항상하거나 만약 무상하거나, 만약 즐겁거나 만약 괴롭거나, 만약 나이거나 만약 무아이거나, 만약 청정하거나 만약 부정하거나, 만약 적정하거나 만약 적정하지 않거나, 만약 멀리 벗어났거나 만약 멀리 벗어나지 않았다고 관찰하지 않느니라.

선현이여. 보살마하살이 깊은 반야바라밀다를 수행하는 때에는 진여가 만약 항상하거나 만약 무상하거나, 만약 즐겁거나 만약 괴롭거나, 만약 나이거나 만약 무아이거나, 만약 청정하거나 만약 부정하거나, 만약 적정하거나 만약 적정하지 않거나, 만약 멀리 벗어났거나 만약 멀리 벗어나지 않았다고 관찰하지 않고, 역시 법계·법성·불허망성·불변이성·평등성·이생성·법정·법주·실제·허공계·부사의계가 만약 항상하거나 만약 무상하거나, 만약 즐겁거나 만약 괴롭거나, 만약 나이거나 만약 무아이거나, 만약 청정하거나 만약 부정하거나, 만약 적정하거나 만약 적정하지 않거나, 만약 멀리 벗어났거나 만약 멀리 벗어나지 않았다고 관찰하지 않느니라.

선현이여. 보살마하살이 깊은 반야바라밀다를 수행하는 때에는 고성제가 만약 항상하거나 만약 무상하거나, 만약 즐겁거나 만약 괴롭거나, 만약 나이거나 만약 무아이거나, 만약 청정하거나 만약 부정하거나, 만약 적정하거나 만약 적정하지 않거나, 만약 멀리 벗어났거나 만약 멀리 벗어나지 않았다고 관찰하지 않고, 역시 집·멸·도성제가 만약 항상하거나 만약 무상하거나, 만약 즐겁거나 만약 괴롭거나, 만약 나이거나 만약 무아이거나, 만약 청정하거나 만약 부정하거나, 만약 적정하거나 만약 적정하지 않거나, 만약 멀리 벗어났거나 만약 멀리 벗어나지 않았다고 관찰하지 않느니라.

선현이여. 보살마하살이 깊은 반야바라밀다를 수행하는 때에는 4정려가 만약 항상하거나 만약 무상하거나, 만약 즐겁거나 만약 괴롭거나, 만약 나이거나 만약 무아이거나, 만약 청정하거나 만약 부정하거나, 만약 적정하거나 만약 적정하지 않거나, 만약 멀리 벗어났거나 만약 멀리 벗어나지 않았다고 관찰하지 않고, 역시 4무량·4무색정이 만약 항상하거나 만약 무상하거나, 만약 즐겁거나 만약 괴롭거나, 만약 나이거나 만약 무아이거나, 만약 청정하거나 만약 부정하거나, 만약 적정하거나 만약 적정하지 않거나, 만약 멀리 벗어났거나 만약 멀리 벗어나지 않았다고 관찰하지 않느니라.

선현이여. 보살마하살이 깊은 반야바라밀다를 수행하는 때에는 8해탈이 만약 항상하거나 만약 무상하거나, 만약 즐겁거나 만약 괴롭거나, 만약 나이거나 만약 무아이거나, 만약 청정하거나 만약 부정하거나, 만약 적정하거나 만약 적정하지 않거나, 만약 멀리 벗어났거나 만약 멀리 벗어나지 않았다고 관찰하지 않고, 역시 8승처·9차제정·10변처가 만약 항상하거나 만약 무상하거나, 만약 즐겁거나 만약 괴롭거나, 만약 나이거나 만약 무아이거나, 만약 청정하거나 만약 부정하거나, 만약 적정하거나 만약 적정하지 않거나, 만약 멀리 벗어났거나 만약 멀리 벗어나지 않았다고 관찰하지 않느니라.

선현이여. 보살마하살이 깊은 반야바라밀다를 수행하는 때에는 4념주가 만약 항상하거나 만약 무상하거나, 만약 즐겁거나 만약 괴롭거나, 만약 나이거나 만약 무아이거나, 만약 청정하거나 만약 부정하거나, 만약 적정하거나 만약 적정하지 않거나, 만약 멀리 벗어났거나 만약 멀리 벗어나지 않았다고 관찰하지 않고, 역시 4정단·4신족·5근·5력·7등각지·8성도지가 만약 항상하거나 만약 무상하거나, 만약 즐겁거나 만약 괴롭거나, 만약 나이거나 만약 무아이거나, 만약 청정하거나 만약 부정하거나, 만약 적정하거나 만약 적정하지 않거나, 만약 멀리 벗어났거나 만약 멀리 벗어나지 않았다고 관찰하지 않느니라.

선현이여. 보살마하살이 깊은 반야바라밀다를 수행하는 때에는 공해탈문이 만약 항상하거나 만약 무상하거나, 만약 즐겁거나 만약 괴롭거나, 만약 나이거나 만약 무아이거나, 만약 청정하거나 만약 부정하거나, 만약 적정하거나 만약 적정하지 않거나, 만약 멀리 벗어났거나 만약 멀리 벗어나지 않았다고 관찰하지 않고, 역시 무상·무원해탈문이 만약 항상하거나 만약 무상하거나, 만약 즐겁거나 만약 괴롭거나, 만약 나이거나 만약 무아이거나, 만약 청정하거나 만약 부정하거나, 만약 적정하거나 만약 적정하지 않거나, 만약 멀리 벗어났거나 만약 멀리 벗어나지 않았다고 관찰하지 않느니라.

선현이여. 보살마하살이 깊은 반야바라밀다를 수행하는 때에는 5안이 만약 항상하거나 만약 무상하거나, 만약 즐겁거나 만약 괴롭거나, 만약 나이거나 만약 무아이거나, 만약 청정하거나 만약 부정하거나, 만약 적정하거나 만약 적정하지 않거나, 만약 멀리 벗어났거나 만약 멀리 벗어나지 않았다고 관찰하지 않고, 역시 6신통이 만약 항상하거나 만약 무상하거나, 만약 즐겁거나 만약 괴롭거나, 만약 나이거나 만약 무아이거나, 만약 청정하거나 만약 부정하거나, 만약 적정하거나 만약 적정하지 않거나, 만약 멀리 벗어났거나 만약 멀리 벗어나지 않았다고 관찰하지 않느니라.

선현이여. 보살마하살이 깊은 반야바라밀다를 수행하는 때에는 여래의 10력이 만약 항상하거나 만약 무상하거나, 만약 즐겁거나 만약 괴롭거나, 만약 나이거나 만약 무아이거나, 만약 청정하거나 만약 부정하거나, 만약 적정하거나 만약 적정하지 않거나, 만약 멀리 벗어났거나 만약 멀리 벗어나지 않았다고 관찰하지 않고, 역시 4무소외·4무애해·대자·대비·대희·대사·18불불공법이 만약 항상하거나 만약 무상하거나, 만약 즐겁거나 만약 괴롭거나, 만약 나이거나 만약 무아이거나, 만약 청정하거나 만약 부정하거나, 만약 적정하거나 만약 적정하지 않거나, 만약 멀리 벗어났거나 만약 멀리 벗어나지 않았다고 관찰하지 않느니라.

선현이여. 보살마하살이 깊은 반야바라밀다를 수행하는 때에는 무망실법이 만약 항상하거나 만약 무상하거나, 만약 즐겁거나 만약 괴롭거나, 만약 나이거나 만약 무아이거나, 만약 청정하거나 만약 부정하거나, 만약 적정하거나 만약 적정하지 않거나, 만약 멀리 벗어났거나 만약 멀리 벗어나지 않았다고 관찰하지 않고, 역시 항주사성이 만약 항상하거나 만약 무상하거나, 만약 즐겁거나 만약 괴롭거나, 만약 나이거나 만약 무아이거나, 만약 청정하거나 만약 부정하거나, 만약 적정하거나 만약 적정하지 않거나, 만약 멀리 벗어났거나 만약 멀리 벗어나지 않았다고 관찰하지 않느니라.

선현이여. 보살마하살이 깊은 반야바라밀다를 수행하는 때에는 일체지가 만약 항상하거나 만약 무상하거나, 만약 즐겁거나 만약 괴롭거나, 만약 나이거나 만약 무아이거나, 만약 청정하거나 만약 부정하거나, 만약 적정하거나 만약 적정하지 않거나, 만약 멀리 벗어났거나 만약 멀리 벗어나지 않았다고 관찰하지 않고, 역시 도상지·일체상지가 만약 항상하거나 만약 무상하거나, 만약 즐겁거나 만약 괴롭거나, 만약 나이거나 만약 무아이거나, 만약 청정하거나 만약 부정하거나, 만약 적정하거나 만약 적정하지 않거나, 만약 멀리 벗어났거나 만약 멀리 벗어나지 않았다고 관찰하지 않느니라.

선현이여. 보살마하살이 깊은 반야바라밀다를 수행하는 때에는 일체의 다라니문이 만약 항상하거나 만약 무상하거나, 만약 즐겁거나 만약 괴롭거나, 만약 나이거나 만약 무아이거나, 만약 청정하거나 만약 부정하거나, 만약 적정하거나 만약 적정하지 않거나, 만약 멀리 벗어났거나 만약 멀리 벗어나지 않았다고 관찰하지 않고, 역시 일체의 삼마지문이 만약 항상하거나 만약 무상하거나, 만약 즐겁거나 만약 괴롭거나, 만약 나이거나 만약 무아이거나, 만약 청정하거나 만약 부정하거나, 만약 적정하거나 만약 적정하지 않거나, 만약 멀리 벗어났거나 만약 멀리 벗어나지 않았다고 관찰하지 않느니라.

선현이여. 보살마하살이 깊은 반야바라밀다를 수행하는 때에는 예류과가 만약 항상하거나 만약 무상하거나, 만약 즐겁거나 만약 괴롭거나, 만약 나이거나 만약 무아이거나, 만약 청정하거나 만약 부정하거나, 만약 적정하거나 만약 적정하지 않거나, 만약 멀리 벗어났거나 만약 멀리 벗어나지 않았다고 관찰하지 않고, 역시 일래·불환·아라한과가 만약 항상하거나 만약 무상하거나, 만약 즐겁거나 만약 괴롭거나, 만약 나이거나 만약 무아이거나, 만약 청정하거나 만약 부정하거나, 만약 적정하거나 만약 적정하지 않거나, 만약 멀리 벗어났거나 만약 멀리 벗어나지 않았다고 관찰하지 않느니라.

선현이여. 보살마하살이 깊은 반야바라밀다를 수행하는 때에는 독각의 보리가 만약 항상하거나 만약 무상하거나, 만약 즐겁거나 만약 괴롭거나, 만약 나이거나 만약 무아이거나, 만약 청정하거나 만약 부정하거나, 만약 적정하거나 만약 적정하지 않거나, 만약 멀리 벗어났거나 만약 멀리 벗어나지 않았다고 관찰하지 않느니라. 다시 다음으로 선현이여. 보살마하살이 깊은 반야바라밀다를 수행하는 때에는 일체의 보살마하살의 행이 만약 항상하거나 만약 무상하거나, 만약 즐겁거나 만약 괴롭거나, 만약 나이거나 만약 무아이거나, 만약 청정하거나 만약 부정하거나, 만약 적정하거나 만약 적정하지 않거나, 만약 멀리 벗어났거나 만약 멀리 벗어나지 않았다고 관찰하지 않느니라.

선현이여. 보살마하살이 깊은 반야바라밀다를 수행하는 때에는 제불의 무상정등보리가 만약 항상하거나 만약 무상하거나, 만약 즐겁거나 만약 괴롭거나, 만약 나이거나 만약 무아이거나, 만약 청정하거나 만약 부정하거나, 만약 적정하거나 만약 적정하지 않거나, 만약 멀리 벗어났거나 만약 멀리 벗어나지 않았다고 관찰하지 않느니라.

선현이여. 보살마하살이 이와 같은 일체법을 관찰하지 않는 까닭으로 곧 능히 반야바라밀다를 이끌어서 일으킬 수 있고, 역시 능히 정려·정진·안인·정계·보시바라밀다도 이끌어서 일으킬 수 있느니라. 선현이여. 보살마하살이 이와 같은 일체법을 관찰하지 않는 까닭으로 곧 능히 내공에 안주할 수 있고, 역시 능히 외공·내외공·공공·대공·승의공·유위공·무위공·필경공·무제공·산공·무변이공·본성공·자상공·공상공·일체법공·불가득공·무성공·자성공·무성자성공에도 안주할 수 있느니라.

선현이여. 보살마하살이 이와 같은 일체법을 관찰하지 않는 까닭으로 곧 능히 진여에 안주할 수 있고, 역시 능히 법계·법성·불허망성·불변이성·평등성·이생성·법정·법주·실제·허공계·부사의계에도 안주할 수 있느니라. 선현이여. 보살마하살이 이와 같은 일체법을 관찰하지 않는 까닭으로 곧 능히 고성제에 안주할 수 있고, 역시 능히 집·멸·도성제에도 안주할 수 있느니라. 선현이여. 보살마하살이 이와 같은 일체법을 관찰하지 않는 까닭으로 곧 능히 4정려를 이끌어서 일으킬 수 있고, 역시 능히 4무량·4무색정도 이끌어서 일으킬 수 있느니라.

선현이여. 보살마하살이 이와 같은 일체법을 관찰하지 않는 까닭으로 곧 능히 8해탈을 이끌어서 일으킬 수 있고, 역시 능히 8승처·9차제정·10변처도 이끌어서 일으킬 수 있느니라. 선현이여. 보살마하살이 이와 같은 일체법을 관찰하지 않는 까닭으로 곧 능히 4념주를 이끌어서 일으킬 수 있고, 역시 능히 4정단·4신족·5근·5력·7등각지·8성도지도 이끌어서 일으킬 수 있느니라. 선현이여. 보살마하살이 이와 같은 일체법을 관찰하지 않는 까닭으로 곧 능히 공해탈문을 이끌어서 일으킬 수 있고, 역시 능히 무상·무원해탈문도 이끌어서 일으킬 수 있느니라.

선현이여. 보살마하살이 이와 같은 일체법을 관찰하지 않는 까닭으로 곧 능히 5안을 이끌어서 일으킬 수 있고, 역시 능히 6신통도 이끌어서 일으킬 수 있느니라. 선현이여. 보살마하살이 이와 같은 일체법을 관찰하지 않는 까닭으로 곧 능히 여래의 10력을 이끌어서 일으킬 수 있고, 역시 능히 4무소외·4무애해·대자·대비·대희·대사·18불불공법도 이끌어서 일으킬 수 있느니라. 선현이여. 보살마하살이 이와 같은 일체법을 관찰하지 않는 까닭으로 곧 능히 무망실법을 이끌어서 일으킬 수 있고, 역시 능히 항주사성도 이끌어서 일으킬 수 있느니라.

선현이여. 보살마하살이 이와 같은 일체법을 관찰하지 않는 까닭으로 곧 능히 일체의 다라니문을 이끌어서 일으킬 수 있고, 역시 능히 일체의 삼마지문도 이끌어서 일으킬 수 있느니라. 선현이여. 보살마하살이 이와 같은 일체법을 관찰하지 않는 까닭으로 곧 능히 일체지를 이끌어서 일으킬 수 있고, 역시 능히 도상지·일체상지도 이끌어서 일으킬 수 있느니라.

왜 그러한가? 선현이여. 만약 보살마하살이 깊은 반야바라밀다를 수행하는 때에, 제법의 가운데에서 만약 항상하거나 만약 무상하거나, 만약 즐겁거나 만약 괴롭거나, 만약 나이거나 만약 무아이거나, 만약 청정하거나 만약 부정하거나, 만약 적정하거나 만약 적정하지 않거나, 만약 멀리 벗어났거나 만약 멀리 벗어나지 않았다고 관찰하였다면, 곧 능히 뜻을 따라서 수승한 공덕을 이끌어 일으킬 수도 없고 안주할 수도 없느니라.

선현이여. 만약 보살마하살이 깊은 반야바라밀다를 수행한다면 곧 정려바라밀다를 수행하는 것이고, 역시 정진·안인·정계·보시바라밀다도 수행하는 것이니라. 선현이여. 만약 보살마하살이 깊은 반야바라밀다를 수행한다면 곧 내공을 수행하는 것이고, 역시 외공·내외공·공공·대공·

승의공·유위공·무위공·필경공·무제공·산공·무변이공·본성공·자상공·공상공·일체법공·불가득공·무성공·자성공·무성자성공도 수행하는 것이니라.

선현이여. 만약 보살마하살이 깊은 반야바라밀다를 수행한다면 곧 진여를 수행하는 것이고, 역시 법계·법성·불허망성·불변이성·평등성·이생성·법정·법주·실제·허공계·부사의계도 수행하는 것이니라. 선현이여. 만약 보살마하살이 깊은 반야바라밀다를 수행한다면 곧 고성제를 수행하는 것이고, 역시 집·멸·도성제도 수행하는 것이니라. 선현이여. 만약 보살마하살이 깊은 반야바라밀다를 수행한다면 곧 4정려를 수행하는 것이고, 역시 4무량·4무색정도 수행하는 것이니라.

선현이여. 만약 보살마하살이 깊은 반야바라밀다를 수행한다면 곧 8해탈을 수행하는 것이고, 역시 8승처·9차제정·10변처도 수행하는 것이니라. 선현이여. 만약 보살마하살이 깊은 반야바라밀다를 수행한다면 곧 4념주를 수행하는 것이고, 역시 4정단·4신족·5근·5력·7등각지·8성도지도 수행하는 것이니라. 선현이여. 만약 보살마하살이 깊은 반야바라밀다를 수행한다면 곧 공해탈문을 수행하는 것이고, 역시 무상·무원해탈문도 수행하는 것이니라.

선현이여. 만약 보살마하살이 깊은 반야바라밀다를 수행한다면 곧 5안을 수행하는 것이고, 역시 6신통도 수행하는 것이니라. 선현이여. 만약 보살마하살이 깊은 반야바라밀다를 수행한다면 곧 여래의 10력을 수행하는 것이고, 역시 4무소외·4무애해·대자·대비·대희·대사·18불불공법도 수행하는 것이니라. 선현이여. 만약 보살마하살이 깊은 반야바라밀다를 수행한다면 곧 무망실법을 수행하는 것이고, 역시 항주사성도 수행하는 것이니라.

선현이여. 만약 보살마하살이 깊은 반야바라밀다를 수행한다면 곧 일체의 다라니문을 수행하는 것이고, 역시 일체의 삼마지문도 수행하는 것이니라. 선현이여. 만약 보살마하살이 깊은 반야바라밀다를 수행한다면 곧 일체지를 수행하는 것이고, 역시 도상지·일체상지도 수행하는 것이니라. 선현이여. 만약 보살마하살이 깊은 반야바라밀다를 수행한다면 곧 무망실법을 수행하는 것이고, 역시 항주사성도 수행하는 것이니라.

다시 다음으로 선현이여. 깊은 반야바라밀다를 따라서 행하는 처소라는 곳에 소유한 일체의 바라밀다와 나머지의 일체의 보리분법이 모두 함께 따르는 것이고, 매우 깊은 반야바라밀다가 따라서 이르는 처소라는 곳에 소유한 일체의 바라밀다와 나머지의 일체의 보리분법이 모두 따라서 이르느니라.

선현이여. 전륜성왕이 소유한 네 부류의 용맹스러운 군사들이 그 전륜성왕이 다녔던 처소를 따라서 이러한 네 부류의 용맹스러운 군사들이 모두 함께 따르는 것이고, 그 전륜성왕이 이르렀던 처소를 따라서 이러한 네 부류의 용맹스러운 군사들이 모두 함께 이르는 것과 같이, 매우 깊은 반야바라밀다도 역시 다시 그와 같아서 따라서 다녔던 처소가 있고 이르렀던 처소가 있는 것과 같이, 소유하였던 일체의 바라밀다와 나머지의 일체의 보리분법은 모두가 함께 따르고 쫓으면서 구경에는 일체지지에 이르느니라.

선현이여. 잘 제어(制御)하는 마부가 네 마리의 말이 이끄는 수레를 타고 가면서 험한 도로는 피하게 하고 정도(正道)로 지나가게 하여서 본래의 뜻을 따라서 잘 지나가서 처소에 이르려는 것과 같이, 매우 깊은 반야바라밀다도 역시 다시 그와 같아서 일체의 바라밀다와 나머지의 일체의 보리분법을 잘 제어하여 생사와 열반의 험한 길을 피하게 하고 자리이타(自利利他)의 정도를 행하여 본래부터 구하였던 것인 일체지지에 이르게 하느니라."

그때 구수 선현이 세존께 아뢰어 말하였다.

"세존이시여. 보살마하살은 무엇을 도(道)라고 말하고 무엇을 도가 아니라고 말합니까?"

세존께서 말씀하셨다.

"선현이여. 이생(異生)의 도(道)는 제보살마하살의 도가 아니고, 제성문

(諸聲聞)의 도는 제보살마하살의 도가 아니며, 제독각(諸獨覺)의 도는 제보살마하살의 도가 아니고, 자리이타의 도이었던 이것이 제보살마하살의 도이며, 일체지지의 도이었던 이것이 제보살마하살의 도이고, 생사(生死)와 열반(涅槃)에 머무르지 않는 도이었던 이것이 제보살마하살의 도이니라. 선현이여. 이것이 보살마하살의 도이고, 더불어 도가 아니니라."

구수 선현이 다시 세존께 아뢰어 말하였다.

"세존이시여. 매우 깊은 반야바라밀다는 세간에 출현하여 능히 대사(大事)를 하는데 이를테면, 제보살마하살의 도와 도가 아닌 상(相)을 보여주어서 제보살마하살들에게 이것은 도이고 이것은 도가 아니라고 알게 하면서 빠르게 능히 일체지지를 증득하게 합니다."

세존께서 말씀하셨다.

"선현이여. 그와 같으니라. 그와 같으니라. 그대가 말한 것과 같이, 매우 깊은 반야바라밀다는 세간에 출현하여 능히 대사를 하는데 이를테면, 제보살마하살의 도와 도가 아닌 상을 보여주어서 제보살마하살에게 이것은 도이고 이것은 도가 아니라고 알게 하면서 빠르게 능히 일체지지를 증득하게 하느니라.

다시 다음으로 선현이여. 매우 깊은 반야바라밀다는 세간에 출현하여 능히 대사를 하는데 이를테면, 무량하고 무수이며 무변한 유정들을 제도하고 해탈시켜서 모두에게 이익과 안락을 획득하게 하느니라. 선현이여. 매우 깊은 반야바라밀다는 비록 다른 사람에게 무변한 이익과 안락을 짓더라도 이러한 일에서 취하거나 집착이 없느니라.

선현이여. 매우 깊은 반야바라밀다는 비록 색이 짓는 일을 능히 보여주고 나타내더라도 이러한 일에서 취하거나 집착이 없고, 비록 수·상·행·식이 짓는 일을 능히 보여주고 나타내더라도 이러한 일에서 취하거나 집착이 없느니라. 선현이여. 매우 깊은 반야바라밀다는 비록 안처가 짓는 일을 능히 보여주고 나타내더라도 이러한 일에서 취하거나 집착이 없고, 비록 이·비·설·신·의처가 짓는 일을 능히 보여주고 나타내더라도 이러한 일에서 취하거나 집착이 없느니라.

선현이여. 매우 깊은 반야바라밀다는 비록 색처가 짓는 일을 능히 보여주고 나타내더라도 이러한 일에서 취하거나 집착이 없고, 비록 성·향·미·촉·법처가 짓는 일을 능히 보여주고 나타내더라도 이러한 일에서 취하거나 집착이 없느니라. 선현이여. 매우 깊은 반야바라밀다는 비록 안계가 짓는 일을 능히 보여주고 나타내더라도 이러한 일에서 취하거나 집착이 없고, 비록 이·비·설·신·의계가 짓는 일을 능히 보여주고 나타내더라도 이러한 일에서 취하거나 집착이 없느니라.

선현이여. 매우 깊은 반야바라밀다는 비록 색계가 짓는 일을 능히 보여주고 나타내더라도 이러한 일에서 취하거나 집착이 없고, 비록 성·향·미·촉·법계가 짓는 일을 능히 보여주고 나타내더라도 이러한 일에서 취하거나 집착이 없느니라. 선현이여. 매우 깊은 반야바라밀다는 비록 안식계가 짓는 일을 능히 보여주고 나타내더라도 이러한 일에서 취하거나 집착이 없고, 비록 이·비·설·신·의식계가 짓는 일을 능히 보여주고 나타내더라도 이러한 일에서 취하거나 집착이 없느니라.

선현이여. 매우 깊은 반야바라밀다는 비록 안촉이 짓는 일을 능히 보여주고 나타내더라도 이러한 일에서 취하거나 집착이 없고, 비록 이·비·설·신·의촉이 짓는 일을 능히 보여주고 나타내더라도 이러한 일에서 취하거나 집착이 없느니라. 선현이여. 매우 깊은 반야바라밀다는 비록 안촉을 인연으로 생겨난 여러 수가 짓는 일을 능히 보여주고 나타내더라도 이러한 일에서 취하거나 집착이 없고, 비록 이·비·설·신·의촉을 인연으로 생겨난 여러 수가 짓는 일을 능히 보여주고 나타내더라도 이러한 일에서 취하거나 집착이 없느니라.

선현이여. 매우 깊은 반야바라밀다는 비록 지계가 짓는 일을 능히 보여주고 나타내더라도 이러한 일에서 취하거나 집착이 없고, 비록 수·화·풍·공·식계가 짓는 일을 능히 보여주고 나타내더라도 이러한 일에서 취하거나 집착이 없느니라. 선현이여. 매우 깊은 반야바라밀다는 비록 무명이 짓는 일을 능히 보여주고 나타내더라도 이러한 일에서 취하거나 집착이 없고, 비록 행·식·명색·육처·촉·수·애·취·유·생·노사의 수탄고우뇌가 짓는 일을 능히 보여주고 나타내더라도 이러한 일에서 취하거나 집착이 없느니라.

선현이여. 매우 깊은 반야바라밀다는 비록 보시바라밀다가 짓는 일을 능히 보여주고 나타내더라도 이러한 일에서 취하거나 집착이 없고, 비록 정계·안인·정진·정려·반야바라밀다가 짓는 일을 능히 보여주고 나타내더라도 이러한 일에서 취하거나 집착이 없느니라. 선현이여. 매우 깊은 반야바라밀다는 비록 내공이 짓는 일을 능히 보여주고 나타내더라도 이러한 일에서 취하거나 집착이 없고, 비록 외공·내외공·공공·대공·승의공·유위공·무위공·필경공·무제공·산공·무변이공·본성공·자상공·공상공·일체법공·불가득공·무성공·자성공·무성자성공이 짓는 일을 능히 보여주고 나타내더라도 이러한 일에서 취하거나 집착이 없느니라.

선현이여. 매우 깊은 반야바라밀다는 비록 진여가 짓는 일을 능히 보여주고 나타내더라도 이러한 일에서 취하거나 집착이 없고, 비록 법계·법성·불허망성·불변이성·평등성·이생성·법정·법주·실제·허공계·부사의계가 짓는 일을 능히 보여주고 나타내더라도 이러한 일에서 취하거나 집착이 없느니라. 선현이여. 매우 깊은 반야바라밀다는 비록 고성제가 짓는 일을 능히 보여주고 나타내더라도 이러한 일에서 취하거나 집착이 없고, 비록 집·멸·도성제가 짓는 일을 능히 보여주고 나타내더라도 이러한 일에서 취하거나 집착이 없느니라.

선현이여. 매우 깊은 반야바라밀다는 비록 4정려가 짓는 일을 능히 보여주고 나타내더라도 이러한 일에서 취하거나 집착이 없고, 비록 4무량·4무색정이 짓는 일을 능히 보여주고 나타내더라도 이러한 일에서 취하거나 집착이 없느니라. 선현이여. 매우 깊은 반야바라밀다는 비록 8해탈이 짓는 일을 능히 보여주고 나타내더라도 이러한 일에서 취하거나 집착이 없고, 비록 8승처·9차제정·10변처가 짓는 일을 능히 보여주고 나타내더라도 이러한 일에서 취하거나 집착이 없느니라.

선현이여. 매우 깊은 반야바라밀다는 비록 4념주가 짓는 일을 능히 보여주고 나타내더라도 이러한 일에서 취하거나 집착이 없고, 비록 4정단·

4신족·5근·5력·7등각지·8성도지가 짓는 일을 능히 보여주고 나타내더라도 이러한 일에서 취하거나 집착이 없느니라. 선현이여. 매우 깊은 반야바라밀다는 비록 공해탈문이 짓는 일을 능히 보여주고 나타내더라도 이러한 일에서 취하거나 집착이 없고, 비록 무상·무원해탈문이 짓는 일을 능히 보여주고 나타내더라도 이러한 일에서 취하거나 집착이 없느니라.

선현이여. 매우 깊은 반야바라밀다는 비록 5안이 짓는 일을 능히 보여주고 나타내더라도 이러한 일에서 취하거나 집착이 없고, 비록 6신통이 짓는 일을 능히 보여주고 나타내더라도 이러한 일에서 취하거나 집착이 없느니라. 선현이여. 매우 깊은 반야바라밀다는 비록 여래의 10력이 짓는 일을 능히 보여주고 나타내더라도 이러한 일에서 취하거나 집착이 없고, 비록 4무소외·4무애해·대자·대비·대희·대사·18불불공법이 짓는 일을 능히 보여주고 나타내더라도 이러한 일에서 취하거나 집착이 없느니라.

선현이여. 매우 깊은 반야바라밀다는 비록 무망실법이 짓는 일을 능히 보여주고 나타내더라도 이러한 일에서 취하거나 집착이 없고, 비록 항주사성이 짓는 일을 능히 보여주고 나타내더라도 이러한 일에서 취하거나 집착이 없느니라. 선현이여. 매우 깊은 반야바라밀다는 비록 일체지가 짓는 일을 능히 보여주고 나타내더라도 이러한 일에서 취하거나 집착이 없고, 비록 도상지·일체상지가 짓는 일을 능히 보여주고 나타내더라도 이러한 일에서 취하거나 집착이 없느니라.

선현이여. 매우 깊은 반야바라밀다는 비록 일체의 다라니문이 짓는 일을 능히 보여주고 나타내더라도 이러한 일에서 취하거나 집착이 없고, 비록 일체의 삼마지문이 짓는 일을 능히 보여주고 나타내더라도 이러한 일에서 취하거나 집착이 없느니라. 선현이여. 매우 깊은 반야바라밀다는 비록 예류과가 짓는 일을 능히 보여주고 나타내더라도 이러한 일에서 취하거나 집착이 없고, 비록 일래·불환·아라한과가 짓는 일을 능히 보여주고 나타내더라도 이러한 일에서 취하거나 집착이 없느니라.

선현이여. 매우 깊은 반야바라밀다는 비록 독각의 보리가 짓는 일을 능히 보여주고 나타내더라도 이러한 일에서 취하거나 집착이 없느니라.

선현이여. 매우 깊은 반야바라밀다는 비록 일체의 보살마하살의 행이 짓는 일을 능히 보여주고 나타내더라도 이러한 일에서 취하거나 집착이 없느니라. 선현이여. 매우 깊은 반야바라밀다는 비록 제불의 무상정등보리가 짓는 일을 능히 보여주고 나타내더라도 이러한 일에서 취하거나 집착이 없느니라."

그때 구수 선현이 세존께 아뢰어 말하였다.

"세존이시여. 만약 매우 깊은 반야바라밀다가 일체법에서 일어남도 없고 소멸함도 없다면, 어찌하여 보살마하살이 깊은 반야바라밀다를 행하는 때에 상응하여 보시바라밀다를 수행해야 하고, 어찌하여 보살마하살이 깊은 반야바라밀다를 행하는 때에 상응하여 정계바라밀다를 수행해야 하며, 어찌하여 보살마하살이 깊은 반야바라밀다를 행하는 때에 상응하여 안인바라밀다를 수행해야 하고, 어찌하여 보살마하살이 깊은 반야바라밀다를 행하는 때에 상응하여 정진바라밀다를 수행해야 하며, 어찌하여 보살마하살이 깊은 반야바라밀다를 행하는 때에 상응하여 정려바라밀다를 수행해야 하고, 어찌하여 보살마하살이 깊은 반야바라밀다를 행하는 때에 상응하여 반야바라밀다를 수행해야 합니까?"

세존께 말씀하셨다.

"선현이여. 보살마하살은 깊은 반야바라밀다를 행하는 때에 상응하여 일체지지(一切智智)를 인연으로 제유정들을 위하여 보시바라밀다를 수행해야 하고, 보살마하살은 깊은 반야바라밀다를 행하는 때에 상응하여 일체지지를 인연으로 제유정들을 위하여 정계바라밀다를 수행해야 하며, 보살마하살은 깊은 반야바라밀다를 행하는 때에 상응하여 일체지지를 인연으로 제유정들을 위하여 안인바라밀다를 수행해야 하고, 보살마하살은 깊은 반야바라밀다를 행하는 때에 상응하여 일체지지를 인연으로 제유정들을 위하여 정진바라밀다를 수행해야 하며, 보살마하살은 깊은 반야바라밀다를 행하는 때에 상응하여 일체지지를 인연으로 제유정들을 위하여 정려바라밀다를 수행해야 하며, 보살마하살은 깊은 반야바라밀다를 행하는 때에 상응하여 일체지지를 인연으로 제유정들을 위하여 반야바라밀다를 수행해야 하느니라.

선현이여. 이 보살마하살은 이 선근을 지니고서 제유정들과 함께 평등하게 공유하면서 무상정등보리에 회향하는 때에 이를테면, '누가 회향하는가? 무엇을 수용하여 회향하는가? 어느 곳으로 회향하는가?'의 세 가지의 마음을 멀리 벗어나느니라. 선현이여. 이 보살마하살은 이 선근을 이와 같이 구한 것인 무상정등보리에 회향한다면, 곧 6바라밀다를 수행하여 빠르게 원만해지는 것이고, 역시 보살의 자(慈)·비(悲)·희(喜)·사(捨)를 수행하여 빠르게 원만해지는 것이며, 오히려 이것으로 일체지지를 빠르게 증득하고, 나아가 미묘한 보리좌(菩提座)에 안주하면서 항상 이와 같은 6바라밀다를 멀리 벗어나지 않느니라.

선현이여. 만약 보살마하살이 6바라밀다를 벗어나지 않는다면 곧 일체지지를 멀리 벗어나지 않는 것이니라. 이와 같은 까닭으로 만약 보살마하살이 구하였던 것인 무상정등보리를 빠르게 증득하고자 하였다면 마땅히 정근하고 정진하면서 6바라밀다를 수학할 것이고, 마땅히 정근하고 정진하면서 6바라밀다를 수행해야 하느니라.

선현이여. 만약 보살마하살이 항상 정근하고 정진하면서 이와 같은 6바라밀다를 수학하고 수행한다면 일체의 선근이 빠르게 원만하게 되고 무상정등보리를 빠르게 증득하느니라. 이와 같은 까닭으로 선현이여. 제보살마하살은 6바라밀다와 항상 함께 상응(相應)하면서 서로가 버리고 벗어나지 않아야 하느니라."

이때 구수 선현이 세존께 아뢰어 말하였다.

"세존이시여. 무엇을 보살마하살이 6바라밀다와 항상 함께 상응하면서 서로가 버리고 벗어나지 않는다고 말합니까?"

세존께서 말씀하셨다.

"선현이여. 만약 보살마하살이 색은 상응(相應)하지 않고 상응하지 않지도 않는다고 여실(如實)하게 관찰하고, 수·상·행·식도 상응하지 않고 상응하지 않지도 않는다고 여실하게 관찰한다면, 이 보살마하살은 능히 6바라밀다와 항상 함께 상응하면서 서로가 버리고 벗어나지 않는 것이니라. 선현이여. 만약 보살마하살이 안처는 상응하지 않고 상응하지 않지도 않는다고 여실하게 관찰하고, 이·비·설·신·의처도 상응하지 않고 상응하지 않지도 않는다고 여실하게 관찰한다면, 이 보살마하살은 능히 6바라밀다와 항상 함께 상응하면서 서로가 버리고 벗어나지 않는 것이니라.

선현이여. 만약 보살마하살이 색처는 상응하지 않고 상응하지 않지도 않는다고 여실하게 관찰하고, 성·향·미·촉·법처도 상응하지 않고 상응하지 않지도 않는다고 여실하게 관찰한다면, 이 보살마하살은 능히 6바라밀다와 항상 함께 상응하면서 서로가 버리고 벗어나지 않는 것이니라. 선현이여. 만약 보살마하살이 안계는 상응하지 않고 상응하지 않지도 않는다고 여실하게 관찰하고, 이·비·설·신·의계도 상응하지 않고 상응하지 않지도 않는다고 여실하게 관찰한다면, 이 보살마하살은 능히 6바라밀다와 항상 함께 상응하면서 서로가 버리고 벗어나지 않는 것이니라.

선현이여. 만약 보살마하살이 색계는 상응하지 않고 상응하지 않지도 않는다고 여실하게 관찰하고, 성·향·미·촉·법계도 상응하지 않고 상응하지 않지도 않는다고 여실하게 관찰한다면, 이 보살마하살은 능히 6바라밀다와 항상 함께 상응하면서 서로가 버리고 벗어나지 않는 것이니라. 선현이여. 만약 보살마하살이 안식계는 상응하지 않고 상응하지 않지도 않는다고 여실하게 관찰하고, 이·비·설·신·의식계도 상응하지 않고 상응하지 않지도 않는다고 여실하게 관찰한다면, 이 보살마하살은 능히 6바라밀다와 항상 함께 상응하면서 서로가 버리고 벗어나지 않는 것이니라.

선현이여. 만약 보살마하살이 안촉은 상응하지 않고 상응하지 않지도 않는다고 여실하게 관찰하고, 이·비·설·신·의촉도 상응하지 않고 상응하지 않지도 않는다고 여실하게 관찰한다면, 이 보살마하살은 능히 6바라밀다와 항상 함께 상응하면서 서로가 버리고 벗어나지 않는 것이니라. 선현이여. 만약 보살마하살이 안촉을 인연으로 생겨난 여러 수는 상응하지 않고 상응하지 않지도 않는다고 여실하게 관찰하고, 이·비·설·신·의촉을 인연으로 생겨난 여러 수도 상응하지 않고 상응하지 않지도 않는다고 여실하게 관찰한다면, 이 보살마하살은 능히 6바라밀다와 항상 함께 상응하면서 서로가 버리고 벗어나지 않는 것이니라.

선현이여. 만약 보살마하살이 지계는 상응하지 않고 상응하지 않지도 않는다고 여실하게 관찰하고, 수·화·풍·공·식계도 상응하지 않고 상응하지 않지도 않는다고 여실하게 관찰한다면, 이 보살마하살은 능히 6바라밀다와 항상 함께 상응하면서 서로가 버리고 벗어나지 않는 것이니라. 선현이여. 만약 보살마하살이 무명은 상응하지 않고 상응하지 않지도 않는다고 여실하게 관찰하고, 행·식·명색·육처·촉·수·애·취·유·생·노사의 수탄고우뇌도 상응하지 않고 상응하지 않지도 않는다고 여실하게 관찰한다면, 이 보살마하살은 능히 6바라밀다와 항상 함께 상응하면서 서로가 버리고 벗어나지 않는 것이니라.

선현이여. 만약 보살마하살이 보시바라밀다는 상응하지 않고 상응하지 않지도 않는다고 여실하게 관찰하고, 정계·안인·정진·정려·반야바라밀다도 상응하지 않고 상응하지 않지도 않는다고 여실하게 관찰한다면, 이 보살마하살은 능히 6바라밀다와 항상 함께 상응하면서 서로가 버리고 벗어나지 않는 것이니라. 선현이여. 만약 보살마하살이 내공은 상응하지 않고 상응하지 않지도 않는다고 여실하게 관찰하고, 외공·내외공·공공·대공·승의공·유위공·무위공·필경공·무제공·산공·무변이공·본성공·자상공·공상공·일체법공·불가득공·무성공·자성공·무성자성공도 상응하지 않고 상응하지 않지도 않는다고 여실하게 관찰한다면, 이 보살마하살은 능히 6바라밀다와 항상 함께 상응하면서 서로가 버리고 벗어나지 않는 것이니라.

선현이여. 만약 보살마하살이 진여는 상응하지 않고 상응하지 않지도 않는다고 여실하게 관찰하고, 법계·법성·불허망성·불변이성·평등성·이생성·법정·법주·실제·허공계·부사의계도 상응하지 않고 상응하지 않지도 않는다고 여실하게 관찰한다면, 이 보살마하살은 능히 6바라밀다와 항상 함께 상응하면서 서로가 버리고 벗어나지 않는 것이니라. 선현이여.

만약 보살마하살이 고성제는 상응하지 않고 상응하지 않지도 않는다고 여실하게 관찰하고, 집·멸·도성제도 상응하지 않고 상응하지 않지도 않는다고 여실하게 관찰한다면, 이 보살마하살은 능히 6바라밀다와 항상 함께 상응하면서 서로가 버리고 벗어나지 않는 것이니라.

선현이여. 만약 보살마하살이 4정려는 상응하지 않고 상응하지 않지도 않는다고 여실하게 관찰하고, 4무량·4무색정도 상응하지 않고 상응하지 않지도 않는다고 여실하게 관찰한다면, 이 보살마하살은 능히 6바라밀다와 항상 함께 상응하면서 서로가 버리고 벗어나지 않는 것이니라. 선현이여. 만약 보살마하살이 8해탈은 상응하지 않고 상응하지 않지도 않는다고 여실하게 관찰하고, 8승처·9차제정·10변처도 상응하지 않고 상응하지 않지도 않는다고 여실하게 관찰한다면, 이 보살마하살은 능히 6바라밀다와 항상 함께 상응하면서 서로가 버리고 벗어나지 않는 것이니라.

선현이여. 만약 보살마하살이 4념주는 상응하지 않고 상응하지 않지도 않는다고 여실하게 관찰하고, 4정단·4신족·5근·5력·7등각지·8성도지도 상응하지 않고 상응하지 않지도 않는다고 여실하게 관찰한다면, 이 보살마하살은 능히 6바라밀다와 항상 함께 상응하면서 서로가 버리고 벗어나지 않는 것이니라. 선현이여. 만약 보살마하살이 공해탈문은 상응하지 않고 상응하지 않지도 않는다고 여실하게 관찰하고, 무상·무원해탈문도 상응하지 않고 상응하지 않지도 않는다고 여실하게 관찰한다면, 이 보살마하살은 능히 6바라밀다와 항상 함께 상응하면서 서로가 버리고 벗어나지 않는 것이니라.

선현이여. 만약 보살마하살이 5안은 상응하지 않고 상응하지 않지도 않는다고 여실하게 관찰하고, 6신통도 상응하지 않고 상응하지 않지도 않는다고 여실하게 관찰한다면, 이 보살마하살은 능히 6바라밀다와 항상 함께 상응하면서 서로가 버리고 벗어나지 않는 것이니라. 선현이여. 만약 보살마하살이 여래의 10력은 상응하지 않고 상응하지 않지도 않는다고 여실하게 관찰하고, 4무소외·4무애해·대자·대비·대희·대사·18불불공법도 상응하지 않고 상응하지 않지도 않는다고 여실하게 관찰한다면,

이 보살마하살은 능히 6바라밀다와 항상 함께 상응하면서 서로가 버리고 벗어나지 않는 것이니라.

선현이여. 만약 보살마하살이 무망실법은 상응하지 않고 상응하지 않지도 않는다고 여실하게 관찰하고, 항주사성도 상응하지 않고 상응하지 않지도 않는다고 여실하게 관찰한다면, 이 보살마하살은 능히 6바라밀다와 항상 함께 상응하면서 서로가 버리고 벗어나지 않는 것이니라. 선현이여. 만약 보살마하살이 일체지는 상응하지 않고 상응하지 않지도 않는다고 여실하게 관찰하고, 도상지·일체상지도 상응하지 않고 상응하지 않지도 않는다고 여실하게 관찰한다면, 이 보살마하살은 능히 6바라밀다와 항상 함께 상응하면서 서로가 버리고 벗어나지 않는 것이니라.

선현이여. 만약 보살마하살이 일체의 다라니문은 상응하지 않고 상응하지 않지도 않는다고 여실하게 관찰하고, 일체의 삼마지문도 상응하지 않고 상응하지 않지도 않는다고 여실하게 관찰한다면, 이 보살마하살은 능히 6바라밀다와 항상 함께 상응하면서 서로가 버리고 벗어나지 않는 것이니라. 선현이여. 만약 보살마하살이 예류과는 상응하지 않고 상응하지 않지도 않는다고 여실하게 관찰하고, 일래·불환·아라한과도 상응하지 않고 상응하지 않지도 않는다고 여실하게 관찰한다면, 이 보살마하살은 능히 6바라밀다와 항상 함께 상응하면서 서로가 버리고 벗어나지 않는 것이니라.

선현이여. 만약 보살마하살이 독각의 보리는 상응하지 않고 상응하지 않지도 않는다고 여실하게 관찰한다면, 이 보살마하살은 능히 6바라밀다와 항상 함께 상응하면서 서로가 버리고 벗어나지 않는 것이니라. 선현이여. 만약 보살마하살이 일체의 보살마하살의 행은 상응하지 않고 상응하지 않지도 않는다고 여실하게 관찰한다면, 이 보살마하살은 능히 6바라밀다와 항상 함께 상응하면서 서로가 버리고 벗어나지 않는 것이니라.

선현이여. 만약 보살마하살이 제불의 무상정등보리는 상응하지 않고 상응하지 않지도 않는다고 여실하게 관찰한다면, 이 보살마하살은 능히 6바라밀다와 항상 함께 상응하면서 서로가 버리고 벗어나지 않는 것이니라.”

"다시 다음으로 선현이여. 만약 보살마하살이 항상 '나는 상응하여 색에 머무르지 않아야 하고, 수·상·행·식에도 머무르지 않아야 한다. 왜 그러한가? 색은 능히 머무르는 것(能住)이 아니고 머물러지는 것(所住)도 아닌 까닭이고, 수·상·행·식도 능히 머무르는 것이 아니고 머물러지는 것도 아닌 까닭이다.'라고 항상 이렇게 생각을 지었다면, 선현이여. 이 보살마하살은 6바라밀다와 항상 함께 상응하면서 서로가 버리고 벗어나지 않는 것이니라.

선현이여. 만약 보살마하살이 항상 '나는 상응하여 안처에 머무르지 않아야 하고, 이·비·설·신·의처에도 머무르지 않아야 한다. 왜 그러한가? 안처는 능히 머무르는 것이 아니고 머물러지는 것도 아닌 까닭이고, 이·비·설·신·의처도 능히 머무르는 것이 아니고 머물러지는 것도 아닌 까닭이다.'라고 항상 이렇게 생각을 지었다면, 선현이여. 이 보살마하살은 6바라밀다와 항상 함께 상응하면서 서로가 버리고 벗어나지 않는 것이니라.

선현이여. 만약 보살마하살이 항상 '나는 상응하여 색처에 머무르지 않아야 하고, 성·향·미·촉·법처에도 머무르지 않아야 한다. 왜 그러한가? 색처는 능히 머무르는 것이 아니고 머물러지는 것도 아닌 까닭이고, 성·향·미·촉·법처도 능히 머무르는 것이 아니고 머물러지는 것도 아닌 까닭이다.'라고 항상 이렇게 생각을 지었다면, 선현이여. 이 보살마하살은 6바라밀다와 항상 함께 상응하면서 서로가 버리고 벗어나지 않는 것이니라."

마하반야바라밀다경 제356권

61. 다문불이품(多聞不二品)(6)

"선현이여. 만약 보살마하살이 항상 '나는 상응하여 안계에 머무르지 않아야 하고, 이·비·설·신·의계에도 머무르지 않아야 한다. 왜 그러한가? 안계는 능히 머무르는 것이 아니고 머물러지는 것도 아닌 까닭이고, 이·비·설·신·의계도 능히 머무르는 것이 아니고 머물러지는 것도 아닌 까닭이다.'라고 항상 이렇게 생각을 지었다면, 선현이여. 이 보살마하살은 6바라밀다와 항상 함께 상응하면서 서로가 버리고 벗어나지 않는 것이니라.

선현이여. 만약 보살마하살이 항상 '나는 상응하여 색계에 머무르지 않아야 하고, 성·향·미·촉·법계에도 머무르지 않아야 한다. 왜 그러한가? 색계는 능히 머무르는 것이 아니고 머물러지는 것도 아닌 까닭이고, 성·향·미·촉·법계도 능히 머무르는 것이 아니고 머물러지는 것도 아닌 까닭이다.'라고 항상 이렇게 생각을 지었다면, 선현이여. 이 보살마하살은 6바라밀다와 항상 함께 상응하면서 서로가 버리고 벗어나지 않는 것이니라.

선현이여. 만약 보살마하살이 항상 '나는 상응하여 안식계에 머무르지 않아야 하고, 이·비·설·신·의식계에도 머무르지 않아야 한다. 왜 그러한가? 안식계는 능히 머무르는 것이 아니고 머물러지는 것도 아닌 까닭이고, 이·비·설·신·의식계도 능히 머무르는 것이 아니고 머물러지는 것도 아닌 까닭이다.'라고 항상 이렇게 생각을 지었다면, 선현이여. 이 보살마하살은 6바라밀다와 항상 함께 상응하면서 서로가 버리고 벗어나지 않는 것이니라.

선현이여. 만약 보살마하살이 항상 '나는 상응하여 안촉에 머무르지 않아야 하고, 이·비·설·신·의촉에도 머무르지 않아야 한다. 왜 그러한가? 안촉은 능히 머무르는 것이 아니고 머물러지는 것도 아닌 까닭이고, 이·비·설·신·의촉도 능히 머무르는 것이 아니고 머물러지는 것도 아닌 까닭이다.' 라고 항상 이렇게 생각을 지었다면, 선현이여. 이 보살마하살은 6바라밀다와 항상 함께 상응하면서 서로가 버리고 벗어나지 않는 것이니라.

선현이여. 만약 보살마하살이 항상 '나는 상응하여 안촉을 인연으로 생겨난 수에 머무르지 않아야 하고, 이·비·설·신·의촉을 인연으로 생겨난 수에도 머무르지 않아야 한다. 왜 그러한가? 안촉을 인연으로 생겨난 수는 능히 머무르는 것이 아니고 머물러지는 것도 아닌 까닭이고, 이·비·설·신·의촉을 인연으로 생겨난 수도 능히 머무르는 것이 아니고 머물러지는 것도 아닌 까닭이다.'라고 항상 이렇게 생각을 지었다면, 선현이여. 이 보살마하살은 6바라밀다와 항상 함께 상응하면서 서로가 버리고 벗어나지 않는 것이니라.

선현이여. 만약 보살마하살이 항상 '나는 상응하여 지계에 머무르지 않아야 하고, 수·화·풍·공·식계에도 머무르지 않아야 한다. 왜 그러한가? 지계는 능히 머무르는 것이 아니고 머물러지는 것도 아닌 까닭이고, 수·화·풍·공·식계도 능히 머무르는 것이 아니고 머물러지는 것도 아닌 까닭이다.' 라고 항상 이렇게 생각을 지었다면, 선현이여. 이 보살마하살은 6바라밀다와 항상 함께 상응하면서 서로가 버리고 벗어나지 않는 것이니라.

선현이여. 만약 보살마하살이 항상 '나는 상응하여 무명에 머무르지 않아야 하고, 행·식·명색·육처·촉·수·애·취·유·생·노사의 수탄고우뇌에도 머무르지 않아야 한다. 왜 그러한가? 무명은 능히 머무르는 것이 아니고 머물러지는 것도 아닌 까닭이고, 행·식·명색·육처·촉·수·애·취·유·생·노사의 수탄고우뇌도 능히 머무르는 것이 아니고 머물러지는 것도 아닌 까닭이다.'라고 항상 이렇게 생각을 지었다면, 선현이여. 이 보살마하살은 6바라밀다와 항상 함께 상응하면서 서로가 버리고 벗어나지 않는 것이니라.

선현이여. 만약 보살마하살이 항상 '나는 상응하여 보시바라밀다에 머무르지 않아야 하고, 정계·안인·정진·정려·반야바라밀다에도 머무르지 않아야 한다. 왜 그러한가? 보시바라밀다는 능히 머무르는 것이 아니고 머물러지는 것도 아닌 까닭이고, 정계·안인·정진·정려·반야바라밀다도 능히 머무르는 것이 아니고 머물러지는 것도 아닌 까닭이다.'라고 항상 이렇게 생각을 지었다면, 선현이여. 이 보살마하살은 6바라밀다와 항상 함께 상응하면서 서로가 버리고 벗어나지 않는 것이니라.

선현이여. 만약 보살마하살이 항상 '나는 상응하여 내공에 머무르지 않아야 하고, 외공·내외공·공공·대공·승의공·유위공·무위공·필경공·무제공·산공·무변이공·본성공·자상공·공상공·일체법공·불가득공·무성공·자성공·무성자성공에도 머무르지 않아야 한다. 왜 그러한가? 내공은 능히 머무르는 것이 아니고 머물러지는 것도 아닌 까닭이고, 외공, 나아가 무성자성공도 능히 머무르는 것이 아니고 머물러지는 것도 아닌 까닭이다.'라고 항상 이렇게 생각을 지었다면, 선현이여. 이 보살마하살은 6바라밀다와 항상 함께 상응하면서 서로가 버리고 벗어나지 않는 것이니라.

선현이여. 만약 보살마하살이 항상 '나는 상응하여 진여에 머무르지 않아야 하고, 법계·법성·불허망성·불변이성·평등성·이생성·법정·법주·실제·허공계·부사의계에도 머무르지 않아야 한다. 왜 그러한가? 진여는 능히 머무르는 것이 아니고 머물러지는 것도 아닌 까닭이고, 법계, 나아가 부사의계도 능히 머무르는 것이 아니고 머물러지는 것도 아닌 까닭이다.'라고 항상 이렇게 생각을 지었다면, 선현이여. 이 보살마하살은 6바라밀다와 항상 함께 상응하면서 서로가 버리고 벗어나지 않는 것이니라.

선현이여. 만약 보살마하살이 항상 '나는 상응하여 고성제에 머무르지 않아야 하고, 집·멸·도성제에도 머무르지 않아야 한다. 왜 그러한가? 고성제는 능히 머무르는 것이 아니고 머물러지는 것도 아닌 까닭이고, 집·멸·도성제도 능히 머무르는 것이 아니고 머물러지는 것도 아닌 까닭이다.'라고 항상 이렇게 생각을 지었다면, 선현이여. 이 보살마하살은 6바라밀다와 항상 함께 상응하면서 서로가 버리고 벗어나지 않는 것이니라.

선현이여. 만약 보살마하살이 항상 '나는 상응하여 4정려에 머무르지 않아야 하고, 4무량·4무색정에도 머무르지 않아야 한다. 왜 그러한가? 4정려는 능히 머무르는 것이 아니고 머물러지는 것도 아닌 까닭이고, 4무량·4무색정도 능히 머무르는 것이 아니고 머물러지는 것도 아닌 까닭이다.'라고 항상 이렇게 생각을 지었다면, 선현이여. 이 보살마하살은 6바라밀다와 항상 함께 상응하면서 서로가 버리고 벗어나지 않는 것이니라.

선현이여. 만약 보살마하살이 항상 '나는 상응하여 8해탈에 머무르지 않아야 하고, 8승처·9차제정·10변처에도 머무르지 않아야 한다. 왜 그러한가? 8해탈은 능히 머무르는 것이 아니고 머물러지는 것도 아닌 까닭이고, 8승처·9차제정·10변처도 능히 머무르는 것이 아니고 머물러지는 것도 아닌 까닭이다.'라고 항상 이렇게 생각을 지었다면, 선현이여. 이 보살마하살은 6바라밀다와 항상 함께 상응하면서 서로가 버리고 벗어나지 않는 것이니라.

선현이여. 만약 보살마하살이 항상 '나는 상응하여 4념주에 머무르지 않아야 하고, 4정단·4신족·5근·5력·7등각지·8성도지에도 머무르지 않아야 한다. 왜 그러한가? 4념주는 능히 머무르는 것이 아니고 머물러지는 것도 아닌 까닭이고, 4정단, 나아가 8성도지도 능히 머무르는 것이 아니고 머물러지는 것도 아닌 까닭이다.'라고 항상 이렇게 생각을 지었다면, 선현이여. 이 보살마하살은 6바라밀다와 항상 함께 상응하면서 서로가 버리고 벗어나지 않는 것이니라.

선현이여. 만약 보살마하살이 항상 '나는 상응하여 공해탈문에 머무르지 않아야 하고, 무상·무원해탈문에도 머무르지 않아야 한다. 왜 그러한가? 공해탈문은 능히 머무르는 것이 아니고 머물러지는 것도 아닌 까닭이고, 무상·무원해탈문도 능히 머무르는 것이 아니고 머물러지는 것도 아닌 까닭이다.'라고 항상 이렇게 생각을 지었다면, 선현이여. 이 보살마하살은 6바라밀다와 항상 함께 상응하면서 서로가 버리고 벗어나지 않는 것이니라.

선현이여. 만약 보살마하살이 항상 '나는 상응하여 5안에 머무르지 않아야 하고, 6신통에도 머무르지 않아야 한다. 왜 그러한가? 5안은 능히 머무르는 것이 아니고 머물러지는 것도 아닌 까닭이고, 6신통도 능히 머무르는 것이 아니고 머물러지는 것도 아닌 까닭이다.'라고 항상 이렇게 생각을 지었다면, 선현이여. 이 보살마하살은 6바라밀다와 항상 함께 상응하면서 서로가 버리고 벗어나지 않는 것이니라.

선현이여. 만약 보살마하살이 항상 '나는 상응하여 여래의 10력에 머무르지 않아야 하고, 4무소외·4무애해·대자·대비·대희·대사·18불불공법에도 머무르지 않아야 한다. 왜 그러한가? 여래의 10력은 능히 머무르는 것이 아니고 머물러지는 것도 아닌 까닭이고, 4무소외, 나아가 18불불공법도 능히 머무르는 것이 아니고 머물러지는 것도 아닌 까닭이다.'라고 항상 이렇게 생각을 지었다면, 선현이여. 이 보살마하살은 6바라밀다와 항상 함께 상응하면서 서로가 버리고 벗어나지 않는 것이니라.

선현이여. 만약 보살마하살이 항상 '나는 상응하여 무망실법에 머무르지 않아야 하고, 항주사성에도 머무르지 않아야 한다. 왜 그러한가? 무망실법은 능히 머무르는 것이 아니고 머물러지는 것도 아닌 까닭이고, 항주사성도 능히 머무르는 것이 아니고 머물러지는 것도 아닌 까닭이다.'라고 항상 이렇게 생각을 지었다면, 선현이여. 이 보살마하살은 6바라밀다와 항상 함께 상응하면서 서로가 버리고 벗어나지 않는 것이니라.

선현이여. 만약 보살마하살이 항상 '나는 상응하여 일체지에 머무르지 않아야 하고, 도상지·일체상지에도 머무르지 않아야 한다. 왜 그러한가? 일체지는 능히 머무르는 것이 아니고 머물러지는 것도 아닌 까닭이고, 도상지·일체상지도 능히 머무르는 것이 아니고 머물러지는 것도 아닌 까닭이다.'라고 항상 이렇게 생각을 지었다면, 선현이여. 이 보살마하살은 6바라밀다와 항상 함께 상응하면서 서로가 버리고 벗어나지 않는 것이니라.

선현이여. 만약 보살마하살이 항상 '나는 상응하여 일체의 다라니문에 머무르지 않아야 하고, 일체의 삼마지문에도 머무르지 않아야 한다. 왜 그러한가? 일체의 다라니문은 능히 머무르는 것이 아니고 머물러지는 것도 아닌 까닭이고, 일체의 삼마지문도 능히 머무르는 것이 아니고 머물러지는 것도 아닌 까닭이다.'라고 항상 이렇게 생각을 지었다면,

선현이여. 이 보살마하살은 6바라밀다와 항상 함께 상응하면서 서로가 버리고 벗어나지 않는 것이니라.

선현이여. 만약 보살마하살이 항상 '나는 상응하여 예류과에 머무르지 않아야 하고, 일래·불환·아라한과에도 머무르지 않아야 한다. 왜 그러한가? 예류과는 능히 머무르는 것이 아니고 머물러지는 것도 아닌 까닭이고, 일래·불환·아라한과도 능히 머무르는 것이 아니고 머물러지는 것도 아닌 까닭이다.'라고 항상 이렇게 생각을 지었다면, 선현이여. 이 보살마하살은 6바라밀다와 항상 함께 상응하면서 서로가 버리고 벗어나지 않는 것이니라.

선현이여. 만약 보살마하살이 항상 '나는 상응하여 독각의 보리에 머무르지 않아야 한다. 왜 그러한가? 독각의 보리는 능히 머무르는 것이 아니고 머물러지는 것도 아닌 까닭이다.'라고 항상 이렇게 생각을 지었다면, 선현이여. 이 보살마하살은 6바라밀다와 항상 함께 상응하면서 서로가 버리고 벗어나지 않는 것이니라. 선현이여. 만약 보살마하살이 항상 '나는 상응하여 일체의 보살마하살의 행에 머무르지 않아야 한다. 왜 그러한가? 일체의 보살마하살의 행은 능히 머무르는 것이 아니고 머물러지는 것도 아닌 까닭이다.'라고 항상 이렇게 생각을 지었다면, 선현이여. 이 보살마하살은 6바라밀다와 항상 함께 상응하면서 서로가 버리고 벗어나지 않는 것이니라.

선현이여. 만약 보살마하살이 항상 '나는 상응하여 제불의 무상정등보리에 머무르지 않아야 한다. 왜 그러한가? 제불의 무상정등보리는 능히 머무르는 것이 아니고 머물러지는 것도 아닌 까닭이다.'라고 항상 이렇게 생각을 지었다면, 선현이여. 이 보살마하살은 6바라밀다와 항상 함께 상응하면서 서로가 버리고 벗어나지 않는 것이니라. 선현이여. 만약 보살마하살이 이와 같이 머무름이 없는 방편으로써 6바라밀다를 수행한다면, 이 보살마하살은 빠르게 무상정등보리를 증득하느니라.

선현이여. 비유한다면 사람이 있어서 암몰라과(菴沒羅果)[1]나 반나사과

---

1) 산스크리트어 Āmra의 음사이고, 망고(Mango) 나무를 가리킨다.

(半那娑果)[2]를 먹으려고 하였다면 먼저 그것의 종자를 취하여 토질이 좋은 땅에 그것을 심고서 때를 따라서 물을 주고 수호(守護)하면서 관리(營理)한다면 점차로 새싹·줄기·가지·잎이 생장(生長)[3]하고, 시절(時節)과 화합(和合)한다면 곧 꽃과 열매가 있으며, 열매가 성숙하였다면 그것을 취하여 먹는 것과 같이, 선현이여. 보살마하살이 무상정등보리를 증득하고자 하였다면 먼저 6바라밀다를 수학하고, 다시 유정들에게 혹은 보시(布施)로써, 혹은 애어(愛語)로써, 혹은 이행(利行)으로써, 혹은 동사(同事)로써 그들을 섭수해야 하느니라.

이미 섭수하였다면 교수(敎授)하여 보시·정계·안인·정진·정려·반야바라밀다에 안주하게 하고, 이미 안주하였다면 일체의 생·노·병·사에서 해탈시키며 항상 반드시 결국에는 안락에 안주하는 것을 증득하게 해야 하나니, 보살이 이와 같다면 마땅히 무상정등보리를 증득하고서 미묘한 법륜을 굴리면서 무량한 중생들을 제도하느니라.

이러한 까닭으로 선현이여. 만약 보살마하살이 제법에서 다른 인연을 빌리지 않고 스스로가 깨달아서 이해하고자 하였거나, 능히 유정들을 성숙시키고자 하였거나, 불국토를 능히 청정하고 잘 장엄하고자 하였거나, 미묘한 보리좌에 빠르게 앉으려고 하였거나 일체의 마군을 능히 항복시키고자 하였거나, 일체지지를 빠르게 증득하고자 하였거나, 법륜을 굴리면서 유정들을 생·노·병·사에서 해탈시키고자 하였다면, 마땅히 6바라밀다를 수학하고 4섭사(四攝事)[4]의 방편으로써 제유정들을 섭수할 것이니, 보살이 이와 같이 정근하면서 수학하는 때라면 상응하여 반야바라밀다에서 항상 정근하면서 수학해야 하느니라."

---

2) 산스크리트어 Paṇasa의 음사이고, 잭프루트(Jack-fruit)라는 열매를 가리킨다.

3) '생겨나서 자라난다.'는 뜻이다.

4) 보살이 중생을 제도하고 섭수하기 위하여 행하는 네 가지 행을 가리킨다. 네 가지의 섭사는 보시섭(布施攝)·애어섭(愛語攝)·이행섭(利行攝)·동사섭(同事攝)을 말한다.

그때 구수 선현이 세존께 아뢰어 말하였다.

"세존이시여. 여래께서는 '보살마하살은 반야바라밀다에서 상응하여 항상 정근하면서 수학(修學)해야 한다.'라고 설하십니까?"

세존께서 말씀하셨다.

"선현이여. 그와 같으니라. 그와 같으니라. 나는 '보살마하살은 반야바라밀다에서 상응하여 항상 정근하면서 수학해야 한다.'라고 설하느니라. 선현이여. 만약 보살마하살이 제법에서 대자재(大自在)를 얻고자 하였다면 마땅히 반야바라밀다를 수학해야 하느니라. 왜 그러한가? 매우 깊은 반야바라밀다는 능히 보살에게 일체법에서 자재를 얻게 하는 까닭이니라.

다시 다음으로 선현이여. 매우 깊은 반야바라밀다는 이것이 여러 선법이 생장하는 방편이고 향하여 나아가는 것의 문이니, 비유한다면 큰 바다는 이것이 여러 보물이 생장하는 방편이고 일체의 물이 향하여 나아가는 것인 문(門)과 같으니라. 이와 같이 선현이여. 매우 깊은 반야바라밀다는 이것이 여러 선법이 생장하는 방편이고 향하여 나아가는 것의 문이니라. 이러한 까닭으로 선현이여. 성문승(聲聞乘)을 구하는 보특가라(補特伽羅)이거나, 독각승(獨覺乘)을 구하는 보특가라이거나, 보살승(菩薩乘)을 구하는 보특가라는 모두가 마땅히 이러한 매우 깊은 반야바라밀다에서 항상 정근하면서 수학해야 하느니라.

선현이여. 제보살마하살이 이러한 반야바라밀다를 정근하면서 수학하는 때에 보시바라밀다에 상응하여 정근하면서 수학해야 하고, 정계·안인·정진·정려·반야바라밀다에 상응하여 정근하면서 수학해야 하며, 내공에 상응하여 정근하면서 안주(安住)해야 하고 외공·내외공·공공·대공·승의공·유위공·무위공·필경공·무제공·산공·무변이공·본성공·자상공·공상공·일체법공·불가득공·무성공·자성공·무성자성공에 상응하여 정근하면서 안주해야 하고 진여에 상응하여 정근하면서 안주해야 하고, 법계·법성·불허망성·불변이성·평등성·이생성·법정·법주·실제·허공계·부사의계에 상응하여 정근하면서 안주해야 하며, 고성제에 상응하여 정근하면서 안주해야 하고 집·멸·도성제에 상응하여 정근하면서 안주해야 하느니라.

4정려에 상응하여 정근하면서 수학해야 하고 4무량·4무색정에 상응하여 정근하면서 수학해야 하며, 8해탈에 상응하여 정근하면서 수학해야 하고 8승처·9차제정·10변처에 상응하여 정근하면서 수학해야 하며, 4념주에 상응하여 정근하면서 수학해야 하고 4정단·4신족·5근·5력·7등각지·8성도지에 상응하여 정근하면서 수학해야 하며, 공해탈문에 상응하여 정근하면서 수학해야 하고 무상·무원의 해탈문에 상응하여 정근하면서 수학해야 하며, 5안에 상응하여 정근하면서 수학해야 하고 6신통에 상응하여 정근하면서 수학해야 하느니라.

여래의 10력에 상응하여 정근하면서 수학해야 하고 4무소외·4무애해·대자·대비·대희·대사·18불불공법에 상응하여 정근하면서 수학해야 하며, 무망실법에 상응하여 정근하면서 수학해야 하고 항주사성에 상응하여 정근하면서 수학해야 하며, 일체의 다라니문에 상응하여 정근하면서 수학해야 하고 일체의 삼마지문에 상응하여 정근하면서 수학해야 하며, 일체지에 상응하여 정근하면서 수학해야 하고 도상지·일체상지에 상응하여 정근하면서 수학해야 하느니라.

선현이여. 활을 쏘는 사람이 갑옷이 견고하고 좋은 활과 화살을 잡았다면 원수(怨敵)를 두려워하지 않는 것과 같이, 보살마하살도 역시 다시 그와 같아서 반야바라밀다를 섭수(攝受)하고 정려·정진·안인·정계·보시바라밀다도 섭수하며, 내공을 섭수하고 외공·내외공·공공·대공·승의공·유위공·무위공·필경공·무제공·산공·무변이공·본성공·자상공·공상공·일체법공·불가득공·무성공·자성공·무성자성공도 섭수하며, 진여도 섭수하고 법계·법성·불허망성·불변이성·평등성·이생성·법정·법주·실제·허공계·부사의계를 섭수하며, 고성제를 섭수하고 집·멸·도성제도 섭수하느니라.

4정려를 섭수하고 4무량·4무색정도 섭수하며, 8해탈을 섭수하고 8승처·9차제정·10변처도 섭수하며, 4념주를 섭수하고 4정단·4신족·5근·5력·7등각지·8성도지도 섭수하며, 공해탈문을 섭수하고 무상·무원해탈문도 섭수하며, 5안을 섭수하고 6신통도 섭수하며, 여래의 10력을 섭수하고 4무소외·4무애해·대자·대비·대희·대사·18불불공법도 섭수하며, 무망실법을 섭수하고 항주사성도 섭수하며, 일체의 다라니문을 섭수하고 일체의 삼마지문도 섭수하며, 일체지를 섭수하고, 도상지·일체상지도 섭수하느니라.

이와 같은 모든 공덕을 섭수하는 때에 모두 반야바라밀다로써 방편으로 삼는데, 오히려 이러한 인연으로 일체의 마군과 외도의 다른 논리가 모두 능히 굴복시키지 못하느니라. 이러한 까닭으로 선현이여. 만약 보살마하살이 무상정등보리를 증득하고자 하였다면 마땅히 매우 깊은 반야바라밀다를 정근하면서 수학해야 하느니라. 선현이여. 만약 보살마하살이 이와 같이 반야바라밀다를 수행하는 때라면 곧 과거·미래·현재의 제불께서 호념(護念)하시느니라."

그때 구수 선현이 세존께 아뢰어 말하였다.

"세존이시여. 어찌 보살마하살이 이와 같이 반야바라밀다를 행한다면 곧 과거·미래·현재의 제불께서 호념하십니까?"

세존께서 말씀하셨다.

"선현이여. 보살마하살이 이와 같이 반야바라밀다를 행하는 때에 능히 보시바라밀다를 수행하고 능히 정계·안인·정진·정려·반야바라밀다를 수행하는 까닭으로 과거·미래·현재의 제불께서 호념하시느니라. 선현이여. 보살마하살이 이와 같이 반야바라밀다를 행하는 때에 능히 내공을 수행하고 능히 외공·내외공·공공·대공·승의공·유위공·무위공·필경공·무제공·산공·무변이공·본성공·자상공·공상공·일체법공·불가득공·무성공·자성공·무성자성공을 수행하는 까닭으로 과거·미래·현재의 제불께서 호념하시느니라.

선현이여. 보살마하살이 이와 같이 반야바라밀다를 행하는 때에 능히 진여를 수행하고 능히 법계·법성·불허망성·불변이성·평등성·이생성·법정·법주·실제·허공계·부사의계를 수행하는 까닭으로 과거·미래·현재의 제불께서 호념하시느니라. 선현이여. 보살마하살이 이와 같이 반야바라밀다를 행하는 때에 능히 고성제를 수행하고 능히 집·멸·도성제를 수행하는 까닭으로 과거·미래·현재의 제불께서 호념하시느니라.

선현이여. 보살마하살이 이와 같이 반야바라밀다를 행하는 때에 능히 4정려를 수행하고 능히 4무량·4무색정을 수행하는 까닭으로 과거·미래·현재의 제불께서 호념하시느니라. 선현이여. 보살마하살이 이와 같이 반야바라밀다를 행하는 때에 능히 8해탈을 수행하고 능히 8승처·9차제정·10변처를 수행하는 까닭으로 과거·미래·현재의 제불께서 호념하시느니라.

선현이여. 보살마하살이 이와 같이 반야바라밀다를 행하는 때에 능히 4념주를 수행하고 능히 4정단·4신족·5근·5력·7등각지·8성도지를 수행하는 까닭으로 과거·미래·현재의 제불께서 호념하시느니라. 선현이여. 보살마하살이 이와 같이 반야바라밀다를 행하는 때에 능히 공해탈문을 수행하고 능히 무상·무원해탈문을 수행하는 까닭으로 과거·미래·현재의 제불께서 호념하시느니라.

선현이여. 보살마하살이 이와 같이 반야바라밀다를 행하는 때에 능히 5안을 수행하고 능히 6신통을 수행하는 까닭으로 과거·미래·현재의 제불께서 호념하시느니라. 선현이여. 보살마하살이 이와 같이 반야바라밀다를 행하는 때에 능히 여래의 10력을 수행하고 능히 4무소외·4무애해·대자·대비·대희·대사·18불불공법을 수행하는 까닭으로 과거·미래·현재의 제불께서 호념하시느니라.

선현이여. 보살마하살이 이와 같이 반야바라밀다를 행하는 때에 능히 무망실법을 수행하고 능히 항주사성을 수행하는 까닭으로 과거·미래·현재의 제불께서 호념하시느니라. 선현이여. 보살마하살이 이와 같이 반야바라밀다를 행하는 때에 능히 일체의 다라니문을 수행하고 능히 일체의 삼마지문을 수행하는 까닭으로 과거·미래·현재의 제불께서 호념하시느니라. 선현이여. 보살마하살이 이와 같이 반야바라밀다를 행하는 때에 능히 일체지를 수행하고 능히 도상지·일체상지를 수행하는 까닭으로 과거·미래·현재의 제불께서 호념하시느니라.”

그때 구수 선현이 세존께 아뢰어 말하였다.

"세존이시여. 이 보살마하살은 어찌하여 보시바라밀다를 수행하는 때에 과거·미래·현재의 제불께서 호념하셨고, 어찌하여 정계·안인·정진·정려·반야바라밀다를 수행하는 때에 과거·미래·현재의 제불께서 호념하십니까? 세존이시여. 이 보살마하살은 어찌하여 내공을 수행하는 때에 과거·미래·현재의 제불께서 호념하셨고, 어찌하여 외공·내외공·공공·대공·승의공·유위공·무위공·필경공·무제공·산공·무변이공·본성공·자상공·공상공·일체법공·불가득공·무성공·자성공·무성자성공을 수행하는 때에 과거·미래·현재의 제불께서 호념하십니까?

세존이시여. 이 보살마하살은 어찌하여 진여를 수행하는 때에 과거·미래·현재의 제불께서 호념하셨고, 어찌하여 법계·법성·불허망성·불변이성·평등성·이생성·법정·법주·실제·허공계·부사의계를 수행하는 때에 과거·미래·현재의 제불께서 호념하십니까? 세존이시여. 이 보살마하살은 어찌하여 고성제를 수행하는 때에 과거·미래·현재의 제불께서 호념하셨고, 어찌하여 집·멸·도성제를 수행하는 때에 과거·미래·현재의 제불께서 호념하십니까?

세존이시여. 이 보살마하살은 어찌하여 4정려를 수행하는 때에 과거·미래·현재의 제불께서 호념하셨고, 어찌하여 4무량·4무색정을 수행하는 때에 과거·미래·현재의 제불께서 호념하십니까? 세존이시여. 이 보살마하살은 어찌하여 8해탈을 수행하는 때에 과거·미래·현재의 제불께서 호념하셨고, 어찌하여 8승처·9차제정·10변처를 수행하는 때에 과거·미래·현재의 제불께서 호념하십니까?

세존이시여. 이 보살마하살은 어찌하여 4념주를 수행하는 때에 과거·미래·현재의 제불께서 호념하셨고, 어찌하여 4정단·4신족·5근·5력·7등각지·8성도지를 수행하는 때에 과거·미래·현재의 제불께서 호념하십니까? 세존이시여. 이 보살마하살은 어찌하여 공해탈문을 수행하는 때에 과거·미래·현재의 제불께서 호념하셨고, 어찌하여 무상·무원해탈문을 수행하는 때에 과거·미래·현재의 제불께서 호념하십니까?

세존이시여. 이 보살마하살은 어찌하여 5안을 수행하는 때에 과거·미래·현재의 제불께서 호념하셨고, 어찌하여 6신통을 수행하는 때에 과거·미래·현재의 제불께서 호념하십니까? 세존이시여. 이 보살마하살은 어찌하여 여래의 10력을 수행하는 때에 과거·미래·현재의 제불께서 호념하셨고, 어찌하여 4무소외·4무애해·대자·대비·대희·대사·18불불공법을 수행하는 때에 과거·미래·현재의 제불께서 호념하십니까?

세존이시여. 이 보살마하살은 어찌하여 무망실법을 수행하는 때에 과거·미래·현재의 제불께서 호념하셨고, 어찌하여 항주사성을 수행하는 때에 과거·미래·현재의 제불께서 호념하십니까? 세존이시여. 이 보살마하살은 어찌하여 일체의 다라니문을 수행하는 때에 과거·미래·현재의 제불께서 호념하셨고, 어찌하여 일체의 삼마지문을 수행하는 때에 과거·미래·현재의 제불께서 호념하십니까?

세존이시여. 이 보살마하살은 어찌하여 일체지를 수행하는 때에 과거·미래·현재의 제불께서 호념하셨고, 어찌하여 도상지·일체상지를 수행하는 때에 과거·미래·현재의 제불께서 호념하십니까?"

세존께서 말씀하셨다.

"선현이여. 이 보살마하살이 보시바라밀다를 수행하는 때에 보시바라밀다는 얻을 수 없다고 관찰하는 까닭으로 과거·미래·현재의 제불께서 호념하시고, 정계·안인·정진·정려·반야바라밀다를 수행하는 때에 정계, 나아가 반야바라밀다는 얻을 수 없다고 관찰하는 까닭으로 과거·미래·현재의 제불께서 호념하시느니라. 선현이여. 이 보살마하살이 내공을 수행하는 때에 내공은 얻을 수 없다고 관찰하는 까닭으로 과거·미래·현재의 제불께서 호념하시고, 외공·내외공·공공·대공·승의공·유위공·무위공·필경공·무제공·산공·무변이공·본성공·자상공·공상공·일체법공·불가득공·무성공·자성공·무성자성공을 수행하는 때에 외공, 나아가 무성자성공은 얻을 수 없다고 관찰하는 까닭으로 과거·미래·현재의 제불께서 호념하시느니라.

선현이여. 이 보살마하살이 진여를 수행하는 때에 진여는 얻을 수 없다고 관찰하는 까닭으로 과거·미래·현재의 제불께서 호념하시고, 법계·법성·불허망성·불변이성·평등성·이생성·법정·법주·실제·허공계·부사의계를 수행하는 때에 법계, 나아가 부사의계는 얻을 수 없다고 관찰하는 까닭으로 과거·미래·현재의 제불께서 호념하시느니라. 선현이여. 이 보살마하살이 고성제를 수행하는 때에 고성제는 얻을 수 없다고 관찰하는 까닭으로 과거·미래·현재의 제불께서 호념하시고, 집·멸·도성제를 수행하는 때에 집·멸·도성제는 얻을 수 없다고 관찰하는 까닭으로 과거·미래·현재의 제불께서 호념하시느니라.

선현이여. 이 보살마하살이 4정려를 수행하는 때에 4정려는 얻을 수 없다고 관찰하는 까닭으로 과거·미래·현재의 제불께서 호념하시고, 4무량·4무색정을 수행하는 때에 4무량·4무색정은 얻을 수 없다고 관찰하는 까닭으로 과거·미래·현재의 제불께서 호념하시느니라. 선현이여. 이 보살마하살이 8해탈을 수행하는 때에 8해탈은 얻을 수 없다고 관찰하는 까닭으로 과거·미래·현재의 제불께서 호념하시고, 8승처·9차제정·10변처를 수행하는 때에 8승처·9차제정·10변처는 얻을 수 없다고 관찰하는 까닭으로 과거·미래·현재의 제불께서 호념하시느니라.

선현이여. 이 보살마하살이 4념주를 수행하는 때에 4념주는 얻을 수 없다고 관찰하는 까닭으로 과거·미래·현재의 제불께서 호념하시고, 4정단·4신족·5근·5력·7등각지·8성도지를 수행하는 때에 4정단, 나아가 8성도지는 얻을 수 없다고 관찰하는 까닭으로 과거·미래·현재의 제불께서 호념하시느니라. 선현이여. 이 보살마하살이 공해탈문을 수행하는 때에 공해탈문은 얻을 수 없다고 관찰하는 까닭으로 과거·미래·현재의 제불께서 호념하시고, 무상·무원해탈문을 수행하는 때에 무상·무원해탈문은 얻을 수 없다고 관찰하는 까닭으로 과거·미래·현재의 제불께서 호념하시느니라.

선현이여. 이 보살마하살이 5안을 수행하는 때에 5안은 얻을 수 없다고 관찰하는 까닭으로 과거·미래·현재의 제불께서 호념하시고, 6신통을 수행하는 때에 6신통은 얻을 수 없다고 관찰하는 까닭으로 과거·미래·현재의 제불께서 호념하시느니라. 선현이여. 이 보살마하살이 여래의 10력을 수행하는 때에 여래의 10력은 얻을 수 없다고 관찰하는 까닭으로 과거·미래·현재의 제불께서 호념하시고, 4무소외·4무애해·대자·대비·대희·대사·18불불공법을 수행하는 때에 4무소외, 나아가 18불불공법은 얻을 수 없다고 관찰하는 까닭으로 과거·미래·현재의 제불께서 호념하시느니라.

선현이여. 이 보살마하살이 무망실법을 수행하는 때에 무망실법은 얻을 수 없다고 관찰하는 까닭으로 과거·미래·현재의 제불께서 호념하시고, 항주사성을 수행하는 때에 항주사성은 얻을 수 없다고 관찰하는 까닭으로 과거·미래·현재의 제불께서 호념하시느니라. 선현이여. 이 보살마하살이 일체의 다라니문을 수행하는 때에 일체의 다라니문은 얻을 수 없다고 관찰하는 까닭으로 과거·미래·현재의 제불께서 호념하시고, 일체의 삼마지문을 수행하는 때에 일체의 삼마지문은 얻을 수 없다고 관찰하는 까닭으로 과거·미래·현재의 제불께서 호념하시느니라.

선현이여. 이 보살마하살이 일체지를 수행하는 때에 일체지는 얻을 수 없다고 관찰하는 까닭으로 과거·미래·현재의 제불께서 호념하시고, 도상지·일체상지를 수행하는 때에 도상지·일체상지는 얻을 수 없다고 관찰하는 까닭으로 과거·미래·현재의 제불께서 호념하시느니라."

"다시 다음으로 선현이여. 과거·미래·현재의 제불께서는 색은 얻을 수 없는 것과 같은 까닭으로 이 보살마하살을 호념하시고, 수·상·행·식은 얻을 수 없는 것과 같은 까닭으로 이 보살마하살을 호념하시느니라. 선현이여. 과거·미래·현재의 제불께서는 안처는 얻을 수 없는 것과 같은 까닭으로 이 보살마하살을 호념하시고, 이·비·설·신·의처는 얻을 수 없는 것과 같은 까닭으로 이 보살마하살을 호념하시느니라.

선현이여. 과거·미래·현재의 제불께서는 색처는 얻을 수 없는 것과 같은 까닭으로 이 보살마하살을 호념하시고, 성·향·미·촉·법처는 얻을 수 없는 것과 같은 까닭으로 이 보살마하살을 호념하시느니라. 선현이여.

과거·미래·현재의 제불께서는 안계는 얻을 수 없는 것과 같은 까닭으로 이 보살마하살을 호념하시고, 이·비·설·신·의계는 얻을 수 없는 것과 같은 까닭으로 이 보살마하살을 호념하시느니라.

선현이여. 과거·미래·현재의 제불께서는 색계는 얻을 수 없는 것과 같은 까닭으로 이 보살마하살을 호념하시고, 성·향·미·촉·법계는 얻을 수 없는 것과 같은 까닭으로 이 보살마하살을 호념하시느니라. 선현이여. 과거·미래·현재의 제불께서는 안식계는 얻을 수 없는 것과 같은 까닭으로 이 보살마하살을 호념하시고, 이·비·설·신·의식계는 얻을 수 없는 것과 같은 까닭으로 이 보살마하살을 호념하시느니라.

선현이여. 과거·미래·현재의 제불께서는 안촉은 얻을 수 없는 것과 같은 까닭으로 이 보살마하살을 호념하시고, 이·비·설·신·의촉은 얻을 수 없는 것과 같은 까닭으로 이 보살마하살을 호념하시느니라. 선현이여. 과거·미래·현재의 제불께서는 안촉을 인연으로 생겨난 여러 수는 얻을 수 없는 것과 같은 까닭으로 이 보살마하살을 호념하시고, 이·비·설·신·의촉을 인연으로 생겨난 여러 수는 얻을 수 없는 것과 같은 까닭으로 이 보살마하살을 호념하시느니라.

선현이여. 과거·미래·현재의 제불께서는 지계는 얻을 수 없는 것과 같은 까닭으로 이 보살마하살을 호념하시고, 수·화·풍·공·식계는 얻을 수 없는 것과 같은 까닭으로 이 보살마하살을 호념하시느니라. 선현이여. 과거·미래·현재의 제불께서는 무명은 얻을 수 없는 것과 같은 까닭으로 이 보살마하살을 호념하시고, 행·식·명색·육처·촉·수·애·취·유·생·노사의 수탄고우뇌는 얻을 수 없는 것과 같은 까닭으로 이 보살마하살을 호념하시느니라.

선현이여. 과거·미래·현재의 제불께서는 보시바라밀다는 얻을 수 없는 것과 같은 까닭으로 이 보살마하살을 호념하시고, 정계·안인·정진·정려·반야바라밀다는 얻을 수 없는 것과 같은 까닭으로 이 보살마하살을 호념하시느니라. 선현이여. 과거·미래·현재의 제불께서는 내공은 얻을 수 없는 것과 같은 까닭으로 이 보살마하살을 호념하시고, 외공·내외공·공공·대공·승의공·유위공·무위공·필경공·무제공·산공·무변이공·본성공·자상공·공상공·일체법공·불가득공·무성공·자성공·무성자성공은 얻을 수 없는 것과 같은 까닭으로 이 보살마하살을 호념하시느니라.

선현이여. 과거·미래·현재의 제불께서는 진여는 얻을 수 없는 것과 같은 까닭으로 이 보살마하살을 호념하시고, 법계·법성·불허망성·불변이성·평등성·이생성·법정·법주·실제·허공계·부사의계는 얻을 수 없는 것과 같은 까닭으로 이 보살마하살을 호념하시느니라. 선현이여. 과거·미래·현재의 제불께서는 고성제는 얻을 수 없는 것과 같은 까닭으로 이 보살마하살을 호념하시고, 집·멸·도성제는 얻을 수 없는 것과 같은 까닭으로 이 보살마하살을 호념하시느니라.

선현이여. 과거·미래·현재의 제불께서는 4정려는 얻을 수 없는 것과 같은 까닭으로 이 보살마하살을 호념하시고, 4무량·4무색정은 얻을 수 없는 것과 같은 까닭으로 이 보살마하살을 호념하시느니라. 선현이여. 과거·미래·현재의 제불께서는 8해탈은 얻을 수 없는 것과 같은 까닭으로 이 보살마하살을 호념하시고, 8승처·9차제정·10변처는 얻을 수 없는 것과 같은 까닭으로 이 보살마하살을 호념하시느니라.

선현이여. 과거·미래·현재의 제불께서는 4념주는 얻을 수 없는 것과 같은 까닭으로 이 보살마하살을 호념하시고, 4정단·4신족·5근·5력·7등각지·8성도지는 얻을 수 없는 것과 같은 까닭으로 이 보살마하살을 호념하시느니라. 선현이여. 과거·미래·현재의 제불께서는 공해탈문은 얻을 수 없는 것과 같은 까닭으로 이 보살마하살을 호념하시고, 무상·무원공해탈문은 얻을 수 없는 것과 같은 까닭으로 이 보살마하살을 호념하시느니라.

선현이여. 과거·미래·현재의 제불께서는 5안은 얻을 수 없는 것과 같은 까닭으로 이 보살마하살을 호념하시고, 6신통은 얻을 수 없는 것과 같은 까닭으로 이 보살마하살을 호념하시느니라. 선현이여. 과거·미래·현재의 제불께서는 여래의 10력은 얻을 수 없는 것과 같은 까닭으로 이 보살마하살을 호념하시고, 4무소외·4무애해·대자·대비·대희·대사·18불불공법은 얻을 수 없는 것과 같은 까닭으로 이 보살마하살을 호념하시느니라.

선현이여. 과거·미래·현재의 제불께서는 무망실법은 얻을 수 없는 것과 같은 까닭으로 이 보살마하살을 호념하시고, 항주사성은 얻을 수 없는 것과 같은 까닭으로 이 보살마하살을 호념하시느니라. 선현이여. 과거·미래·현재의 제불께서는 일체지는 얻을 수 없는 것과 같은 까닭으로 이 보살마하살을 호념하시고, 도상지·일체상지는 얻을 수 없는 것과 같은 까닭으로 이 보살마하살을 호념하시느니라.

선현이여. 과거·미래·현재의 제불께서는 일체의 다라니문은 얻을 수 없는 것과 같은 까닭으로 이 보살마하살을 호념하시고, 일체의 삼마지문은 얻을 수 없는 것과 같은 까닭으로 이 보살마하살을 호념하시느니라. 선현이여. 과거·미래·현재의 제불께서는 예류과는 얻을 수 없는 것과 같은 까닭으로 이 보살마하살을 호념하시고, 일래·불환·아라한과는 얻을 수 없는 것과 같은 까닭으로 이 보살마하살을 호념하시느니라.

선현이여. 과거·미래·현재의 제불께서는 독각의 보리는 얻을 수 없는 것과 같은 까닭으로 이 보살마하살을 호념하시느니라. 선현이여. 과거·미래·현재의 제불께서는 일체의 보살마하살의 행을 얻을 수 없는 것과 같은 까닭으로 이 보살마하살을 호념하시느니라. 선현이여. 과거·미래·현재의 제불께서는 제불의 무상정등보리를 얻을 수 없는 것과 같은 까닭으로 이 보살마하살을 호념하시느니라.

다시 다음으로 선현이여. 과거·미래·현재의 제불께서는 색이 아닌 까닭으로써 이 보살마하살을 호념하시고, 수·상·행·식이 아닌 까닭으로써 이 보살마하살을 호념하시느니라. 선현이여. 과거·미래·현재의 제불께서는 안처가 아닌 까닭으로써 이 보살마하살을 호념하시고, 이·비·설·신·의처가 아닌 까닭으로써 이 보살마하살을 호념하시느니라. 선현이여. 과거·미래·현재의 제불께서는 색처가 아닌 까닭으로써 이 보살마하살을 호념하시고, 성·향·미·촉·법처가 아닌 까닭으로써 이 보살마하살을 호념하시느니라.

선현이여. 과거·미래·현재의 제불께서는 안계가 아닌 까닭으로써 이 보살마하살을 호념하시고, 이·비·설·신·의계가 아닌 까닭으로써 이 보살마하살을 호념하시느니라. 선현이여. 과거·미래·현재의 제불께서는 색계가 아닌 까닭으로써 이 보살마하살을 호념하시고, 성·향·미·촉·법계가 아닌 까닭으로써 이 보살마하살을 호념하시느니라. 선현이여. 과거·미래·현재의 제불께서는 안식계가 아닌 까닭으로써 이 보살마하살을 호념하시고, 이·비·설·신·의식계가 아닌 까닭으로써 이 보살마하살을 호념하시느니라.

선현이여. 과거·미래·현재의 제불께서는 안촉이 아닌 까닭으로써 이 보살마하살을 호념하시고, 이·비·설·신·의촉이 아닌 까닭으로써 이 보살마하살을 호념하시느니라. 선현이여. 과거·미래·현재의 제불께서는 안촉을 인연으로 생겨난 여러 수가 아닌 까닭으로써 이 보살마하살을 호념하시고, 이·비·설·신·의촉을 인연으로 생겨난 여러 수가 아닌 까닭으로써 이 보살마하살을 호념하시느니라.

선현이여. 과거·미래·현재의 제불께서는 지계가 아닌 까닭으로써 이 보살마하살을 호념하시고, 수·화·풍·공·식계가 아닌 까닭으로써 이 보살마하살을 호념하시느니라. 선현이여. 과거·미래·현재의 제불께서는 무명이 아닌 까닭으로써 이 보살마하살을 호념하시고, 행·식·명색·육처·촉·수·애·취·유·생·노사의 수탄고우뇌가 아닌 까닭으로써 이 보살마하살을 호념하시느니라. 선현이여. 과거·미래·현재의 제불께서는 보시바라밀다가 아닌 까닭으로써 이 보살마하살을 호념하시고, 정계·안인·정진·정려·반야바라밀다가 아닌 까닭으로써 이 보살마하살을 호념하시느니라.

선현이여. 과거·미래·현재의 제불께서는 내공이 아닌 까닭으로써 이 보살마하살을 호념하시고, 외공·내외공·공공·대공·승의공·유위공·무위공·필경공·무제공·산공·무변이공·본성공·자상공·공상공·일체법공·불가득공·무성공·자성공·무성자성공이 아닌 까닭으로써 이 보살마하살을 호념하시느니라. 선현이여. 과거·미래·현재의 제불께서는 진여가 아닌 까닭으로써 이 보살마하살을 호념하시고, 법계·법성·불허망성·불변이성·평등성·이생성·법정·법주·실제·허공계·부사의계가 아닌 까닭으로써 이 보살마하살을 호념하시느니라.

선현이여. 과거·미래·현재의 제불께서는 고성제가 아닌 까닭으로써 이 보살마하살을 호념하고, 집·멸·도성제가 아닌 까닭으로써 이 보살마하살을 호념하시느니라. 선현이여. 과거·미래·현재의 제불께서는 4정려가 아닌 까닭으로써 이 보살마하살을 호념하시고, 4무량·4무색정이 아닌 까닭으로써 이 보살마하살을 호념하시느니라. 선현이여. 과거·미래·현재의 제불께서는 8해탈이 아닌 까닭으로써 이 보살마하살을 호념하시고, 8승처·9차제정·10변처가 아닌 까닭으로써 이 보살마하살을 호념하시느니라."

마하반야바라밀다경 제357권

61. 다문불이품(多聞不二品)(7)

"선현이여. 과거·미래·현재의 제불께서는 4념주가 아닌 까닭으로써 이 보살마하살을 호념하시고, 4정단·4신족·5근·5력·7등각지·8성도지가 아닌 까닭으로써 이 보살마하살을 호념하시느니라. 선현이여. 과거·미래·현재의 제불께서는 공해탈문이 아닌 까닭으로써 이 보살마하살을 호념하시고, 무상·무원해탈문이 아닌 까닭으로써 이 보살마하살을 호념하시느니라. 선현이여. 과거·미래·현재의 제불께서는 5안이 아닌 까닭으로써 이 보살마하살을 호념하시고, 6신통이 아닌 까닭으로써 이 보살마하살을 호념하시느니라.

선현이여. 과거·미래·현재의 제불께서는 여래의 10력이 아닌 까닭으로써 이 보살마하살을 호념하시고, 4무소외·4무애해·대자·대비·대희·대사·18불불공법이 아닌 까닭으로써 이 보살마하살을 호념하시느니라. 선현이여. 과거·미래·현재의 제불께서는 무망실법이 아닌 까닭으로써 이 보살마하살을 호념하시고, 항주사성이 아닌 까닭으로써 이 보살마하살을 호념하시느니라. 선현이여. 과거·미래·현재의 제불께서는 일체지가 아닌 까닭으로써 이 보살마하살을 호념하시고, 도상지·일체상지가 아닌 까닭으로써 보살마하살을 호념하시느니라.

선현이여. 과거·미래·현재의 제불께서는 일체의 다라니문이 아닌 까닭으로써 이 보살마하살을 호념하시고, 일체의 삼마지문이 아닌 까닭으로써 이 보살마하살을 호념하시느니라. 선현이여. 과거·미래·현재의 제불께서는 예류과가 아닌 까닭으로써 이 보살마하살을 호념하시고, 일래·불환·아라한과가 아닌 까닭으로써 이 보살마하살을 호념하시느니라. 선현이여. 과거·미래·현재의 제불께서는 독각의 보리가 아닌 까닭으로써 이 보살마하살을 호념하시느니라.

선현이여. 과거·미래·현재의 제불께서는 일체의 보살마하살의 행이 아닌 까닭으로써 이 보살마하살을 호념하시느니라. 선현이여. 과거·미래·현재의 제불께서는 제불의 무상정등보리가 아닌 까닭으로써 이 보살마하살을 호념하시느니라."

그때 구수 선현이 세존께 아뢰어 말하였다.

"세존이시여. 제보살마하살은 비록 많은 처소에서 수학(修學)하였더라도 수학하였던 것이 없습니다."

세존께서 말씀하셨다.

"선현이여. 그와 같으니라. 그와 같으니라. 그대가 말한 것과 같이, 제보살마하살은 비록 많은 처소에서 수학하였더라도 수학하였던 것이 없느니라. 왜 그러한가? 선현이여. 진실로 보살마하살에게 그 가운데에서 수학하게 할 어느 법도 없느니라."

구수 선현이 다시 세존께 아뢰어 말하였다.

"세존이시여. 여래께서는 제보살마하살을 위하여 혹은 간략하거나, 혹은 자세하게 6바라밀다에 상응하는 법을 널리 설하셨으므로, 만약 보살마하살이 무상정등보리를 증득하고자 하였다면 이 6바라밀다에 상응하는 교법(教法)에서 혹은 간략하거나, 혹은 자세하게 모두가 상응하게 듣고서 수지하고 독송하며 그것을 예리하게 통달해야 하고 이미 통달하였다면 이치와 같이 사유하며 이미 사유하였다면 자세하고 바르게 관찰해야 하나니, 바르게 관찰하는 때라면 심(心)·심소법(心所法)이 소연(所緣)[1]의 상(相)에서 모두가 다시는 전전(展轉)하지 않을 것입니다."

1) 산스크리트어 ālambana의 번역이고, 육식(六識)의 대상이 되는 육경(六境)을 가리킨다.

세존께서 말씀하셨다.

"선현이여. 그와 같으니라. 그와 같으니라. 그대가 말한 것과 같으니라. 다시 다음으로 선현이여. 제보살마하살이 제여래께서 설하셨던 6바라밀다에 상응하는 교법에서 혹은 간략하거나, 혹은 자세하게 정근하면서 수학하는 때에 상응하여 제법에서 간략하거나 자세하였던 상을 여실하고 명료하게 알아야 하느니라."

구수 선현이 다시 세존께 아뢰어 말하였다.

"세존이시여. 어떻게 보살마하살이 제법에서 간략하거나 자세하였던 상을 여실하고 명료하게 알 수 있습니까?"

세존께서 말씀하셨다.

"선현이여. 만약 보살마하살이 색의 진여(眞如)의 상(相)을 여실하고 명료하게 알았거나, 수·상·행·식의 진여의 상을 여실하고 명료하게 알았다면, 이 보살마하살은 일체법에서 간략하거나 자세하였던 상을 여실하고 명료하게 아는 것이니라. 선현이여. 만약 보살마하살이 안처의 진여의 상을 여실하고 명료하게 알았거나, 이·비·설·신·의처의 진여의 상을 여실하고 명료하게 알았다면, 이 보살마하살은 일체법에서 간략하거나 자세하였던 상을 여실하고 명료하게 아는 것이니라.

선현이여. 만약 보살마하살이 색처의 진여의 상을 여실하고 명료하게 알았거나, 성·향·미·촉·법처의 진여의 상을 여실하고 명료하게 알았다면, 이 보살마하살은 일체법에서 간략하거나 자세하였던 상을 여실하고 명료하게 아는 것이니라. 선현이여. 만약 보살마하살이 안계의 진여의 상을 여실하고 명료하게 알았거나, 이·비·설·신·의계의 진여의 상을 여실하고 명료하게 알았다면, 이 보살마하살은 일체법에서 간략하거나 자세하였던 상을 여실하고 명료하게 아는 것이니라.

선현이여. 만약 보살마하살이 색계의 진여의 상을 여실하고 명료하게 알았거나, 성·향·미·촉·법계의 진여의 상을 여실하고 명료하게 알았다면, 이 보살마하살은 일체법에서 간략하거나 자세하였던 상을 여실하고 명료하게 아는 것이니라. 선현이여. 만약 보살마하살이 안식계의 진여의 상을 여실하고 명료하게 알았거나, 이·비·설·신·의식계의 진여의 상을 여실하고 명료하게 알았다면, 이 보살마하살은 일체법에서 간략하거나 자세하였던 상을 여실하고 명료하게 아는 것이니라.

선현이여. 만약 보살마하살이 안촉의 진여의 상을 여실하고 명료하게 알았거나, 이·비·설·신·의촉의 진여의 상을 여실하고 명료하게 알았다면, 이 보살마하살은 일체법에서 간략하거나 자세하였던 상을 여실하고 명료하게 아는 것이니라. 선현이여. 만약 보살마하살이 안촉을 인연으로 생겨난 여러 수의 진여의 상을 여실하고 명료하게 알았거나, 이·비·설·신·의촉을 인연으로 생겨난 여러 수의 진여의 상을 여실하고 명료하게 알았다면, 이 보살마하살은 일체법에서 간략하거나 자세하였던 상을 여실하고 명료하게 아는 것이니라.

선현이여. 만약 보살마하살이 보시바라밀다의 진여의 상을 여실하고 명료하게 알았거나, 정계·안인·정진·정려·반야바라밀다의 진여의 상을 여실하고 명료하게 알았다면, 이 보살마하살은 일체법에서 간략하거나 자세하였던 상을 여실하고 명료하게 아는 것이니라. 선현이여. 만약 보살마하살이 내공의 진여의 상을 여실하고 명료하게 알았거나, 외공·내외공·공공·대공·승의공·유위공·무위공·필경공·무제공·산공·무변이공·본성공·자상공·공상공·일체법공·불가득공·무성공·자성공·무성자성공의 진여의 상을 여실하고 명료하게 알았다면, 이 보살마하살은 일체법에서 간략하거나 자세하였던 상을 여실하고 명료하게 아는 것이니라.

선현이여. 만약 보살마하살이 진여의 진여의 상을 여실하고 명료하게 알았거나, 법계·법성·불허망성·불변이성·평등성·이생성·법정·법주·실제·허공계·부사의계의 진여의 상을 여실하고 명료하게 알았다면, 이 보살마하살은 일체법에서 간략하거나 자세하였던 상을 여실하고 명료하게 아는 것이니라. 선현이여. 만약 보살마하살이 고성제의 진여의 상을 여실하고 명료하게 알았거나, 집·멸·도성제의 진여의 상을 여실하고 명료하게 알았다면, 이 보살마하살은 일체법에서 간략하거나 자세하였던 상을 여실하고 명료하게 아는 것이니라.

선현이여. 만약 보살마하살이 4정려의 진여의 상을 여실하고 명료하게 알았거나, 4무량·4무색정의 진여의 상을 여실하고 명료하게 알았다면, 이 보살마하살은 일체법에서 간략하거나 자세하였던 상을 여실하고 명료하게 아는 것이니라. 선현이여. 만약 보살마하살이 8해탈의 진여의 상을 여실하고 명료하게 알았거나, 8승처·9차제정·10변처의 진여의 상을 여실하고 명료하게 알았다면, 이 보살마하살은 일체법에서 간략하거나 자세하였던 상을 여실하고 명료하게 아는 것이니라.

선현이여. 만약 보살마하살이 4념주의 진여의 상을 여실하고 명료하게 알았거나, 4정단·4신족·5근·5력·7등각지·8성도지의 진여의 상을 여실하고 명료하게 알았다면, 이 보살마하살은 일체법에서 간략하거나 자세하였던 상을 여실하고 명료하게 아는 것이니라. 선현이여. 만약 보살마하살이 공해탈문의 진여의 상을 여실하고 명료하게 알았거나, 무상·무원해탈문의 진여의 상을 여실하고 명료하게 알았다면, 이 보살마하살은 일체법에서 간략하거나 자세하였던 상을 여실하고 명료하게 아는 것이니라.

선현이여. 만약 보살마하살이 5안의 진여의 상을 여실하고 명료하게 알았거나, 6신통의 진여의 상을 여실하고 명료하게 알았다면, 이 보살마하살은 일체법에서 간략하거나 자세하였던 상을 여실하고 명료하게 아는 것이니라. 선현이여. 만약 보살마하살이 여래의 10력의 진여의 상을 여실하고 명료하게 알았거나, 4무소외·4무애해·대자·대비·대희·대사·18불불공법의 진여의 상을 여실하고 명료하게 알았다면, 이 보살마하살은 일체법에서 간략하거나 자세하였던 상을 여실하고 명료하게 아는 것이니라.

선현이여. 만약 보살마하살이 무망실법의 진여의 상을 여실하고 명료하게 알았거나, 항주사성의 진여의 상을 여실하고 명료하게 알았다면, 이 보살마하살은 일체법에서 간략하거나 자세하였던 상을 여실하고 명료하게 아는 것이니라. 선현이여. 만약 보살마하살이 일체지의 진여의 상을 여실하고 명료하게 알았거나, 도상지·일체상지의 진여의 상을 여실하고 명료하게 알았다면, 이 보살마하살은 일체법에서 간략하거나 자세하였던 상을 여실하고 명료하게 아는 것이니라.

선현이여. 만약 보살마하살이 일체의 다라니문의 진여의 상을 여실하고 명료하게 알았거나, 일체의 삼마지문의 진여의 상을 여실하고 명료하게 알았다면, 이 보살마하살은 일체법에서 간략하거나 자세하였던 상을 여실하고 명료하게 아는 것이니라. 선현이여. 만약 보살마하살이 예류과의 진여의 상을 여실하고 명료하게 알았거나, 일래·불환·아라한과의 진여의 상을 여실하고 명료하게 알았다면, 이 보살마하살은 일체법에서 간략하거나 자세하였던 상을 여실하고 명료하게 아는 것이니라.

선현이여. 만약 보살마하살이 독각의 보리의 진여의 상을 여실하고 명료하게 알았다면, 이 보살마하살은 일체법에서 간략하거나 자세하였던 상을 여실하고 명료하게 아는 것이니라. 선현이여. 만약 보살마하살이 일체의 보살마하살의 행의 진여의 상을 여실하고 명료하게 알았다면, 이 보살마하살은 일체법에서 간략하거나 자세하였던 상을 여실하고 명료하게 아는 것이니라. 선현이여. 만약 보살마하살이 제불의 무상정등보리의 진여의 상을 여실하고 명료하게 알았다면, 이 보살마하살은 일체법에서 간략하거나 자세하였던 상을 여실하고 명료하게 아는 것이니라."

그때 구수 선현이 세존께 아뢰어 말하였다.

"세존이시여. 무엇을 색의 진여의 상이라고 말하고, 무엇을 수·상·행·식의 진여의 상이라고 말합니까? 제보살마하살은 여실하고 명료하게 알 수 있고, 수학하는 가운데에서, 일체법에서, 간략하거나 자세하였던 상을 여실하고 명료하게 알 수 있습니까?"

세존께서 말씀하셨다.

"선현이여. 색의 진여는 생겨남이 없고 소멸함도 없으며, 역시 안주(安住)하지 않고 변이(變異)하지 않으며, 시설할 수 없으므로 이것을 색의 진여의 상이라고 이름하고, 수·상·행·식의 진여는 생겨남이 없고 소멸함도 없으며, 역시 안주하지 않고 변이도 없으며, 시설할 수 없으므로 이것을 수·상·행·식의 진여의 상이라고 이름하느니라. 제보살마하살은 여실하고 명료하게 알 수 있고, 마땅히 수학하는 가운데에서, 일체법에서,

간략하거나 자세하였던 상을 여실하고 명료하게 알 수 있느니라."

"세존이시여. 무엇을 안처의 진여의 상이라고 말하고, 무엇을 이·비·설·신·의처의 진여의 상이라고 말합니까? 제보살마하살은 여실하고 명료하게 알 수 있고, 수학하는 가운데에서, 일체법에서, 간략하거나 자세하였던 상을 여실하고 명료하게 알 수 있습니까?"

세존께서 말씀하셨다.

"선현이여. 안처의 진여는 생겨남이 없고 소멸함도 없으며, 역시 안주하지 않고 변이하지 않으며, 시설할 수 없으므로 이것을 안처의 진여의 상이라고 이름하고, 이·비·설·신·의처의 진여는 생겨남이 없고 소멸함도 없으며, 역시 안주하지 않고 변이도 없으며, 시설할 수 없으므로 이것을 이·비·설·신·의처의 진여의 상이라고 이름하느니라. 제보살마하살은 여실하고 명료하게 알 수 있고, 마땅히 수학하는 가운데에서, 일체법에서, 간략하거나 자세하였던 상을 여실하고 명료하게 알 수 있느니라."

"세존이시여. 무엇을 색처의 진여의 상이라고 말하고, 무엇을 성·향·미·촉·법처의 진여의 상이라고 말합니까? 제보살마하살은 여실하고 명료하게 알 수 있고, 수학하는 가운데에서, 일체법에서, 간략하거나 자세하였던 상을 여실하고 명료하게 알 수 있습니까?"

세존께서 말씀하셨다.

"선현이여. 색처의 진여는 생겨남이 없고 소멸함도 없으며, 역시 안주하지 않고 변이하지 않으며, 시설할 수 없으므로 이것을 색처의 진여의 상이라고 이름하고, 성·향·미·촉·법처의 진여는 생겨남이 없고 소멸함도 없으며, 역시 안주하지 않고 변이도 없으며, 시설할 수 없으므로 이것을 성·향·미·촉·법처의 진여의 상이라고 이름하느니라. 제보살마하살은 여실하고 명료하게 알 수 있고, 마땅히 수학하는 가운데에서, 일체법에서, 간략하거나 자세하였던 상을 여실하고 명료하게 알 수 있느니라."

"세존이시여. 무엇을 안계의 진여의 상이라고 말하고, 무엇을 이·비·설·신·의계의 진여의 상이라고 말합니까? 제보살마하살은 여실하고 명료하게 알 수 있고, 수학하는 가운데에서, 일체법에서, 간략하거나 자세하였던 상을 여실하고 명료하게 알 수 있습니까?"

세존께서 말씀하셨다.

"선현이여. 안계의 진여는 생겨남이 없고 소멸함도 없으며, 역시 안주하지 않고 변이하지 않으며, 시설할 수 없으므로 이것을 안계의 진여의 상이라고 이름하고, 이·비·설·신·의계의 진여는 생겨남이 없고 소멸함도 없으며, 역시 안주하지 않고 변이도 없으며, 시설할 수 없으므로 이것을 이·비·설·신·의계의 진여의 상이라고 이름하느니라. 제보살마하살은 여실하고 명료하게 알 수 있고, 마땅히 수학하는 가운데에서, 일체법에서, 간략하거나 자세하였던 상을 여실하고 명료하게 알 수 있느니라."

"세존이시여. 무엇을 색계의 진여의 상이라고 말하고, 무엇을 성·향·미·촉·법계의 진여의 상이라고 말합니까? 제보살마하살은 여실하고 명료하게 알 수 있고, 수학하는 가운데에서, 일체법에서, 간략하거나 자세하였던 상을 여실하고 명료하게 알 수 있습니까?"

세존께서 말씀하셨다.

"선현이여. 색계의 진여는 생겨남이 없고 소멸함도 없으며, 역시 안주하지 않고 변이하지 않으며, 시설할 수 없으므로 이것을 색계의 진여의 상이라고 이름하고, 성·향·미·촉·법계의 진여는 생겨남이 없고 소멸함도 없으며, 역시 안주하지 않고 변이도 없으며, 시설할 수 없으므로 이것을 성·향·미·촉·법계의 진여의 상이라고 이름하느니라. 제보살마하살은 여실하고 명료하게 알 수 있고, 마땅히 수학하는 가운데에서, 일체법에서, 간략하거나 자세하였던 상을 여실하고 명료하게 알 수 있느니라."

"세존이시여. 무엇을 안식계의 진여의 상이라고 말하고, 무엇을 이·비·설·신·의식계의 진여의 상이라고 말합니까? 제보살마하살은 여실하고 명료하게 알 수 있고, 수학하는 가운데에서, 일체법에서, 간략하거나 자세하였던 상을 여실하고 명료하게 알 수 있습니까?"

세존께서 말씀하셨다.

"선현이여. 안식계의 진여는 생겨남이 없고 소멸함도 없으며, 역시 안주하지 않고 변이하지 않으며, 시설할 수 없으므로 이것을 안식계의 진여의 상이라고 이름하고, 이·비·설·신·의식계의 진여는 생겨남이 없고 소멸함도 없으며, 역시 안주하지 않고 변이도 없으며, 시설할 수 없으므로 이것을 이·비·설·신·의식계의 진여의 상이라고 이름하느니라. 제보살마하살은 여실하고 명료하게 알 수 있고, 마땅히 수학하는 가운데에서, 일체법에서, 간략하거나 자세하였던 상을 여실하고 명료하게 알 수 있느니라."

"세존이시여. 무엇을 안촉의 진여의 상이라고 말하고, 무엇을 이·비·설·신·의촉의 진여의 상이라고 말합니까? 제보살마하살은 여실하고 명료하게 알 수 있고, 수학하는 가운데에서, 일체법에서, 간략하거나 자세하였던 상을 여실하고 명료하게 알 수 있습니까?"

세존께서 말씀하셨다.

"선현이여. 안촉의 진여는 생겨남이 없고 소멸함도 없으며, 역시 안주하지 않고 변이하지 않으며, 시설할 수 없으므로 이것을 안촉의 진여의 상이라고 이름하고, 이·비·설·신·의촉의 진여는 생겨남이 없고 소멸함도 없으며, 역시 안주하지 않고 변이도 없으며, 시설할 수 없으므로 이것을 이·비·설·신·의촉의 진여의 상이라고 이름하느니라. 제보살마하살은 여실하고 명료하게 알 수 있고, 마땅히 수학하는 가운데에서, 일체법에서, 간략하거나 자세하였던 상을 여실하고 명료하게 알 수 있느니라."

"세존이시여. 무엇을 안촉을 인연으로 생겨난 여러 수의 진여의 상이라고 말하고, 무엇을 이·비·설·신·의촉을 인연으로 생겨난 여러 수의 진여의 상이라고 말합니까? 제보살마하살은 여실하고 명료하게 알 수 있고, 수학하는 가운데에서, 일체법에서, 간략하거나 자세하였던 상을 여실하고 명료하게 알 수 있습니까?"

세존께서 말씀하셨다.

"선현이여. 안촉을 인연으로 생겨난 여러 수의 진여는 생겨남이 없고 소멸함도 없으며, 역시 안주하지 않고 변이하지 않으며, 시설할 수 없으므로 이것을 안촉을 인연으로 생겨난 여러 수의 진여의 상이라고 이름하고, 이·비·설·신·의촉을 인연으로 생겨난 여러 수의 진여는 생겨남이 없고 소멸함도 없으며, 역시 안주하지 않고 변이도 없으며, 시설할 수 없으므로 이것을 이·비·설·신·의촉을 인연으로 생겨난 여러 수의 진여의 상이라고 이름하느니라. 제보살마하살은 여실하고 명료하게 알 수 있고, 마땅히 수학하는 가운데에서, 일체법에서, 간략하거나 자세하였던 상을 여실하고 명료하게 알 수 있느니라."

"세존이시여. 무엇을 지계의 진여의 상이라고 말하고, 무엇을 수·화·풍·공·식계의 진여의 상이라고 말합니까? 제보살마하살은 여실하고 명료하게 알 수 있고, 수학하는 가운데에서, 일체법에서, 간략하거나 자세하였던 상을 여실하고 명료하게 알 수 있습니까?"

세존께서 말씀하셨다.

"선현이여. 지계의 진여는 생겨남이 없고 소멸함도 없으며, 역시 안주하지 않고 변이하지 않으며, 시설할 수 없으므로 이것을 지계의 진여의 상이라고 이름하고, 수·화·풍·공·식계의 진여는 생겨남이 없고 소멸함도 없으며, 역시 안주하지 않고 변이도 없으며, 시설할 수 없으므로 이것을 수·화·풍·공·식계의 진여의 상이라고 이름하느니라. 제보살마하살은 여실하고 명료하게 알 수 있고, 마땅히 수학하는 가운데에서, 일체법에서, 간략하거나 자세하였던 상을 여실하고 명료하게 알 수 있느니라."

"세존이시여. 무엇을 무명의 진여의 상이라고 말하고, 무엇을 행·식·명색·육처·촉·수·애·취·유·생·노사의 수탄고우뇌의 진여의 상이라고 말합니까? 제보살마하살은 여실하고 명료하게 알 수 있고, 수학하는 가운데에서, 일체법에서, 간략하거나 자세하였던 상을 여실하고 명료하게 알 수 있습니까?"

세존께서 말씀하셨다.

"선현이여. 무명의 진여는 생겨남이 없고 소멸함도 없으며, 역시 안주하지 않고 변이하지 않으며, 시설할 수 없으므로 이것을 무명의 진여의 상이라고 이름하고, 행, 나아가 노사의 수탄고우뇌의 진여는 생겨남이 없고 소멸함도 없으며, 역시 안주하지 않고 변이도 없으며, 시설할 수 없으므로 이것을 행, 나아가 노사의 수탄고우뇌의 진여의 상이라고 이름하느니라. 제보살마하살은 여실하고 명료하게 알 수 있고, 마땅히 수학하는 가운데에서, 일체법에서, 간략하거나 자세하였던 상을 여실하고 명료하게 알 수 있느니라."

"세존이시여. 무엇을 보시바라밀다의 진여의 상이라고 말하고, 무엇을 정계·안인·정진·정려·반야바라밀다의 진여의 상이라고 말합니까? 제보살마하살은 여실하고 명료하게 알 수 있고, 수학하는 가운데에서, 일체법에서, 간략하거나 자세하였던 상을 여실하고 명료하게 알 수 있습니까?"

세존께서 말씀하셨다.

"선현이여. 보시바라밀다의 진여는 생겨남이 없고 소멸함도 없으며, 역시 안주하지 않고 변이하지 않으며, 시설할 수 없으므로 이것을 보시바라밀다의 진여의 상이라고 이름하고, 정계, 나아가 반야바라밀다의 진여는 생겨남이 없고 소멸함도 없으며, 역시 안주하지 않고 변이도 없으며, 시설할 수 없으므로 이것을 정계, 나아가 반야바라밀다의 진여의 상이라고 이름하느니라. 제보살마하살은 여실하고 명료하게 알 수 있고, 마땅히 수학하는 가운데에서, 일체법에서, 간략하거나 자세하였던 상을 여실하고 명료하게 알 수 있느니라."

"세존이시여. 무엇을 내공의 진여의 상이라고 말하고, 무엇을 외공·내외공·공공·대공·승의공·유위공·무위공·필경공·무제공·산공·무변이공·본성공·자상공·공상공·일체법공·불가득공·무성공·자성공·무성자성공의 진여의 상이라고 말합니까? 제보살마하살은 여실하고 명료하게 알 수 있고, 수학하는 가운데에서, 일체법에서, 간략하거나 자세하였던 상을 여실하고 명료하게 알 수 있습니까?"

세존께서 말씀하셨다.

"선현이여. 내공의 진여는 생겨남이 없고 소멸함도 없으며, 역시 안주하지 않고 변이하지 않으며, 시설할 수 없으므로 이것을 내공의 진여의 상이라고 이름하고, 외공, 나아가 무성자성공의 진여는 생겨남이 없고 소멸함도 없으며, 역시 안주하지 않고 변이도 없으며, 시설할 수 없으므로 이것을 외공, 나아가 무성자성공의 진여의 상이라고 이름하느니라. 제보살마하살은 여실하고 명료하게 알 수 있고, 마땅히 수학하는 가운데에서, 일체법에서, 간략하거나 자세하였던 상을 여실하고 명료하게 알 수 있느니라."

"세존이시여. 무엇을 진여의 진여의 상이라고 말하고, 무엇을 법계·법성·불허망성·불변이성·평등성·이생성·법정·법주·실제·허공계·부사의계의 진여의 상이라고 말합니까? 제보살마하살은 여실하고 명료하게 알 수 있고, 수학하는 가운데에서, 일체법에서, 간략하거나 자세하였던 상을 여실하고 명료하게 알 수 있습니까?"

세존께서 말씀하셨다.

"선현이여. 진여의 진여는 생겨남이 없고 소멸함도 없으며, 역시 안주하지 않고 변이하지 않으며, 시설할 수 없으므로 이것을 진여의 진여의 상이라고 이름하고, 법계, 나아가 부사의계의 진여는 생겨남이 없고 소멸함도 없으며, 역시 안주하지 않고 변이도 없으며, 시설할 수 없으므로 이것을 법계, 나아가 부사의계의 진여의 상이라고 이름하느니라. 제보살마하살은 여실하고 명료하게 알 수 있고, 마땅히 수학하는 가운데에서, 일체법에서, 간략하거나 자세하였던 상을 여실하고 명료하게 알 수 있느니라."

"세존이시여. 무엇을 고성제의 진여의 상이라고 말하고, 무엇을 집·멸·도성제의 진여의 상이라고 말합니까? 제보살마하살은 여실하고 명료하게 알 수 있고, 수학하는 가운데에서, 일체법에서, 간략하거나 자세하였던 상을 여실하고 명료하게 알 수 있습니까?"

세존께서 말씀하셨다.

"선현이여. 고성제의 진여는 생겨남이 없고 소멸함도 없으며, 역시 안주하지 않고 변이하지 않으며, 시설할 수 없으므로 이것을 고성제의 진여의 상이라고 이름하고, 집·멸·도성제의 진여는 생겨남이 없고 소멸함도 없으며, 역시 안주하지 않고 변이도 없으며, 시설할 수 없으므로 이것을 집·멸·도성제의 진여의 상이라고 이름하느니라. 제보살마하살은 여실하고 명료하게 알 수 있고, 마땅히 수학하는 가운데에서, 일체법에서,

간략하거나 자세하였던 상을 여실하고 명료하게 알 수 있느니라."

"세존이시여. 무엇을 4정려의 진여의 상이라고 말하고, 무엇을 4무량·4무색정의 진여의 상이라고 말합니까? 제보살마하살은 여실하고 명료하게 알 수 있고, 수학하는 가운데에서, 일체법에서, 간략하거나 자세하였던 상을 여실하고 명료하게 알 수 있습니까?"

세존께서 말씀하셨다.

"선현이여. 4정려의 진여는 생겨남이 없고 소멸함도 없으며, 역시 안주하지 않고 변이하지 않으며, 시설할 수 없으므로 이것을 4정려의 진여의 상이라고 이름하고, 4무량·4무색정의 진여는 생겨남이 없고 소멸함도 없으며, 역시 안주하지 않고 변이도 없으며, 시설할 수 없으므로 이것을 4무량·4무색정의 진여의 상이라고 이름하느니라. 제보살마하살은 여실하고 명료하게 알 수 있고, 마땅히 수학하는 가운데에서, 일체법에서, 간략하거나 자세하였던 상을 여실하고 명료하게 알 수 있느니라."

"세존이시여. 무엇을 8해탈의 진여의 상이라고 말하고, 무엇을 8승처·9차제정·10변처의 진여의 상이라고 말합니까? 제보살마하살은 여실하고 명료하게 알 수 있고, 수학하는 가운데에서, 일체법에서, 간략하거나 자세하였던 상을 여실하고 명료하게 알 수 있습니까?"

세존께서 말씀하셨다.

"선현이여. 8해탈의 진여는 생겨남이 없고 소멸함도 없으며, 역시 안주하지 않고 변이하지 않으며, 시설할 수 없으므로 이것을 8해탈의 진여의 상이라고 이름하고, 8승처·9차제정·10변처의 진여는 생겨남이 없고 소멸함도 없으며, 역시 안주하지 않고 변이도 없으며, 시설할 수 없으므로 이것을 8승처·9차제정·10변처의 진여의 상이라고 이름하느니라. 제보살마하살은 여실하고 명료하게 알 수 있고, 마땅히 수학하는 가운데에서, 일체법에서, 간략하거나 자세하였던 상을 여실하고 명료하게 알 수 있느니라."

"세존이시여. 무엇을 4념주의 진여의 상이라고 말하고, 무엇을 4정단·4신족·5근·5력·7등각지·8성도지의 진여의 상이라고 말합니까? 제보살마하살은 여실하고 명료하게 알 수 있고, 수학하는 가운데에서, 일체법에서, 간략하거나 자세하였던 상을 여실하고 명료하게 알 수 있습니까?"

세존께서 말씀하셨다.

"선현이여. 4념주의 진여는 생겨남이 없고 소멸함도 없으며, 역시 안주하지 않고 변이하지 않으며, 시설할 수 없으므로 이것을 4념주의 진여의 상이라고 이름하고, 4정단, 나아가 8성도지의 진여는 생겨남이 없고 소멸함도 없으며, 역시 안주하지 않고 변이도 없으며, 시설할 수 없으므로 이것을 4정단, 나아가 8성도지의 진여의 상이라고 이름하느니라. 제보살마하살은 여실하고 명료하게 알 수 있고, 마땅히 수학하는 가운데에서, 일체법에서, 간략하거나 자세하였던 상을 여실하고 명료하게 알 수 있느니라."

"세존이시여. 무엇을 공해탈문의 진여의 상이라고 말하고, 무엇을 무상·무원해탈문의 진여의 상이라고 말합니까? 제보살마하살은 여실하고 명료하게 알 수 있고, 수학하는 가운데에서, 일체법에서, 간략하거나 자세하였던 상을 여실하고 명료하게 알 수 있습니까?"

세존께서 말씀하셨다.

"선현이여. 공해탈문의 진여는 생겨남이 없고 소멸함도 없으며, 역시 안주하지 않고 변이하지 않으며, 시설할 수 없으므로 이것을 공해탈문의 진여의 상이라고 이름하고, 무상·무원해탈문의 진여는 생겨남이 없고 소멸함도 없으며, 역시 안주하지 않고 변이도 없으며, 시설할 수 없으므로 이것을 무상·무원해탈문의 진여의 상이라고 이름하느니라. 제보살마하살은 여실하고 명료하게 알 수 있고, 마땅히 수학하는 가운데에서, 일체법에서, 간략하거나 자세하였던 상을 여실하고 명료하게 알 수 있느니라."

"세존이시여. 무엇을 5안의 진여의 상이라고 말하고, 무엇을 6신통의 진여의 상이라고 말합니까? 제보살마하살은 여실하고 명료하게 알 수 있고, 수학하는 가운데에서, 일체법에서, 간략하거나 자세하였던 상을 여실하고 명료하게 알 수 있습니까?"

세존께서 말씀하셨다.

“선현이여. 5안의 진여는 생겨남이 없고 소멸함도 없으며, 역시 안주하지 않고 변이하지 않으며, 시설할 수 없으므로 이것을 5안의 진여의 상이라고 이름하고, 6신통의 진여는 생겨남이 없고 소멸함도 없으며, 역시 안주하지 않고 변이도 없으며, 시설할 수 없으므로 이것을 6신통의 진여의 상이라고 이름하느니라. 제보살마하살은 여실하고 명료하게 알 수 있고, 마땅히 수학하는 가운데에서, 일체법에서, 간략하거나 자세하였던 상을 여실하고 명료하게 알 수 있느니라.”

“세존이시여. 무엇을 여래의 10력의 진여의 상이라고 말하고, 무엇을 4무소외·4무애해·대자·대비·대희·대사·18불불공법의 진여의 상이라고 말합니까? 제보살마하살은 여실하고 명료하게 알 수 있고, 수학하는 가운데에서, 일체법에서, 간략하거나 자세하였던 상을 여실하고 명료하게 알 수 있습니까?”

세존께서 말씀하셨다.

“선현이여. 여래의 10력의 진여는 생겨남이 없고 소멸함도 없으며, 역시 안주하지 않고 변이하지 않으며, 시설할 수 없으므로 이것을 여래의 10력의 진여의 상이라고 이름하고, 4무소외, 나아가 18불불공법의 진여는 생겨남이 없고 소멸함도 없으며, 역시 안주하지 않고 변이도 없으며, 시설할 수 없으므로 이것을 4무소외, 나아가 18불불공법의 진여의 상이라고 이름하느니라. 제보살마하살은 여실하고 명료하게 알 수 있고, 마땅히 수학하는 가운데에서, 일체법에서, 간략하거나 자세하였던 상을 여실하고 명료하게 알 수 있느니라.”

“세존이시여. 무엇을 무망실법의 진여의 상이라고 말하고, 무엇을 항주사성의 진여의 상이라고 말합니까? 제보살마하살은 여실하고 명료하게 알 수 있고, 수학하는 가운데에서, 일체법에서, 간략하거나 자세하였던 상을 여실하고 명료하게 알 수 있습니까?”

세존께서 말씀하셨다.

“선현이여. 무망실법의 진여는 생겨남이 없고 소멸함도 없으며, 역시 안주하지 않고 변이하지 않으며, 시설할 수 없으므로 이것을 무망실법의 진여의 상이라고 이름하고, 항주사성의 진여는 생겨남이 없고 소멸함도 없으며, 역시 안주하지 않고 변이도 없으며, 시설할 수 없으므로 이것을 항주사성의 진여의 상이라고 이름하느니라. 제보살마하살은 여실하고 명료하게 알 수 있고, 마땅히 수학하는 가운데에서, 일체법에서, 간략하거나 자세하였던 상을 여실하고 명료하게 알 수 있느니라."

"세존이시여. 무엇을 일체지의 진여의 상이라고 말하고, 무엇을 도상지·일체상지의 진여의 상이라고 말합니까? 제보살마하살은 여실하고 명료하게 알 수 있고, 수학하는 가운데에서, 일체법에서, 간략하거나 자세하였던 상을 여실하고 명료하게 알 수 있습니까?"

세존께서 말씀하셨다.

"선현이여. 일체지의 진여는 생겨남이 없고 소멸함도 없으며, 역시 안주하지 않고 변이하지 않으며, 시설할 수 없으므로 이것을 일체지의 진여의 상이라고 이름하고, 도상지·일체상지의 진여는 생겨남이 없고 소멸함도 없으며, 역시 안주하지 않고 변이도 없으며, 시설할 수 없으므로 이것을 도상지·일체상지의 진여의 상이라고 이름하느니라. 제보살마하살은 여실하고 명료하게 알 수 있고, 마땅히 수학하는 가운데에서, 일체법에서, 간략하거나 자세하였던 상을 여실하고 명료하게 알 수 있느니라."

"세존이시여. 무엇을 일체의 다라니문의 진여의 상이라고 말하고, 무엇을 일체의 삼마지문의 진여의 상이라고 말합니까? 제보살마하살은 여실하고 명료하게 알 수 있고, 수학하는 가운데에서, 일체법에서, 간략하거나 자세하였던 상을 여실하고 명료하게 알 수 있습니까?"

세존께서 말씀하셨다.

"선현이여. 일체의 다라니문의 진여는 생겨남이 없고 소멸함도 없으며, 역시 안주하지 않고 변이하지 않으며, 시설할 수 없으므로 이것을 일체의 다라니문의 진여의 상이라고 이름하고, 일체의 삼마지문의 진여는 생겨남이 없고 소멸함도 없으며, 역시 안주하지 않고 변이도 없으며, 시설할 수 없으므로 이것을 일체의 삼마지문의 진여의 상이라고 이름하느니라. 제보살마하살은 여실하고 명료하게 알 수 있고, 마땅히 수학하는 가운데에서, 일체법에서, 간략하거나 자세하였던 상을 여실하고 명료하게 알 수 있느니라."

"세존이시여. 무엇을 예류과의 진여의 상이라고 말하고, 무엇을 일래·불환·아라한과의 진여의 상이라고 말합니까? 제보살마하살은 여실하고 명료하게 알 수 있고, 수학하는 가운데에서, 일체법에서, 간략하거나 자세하였던 상을 여실하고 명료하게 알 수 있습니까?"

세존께서 말씀하셨다.

"선현이여. 예류과의 진여는 생겨남이 없고 소멸함도 없으며, 역시 안주하지 않고 변이하지 않으며, 시설할 수 없으므로 이것을 예류과의 진여의 상이라고 이름하고, 일래·불환·아라한과의 진여는 생겨남이 없고 소멸함도 없으며, 역시 안주하지 않고 변이도 없으며, 시설할 수 없으므로 이것을 일래·불환·아라한과의 진여의 상이라고 이름하느니라. 제보살마하살은 여실하고 명료하게 알 수 있고, 마땅히 수학하는 가운데에서, 일체법에서, 간략하거나 자세하였던 상을 여실하고 명료하게 알 수 있느니라."

"세존이시여. 무엇을 독각의 보리의 진여의 상이라고 말합니까? 제보살마하살은 여실하고 명료하게 알 수 있고, 수학하는 가운데에서, 일체법에서, 간략하거나 자세하였던 상을 여실하고 명료하게 알 수 있습니까?"

세존께서 말씀하셨다.

"선현이여. 독각의 보리의 진여는 생겨남이 없고 소멸함도 없으며, 역시 안주하지 않고 변이하지 않으며, 시설할 수 없으므로 이것을 독각의 보리의 진여의 상이라고 이름하느니라. 제보살마하살은 여실하고 명료하게 알 수 있고, 마땅히 수학하는 가운데에서, 일체법에서, 간략하거나 자세하였던 상을 여실하고 명료하게 알 수 있느니라."

"세존이시여. 무엇을 일체의 보살마하살의 행의 진여의 상이라고 말합니까? 제보살마하살은 여실하고 명료하게 알 수 있고, 수학하는 가운데에서, 일체법에서, 간략하거나 자세하였던 상을 여실하고 명료하게 알 수 있습니까?"

세존께서 말씀하셨다.

"선현이여. 일체의 보살마하살의 행의 진여는 생겨남이 없고 소멸함도 없으며, 역시 안주하지 않고 변이하지 않으며, 시설할 수 없으므로 이것을 일체의 보살마하살의 행의 진여의 상이라고 이름하느니라. 제보살마하살은 여실하고 명료하게 알 수 있고, 마땅히 수학하는 가운데에서, 일체법에서, 간략하거나 자세하였던 상을 여실하고 명료하게 알 수 있느니라."

"세존이시여. 무엇을 제불의 무상정등보리의 진여의 상이라고 말합니까? 제보살마하살은 여실하고 명료하게 알 수 있고, 수학하는 가운데에서, 일체법에서, 간략하거나 자세하였던 상을 여실하고 명료하게 알 수 있습니까?"

세존께서 말씀하셨다.

"선현이여. 제불의 무상정등보리의 행의 진여는 생겨남이 없고 소멸함도 없으며, 역시 안주하지 않고 변이하지 않으며, 시설할 수 없으므로 이것을 제불의 무상정등보리의 진여의 상이라고 이름하느니라. 제보살마하살은 여실하고 명료하게 알 수 있고, 마땅히 수학하는 가운데에서, 일체법에서, 간략하거나 자세하였던 상을 여실하고 명료하게 알 수 있느니라."

"다시 다음으로 선현이여. 만약 보살마하살이 색의 실제(實際)의 상(相)을 여실하고 명료하게 알았거나, 수·상·행·식의 실제의 상을 여실하고 명료하게 알았다면, 이 보살마하살은 일체법에서 간략하거나 자세하였던 상을 여실하고 명료하게 아는 것이니라. 선현이여. 만약 보살마하살이 안처의 실제의 상을 여실하고 명료하게 알았거나, 이·비·설·신·의처의 실제의 상을 여실하고 명료하게 알았다면, 이 보살마하살은 일체법에서 간략하거나 자세하였던 상을 여실하고 명료하게 아는 것이니라.

선현이여. 만약 보살마하살이 색처의 실제의 상을 여실하고 명료하게 알았거나, 성·향·미·촉·법처의 실제의 상을 여실하고 명료하게 알았다면, 이 보살마하살은 일체법에서 간략하거나 자세하였던 상을 여실하고 명료하게 아는 것이니라. 선현이여. 만약 보살마하살이 안계의 실제의 상을 여실하고 명료하게 알았거나, 이·비·설·신·의계의 실제의 상을 여실하고 명료하게 알았다면, 이 보살마하살은 일체법에서 간략하거나 자세하였던 상을 여실하고 명료하게 아는 것이니라.

선현이여. 만약 보살마하살이 색계의 실제의 상을 여실하고 명료하게 알았거나, 성·향·미·촉·법계의 실제의 상을 여실하고 명료하게 알았다면, 이 보살마하살은 일체법에서 간략하거나 자세하였던 상을 여실하고 명료하게 아는 것이니라. 선현이여. 만약 보살마하살이 안식계의 실제의 상을 여실하고 명료하게 알았거나, 이·비·설·신·의식계의 실제의 상을 여실하고 명료하게 알았다면, 이 보살마하살은 일체법에서 간략하거나 자세하였던 상을 여실하고 명료하게 아는 것이니라.

선현이여. 만약 보살마하살이 안촉의 실제의 상을 여실하고 명료하게 알았거나, 이·비·설·신·의촉의 실제의 상을 여실하고 명료하게 알았다면, 이 보살마하살은 일체법에서 간략하거나 자세하였던 상을 여실하고 명료하게 아는 것이니라. 선현이여. 만약 보살마하살이 안촉을 인연으로 생겨난 여러 수의 실제의 상을 여실하고 명료하게 알았거나, 이·비·설·신·의촉을 인연으로 생겨난 여러 수의 실제의 상을 여실하고 명료하게 알았다면, 이 보살마하살은 일체법에서 간략하거나 자세하였던 상을 여실하고 명료하게 아는 것이니라.

선현이여. 만약 보살마하살이 보시바라밀다의 실제의 상을 여실하고 명료하게 알았거나, 정계·안인·정진·정려·반야바라밀다의 실제의 상을 여실하고 명료하게 알았다면, 이 보살마하살은 일체법에서 간략하거나 자세하였던 상을 여실하고 명료하게 아는 것이니라. 선현이여. 만약 보살마하살이 내공의 실제의 상을 여실하고 명료하게 알았거나, 외공·내외공·공공·대공·승의공·유위공·무위공·필경공·무제공·산공·무변이공·본성공·자상공·공상공·일체법공·불가득공·무성공·자성공·무성자성공의 실제의 상을 여실하고 명료하게 알았다면, 이 보살마하살은 일체법에서 간략하거나 자세하였던 상을 여실하고 명료하게 아는 것이니라.

선현이여. 만약 보살마하살이 진여의 실제의 상을 여실하고 명료하게 알았거나, 법계·법성·불허망성·불변이성·평등성·이생성·법정·법주·실제·허공계·부사의계의 실제의 상을 여실하고 명료하게 알았다면, 이 보살마하살은 일체법에서 간략하거나 자세하였던 상을 여실하고 명료하게 아는 것이니라. 선현이여. 만약 보살마하살이 고성제의 실제의 상을 여실하고 명료하게 알았거나, 집·멸·도성제의 실제의 상을 여실하고 명료하게 알았다면, 이 보살마하살은 일체법에서 간략하거나 자세하였던 상을 여실하고 명료하게 아는 것이니라.

선현이여. 만약 보살마하살이 4정려의 실제의 상을 여실하고 명료하게 알았거나, 4무량·4무색정의 실제의 상을 여실하고 명료하게 알았다면, 이 보살마하살은 일체법에서 간략하거나 자세하였던 상을 여실하고 명료하게 아는 것이니라. 선현이여. 만약 보살마하살이 8해탈의 실제의 상을 여실하고 명료하게 알았거나, 8승처·9차제정·10변처의 실제의 상을 여실하고 명료하게 알았다면, 이 보살마하살은 일체법에서 간략하거나 자세하였던 상을 여실하고 명료하게 아는 것이니라.

선현이여. 만약 보살마하살이 4념주의 실제의 상을 여실하고 명료하게 알았거나, 4정단·4신족·5근·5력·7등각지·8성도지의 실제의 상을 여실하고 명료하게 알았다면, 이 보살마하살은 일체법에서 간략하거나 자세하였던 상을 여실하고 명료하게 아는 것이니라. 선현이여. 만약 보살마하살이 공해탈문의 실제의 상을 여실하고 명료하게 알았거나, 무상·무원해탈문의 실제의 상을 여실하고 명료하게 알았다면, 이 보살마하살은 일체법에서 간략하거나 자세하였던 상을 여실하고 명료하게 아는 것이니라.

선현이여. 만약 보살마하살이 5안의 실제의 상을 여실하고 명료하게 알았거나, 6신통의 실제의 상을 여실하고 명료하게 알았다면, 이 보살마하살은 일체법에서 간략하거나 자세하였던 상을 여실하고 명료하게 아는 것이니라. 선현이여. 만약 보살마하살이 여래의 10력의 실제의 상을 여실하고 명료하게 알았거나, 4무소외·4무애해·대자·대비·대희·대사·18불불공법의 실제의 상을 여실하고 명료하게 알았다면, 이 보살마하살은 일체법에서 간략하거나 자세하였던 상을 여실하고 명료하게 아는 것이니라.

선현이여. 만약 보살마하살이 무망실법의 실제의 상을 여실하고 명료하게 알았거나, 항주사성의 실제의 상을 여실하고 명료하게 알았다면, 이 보살마하살은 일체법에서 간략하거나 자세하였던 상을 여실하고 명료하게 아는 것이니라. 선현이여. 만약 보살마하살이 일체지의 실제의 상을 여실하고 명료하게 알았거나, 도상지·일체상지의 실제의 상을 여실하고 명료하게 알았다면, 이 보살마하살은 일체법에서 간략하거나 자세하였던 상을 여실하고 명료하게 아는 것이니라.

선현이여. 만약 보살마하살이 일체의 다라니문의 실제의 상을 여실하고 명료하게 알았거나, 일체의 삼마지문의 실제의 상을 여실하고 명료하게 알았다면, 이 보살마하살은 일체법에서 간략하거나 자세하였던 상을 여실하고 명료하게 아는 것이니라. 선현이여. 만약 보살마하살이 예류과의 실제의 상을 여실하고 명료하게 알았거나, 일래·불환·아라한과의 실제의 상을 여실하고 명료하게 알았다면, 이 보살마하살은 일체법에서 간략하거나 자세하였던 상을 여실하고 명료하게 아는 것이니라.

선현이여. 만약 보살마하살이 독각의 보리의 실제의 상을 여실하고 명료하게 알았다면, 이 보살마하살은 일체법에서 간략하거나 자세하였던 상을 여실하고 명료하게 아는 것이니라. 선현이여. 만약 보살마하살이 일체의 보살마하살의 행의 실제의 상을 여실하고 명료하게 알았다면, 이 보살마하살은 일체법에서 간략하거나 자세하였던 상을 여실하고 명료하게 아는 것이니라. 선현이여. 만약 보살마하살이 제불의 무상정등보리의 실제의 상을 여실하고 명료하게 알았다면, 이 보살마하살은 일체법에서 간략하거나 자세하였던 상을 여실하고 명료하게 아는 것이니라."

그때 구수 선현이 세존께 아뢰어 말하였다.

"세존이시여. 무엇을 색의 실제의 상이라고 말하고, 무엇을 수·상·행·식의 실제의 상이라고 말합니까? 제보살마하살은 여실하고 명료하게 알 수 있고, 수학하는 가운데에서, 일체법에서, 간략하거나 자세하였던 상을 여실하고 명료하게 알 수 있습니까?"

세존께서 말씀하셨다.

"선현이여. 색의 실제는 생겨남이 없고 소멸함도 없으며, 역시 안주하지 않고 변이하지 않으며, 시설할 수 없으므로 이것을 색의 실제의 상이라고 이름하고, 수·상·행·식의 실제는 생겨남이 없고 소멸함도 없으며, 역시 안주하지 않고 변이도 없으며, 시설할 수 없으므로 이것을 수·상·행·식의 실제의 상이라고 이름하느니라. 제보살마하살은 여실하고 명료하게 알 수 있고, 마땅히 수학하는 가운데에서, 일체법에서, 간략하거나 자세하였던 상을 여실하고 명료하게 알 수 있느니라."

"세존이시여. 무엇을 안처의 실제의 상이라고 말하고, 무엇을 이·비·설·신·의처의 실제의 상이라고 말합니까? 제보살마하살은 여실하고 명료하게 알 수 있고, 수학하는 가운데에서, 일체법에서, 간략하거나 자세하였던 상을 여실하고 명료하게 알 수 있습니까?"

세존께서 말씀하셨다.

"선현이여. 안처의 실제는 생겨남이 없고 소멸함도 없으며, 역시 안주하지 않고 변이하지 않으며, 시설할 수 없으므로 이것을 안처의 실제의 상이라고 이름하고, 이·비·설·신·의처의 실제는 생겨남이 없고 소멸함도 없으며, 역시 안주하지 않고 변이도 없으며, 시설할 수 없으므로 이것을 이·비·설·신·의처의 실제의 상이라고 이름하느니라. 제보살마하살은 여실하고 명료하게 알 수 있고, 마땅히 수학하는 가운데에서, 일체법에서, 간략하거나 자세하였던 상을 여실하고 명료하게 알 수 있느니라."

"세존이시여. 무엇을 색처의 실제의 상이라고 말하고, 무엇을 성·향·미·촉·법처의 실제의 상이라고 말합니까? 제보살마하살은 여실하고 명료하게 알 수 있고, 수학하는 가운데에서, 일체법에서, 간략하거나 자세하였던 상을 여실하고 명료하게 알 수 있습니까?"

세존께서 말씀하셨다.

"선현이여. 색처의 실제는 생겨남이 없고 소멸함도 없으며, 역시 안주하지 않고 변이하지 않으며, 시설할 수 없으므로 이것을 색처의 실제의 상이라고 이름하고, 성·향·미·촉·법처의 실제는 생겨남이 없고 소멸함도 없으며, 역시 안주하지 않고 변이도 없으며, 시설할 수 없으므로 이것을 성·향·미·촉·법처의 실제의 상이라고 이름하느니라. 제보살마하살은 여실하고 명료하게 알 수 있고, 마땅히 수학하는 가운데에서, 일체법에서, 간략하거나 자세하였던 상을 여실하고 명료하게 알 수 있느니라."

"세존이시여. 무엇을 안계의 실제의 상이라고 말하고, 무엇을 이·비·설·신·의계의 실제의 상이라고 말합니까? 제보살마하살은 여실하고 명료하게 알 수 있고, 수학하는 가운데에서, 일체법에서, 간략하거나 자세하였던 상을 여실하고 명료하게 알 수 있습니까?"

세존께서 말씀하셨다.

"선현이여. 안계의 실제는 생겨남이 없고 소멸함도 없으며, 역시 안주하지 않고 변이하지 않으며, 시설할 수 없으므로 이것을 안계의 실제의 상이라고 이름하고, 이·비·설·신·의계의 실제는 생겨남이 없고 소멸함도 없으며, 역시 안주하지 않고 변이도 없으며, 시설할 수 없으므로 이것을 이·비·설·신·의계의 실제의 상이라고 이름하느니라. 제보살마하살은 여실하고 명료하게 알 수 있고, 마땅히 수학하는 가운데에서, 일체법에서, 간략하거나 자세하였던 상을 여실하고 명료하게 알 수 있느니라."

"세존이시여. 무엇을 색계의 실제의 상이라고 말하고, 무엇을 성·향·미·촉·법계의 실제의 상이라고 말합니까? 제보살마하살은 여실하고 명료하게 알 수 있고, 수학하는 가운데에서, 일체법에서, 간략하거나 자세하였던 상을 여실하고 명료하게 알 수 있습니까?"

세존께서 말씀하셨다.

"선현이여. 색계의 실제는 생겨남이 없고 소멸함도 없으며, 역시 안주하지 않고 변이하지 않으며, 시설할 수 없으므로 이것을 색계의 실제의 상이라고 이름하고, 성·향·미·촉·법계의 실제는 생겨남이 없고 소멸함도 없으며, 역시 안주하지 않고 변이도 없으며, 시설할 수 없으므로 이것을 성·향·미·촉·법계의 실제의 상이라고 이름하느니라. 제보살마하살은 여실하고 명료하게 알 수 있고, 마땅히 수학하는 가운데에서, 일체법에서, 간략하거나 자세하였던 상을 여실하고 명료하게 알 수 있느니라."

"세존이시여. 무엇을 안식계의 실제의 상이라고 말하고, 무엇을 이·비·설·신·의식계의 실제의 상이라고 말합니까? 제보살마하살은 여실하고 명료하게 알 수 있고, 수학하는 가운데에서, 일체법에서, 간략하거나 자세하였던 상을 여실하고 명료하게 알 수 있습니까?"

세존께서 말씀하셨다.

"선현이여. 안식계의 실제는 생겨남이 없고 소멸함도 없으며, 역시 안주하지 않고 변이하지 않으며, 시설할 수 없으므로 이것을 안식계의 실제의 상이라고 이름하고, 이·비·설·신·의식계의 실제는 생겨남이 없고 소멸함도 없으며, 역시 안주하지 않고 변이도 없으며, 시설할 수 없으므로 이것을 이·비·설·신·의식계의 실제의 상이라고 이름하느니라. 제보살마하살은 여실하고 명료하게 알 수 있고, 마땅히 수학하는 가운데에서, 일체법에서, 간략하거나 자세하였던 상을 여실하고 명료하게 알 수 있느니라."

"세존이시여. 무엇을 안촉의 실제의 상이라고 말하고, 무엇을 이·비·설·신·의촉의 실제의 상이라고 말합니까? 제보살마하살은 여실하고 명료하게 알 수 있고, 수학하는 가운데에서, 일체법에서, 간략하거나 자세하였던 상을 여실하고 명료하게 알 수 있습니까?"

세존께서 말씀하셨다.

"선현이여. 안촉의 실제는 생겨남이 없고 소멸함도 없으며, 역시 안주하지 않고 변이하지 않으며, 시설할 수 없으므로 이것을 안촉의 실제의 상이라고 이름하고, 이·비·설·신·의촉의 실제는 생겨남이 없고 소멸함도 없으며, 역시 안주하지 않고 변이도 없으며, 시설할 수 없으므로 이것을 이·비·설·신·의촉의 실제의 상이라고 이름하느니라. 제보살마하살은 여실하고 명료하게 알 수 있고, 마땅히 수학하는 가운데에서, 일체법에서, 간략하거나 자세하였던 상을 여실하고 명료하게 알 수 있느니라."

"세존이시여. 무엇을 안촉을 인연으로 생겨난 여러 수의 실제의 상이라고 말하고, 무엇을 이·비·설·신·의촉을 인연으로 생겨난 여러 수의 실제의 상이라고 말합니까? 제보살마하살은 여실하고 명료하게 알 수 있고, 수학하는 가운데에서, 일체법에서, 간략하거나 자세하였던 상을 여실하고 명료하게 알 수 있습니까?"

세존께서 말씀하셨다.

"선현이여. 안촉을 인연으로 생겨난 여러 수의 실제는 생겨남이 없고 소멸함도 없으며, 역시 안주하지 않고 변이하지 않으며, 시설할 수 없으므로 이것을 안촉을 인연으로 생겨난 여러 수의 실제의 상이라고 이름하고, 이·비·설·신·의촉을 인연으로 생겨난 여러 수의 실제는 생겨남이 없고 소멸함도 없으며, 역시 안주하지 않고 변이도 없으며, 시설할 수 없으므로 이것을 이·비·설·신·의촉을 인연으로 생겨난 여러 수의 실제의 상이라고 이름하느니라. 제보살마하살은 여실하고 명료하게 알 수 있고, 마땅히 수학하는 가운데에서, 일체법에서, 간략하거나 자세하였던 상을 여실하고 명료하게 알 수 있느니라."

"세존이시여. 무엇을 지계의 실제의 상이라고 말하고, 무엇을 수·화·풍·공·식계의 실제의 상이라고 말합니까? 제보살마하살은 여실하고 명료하게 알 수 있고, 수학하는 가운데에서, 일체법에서, 간략하거나 자세하였던 상을 여실하고 명료하게 알 수 있습니까?"

세존께서 말씀하셨다.

"선현이여. 지계의 실제는 생겨남이 없고 소멸함도 없으며, 역시 안주하지 않고 변이하지 않으며, 시설할 수 없으므로 이것을 지계의 실제의 상이라고 이름하고, 수·화·풍·공·식계의 실제는 생겨남이 없고 소멸함도 없으며, 역시 안주하지 않고 변이도 없으며, 시설할 수 없으므로 이것을 수·화·풍·공·식계의 실제의 상이라고 이름하느니라. 제보살마하살은 여실하고 명료하게 알 수 있고, 마땅히 수학하는 가운데에서, 일체법에서, 간략하거나 자세하였던 상을 여실하고 명료하게 알 수 있느니라."

"세존이시여. 무엇을 무명의 실제의 상이라고 말하고, 무엇을 행·식·명색·육처·촉·수·애·취·유·생·노사의 수탄고우뇌의 실제의 상이라고 말합니까? 제보살마하살은 여실하고 명료하게 알 수 있고, 수학하는 가운데에서, 일체법에서, 간략하거나 자세하였던 상을 여실하고 명료하게 알 수 있습니까?"

세존께서 말씀하셨다.

"선현이여. 무명의 실제는 생겨남이 없고 소멸함도 없으며, 역시 안주하지 않고 변이하지 않으며, 시설할 수 없으므로 이것을 무명의 실제의 상이라고 이름하고, 행, 나아가 노사의 수탄고우뇌의 실제는 생겨남이 없고 소멸함도 없으며, 역시 안주하지 않고 변이도 없으며, 시설할 수 없으므로 이것을 행, 나아가 노사의 수탄고우뇌의 실제의 상이라고 이름하느니라. 제보살마하살은 여실하고 명료하게 알 수 있고, 마땅히 수학하는 가운데에서, 일체법에서, 간략하거나 자세하였던 상을 여실하고 명료하게 알 수 있느니라."

마하반야바라밀다경 제358권

61. 다문불이품(多聞不二品)(8)

"세존이시여. 무엇을 보시바라밀다의 실제의 상이라고 말하고, 무엇을 정계·안인·정진·정려·반야바라밀다의 실제의 상이라고 말합니까? 제보살마하살은 여실하고 명료하게 알 수 있고, 수학하는 가운데에서, 일체법에서, 간략하거나 자세하였던 상을 여실하고 명료하게 알 수 있습니까?"

세존께서 말씀하셨다.

"선현이여. 보시바라밀다의 실제는 생겨남이 없고 소멸함도 없으며, 역시 안주하지 않고 변이하지 않으며, 시설할 수 없으므로 이것을 보시바라밀다의 실제의 상이라고 이름하고, 정계, 나아가 반야바라밀다의 실제는 생겨남이 없고 소멸함도 없으며, 역시 안주하지 않고 변이도 없으며, 시설할 수 없으므로 이것을 정계, 나아가 반야바라밀다의 실제의 상이라고 이름하느니라. 제보살마하살은 여실하고 명료하게 알 수 있고, 마땅히 수학하는 가운데에서, 일체법에서, 간략하거나 자세하였던 상을 여실하고 명료하게 알 수 있느니라."

"세존이시여. 무엇을 내공의 실제의 상이라고 말하고, 무엇을 외공·내외공·공공·대공·승의공·유위공·무위공·필경공·무제공·산공·무변이공·본성공·자상공·공상공·일체법공·불가득공·무성공·자성공·무성자성공의 실제의 상이라고 말합니까? 제보살마하살은 여실하고 명료하게 알 수 있고, 수학하는 가운데에서, 일체법에서, 간략하거나 자세하였던 상을 여실하고 명료하게 알 수 있습니까?"

세존께서 말씀하셨다.

"선현이여. 내공의 실제는 생겨남이 없고 소멸함도 없으며, 역시 안주하지 않고 변이하지 않으며, 시설할 수 없으므로 이것을 내공의 실제의 상이라고 이름하고, 외공, 나아가 무성자성공의 실제는 생겨남이 없고 소멸함도 없으며, 역시 안주하지 않고 변이도 없으며, 시설할 수 없으므로 이것을 외공, 나아가 무성자성공의 실제의 상이라고 이름하느니라. 제보살마하살은 여실하고 명료하게 알 수 있고, 마땅히 수학하는 가운데에서, 일체법에서, 간략하거나 자세하였던 상을 여실하고 명료하게 알 수 있느니라."

"세존이시여. 무엇을 진여의 실제의 상이라고 말하고, 무엇을 법계·법성·불허망성·불변이성·평등성·이생성·법정·법주·실제·허공계·부사의계의 실제의 상이라고 말합니까? 제보살마하살은 여실하고 명료하게 알 수 있고, 수학하는 가운데에서, 일체법에서, 간략하거나 자세하였던 상을 여실하고 명료하게 알 수 있습니까?"

세존께서 말씀하셨다.

"선현이여. 진여의 실제는 생겨남이 없고 소멸함도 없으며, 역시 안주하지 않고 변이하지 않으며, 시설할 수 없으므로 이것을 진여의 실제의 상이라고 이름하고, 법계, 나아가 부사의계의 실제는 생겨남이 없고 소멸함도 없으며, 역시 안주하지 않고 변이도 없으며, 시설할 수 없으므로 이것을 법계, 나아가 부사의계의 실제의 상이라고 이름하느니라. 제보살마하살은 여실하고 명료하게 알 수 있고, 마땅히 수학하는 가운데에서, 일체법에서, 간략하거나 자세하였던 상을 여실하고 명료하게 알 수 있느니라."

"세존이시여. 무엇을 고성제의 실제의 상이라고 말하고, 무엇을 집·멸·도성제의 실제의 상이라고 말합니까? 제보살마하살은 여실하고 명료하게 알 수 있고, 수학하는 가운데에서, 일체법에서, 간략하거나 자세하였던 상을 여실하고 명료하게 알 수 있습니까?"

세존께서 말씀하셨다.

"선현이여. 고성제의 실제는 생겨남이 없고 소멸함도 없으며, 역시 안주하지 않고 변이하지 않으며, 시설할 수 없으므로 이것을 고성제의 실제의 상이라고 이름하고, 집·멸·도성제의 실제는 생겨남이 없고 소멸함도 없으며, 역시 안주하지 않고 변이도 없으며, 시설할 수 없으므로 이것을 집·멸·도성제의 실제의 상이라고 이름하느니라. 제보살마하살은 여실하고 명료하게 알 수 있고, 마땅히 수학하는 가운데에서, 일체법에서, 간략하거나 자세하였던 상을 여실하고 명료하게 알 수 있느니라."

"세존이시여. 무엇을 4정려의 실제의 상이라고 말하고, 무엇을 4무량·4무색정의 실제의 상이라고 말합니까? 제보살마하살은 여실하고 명료하게 알 수 있고, 수학하는 가운데에서, 일체법에서, 간략하거나 자세하였던 상을 여실하고 명료하게 알 수 있습니까?"

세존께서 말씀하셨다.

"선현이여. 4정려의 실제는 생겨남이 없고 소멸함도 없으며, 역시 안주하지 않고 변이하지 않으며, 시설할 수 없으므로 이것을 4정려의 실제의 상이라고 이름하고, 4무량·4무색정의 실제는 생겨남이 없고 소멸함도 없으며, 역시 안주하지 않고 변이도 없으며, 시설할 수 없으므로 이것을 4무량·4무색정의 실제의 상이라고 이름하느니라. 제보살마하살은 여실하고 명료하게 알 수 있고, 마땅히 수학하는 가운데에서, 일체법에서, 간략하거나 자세하였던 상을 여실하고 명료하게 알 수 있느니라."

"세존이시여. 무엇을 8해탈의 실제의 상이라고 말하고, 무엇을 8승처·9차제정·10변처의 실제의 상이라고 말합니까? 제보살마하살은 여실하고 명료하게 알 수 있고, 수학하는 가운데에서, 일체법에서, 간략하거나 자세하였던 상을 여실하고 명료하게 알 수 있습니까?"

세존께서 말씀하셨다.

"선현이여. 8해탈의 실제는 생겨남이 없고 소멸함도 없으며, 역시 안주하지 않고 변이하지 않으며, 시설할 수 없으므로 이것을 8해탈의 실제의 상이라고 이름하고, 8승처·9차제정·10변처의 실제는 생겨남이 없고 소멸함도 없으며, 역시 안주하지 않고 변이도 없으며, 시설할 수 없으므로 이것을 8승처·9차제정·10변처의 실제의 상이라고 이름하느니라. 제보살마하살은 여실하고 명료하게 알 수 있고, 마땅히 수학하는 가운데에서, 일체법에서, 간략하거나 자세하였던 상을 여실하고 명료하게 알 수 있느니라."

"세존이시여. 무엇을 4념주의 실제의 상이라고 말하고, 무엇을 4정단·4신족·5근·5력·7등각지·8성도지의 실제의 상이라고 말합니까? 제보살마하살은 여실하고 명료하게 알 수 있고, 수학하는 가운데에서, 일체법에서, 간략하거나 자세하였던 상을 여실하고 명료하게 알 수 있습니까?"

세존께서 말씀하셨다.

"선현이여. 4념주의 실제는 생겨남이 없고 소멸함도 없으며, 역시 안주하지 않고 변이하지 않으며, 시설할 수 없으므로 이것을 4념주의 실제의 상이라고 이름하고, 4정단, 나아가 8성도지의 실제는 생겨남이 없고 소멸함도 없으며, 역시 안주하지 않고 변이도 없으며, 시설할 수 없으므로 이것을 4정단, 나아가 8성도지의 실제의 상이라고 이름하느니라. 제보살마하살은 여실하고 명료하게 알 수 있고, 마땅히 수학하는 가운데에서, 일체법에서, 간략하거나 자세하였던 상을 여실하고 명료하게 알 수 있느니라."

"세존이시여. 무엇을 공해탈문의 실제의 상이라고 말하고, 무엇을 무상·무원해탈문의 실제의 상이라고 말합니까? 제보살마하살은 여실하고 명료하게 알 수 있고, 수학하는 가운데에서, 일체법에서, 간략하거나 자세하였던 상을 여실하고 명료하게 알 수 있습니까?"

세존께서 말씀하셨다.

"선현이여. 공해탈문의 실제는 생겨남이 없고 소멸함도 없으며, 역시 안주하지 않고 변이하지 않으며, 시설할 수 없으므로 이것을 공해탈문의 실제의 상이라고 이름하고, 무상·무원해탈문의 실제는 생겨남이 없고 소멸함도 없으며, 역시 안주하지 않고 변이도 없으며, 시설할 수 없으므로 이것을 무상·무원해탈문의 실제의 상이라고 이름하느니라. 제보살마하살은 여실하고 명료하게 알 수 있고, 마땅히 수학하는 가운데에서, 일체법에서, 간략하거나 자세하였던 상을 여실하고 명료하게 알 수 있느니라."

"세존이시여. 무엇을 5안의 실제의 상이라고 말하고, 무엇을 6신통의 실제의 상이라고 말합니까? 제보살마하살은 여실하고 명료하게 알 수 있고, 수학하는 가운데에서, 일체법에서, 간략하거나 자세하였던 상을 여실하고 명료하게 알 수 있습니까?"

세존께서 말씀하셨다.

"선현이여. 5안의 실제는 생겨남이 없고 소멸함도 없으며, 역시 안주하지 않고 변이하지 않으며, 시설할 수 없으므로 이것을 5안의 실제의 상이라고 이름하고, 6신통의 실제는 생겨남이 없고 소멸함도 없으며, 역시 안주하지 않고 변이도 없으며, 시설할 수 없으므로 이것을 6신통의 실제의 상이라고 이름하느니라. 제보살마하살은 여실하고 명료하게 알 수 있고, 마땅히 수학하는 가운데에서, 일체법에서, 간략하거나 자세하였던 상을 여실하고 명료하게 알 수 있느니라."

"세존이시여. 무엇을 여래의 10력의 실제의 상이라고 말하고, 무엇을 4무소외·4무애해·대자·대비·대희·대사·18불불공법의 실제의 상이라고 말합니까? 제보살마하살은 여실하고 명료하게 알 수 있고, 수학하는 가운데에서, 일체법에서, 간략하거나 자세하였던 상을 여실하고 명료하게 알 수 있습니까?"

세존께서 말씀하셨다.

"선현이여. 여래의 10력의 실제는 생겨남이 없고 소멸함도 없으며, 역시 안주하지 않고 변이하지 않으며, 시설할 수 없으므로 이것을 여래의 10력의 실제의 상이라고 이름하고, 4무소외, 나아가 18불불공법의 실제는 생겨남이 없고 소멸함도 없으며, 역시 안주하지 않고 변이도 없으며, 시설할 수 없으므로 이것을 4무소외, 나아가 18불불공법의 실제의 상이라고 이름하느니라. 제보살마하살은 여실하고 명료하게 알 수 있고, 마땅히 수학하는 가운데에서, 일체법에서, 간략하거나 자세하였던 상을 여실하고 명료하게 알 수 있느니라."

"세존이시여. 무엇을 무망실법의 실제의 상이라고 말하고, 무엇을 항주사성의 실제의 상이라고 말합니까? 제보살마하살은 여실하고 명료하게 알 수 있고, 수학하는 가운데에서, 일체법에서, 간략하거나 자세하였던 상을 여실하고 명료하게 알 수 있습니까?"

세존께서 말씀하셨다.

"선현이여. 무망실법의 실제는 생겨남이 없고 소멸함도 없으며, 역시 안주하지 않고 변이하지 않으며, 시설할 수 없으므로 이것을 무망실법의 실제의 상이라고 이름하고, 항주사성의 실제는 생겨남이 없고 소멸함도 없으며, 역시 안주하지 않고 변이도 없으며, 시설할 수 없으므로 이것을 항주사성의 실제의 상이라고 이름하느니라. 제보살마하살은 여실하고 명료하게 알 수 있고, 마땅히 수학하는 가운데에서, 일체법에서, 간략하거나 자세하였던 상을 여실하고 명료하게 알 수 있느니라."

"세존이시여. 무엇을 일체지의 실제의 상이라고 말하고, 무엇을 도상지·일체상지의 실제의 상이라고 말합니까? 제보살마하살은 여실하고 명료하게 알 수 있고, 수학하는 가운데에서, 일체법에서, 간략하거나 자세하였던 상을 여실하고 명료하게 알 수 있습니까?"

세존께서 말씀하셨다.

"선현이여. 일체지의 실제는 생겨남이 없고 소멸함도 없으며, 역시 안주하지 않고 변이하지 않으며, 시설할 수 없으므로 이것을 일체지의 실제의 상이라고 이름하고, 도상지·일체상지의 실제는 생겨남이 없고 소멸함도 없으며, 역시 안주하지 않고 변이도 없으며, 시설할 수 없으므로 이것을 도상지·일체상지의 실제의 상이라고 이름하느니라. 제보살마하살은 여실하고 명료하게 알 수 있고, 마땅히 수학하는 가운데에서, 일체법에서, 간략하거나 자세하였던 상을 여실하고 명료하게 알 수 있느니라."

"세존이시여. 무엇을 일체의 다라니문의 실제의 상이라고 말하고, 무엇을 일체의 삼마지문의 실제의 상이라고 말합니까? 제보살마하살은 여실하고 명료하게 알 수 있고, 수학하는 가운데에서, 일체법에서, 간략하거나 자세하였던 상을 여실하고 명료하게 알 수 있습니까?"

세존께서 말씀하셨다.

"선현이여. 일체의 다라니문의 실제는 생겨남이 없고 소멸함도 없으며, 역시 안주하지 않고 변이하지 않으며, 시설할 수 없으므로 이것을 일체의 다라니문의 실제의 상이라고 이름하고, 일체의 삼마지문의 실제는 생겨남이 없고 소멸함도 없으며, 역시 안주하지 않고 변이도 없으며, 시설할 수 없으므로 이것을 일체의 삼마지문의 실제의 상이라고 이름하느니라. 제보살마하살은 여실하고 명료하게 알 수 있고, 마땅히 수학하는 가운데에서, 일체법에서, 간략하거나 자세하였던 상을 여실하고 명료하게 알 수 있느니라."

"세존이시여. 무엇을 예류과의 실제의 상이라고 말하고, 무엇을 일래·불환·아라한과의 실제의 상이라고 말합니까? 제보살마하살은 여실하고 명료하게 알 수 있고, 수학하는 가운데에서, 일체법에서, 간략하거나 자세하였던 상을 여실하고 명료하게 알 수 있습니까?"

세존께서 말씀하셨다.

"선현이여. 예류과의 실제는 생겨남이 없고 소멸함도 없으며, 역시 안주하지 않고 변이하지 않으며, 시설할 수 없으므로 이것을 예류과의 실제의 상이라고 이름하고, 일래·불환·아라한과의 실제는 생겨남이 없고 소멸함도 없으며, 역시 안주하지 않고 변이도 없으며, 시설할 수 없으므로 이것을 일래·불환·아라한과의 실제의 상이라고 이름하느니라. 제보살마하살은 여실하고 명료하게 알 수 있고, 마땅히 수학하는 가운데에서, 일체법에서, 간략하거나 자세하였던 상을 여실하고 명료하게 알 수 있느니라."

"세존이시여. 무엇을 독각의 보리의 실제의 상이라고 말합니까? 제보살마하살은 여실하고 명료하게 알 수 있고, 수학하는 가운데에서, 일체법에서, 간략하거나 자세하였던 상을 여실하고 명료하게 알 수 있습니까?"

세존께서 말씀하셨다.

"선현이여. 독각의 보리의 실제는 생겨남이 없고 소멸함도 없으며, 역시 안주하지 않고 변이하지 않으며, 시설할 수 없으므로 이것을 독각의 보리의 실제의 상이라고 이름하느니라. 제보살마하살은 여실하고 명료하게 알 수 있고, 마땅히 수학하는 가운데에서, 일체법에서, 간략하거나 자세하였던 상을 여실하고 명료하게 알 수 있느니라."

"세존이시여. 무엇을 일체의 보살마하살의 행의 실제의 상이라고 말합니까? 제보살마하살은 여실하고 명료하게 알 수 있고, 수학하는 가운데에서, 일체법에서, 간략하거나 자세하였던 상을 여실하고 명료하게 알 수 있습니까?"

세존께서 말씀하셨다.

"선현이여. 일체의 보살마하살의 행의 실제는 생겨남이 없고 소멸함도 없으며, 역시 안주하지 않고 변이하지 않으며, 시설할 수 없으므로 이것을 일체의 보살마하살의 행의 실제의 상이라고 이름하느니라. 제보살마하살은 여실하고 명료하게 알 수 있고, 마땅히 수학하는 가운데에서, 일체법에서, 간략하거나 자세하였던 상을 여실하고 명료하게 알 수 있느니라."

"세존이시여. 무엇을 제불의 무상정등보리의 실제의 상이라고 말합니까? 제보살마하살은 여실하고 명료하게 알 수 있고, 수학하는 가운데에서, 일체법에서, 간략하거나 자세하였던 상을 여실하고 명료하게 알 수 있습니까?"

세존께서 말씀하셨다.

"선현이여. 제불의 무상정등보리의 실제는 생겨남이 없고 소멸함도 없으며, 역시 안주하지 않고 변이하지 않으며, 시설할 수 없으므로 이것을 제불의 무상정등보리의 실제의 상이라고 이름하느니라. 제보살마하살은 여실하고 명료하게 알 수 있고, 마땅히 수학하는 가운데에서, 일체법에서, 간략하거나 자세하였던 상을 여실하고 명료하게 알 수 있느니라."

"다시 다음으로 선현이여. 만약 보살마하살이 색의 법계(法界)의 상(相)을 여실하고 명료하게 알았거나, 수·상·행·식의 법계의 상을 여실하고 명료하게 알았다면, 이 보살마하살은 일체법에서 간략하거나 자세하였던 상을 여실하고 명료하게 아는 것이니라. 선현이여. 만약 보살마하살이 안처의 법계의 상을 여실하고 명료하게 알았거나, 이·비·설·신·의처의 법계의 상을 여실하고 명료하게 알았다면, 이 보살마하살은 일체법에서 간략하거나 자세하였던 상을 여실하고 명료하게 아는 것이니라.

선현이여. 만약 보살마하살이 색처의 법계의 상을 여실하고 명료하게 알았거나, 성·향·미·촉·법처의 법계의 상을 여실하고 명료하게 알았다면, 이 보살마하살은 일체법에서 간략하거나 자세하였던 상을 여실하고 명료하게 아는 것이니라. 선현이여. 만약 보살마하살이 안계의 법계의 상을 여실하고 명료하게 알았거나, 이·비·설·신·의계의 법계의 상을 여실하고 명료하게 알았다면, 이 보살마하살은 일체법에서 간략하거나 자세하였던 상을 여실하고 명료하게 아는 것이니라.

선현이여. 만약 보살마하살이 색계의 법계의 상을 여실하고 명료하게 알았거나, 성·향·미·촉·법계의 법계의 상을 여실하고 명료하게 알았다면, 이 보살마하살은 일체법에서 간략하거나 자세하였던 상을 여실하고 명료하게 아는 것이니라. 선현이여. 만약 보살마하살이 안식계의 법계의 상을 여실하고 명료하게 알았거나, 이·비·설·신·의식계의 법계의 상을 여실하고 명료하게 알았다면, 이 보살마하살은 일체법에서 간략하거나 자세하였던 상을 여실하고 명료하게 아는 것이니라.

선현이여. 만약 보살마하살이 안촉의 법계의 상을 여실하고 명료하게 알았거나, 이·비·설·신·의촉의 법계의 상을 여실하고 명료하게 알았다면, 이 보살마하살은 일체법에서 간략하거나 자세하였던 상을 여실하고 명료하게 아는 것이니라. 선현이여. 만약 보살마하살이 안촉을 인연으로 생겨난 여러 수의 법계의 상을 여실하고 명료하게 알았거나, 이·비·설·신·의촉을 인연으로 생겨난 여러 수의 법계의 상을 여실하고 명료하게 알았다면, 이 보살마하살은 일체법에서 간략하거나 자세하였던 상을 여실하고 명료하게 아는 것이니라.

선현이여. 만약 보살마하살이 보시바라밀다의 법계의 상을 여실하고 명료하게 알았거나, 정계·안인·정진·정려·반야바라밀다의 법계의 상을 여실하고 명료하게 알았다면, 이 보살마하살은 일체법에서 간략하거나 자세하였던 상을 여실하고 명료하게 아는 것이니라. 선현이여. 만약 보살마하살이 내공의 법계의 상을 여실하고 명료하게 알았거나, 외공·내외공·공공·대공·승의공·유위공·무위공·필경공·무제공·산공·무변이공·본성공·자상공·공상공·일체법공·불가득공·무성공·자성공·무성자성공의 법계의 상을 여실하고 명료하게 알았다면, 이 보살마하살은 일체법에서 간략하거나 자세하였던 상을 여실하고 명료하게 아는 것이니라.

선현이여. 만약 보살마하살이 진여의 법계의 상을 여실하고 명료하게 알았거나, 법계·법성·불허망성·불변이성·평등성·이생성·법정·법주·실제·허공계·부사의계의 법계의 상을 여실하고 명료하게 알았다면, 이 보살마하살은 일체법에서 간략하거나 자세하였던 상을 여실하고 명료하게 아는 것이니라. 선현이여. 만약 보살마하살이 고성제의 법계의 상을 여실하고 명료하게 알았거나, 집·멸·도성제의 법계의 상을 여실하고 명료하게 알았다면, 이 보살마하살은 일체법에서 간략하거나 자세하였던 상을 여실하고 명료하게 아는 것이니라.

선현이여. 만약 보살마하살이 4정려의 법계의 상을 여실하고 명료하게 알았거나, 4무량·4무색정의 법계의 상을 여실하고 명료하게 알았다면, 이 보살마하살은 일체법에서 간략하거나 자세하였던 상을 여실하고 명료하게 아는 것이니라. 선현이여. 만약 보살마하살이 8해탈의 법계의 상을 여실하고 명료하게 알았거나, 8승처·9차제정·10변처의 법계의 상을 여실하고 명료하게 알았다면, 이 보살마하살은 일체법에서 간략하거나 자세하였던 상을 여실하고 명료하게 아는 것이니라.

선현이여. 만약 보살마하살이 4념주의 법계의 상을 여실하고 명료하게 알았거나, 4정단·4신족·5근·5력·7등각지·8성도지의 법계의 상을 여실하고 명료하게 알았다면, 이 보살마하살은 일체법에서 간략하거나 자세하였던 상을 여실하고 명료하게 아는 것이니라. 선현이여. 만약 보살마하살이 공해탈문의 법계의 상을 여실하고 명료하게 알았거나, 무상·무원해탈문의 법계의 상을 여실하고 명료하게 알았다면, 이 보살마하살은 일체법에서 간략하거나 자세하였던 상을 여실하고 명료하게 아는 것이니라.

선현이여. 만약 보살마하살이 5안의 법계의 상을 여실하고 명료하게 알았거나, 6신통의 법계의 상을 여실하고 명료하게 알았다면, 이 보살마하살은 일체법에서 간략하거나 자세하였던 상을 여실하고 명료하게 아는 것이니라. 선현이여. 만약 보살마하살이 여래의 10력의 법계의 상을 여실하고 명료하게 알았거나, 4무소외·4무애해·대자·대비·대희·대사·18불불공법의 법계의 상을 여실하고 명료하게 알았다면, 이 보살마하살은 일체법에서 간략하거나 자세하였던 상을 여실하고 명료하게 아는 것이니라.

선현이여. 만약 보살마하살이 무망실법의 법계의 상을 여실하고 명료하게 알았거나, 항주사성의 법계의 상을 여실하고 명료하게 알았다면, 이 보살마하살은 일체법에서 간략하거나 자세하였던 상을 여실하고 명료하게 아는 것이니라. 선현이여. 만약 보살마하살이 일체지의 법계의 상을 여실하고 명료하게 알았거나, 도상지·일체상지의 법계의 상을 여실하고 명료하게 알았다면, 이 보살마하살은 일체법에서 간략하거나 자세하였던 상을 여실하고 명료하게 아는 것이니라.

선현이여. 만약 보살마하살이 일체의 다라니문의 법계의 상을 여실하고 명료하게 알았거나, 일체의 삼마지문의 법계의 상을 여실하고 명료하게 알았다면, 이 보살마하살은 일체법에서 간략하거나 자세하였던 상을 여실하고 명료하게 아는 것이니라. 선현이여. 만약 보살마하살이 예류과의 법계의 상을 여실하고 명료하게 알았거나, 일래·불환·아라한과의 법계의 상을 여실하고 명료하게 알았다면, 이 보살마하살은 일체법에서 간략하거나 자세하였던 상을 여실하고 명료하게 아는 것이니라.

선현이여. 만약 보살마하살이 독각의 보리의 법계의 상을 여실하고 명료하게 알았다면, 이 보살마하살은 일체법에서 간략하거나 자세하였던 상을 여실하고 명료하게 아는 것이니라. 선현이여. 만약 보살마하살이 일체의 보살마하살의 행의 법계의 상을 여실하고 명료하게 알았다면, 이 보살마하살은 일체법에서 간략하거나 자세하였던 상을 여실하고 명료하게 아는 것이니라. 선현이여. 만약 보살마하살이 제불의 무상정등보리의 법계의 상을 여실하고 명료하게 알았다면, 이 보살마하살은 일체법에서 간략하거나 자세하였던 상을 여실하고 명료하게 아는 것이니라."

그때 구수 선현이 세존께 아뢰어 말하였다.

"세존이시여. 무엇을 색의 법계의 상이라고 말하고, 무엇을 수·상·행·식의 법계의 상이라고 말합니까? 제보살마하살은 여실하고 명료하게 알 수 있고, 수학하는 가운데에서, 일체법에서, 간략하거나 자세하였던 상을 여실하고 명료하게 알 수 있습니까?"

세존께서 말씀하셨다.

"선현이여. 색의 법계는 생겨남이 없고 소멸함도 없으며, 역시 안주하지 않고 변이하지 않으며, 시설할 수 없으므로 이것을 색의 법계의 상이라고 이름하고, 수·상·행·식의 법계는 생겨남이 없고 소멸함도 없으며, 역시 안주하지 않고 변이도 없으며, 시설할 수 없으므로 이것을 수·상·행·식의 법계의 상이라고 이름하느니라. 제보살마하살은 여실하고 명료하게 알 수 있고, 마땅히 수학하는 가운데에서, 일체법에서, 간략하거나 자세하였던 상을 여실하고 명료하게 알 수 있느니라."

"세존이시여. 무엇을 안처의 법계의 상이라고 말하고, 무엇을 이·비·설·신·의처의 법계의 상이라고 말합니까? 제보살마하살은 여실하고 명료하게 알 수 있고, 수학하는 가운데에서, 일체법에서, 간략하거나 자세하였던 상을 여실하고 명료하게 알 수 있습니까?"

세존께서 말씀하셨다.

"선현이여. 안처의 법계는 생겨남이 없고 소멸함도 없으며, 역시 안주하지 않고 변이하지 않으며, 시설할 수 없으므로 이것을 안처의 법계의 상이라고 이름하고, 이·비·설·신·의처의 법계는 생겨남이 없고 소멸함도 없으며, 역시 안주하지 않고 변이도 없으며, 시설할 수 없으므로 이것을 이·비·설·신·의처의 법계의 상이라고 이름하느니라. 제보살마하살은 여실하고 명료하게 알 수 있고, 마땅히 수학하는 가운데에서, 일체법에서, 간략하거나 자세하였던 상을 여실하고 명료하게 알 수 있느니라."

"세존이시여. 무엇을 색처의 법계의 상이라고 말하고, 무엇을 성·향·미·촉·법처의 법계의 상이라고 말합니까? 제보살마하살은 여실하고 명료하게 알 수 있고, 수학하는 가운데에서, 일체법에서, 간략하거나 자세하였던 상을 여실하고 명료하게 알 수 있습니까?"

세존께서 말씀하셨다.

"선현이여. 색처의 법계는 생겨남이 없고 소멸함도 없으며, 역시 안주하지 않고 변이하지 않으며, 시설할 수 없으므로 이것을 색처의 법계의 상이라고 이름하고, 성·향·미·촉·법처의 법계는 생겨남이 없고 소멸함도 없으며, 역시 안주하지 않고 변이도 없으며, 시설할 수 없으므로 이것을 성·향·미·촉·법처의 법계의 상이라고 이름하느니라. 제보살마하살은 여실하고 명료하게 알 수 있고, 마땅히 수학하는 가운데에서, 일체법에서, 간략하거나 자세하였던 상을 여실하고 명료하게 알 수 있느니라."

"세존이시여. 무엇을 안계의 법계의 상이라고 말하고, 무엇을 이·비·설·신·의계의 법계의 상이라고 말합니까? 제보살마하살은 여실하고 명료하게 알 수 있고, 수학하는 가운데에서, 일체법에서, 간략하거나 자세하였던 상을 여실하고 명료하게 알 수 있습니까?"

세존께서 말씀하셨다.

"선현이여. 안계의 법계는 생겨남이 없고 소멸함도 없으며, 역시 안주하지 않고 변이하지 않으며, 시설할 수 없으므로 이것을 안계의 법계의 상이라고 이름하고, 이·비·설·신·의계의 법계는 생겨남이 없고 소멸함도 없으며, 역시 안주하지 않고 변이도 없으며, 시설할 수 없으므로 이것을 이·비·설·신·의계의 법계의 상이라고 이름하느니라. 제보살마하살은 여실하고 명료하게 알 수 있고, 마땅히 수학하는 가운데에서, 일체법에서, 간략하거나 자세하였던 상을 여실하고 명료하게 알 수 있느니라."

"세존이시여. 무엇을 색계의 법계의 상이라고 말하고, 무엇을 성·향·미·촉·법계의 법계의 상이라고 말합니까? 제보살마하살은 여실하고 명료하게 알 수 있고, 수학하는 가운데에서, 일체법에서, 간략하거나 자세하였던 상을 여실하고 명료하게 알 수 있습니까?"

세존께서 말씀하셨다.

"선현이여. 색계의 법계는 생겨남이 없고 소멸함도 없으며, 역시 안주하지 않고 변이하지 않으며, 시설할 수 없으므로 이것을 색계의 법계의 상이라고 이름하고, 성·향·미·촉·법계의 법계는 생겨남이 없고 소멸함도 없으며, 역시 안주하지 않고 변이도 없으며, 시설할 수 없으므로 이것을 성·향·미·촉·법계의 법계의 상이라고 이름하느니라. 제보살마하살은 여실하고 명료하게 알 수 있고, 마땅히 수학하는 가운데에서, 일체법에서, 간략하거나 자세하였던 상을 여실하고 명료하게 알 수 있느니라."

"세존이시여. 무엇을 안식계의 법계의 상이라고 말하고, 무엇을 이·비·설·신·의식계의 법계의 상이라고 말합니까? 제보살마하살은 여실하고 명료하게 알 수 있고, 수학하는 가운데에서, 일체법에서, 간략하거나 자세하였던 상을 여실하고 명료하게 알 수 있습니까?"

세존께서 말씀하셨다.

"선현이여. 안식계의 법계는 생겨남이 없고 소멸함도 없으며, 역시 안주하지 않고 변이하지 않으며, 시설할 수 없으므로 이것을 안식계의 법계의 상이라고 이름하고, 이·비·설·신·의식계의 법계는 생겨남이 없고 소멸함도 없으며, 역시 안주하지 않고 변이도 없으며, 시설할 수 없으므로 이것을 이·비·설·신·의식계의 법계의 상이라고 이름하느니라. 제보살마하살은 여실하고 명료하게 알 수 있고, 마땅히 수학하는 가운데에서, 일체법에서, 간략하거나 자세하였던 상을 여실하고 명료하게 알 수 있느니라."

"세존이시여. 무엇을 안촉의 법계의 상이라고 말하고, 무엇을 이·비·설·신·의촉의 법계의 상이라고 말합니까? 제보살마하살은 여실하고 명료하게 알 수 있고, 수학하는 가운데에서, 일체법에서, 간략하거나 자세하였던 상을 여실하고 명료하게 알 수 있습니까?"

세존께서 말씀하셨다.

"선현이여. 안촉의 법계는 생겨남이 없고 소멸함도 없으며, 역시 안주하지 않고 변이하지 않으며, 시설할 수 없으므로 이것을 안촉의 법계의 상이라고 이름하고, 이·비·설·신·의촉의 법계는 생겨남이 없고 소멸함도 없으며, 역시 안주하지 않고 변이도 없으며, 시설할 수 없으므로 이것을 이·비·설·신·의촉의 법계의 상이라고 이름하느니라. 제보살마하살은 여실하고 명료하게 알 수 있고, 마땅히 수학하는 가운데에서, 일체법에서, 간략하거나 자세하였던 상을 여실하고 명료하게 알 수 있느니라.”

“세존이시여. 무엇을 안촉을 인연으로 생겨난 여러 수의 법계의 상이라고 말하고, 무엇을 이·비·설·신·의촉을 인연으로 생겨난 여러 수의 법계의 상이라고 말합니까? 제보살마하살은 여실하고 명료하게 알 수 있고, 수학하는 가운데에서, 일체법에서, 간략하거나 자세하였던 상을 여실하고 명료하게 알 수 있습니까?”

세존께서 말씀하셨다.

“선현이여. 안촉을 인연으로 생겨난 여러 수의 법계는 생겨남이 없고 소멸함도 없으며, 역시 안주하지 않고 변이하지 않으며, 시설할 수 없으므로 이것을 안촉을 인연으로 생겨난 여러 수의 법계의 상이라고 이름하고, 이·비·설·신·의촉을 인연으로 생겨난 여러 수의 법계는 생겨남이 없고 소멸함도 없으며, 역시 안주하지 않고 변이도 없으며, 시설할 수 없으므로 이것을 이·비·설·신·의촉을 인연으로 생겨난 여러 수의 법계의 상이라고 이름하느니라. 제보살마하살은 여실하고 명료하게 알 수 있고, 마땅히 수학하는 가운데에서, 일체법에서, 간략하거나 자세하였던 상을 여실하고 명료하게 알 수 있느니라.”

“세존이시여. 무엇을 지계의 법계의 상이라고 말하고, 무엇을 수·화·풍·공·식계의 법계의 상이라고 말합니까? 제보살마하살은 여실하고 명료하게 알 수 있고, 수학하는 가운데에서, 일체법에서, 간략하거나 자세하였던 상을 여실하고 명료하게 알 수 있습니까?”

세존께서 말씀하셨다.

“선현이여. 지계의 법계는 생겨남이 없고 소멸함도 없으며, 역시 안주하지 않고 변이하지 않으며, 시설할 수 없으므로 이것을 지계의 법계의 상이라고 이름하고, 수·화·풍·공·식계의 법계는 생겨남이 없고 소멸함도 없으며, 역시 안주하지 않고 변이도 없으며, 시설할 수 없으므로 이것을 수·화·풍·공·식계의 법계의 상이라고 이름하느니라. 제보살마하살은 여실하고 명료하게 알 수 있고, 마땅히 수학하는 가운데에서, 일체법에서,

간략하거나 자세하였던 상을 여실하고 명료하게 알 수 있느니라."

"세존이시여. 무엇을 무명의 법계의 상이라고 말하고, 무엇을 행·식·명색·육처·촉·수·애·취·유·생·노사의 수탄고우뇌의 법계의 상이라고 말합니까? 제보살마하살은 여실하고 명료하게 알 수 있고, 수학하는 가운데에서, 일체법에서, 간략하거나 자세하였던 상을 여실하고 명료하게 알 수 있습니까?"

세존께서 말씀하셨다.

"선현이여. 무명의 법계는 생겨남이 없고 소멸함도 없으며, 역시 안주하지 않고 변이하지 않으며, 시설할 수 없으므로 이것을 무명의 법계의 상이라고 이름하고, 행, 나아가 노사의 수탄고우뇌의 법계는 생겨남이 없고 소멸함도 없으며, 역시 안주하지 않고 변이도 없으며, 시설할 수 없으므로 이것을 행, 나아가 노사의 수탄고우뇌의 법계의 상이라고 이름하느니라. 제보살마하살은 여실하고 명료하게 알 수 있고, 마땅히 수학하는 가운데에서, 일체법에서, 간략하거나 자세하였던 상을 여실하고 명료하게 알 수 있느니라."

"세존이시여. 무엇을 보시바라밀다의 법계의 상이라고 말하고, 무엇을 정계·안인·정진·정려·반야바라밀다의 법계의 상이라고 말합니까? 제보살마하살은 여실하고 명료하게 알 수 있고, 수학하는 가운데에서, 일체법에서, 간략하거나 자세하였던 상을 여실하고 명료하게 알 수 있습니까?"

세존께서 말씀하셨다.

"선현이여. 보시바라밀다의 법계는 생겨남이 없고 소멸함도 없으며, 역시 안주하지 않고 변이하지 않으며, 시설할 수 없으므로 이것을 보시바라밀다의 법계의 상이라고 이름하고, 정계, 나아가 반야바라밀다의 법계는 생겨남이 없고 소멸함도 없으며, 역시 안주하지 않고 변이도 없으며, 시설할 수 없으므로 이것을 정계, 나아가 반야바라밀다의 법계의 상이라고 이름하느니라. 제보살마하살은 여실하고 명료하게 알 수 있고, 마땅히 수학하는 가운데에서, 일체법에서, 간략하거나 자세하였던 상을 여실하고 명료하게 알 수 있느니라."

“세존이시여. 무엇을 내공의 법계의 상이라고 말하고, 무엇을 외공·내외공·공공·대공·승의공·유위공·무위공·필경공·무제공·산공·무변이공·본성공·자상공·공상공·일체법공·불가득공·무성공·자성공·무성자성공의 법계의 상이라고 말합니까? 제보살마하살은 여실하고 명료하게 알 수 있고, 수학하는 가운데에서, 일체법에서, 간략하거나 자세하였던 상을 여실하고 명료하게 알 수 있습니까?”

세존께서 말씀하셨다.

“선현이여. 내공의 법계는 생겨남이 없고 소멸함도 없으며, 역시 안주하지 않고 변이하지 않으며, 시설할 수 없으므로 이것을 내공의 법계의 상이라고 이름하고, 외공, 나아가 무성자성공의 법계는 생겨남이 없고 소멸함도 없으며, 역시 안주하지 않고 변이도 없으며, 시설할 수 없으므로 이것을 외공, 나아가 무성자성공의 법계의 상이라고 이름하느니라. 제보살마하살은 여실하고 명료하게 알 수 있고, 마땅히 수학하는 가운데에서, 일체법에서, 간략하거나 자세하였던 상을 여실하고 명료하게 알 수 있느니라.”

“세존이시여. 무엇을 진여의 법계의 상이라고 말하고, 무엇을 법계·법성·불허망성·불변이성·평등성·이생성·법정·법주·실제·허공계·부사의계의 법계의 상이라고 말합니까? 제보살마하살은 여실하고 명료하게 알 수 있고, 수학하는 가운데에서, 일체법에서, 간략하거나 자세하였던 상을 여실하고 명료하게 알 수 있습니까?”

세존께서 말씀하셨다.

“선현이여. 진여의 법계는 생겨남이 없고 소멸함도 없으며, 역시 안주하지 않고 변이하지 않으며, 시설할 수 없으므로 이것을 진여의 법계의 상이라고 이름하고, 법계, 나아가 부사의계의 법계는 생겨남이 없고 소멸함도 없으며, 역시 안주하지 않고 변이도 없으며, 시설할 수 없으므로 이것을 법계, 나아가 부사의계의 법계의 상이라고 이름하느니라. 제보살마하살은 여실하고 명료하게 알 수 있고, 마땅히 수학하는 가운데에서, 일체법에서, 간략하거나 자세하였던 상을 여실하고 명료하게 알 수 있느니라.”

“세존이시여. 무엇을 고성제의 법계의 상이라고 말하고, 무엇을 집·멸·도성제의 법계의 상이라고 말합니까? 제보살마하살은 여실하고 명료하게 알 수 있고, 수학하는 가운데에서, 일체법에서, 간략하거나 자세하였던 상을 여실하고 명료하게 알 수 있습니까?”

세존께서 말씀하셨다.

“선현이여. 고성제의 법계는 생겨남이 없고 소멸함도 없으며, 역시 안주하지 않고 변이하지 않으며, 시설할 수 없으므로 이것을 고성제의 법계의 상이라고 이름하고, 집·멸·도성제의 법계는 생겨남이 없고 소멸함도 없으며, 역시 안주하지 않고 변이도 없으며, 시설할 수 없으므로 이것을 집·멸·도성제의 법계의 상이라고 이름하느니라. 제보살마하살은 여실하고 명료하게 알 수 있고, 마땅히 수학하는 가운데에서, 일체법에서, 간략하거나 자세하였던 상을 여실하고 명료하게 알 수 있느니라.”

“세존이시여. 무엇을 4정려의 법계의 상이라고 말하고, 무엇을 4무량·4무색정의 법계의 상이라고 말합니까? 제보살마하살은 여실하고 명료하게 알 수 있고, 수학하는 가운데에서, 일체법에서, 간략하거나 자세하였던 상을 여실하고 명료하게 알 수 있습니까?”

세존께서 말씀하셨다.

“선현이여. 4정려의 법계는 생겨남이 없고 소멸함도 없으며, 역시 안주하지 않고 변이하지 않으며, 시설할 수 없으므로 이것을 4정려의 법계의 상이라고 이름하고, 4무량·4무색정의 법계는 생겨남이 없고 소멸함도 없으며, 역시 안주하지 않고 변이도 없으며, 시설할 수 없으므로 이것을 4무량·4무색정의 법계의 상이라고 이름하느니라. 제보살마하살은 여실하고 명료하게 알 수 있고, 마땅히 수학하는 가운데에서, 일체법에서, 간략하거나 자세하였던 상을 여실하고 명료하게 알 수 있느니라.”

“세존이시여. 무엇을 8해탈의 법계의 상이라고 말하고, 무엇을 8승처·9차제정·10변처의 법계의 상이라고 말합니까? 제보살마하살은 여실하고 명료하게 알 수 있고, 수학하는 가운데에서, 일체법에서, 간략하거나 자세하였던 상을 여실하고 명료하게 알 수 있습니까?"

세존께서 말씀하셨다.

"선현이여. 8해탈의 법계는 생겨남이 없고 소멸함도 없으며, 역시 안주하지 않고 변이하지 않으며, 시설할 수 없으므로 이것을 8해탈의 법계의 상이라고 이름하고, 8승처·9차제정·10변처의 법계는 생겨남이 없고 소멸함도 없으며, 역시 안주하지 않고 변이도 없으며, 시설할 수 없으므로 이것을 8승처·9차제정·10변처의 법계의 상이라고 이름하느니라. 제보살마하살은 여실하고 명료하게 알 수 있고, 마땅히 수학하는 가운데에서, 일체법에서, 간략하거나 자세하였던 상을 여실하고 명료하게 알 수 있느니라."

"세존이시여. 무엇을 4념주의 법계의 상이라고 말하고, 무엇을 4정단·4신족·5근·5력·7등각지·8성도지의 법계의 상이라고 말합니까? 제보살마하살은 여실하고 명료하게 알 수 있고, 수학하는 가운데에서, 일체법에서, 간략하거나 자세하였던 상을 여실하고 명료하게 알 수 있습니까?"

세존께서 말씀하셨다.

"선현이여. 4념주의 법계는 생겨남이 없고 소멸함도 없으며, 역시 안주하지 않고 변이하지 않으며, 시설할 수 없으므로 이것을 4념주의 법계의 상이라고 이름하고, 4정단, 나아가 8성도지의 법계는 생겨남이 없고 소멸함도 없으며, 역시 안주하지 않고 변이도 없으며, 시설할 수 없으므로 이것을 4정단, 나아가 8성도지의 법계의 상이라고 이름하느니라. 제보살마하살은 여실하고 명료하게 알 수 있고, 마땅히 수학하는 가운데에서, 일체법에서, 간략하거나 자세하였던 상을 여실하고 명료하게 알 수 있느니라."

"세존이시여. 무엇을 공해탈문의 법계의 상이라고 말하고, 무엇을 무상·무원해탈문의 법계의 상이라고 말합니까? 제보살마하살은 여실하고 명료하게 알 수 있고, 수학하는 가운데에서, 일체법에서, 간략하거나 자세하였던 상을 여실하고 명료하게 알 수 있습니까?"

세존께서 말씀하셨다.

"선현이여. 공해탈문의 법계는 생겨남이 없고 소멸함도 없으며, 역시 안주하지 않고 변이하지 않으며, 시설할 수 없으므로 이것을 공해탈문의 법계의 상이라고 이름하고, 무상·무원해탈문의 법계는 생겨남이 없고 소멸함도 없으며, 역시 안주하지 않고 변이도 없으며, 시설할 수 없으므로 이것을 무상·무원해탈문의 법계의 상이라고 이름하느니라. 제보살마하살은 여실하고 명료하게 알 수 있고, 마땅히 수학하는 가운데에서, 일체법에서, 간략하거나 자세하였던 상을 여실하고 명료하게 알 수 있느니라."

"세존이시여. 무엇을 5안의 법계의 상이라고 말하고, 무엇을 6신통의 법계의 상이라고 말합니까? 제보살마하살은 여실하고 명료하게 알 수 있고, 수학하는 가운데에서, 일체법에서, 간략하거나 자세하였던 상을 여실하고 명료하게 알 수 있습니까?"

세존께서 말씀하셨다.

"선현이여. 5안의 법계는 생겨남이 없고 소멸함도 없으며, 역시 안주하지 않고 변이하지 않으며, 시설할 수 없으므로 이것을 5안의 법계의 상이라고 이름하고, 6신통의 법계는 생겨남이 없고 소멸함도 없으며, 역시 안주하지 않고 변이도 없으며, 시설할 수 없으므로 이것을 6신통의 법계의 상이라고 이름하느니라. 제보살마하살은 여실하고 명료하게 알 수 있고, 마땅히 수학하는 가운데에서, 일체법에서, 간략하거나 자세하였던 상을 여실하고 명료하게 알 수 있느니라."

"세존이시여. 무엇을 여래의 10력의 법계의 상이라고 말하고, 무엇을 4무소외·4무애해·대자·대비·대희·대사·18불불공법의 법계의 상이라고 말합니까? 제보살마하살은 여실하고 명료하게 알 수 있고, 수학하는 가운데에서, 일체법에서, 간략하거나 자세하였던 상을 여실하고 명료하게 알 수 있습니까?"

세존께서 말씀하셨다.

"선현이여. 여래의 10력의 법계는 생겨남이 없고 소멸함도 없으며, 역시 안주하지 않고 변이하지 않으며, 시설할 수 없으므로 이것을 여래의 10력의 법계의 상이라고 이름하고, 4무소외, 나아가 18불불공법의 법계는 생겨남이 없고 소멸함도 없으며, 역시 안주하지 않고 변이도 없으며, 시설할 수 없으므로 이것을 4무소외, 나아가 18불불공법의 법계의 상이라고 이름하느니라. 제보살마하살은 여실하고 명료하게 알 수 있고, 마땅히 수학하는 가운데에서, 일체법에서, 간략하거나 자세하였던 상을 여실하고 명료하게 알 수 있느니라."

"세존이시여. 무엇을 무망실법의 법계의 상이라고 말하고, 무엇을 항주사성의 법계의 상이라고 말합니까? 제보살마하살은 여실하고 명료하게 알 수 있고, 수학하는 가운데에서, 일체법에서, 간략하거나 자세하였던 상을 여실하고 명료하게 알 수 있습니까?"

세존께서 말씀하셨다.

"선현이여. 무망실법의 법계는 생겨남이 없고 소멸함도 없으며, 역시 안주하지 않고 변이하지 않으며, 시설할 수 없으므로 이것을 무망실법의 법계의 상이라고 이름하고, 항주사성의 법계는 생겨남이 없고 소멸함도 없으며, 역시 안주하지 않고 변이도 없으며, 시설할 수 없으므로 이것을 항주사성의 법계의 상이라고 이름하느니라. 제보살마하살은 여실하고 명료하게 알 수 있고, 마땅히 수학하는 가운데에서, 일체법에서, 간략하거나 자세하였던 상을 여실하고 명료하게 알 수 있느니라."

"세존이시여. 무엇을 일체지의 법계의 상이라고 말하고, 무엇을 도상지·일체상지의 법계의 상이라고 말합니까? 제보살마하살은 여실하고 명료하게 알 수 있고, 수학하는 가운데에서, 일체법에서, 간략하거나 자세하였던 상을 여실하고 명료하게 알 수 있습니까?"

세존께서 말씀하셨다.

"선현이여. 일체지의 법계는 생겨남이 없고 소멸함도 없으며, 역시 안주하지 않고 변이하지 않으며, 시설할 수 없으므로 이것을 일체지의 법계의 상이라고 이름하고, 도상지·일체상지의 법계는 생겨남이 없고 소멸함도 없으며, 역시 안주하지 않고 변이도 없으며, 시설할 수 없으므로 이것을 도상지·일체상지의 법계의 상이라고 이름하느니라. 제보살마하살은 여실하고 명료하게 알 수 있고, 마땅히 수학하는 가운데에서, 일체법에서, 간략하거나 자세하였던 상을 여실하고 명료하게 알 수 있느니라."

"세존이시여. 무엇을 일체의 다라니문의 법계의 상이라고 말하고, 무엇을 일체의 삼마지문의 법계의 상이라고 말합니까? 제보살마하살은 여실하고 명료하게 알 수 있고, 수학하는 가운데에서, 일체법에서, 간략하거나 자세하였던 상을 여실하고 명료하게 알 수 있습니까?"

세존께서 말씀하셨다.

"선현이여. 일체의 다라니문의 법계는 생겨남이 없고 소멸함도 없으며, 역시 안주하지 않고 변이하지 않으며, 시설할 수 없으므로 이것을 일체의 다라니문의 법계의 상이라고 이름하고, 일체의 삼마지문의 법계는 생겨남이 없고 소멸함도 없으며, 역시 안주하지 않고 변이도 없으며, 시설할 수 없으므로 이것을 일체의 삼마지문의 법계의 상이라고 이름하느니라. 제보살마하살은 여실하고 명료하게 알 수 있고, 마땅히 수학하는 가운데에서, 일체법에서, 간략하거나 자세하였던 상을 여실하고 명료하게 알 수 있느니라."

"세존이시여. 무엇을 예류과의 법계의 상이라고 말하고, 무엇을 일래·불환·아라한과의 법계의 상이라고 말합니까? 제보살마하살은 여실하고 명료하게 알 수 있고, 수학하는 가운데에서, 일체법에서, 간략하거나 자세하였던 상을 여실하고 명료하게 알 수 있습니까?"

세존께서 말씀하셨다.

"선현이여. 예류과의 법계는 생겨남이 없고 소멸함도 없으며, 역시 안주하지 않고 변이하지 않으며, 시설할 수 없으므로 이것을 예류과의 법계의 상이라고 이름하고, 일래·불환·아라한과의 법계는 생겨남이 없고 소멸함도 없으며, 역시 안주하지 않고 변이도 없으며, 시설할 수 없으므로 이것을 일래·불환·아라한과의 법계의 상이라고 이름하느니라. 제보살마하살은 여실하고 명료하게 알 수 있고, 마땅히 수학하는 가운데에서, 일체법에서, 간략하거나 자세하였던 상을 여실하고 명료하게 알 수 있느니라."

"세존이시여. 무엇을 독각의 보리의 법계의 상이라고 말합니까? 제보살마하살은 여실하고 명료하게 알 수 있고, 수학하는 가운데에서, 일체법에서, 간략하거나 자세하였던 상을 여실하고 명료하게 알 수 있습니까?"

세존께서 말씀하셨다.

"선현이여. 독각의 보리의 법계는 생겨남이 없고 소멸함도 없으며, 역시 안주하지 않고 변이하지 않으며, 시설할 수 없으므로 이것을 독각의 보리의 법계의 상이라고 이름하느니라. 제보살마하살은 여실하고 명료하게 알 수 있고, 마땅히 수학하는 가운데에서, 일체법에서, 간략하거나 자세하였던 상을 여실하고 명료하게 알 수 있느니라."

"세존이시여. 무엇을 일체의 보살마하살의 행의 법계의 상이라고 말합니까? 제보살마하살은 여실하고 명료하게 알 수 있고, 수학하는 가운데에서, 일체법에서, 간략하거나 자세하였던 상을 여실하고 명료하게 알 수 있습니까?"

세존께서 말씀하셨다.

"선현이여. 일체의 보살마하살의 행의 법계는 생겨남이 없고 소멸함도 없으며, 역시 안주하지 않고 변이하지 않으며, 시설할 수 없으므로 이것을 일체의 보살마하살의 행의 법계의 상이라고 이름하느니라. 제보살마하살은 여실하고 명료하게 알 수 있고, 마땅히 수학하는 가운데에서, 일체법에서, 간략하거나 자세하였던 상을 여실하고 명료하게 알 수 있느니라."

"세존이시여. 무엇을 제불의 무상정등보리의 법계의 상이라고 말합니까? 제보살마하살은 여실하고 명료하게 알 수 있고, 수학하는 가운데에서, 일체법에서, 간략하거나 자세하였던 상을 여실하고 명료하게 알 수 있습니까?"

세존께서 말씀하셨다.

"선현이여. 제불의 무상정등보리의 행의 법계는 생겨남이 없고 소멸함도 없으며, 역시 안주하지 않고 변이하지 않으며, 시설할 수 없으므로 이것을 제불의 무상정등보리의 법계의 상이라고 이름하느니라. 제보살마하살은 여실하고 명료하게 알 수 있고, 마땅히 수학하는 가운데에서, 일체법에서, 간략하거나 자세하였던 상을 여실하고 명료하게 알 수 있느니라."

마하반야바라밀다경 제359권

61. 다문불이품(多聞不二品)(9)

그때 구수 선현이 세존께 아뢰어 말하였다.

"세존이시여. 보살마하살은 다시 어떻게 일체법이 간략하거나 자세하였던 상을 상응하여 알 수 있습니까?"

세존께서 말씀하셨다.

"선현이여. 만약 보살마하살이 일체법이 화합하지 않거나(不合) 흩어지지 않는다(不散)고 여실하게 안다면, 이 보살마하살은 그와 같아서 일체법의 간략하거나 자세하였던 상을 마땅히 알 수 있느니라."

구수 선현이 세존께 아뢰어 말하였다.

"세존이시여. 무엇 등의 일체법이 화합하지 않고 흩어지지도 않습니까?"

세존께서 말씀하셨다.

"선현이여. 색은 화합하지 않고 흩어지지도 않으며, 수·상·행·식도 역시 화합하지 않고 흩어지지 않으며, 안처는 화합하지 않고 흩어지지도 않으며, 이·비·설·신·의처도 역시 화합하지 않고 흩어지지 않으며, 색처는 화합하지 않고 흩어지지도 않으며, 성·향·미·촉·법처도 역시 화합하지 않고 흩어지지 않으며, 안계는 화합하지 않고 흩어지지도 않으며, 이·비·설·신·의계도 역시 화합하지 않고 흩어지지 않느니라.

색계는 화합하지 않고 흩어지지도 않으며, 성·향·미·촉·법계도 역시 화합하지 않고 흩어지지 않으며, 안식계는 화합하지 않고 흩어지지도 않으며, 이·비·설·신·의식계도 역시 화합하지 않고 흩어지지 않으며,

안촉은 화합하지 않고 흩어지지도 않으며, 이·비·설·신·의촉도 역시 화합하지 않고 흩어지지 않으며, 안촉을 인연으로 생겨난 여러 수는 화합하지 않고 흩어지지도 않으며, 이·비·설·신·의촉을 인연으로 생겨난 여러 수도 역시 화합하지 않고 흩어지지 않느니라.

지계는 화합하지 않고 흩어지지도 않으며, 수·화·풍·공·식계도 역시 화합하지 않고 흩어지지 않으며, 무명은 화합하지 않고 흩어지지도 않으며, 행·식·명색·육처·촉·수·애·취·유·생·노사의 수탄고우뇌도 역시 화합하지 않고 흩어지지 않으며, 보시바라밀다는 화합하지 않고 흩어지지도 않으며, 정계·안인·정진·정려·반야바라밀다도 역시 화합하지 않고 흩어지지 않으며, 내공은 화합하지 않고 흩어지지도 않으며, 외공·내외공·공공·대공·승의공·유위공·무위공·필경공·무제공·산공·무변이공·본성공·자상공·공상공·일체법공·불가득공·무성공·자성공·무성자성공도 역시 화합하지 않고 흩어지지 않느니라.

진여는 화합하지 않고 흩어지지도 않으며, 법계·법성·불허망성·불변이성·평등성·이생성·법정·법주·실제·허공계·부사의계도 역시 화합하지 않고 흩어지지 않으며, 고성제는 화합하지 않고 흩어지지도 않으며, 집·멸·도성제도 역시 화합하지 않고 흩어지지 않으며, 4정려는 화합하지 않고 흩어지지도 않으며, 4무량·4무색정도 역시 화합하지 않고 흩어지지 않으며, 8해탈은 화합하지 않고 흩어지지도 않으며, 8승처·9차제정·10변처도 역시 화합하지 않고 흩어지지 않느니라.

4념주는 화합하지 않고 흩어지지도 않으며, 4정단·4신족·5근·5력·7등각지·8성도지도 역시 화합하지 않고 흩어지지 않으며, 공해탈문은 화합하지 않고 흩어지지도 않으며, 무상·무원해탈문도 역시 화합하지 않고 흩어지지 않으며, 5안은 화합하지 않고 흩어지지도 않으며, 4무량·4무색정도 역시 화합하지 않고 흩어지지 않으며, 여래의 10력은 화합하지 않고 흩어지지도 않으며, 4무소외·4무애해·대자·대비·대희·대사·18불불공법도 역시 화합하지 않고 흩어지지 않느니라.

무망실법은 화합하지 않고 흩어지지도 않으며, 항주사성도 역시 화합하지 않고 흩어지지 않으며, 일체지는 화합하지 않고 흩어지지도 않으며, 도상지·일체상지도 역시 화합하지 않고 흩어지지 않으며, 일체의 다라니문은 화합하지 않고 흩어지지도 않으며, 일체의 삼마지문도 역시 화합하지 않고 흩어지지 않으며, 예류과는 화합하지 않고 흩어지지도 않으며, 일래·불환·아라한과도 역시 화합하지 않고 흩어지지 않느니라.

독각의 보리는 화합하지 않고 흩어지지도 않으며, 일체의 보살마하살의 행도 화합하지 않고 흩어지지 않으며, 제불의 무상정등보리는 화합하지 않고 흩어지지도 않으며, 유위계(有爲界)는 화합하지 않고 흩어지지 않으며, 무위계(無爲界)도 화합하지 않고 흩어지지 않느니라.

왜 그러한가? 선현이여. 이와 같은 제법은 모두가 자성(自性)이 없는데, 만약 자성이 없다면 곧 무소유(無所有)이고, 만약 무소유라면 곧 화합이 있고 흩어짐이 있다고 말할 수 없느니라. 제보살마하살은 일체법에서 이와 같이 명료하게 알았다면, 곧 간략하거나 자세하였던 상을 능히 명료하게 알게 되느니라."

그때 구수 선현이 세존께 아뢰어 말하였다.

"세존이시여. 이와 같이 6바라밀다를 간략하게 섭수하는 것이라고 이름한다면, 제보살마하살이 만약 이 가운데에서 수학한다면 능히 많은 것을 짓습니다. 세존이시여. 이와 같이 간략하게 섭수할 수 있는 바라밀다이라면 처음으로 업을 수행하는 보살마하살도 항상 상응하여 이 가운데에서 수학해야 하고, 나아가 10지(十地)에 안주하는 보살마하살도 역시 상응하여 이 가운데에서 수학해야 합니다. 세존이시여. 만약 보살마하살이 이러한 간략하게 섭수할 수 있는 바라밀다를 수학한다면 일체법에서 간략하거나 자세하였던 상을 알 수 있습니다."

세존께서 말씀하셨다.

"선현이여. 그와 같으니라. 그와 같으니라. 그대가 말한 것과 같으니라. 선현이여. 이와 같은 법문(法門)에는 근기가 예리한 보살마하살이 능히 들어갈 수 있고, 중간의 근기인 보살마하살도 역시 능히 들어갈 수 있느니

라. 선현이여. 이와 같은 법문에는 결정된 근기의 보살마하살이 능히 들어갈 수 있고, 결정되지 않은 근기의 보살마하살도 역시 능히 들어갈 수 있느니라. 선현이여. 이와 같은 법문에는 장애(障礙)가 없나니, 만약 보살마하살이 오로지 이 가운데에서 수학한다면 능히 들어가지 못하는 것이 없느니라.

선현이여. 이와 같은 법문에는 해태(懈怠)한 자이거나, 적게 정진하는 자이거나, 정념(正念)을 잃은 자이거나, 산란(散亂)한 마음의 자이거나, 악한 지혜를 익힌 자가 능히 들어갈 수 있는 것이 아니니라. 선현이여. 이와 같은 법문에는 해태하지 않은 자이거나, 수승하게 정진하는 자이거나, 정념에 머무르는 자이거나, 선하게 마음을 섭수하는 자이거나, 미묘한 지혜를 수행한 자가 비로소 능히 들어갈 수 있느니라. 선현이여. 만약 보살마하살이 불퇴전지(不退轉地)에 안주하고자 하였거나, 제10지(第十地)에 안주하고자 하였거나, 일체지지(一切智智)에 안주하고자 하였다면, 마땅히 정근하면서 방편으로 이 법문에 들어가야 하느니라.

선현이여. 만약 보살마하살이 이 반야바라밀다가 설하는 것과 같이 수학한다면, 이 보살마하살은 보시·정계·안인·정진·정려·반야바라밀다를 능히 따라서 증득할 것이고, 내공·외공·내외공·공공·대공·승의공·유위공·무위공·필경공·무제공·산공·무변이공·본성공·자상공·공상공·일체법공·불가득공·무성공·자성공·무성자성공도 역시 능히 따라서 증득할 것이며, 역시 진여·법계·법성·불허망성·불변이성·평등성·이생성·법정·법주·실제·허공계·부사의계도 능히 따라서 증득할 것이고, 역시 고·집·멸·도성제도 능히 따라서 증득할 것이니라.

역시 4정려·4무량·4무색정도 능히 따라서 증득할 것이고, 역시 8해탈·8승처·9차제정·10변처도 능히 따라서 증득할 것이며, 역시 4념주·4정단·4신족·5근·5력·7등각지·8성도지도 능히 따라서 증득할 것이고, 역시 공·무상·무원해탈문도 능히 따라서 증득할 것이며, 역시 5안·6신통도 능히 따라서 증득할 것이고, 역시 여래의 10력·4무소외·4무애해·대자·대비·대희·대사·18불불공법도 능히 따라서 증득할 것이며, 역시 무망실법·항주사성도 능히 따라서 증득할 것이고, 역시 일체지·도상지·일체상지도 능히 따라서 증득할 것이며, 역시 일체의 다라니문·일체의 삼마지문도 능히 따라서 증득할 것이니라.

선현이여. 만약 보살마하살이 이 반야바라밀다가 설하는 것과 같이 의지하여 수학한다면, 이 보살마하살은 이와 같고 이와 같이 구하였던 것의 일체지지에 전전하여 가까워지느니라.

선현이여. 만약 보살마하살이 이 반야바라밀다가 설하는 것과 같이 수학한다면, 이 보살마하살에게 있었던 마사(魔事)가 일어나더라도 곧 소멸하느니라. 이러한 까닭으로 선현이여. 만약 보살마하살이 일체의 업장(業障)을 빠르게 소멸시키고 없애고자 하였거나, 방편선교를 바르게 섭수하고자 하였다면, 마땅히 반야바라밀다를 수학해야 하느니라.

다시 다음으로 선현이여. 만약 때에 보살마하살이 이 반야바라밀다를 행하고 이 반야바라밀다를 수행하고 이 반야바라밀다를 수습한다면, 이때 보살마하살은 곧 시방(十方)의 무량(無量)하고 무수(無數)이며 무변(無邊)한 세계의 현재에 주지(住持)하시면서 정법을 설하시는 일체의 여래·응공·정등각께서 모두가 함께 호념하시느니라. 그 까닭은 무엇인가? 과거·미래·현재의 제불께서는 모두가 이와 같은 반야바라밀다에서 출생하지 않음이 없는 까닭이니라. 이러한 까닭으로 선현이여. 만약 보살마하살이 반야바라밀다를 행하면서 '과거·미래·현재의 제불께서 증득하신 법이라는 것을 나도 역시 마땅히 증득해야 한다.'라고 상응하여 이렇게 생각해야 하느니라.

이와 같이 선현이여. 제보살마하살은 이와 같은 반야바라밀다를 정근하면서 수학해야 하느니라. 만약 이와 같은 반야바라밀다를 정근하면서 수학한다면 이 보살마하살은 무상정등보리를 빠르게 증득하느니라. 이러한 까닭으로 선현이여. 제보살마하살은 항상 상응하여 일체지지를 벗어나지 않고 상응하여 반야바라밀다에 작의(作意)하면서 수행해야 하느니라.

다시 다음으로 선현이여. 만약 보살마하살이 이 반야바라밀다에서 여실(如實)히 수행하면서 손가락을 튕기는 잠깐이라도 지났다면 이 보살마하살이 획득하는 복취(福聚)는 그 양이 매우 많으니라. 가사 사람이 있어서 삼천대천세계의 제유정의 부류들을 교화하였고, 모두를 보시·정계·안인·정진·정려·반야에 안주하게 하였거나, 혹은 해탈(解脫)과 해탈지견(解脫智見)에 안주하게 하였거나, 혹은 예류과·일래과·불환과·아라한과에 안주하게 하였거나, 혹은 독각의 보리에 안주하게 하였다면, 이 사람이 비록 무량한 복취를 획득할지라도, 오히려 그 보살마하살이 이 반야바라밀다에서 여실하게 수행하여 손가락을 튕기는 잠깐을 지나면서 획득하는 복취에 미치지 못하느니라.

왜 그러한가? 선현이여. 이와 같은 반야바라밀다는 일체의 보시·정계·안인·정진·정려·반야를 능히 출생(出生)시키고, 일체의 해탈과 해탈지견을 능히 출생시키며, 일체의 예류과·일래과·불환과·아라한과를 능히 출생시키고, 독각의 깨달음을 능히 출생시키며, 무상정등보리를 능히 출생시키나니, 현재 시방의 무량하고 무수이며 무변한 세계의 일체의 여래·응공·정등각께서도 모두가 오히려 이와 같은 반야바라밀다에서 지금 출현(出現)하지 않은 자가 없고, 과거 세상의 일체의 여래·응공·정등각께서도 모두가 오히려 이와 같은 반야바라밀다에서 출현하시지 않은 자가 없었으며, 미래 세상의 일체의 여래·응공·정등각께서도 모두가 오히려 이와 같은 반야바라밀다에서 마땅히 출현하시지 않은 자가 없느니라.

다시 다음으로 선현이여. 만약 보살마하살이 능히 일체지지를 벗어나지 않고 상응하여 반야바라밀다를 작의하고 수행하면서 수유(須臾)의 잠시를 지냈거나, 혹은 반 나절을 지냈거나, 혹은 하루를 지냈거나, 혹은 한 달을 지냈거나, 혹은 일 년을 지냈거나, 혹은 백 년을 지냈거나, 혹은 일 겁을 지냈거나, 혹은 백 겁을 지냈거나, 나아가 혹은 무량한 겁을 지냈다면, 이 보살마하살이 획득하였던 것의 복취는 그 양이 매우 많은데, 시방으로 각각 긍가사 등의 세계에 있는 제유정의 부류들을 교화하여 모두를 보시·정계·안인·정진·정려·반야에 안주하게 하였거나, 혹은 해탈과 해탈지견에 안주하게 하였거나, 혹은 예류과·일래과·불환과·아라한과에 안주하게 하였거나, 혹은 독각의 보리에 안주하게 하였다면, 이 사람이 비록 무량한 복취를 획득할지라도, 오히려 그 보살마하살이 이 반야바라밀다에서 여실하게 수행하여 손가락을 튕기는 잠깐을 지나면서 획득하는 복취에 미치지 못하느니라.

왜 그러한가? 선현이여. 오히려 이 반야바라밀다는 과거·미래·현재의 여래·응공·정등각들을 출생시키고, 제유정을 위하여 보시·정계·안인·정진·정려·반야를 여실하게 시설하며, 제유정을 위하여 해탈과 해탈지견을 여실하게 시설하고, 제유정을 위하여 예류과·일래과·불환과·아라한과를 여실하게 시설하며, 제유정을 위하여 제불의 무상정등보리를 여실하게 시설하는 까닭으로 이 복취는 과거의 그 복취보다 훨씬 수승하느니라."

"다시 다음으로 선현이여. 만약 보살마하살이 이 반야바라밀다에서 설하는 것과 같이 안주한다면, 이 보살마하살은 다시 퇴전하지 않고 항상 제불께 호념되는 것이며, 최고로 수승한 방편선교를 성취하였다고 마땅히 알아야 하나니, 이미 무량한 백천 구지·나유타의 많은 여래께 친근하면서 공양하였고 제불의 처소에서 무량하고 수승한 선근을 이미 심었느니라.

이 보살마하살은 이미 무량하고 진실한 선지식(善知識)에게 섭수되었던 것이고, 이미 오랫동안 보시·정계·안인·정진·정려·반야바라밀다를 수습하였으며, 이미 오랫동안 내공·외공·내외공·공공·대공·승의공·유위공·무위공·필경공·무제공·산공·무변이공·본성공·자상공·공상공·일체법공·불가득공·무성공·자성공·무성자성공에 안주하였으며, 이미 오랫동안 진여·법계·법성·불허망성·불변이성·평등성·이생성·법정·법주·실제·허공계·부사의계에 안주하였고, 이미 오랫동안 고·집·멸·도성제에 안주하였다고 마땅히 알아야 하느니라.

이미 오랫동안 4무량·4무색정을 수습하였고, 이미 오랫동안 8해탈·8승처·9차제정·10변처를 수습하였으며, 이미 오랫동안 4념주·4정단·4신족·5근·5력·7등각지·8성도지를 수습하였고, 이미 오랫동안 공·무상·무원해탈문을 수습하였으며, 이미 오랫동안 5안·6신통을 수습하였고, 이미 오랫동안 여래의 10력·4무소외·4무애해·대자·대비·대희·대사·18불불공법을 수습하였으며, 이미 오랫동안 무망실법과 항주사성을 수습하였고, 이미 오랫동안 일체의 다라니문·일체의 삼마지문을 수습하였으며, 이미 오랫동안 일체지·도상지·일체상지를 수습하였다고 마땅히 알아야 하느니라.

이 보살마하살은 동자(童子)의 지위에 안주하면서 일체의 소원을 만족시키지 않는 것이 없고, 항상 제불을 보면서 일찍이 잠시도 그만두는 일이 없었으며, 제선근에서 항상 버리고 벗어나지 않고, 항상 일체의 유정들을 능히 성숙시키며, 역시 항상 소유한 불국토를 청정하게 장엄하고, 한 불국토에서 한 불국토로 나아가면서 제불·세존을 공양하고 공경하며, 무상승법(無上乘法)을 듣고 수지하면서 수행하였다고 마땅히 알아야 하느니라.

이 보살마하살은 이미 끊어지지 않고 무진(無盡)인 변재를 증득하였으며, 이미 수승한 다라니법을 증득하였고, 최상의 미묘한 색신(色身)을 성취하였으며, 제불께서 교수하셨던 원만한 수기를 이미 증득하였고, 즐거워하는 것에 따라서 유정들을 제도하기 위하여 여러 세계에서 몸을 받더라도 이미 자재(自在)함을 증득하였다고 마땅히 알아야 하느니라.

이 보살마하살은 소연문(所緣門)을 잘 알고 행상문(行相門)을 잘 알며, 자문(字門)을 잘 알고 자문이 아닌 것을 잘 알며, 말을 잘 알고 말이 아닌 것을 잘 알며, 한 마디의 증어(增語)를 잘 알고 두 마디의 증어를 잘 알며 여러 마디의 할 말을 잘 알고, 여인의 증어를 잘 알며 남자의 증어도 잘 알고 남녀의 증어가 아닌 것도 잘 알며, 과거의 증어도 잘 알고 미래의 증어도 잘 알며 현재의 증어도 잘 알고, 여러 문자도 잘 알며 여러 의취도 잘 안다고 마땅히 알아야 하느니라.

이 보살마하살은 색(色)을 잘 알고 수(受)를 잘 알며 상(想)을 잘 알고 행(行)을 잘 알며 식(識)을 잘 알고, 온(蘊)을 잘 알며 계(界)를 잘 알고 처(處)도 잘 알며, 연기(緣起)를 잘 알고 연기의 갈래(支)도 잘 알며, 세간의 성품을 잘 알고 열반의 성품을 잘 알며 법계의 상(相)도 잘 알고, 행상(行相)

을 잘 알며 행상이 아닌 것도 잘 알고, 유위(有爲)의 상을 잘 알며 무위(無爲)를 잘 알고 유위와 무위의 상도 잘 안다고 마땅히 알아야 하느니라.

상의 상(相相)을 잘 알고 상의 상이 아닌 것도 잘 알며, 유(有)도 잘 알고 유가 아닌 것도 잘 알며, 자성(自性)도 잘 알고 타성(他姓)도 잘 알며, 화합(合)을 잘 알고 흩어짐(散)을 잘 알며 화합과 흩어짐도 잘 알고, 상응(相應)하는 것도 잘 알고 상응하지 않는 것도 잘 알며 상응하는 것과 상응하지 않는 것도 잘 안다고 마땅히 알아야 하느니라.

진여(眞如)를 잘 알고 불허망성(不虛妄性)을 잘 알며 불변이성(不變異性)도 잘 알고 법성(法性)을 잘 알며 법계(法界)도 잘 알고 법정(法定)도 잘 알며 법주(法住)도 잘 알고 연성(緣性)[1]을 잘 알며 연성이 아닌 것도 잘 알고, 여러 성제(聖諦)를 잘 알며 정려(精慮)를 잘 알고, 무량(無量)을 잘 알며 무색정도 잘 알고, 6바라밀다도 잘 안다고 마땅히 알아야 하느니라.

4념주를 잘 알고 4정단을 잘 알며 4신족을 잘 알고 5근을 잘 알며 5력을 잘 알고 7등각지를 잘 알며 8성도지도 잘 알고, 8해탈을 잘 알며 8승처를 잘 알고 9차제정을 잘 알며 10변처도 잘 알고, 다라니문도 잘 알며 삼마지문도 잘 알고, 공해탈문을 잘 알며 무상해탈문을 잘 알고 무원해탈문도 잘 알며, 일체의 공(空)의 법문(法門)도 잘 알고 5안을 잘 알며 6신통도 잘 안다고 마땅히 알아야 하느니라.

여래의 10력을 잘 알고 4무소외를 잘 알며 4무애해를 잘 알고 대자·대비·대희·대사를 잘 알며 18불불공법도 잘 알고, 무망실법을 잘 알며 항주사성도 잘 알고, 일체지를 잘 알며 도상지를 잘 알고 일체상지도 잘 알며, 유위계(有爲界)를 잘 알고 무위계(無爲界)도 잘 알며, 경계를 잘 알고 경계가 아닌 것도 잘 안다고 마땅히 알아야 하느니라.

이 보살마하살은 색(色)의 작의(作意)를 잘 알고 수(受)·상(想)·행(行)·식(識)의 작의도 잘 알며, 안처(眼處)의 작의를 잘 알고 이(耳)·비(鼻)·설

1) 차연성(此緣性)을 의미하는데, 이것은 구체적인 것을 조건으로 하는 조건성을 특징으로 삼는 법을 가리킨다.

(舌)·신(身)·의처(意處)의 작의도 잘 알며, 색처(色處)의 작의를 잘 알고 성(聲)·향(香)·미(味)·촉(觸)·법처(法處)의 작의도 잘 알며, 안계(眼界)의 작의를 잘 알고 이(耳)·비(鼻)·설(舌)·신(身)·의계(意界)의 작의도 잘 알며, 색계(色界)의 작의를 잘 알고 성(聲)·향(香)·미(味)·촉(觸)·법계(法界)의 작의도 잘 안다고 마땅히 알아야 하느니라.

안식계(眼識界)의 작의를 잘 알고 이(耳)·비(鼻)·설(舌)·신(身)·의식계(意識界)의 작의도 잘 알며, 안촉(眼觸)의 작의를 잘 알고 이(耳)·비(鼻)·설(舌)·신(身)·의촉(意觸)의 작의도 잘 알며, 안촉(眼觸)을 인연으로 생겨난 여러 수(受)의 작의를 잘 알고 이(耳)·비(鼻)·설(舌)·신(身)·의촉(意觸)을 인연으로 생겨난 여러 수의 작의도 잘 안다고 마땅히 알아야 하느니라.

지계(地界)의 작의를 잘 알고 수(水)·화(火)·풍(風)·공(空)·식계(識界)의 작의도 잘 알며, 무명(無明)의 작의를 잘 알고 행(行)·식(識)·명색(名色)·육처(六處)·촉(觸)·수(受)·애(愛)·취(取)·유(有)·생(生)·노사(老死)의 수탄고우뇌(愁歎苦憂惱)의 작의도 잘 알며, 보시바라밀다(布施波羅蜜多)의 작의를 잘 알고 정계(淨戒)·안인(安忍)·정진(精進)·정려(靜慮)·반야바라밀다(般若波羅蜜多)의 작의도 잘 안다고 마땅히 알아야 하느니라.

내공(內空)의 작의를 잘 알고 외공(外空)·내외공(內外空)·공공(空空)·대공(大空)·승의공(勝義空)·유위공(有爲空)·무위공(無爲空)·필경공(畢竟空)·무제공(無際空)·산공(散空)·무변이공(無變異空)·본성공(本性空)·자상공(自相空)·공상공(共相空)·일체법공(一切法空)·불가득공(不可得空)·무성공(無性空)·자성공(自性空)·무성자성공(無性自性空)의 작의도 잘 알며, 진여(眞如)의 작의를 잘 알고 법계(法界)·법성(法性)·불허망성(不虛妄性)·불변이성(不變異性)·평등성(平等性)·이생성(離生性)·법정(法定)·법주(法住)·실제(實際)·허공계(虛空界)·부사의계(不思議界)의 작의도 잘 안다고 마땅히 알아야 하느니라.

고성제(苦聖諦)의 작의를 잘 알고 집(集)·멸(滅)·도성제(道聖諦)의 작의도 잘 알며, 4념주(四念住)의 작의를 잘 알고 4정단(四正斷)·4신족(四神足)·5근(五根)·5력(五力)·7등각지(七等覺支)·8성도지(八聖道支)의 작의도 잘 알며, 4정려(四靜慮)의 작의를 잘 알고 4무량(四無量)·4무색정(四無色定)의 작의도 잘 알며, 8해탈(八解脫)의 작의를 잘 알고 8승처(八勝處)·9차제정(九次第定)·10변처(十遍處)의 작의도 잘 안다고 마땅히 알아야 하느니라.

일체(一切)의 다라니문(陀羅尼門)의 작의를 잘 알고 일체의 삼마지문(三摩地門)의 작의도 잘 알며, 공해탈문(空解脫門)의 작의를 잘 알고 무상(無相)·무원해탈문(無願解脫門)의 작의도 잘 알며, 5안(五眼)의 작의를 잘 알고 6신통(六神通)의 작의도 잘 알며, 여래(佛)의 10력(十力)의 작의를 잘 알고 4무소외(四無所畏)·4무애해(四無礙解)·대자(大慈)·대비(大悲)·대희(大喜)·대사(大捨)·18불불공법(十八佛不共法)의 작의도 잘 안다고 마땅히 알아야 하느니라.

무망실법(無忘失法)의 작의를 잘 알고 항주사성(恒住捨性)의 작의도 잘 알며, 일체지(一切智)의 작의를 잘 알고 도상지(道相智)·일체상지(一切相智)의 작의도 잘 안다고 마땅히 알아야 하느니라.

이 보살마하살은 색은 색의 상(相)이 공(空)하다고 잘 알고 수·상·행·식은 수·상·행·식의 상이 공하다고 잘 알며, 안처는 안처의 상이 공하다고 잘 알고 이·비·설·신·의처는 이·비·설·신·의처의 상이 공하다고 잘 알며, 색처는 색처의 상이 공하다고 잘 알고 성·향·미·촉·법처는 성·향·미·촉·법처의 상이 공하다고 잘 알며, 안계는 안계의 상이 공하다고 잘 알고 이·비·설·신·의계는 이·비·설·신·의계의 상이 공하다고 잘 알며, 색계는 색계의 상이 공하다고 잘 알고 성·향·미·촉·법계는 성·향·미·촉·법계의 상이 공하다고 잘 안다고 마땅히 알아야 하느니라.

안식계는 안식계의 상이 공하다고 잘 알고 이·비·설·신·의식계는 이·비·설·신·의식계의 상이 공하다고 잘 알며, 안촉은 안촉의 상이 공하다고 잘 알고 이·비·설·신·의계는 이·비·설·신·의계의 상이 공하다고 잘 알며, 안촉을 인연으로 생겨나는 여러 수는 안촉을 인연으로 생겨나는 여러 수의 상이 공하다고 잘 알고 이·비·설·신·의계를 인연으로 생겨난 여러 수는 이·비·설·신·의계를 인연으로 생겨난 여러 수의 상이 공하다고 잘 안다고 마땅히 알아야 하느니라.

지계는 지계의 상이 공하다고 잘 알고 수·화·풍·공·식계는 수·화·풍·공·식계의 상이 공하다고 잘 알며, 무명은 무명의 상이 공하다고 잘 알고 행·식·명색·육처·촉·수·애·취·유·생·노사의 수탄고우뇌는 행, 나아가 노사의 수탄고우뇌의 상이 공하다고 잘 알며, 보시바라밀다는 보시바라밀다의 상이 공하다고 잘 알고 정계·안인·정진·정려·반야바라밀다는 정계·안인·정진·정려·반야바라밀다의 상이 공하다고 잘 안다고 마땅히 알아야 하느니라.

내공은 내공의 상이 공하다고 잘 알고 외공·내외공·공공·대공·승의공·유위공·무위공·필경공·무제공·산공·무변이공·본성공·자상공·공상공·일체법공·불가득공·무성공·자성공·무성자성공은 외공, 나아가 무성자성공의 상이 공하다고 잘 알며, 진여는 진여의 상이 공하다고 잘 알고 법계·법성·불허망성·불변이성·평등성·이생성·법정·법주·실제·허공계·부사의계는 법계, 나아가 부사의계의 상이 공하다고 잘 안다고 마땅히 알아야 하느니라.

고성제는 고성제의 상이 공하다고 잘 알고 집·멸·도성제는 집·멸·도성제의 상이 공하다고 잘 알며, 4념주는 4념주의 상이 공하다고 잘 알고 4정단·4신족·5근·5력·7등각지·8성도지는 4정단, 나아가 8성도지의 상이 공하다고 잘 알며, 4정려는 4정려의 상이 공하다고 잘 알고 4무량·4무색정은 4무량·4무색정의 상이 공하다고 잘 안다고 마땅히 알아야 하느니라.

8해탈은 8해탈의 상이 공하다고 잘 알고 8승처·9차제정·10변처는 8승처·9차제정·10변처의 상이 공하다고 잘 알며, 일체의 다라니문은 일체의 다라니문의 상이 공하다고 잘 알고 일체의 삼마지문은 일체의 삼마지문의 상이 공하다고 잘 알며, 공해탈문은 공해탈문의 상이 공하다고 잘 알고 무상·무원해탈문은 무상·무원해탈문의 상이 공하다고 잘 안다고 마땅히 알아야 하느니라.

5안은 5안의 상이 공하다고 잘 알고 6신통은 6신통의 상이 공하다고 잘 알며, 여래의 10력은 여래의 10력의 상이 공하다고 잘 알고 4무소외·4무애해·대자·대비·대희·대사·18불불공법은 4무소외, 나아가 18불공법의 상이 공하다고 잘 알며, 무망실법은 무망실법의 상이 공하다고 잘 알고 항주사성은 항주사성의 상이 공하다고 잘 안다고 마땅히 알아야 하느니라.

일체지는 일체지의 상이 공하다고 잘 알고 도상지·일체상지는 도상지·일체상지의 상이 공하다고 잘 알며, 예류과는 예류과의 상이 공하다고 잘 알고 일래·불환·아라한과는 일래·불환·아라한과의 상이 공하다고 잘 알며, 독각의 보리는 독각의 보리의 상이 공하다고 잘 알고 일체의 보살마하살의 행은 일체의 보살마하살의 행의 상이 공하다고 잘 알며, 제불의 무상정등보리는 제불의 무상정등보리의 상이 공하다고 잘 안다고 마땅히 알아야 하느니라.

이 보살마하살은 지식(止息)[2]의 도(道)를 잘 알고 지식이 아닌 도를 잘 알며, 생겨남을 잘 알고 소멸함을 잘 알며, 안주와 변이를 잘 알며, 탐·진·치를 잘 알고 탐욕이 없고 진에가 없으며 우치가 없음을 잘 알며, 견해를 잘 알고 견해가 아닌 것을 잘 알며, 삿된 견해를 잘 알고 삿된 견해가 아닌 것을 잘 알며, 일체 견해의 얽힘(纏)·수면(隨眠)·결박(結縛)을 잘 알고 일체 견해의 얽힘·수면·결박의 단절(斷絶)을 잘 안다고 마땅히 알아야 하느니라.

명자(名字)를 잘 알고 색을 잘 알며 명자와 색을 잘 알고, 인연(因緣)을 잘 알고 등무간연(等無間緣)[3]을 잘 알며 소연연(所緣緣)[4]을 잘 알고 증상연(增上緣)[5]을 잘 알며, 행(行)을 잘 알고 지해(知解)를 잘 알며, 상(相)을

---

2) 지식(止息)은 호흡과 생각을 일치시켜서 오욕락의 마음을 멈추는 행위를 뜻한다. 또한 『안반수의경』에서는 호흡과 관련된 중요한 행법으로 지식(止息) 외에도 숫자를 세는 수식(數息)과 서로 따르는 수식(隨息)의 세 가지를 언급하고 있다.

3) 산스크리트어 samanantara-pratyaya의 번역이고, 육식(六識)에 의지하여 인식한 앞뒤의 두 현상이 동등하게 끊임없이 생멸하는 전체의 현상을 말한다. 즉, 한 생각이 일어났다가 사라지면서 다음 생각으로 연결시키는 인식의 주관적이고 계속적인 작용이다.

4) 산스크리트어 ālambana-pratyaya의 번역이고, 육식(六識)의 대상이 되는 육경(六境)을 말한다. 즉, 외경(外境)을 인식하는 주관으로 받아들여 인식하게 하는 인식의 주관적이고 계속적인 작용이다.

잘 알고 형상(狀)을 잘 알며, 고성제를 잘 알고 집성제를 잘 알며 멸성제를 잘 알고 도성제를 잘 알며, 지옥을 잘 알고 지옥도(地獄道)를 잘 알며, 방생을 잘 알고 방생도(傍生道)를 잘 알며, 귀계를 잘 알고 귀계도(鬼界道)를 잘 알며, 인간을 잘 알고 인간도(人間道)를 잘 알며, 천상을 잘 알고 천상도(天上道)를 잘 안다고 마땅히 알아야 하느니라.

예류를 잘 알고 예류과를 잘 알며 예류도(預流道)를 잘 알고, 일래를 잘 알며 일래과를 잘 알고 일래도(一來道)를 잘 알며, 불환을 잘 알고 불환과를 잘 알며 불환도(不還道)를 잘 알고, 아라한을 잘 알며 아라한과를 잘 알고 아라한도(阿羅漢道)를 잘 알고, 독각을 잘 알며 독각의 보리를 잘 알고 독각도(獨覺道)를 잘 알며, 보살마하살을 잘 알고 보살마하살의 행을 잘 알며, 여래·응공·정등각을 잘 알고 무상정등보리를 잘 안다고 마땅히 알아야 하느니라.

일체지를 잘 알고 일체지의 도를 잘 알며, 도상지를 잘 알고 도상지의 도를 잘 알며, 일체상지를 잘 알고 일체상지의 도를 잘 알며, 근기를 잘 알고 근기의 원만함을 잘 알고 근기의 수승함과 하열함을 잘 알며, 지혜를 잘 알고 민첩한 지혜를 잘 알며, 힘의 지혜를 잘 알고 날카로운 지혜를 잘 알며, 빠른 지혜를 잘 알고 통달한 지혜를 잘 알며, 넓은 지혜를 잘 알고 깊은 지혜를 잘 알며, 큰 지혜를 잘 알고 무등(無等)의 지혜를 잘 알며, 진실한 지혜를 잘 알고 진귀한 보배의 지혜를 잘 알며, 과거의 세상을 잘 알고 미래의 세상을 잘 알며 현재의 세상을 잘 알고, 방편을 잘 알고 의요(意樂)[6]를 잘 알고 증상(增上)의 의요를 잘 알며, 유정을 돌보는 일을 잘 알고 문장과 의취의 상(相)을 잘 알며, 여러 성스러운 법을 잘 알고 3승의 방편을 안립(安立)시키는 것을 잘 아느니라.

선현이여. 만약 보살마하살이 반야바라밀다를 행하고 반야바라밀다를

---

5) 산스크리트어 adhipati-pratyaya의 번역이고, 다른 법을 일으키는 것에 작용하는 연(緣)이다. 직접적으로 작용하는 여력(與力) 증상연과 방해하지 않는 부장(不障) 증상연의 두 가지가 있다.

6) 산스크리트어 aśaya의 번역이고, 즐거이 하려는 마음을 가리킨다.

이끌어내며 반야바라밀다를 수행한다면 이와 같은 공덕과 수승한 이익들을 획득하느니라."

그때 구수 선현이 세존께 아뢰어 말하였다.

"세존이시여. 보살마하살은 어찌하여 마땅히 반야바라밀다를 행하여야 하고, 어찌하여 마땅히 반야바라밀다를 이끌어서 일으켜야 하며, 어찌하여 마땅히 반야바라밀다를 수행해야 합니까?"

세존께서 말씀하셨다.

"선현이여. 보살마하살은 색이 적정(寂靜)하다고 관찰하는 까닭으로, 파괴된다고 관찰하는 까닭으로, 자재하지 않다고 관찰하는 까닭으로, 자체(自體)가 허망하다고 관찰하는 까닭으로, 견실(堅實)하지 않다고 관찰하는 까닭으로, 상응하여 반야바라밀다를 행해야 하고, 수·상·행·식이 적정하다고 관찰하는 까닭으로, 파괴된다고 관찰하는 까닭으로, 자재하지 않다고 관찰하는 까닭으로, 자체가 허망하다고 관찰하는 까닭으로, 견실하지 않다고 관찰하는 까닭으로, 상응하여 반야바라밀다를 행해야 하느니라.

선현이여. 보살마하살은 안처가 적정하다고 관찰하는 까닭으로, 파괴된다고 관찰하는 까닭으로, 자재하지 않다고 관찰하는 까닭으로, 자체가 허망하다고 관찰하는 까닭으로, 견실하지 않다고 관찰하는 까닭으로, 상응하여 반야바라밀다를 행해야 하고, 이·비·설·신·의처가 적정하다고 관찰하는 까닭으로, 파괴된다고 관찰하는 까닭으로, 자재하지 않다고 관찰하는 까닭으로, 자체가 허망하다고 관찰하는 까닭으로, 견실하지 않다고 관찰하는 까닭으로, 상응하여 반야바라밀다를 행해야 하느니라.

선현이여. 보살마하살은 색처가 적정하다고 관찰하는 까닭으로, 파괴된다고 관찰하는 까닭으로, 자재하지 않다고 관찰하는 까닭으로, 자체가 허망하다고 관찰하는 까닭으로, 견실하지 않다고 관찰하는 까닭으로, 상응하여 반야바라밀다를 행해야 하고, 성·향·미·촉·법처가 적정하다고 관찰하는 까닭으로, 파괴된다고 관찰하는 까닭으로, 자재하지 않다고 관찰하는 까닭으로, 자체가 허망하다고 관찰하는 까닭으로, 견실하지 않다고 관찰하는 까닭으로, 상응하여 반야바라밀다를 행해야 하느니라.

선현이여. 보살마하살은 안계가 적정하다고 관찰하는 까닭으로, 파괴된다고 관찰하는 까닭으로, 자재하지 않다고 관찰하는 까닭으로, 자체가 허망하다고 관찰하는 까닭으로, 견실하지 않다고 관찰하는 까닭으로, 상응하여 반야바라밀다를 행해야 하고, 이·비·설·신·의계가 적정하다고 관찰하는 까닭으로, 파괴된다고 관찰하는 까닭으로, 자재하지 않다고 관찰하는 까닭으로, 자체가 허망하다고 관찰하는 까닭으로, 견실하지 않다고 관찰하는 까닭으로, 상응하여 반야바라밀다를 행해야 하느니라.

선현이여. 보살마하살은 색계가 적정하다고 관찰하는 까닭으로, 파괴된다고 관찰하는 까닭으로, 자재하지 않다고 관찰하는 까닭으로, 자체가 허망하다고 관찰하는 까닭으로, 견실하지 않다고 관찰하는 까닭으로, 상응하여 반야바라밀다를 행해야 하고, 성·향·미·촉·법계가 적정하다고 관찰하는 까닭으로, 파괴된다고 관찰하는 까닭으로, 자재하지 않다고 관찰하는 까닭으로, 자체가 허망하다고 관찰하는 까닭으로, 견실하지 않다고 관찰하는 까닭으로, 상응하여 반야바라밀다를 행해야 하느니라.

선현이여. 보살마하살은 안식계가 적정하다고 관찰하는 까닭으로, 파괴된다고 관찰하는 까닭으로, 자재하지 않다고 관찰하는 까닭으로, 자체가 허망하다고 관찰하는 까닭으로, 견실하지 않다고 관찰하는 까닭으로, 상응하여 반야바라밀다를 행해야 하고, 이·비·설·신·의식계가 적정하다고 관찰하는 까닭으로, 파괴된다고 관찰하는 까닭으로, 자재하지 않다고 관찰하는 까닭으로, 자체가 허망하다고 관찰하는 까닭으로, 견실하지 않다고 관찰하는 까닭으로, 상응하여 반야바라밀다를 행해야 하느니라.

선현이여. 보살마하살은 안촉이 적정하다고 관찰하는 까닭으로, 파괴된다고 관찰하는 까닭으로, 자재하지 않다고 관찰하는 까닭으로, 자체가 허망하다고 관찰하는 까닭으로, 견실하지 않다고 관찰하는 까닭으로, 상응하여 반야바라밀다를 행해야 하고, 이·비·설·신·의촉이 적정하다고 관찰하는 까닭으로, 파괴된다고 관찰하는 까닭으로, 자재하지 않다고 관찰하는 까닭으로, 자체가 허망하다고 관찰하는 까닭으로, 견실하지 않다고 관찰하는 까닭으로, 상응하여 반야바라밀다를 행해야 하느니라.

선현이여. 보살마하살은 안촉을 인연으로 생겨난 여러 수가 적정하다고 관찰하는 까닭으로, 파괴된다고 관찰하는 까닭으로, 자재하지 않다고 관찰하는 까닭으로, 자체가 허망하다고 관찰하는 까닭으로, 견실하지 않다고 관찰하는 까닭으로, 상응하여 반야바라밀다를 행해야 하고, 이·비·설·신·의촉을 인연으로 생겨난 여러 수가 적정하다고 관찰하는 까닭으로, 파괴된다고 관찰하는 까닭으로, 자재하지 않다고 관찰하는 까닭으로, 자체가 허망하다고 관찰하는 까닭으로, 견실하지 않다고 관찰하는 까닭으로, 상응하여 반야바라밀다를 행해야 하느니라.

선현이여. 보살마하살은 지계가 적정하다고 관찰하는 까닭으로, 파괴된다고 관찰하는 까닭으로, 자재하지 않다고 관찰하는 까닭으로, 자체가 허망하다고 관찰하는 까닭으로, 견실하지 않다고 관찰하는 까닭으로, 상응하여 반야바라밀다를 행해야 하고, 수·화·풍·공·식계가 적정하다고 관찰하는 까닭으로, 파괴된다고 관찰하는 까닭으로, 자재하지 않다고 관찰하는 까닭으로, 자체가 허망하다고 관찰하는 까닭으로, 견실하지 않다고 관찰하는 까닭으로, 상응하여 반야바라밀다를 행해야 하느니라.

선현이여. 보살마하살은 무명이 적정하다고 관찰하는 까닭으로, 파괴된다고 관찰하는 까닭으로, 자재하지 않다고 관찰하는 까닭으로, 자체가 허망하다고 관찰하는 까닭으로, 견실하지 않다고 관찰하는 까닭으로, 상응하여 반야바라밀다를 행해야 하고, 행·식·명색·육처·촉·수·애·취·유·생·노사의 수탄고우뇌가 적정하다고 관찰하는 까닭으로, 파괴된다고 관찰하는 까닭으로, 자재하지 않다고 관찰하는 까닭으로, 자체가 허망하다고 관찰하는 까닭으로, 견실하지 않다고 관찰하는 까닭으로, 상응하여 반야바라밀다를 행해야 하느니라.

선현이여. 그대는 '어찌하여 마땅히 반야바라밀다를 이끌어야 합니까?' 라고 물었는데, 보살마하살은 허공이 공(空)을 이끌어서 일으키는 것과 같이 반야바라밀다를 이끌어서 일으켜야 하느니라. 선현이여. 그대는

'어찌하여 마땅히 반야바라밀다를 수행해야 합니까?'라고 물었는데, 보살마하살은 허공의 공한 것을 수행하는 것과 같이 반야바라밀다를 수행해야 하느니라."

구수 선현이 다시 세존께 아뢰어 말하였다.

"세존이시여. 보살마하살은 얼마의 시간을 지내면서 마땅히 반야바라밀다를 행하여야 하고, 마땅히 반야바라밀다를 이끌어서 일으켜야 하며, 마땅히 반야바라밀다를 수행해야 합니까?"

세존께서 말씀하셨다.

"선현이여. 보살마하살이 초발심부터 나아가 미묘한 보리좌에 안주하기까지 반야바라밀다를 행하여야 하고, 반야바라밀다를 이끌어서 일으켜야 하며, 반야바라밀다를 수행해야 하느니라."

구수 선현이 다시 세존께 아뢰어 말하였다.

"세존이시여. 보살마하살은 무엇 등의 마음에 안주하여 마땅히 반야바라밀다를 행하여야 하고, 마땅히 반야바라밀다를 이끌어서 일으켜야 하며, 마땅히 반야바라밀다를 수행해야 합니까?"

세존께서 말씀하셨다.

"선현이여. 보살마하살이 초발심부터 나아가 미묘한 보리좌에 안주하기까지 여러 나머지의 작의를 수용하여 일으키지 않고, 오로지 항상 일체지지에 상응하는 작의에 안주하면서 반야바라밀다를 행하여야 하고, 반야바라밀다를 이끌어서 일으켜야 하며, 반야바라밀다를 수행해야 하느니라. 이 보살마하살은 반야바라밀다를 이와 같이 행하여야 하고, 반야바라밀다를 이와 같이 이끌어서 일으켜야 하며, 반야바라밀다를 이와 같이 수행해야 하고, 나아가 능히 심법(心法)·심소법(心所法)의 경계(境)에서 전전하지 않아야 하느니라."

"세존이시여. 보살마하살이 반야바라밀다를 행하고 반야바라밀다를 이끌어 일으키며 반야바라밀다를 수행한다면 마땅히 일체지지를 증득합니까?"

"아니니라. 선현이여."

"세존이시여. 보살마하살이 반야바라밀다를 행하지 않고 반야바라밀다를 이끌어 일으키지 않으며 반야바라밀다를 수행하지 않는다면 마땅히 일체지지를 증득합니까?"

"아니니라. 선현이여."

"세존이시여. 보살마하살이 반야바라밀다를 행하거나 행하지 않고 반야바라밀다를 이끌어 일으키거나 이끌어 일으키지 않으며 반야바라밀다를 수행하거나 수행하지 않는다면 마땅히 일체지지를 증득합니까?"

"아니니라. 선현이여."

"세존이시여. 보살마하살이 반야바라밀다를 행하지 않거나 행하지 않는 것도 아니고 반야바라밀다를 이끌어 일으키지 않거나 이끌어 일으키지 않는 것도 아니며 반야바라밀다를 수행하지 않거나 수행하지 않는 것도 아니라면 마땅히 일체지지를 증득합니까?"

"아니니라. 선현이여."

"세존이시여. 그와 같다면 보살마하살은 어떻게 마땅히 일체지지를 증득합니까?"

"선현이여. 보살마하살이 일체지지를 증득한다면 진여와 같으니라."

"세존이시여. 무엇을 진여라고 말합니까?"

"선현이여. 실제(實際)와 같으니라."

"세존이시여. 무엇을 실제라고 말합니까?"

"선현이여. 법계(法界)와 같으니라."

"세존이시여. 무엇을 법계라고 말합니까?"

"선현이여. 나(我)의 경계·유정(有情)의 경계·명자(命者)의 경계·생자(生者)의 경계·양자(養者)의 경계·장부(士夫)의 경계·보특가라(補特伽羅)의 경계와 같으니라."

"세존이시여. 무엇을 나의 경계·유정의 경계·명자의 경계·생자의 경계·양자의 경계·장부의 경계·보특가라의 경계라고 말합니까?"

"선현이여. 그대의 뜻은 어떠한가? 만약 나이거나, 만약 유정이거나,

만약 명자이거나, 만약 생자이거나, 만약 양자이거나, 만약 사부이거나, 만약 보특가라를 증득할 수 있는가?"

"없습니다. 세존이시여."

"선현이여. 만약 나이거나, 만약 유정이거나, 만약 명자이거나, 만약 생자이거나, 만약 양자이거나, 만약 사부이거나, 만약 보특가라를 이미 증득할 수 없다면, 내가 마땅히 어떻게 나의 경계·유정의 경계·명자의 경계·생자의 경계·양자의 경계·장부의 경계·보특가라의 경계를 시설할 수 있겠는가? 이와 같이 선현이여. 만약 보살마하살이 반야바라밀다를 시설하지 않고, 역시 일체지지와 일체법도 시설하지 않는다면, 이 보살마하살은 결정적으로 마땅히 일체지지를 증득하느니라."

그때 구수 선현이 다시 세존께 아뢰어 말하였다.

"세존이시여. 다만 반야바라밀다를 시설할 수 없습니까? 정려·정진·안인·정계·보시바라밀다도 역시 시설할 수 없습니까?"

세존께서 말씀하셨다.

"선현이여. 다만 반야바라밀다를 시설할 수 없는 것이 아니고, 정려·정진·안인·정계·보시바라밀다도 역시 시설할 수 없느니라. 선현이여. 만약 성문의 법이거나, 만약 독각의 법이거나, 만약 보살의 법이거나, 만약 제불의 법이거나, 만약 유위법이거나, 만약 무위법이거나, 이와 같은 일체법 등도 모두 시설할 수 없느니라."

그때 구수 선현이 다시 세존께 아뢰어 말하였다.

"세존이시여. 만약 일체법을 모두 시설할 수 없다면, 어찌 '이것은 지옥이다. 이것은 방생이다. 이것은 귀계이다. 이것은 인간이다. 이것은 천상이다. 이것은 예류이다. 이것은 일래이다. 이것은 불환이다. 이것은 아라한이다. 이것은 독각이다. 이것은 보살이다. 이것은 제불이다. 이것은 일체법이다.'라고 말할 수 있습니까?"

세존께서 말씀하셨다.

"선현이여. 그대의 생각은 어떠한가? 유정의 시설과 법의 시설을 진실로 얻을 수 있겠는가?"

선현이 아뢰어 말하였다.

"없습니다. 세존이시여."

"선현이여. 만약 유정의 시설과 법의 시설을 진실로 얻을 수 없는데, 내가 어찌 '이것은 지옥이다. 이것은 방생이다. 이것은 귀계이다. 이것은 인간이다. 이것은 천상이다. 이것은 예류이다. 이것은 일래이다. 이것은 불환이다. 이것은 아라한이다. 이것은 독각이다. 이것은 보살이다. 이것은 제불이다. 이것은 일체법이다.'라고 시설할 수 있겠는가? 이와 같이 선현이여. 만약 보살마하살이 반야바라밀다를 수행하는 때에는 상응하여 일체법은 모두 시설할 수 없다고 수학해야 하느니라."

구수 선현이 세존께 아뢰어 말하였다.

"세존이시여. 보살마하살이 반야바라밀다를 수행하는 때에, 어찌 색에서 상응하지 않고 수학할 수 있겠고, 역시 수·상·행·식에서 상응하지 않고 수학할 수 있겠습니까? 세존이시여. 보살마하살이 반야바라밀다를 수행하는 때에, 어찌 안처에서 상응하지 않고 수학할 수 있겠고, 역시 이·비·설·신·의처에서 상응하지 않고 수학할 수 있겠습니까? 세존이시여. 보살마하살이 반야바라밀다를 수행하는 때에, 어찌 색처에서 상응하지 않고 수학할 수 있겠고, 역시 성·향·미·촉·법처에서 상응하지 않고 수학할 수 있겠습니까?

세존이시여. 보살마하살이 반야바라밀다를 수행하는 때에, 어찌 안계에서 상응하지 않고 수학할 수 있겠고, 역시 이·비·설·신·의계에서 상응하지 않고 수학할 수 있겠습니까? 세존이시여. 보살마하살이 반야바라밀다를 수행하는 때에, 어찌 색계에서 상응하지 않고 수학할 수 있겠고, 역시 성·향·미·촉·법계에서 상응하지 않고 수학할 수 있겠습니까? 세존이시여. 보살마하살이 반야바라밀다를 수행하는 때에, 어찌 안식계에서 상응하지 않고 수학할 수 있겠고, 역시 이·비·설·신·의식계에서 상응하지 않고 수학할 수 있겠습니까?

세존이시여. 보살마하살이 반야바라밀다를 수행하는 때에, 어찌 안촉에서 상응하지 않고 수학할 수 있겠고, 역시 이·비·설·신·의촉에서 상응하지 않고 수학할 수 있겠습니까? 세존이시여. 보살마하살이 반야바라밀다를 수행하는 때에, 어찌 안촉을 인연으로 생겨난 여러 수에서 상응하지 않고 수학할 수 있겠고, 역시 이·비·설·신·의촉을 인연으로 생겨난 여러 수에서 상응하지 않고 수학할 수 있겠습니까?

세존이시여. 보살마하살이 반야바라밀다를 수행하는 때에, 어찌 지계에서 상응하지 않고 수학할 수 있겠고, 역시 수·화·풍·공·식계에서 상응하지 않고 수학할 수 있겠습니까? 세존이시여. 보살마하살이 반야바라밀다를 수행하는 때에, 어찌 무명에서 상응하지 않고 수학할 수 있겠고, 역시 행·식·명색·육처·촉·수·애·취·유·생·노사의 수탄고우뇌에서 상응하지 않고 수학할 수 있겠습니까? 세존이시여. 보살마하살이 반야바라밀다를 수행하는 때에, 어찌 보시바라밀다에서 상응하지 않고 수학할 수 있겠고, 역시 정계·안인·정진·정려·반야바라밀다에서 상응하지 않고 수학할 수 있겠습니까?

세존이시여. 보살마하살이 반야바라밀다를 수행하는 때에, 어찌 내공에서 상응하지 않고 수학할 수 있겠고, 역시 외공·내외공·공공·대공·승의공·유위공·무위공·필경공·무제공·산공·무변이공·본성공·자상공·공상공·일체법공·불가득공·무성공·자성공·무성자성공에서 상응하지 않고 수학할 수 있겠습니까? 세존이시여. 보살마하살이 반야바라밀다를 수행하는 때에, 어찌 진여에서 상응하지 않고 수학할 수 있겠고, 역시 법계·법성·불허망성·불변이성·평등성·이생성·법정·법주·실제·허공계·부사의계에서 상응하지 않고 수학할 수 있겠습니까?

세존이시여. 보살마하살이 반야바라밀다를 수행하는 때에, 어찌 고성제에서 상응하지 않고 수학할 수 있겠고, 역시 집·멸·도성제에서 상응하지 않고 수학할 수 있겠습니까? 세존이시여. 보살마하살이 반야바라밀다를 수행하는 때에, 어찌 4념주에서 상응하지 않고 수학할 수 있겠고, 역시 4정단·4신족·5근·5력·7등각지·8성도지에서 상응하지 않고 수학할 수 있겠습니까? 세존이시여. 보살마하살이 반야바라밀다를 수행하는 때에,

어찌 4정려에서 상응하지 않고 수학할 수 있겠고, 역시 4무량·4무색정에서 상응하지 않고 수학할 수 있겠습니까?

세존이시여. 보살마하살이 반야바라밀다를 수행하는 때에, 어찌 8해탈에서 상응하지 않고 수학할 수 있겠고, 역시 8승처·9차제정·10변처에서 상응하지 않고 수학할 수 있겠습니까? 세존이시여. 보살마하살이 반야바라밀다를 수행하는 때에, 어찌 일체의 다라니문에서 상응하지 않고 수학할 수 있겠고, 역시 일체의 삼마지문에서 상응하지 않고 수학할 수 있겠습니까? 세존이시여. 보살마하살이 반야바라밀다를 수행하는 때에, 어찌 공해탈문에서 상응하지 않고 수학할 수 있겠고, 역시 무상·무원해탈문에서 상응하지 않고 수학할 수 있겠습니까?

세존이시여. 보살마하살이 반야바라밀다를 수행하는 때에, 어찌 5안에서 상응하지 않고 수학할 수 있겠고, 역시 6신통에서 상응하지 않고 수학할 수 있겠습니까? 세존이시여. 보살마하살이 반야바라밀다를 수행하는 때에, 어찌 여래의 10력에서 상응하지 않고 수학할 수 있겠고, 역시 4무소외·4무애해·대자·대비·대희·대사·18불불공법에서 상응하지 않고 수학할 수 있겠습니까? 세존이시여. 보살마하살이 반야바라밀다를 수행하는 때에, 어찌 일체지에서 상응하지 않고 수학할 수 있겠고, 역시 도상지·일체상지에서 상응하지 않고 수학할 수 있겠습니까?

세존이시여. 보살마하살이 반야바라밀다를 수행하는 때에, 어찌 예류과에서 상응하지 않고 수학할 수 있겠고, 역시 일래·불환·아라한과에서 상응하지 않고 수학할 수 있겠습니까? 세존이시여. 보살마하살이 반야바라밀다를 수행하는 때에, 어찌 독각의 보리에서 상응하지 않고 수학할 수 있겠습니까? 세존이시여. 보살마하살이 반야바라밀다를 수행하는 때에, 어찌 일체의 보살마하살의 행에서 상응하지 않고 수학할 수 있겠습니까? 세존이시여. 보살마하살이 반야바라밀다를 수행하는 때에, 어찌 제불의 무상정등보리에서 상응하지 않고 수학할 수 있겠습니까?”

마하반야바라밀다경 제360권

61. 다문불이품(多聞不二品)(10)

세존께서 말씀하셨다.

"선현이여. 보살마하살이 반야바라밀다를 수행하는 때에 색에서 증장하지 않고(不增) 감소하지 않는(不減)다고 수학해야 하며, 역시 수·상·행·식에서 증장하지 않고 감소하지 않는다고 수학해야 하느니라. 선현이여. 보살마하살이 반야바라밀다를 수행하는 때에 안처에서 증장하지 않고 감소하지 않는다고 수학해야 하며, 역시 이·비·설·신·의처에서 증장하지 않고 감소하지 않는다고 수학해야 하느니라.

선현이여. 보살마하살이 반야바라밀다를 수행하는 때에 색처에서 증장하지 않고 감소하지 않는다고 수학해야 하며, 역시 성·향·미·촉·법처에서 증장하지 않고 감소하지 않는다고 수학해야 하느니라. 선현이여. 보살마하살이 반야바라밀다를 수행하는 때에 안계에서 증장하지 않고 감소하지 않는다고 수학해야 하며, 역시 이·비·설·신·의계에서 증장하지 않고 감소하지 않는다고 수학해야 하느니라.

선현이여. 보살마하살이 반야바라밀다를 수행하는 때에 색계에서 증장하지 않고 감소하지 않는다고 수학해야 하며, 역시 성·향·미·촉·법계에서 증장하지 않고 감소하지 않는다고 수학해야 하느니라. 선현이여. 보살마하살이 반야바라밀다를 수행하는 때에 안식계에서 증장하지 않고 감소하지 않는다고 수학해야 하며, 역시 이·비·설·신·의식계에서 증장하지 않고 감소하지 않는다고 수학해야 하느니라.

선현이여. 보살마하살이 반야바라밀다를 수행하는 때에 안촉에서 증장하지 않고 감소하지 않는다고 수학해야 하며, 역시 이·비·설·신·의촉에서 증장하지 않고 감소하지 않는다고 수학해야 하느니라. 선현이여. 보살마하살이 반야바라밀다를 수행하는 때에 안촉을 인연으로 생겨난 여러 수에서 증장하지 않고 감소하지 않는다고 수학해야 하며, 역시 이·비·설·신·의촉을 인연으로 생겨난 여러 수에서 증장하지 않고 감소하지 않는다고 수학해야 하느니라.

선현이여. 보살마하살이 반야바라밀다를 수행하는 때에 지계에서 증장하지 않고 감소하지 않는다고 수학해야 하며, 역시 수·화·풍·공·식계에서 증장하지 않고 감소하지 않는다고 수학해야 하느니라. 선현이여. 보살마하살이 반야바라밀다를 수행하는 때에 무명에서 증장하지 않고 감소하지 않는다고 수학해야 하며, 역시 행·식·명색·육처·촉·수·애·취·유·생·노사의 수탄고우뇌에서 증장하지 않고 감소하지 않는다고 수학해야 하느니라.

선현이여. 보살마하살이 반야바라밀다를 수행하는 때에 보시바라밀다에서 증장하지 않고 감소하지 않는다고 수학해야 하며, 역시 정계·안인·정진·정려·반야바라밀다에서 증장하지 않고 감소하지 않는다고 수학해야 하느니라. 선현이여. 보살마하살이 반야바라밀다를 수행하는 때에 내공에서 증장하지 않고 감소하지 않는다고 수학해야 하며, 역시 외공·내외공·공공·대공·승의공·유위공·무위공·필경공·무제공·산공·무변이공·본성공·자상공·공상공·일체법공·불가득공·무성공·자성공·무성자성공에서 증장하지 않고 감소하지 않는다고 수학해야 하느니라.

선현이여. 보살마하살이 반야바라밀다를 수행하는 때에 진여에서 증장하지 않고 감소하지 않는다고 수학해야 하며, 역시 법계·법성·불허망성·불변이성·평등성·이생성·법정·법주·실제·허공계·부사의계에서 증장하지 않고 감소하지 않는다고 수학해야 하느니라. 선현이여. 보살마하살이 반야바라밀다를 수행하는 때에 고성제에서 증장하지 않고 감소하지 않는다고 수학해야 하며, 역시 집·멸·도성제에서 증장하지 않고 감소하지 않는다고 수학해야 하느니라.

선현이여. 보살마하살이 반야바라밀다를 수행하는 때에 4념주에서 증장하지 않고 감소하지 않는다고 수학해야 하며, 역시 4정단·4신족·5근·5력·7등각지·8성도지에서 증장하지 않고 감소하지 않는다고 수학해야 하느니라. 선현이여. 보살마하살이 반야바라밀다를 수행하는 때에 4정려에서 증장하지 않고 감소하지 않는다고 수학해야 하며, 역시 4무량·4무색정에서 증장하지 않고 감소하지 않는다고 수학해야 하느니라.

선현이여. 보살마하살이 반야바라밀다를 수행하는 때에 8해탈에서 증장하지 않고 감소하지 않는다고 수학해야 하며, 역시 8승처·9차제정·10변처에서 증장하지 않고 감소하지 않는다고 수학해야 하느니라. 선현이여. 보살마하살이 반야바라밀다를 수행하는 때에 일체의 다라니문에서 증장하지 않고 감소하지 않는다고 수학해야 하며, 역시 일체의 삼마지문에서 증장하지 않고 감소하지 않는다고 수학해야 하느니라.

선현이여. 보살마하살이 반야바라밀다를 수행하는 때에 공해탈문에서 증장하지 않고 감소하지 않는다고 수학해야 하며, 역시 무상·무원해탈문에서 증장하지 않고 감소하지 않는다고 수학해야 하느니라. 선현이여. 보살마하살이 반야바라밀다를 수행하는 때에 5안에서 증장하지 않고 감소하지 않는다고 수학해야 하며, 역시 6신통에서 증장하지 않고 감소하지 않는다고 수학해야 하느니라.

선현이여. 보살마하살이 반야바라밀다를 수행하는 때에 여래의 10력에서 증장하지 않고 감소하지 않는다고 수학해야 하며, 역시 4무소외·4무애해·대자·대비·대희·대사·18불불공법에서 증장하지 않고 감소하지 않는다고 수학해야 하느니라. 선현이여. 보살마하살이 반야바라밀다를 수행하는 때에 무망실법에서 증장하지 않고 감소하지 않는다고 수학해야 하며, 역시 항주사성에서 증장하지 않고 감소하지 않는다고 수학해야 하느니라.

선현이여. 보살마하살이 반야바라밀다를 수행하는 때에 일체지에서 증장하지 않고 감소하지 않는다고 수학해야 하며, 역시 도상지·일체상지에서 증장하지 않고 감소하지 않는다고 수학해야 하느니라. 선현이여. 보살마하살이 반야바라밀다를 수행하는 때에 예류과에서 증장하지 않고 감소하지 않는다고 수학해야 하며, 역시 일래·불환·아라한과에서 증장하지 않고 감소하지 않는다고 수학해야 하느니라.

선현이여. 보살마하살이 반야바라밀다를 수행하는 때에 독각의 보리에서 증장하지 않고 감소하지 않는다고 수학해야 하느니라. 선현이여. 보살마하살이 반야바라밀다를 수행하는 때에 일체의 보살마하살의 행에서 증장하지 않고 감소하지 않는다고 수학해야 하느니라. 선현이여. 보살마하살이 반야바라밀다를 수행하는 때에 제불의 무상정등보리에서 증장하지 않고 감소하지 않는다고 수학해야 하느니라."

구수 선현이 세존께 아뢰어 말하였다.

"세존이시여. 보살마하살이 반야바라밀다를 수행하는 때에 어찌 색에서 증장하지 않고 감소하지 않는다고 상응하여 수학해야 합니까? 어찌 수·상·행·식에서 증장하지 않고 감소하지 않는다고 상응하여 수학해야 합니까? 세존이시여. 보살마하살이 반야바라밀다를 수행하는 때에 어찌 안처에서 증장하지 않고 감소하지 않는다고 상응하여 수학해야 합니까? 어찌 이·비·설·신·의처에서 증장하지 않고 감소하지 않는다고 상응하여 수학해야 합니까?

세존이시여. 보살마하살이 반야바라밀다를 수행하는 때에 어찌 색처에서 증장하지 않고 감소하지 않는다고 상응하여 수학해야 합니까? 어찌 성·향·미·촉·법처에서 증장하지 않고 감소하지 않는다고 상응하여 수학해야 합니까? 세존이시여. 보살마하살이 반야바라밀다를 수행하는 때에 어찌 안계에서 증장하지 않고 감소하지 않는다고 상응하여 수학해야 합니까? 어찌 이·비·설·신·의계에서 증장하지 않고 감소하지 않는다고 상응하여 수학해야 합니까?

세존이시여. 보살마하살이 반야바라밀다를 수행하는 때에 어찌 색계에서 증장하지 않고 감소하지 않는다고 상응하여 수학해야 합니까? 어찌

성·향·미·촉·법계에서 증장하지 않고 감소하지 않는다고 상응하여 수학해야 합니까? 세존이시여. 보살마하살이 반야바라밀다를 수행하는 때에 어찌 안식계에서 증장하지 않고 감소하지 않는다고 상응하여 수학해야 합니까? 어찌 이·비·설·신·의식계에서 증장하지 않고 감소하지 않는다고 상응하여 수학해야 합니까?

세존이시여. 보살마하살이 반야바라밀다를 수행하는 때에 어찌 안촉에서 증장하지 않고 감소하지 않는다고 상응하여 수학해야 합니까? 어찌 이·비·설·신·의촉에서 증장하지 않고 감소하지 않는다고 상응하여 수학해야 합니까? 세존이시여. 보살마하살이 반야바라밀다를 수행하는 때에 어찌 안촉을 인연으로 생겨난 여러 수에서 증장하지 않고 감소하지 않는다고 상응하여 수학해야 합니까? 어찌 이·비·설·신·의촉을 인연으로 생겨난 여러 수에서 증장하지 않고 감소하지 않는다고 상응하여 수학해야 합니까?

세존이시여. 보살마하살이 반야바라밀다를 수행하는 때에 어찌 지계에서 증장하지 않고 감소하지 않는다고 상응하여 수학해야 합니까? 어찌 수·화·풍·공·식계에서 증장하지 않고 감소하지 않는다고 상응하여 수학해야 합니까? 세존이시여. 보살마하살이 반야바라밀다를 수행하는 때에 어찌 무명에서 증장하지 않고 감소하지 않는다고 상응하여 수학해야 합니까? 어찌 행·식·명색·육처·촉·수·애·취·유·생·노사의 수탄고우뇌에서 증장하지 않고 감소하지 않는다고 상응하여 수학해야 합니까?

세존이시여. 보살마하살이 반야바라밀다를 수행하는 때에 어찌 보시바라밀다에서 증장하지 않고 감소하지 않는다고 상응하여 수학해야 합니까? 어찌 정계·안인·정진·정려·반야바라밀다에서 증장하지 않고 감소하지 않는다고 상응하여 수학해야 합니까? 세존이시여. 보살마하살이 반야바라밀다를 수행하는 때에 어찌 내공에서 증장하지 않고 감소하지 않는다고 상응하여 수학해야 합니까? 어찌 외공·내외공·공공·대공·승의공·유위공·무위공·필경공·무제공·산공·무변이공·본성공·자상공·공상공·일체법공·불가득공·무성공·자성공·무성자성공에서 증장하지 않고 감소하지 않는다고 상응하여 수학해야 합니까?

세존이시여. 보살마하살이 반야바라밀다를 수행하는 때에 어찌 진여에서 증장하지 않고 감소하지 않는다고 상응하여 수학해야 합니까? 어찌 법계·법성·불허망성·불변이성·평등성·이생성·법정·법주·실제·허공계·부사의계에서 증장하지 않고 감소하지 않는다고 상응하여 수학해야 합니까? 세존이시여. 보살마하살이 반야바라밀다를 수행하는 때에 어찌 고성제에서 증장하지 않고 감소하지 않는다고 상응하여 수학해야 합니까? 어찌 집·멸·도성제에서 증장하지 않고 감소하지 않는다고 상응하여 수학해야 합니까?

세존이시여. 보살마하살이 반야바라밀다를 수행하는 때에 어찌 4념주에서 증장하지 않고 감소하지 않는다고 상응하여 수학해야 합니까? 어찌 4정단·4신족·5근·5력·7등각지·8성도지에서 증장하지 않고 감소하지 않는다고 상응하여 수학해야 합니까? 세존이시여. 보살마하살이 반야바라밀다를 수행하는 때에 어찌 4정려에서 증장하지 않고 감소하지 않는다고 상응하여 수학해야 합니까? 어찌 4무량·4무색정에서 증장하지 않고 감소하지 않는다고 상응하여 수학해야 합니까?

세존이시여. 보살마하살이 반야바라밀다를 수행하는 때에 어찌 8해탈에서 증장하지 않고 감소하지 않는다고 상응하여 수학해야 합니까? 어찌 8승처·9차제정·10변처에서 증장하지 않고 감소하지 않는다고 상응하여 수학해야 합니까? 세존이시여. 보살마하살이 반야바라밀다를 수행하는 때에 어찌 일체의 다라니문에서 증장하지 않고 감소하지 않는다고 상응하여 수학해야 합니까? 어찌 일체의 삼마지문에서 증장하지 않고 감소하지 않는다고 상응하여 수학해야 합니까?

세존이시여. 보살마하살이 반야바라밀다를 수행하는 때에 어찌 공해탈문에서 증장하지 않고 감소하지 않는다고 상응하여 수학해야 합니까? 어찌 무상·무원해탈문에서 증장하지 않고 감소하지 않는다고 상응하여 수학해야 합니까? 세존이시여. 보살마하살이 반야바라밀다를 수행하는 때에 어찌 5안에서 증장하지 않고 감소하지 않는다고 상응하여 수학해야 합니까? 어찌 6신통에서 증장하지 않고 감소하지 않는다고 상응하여 수학해야 합니까?

세존이시여. 보살마하살이 반야바라밀다를 수행하는 때에 어찌 여래의 10력에서 증장하지 않고 감소하지 않는다고 상응하여 수학해야 합니까? 어찌 4무소외·4무애해·대자·대비·대희·대사·18불불공법에서 증장하지 않고 감소하지 않는다고 상응하여 수학해야 합니까? 세존이시여. 보살마하살이 반야바라밀다를 수행하는 때에 어찌 무망실법에서 증장하지 않고 감소하지 않는다고 상응하여 수학해야 합니까? 어찌 항주사성에서 증장하지 않고 감소하지 않는다고 상응하여 수학해야 합니까?

세존이시여. 보살마하살이 반야바라밀다를 수행하는 때에 어찌 일체지에서 증장하지 않고 감소하지 않는다고 상응하여 수학해야 합니까? 어찌 도상지·일체상지에서 증장하지 않고 감소하지 않는다고 상응하여 수학해야 합니까? 세존이시여. 보살마하살이 반야바라밀다를 수행하는 때에 어찌 예류과에서 증장하지 않고 감소하지 않는다고 상응하여 수학해야 합니까? 어찌 일래·불환·아라한과에서 증장하지 않고 감소하지 않는다고 상응하여 수학해야 합니까?

세존이시여. 보살마하살이 반야바라밀다를 수행하는 때에 어찌 독각의 보리에서 증장하지 않고 감소하지 않는다고 상응하여 수학해야 합니까? 세존이시여. 보살마하살이 반야바라밀다를 수행하는 때에 어찌 일체의 보살마하살의 행에서 증장하지 않고 감소하지 않는다고 상응하여 수학해야 합니까? 세존이시여. 보살마하살이 반야바라밀다를 수행하는 때에 어찌 제불의 무상정등보리에서 증장하지 않고 감소하지 않는다고 상응하여 수학해야 합니까?"

세존께서 말씀하셨다.

"선현이여. 보살마하살이 반야바라밀다를 수행하는 때에 색에서 생겨나지도 않고 소멸하지도 않는 까닭으로 상응하여 수학해야 하고, 역시 수·상·행·식에서도 생겨나지도 않고 소멸하지도 않는 까닭으로 상응하여 수학해야 하느니라. 선현이여. 보살마하살이 반야바라밀다를 수행하는 때에 안처에서 생겨나지도 않고 소멸하지도 않는 까닭으로 상응하여 수학해야 하고, 역시 이·비·설·신·의처에서도 생겨나지도 않고 소멸하지도 않는 까닭으로 상응하여 수학해야 하느니라.

선현이여. 보살마하살이 반야바라밀다를 수행하는 때에 색처에서 생겨나지도 않고 소멸하지도 않는 까닭으로 상응하여 수학해야 하고, 역시 성·향·미·촉·법처에서도 생겨나지도 않고 소멸하지도 않는 까닭으로 상응하여 수학해야 하느니라. 선현이여. 보살마하살이 반야바라밀다를 수행하는 때에 안계에서 생겨나지도 않고 소멸하지도 않는 까닭으로 상응하여 수학해야 하고, 역시 이·비·설·신·의계에서도 생겨나지도 않고 소멸하지도 않는 까닭으로 상응하여 수학해야 하느니라.

선현이여. 보살마하살이 반야바라밀다를 수행하는 때에 색계에서 생겨나지도 않고 소멸하지도 않는 까닭으로 상응하여 수학해야 하고, 역시 성·향·미·촉·법계에서도 생겨나지도 않고 소멸하지도 않는 까닭으로 상응하여 수학해야 하느니라. 선현이여. 보살마하살이 반야바라밀다를 수행하는 때에 안식계에서 생겨나지도 않고 소멸하지도 않는 까닭으로 상응하여 수학해야 하고, 역시 이·비·설·신·의식계에서도 생겨나지도 않고 소멸하지도 않는 까닭으로 상응하여 수학해야 하느니라.

선현이여. 보살마하살이 반야바라밀다를 수행하는 때에 안촉에서 생겨나지도 않고 소멸하지도 않는 까닭으로 상응하여 수학해야 하고, 역시 이·비·설·신·의촉에서도 생겨나지도 않고 소멸하지도 않는 까닭으로 상응하여 수학해야 하느니라. 선현이여. 보살마하살이 반야바라밀다를 수행하는 때에 안촉을 인연으로 생겨난 여러 수에서 생겨나지도 않고 소멸하지도 않는 까닭으로 상응하여 수학해야 하고, 역시 이·비·설·신·의촉을 인연으로 생겨난 여러 수에서도 생겨나지도 않고 소멸하지도 않는 까닭으로 상응하여 수학해야 하느니라.

선현이여. 보살마하살이 반야바라밀다를 수행하는 때에 지계에서 생겨나지도 않고 소멸하지도 않는 까닭으로 상응하여 수학해야 하고, 역시 수·화·풍·공·식계에서도 생겨나지도 않고 소멸하지도 않는 까닭으로 상응하여 수학해야 하느니라. 선현이여. 보살마하살이 반야바라밀다를 수행하는 때에 무명에서 생겨나지도 않고 소멸하지도 않는 까닭으로 상응하여 수학해야 하고, 역시 행·식·명색·육처·촉·수·애·취·유·생·노사의 수탄고우뇌에서도 생겨나지도 않고 소멸하지도 않는 까닭으로 상응하여 수학해야 하느니라.

선현이여. 보살마하살이 반야바라밀다를 수행하는 때에 보시바라밀다에서 생겨나지도 않고 소멸하지도 않는 까닭으로 상응하여 수학해야 하고, 역시 정계·안인·정진·정려·반야바라밀다에서도 생겨나지도 않고 소멸하지도 않는 까닭으로 상응하여 수학해야 하느니라. 선현이여. 보살마하살이 반야바라밀다를 수행하는 때에 내공에서 생겨나지도 않고 소멸하지도 않는 까닭으로 상응하여 수학해야 하고, 역시 외공·내외공·공공·대공·승의공·유위공·무위공·필경공·무제공·산공·무변이공·본성공·자상공·공상공·일체법공·불가득공·무성공·자성공·무성자성공에서도 생겨나지도 않고 소멸하지도 않는 까닭으로 상응하여 수학해야 하느니라.

선현이여. 보살마하살이 반야바라밀다를 수행하는 때에 진여에서 생겨나지도 않고 소멸하지도 않는 까닭으로 상응하여 수학해야 하고, 역시 법계·법성·불허망성·불변이성·평등성·이생성·법정·법주·실제·허공계·부사의계에서도 생겨나지도 않고 소멸하지도 않는 까닭으로 상응하여 수학해야 하느니라. 선현이여. 보살마하살이 반야바라밀다를 수행하는 때에 고성제에서 생겨나지도 않고 소멸하지도 않는 까닭으로 상응하여 수학해야 하고, 역시 집·멸·도성제에서도 생겨나지도 않고 소멸하지도 않는 까닭으로 상응하여 수학해야 하느니라.

선현이여. 보살마하살이 반야바라밀다를 수행하는 때에 4념주에서 생겨나지도 않고 소멸하지도 않는 까닭으로 상응하여 수학해야 하고, 역시 4정단·4신족·5근·5력·7등각지·8성도지에서도 생겨나지도 않고 소멸하지도 않는 까닭으로 상응하여 수학해야 하느니라. 선현이여. 보살마하살이 반야바라밀다를 수행하는 때에 4정려에서 생겨나지도 않고 소멸하지도 않는 까닭으로 상응하여 수학해야 하고, 역시 4무량·4무색정에서도 생겨나지도 않고 소멸하지도 않는 까닭으로 상응하여 수학해야 하느니라.

선현이여. 보살마하살이 반야바라밀다를 수행하는 때에 8해탈에서 생겨나지도 않고 소멸하지도 않는 까닭으로 상응하여 수학해야 하고, 역시 8승처·9차제정·10변처에서도 생겨나지도 않고 소멸하지도 않는 까닭으로 상응하여 수학해야 하느니라. 선현이여. 보살마하살이 반야바라밀다를 수행하는 때에 일체의 다라니문에서 생겨나지도 않고 소멸하지도 않는 까닭으로 상응하여 수학해야 하고, 역시 일체의 삼마지문에서도 생겨나지도 않고 소멸하지도 않는 까닭으로 상응하여 수학해야 하느니라.

선현이여. 보살마하살이 반야바라밀다를 수행하는 때에 공해탈문에서 생겨나지도 않고 소멸하지도 않는 까닭으로 상응하여 수학해야 하고, 역시 무상·무원해탈문에서도 생겨나지도 않고 소멸하지도 않는 까닭으로 상응하여 수학해야 하느니라. 선현이여. 보살마하살이 반야바라밀다를 수행하는 때에 5안에서 생겨나지도 않고 소멸하지도 않는 까닭으로 상응하여 수학해야 하고, 역시 6신통에서도 생겨나지도 않고 소멸하지도 않는 까닭으로 상응하여 수학해야 하느니라.

선현이여. 보살마하살이 반야바라밀다를 수행하는 때에 여래의 10력에서 생겨나지도 않고 소멸하지도 않는 까닭으로 상응하여 수학해야 하고, 역시 4무소외·4무애해·대자·대비·대희·대사·18불불공법에서도 생겨나지도 않고 소멸하지도 않는 까닭으로 상응하여 수학해야 하느니라. 선현이여. 보살마하살이 반야바라밀다를 수행하는 때에 무망실법에서 생겨나지도 않고 소멸하지도 않는 까닭으로 상응하여 수학해야 하고, 역시 항주사성에서도 생겨나지도 않고 소멸하지도 않는 까닭으로 상응하여 수학해야 하느니라.

선현이여. 보살마하살이 반야바라밀다를 수행하는 때에 일체지에서 생겨나지도 않고 소멸하지도 않는 까닭으로 상응하여 수학해야 하고, 역시 도상지·일체상지에서도 생겨나지도 않고 소멸하지도 않는 까닭으로 상응하여 수학해야 하느니라. 선현이여. 보살마하살이 반야바라밀다를 수행하는 때에 예류과에서 생겨나지도 않고 소멸하지도 않는 까닭으로 상응하여 수학해야 하고, 역시 일래·불환·아라한과에서도 생겨나지도 않고 소멸하지도 않는 까닭으로 상응하여 수학해야 하느니라.

선현이여. 보살마하살이 반야바라밀다를 수행하는 때에 독각의 보리에서 생겨나지도 않고 소멸하지도 않는 까닭으로 상응하여 수학해야 하느니라. 선현이여. 보살마하살이 반야바라밀다를 수행하는 때에 일체의 보살마하살의 행에서 생겨나지도 않고 소멸하지도 않는 까닭으로 상응하여 수학해야 하느니라. 선현이여. 보살마하살이 반야바라밀다를 수행하는 때에 제불의 무상정등보리에서 생겨나지도 않고 소멸하지도 않는 까닭으로 상응하여 수학해야 하느니라."

구수 선현이 세존께 아뢰어 말하였다.

"세존이시여. 보살마하살이 반야바라밀다를 수행하는 때에 어찌 색에서 생겨나지도 않고 소멸하지도 않는 까닭으로 상응하여 수학해야 합니까? 어찌 수·상·행·식에서도 생겨나지도 않고 소멸하지도 않는 까닭으로 상응하여 수학해야 합니까? 세존이시여. 보살마하살이 반야바라밀다를 수행하는 때에 어찌 안처에서 생겨나지도 않고 소멸하지도 않는 까닭으로 상응하여 수학해야 합니까? 어찌 이·비·설·신·의처에서도 생겨나지도 않고 소멸하지도 않는 까닭으로 상응하여 수학해야 합니까?

세존이시여. 보살마하살이 반야바라밀다를 수행하는 때에 어찌 색처에서 생겨나지도 않고 소멸하지도 않는 까닭으로 상응하여 수학해야 합니까? 어찌 성·향·미·촉·법처에서도 생겨나지도 않고 소멸하지도 않는 까닭으로 상응하여 수학해야 합니까? 세존이시여. 보살마하살이 반야바라밀다를 수행하는 때에 어찌 안계에서 생겨나지도 않고 소멸하지도 않는 까닭으로 상응하여 수학해야 합니까? 어찌 이·비·설·신·의계에서도 생겨나지도 않고 소멸하지도 않는 까닭으로 상응하여 수학해야 합니까?

세존이시여. 보살마하살이 반야바라밀다를 수행하는 때에 어찌 색계에서 생겨나지도 않고 소멸하지도 않는 까닭으로 상응하여 수학해야 합니까? 어찌 성·향·미·촉·법계에서도 생겨나지도 않고 소멸하지도 않는 까닭으로 상응하여 수학해야 합니까? 세존이시여. 보살마하살이 반야바라밀다를 수행하는 때에 어찌 안식계에서 생겨나지도 않고 소멸하지도 않는 까닭으로 상응하여 수학해야 합니까? 어찌 이·비·설·신·의식계에서도 생겨나지도 않고 소멸하지도 않는 까닭으로 상응하여 수학해야 합니까?

세존이시여. 보살마하살이 반야바라밀다를 수행하는 때에 어찌 안촉에서 생겨나지도 않고 소멸하지도 않는 까닭으로 상응하여 수학해야 합니까? 어찌 이·비·설·신·의촉에서도 생겨나지도 않고 소멸하지도 않는 까닭으로 상응하여 수학해야 합니까? 세존이시여. 보살마하살이 반야바라밀다를 수행하는 때에 어찌 안촉을 인연으로 생겨난 여러 수에서 생겨나지도 않고 소멸하지도 않는 까닭으로 상응하여 수학해야 합니까? 어찌 이·비·설·신·의촉을 인연으로 생겨난 여러 수에서도 생겨나지도 않고 소멸하지도 않는 까닭으로 상응하여 수학해야 합니까?

세존이시여. 보살마하살이 반야바라밀다를 수행하는 때에 어찌 지계에서 생겨나지도 않고 소멸하지도 않는 까닭으로 상응하여 수학해야 합니까? 어찌 수·화·풍·공·식계에서도 생겨나지도 않고 소멸하지도 않는 까닭으로 상응하여 수학해야 합니까? 세존이시여. 보살마하살이 반야바라밀다를 수행하는 때에 어찌 무명에서 생겨나지도 않고 소멸하지도 않는 까닭으로 상응하여 수학해야 합니까? 어찌 행·식·명색·육처·촉·수·애·취·유·생·노사의 수탄고우뇌에서도 생겨나지도 않고 소멸하지도 않는 까닭으로 상응하여 수학해야 합니까?

세존이시여. 보살마하살이 반야바라밀다를 수행하는 때에 어찌 보시바라밀다에서 생겨나지도 않고 소멸하지도 않는 까닭으로 상응하여 수학해야 합니까? 어찌 정계·안인·정진·정려·반야바라밀다에서도 생겨나지도 않고 소멸하지도 않는 까닭으로 상응하여 수학해야 합니까? 세존이시여. 보살마하살이 반야바라밀다를 수행하는 때에 어찌 내공에서 생겨나지도 않고 소멸하지도 않는 까닭으로 상응하여 수학해야 합니까? 어찌 외공·내외공·공공·대공·승의공·유위공·무위공·필경공·무제공·산공·무변이공·본성공·자상공·공상공·일체법공·불가득공·무성공·자성공·무성자성공에서도 생겨나지도 않고 소멸하지도 않는 까닭으로 상응하여 수학해야 합니까?

세존이시여. 보살마하살이 반야바라밀다를 수행하는 때에 어찌 진여에서 생겨나지도 않고 소멸하지도 않는 까닭으로 상응하여 수학해야 합니까? 어찌 법계·법성·불허망성·불변이성·평등성·이생성·법정·법주·실제·허공계·부사의계에서도 생겨나지도 않고 소멸하지도 않는 까닭으로 상응하여 수학해야 합니까? 세존이시여. 보살마하살이 반야바라밀다를 수행하는 때에 어찌 고성제에서 생겨나지도 않고 소멸하지도 않는 까닭으로 상응하여 수학해야 합니까? 어찌 집·멸·도성제에서도 생겨나지도 않고 소멸하지도 않는 까닭으로 상응하여 수학해야 합니까?

세존이시여. 보살마하살이 반야바라밀다를 수행하는 때에 어찌 4념주에서 생겨나지도 않고 소멸하지도 않는 까닭으로 상응하여 수학해야 합니까? 어찌 4정단·4신족·5근·5력·7등각지·8성도지에서도 생겨나지도 않고 소멸하지도 않는 까닭으로 상응하여 수학해야 합니까? 세존이시여. 보살마하살이 반야바라밀다를 수행하는 때에 어찌 4정려에서 생겨나지도 않고 소멸하지도 않는 까닭으로 상응하여 수학해야 합니까? 어찌 4무량·4무색정에서도 생겨나지도 않고 소멸하지도 않는 까닭으로 상응하여 수학해야 합니까?

세존이시여. 보살마하살이 반야바라밀다를 수행하는 때에 어찌 8해탈에서 생겨나지도 않고 소멸하지도 않는 까닭으로 상응하여 수학해야 합니까? 어찌 8승처·9차제정·10변처에서도 생겨나지도 않고 소멸하지도 않는 까닭으로 상응하여 수학해야 합니까? 세존이시여. 보살마하살이 반야바라밀다를 수행하는 때에 어찌 일체의 다라니문에서 생겨나지도 않고 소멸하지도 않는 까닭으로 상응하여 수학해야 합니까? 어찌 일체의 삼마지문에서도 생겨나지도 않고 소멸하지도 않는 까닭으로 상응하여 수학해야 합니까?

세존이시여. 보살마하살이 반야바라밀다를 수행하는 때에 어찌 공해탈문에서 생겨나지도 않고 소멸하지도 않는 까닭으로 상응하여 수학해야 합니까? 어찌 무상·무원해탈문에서도 생겨나지도 않고 소멸하지도 않는 까닭으로 상응하여 수학해야 합니까? 세존이시여. 보살마하살이 반야바라밀다를 수행하는 때에 어찌 5안에서 생겨나지도 않고 소멸하지도 않는 까닭으로 상응하여 수학해야 합니까? 어찌 6신통에서도 생겨나지도 않고 소멸하지도 않는 까닭으로 상응하여 수학해야 합니까?

세존이시여. 보살마하살이 반야바라밀다를 수행하는 때에 어찌 여래의 10력에서 생겨나지도 않고 소멸하지도 않는 까닭으로 상응하여 수학해야 합니까? 어찌 4무소외·4무애해·대자·대비·대희·대사·18불불공법에서도 생겨나지도 않고 소멸하지도 않는 까닭으로 상응하여 수학해야 합니까? 세존이시여. 보살마하살이 반야바라밀다를 수행하는 때에 어찌 무망실법에서 생겨나지도 않고 소멸하지도 않는 까닭으로 상응하여 수학해야 합니까? 어찌 항주사성에서도 생겨나지도 않고 소멸하지도 않는 까닭으로 상응하여 수학해야 합니까?

세존이시여. 보살마하살이 반야바라밀다를 수행하는 때에 어찌 일체지에서 생겨나지도 않고 소멸하지도 않는 까닭으로 상응하여 수학해야 합니까? 어찌 도상지·일체상지에서도 생겨나지도 않고 소멸하지도 않는 까닭으로 상응하여 수학해야 합니까? 세존이시여. 보살마하살이 반야바라밀다를 수행하는 때에 어찌 예류과에서 생겨나지도 않고 소멸하지도 않는 까닭으로 상응하여 수학해야 합니까? 어찌 일래·불환·아라한과에서도 생겨나지도 않고 소멸하지도 않는 까닭으로 상응하여 수학해야 합니까?

세존이시여. 보살마하살이 반야바라밀다를 수행하는 때에 어찌 독각의 보리에서 생겨나지도 않고 소멸하지도 않는 까닭으로 상응하여 수학해야 합니까? 세존이시여. 보살마하살이 반야바라밀다를 수행하는 때에 어찌 일체의 보살마하살의 행에서 생겨나지도 않고 소멸하지도 않는 까닭으로 상응하여 수학해야 합니까? 세존이시여. 보살마하살이 반야바라밀다를 수행하는 때에 어찌 제불의 무상정등보리에서 생겨나지도 않고 소멸하지도 않는 까닭으로 상응하여 수학해야 합니까?"

세존께서 말씀하셨다.

"선현이여. 보살마하살이 반야바라밀다를 수행하는 때에 색에서 제행(諸行)이 만약 있거나, 만약 없었더라도 일으켜서 짓지 않는 까닭으로 수학해야 하고, 수·상·행·식에서도 역시 제행이 만약 있거나, 만약 없었더라도 일으켜서 짓지 않는 까닭으로 수학해야 하느니라. 선현이여. 보살마하살이 반야바라밀다를 수행하는 때에 안처에서 제행이 만약 있거나, 만약 없었더라도 일으켜서 짓지 않는 까닭으로 수학해야 하고, 이·비·설·신·의처에서도 역시 제행이 만약 있거나, 만약 없었더라도 일으켜서 짓지 않는 까닭으로 수학해야 하느니라.

선현이여. 보살마하살이 반야바라밀다를 수행하는 때에 색처에서 제행이 만약 있거나, 만약 없었더라도 일으켜서 짓지 않는 까닭으로 수학해야 하고, 성·향·미·촉·법처에서도 역시 제행이 만약 있거나, 만약 없었더라도 일으켜서 짓지 않는 까닭으로 수학해야 하느니라. 선현이여. 보살마하살이 반야바라밀다를 수행하는 때에 안계에서 제행이 만약 있거나, 만약 없었더라도 일으켜서 짓지 않는 까닭으로 수학해야 하고, 이·비·설·신·의계에서도 역시 제행이 만약 있거나, 만약 없었더라도 일으켜서 짓지 않는 까닭으로 수학해야 하느니라.

선현이여. 보살마하살이 반야바라밀다를 수행하는 때에 색계에서 제행이 만약 있거나, 만약 없었더라도 일으켜서 짓지 않는 까닭으로 수학해야 하고, 성·향·미·촉·법계에서도 역시 제행이 만약 있거나, 만약 없었더라도 일으켜서 짓지 않는 까닭으로 수학해야 하느니라. 선현이여. 보살마하살이 반야바라밀다를 수행하는 때에 안식계에서 제행이 만약 있거나, 만약 없었더라도 일으켜서 짓지 않는 까닭으로 수학해야 하고, 이·비·설·신·의식계에서도 역시 제행이 만약 있거나, 만약 없었더라도 일으켜서 짓지 않는 까닭으로 수학해야 하느니라.

선현이여. 보살마하살이 반야바라밀다를 수행하는 때에 안촉에서 제행이 만약 있거나, 만약 없었더라도 일으켜서 짓지 않는 까닭으로 수학해야 하고, 이·비·설·신·의촉에서도 역시 제행이 만약 있거나, 만약 없었더라도 일으켜서 짓지 않는 까닭으로 수학해야 하느니라. 선현이여. 보살마하살이 반야바라밀다를 수행하는 때에 안촉을 인연으로 생겨난 여러 수에서 제행이 만약 있거나, 만약 없었더라도 일으켜서 짓지 않는 까닭으로 수학해야 하고, 이·비·설·신·의촉을 인연으로 생겨난 여러 수에서도 역시 제행이 만약 있거나, 만약 없었더라도 일으켜서 짓지 않는 까닭으로 수학해야 하느니라.

선현이여. 보살마하살이 반야바라밀다를 수행하는 때에 지계에서 제행이 만약 있거나, 만약 없었더라도 일으켜서 짓지 않는 까닭으로 수학해야 하고, 수·화·풍·공·식계에서도 역시 제행이 만약 있거나, 만약 없었더라도 일으켜서 짓지 않는 까닭으로 수학해야 하느니라. 선현이여. 보살마하살이 반야바라밀다를 수행하는 때에 무명에서 제행이 만약 있거나, 만약 없었더라도 일으켜서 짓지 않는 까닭으로 수학해야 하고, 행·식·명색·육처·촉·수·애·취·유·생·노사의 수탄고우뇌에서도 역시 제행이 만약 있거나, 만약 없었더라도 일으켜서 짓지 않는 까닭으로 수학해야 하느니라.

선현이여. 보살마하살이 반야바라밀다를 수행하는 때에 보시바라밀다에서 제행이 만약 있거나, 만약 없었더라도 일으켜서 짓지 않는 까닭으로 수학해야 하고, 정계·안인·정진·정려·반야바라밀다에서도 역시 제행이 만약 있거나, 만약 없었더라도 일으켜서 짓지 않는 까닭으로 수학해야 하느니라. 선현이여. 보살마하살이 반야바라밀다를 수행하는 때에 내공에서 제행이 만약 있거나, 만약 없었더라도 일으켜서 짓지 않는 까닭으로 수학해야 하고, 외공·내외공·공공·대공·승의공·유위공·무위공·필경공·무제공·산공·무변이공·본성공·자상공·공상공·일체법공·불가득공·무성공·자성공·무성자성공·일체법공·불가득공·무성공·무성자성공에서도 역시 제행이 만약 있거나, 만약 없었더라도 일으켜서 짓지 않는 까닭으로 수학해야 하느니라.

선현이여. 보살마하살이 반야바라밀다를 수행하는 때에 진여에서 제행이 만약 있거나, 만약 없었더라도 일으켜서 짓지 않는 까닭으로 수학해야 하고, 법계·법성·불허망성·불변이성·평등성·이생성·법정·법주·실제·

허공계·부사의계에서도 역시 제행이 만약 있거나, 만약 없었더라도 일으켜서 짓지 않는 까닭으로 수학해야 하느니라. 선현이여. 보살마하살이 반야바라밀다를 수행하는 때에 고성제에서 제행이 만약 있거나, 만약 없었더라도 일으켜서 짓지 않는 까닭으로 수학해야 하고, 집·멸·도성제에서도 역시 제행이 만약 있거나, 만약 없었더라도 일으켜서 짓지 않는 까닭으로 수학해야 하느니라.

선현이여. 보살마하살이 반야바라밀다를 수행하는 때에 4념주에서 제행이 만약 있거나, 만약 없었더라도 일으켜서 짓지 않는 까닭으로 수학해야 하고, 4정단·4신족·5근·5력·7등각지·8성도지에서도 역시 제행이 만약 있거나, 만약 없었더라도 일으켜서 짓지 않는 까닭으로 수학해야 하느니라. 선현이여. 보살마하살이 반야바라밀다를 수행하는 때에 4정려에서 제행이 만약 있거나, 만약 없었더라도 일으켜서 짓지 않는 까닭으로 수학해야 하고, 4무량·4무색정에서도 역시 제행이 만약 있거나, 만약 없었더라도 일으켜서 짓지 않는 까닭으로 수학해야 하느니라.

선현이여. 보살마하살이 반야바라밀다를 수행하는 때에 8해탈에서 제행이 만약 있거나, 만약 없었더라도 일으켜서 짓지 않는 까닭으로 수학해야 하고, 8승처·9차제정·10변처에서도 역시 제행이 만약 있거나, 만약 없었더라도 일으켜서 짓지 않는 까닭으로 수학해야 하느니라. 선현이여. 보살마하살이 반야바라밀다를 수행하는 때에 일체의 다라니문에서 제행이 만약 있거나, 만약 없었더라도 일으켜서 짓지 않는 까닭으로 수학해야 하고, 일체의 삼마지문에서도 역시 제행이 만약 있거나, 만약 없었더라도 일으켜서 짓지 않는 까닭으로 수학해야 하느니라.

선현이여. 보살마하살이 반야바라밀다를 수행하는 때에 공해탈문에서 제행이 만약 있거나, 만약 없었더라도 일으켜서 짓지 않는 까닭으로 수학해야 하고, 무상·무원해탈문에서도 역시 제행이 만약 있거나, 만약 없었더라도 일으켜서 짓지 않는 까닭으로 수학해야 하느니라. 선현이여. 보살마하살이 반야바라밀다를 수행하는 때에 5안에서 제행이 만약 있거나, 만약 없었더라도 일으켜서 짓지 않는 까닭으로 수학해야 하고, 6신통에서도 역시 제행이 만약 있거나, 만약 없었더라도 일으켜서 짓지 않는 까닭으로 수학해야 하느니라.

선현이여. 보살마하살이 반야바라밀다를 수행하는 때에 여래의 10력에서 제행이 만약 있거나, 만약 없었더라도 일으켜서 짓지 않는 까닭으로 수학해야 하고, 4무소외·4무애해·대자·대비·대희·대사·18불불공법에서도 역시 제행이 만약 있거나, 만약 없었더라도 일으켜서 짓지 않는 까닭으로 수학해야 하느니라. 선현이여. 보살마하살이 반야바라밀다를 수행하는 때에 무망실법에서 제행이 만약 있거나, 만약 없었더라도 일으켜서 짓지 않는 까닭으로 수학해야 하고, 항주사성에서도 역시 제행이 만약 있거나, 만약 없었더라도 일으켜서 짓지 않는 까닭으로 수학해야 하느니라.

선현이여. 보살마하살이 반야바라밀다를 수행하는 때에 일체지에서 제행이 만약 있거나, 만약 없었더라도 일으켜서 짓지 않는 까닭으로 수학해야 하고, 도상지·일체상지에서도 역시 제행이 만약 있거나, 만약 없었더라도 일으켜서 짓지 않는 까닭으로 수학해야 하느니라. 선현이여. 보살마하살이 반야바라밀다를 수행하는 때에 예류과에서 제행이 만약 있거나, 만약 없었더라도 일으켜서 짓지 않는 까닭으로 수학해야 하고, 일래·불환·아라한과에서도 역시 제행이 만약 있거나, 만약 없었더라도 일으켜서 짓지 않는 까닭으로 수학해야 하느니라.

선현이여. 보살마하살이 반야바라밀다를 수행하는 때에 독각의 보리에서 제행이 만약 있거나, 만약 없었더라도 일으켜서 짓지 않는 까닭으로 수학해야 하느니라. 선현이여. 보살마하살이 반야바라밀다를 수행하는 때에 일체의 보살마하살의 행에서 제행이 만약 있거나, 만약 없었더라도 일으켜서 짓지 않는 까닭으로 수학해야 하느니라. 선현이여. 보살마하살이 반야바라밀다를 수행하는 때에 제불의 무상정등보리에서 제행이 만약 있거나, 만약 없었더라도 일으켜서 짓지 않는 까닭으로 수학해야 하느니라."

구수 선현이 세존께 아뢰어 말하였다.

"세존이시여. 보살마하살이 반야바라밀다를 수행하는 때에 어찌 색에서 제행이 만약 있거나, 만약 없었더라도 일으켜서 짓지 않는 까닭으로 상응하여 수학해야 합니까? 어찌 수·상·행·식에서도 역시 제행이 만약 있거나, 만약 없었더라도 일으켜서 짓지 않는 까닭으로 상응하여 수학해야 합니까? 세존이시여. 보살마하살이 반야바라밀다를 수행하는 때에 어찌 안처에서 제행이 만약 있거나, 만약 없었더라도 일으켜서 짓지 않는 까닭으로 상응하여 수학해야 합니까? 어찌 이·비·설·신·의처에서도 역시 제행이 만약 있거나, 만약 없었더라도 일으켜서 짓지 않는 까닭으로 상응하여 수학해야 합니까?

세존이시여. 보살마하살이 반야바라밀다를 수행하는 때에 어찌 색처에서 제행이 만약 있거나, 만약 없었더라도 일으켜서 짓지 않는 까닭으로 상응하여 수학해야 합니까? 어찌 성·향·미·촉·법처에서도 역시 제행이 만약 있거나, 만약 없었더라도 일으켜서 짓지 않는 까닭으로 상응하여 수학해야 합니까? 세존이시여. 보살마하살이 반야바라밀다를 수행하는 때에 어찌 안계에서 제행이 만약 있거나, 만약 없었더라도 일으켜서 짓지 않는 까닭으로 상응하여 수학해야 합니까? 어찌 이·비·설·신·의계에서도 역시 제행이 만약 있거나, 만약 없었더라도 일으켜서 짓지 않는 까닭으로 상응하여 수학해야 합니까?

세존이시여. 보살마하살이 반야바라밀다를 수행하는 때에 어찌 색계에서 제행이 만약 있거나, 만약 없었더라도 일으켜서 짓지 않는 까닭으로 상응하여 수학해야 합니까? 어찌 성·향·미·촉·법계에서도 역시 제행이 만약 있거나, 만약 없었더라도 일으켜서 짓지 않는 까닭으로 상응하여 수학해야 합니까? 세존이시여. 보살마하살이 반야바라밀다를 수행하는 때에 어찌 안식계에서 제행이 만약 있거나, 만약 없었더라도 일으켜서 짓지 않는 까닭으로 상응하여 수학해야 합니까? 어찌 이·비·설·신·의식계에서도 역시 제행이 만약 있거나, 만약 없었더라도 일으켜서 짓지 않는 까닭으로 상응하여 수학해야 합니까?

세존이시여. 보살마하살이 반야바라밀다를 수행하는 때에 어찌 안촉에서 제행이 만약 있거나, 만약 없었더라도 일으켜서 짓지 않는 까닭으로 상응하여 수학해야 합니까? 어찌 이·비·설·신·의촉에서도 역시 제행이 만약 있거나, 만약 없었더라도 일으켜서 짓지 않는 까닭으로 상응하여 수학해야 합니까? 세존이시여. 보살마하살이 반야바라밀다를 수행하는 때에 어찌 안촉을 인연으로 생겨난 여러 수에서 제행이 만약 있거나, 만약 없었더라도 일으켜서 짓지 않는 까닭으로 상응하여 수학해야 합니까? 어찌 이·비·설·신·의촉을 인연으로 생겨난 여러 수에서도 역시 제행이 만약 있거나, 만약 없었더라도 일으켜서 짓지 않는 까닭으로 상응하여 수학해야 합니까?

세존이시여. 보살마하살이 반야바라밀다를 수행하는 때에 어찌 지계에서 제행이 만약 있거나, 만약 없었더라도 일으켜서 짓지 않는 까닭으로 상응하여 수학해야 합니까? 어찌 수·화·풍·공·식계에서도 역시 제행이 만약 있거나, 만약 없었더라도 일으켜서 짓지 않는 까닭으로 상응하여 수학해야 합니까? 세존이시여. 보살마하살이 반야바라밀다를 수행하는 때에 어찌 무명에서 제행이 만약 있거나, 만약 없었더라도 일으켜서 짓지 않는 까닭으로 상응하여 수학해야 합니까? 어찌 행·식·명색·육처·촉·수·애·취·유·생·노사의 수탄고우뇌에서도 역시 제행이 만약 있거나, 만약 없었더라도 일으켜서 짓지 않는 까닭으로 상응하여 수학해야 합니까?

세존이시여. 보살마하살이 반야바라밀다를 수행하는 때에 어찌 보시바라밀다에서 제행이 만약 있거나, 만약 없었더라도 일으켜서 짓지 않는 까닭으로 상응하여 수학해야 합니까? 어찌 정계·안인·정진·정려·반야바라밀다에서도 역시 제행이 만약 있거나, 만약 없었더라도 일으켜서 짓지 않는 까닭으로 상응하여 수학해야 합니까? 세존이시여. 보살마하살이 반야바라밀다를 수행하는 때에 어찌 내공에서 제행이 만약 있거나, 만약 없었더라도 일으켜서 짓지 않는 까닭으로 상응하여 수학해야 합니까? 어찌 외공·내외공·공공·대공·승의공·유위공·무위공·필경공·무제공·산공·무변이공·본성공·자상공·공상공·일체법공·불가득공·무성공·자성공·무성자성공·일체법공·불가득공·무성공·무성자성공에서도 역시 제행이 만약 있거나, 만약 없었더라도 일으켜서 짓지 않는 까닭으로 상응하여 수학해야 합니까?

세존이시여. 보살마하살이 반야바라밀다를 수행하는 때에 어찌 진여에서 제행이 만약 있거나, 만약 없었더라도 일으켜서 짓지 않는 까닭으로 상응하여 수학해야 합니까? 어찌 법계·법성·불허망성·불변이성·평등성·이생성·법정·법주·실제·허공계·부사의계에서도 역시 제행이 만약 있거나, 만약 없었더라도 일으켜서 짓지 않는 까닭으로 상응하여 수학해야 합니까? 세존이시여. 보살마하살이 반야바라밀다를 수행하는 때에 어찌 고성제에서 제행이 만약 있거나, 만약 없었더라도 일으켜서 짓지 않는 까닭으로 상응하여 수학해야 합니까? 어찌 집·멸·도성제에서도 역시 제행이 만약 있거나, 만약 없었더라도 일으켜서 짓지 않는 까닭으로 상응하여 수학해야 합니까?

세존이시여. 보살마하살이 반야바라밀다를 수행하는 때에 어찌 4념주에서 제행이 만약 있거나, 만약 없었더라도 일으켜서 짓지 않는 까닭으로 상응하여 수학해야 합니까? 어찌 4정단·4신족·5근·5력·7등각지·8성도지에서도 역시 제행이 만약 있거나, 만약 없었더라도 일으켜서 짓지 않는 까닭으로 상응하여 수학해야 합니까? 세존이시여. 보살마하살이 반야바라밀다를 수행하는 때에 어찌 4정려에서 제행이 만약 있거나, 만약 없었더라도 일으켜서 짓지 않는 까닭으로 상응하여 수학해야 합니까? 어찌 4무량·4무색정에서도 역시 제행이 만약 있거나, 만약 없었더라도 일으켜서 짓지 않는 까닭으로 상응하여 수학해야 합니까?

세존이시여. 보살마하살이 반야바라밀다를 수행하는 때에 어찌 8해탈에서 제행이 만약 있거나, 만약 없었더라도 일으켜서 짓지 않는 까닭으로 상응하여 수학해야 합니까? 어찌 8승처·9차제정·10변처에서도 역시 제행이 만약 있거나, 만약 없었더라도 일으켜서 짓지 않는 까닭으로 상응하여 수학해야 합니까? 세존이시여. 보살마하살이 반야바라밀다를 수행하는 때에 어찌 일체의 다라니문에서 제행이 만약 있거나, 만약 없었더라도 일으켜서 짓지 않는 까닭으로 상응하여 수학해야 합니까? 어찌 일체의 삼마지문에서도 역시 제행이 만약 있거나, 만약 없었더라도 일으켜서 짓지 않는 까닭으로 상응하여 수학해야 합니까?

세존이시여. 보살마하살이 반야바라밀다를 수행하는 때에 어찌 공해탈문에서 제행이 만약 있거나, 만약 없었더라도 일으켜서 짓지 않는 까닭으로 상응하여 수학해야 합니까? 어찌 무상·무원해탈문에서도 역시 제행이 만약 있거나, 만약 없었더라도 일으켜서 짓지 않는 까닭으로 상응하여 수학해야 합니까? 세존이시여. 보살마하살이 반야바라밀다를 수행하는 때에 어찌 5안에서 제행이 만약 있거나, 만약 없었더라도 일으켜서 짓지 않는 까닭으로 상응하여 수학해야 합니까? 어찌 6신통에서도 역시 제행이 만약 있거나, 만약 없었더라도 일으켜서 짓지 않는 까닭으로 상응하여 수학해야 합니까?

세존이시여. 보살마하살이 반야바라밀다를 수행하는 때에 어찌 여래의 10력에서 제행이 만약 있거나, 만약 없었더라도 일으켜서 짓지 않는 까닭으로 상응하여 수학해야 합니까? 어찌 4무소외·4무애해·대자·대비·대희·대사·18불불공법에서도 역시 제행이 만약 있거나, 만약 없었더라도 일으켜서 짓지 않는 까닭으로 상응하여 수학해야 합니까? 세존이시여. 보살마하살이 반야바라밀다를 수행하는 때에 어찌 무망실법에서 제행이 만약 있거나, 만약 없었더라도 일으켜서 짓지 않는 까닭으로 상응하여 수학해야 합니까? 어찌 항주사성에서도 역시 제행이 만약 있거나, 만약 없었더라도 일으켜서 짓지 않는 까닭으로 상응하여 수학해야 합니까?

세존이시여. 보살마하살이 반야바라밀다를 수행하는 때에 어찌 일체지에서 제행이 만약 있거나, 만약 없었더라도 일으켜서 짓지 않는 까닭으로 상응하여 수학해야 합니까? 어찌 도상지·일체상지에서도 역시 제행이 만약 있거나, 만약 없었더라도 일으켜서 짓지 않는 까닭으로 상응하여 수학해야 합니까? 세존이시여. 보살마하살이 반야바라밀다를 수행하는 때에 어찌 예류과에서 제행이 만약 있거나, 만약 없었더라도 일으켜서 짓지 않는 까닭으로 상응하여 수학해야 합니까? 어찌 일래·불환·아라한과에서도 역시 제행이 만약 있거나, 만약 없었더라도 일으켜서 짓지 않는 까닭으로 상응하여 수학해야 합니까?

세존이시여. 보살마하살이 반야바라밀다를 수행하는 때에 독각의 보리에서 제행이 만약 있거나, 만약 없었더라도 일으켜서 짓지 않는 까닭으로 상응하여 수학해야 합니까? 세존이시여. 보살마하살이 반야바라밀다를 수행하는 때에 어찌 일체의 보살마하살의 행에서 제행이 만약 있거나, 만약 없었더라도 일으켜서 짓지 않는 까닭으로 상응하여 수학해야 합니까? 세존이시여. 보살마하살이 반야바라밀다를 수행하는 때에 어찌 제불의 무상정등보리에서 제행이 만약 있거나, 만약 없었더라도 일으켜서 짓지 않는 까닭으로 상응하여 수학해야 합니까?”

漢譯 | 현장(玄奘)

중국 당나라 사문으로 하남성(河南省) 낙양(洛陽) 구씨현(緱氏縣)에서 출생하였고, 속성은 진씨(陳氏), 이름은 위(褘)이다. 10세에 낙양 정토사(淨土寺)에 귀의하였고, 경(經)·율(律)·논(論) 삼장(三藏)에 밝아서 삼장법사라고 불린다. 627년 인도로 구법을 떠나서 나란다사(那爛陀寺)에 들어가 계현(戒賢)에게 수학하였다. 641년 520질 657부(部)에 달하는 불경들을 가지고 귀국길에 올라 645년 정월 장안으로 돌아왔으며, 인도 여행기인 『대당서역기(大唐西域記)』 12권을 저술하였다. 번역한 삼장으로는 경장인 『대반야바라밀다경(大般若波羅蜜多經)』 600권, 율장인 『보살계본(菩薩戒本)』 2권, 논장인 『유가사지론(瑜伽師地論)』 100권, 『아비달마대비바사론(阿毘達磨大毘婆沙論)』 200권 등이 있다. 번역한 경전은 76부 1,347권에 이르는 매우 중요한 대승불교 경전들이 상당수 포함되어 있으며, 문장과 단어에 충실하여 문장의 우아함은 부족하더라도 어휘의 정확도는 매우 진전되었다. 구마라집 등의 구역(舊譯)과 차별을 보여주고 있어 신역(新譯)이라 불리고 있다.

國譯 | 釋 普雲(宋法燁)

대한불교조계종 제2교구본사 용주사에서 출가하였고, 문학박사이다. 현재 대한불교조계종 교육아사리(계율)이고, 죽림불교문화연구원에서 연구와 번역을 병행하고 있다.

논저 | 논문으로 「통합종단 이후 불교의례의 변천과 향후 과제」 등 다수. 저술로 『신편 승가의범』, 『승가의궤』가 있으며, 번역서로 『마하반야바라밀다경』(1~11), 『팔리율』(Ⅰ~Ⅴ), 『마하승기율』(상·중·하), 『십송율』(상·중·하), 『보살계본소』, 『근본설일체유부비나야』(상·하), 『근본설일체유부비나야약사』, 『근본설일체유부비나야파승사』, 『근본설일체유부비나야잡사』(상·하), 『근본설일체유부필추니비나야』, 『근본설일체유부백일갈마 외』, 『안락집』 등이 있다.

마하반야바라밀다경 12 摩訶般若波羅蜜多經 12

三藏法師 玄奘 漢譯 | 釋 普雲 國譯

2025년 2월 28일 초판 1쇄 발행

펴낸이·오일주
펴낸곳·도서출판 혜안
등록번호·제22-471호
등록일자·1993년 7월 30일

주 소·㊥04052 서울시 마포구 와우산로 35길3(서교동) 102호
전 화·3141-3711~2 / 팩시밀리·3141-3710
E-Mail·hyeanpub@daum.net

ISBN 978-89-8494-732-0 03220

값 48,000 원